唐文权文集

Tang Wenquan Wenji

华大博雅
学术文库

唐文权 著

华中师范大学出版社
2013年·武汉

新出图证（鄂）字 10 号

图书在版编目（CIP）数据

唐文权文集/唐文权著. —武汉：华中师范大学出版社，2013.8

ISBN 978-7-5622-6136-0

Ⅰ.①唐… Ⅱ.①唐… Ⅲ.①社会科学—文集 Ⅳ.①C53

中国版本图书馆 CIP 数据核字（2013）第 137067 号

唐文权文集

© 唐文权 著

责任编辑：陈良军　　封面设计：甘　英
责任校对：王　胜　　封面制作：胡　灿
编辑室：文字编辑室　　电话：027－67863220
出版发行：华中师范大学出版社
社址：湖北省武汉市洪山区珞喻路 152 号
电话：027－67863040（发行部）　027－67861321（邮购）
传真：027－67863291
网址：http：//www. ccnupress. com　　电子邮箱：hscbs@public. wh. hb. cn
印刷：武汉中远印务有限公司　　督印：章光琼
字数：550 千字
开本：710mm×1000mm　1/16　　印张：32.25
版次：2013 年 8 月第 1 版　　印次：2013 年 8 月第 1 次印刷
定价：75.00 元
欢迎上网查询、购书

序　言

岁月如歌，人生如梦。文权离开人世，即将 20 年。

他病逝于 1993 年 10 月 27 日，当时我正在台北政治大学教书，未能与挚友最后诀别。接到讣告已是 12 月 4 日，次日曾有日记，已收录于《鸿爪集》“萍踪篇”。原文是：

12 月 5 日星期日，阴

昨日接唐文权讣告，并附临终手书一纸：“西行求法，寒窗十载；导引之恩，永世不忘。”他原任教于苏州市二中，“文革”后期因研究章太炎与我通信论学，给我深刻印象。1980 年元旦，我因看苏州档案馆相关文献，与他初次见面并承蒙留宿家中。朝夕相处，了解渐深，知其为读书种子，学术有望可成大器，经多方努力，克服重重成见（非大学本科毕业），终于 1983 年调来我校，至今恰好“十载”。英年早逝，尘缘已尽，终成一别，伤哉！夜不成寐，辗转反侧，晨起草拟挽联：“姑苏结交，江汉论学，风义兼师友，人间难得有此知己；以研章始，以评陶终，清誉传中外，苍天何不假之以年？”（“研章”指与罗福惠合著《章太炎思想研究》一书，“评陶”指曾被列入 100 本优秀青年读物并获全国陶行知研究一等奖的《平凡的神圣——陶行知》学术传记）。

往事虽然非烟，但记忆早已模糊。我已记不清与文权首次通信的时间与具体情境，估计应该是在 1975 年春夏之间，当时我尚在北京《历史研究》编辑部工作。《历史研究》1974 年复刊初期，我曾经奉命赶写一篇评论章太炎的文章，并向中华书局的前辈学人马宗霍先生登门求教，其成果便是以黎跃章为笔名的《论〈訄书〉》一文，聊以为“评法批儒”交差。但 1975 年春夏之交情况有所变化，邓小平的复出与整顿之风兴起给人们带来新的期望，而《历史研究》杂志已预定要交回中国科学院哲学社会学部，主编仍由黎澍担任，可说是“物归其主”。同时，我已决心离开北京这块是非之地，回武汉华中师范学院教书并就近照顾家人。正因为如此，文权写信给我，倒不是想发表什么“评法批儒”文章，而是真正想对章太炎做长期深入的学术研究。在此以前他已经就近结识研究章太炎成绩斐然的汤志钧，并且按照志钧的建议，把章太炎的一生分成若干时期，利用图书馆的索引卡片逐部逐篇地认真研读章太炎的原著。这种做学问的路径在“文革”期间简直是天方夜谭，而我也正因此而受到感动，所以便不断与这位陌生的青年学者交流治学心得，即使回武汉以后通信也未中断。

但是两人正式见面却是在四五年以后，那是由于我已决定要为纪念辛亥革命70周年国际学术会议提交一篇论文，即《辛亥革命与江浙资产阶级》。在资料查阅期间，主要是利用上海图书馆徐家汇藏书楼，但是又不满足于上海一地的收藏，于是便把眼光扩大到江浙两省，而首先便集中于苏州，因而便必然要借助土生土长的文权作为向导。由于通信已有多年，所以更加一见如故，文权执意要我住在他家，我也毫不客气地欣然同意。主要是因为交通不便，这样便于两人每天结伴出行，并且有利于及时商议工作。住宅是老城区一所老式民屋，两层楼房，业已破旧。一进门就是共用的客厅，楼梯窄而且陡，文权租用的是二楼左侧两间相连的侧屋，并且把原有的过街楼（通道）改造成一间小巧玲珑的书房兼充客房。两个儿子住靠近楼梯那间房，文权夫妇合住一间，在当时来说倒也不算狭窄，至少比我的住房条件还略好一点。但缺点是客房没有单独的通道，必须穿过主人的卧室才能下楼。再就是苏州老式居民的共同缺点，没有专用的厕所，每家必须自备马桶。公用的厨房也在楼下，只能在空空荡荡、冷风袭人的客厅进餐。回想起来，文权夫妇每天为保证可口且热乎乎的饭菜，真不知花费多少精力。

但当时似乎全不在意这些日常生活的艰辛，因为大家的心思都集注于相关历史资料的搜集，而且一进苏州市档案馆就如同发现一座宝藏。苏州商会档案卷帙浩繁，珍贵无比，特别是市民公社和商团档案的完整全宗，使我目不暇接、心旷神怡。其时正值寒冬腊月，姑苏已是银妆素裹，但我们哪有心思观赏山水园林之美，整天涵泳于史学探索之乐。紧接着，我们又在邻近的吴江、常熟等地，发现大批珍贵档案、文献与罕见的书刊。最终，文权夫妇把我送上苏杭运河的夜航船，伴随着诗意盎然的江南梦境到达杭州，又开始捕捉清末民初浙江商人的历史踪迹。

苏州之行大大加深了我与文权的相互理解，我已直觉地认定他是可造之材，他则似乎已经确定了终生师从的目标。1981年10月，纪念辛亥革命70周年国际学术会议在武昌隆重举行，文权不负众望，经论文评选成为高校与科研机构以外仅有的两位青年学者之一（另一位是陕西张应超），参加了这次盛会。而在此前后，他已经在重要期刊上发表了三篇论文，即《戊戌变法时期的章太炎》（《中国哲学》1980年第8期）、《试论章太炎哲学思想的演变》（《哲学研究》1981年第2期）、《辛亥革命前章太炎的佛学思想》（《中国哲学》1982年第8期）。当时能够从佛学角度探讨章太炎思想者为数不多，他的学术功力与研究深度，自然引起中外学者的关注。

文权在武昌开会期间已经明确表达了从我治学的决心，所以会后我就请学校正式发商调函。苏州市教育局及时回复同意，但却受阻于华中师范学院当时的顶头上司湖北省教育厅，理由是文权只读过苏州师专文史科（两年制），没有正规大学本科毕业文凭。我们多次说明文权的学术水平完全能够胜任大学教职，而且前程必定更加看好，但丝毫未能说服这些呆板的当权者。幸好教育部高教司司长到我校考察工作，并专门到历史系看望张舜徽先生与我，临别时他诚心诚意地问我们有什么难题需要他帮助解决。我就乘机汇报调动文权之受阻一事，舜徽先生立刻拍案而起，大声说："我连中学文凭都没有，解放前还能成为教育部的部聘教授呢！"司长颇为感动，安慰我们说："我同意你们的看法，但调动手续还必须经过湖北省教育厅办理，我这就与他们商量。"果然，他在回北京以前与教育厅负责人深谈过一次，教育厅终于正式发出商调函。

20世纪80年代初期，我校中国近现代史学科虽然已经先后取得硕士和博士学位授予权，但实际上师资队伍仍然比较薄弱，1983年春文权毅然离开世代居住的苏州，举家迁汉来华中师范学院任教，他自谦说是"西行求法"，而对我们真是及时的援助，明显地充实了教学与科研两方面的实力。文权不仅很快就适应了大学教学的环境，而且非常敬业乐群，善于与同事合作进行学术研究。首先是与罗福惠合作，于1986年出版《章太炎思想研究》，自成一家之言。接着又写成并出版《东方的觉醒：近代中印民族运动定位观照》，为我主编的《中外近代化比较研究丛书》大为增色。他与校外的资深学者也有多项重要合作，如与卞孝萱共同编辑《辛亥人物碑传集》、《民国人物碑传集》，协助汤志钧校辑《梁启超全集》，并为冯契主编的"中国近代社会思潮研究丛书"撰写《觉醒与迷误：中国近代民族主义思潮研究》等，至今仍在广泛流传并被引用。

文权留给华中师范大学近代史研究所最重要的遗产，应该是至今仍在持续编辑出版的"辛亥人物文集丛书"。他不仅为这套丛书设定体例，周密规划，而且花费大量精力寻访稿源，筹集资助，审校书稿。他率先编辑出版《雷铁厓集》，随后又与桑兵合编《戴季陶集（1909—1920）》，促使这套丛书成为华中师范大学出版社影响极大的品牌之一。去年近代史研究所隆重推出的《辛亥革命百年纪念文库》，又将这套丛书全部收入重新出版，正好满足众多读者的热切需要。抚今思昔，我不能不怀念文权披荆斩棘的开辟之功。

华中师范大学是率先编辑出版《陶行知全集》并成立陶行知研究室的先进单位，但惭愧的是我与中国近代史研究所同仁对陶行知却未抓紧研究。直到20个世纪80年代中期谬膺校长职务以后，教育部相关领导为了协调全国“陶研”工作，提高“陶研”学术层次，命我亲自参与陶行知研究的全盘推进。面对许多“陶研”先进人士，特别是其中还有不少陶公生前亲自培养调教的干才，如今多已成为高层领导，我内心的惶恐真是难以言说。幸好这些老前辈、老领导热情提携后进，平易近人，亲如一家，果真体现陶氏门风。我除参与“陶研”整体计议外，决心做两件事力求成为表率。一是培养中国第一个“陶研博士”，二是写一本陶行知学术评传。幸好选材得当，第一个“陶研博士”经由周洪宇的勤奋治学而实现，博得海内外同行学人的共同认可。至于写传，本来我就有继《张謇传稿》的出版之后，再写一部陶行知评传的想法，但学校行政事务的繁杂，再加上1989春夏之交那场风波，使我实在无法潜心撰著。幸好又有文权见义勇为，与我共同承担此项重任。1990年8月我辞去校长职务，并且应邀赴美研究、教学多年，陶行知传记的写作主要只能靠文权执笔完成，而我无非是个“通信”编审。文权为此书耗尽心血，不仅查阅了大量报刊、文献、书籍，而且对陶公众多家庭成员与门生故旧做了极为细致的调查研究。所以他在《平凡的神圣——陶行知》出版后记中，第一句话就是：“在两历寒暑终于脱出书稿之后，很有一种如释重负之感”，我深深理解这句话的分量。这部书稿完成于1990年岁末，1992年3月才得以正式出版，而出版社还在扉页上说明：“当然，对作者的某些观点我们也不尽赞同，学术界可能也会有不同的看法。”由此可见当时文权在国内承受了多么大的压力，而“寻找真正的陶行知”，讲点真话与发表若干新的见解是多么困难。但此书出版以后好评如潮，特别是在为数众多的“陶研”同行中得到广泛的认可，这对于文权与我是莫大的安慰。

文权本来可以有更多作为与更大贡献，但正如前人诗云：“人事天心两相违”，不过53岁便因患不治之症病逝于苏州，这是我第一次亲身体会到“白发人送黑发人”的凄怆。为纪念文权来我所工作10年及逝世20周年，同事诸君决定编辑出版一本文集。编者要我写序，天寒岁暮，杂事丛集，写写停停，直至今日才能交卷。老来文思枯涩，只能就忆念所及，缅怀故人的可贵业绩与深挚友情而已。

章开沅

壬辰岁末于桂子山

目　录

读章太炎《訄书》 …… 1
章太炎在《民报》时期的思想演变 …… 9
戊戌变法时期的章太炎 …… 21
章太炎“七被追捕，三入牢狱”解 …… 33
陶成章略论 …… 40
试论章太炎哲学思想的演变 …… 59
辛亥革命前章太炎的佛学思想 …… 72
章太炎与邹容——兼论二十世纪初的中国先进知识分子 …… 104
梁启超佛学思想述评 …… 123
清末苏州商会与捐税抗争 …… 145
反思的历史和对历史的反思及其它——章开沅中国近代史论文读后 …… 166
熊十力《乾坤衍》探微 …… 179
苏州工商各业公所的兴废 …… 192
鹃因口瘁啼衔赤——《雷铁厓集》前言 …… 211
二十世纪初孟德斯鸠地理环境决定论东渐述论 …… 221
关于《革命军》的借资移植问题 …… 251
杨度与清末立宪运动散论 …… 263
评《剑桥中国晚清史》的文化观 …… 272
同盟会倡始时期宋教仁心态研究 …… 283
甘地两次不合作运动在当年中国的反响 …… 295
新视角下的得与失——评《剑桥中国晚清史》有关辛亥革命部分 …… 304
近代中外经济联系加强对苏南农村的影响 …… 321
“五四”精神：中国教育现代化的巨大动力 …… 330
同光之际中外经济联系的加强与苏城社会经济生活的变动 …… 345

人口忧思百年录 …………………………………………………………………… 356
度尽劫波兄弟在——黄兴与章太炎 ………………………………………………… 361
梁启超在戊戌壬寅期间的西学宣传 ………………………………………………… 385
辛亥革命前夕梁启超的西学宣传 …………………………………………………… 416
关于孙中山新三民主义向传统政治文化归拢趋向的若干考查 ……… 428
二十世纪初文化人类学东渐述论 …………………………………………………… 434
杨文会与清末佛教革新运动 ………………………………………………………… 447
陶行知与江青 ……………………………………………………………………… 482
开国第一文化冤案——江青与陶行知及其弟子的恩恩怨怨 ……… 487
附录：芦花又纷飞——祭唐文权教授 ……………………………………………… 497

读章太炎《訄书》

章太炎（一八六九——一九三六年）是我国近代著名的资产阶级革命家和理论家。在资产阶级旧民主主义革命过程中，他曾以一个反帝反封建战士的姿态出现，对推动革命斗争作出了一定的贡献。《訄书》是他开始参加政治活动时写的第一部重要政论集。

《訄书》在一九〇〇年初版于苏州。在此之前，章太炎参加了维新运动，因而这部书带有浓厚的改良主义色彩。但是，迅速发展的革命形势，促使章太炎的思想发生了深刻的变化。从一九〇〇年开始，他在被清政府追捕的情况下，陆续对《訄书》作了很大修改，于一九〇四年出了新版。新版《訄书》把初版的五十篇文章删去一半，增写了很多新作，共收六十五篇文章，约十万字。这部书是资产阶级民主革命派同保皇立宪派两种思想、两条路线尖锐斗争的产物，是中国民族资产阶级在思想政治领域向帝国主义和封建主义进行斗争的有力武器。它鲜明地表达了新兴的中国民族资产阶级要求发展资本主义，以求得国家的独立和民主的强烈愿望，无愧为中国资产阶级反帝反封建的一篇檄文。

一

《訄书》是中国民族资产阶级反对帝国主义侵略中国的战书。

毛主席指出：“帝国主义和中华民族的矛盾，封建主义和人民大众的矛盾，这些就是近代中国社会的主要的矛盾。……而帝国主义和中华民族的矛盾，乃是各种矛盾中的最主要的矛盾。”从一八四〇年鸦片战争开始，中国社会一步一步地被推入了半封建半殖民地的苦难深渊。帝国主义用武力迫使清朝政府签订了一项又一项的不平等条约，一次又一次地掀起了瓜分中国的狂潮。在帝国主义的侵略面前，腐朽反动的清朝政府和保皇立宪派奉行投降卖国路线，扬言“宁赠友邦，勿予家奴”、“量中华之物力，结与国之欢心”，完全堕落为帝国主义的走狗。中国人民以不屈不挠、再接再厉的英勇斗争精神，沉重地打击了帝国主义侵略者，阻止了帝国主义妄图灭亡中国野心的实现。章太炎从民族资产阶级的立场出发，为救中华民族之危亡，图资产阶级之生存，大声疾呼，奋起斗争，表现了强烈的爱国主义思想。

十九世纪末，随着一次严重的世界资本主义经济危机，帝国主义之间争夺销售市场、原料产地和投资场所的斗争越来越尖锐，它们扩军备战，妄图用武力来重新分割世界。一八九八年，老沙皇由于军费开支庞大，陷入财政困难，为了缓和国内矛盾，对外继续争夺霸权，发起“裁军会议”。章太炎在同年春天写下了《弭兵难》一文，强烈谴责沙俄和美国帝国主义对中国和其他弱小国家的侵略，揭露老沙皇发起的“裁军会议”是假裁军，真侵略；揭露帝国主义采用政治讹诈和军事侵略的反革命两手，或“持哀的迈敦书以索地”，或出动警察、军队实行武装占领。他尖锐指出，帝国主义列强是“群盗”、“虎狼”，他们口念“弭兵”经，却“必不肯弭兵于中国”。在世界上还存在强国和弱国的时候，“弭兵”只是一种混淆视听的“琦辞”，欺世惑众的“仁术”，只能给“强国”以侵略扩张的口实，而“弱国”根本无从保护自己的领土主权。事实也正是如此。尽管俄、美两国把“弭兵”吹得天花乱坠，然而，墨写的谎言岂能掩盖血写的事实。就在一八九八年，美国同西班牙为了争夺古巴、菲律宾等殖民地，爆发了美西战争；一九〇四年，沙俄与日本为分割我东北领土、争夺东亚霸权，爆发了日俄战争。今天，在美、苏两霸故伎重演、玩弄“裁军”的时候，重读章太炎在七十七年前写的《弭兵难》，不能不发人深省。

章太炎揭露并控诉帝国主义对中国进行残酷的经济侵略、阻碍中国发展资本主义的罪行。他把矛头直指一小撮主宰帝国主义国家经济和政治的垄断资本家，揭露他们操纵国际金融市场，以卑劣的手段掠夺中国的白银：“西方之金一两，当银十五两。其与吾易，则当三十两，所得倍称。故泰西隐益，而中国隐损。”① 卑劣的掠夺使“中国金币之泄于异域者，不可画著计”②。帝国主义通过中国的官僚买办资本——“驵侩”，大量掠夺中国的粮食，“转漕于海外，岁一二百万石”，造成了中国农民虽穰（丰年）”还以“凝土（观音土）”充饥的惨剧③。对深受帝国主义垄断资本压制的中国民族资产阶级，章太炎深表同情。

① 章炳麟：《訄书·制币》，古典文学出版社，1958年，第122页。
② 章炳麟：《訄书·明农》，古典文学出版社，1958年，第117页。
③ 章炳麟：《訄书·消极》，古典文学出版社，1958年，第146页。

他控诉垄断资本依仗“治外法权”打击迫害中国民族资产阶级的罪行：“通商之岸，戎夏相捽，一有贼杀，则华人必论死，而欧美多生。”① 通过这些材料，章太炎为我们留下了一份帝国主义对我国进行血腥侵略的历史案卷。它证明，帝国主义垄断资本从它出世的那天起，就浸透了本国人民和别国人民的血汗。它的成长史，就是一部帝国主义的侵略扩张史。

章太炎还揭露帝国主义利用基督教和孔孟之道作为侵华、亡华的工具。一八七〇年，天津人民愤怒地痛击以传教为名的帝国主义分子，焚烧教堂，大长了中国人民的志气，大灭了帝国主义的威风。当时的直隶总督大卖国贼曾国藩却为虎作伥，用中国人民的鲜血向洋主子献媚。章太炎以严峻的史笔记下了中外反动派对中国人民欠下的这笔血债：“天津民众，聚击圣象，论诛十五人。”②在同一篇文章中，他历数芜湖、古田、曹州等“教案”，指出由于帝国主义分子的“恣横”不法，引起中国人民“积忿结气，怨之衔骨”而奋起反抗的事实，揭露了帝国主义利用“教案”“以割吾地”的阴谋，而卖国的清朝政府却总是献媚屈膝于帝国主义。章太炎指出，如果让那些传教士利用孔丘的“遗计”和“经纬”，“以号于众”，“若是则西教愈杀也”。舶来的“洋烟”加上老牌的“土膏”，两把软刀子并用，一起杀人，中国就真“阽危”到极点了。章太炎对帝国主义的无情揭露，无论在深度和广度上都超过了前人。

为了抵抗帝国主义的侵略，章太炎极力主张独立地发展中国的资本主义。“神州之商，潼滃蔚荟，相集相错，以成大群，而后可与西商格拒”，“然而非革命者，犹若不能行也”③。章太炎大声疾呼中国民族资产阶级要像云水那样相集，联合起来对抗垄断资本的涌入；号召实行资产阶级革命，彻底改变落后的封建生产关系，发展资本主义。这些政治主张，反映了中国民族资产阶级的愿望，符合当时历史发展的要求和民族利益，表明中国民族资产阶级正在政治上逐渐成长起来。

但是，中国民族资产阶级的软弱性，决定了他们“即使在革命时，也不愿意同帝国主义完全分裂”④。因此，他始终提不出鲜明的反对帝国主义的纲领和口号。彻底反对帝国主义的任务就历史地落在中国无产阶级的身上。

---

① 章炳麟：《訄书·定律》，古典文学出版社，1958年，第115页。
② 章炳麟：《訄书·忧教》，古典文学出版社，1958年，第132页。
③ 章炳麟：《訄书·制币》，古典文学出版社，1958年，第122页。
④ 毛泽东：《新民主主义论》，华东新华书店，1948年，第14页。

二

《訄书》是中国民族资产阶级反对封建主义斗争史上的一块丰碑。

《訄书》从旧版到新版的变化，生动记载了像章太炎这样一批民族资产阶级的政治代表摆脱了改良主义思想的束缚，投入以孙中山为代表的资产阶级民主革命派的过程。在初版《訄书》中，他曾主张“变革故法”，调和国内阶级矛盾，“以御白人之侮”，避免正在斗争着的封建地主阶级和新兴资产阶级这两头“荦牛”（大雄牛）被帝国主义这头“玄熊”同时吞噬的亡国惨祸①。但是，一八九八年戊戌变法的失败，一九〇〇年伟大的义和团反帝爱国运动的被镇压和帝国主义八国联军的入侵，激起了中国人民反帝反封建的革命斗争浪潮的新高涨，促使章太炎的思想产生了一个飞跃。在新版《訄书》中，章太炎否定了改良主义道路，表现出了反对封建主义的鲜明政治立场。目录前的两篇文章《客帝匡谬》和《分镇匡谬》，就是对改良主义思想进行公开严肃的自我批判。他沉痛地承认，改良主义的政治主张“违于形势远矣”，不推翻“色厉中干”、“葸畏”洋人的封建统治者，中国最终只能沦为“欧美之陪隶”。要救国，只有寄希望于“新圣”——资产阶级民主革命派。

“一个新的社会制度的诞生，总是要伴随一场大喊大叫的，这就是宣传新制度的优越性，批判旧制度的落后性。”② 作为一个资产阶级革命家，章太炎在《訄书》中，对清朝政府的反动专政进行了猛烈的攻击和批判。

章太炎愤怒揭露和批判封建统治者残酷剥削人民，阻碍中国发展资本主义的罪行。他揭露号称富庶文明的苏州地区的封建剥削和土地兼并的严重情况，指出官僚地主阡陌相连，“农夫占田寡，而为庸耕。其收租税，亩钱三千以上，有阙乏，即束缚诣吏，榜笞与逋赋等”③。他痛斥清朝统治者的“不加赋”、“政仁”、“泽厚”的欺骗宣传，指出他们对农民和商人的横征暴敛，比明火执仗进行“劫略”的强盗还厉害。章太炎称这帮大大小小的剥削者为寄生虫，指出在他们的残酷压榨下，中国“纵不时毙，其筋力固以日弛”；他们榨取了中国人民

① 章炳麟：《訄书·客帝》前录，古典文学出版社，1958 年。

② 《一个整社的好经验》按语，《毛泽东宣传》，中国人民大学新闻系，1958 年，第 138 页。

③ 章炳麟：《訄书·定版籍》，古典文学出版社，1958 年，第 120 页。

的血汗去供奉帝国主义的需索赔款，奴才敲剥无度，主子欲壑难填，“磬折徒跣以承白人之頩怒”①。在《定版籍》中，章太炎记录了自己与孙中山关于改革土地制度的一番讨论，提出了“平均地权”的经济纲领。他批判封建生产关系不合理，必然造成“贫富斗绝”，引起陈胜“张楚于大泽”这样的革命。这些都反映了中国民族资产阶级要以资本主义生产关系来代替封建生产关系，从而发展资本主义的愿望。这在当时，无疑是进步的，革命的。但是，章太炎毕竟是民族资产阶级的政治代表，因此，他又认为资本主义剥削是合理的，赞同这样的看法：拉车工人与航海船主，建筑工人与艺术家，一为“牛马”，一为“宗主”，他们的经济收入理应相差百倍，“岂可同哉”，“欲均贫富者，此天下之大愚也”。

章太炎还用他锋利的笔戳穿了封建统治者玩弄“君主立宪”的政治骗局。在《消极》中，他尖锐地揭露他们变法是假，卖国是真。“清作伪政”，只是为“媚大邦”、“使国罥”。他们标榜“强兵”，只为镇压革命，“不以御外，以御其民”。因为这伙卖国贼深谙“得失之数”：“民胜者，位号亡；外胜者，位号存。”人民革命胜利之日，就是封建统治完蛋之时，若是帝国主义打进来，他们还可以保存儿皇帝的资格。因此，章太炎断言，只有通过暴力革命，才能清除清朝反动统治这一“害柢”，才能采用“积极之政”，发展中国的资本主义。

就像欧洲资产阶级革命时期，哲学变革作了政治变革的先导一样，《訄书》表达了资产阶级民主革命派早期的哲学思想和政治主张，为资产阶级民主革命作了理论准备。章太炎总结了中国历代尊法反儒政治家的“法治”经验，并吸取了西方资产阶级的社会政治学说，精心勾画了一张资产阶级民主共和国的理想蓝图。在《地治》和《刑官》中，他介绍了西方的“联邦制”、“联州制”以及立法、行政、司法“三权分立”的政治体制。在《官统（下）》中，更具体地提出了“置议院”、“求材于学”、“相材而授之职”等“六术”，这实际上是资产阶级的一部分政治纲领。《訄书》中还有很多篇目如《定律》、《明农》、《经武》、《议学》、《相宅》等，分别从法律、经济、军事、教育乃至革命成功后的建都问题提出了一系列的改革方案。“吾言变革布新法，皆为后王立制。”② 纵然这张蓝图有许多错误的地方，而且在中国也极不现实，但在同盟会成立之前，在孙中山先生提出中国资产阶级革命纲领之前，也算得上一张令中国资产阶级神往的蓝图了。

---

① 章炳麟：《訄书·不加赋难》，古典文学出版社，1958 年，第 116 页。

② 章炳麟：《訄书·消极》，古典文学出版社，1958 年，第 145 页。

但是，“资产阶级的共和国，外国有过的，中国不能有，因为中国是受帝国主义压迫的国家”①。章太炎虽说推翻清朝统治是“耕夫红（工）女，将与有责”②，但却轻视和脱离人民群众，认为在全中国四万万人中，懂得革命道理的“亿不盈一”③。由于中国资产阶级的软弱性，不敢发动作为民主革命主力的广大“耕夫红女”起来进行斗争，封建专制制度赖以存在的经济基础——封建土地所有制不能彻底铲除，当然也就不能彻底完成反封建的任务，章太炎梦寐以求的资产阶级革命，最后遭到失败，也就是必然的了。

三

《訄书》也是中国民族资产阶级声讨孔孟之道的战斗檄文。

章太炎激烈抨击孔孟之道是守旧复辟之道，孔孟之徒是“污邪诈伪”之徒。在《订孔》中，他把矛头直指孔子，借用一个日本学者的话，说孔丘是中国的“祸本”，中国两千多年来的“守旧”，“更八十世而无进取者，咎在于孔氏”。在《争教》中，他揭露了儒家所“韪言”的孔丘把法家先驱者少正卯“执而杀之东观之下”的事实。指出，少正卯的革新活动同孔子的守旧倒退路线是一场激烈的水火不相容的“争教”即路线斗争。在《学变》、《学蛊》、《王学》、《清儒》、《学隐》等篇中，章太炎对从董仲舒到宋元明清理学的儒家代表人物和思潮，进行了无情的抨击。他揭露董仲舒宣扬孔孟之道，“使学者人人碎义逃难，苟得利禄，而不识远略”④，痛斥宋代的儒家代表人物是“蛊民之学者”⑤，明代王守仁支离破碎的“学术”，“徒以济诈”⑥，清代曾国藩是镇压农民起义的“元凶”和一心追求功名利禄的“善变人”⑦。章太炎着重总结先秦和秦汉时期的儒法斗争，从提倡变革的法家学派中寻找思想武器。《訄书》中的《儒墨》、《儒道》、《儒法》、《儒兵》等篇，都论述了我国从奴隶制社会发展到封建社会这一历史大转变时期的思想政治路线斗争。论古是为了议今，章太炎的反儒带有鲜明的阶

---

① 毛泽东：《论人民民主专政》，人民出版社，1960年，第5页。
② 章炳麟：《訄书·原人》，古典文学出版社，1958年，第40页。
③ 章炳麟：《訄书·解辫发》，古典文学出版社，1958年，第173页。
④ 章炳麟：《訄书·学变》，古典文学出版社，1958年，第21页。
⑤ 章炳麟：《訄书·学蛊》，古典文学出版社，1958年，第23页。
⑥ 章炳麟：《訄书·王学》，古典文学出版社，1958年，第24页。
⑦ 章炳麟：《訄书·杂志》，古典文学出版社，1958年，第164页。

级和时代特征。他把一个个孔孟之徒的丑恶嘴脸揭露出来，正是为了痛击那个自称“长素”（长于“素王”孔丘），为门徒题号“超回”、“轶赐”（超过颜回、子贡）的“南海圣人”康有为。他总结先秦和秦汉时期的儒法斗争，正是为自己那个历史大变动时代的阶级斗争服务的。

章太炎热情颂扬了秦始皇和商鞅等著名人物，高度评价他们巩固新兴地主阶级专政的革命措施。他以极其蔑视的态度嘲讽保皇派：“今之儒者，闻管（仲）、商（鞅）之术则震栗色变。”① 在《商鞅》中，他对“商鞅之中于谗诽也二千年”一事表示极大的愤慨，痛斥“非议法家”、“自谓近于维新”的康有为之流对商鞅的攻击。他充分肯定新兴地主阶级对没落奴隶主阶级的专政，认为商鞅严惩躲在幕后教唆太子破坏变法的公子虔，镇压七百个反对变法的反革命分子，是完全必要的革命措施，就像牧人“无所吝”地清除牛羊中的败群瘟畜。章太炎认为，如不这样，就不可能出现秦国“家给人足，道不拾遗”的局面。对保皇派从历代反动派那里拣来的“法家亡秦论”，章太炎在《刑官》一文中痛加驳斥。他指出，恰恰与这种谬论相反，秦因为“不能自守其宪度”，“故赵高得报之”，“恣己意以族大臣”，实行血腥的阶级报复，改变了秦始皇的法家路线，这才导致了秦王朝的灭亡。章太炎鲜明地指出，如果秦王朝不是乱法，“何（赵）高之足患”。这是历史上少有的公开勇敢地为秦始皇申辩的革命言论。值得指出的是，章太炎就在总结秦以法乱而亡的历史教训的差不多同时，写下了《秦政记》和《秦献记》这两篇著名的史论，论证了秦始皇以法治兴秦国的历史经验。总结秦王朝兴亡的历史经验教训，正是为了强调实行资产阶级专政以代替腐朽没落的封建统治。《訄书》在评论法家人物时，十分强调法治思想。他充分肯定管仲的“以刑名整齐国”②，曹操的“任法”③，诸葛亮的“齐人心，壹法令”，克服“内讧”“分裂”“魁柄下移”的政治措施④。

章太炎还继承法家的唯物主义思想，并运用西方自然科学知识，批判了保皇派鼓吹的“天命论”。“人死而为枯骼，其血之转磷或为茅蒐，其炭其盐或流于卉木，其铁在矿，其肌肉或为虫蛾蛰豸。”⑤ 这就是说，人死后，构成人体的

① 章炳麟：《訄书·儒法》，古典文学出版社，1958 年，第 18 页。

② 章炳麟：《訄书·儒法》，古典文学出版社，1958 年，第 18 页。

③ 章炳麟：《訄书·学变》，古典文学出版社，1958 年，第 22 页。

④ 章炳麟：《訄书·正葛》，古典文学出版社，1958 年，第 112 页。

⑤ 章炳麟：《訄书·原教（下）》，古典文学出版社，1958 年，第 164 页。

血液、炭、盐、铁、肌肉等成分，经过化学分解转化为磷，或者为草木等植物吸收，或者为虫蛾蛰豸等昆虫动物吮食，或者变为矿物质。这就有力地批判了鬼神上帝等迷信的虚妄。章太炎还以进化论的观点论述了人类与生物的进化，“玃狙攀援乎大陵之麓，求明昭苏而渐为生人”①。人是由猴子进化来的，不是“上帝创造”的，而且人类还得在与自然界的斗争中不断前进。“物苟有志彊力以与天地竞，此古今万物之所以变，变至于人，遂止不变乎?”②

在差不多与《訄书》同时写下的《革天》一文中，章太炎在我国古代“人定胜天”思想的基础上，进一步提出了“人定代天”和“人定革天”的思想，生动地反映了中国资产阶级在其上升时期的蓬勃朝气。他们不信天命信人力，要“与天地竞”，奋发图强，争取自己政治上的解放，摆脱帝国主义和封建主义的压迫。

章太炎的战斗文章，为辛亥革命作了舆论准备。但是，章太炎毕竟是一个资产阶级的革命家，他在政治上从来没有越出旧民主主义革命的范畴，他在思想上对儒家学说的批判也是不彻底的。因此，当辛亥革命的胜利果实被袁世凯窃夺后，章太炎尽管同复辟逆流进行了斗争，但在一九一四年再次修订《訄书》并改名为《检论》时，却删去了很多宣传革命的内容，增加了不少纯学术研究的文章，明显地反映了他思想的倒退。正如毛主席所指出的：“这种资产阶级思想只能上阵打几个回合，就被外国帝国主义的奴化思想和中国封建主义的复古思想的反动同盟所打退了。”③ 这就证明，当一种新的剥削阶级专政代替另一种剥削阶级专政的时候，必然要遭到旧制度、旧思想的猛烈反抗，经历曲折、反复的过程。

［原载《思想战线》1975年第4期］

① 章炳麟：《訄书·原人》，古典文学出版社，1958年，第38页。

② 章炳麟：《訄书·原变》，古典文学出版社，1958年，第57页。

③ 毛泽东：《新民主主义论》，华东新华书店，1948年，第41页。

章太炎在《民报》时期的思想演变

章太炎从一九〇六年七月到一九〇八年十月主编《民报》，在《民报》上发表了五十多篇文章，其中绝大多数是政论文章和哲学文章。这些文章同反帝反封建的资产阶级民主革命潮流是基本一致的，在中国近代史上占有一定地位。鲁迅曾誉之为章太炎一生中“最大最久的业绩”，学术界历来也对之十分注目。但由于这时期章太炎的思想错综复杂，研究者众说纷纭。基本看法是，“章太炎的哲学体系是吸取了西方近代资产阶级唯心论，对中国佛教唯识宗的主观唯心主义加以改造、充实而成”①。持肯定态度者认为，这是章太炎“对佛学重新估价，把它改造成为革命斗争的思想武器”②；有异疑者却说“章太炎的主观唯心主义，跟他把个人自由绝对化的思想，是结合在一起的……把当时进步思想家所支持的一些原则都否定了”③。

我的看法是，应从《民报》时期中国社会的阶级矛盾、民族矛盾的历史情况出发，具体分析这时期的章太炎思想。可以一九〇七年年中为界把它划分为前后两阶段。在前阶段，佛教思想被章太炎充实改造成为反帝反封建的资产阶级民主革命服务的思想武器，他同孙中山目标相同，步调一致；在后阶段，老庄的相对主义和虚无主义汇合进佛教主观唯心主义中来，他同时进行了两个方面的论争：在批判帝国主义和封建主义的意识形态的同时，又同孙中山展开了争论。

---

① 孔繁：《章太炎在主编〈民报〉时期的哲学思想》，《哲学研究》1978 年第 5 期，第 56 页。

② 胡绳武、金冲及：《辛亥革命时期章炳麟的政治思想》，《历史研究》1961 年第 4 期，第 17 页。

③ 冯友兰：《章太炎在〈民报〉时期的哲学思想》，《文汇报》1961 年 7 月 14 日。

思想战线的斗争始终是服务于政治战线的斗争的。从一九〇五年到一九〇七年，以孙中山为首的革命派同以康、梁为首的保皇派在政治思想战线上展开激烈的论战。作为《民报》的主笔，斗争需要章太炎锻造思想武器，以利展开革命的批判。

章太炎偏偏选中了主观唯心主义的佛教哲学。在此之前，他主要是在继承我国古代的政治和哲学思想的基础上，吸取西方资产阶级革命时期"天赋人权"的学说和"自由、平等、博爱"的口号，写作《驳康有为论革命书》等文章，同保皇派斗争的。他对佛学仅是"略涉"而已，既"不能深"，"亦不甚好"。及至《苏报》案狱中三年，他才潜心佛学，"晨夜研诵"瑜伽师地论、因明入正理论等书，"乃悟大乘法义"①，一九〇六年出狱东渡日本后，他在继续阅读西方哲学的同时，进一步研究佛学，"暇辄读"，还不时"从印度学士咨问"②。他对佛学估价极高。在他看来，过去钦敬不已的西方康德、叔本华等人和先秦诸子的哲学思想，在精致的佛教哲学面前，都显得黯然失色了。"康德所说的'十二范畴'，纯是'相分'的道理；索宾霍尔（叔本华）所说的'世界成立全由意思盲动'，也就是'十二缘生'的道理。"③ "参以近代康德、萧宾诃尔（叔本华）之书，益信玄理无过楞伽、瑜伽者。"④ "释迦玄言，出过晚周诸子不可计数，程朱以下尤不足论。"⑤ 他终于把佛学注入西学，锻造成功了他的"新"武器。

我们知道，佛教自从传到中国以后，从来就是按照各时代封建地主阶级的需要加以解释和利用的。到了近代，资产阶级各政治派别同样按照自己的政治需要对它加以利用。如果说，康有为、谭嗣同曾把佛学解释得适合维新变法的需要，那么章太炎则是根据资产阶级民主革命的需要对之加以利用了。

他肯定佛教哲学大有益于资产阶级民主革命。在政治上，因为佛教"最重平等，所以妨碍平等的东西必要除去，满洲政府待我汉人种种不平，岂不应该

---

① 章太炎：《太炎先生自定年谱》1897年、1904年条，见《章氏丛书》附录下，浙江图书馆校刊本，1919年。

② 章太炎：《蓟汉微言》，见《章氏丛书》，浙江图书馆校刊本，1919年，第73页。

③ 章太炎：《演说录》，《民报》1906年7月第6号，第7页。

④ 章太炎：《自述学术次第》，《制言》1936年第25期，第2页。

⑤ 章太炎：《蓟汉微言》，见《章氏丛书》，浙江图书馆校刊本，1919年，第72页。

攘逐？……照佛教说，逐满复汉，正是分内之事。又且佛教最恨君权，大乘戒律都说：‘国王暴虐，菩萨有权，应当废黜。’又说：‘杀了一人，能救众人，这就是菩萨行。’……这更与恢复民权的话相合。”在思想上，因为“这华严宗所说，要在普度众生，头目脑髓，都可施舍与人，在道德上最为有益。这法相宗所说，就是万法唯心，一切有形的色相，无形的法尘，总是幻见幻想，并非实在真有。……要有这种信仰，才得勇猛无畏，众志成城，方可干得事来”。他公开宣布自己倡导佛学的政治目的：对革命队伍来说，是用佛教“发起信心，增进国民的道德”①；对思想战线上的革命对象来说，则是“制恶见而清污俗”②的武器。在大论战中，他正是凭借佛学对自己目光所及的国内外思想界各种“恶见”和“污俗”进行讨伐和清扫的。

对内，他这时着力声讨孔教。在大论战中，梁启超抛出了新的尊孔论。这种新尊孔论鼓吹孔学“优胜”于先秦诸子，并改变了他的老师康有为那种把孔丘神化为“通天教主”的粗鄙宗教形式，力图给孔教披上资产阶级“文明”和“自由思想”的新装。同这种欺骗宣传针锋相对，章太炎坚持从资产阶级自由平等的观点出发来评价道、墨、法诸家，反对两千年来“定一尊于孔子”的封建文化专制主义。因此，他借用墨子、庄子的话，揭露孔丘是一个“污邪诈伪”“惟在趋时”的两面派和“巧伪人”，揭露“儒术之害，则在淆乱人之思想”③。他指出同佛学对人在道德上最为有益相反，“孔教最大的污点，是使人不脱富贵利禄的思想”④，造成人们的道德堕废。在章太炎笔下孔丘的可憎面目，分明就是康、梁的尊范，而儒术之害，分明也就是康学之害。这种饱含现实政治性而又偏重于道德观方面的批判，远较一九〇二年写的《订孔》为鲜明。

对外，章太炎这时着力批判基督教等有神论，也评论了泛神论、不可知论等哲学思想。一九〇六年十月和十一月相继发表在《民报》的《无神论》和《建立宗教论》便是这方面的代表作。

《无神论》开宗明义把全世界的哲学和宗教分为唯种、唯物、唯我三类，他认为“惟我之说，与佛家惟识相近，惟神、惟物则远之……惟物之说（按：章

---

① 章太炎：《演说录》，《民报》1906 年 7 月第 6 号，第 4 页。

② 章太炎：《人无我论》，《民报》1907 年 1 月第 11 号，第 17 页。

③ 章太炎：《诸子学略说》，汤志钧编：《章太炎政论选集·上》，中华书局，1977 年，第 291 页。

④ 章太炎：《演说录》，《民报》1906 年 7 月第 6 号，第 5 页。

太炎所称“惟物”实即“经验”之谓——笔者注)，犹近平等。惟神之说，崇奉一尊，则与平等绝远矣。欲使众生平等，不得不先破神教”。这些话表明，章太炎正是手持资产阶级自由平等的政治标尺，以佛教唯识思想为取舍标准，从而肯定唯我论、否定唯神论、半取半舍经验论。下面试作一些介绍。

一、有神论。章太炎揭露基督教是民主革命的大敌，它“使人人自由思想，一概堵塞不行，以致学问日衰，政治日敝”。他运用佛教思想对其“谬妄可笑，不合哲学之处”① 加以迎头痛击。《无神论》偏重于形式逻辑的分析批判。它用假言三段论的逻辑推理，逐一揭露基督教所称的上帝“全知全能”、“无始无终”、“绝对无二”和“无所不备”这些神学教条的自相矛盾之处，从而推断上帝之不存在。《建立宗教论》则着力于以佛教主观唯心主义来否定“上帝”的存在。文章反复申述，“此心是真，此神是幻”。“此识是真，此我为幻。”“心为必有，而宇宙为非有。所谓宇宙，即是心之碍相”。“宇宙本非实有，要待意想安立为有，若众生意想尽归灭绝，谁知有宇宙者?”为此，作者宣布，除了膨胀了的“心”即“识”是真实的，客观世界的种种纯属子虚乌有。这样，就像把洗澡水同婴儿一起倒掉一样，在否定神的同时，他把物质世界也一股脑儿全盘否定了。

二、泛神论。斯宾诺莎是十七世纪荷兰唯物主义哲学家，披着泛神论外衣的无神论者。他否定超自然的上帝存在，把实体同自然、神等同起来，这是与神学和宗教斗争的掩护，反映了早期资产阶级的革命要求。在《无神论》中，一方面，章太炎把他“不立一神，而以神为寓于万物”的泛神思想比作黎明前唤醒人们的鸡鸣，认定其“亦近华严‘无尽缘起’之义”，把它当作无神论的友军，给予高度赞扬。另一方面，又认为“既曰泛神，则神名亦不必立”，泛神论者所加的“神之称号”又可“刊落”。

三、不可知论。《无神论》认为康德在“神之有无”问题上的不可知论是其“千虑一失”，表示十分惋惜。为了纠正康德之“失”，文章从认识论的角度指出：“神之为言，惟有其名，本无其相，而不可竟拨为无乎!”但在《建立宗教论》中，章太炎则运用彻底的主观唯心主义来克服康德的模糊的不可知论在逻辑推理上的矛盾了：“此天然界本非自有，待现识要求而有，此要求者由于渴爱，此渴爱者生于独头无明。纵令有纯紫之天然界，而以众生之力，亦能变为

① 章太炎：《演说录》，《民报》1906 年 7 月第 6 号，第 6 页。

纯青之天然界。”在他看来，自然并非实有，只不过是人类意识迷惑“独头无明”的产物；人类的主观意识甚至可以改变自然界的颜色。章太炎早先曾接受康德思想中关于宇宙发展的辩证法思想①，到如今却以彻底的主观唯心主义批判康德了，促成这一变化的原因之一，正是当时政治斗争的需要。善变的梁启超在大论战中为了鼓吹保皇派的“道德修养”，他曾任意把康德的“不可知论”和王阳明的“致良知说”糅合成一块，信口说什么康德哲学是“以良知说本性，以义务说伦理”，“阳明之良知，即康德之真我，其学说之基础全同”，两人之学说“若合符节”②。因而章太炎对康德不可知论的批判具有间接批判保皇派的积极意义。

由上可见，章太炎正是挥舞着佛教思想这一武器去从事思想领域的摧毁廓清工作的，并且尤其致力于肃清梁启超蛊惑人心的言论的恶劣影响。他曾愤慨地说过：“与其诛数张之洞，不如诛一梁启超。张之洞虽愚，不足以害学界，梁启超虽无学问，直足以惑群盲。”③ 曾经目睹并亲身参加过这场大论战的鲁迅回忆说，章太炎“和主张保皇的梁启超斗争……真是所向披靡，令人神往”④。确实，就在这时，章太炎站在孙中山的旗帜下，奋勇作战，为自己写下了一页光荣的历史。

二

在这场大论战中，革命派战胜保皇派的标志乃是一九〇七年八月保皇派的喉舌《新民丛报》的被迫停刊和同年十月保皇派机构“政闻社”成立大会的被冲散。随着思想战线的胜利，资产阶级革命派从不彻底的思想批判转向不成熟的武器批判。在之后的几年中，资产阶级革命派领导的武装起义接连不断，屡仆屡起，将革命推向高潮。

但是，“无论过去或将来，每个时代都有个别的、局部的、时而前进时而后

① 章太炎：《视天论》，《清议报》1899年第25、28册。

② 梁启超：《近世第一大哲康德之哲学》，《饮冰室合集·文集之十三》，中华书局，1936年，第63页。

③ 梁启超：《新民说·论私德》，《饮冰室合集·专集之四》，中华书局，1936年，第140页。

④ 恨海：《来函》，《民报》1906年6月第5号，第138页。

退的运动，都有脱离一般运动和运动的一般速度的各种倾向”①。作为资产阶级革命派领导机构的同盟会，在同保皇派激战的时候，大敌当前，内部比较一致。敌存灭祸，敌去召过。击败保皇派后，同盟会出现了涣散的征兆，内部政见纷纭，争执不断。作为原光复会领导人，在这场从某种意义上说是以派性形式出现的革命派的内争中，章太炎卷入很深，并且始终以孙中山反对派中的一名主要角色出现。

章太炎是一个个性很强的人，他和孙中山分歧的起因本来只是意气之争。一九〇七年三月，孙中山被日本政府驱逐出境时得到一笔赠款，他把其中的大部分留作军费，少量余款作为《民报》经费。当时《民报》因萍乡之役的影响，不能输入内地，销数锐减，甚至连印刷之费也不能支付。因此，章太炎颇为不满。随即这一矛盾又在同年夏秋间钦廉起义购买日械问题上尖锐地爆发出来了。双方这种龃龉，用孙中山的话来说，便是“东京本部之党员忽起风潮”，而从章太炎方面来说，则是抑郁消沉，佛教思想的消极面抬头。“思适印度为浮屠”，皈依佛门，脱离革命，在“资斧困绝，不能行”② 的情况下，他竟在这年年底通过刘光汉夫妇向时为两江总督的端方谋筹路费③，造成了一个难辞其咎的政治错误。及至一九〇八年十月，日本政府应清政府之请封禁《民报》后，孙中山另派人续办《民报》，章太炎更是忿不能平，作《伪〈民报〉检举状》，公开指责孙中山。到一九一〇年初，光复会终于从同盟会中分离出来，在东京成立总部，章太炎任正会长，陶成章任副会长，与同盟会分道扬镳，造成了很坏的影响。

组织上的分离必然与政治上、思想上的分歧联系在一起。他承认这时候自己同孙中山“论政多所不合”④。正是由于这种反对派的特殊立场，他表现了政治思想上的两重性：在继续反帝反封建的同时，又对孙中山的三民主义表示了不同的看法。

首先，在民族主义问题上，他在反帝的同时，对孙中山的一些主张表示

---

① 鲁迅：《关于太炎先生二三事》，转引自《鲁迅杂文选讲》，吉林人民出版社，1977 年。

② 列宁：《打着别人的旗帜》，《列宁全集》第 21 卷，人民出版社，1959 年，第 123 页。

③ 黄侃：《太炎先生行事记》，《制言》1937 年第 41 期，第 2 页。

④ 参见杨天石、王学庄：《章太炎与端方关系考析》，《南开大学学报》1978 年第 6 期。

异议。

帝国主义的侵略活动，激起了他强烈的反帝情绪。他愤怒控诉，“帝国主义则寝食不忘者常在劫杀，虽磨牙吮血，赤地千里，而以为义所当然。……综观今世所谓‘文明之国’，其屠戮异洲异色种人，盖有甚于桀纣”。它们高唱“自由”、“平等”，却“实施最不自由、平等于他国之人。……其酷虐为旷古所未有，是曰‘食人之国’”①。一九〇七年秋，他在日本联络印度、安南、缅甸等国志士发起组织“东亚亡国同盟会”，自任会长。他主张在国际关系中，各民族真正平等，“使欧美人不得占领亚洲，使亚洲诸民族，各复其故国”②。他认为“西人之祸吾族，其烈千万倍于满洲”③。章太炎的这种民族主义，尽管像中国其他资产阶级革命家一样，对帝国主义仍有软弱妥协的一面，但毕竟较早先的单纯排满革命前进了一大步。

不过在另一方面，他又对孙中山等以建立资产阶级民主共和国为神圣事业的宣传表示强烈不满。“国家之事业，是最鄙贱者，非最神圣者。”尤其对建立国家事业归功于元首和团体的说法，他一再提出严重抗议，“夫其事既由人自为之，而美名所在，不归元首，则归团体，斯则甚于穿窬发匮者矣”。似乎唯恐读者不能领会这里的“团体”和“元首”所指，文章接着强烈指责那些以“匡扶邦族”为“高名”的人。“今之贤者，既救火而思牛酒，斯末矣。不者，未救火而预设一可得牛酒之心，悲哉！然此非独救国为然，虽能空国家而致之大同，亦赖群伦之力，未足以自豪也。”④ 章太炎作为“群伦”代言人的愤激之情跃然于纸。他以“救火”喻救国，以“牛酒”喻酬谢，那么，欲“匡扶邦族”而“致之大同”的“今之贤者”影射的指谁，不是十分清楚吗？

其次，在民权主义问题上，他在把批判的锋芒指向保皇立宪派的同时，也对孙中山的主张表示了非议。

梁启超曾极力鼓吹资产阶级社会学家波伦哈克“以君主为国家统治之主体，而以领土及臣民为国家统治之客体”的反动的国权主义即君权主义，并要求革命派就此问题公开“答辩”⑤，猖狂向民权主义提出挑战。章太炎据理力驳这国

① 章太炎：《自述学术次第》，《制言》1936年第25期，第11页。
② 章太炎：《五无论》，《民报》1907年9月第16号，第7页。
③ 章太炎：《答祐民》，《民报》1908年7月第22号，第131页。
④ 章太炎：《革命军约法问答》，《民报》1908年7月第22号，第49页。
⑤ 章太炎：《国家论》，《民报》1907年10月第17号，第14页。

权主义的谬论，直斥“国家学者借此谬乱无伦之说以诳耀人，真与崇信上帝同其昏悖”①。

为了维护民权，他把批判的火力引申到资本主义的代议制度上。从一九〇八年二月到十月，他在《民报》上先后发表了六七篇文章，在戳穿那些政治骗子哄闹不休的保皇立宪闹剧的同时，对孙中山醉心的欧美资产阶级代议制也进行了批判。

一九〇八年十月发表的那篇著名的《代议然否论》便是这样的代表作。这篇文章的前半部分落笔于驳斥保皇立宪派“伸眉延颈，喁喁请国会”的谬论，力申代议政体“满洲”和“君主”“行之非”。后半部分则由五段一“难”一“应”的文字组成，难之者以代议为然，应之者则以代议为否，往来辩驳，力申“汉人”和“民主”“行之亦非”。从某种意义上说，这部分内容正是同力主在中华民国成立后实行代议制的孙中山在论辩。所以文章在介绍了自己对代议制的认识发展过程后，明确指出：“今之务在乎辑和民族”，“令民族亲如昆弟”，团结一致排满革命，如果实行代议制则有造成“剖分”和“隔阂”之忧，“于民族主义甚反矣”；“今使议院尸其法律，求垄断者，唯恐不周，况肯以土田平均相配?”因而结论是代议制“与民族、民生二主义相牴牾”，“民权不借代议以伸，而反因之扫地”。他认为“恢廓民权，限制元首，亦多术矣”，只需强调法制用来“抑官吏、伸齐民”，“抑富强、振贫弱”，为此，“则君权可制矣，民困可息矣，又奚数数然模仿代议惟恐或失为?”文章结尾更带着相当浓厚的辨是非、论曲直的意味，作者把代议然否问题诉诸国人：“共和之名不足多，专制之名不足讳，任他人与之称号耳。大抵建官设官，惟卫民之故，期于使民平夷安隐，不期于代议。若捨代议政体，无可使其民平夷安隐者，吾亦将摭取之。今代议则反是，不代议则犹有术以得是，斯掉头长往矣。‘名者，实之宾也。’吾汉族诸昆弟，将为宾乎?”章太炎引用《庄子·逍遥游》中关于名实问题的话，正是呼吁人们分清代议之然否，舍名而就实。有的同志抓住“共和之名不足多，专制之名不足讳”，就认为章太炎反对民主共和、拥护封建专制，这是很武断的。当然，资产阶级标榜代议制，只是为了用所谓议会民主来掩盖资产阶级专政的反动本质。章太炎虽然在一定程度上揭露了代议制的虚伪性，但他自己设计的那套保障民权的方案，仍是以资产阶级国家和法的学说为依据的，同孙中山的主张并无根本差别，他们都没有摆脱资产阶级虚伪民主制的影响。

---

① 梁启超：《开明专制论》，《新民丛报》1906 年 2 月第 75 号。

再次，在民生主义问题上，他们之间也有同异。

孙中山主张通过平均地权和节制资本来发展资本主义，预防无产阶级和资产阶级之间的阶级斗争。章太炎目睹资本主义物质文明的发展，给贫民带来的不是幸福，却是更大的祸害。为此，他也提出了几条预防资本主义祸害的方法："一曰均配土田，使耕者不为佣奴。二曰官立工场，使庸人得分赢利。三曰限制相续，使富厚不传子孙。……"① 他还提出"田不自耕植者不得有，牧不自驱策者不得有，山林场圃不自树艺者不得有，盐田池井不自煮曝者不得有，旷土不建筑穿治者不得有，不使枭雄拥地以自殖也"②。可见，虽然他的经济主张纯属空想，也并不是一个彻底的反封建纲领，但他和孙中山却是一致地对抗着反对"土地国有"，害怕农民起来"夺富人之田为己有"③ 的保皇派，反映了近代中国人民在经济领域反对帝国主义和封建主义的革命要求。

然而，章太炎的"均配土田"毕竟有别于孙中山的"平均地权"。孙中山的"平均地权"是吸取了美国亨利·乔治的改良主义，用"单一地价税"和"土地国有"的办法，限制地主对土地的垄断，为资本主义的发展创造前提。章太炎的"均配土田"却是取法于北魏至唐代的均田制，他把封建土地所有制的一种形式援引过来，以此作为解决农民土地问题的办法。孙中山主张发展资本主义，促进物质文明，章太炎却从来没有提出过发展资本主义的具体主张，他是厌恶物质文明的发展的。所有这些，既与其哲学上的虚无主义、相对主义相一致，同时也含有以自己的中式方案与孙中山那个西式方案对比竞争的意味在内。如果说，孙中山把自己的民生主义比附为"社会主义"，因而被列宁称为"主观社会主义"，那么，章太炎的主张不就多少有一点马克思、恩格斯指出的那种"封建社会主义"的色彩吗？"它有时也能用辛辣、俏皮而尖刻的评论刺中资产阶级的心，但是它由于完全不能理解现代历史的进程而总是令人感到可笑。"④

总之，在《民报》后期，章太炎虽在组织上与孙中山离异了，并且犯有这样那样的严重错误，但统观他这时期的全部活动和基本主张，他还是在反帝反封建的前提下，表示自己的异议的，他依然是资产阶级革命派中的一员。

---

① 章太炎：《五无论》，《民报》1907年9月第16号，第2页。

② 章太炎：《代议然否论》，《民报》1908年10月第24号，第12页。

③ 梁启超：《开明专制论》，《新民丛报》1906年2月第75号。

④ 《共产党宣言》，《马克思恩格斯选集》第1卷，人民出版社，1972年，第274页。

三

与政治思想上同孙中山的分歧和对现实的资本主义制度的怀疑相应，在哲学思想上则表现为对社会生活的幻灭感和对西方资产阶级理性王国的否定。老庄的虚无主义和相对主义恰在这时汇合进他的佛教唯识宗思想中来，使他在主观唯心主义的道路上渐进渐深，这绝不是偶然的。这一变化以一九〇七年九月发表《五无论》为开始，以一九〇八年七月《四惑论》的发表和一九一〇年《齐物论释》的成稿为基本完成，一直延伸到辛亥革命。

《五无论》是佛庄思想在章太炎头脑中结合的初步产物。文章提出了一个无政府、无聚落、无人类、无众生、无世界的“虚无之道”。在论证这个“五无”的理想世界的“最后圆满之期”的“无世界”时，他运用的就是佛庄并用、互为补充的方法，他先用佛教思想否认客观物质世界的存在：“世界本无，不待消灭而始为无。今之有器世间，本为众生依止之所，本由众生眼翳见病所成，都非实有。”随即又用老庄的不可知论加以补充，组成物质世界的“原子云者，徒为妄语……超出经验之外，但有假名。要之空间尚无，岂彼空间所容受者，而可信其为有?”在这里，用不可知论得出了否定世界存在的怀疑主义结论。在他虚无主义的眼中看来，物质世界的存在，只不过是人们的一种“错乱”罢了，待到“众生既灭，世界必无豪毛圭撮之存，譬若病眼者死，而眼中所见之空华与之俱死”。

“五无之制”虽然高妙，但毕竟太遥远了，“期以百年，然后递见”。在当今怎样向这个理想境界过渡呢?章太炎认为必须打破“今人以为神圣不可干”①的资本主义社会的精神枷锁。他在《四惑论》这篇《民报》时期发表最晚的哲学论文中，把“公理”、“进化”、“唯物”、“自然”称为“四惑”，集中反映了他力图以佛庄思想批判西方资本主义社会有关思潮的特点。下面我们分别加以论述。

一、惑于“公理”。资产阶级宣称，人生下来就对资本主义社会负有义务，社会和法律就是建筑在这种义务的基础上的。章太炎否认这种“公理之说”，人“非为世界而生，非为社会而生，非为国家而生，非互为他人而生，故人之对于世界、社会、国家与其对于他人，本无责任。”他指出，这种“强大社会以压抑个人，仍使百姓千名互相牵制”的理论，对人们的精神禁锢，比中国封建社会

---

① 章太炎：《四惑论》，《民报》1908年7月第22号，第1页。

的"理学"更厉害："天理缚人，非终身不能解脱，言公理者，以社会常存之力抑制个人，则束缚无时而断……无所逃于宙合。"为此，他把庄子齐物我、齐彼此、齐是非、齐利害、齐死生的齐物思想与之对比，结论是主张万事万物"各以所得为安"、否认绝对划一的庄子思想"其度越公理之说，诚非巧历（指善于计算的人——笔者注）所能计矣"。

二、惑于"进化"。章太炎本是一名热诚的进化论者。庸俗进化论思想推动他参加资产阶级改良主义运动，革命的历史进化论又推动他参加资产阶级民主革命。但就在这时，他却以进化为"惑"，把那些"标举自由""以进化为主义"的做法直斥为"进化教"，对之完全持否定态度了。

为了否定进化，他搬出佛教唯识思想："所谓进者，本由根识迷妄所成，而非实有此进。就据常识而言，一切物质，本有不增不减，有进于此，亦必有退于彼，何进化之足言？且有机物界，世见其进化之幻象也，而无机物界，并此幻象亦不可睹。"接着，他又用庄子的不可知论的诡辩来否定进化："明日有无，必非今日所能逆计。所以者何？未至明日而言明日之有，即无证验。……故明日尚不能知其必有。离于明日，何进化之可言？此则徒为戏论而已。"这种诡辩到《齐物论释》中则表现得更为露骨："夫现在必有未来，今日必有明日，此谁所证明者？"

三、惑于"惟物"。章太炎为"惟物"所下的定义是："惟物者，自物而外，不得有他。"他所说的"物"，仅仅是指物质，他所说的"惟物论"，实际就是感觉论和经验论。为什么要破除对物质的迷惑？这是因为，"以物质文明求幸福者，不自量度，而妄尸惟物之名"。他认为，这是"厚颜之甚"，非痛诋不可。更因为"世人之矜言物质文明者，皆以科学揭橥"，而"言科学者，不能捨因果律"，所以他在破"唯物"之惑时，全力以不可知论否定作为科学基础的因果律。

我们知道，章太炎前时还对康德在神的问题上的不可知论提出批评，可是现在他不但不再批评，反而感到这一套西方的不可知论在否定因果律上还不彻底。"余谓吼模之说，犹未究也。"因而，他借助东方的不可知论来解释："物质既不可知，则惟求之现象，而现象与现象之因果，于此心界虽可知，于彼物界诚有此因果否，亦不可知，则名言堑绝，无可为趣入之涂矣。"总之，人的认识能力是有限的，与其苦苦研究事物间因果关系的存在与否，倒不如干脆闭上眼睛，彻底否定因果律的存在。

四、惑于"自然"。为什么要破徐此惑？章太炎认为，所谓自然规则常常被主张进化的人用以压制不同的观点，不摆脱它的束缚，人们的思想就会受到禁锢，成为精神猥贱者。"主持进化者恶人异己，则以违背自然规则弹人……自我观之，承志顺则自比于斯养之贱者。”他指出，自然和自然规则都是人们“心造”的。“所谓自然规则者，非彼自然，由五识感触而觉其然，由意识取象而命为然。”“言自然规则者，则胶于自性，不知万物皆展转缘生，即此展转缘生之法，亦有心量展转缘生。”客观存在的自然规则被说成是人们主观感触和意识的产物，世界万物的产生被说成是“心量展转缘生”的结果，在这种佛教唯识思想的解释下，“自然”（即事物的客观存在——笔者注）和“自然规则”（即事物的客观规则——笔者注）统统被否定了。为了进一步否定，他又搬出庄子的无是非观。他称引《庄子》的话：“蚊欲负山，蚷欲驰河，讥其不量力可也，责其不合义则不可也。”他认为人类对自然规则“顺之非功，逆之非罪”，“人有恣意抗之，此亦任其自为耳。”无是非观与佛教唯识思想的差别本就有限。因而到了《齐物论释》中，两者就被完全混合在一起了：“是云非云，不由天降，非是地作，此皆生于人心。”“若无是非之种，是非见识亦无，其在见识，若不忍许何者为是，何者为非，事之是非亦无明证。是非所印，宙合不同，悉由人心顺违，以成串习。”

至此，必须回答：为什么这时候章太炎要把“公理”、“进化”等西方有关社会思潮称之为“四惑”，力予排斥，这是因为，随着在日本实地观察的加深，他对资本主义社会暴露出来的种种矛盾越加感到不安和害怕。他痛感资本主义的物质文明并非理想之境。人类追求幸福，“但求诸心毋求诸物”即可。昔日心向往之，并甘愿为之坐牢杀头的追求目标，现在看来都变得那么面目可憎、卑鄙龌龊。西方资产阶级的理性王国统统被严酷的现实碾得粉碎。他幻想避免资本主义社会的祸害，另辟蹊径，标己之新，立孙之异。然而，西方资产阶级的思想武器既已无法解决中国的实际问题，即令以入世的佛教思想来救世显然也难奏效。“路漫漫其修远兮，吾将上下以求索”，求索的眼光转向本土，结果发现以消极遁世的老庄思想来补救佛教思想最为相宜。所以，尽管“以西来之风，演南华之旨”，援佛入庄是中国古已有之的，但冶佛庄于一炉，锻炼出“五无”、“四惑”这类既适合于批判帝国主义、封建主义，又适合表异议于孙中山的思想武器，却正是章太炎这个出身地主士绅家庭、与中国旧文化旧思想联系较多的特定人物，在辛亥革命前夕这个特定的历史时期合乎历史规律的结果。这种以佛庄结合为特色的主观唯心主义同他在政治思想上的两重性是完全一致的。它表明中国资产阶级在思想上较其在政治上更加软弱，它同时预示辛亥革命后章太炎同孙中山在政治上的分道扬镳是必不可免的了。

［原载《华中师范学院学报》1979年第4期］

戊戌变法时期的章太炎

戊戌变法时期历史人物的研究，过去往往注目于康、梁等主角，对于章太炎则研究较少。本文试图通过对这时期章太炎的哲学思想和政治思想以及他与康有为关系的考察，澄清事实，从而还早期章太炎的本来面目。

（一）

在戊戌变法时期，章太炎的哲学思想是以机械唯物论和庸俗进化论为特征的。

毛泽东同志指出："近百年来输入了欧洲的机械唯物论和庸俗进化论，则为资产阶级所拥护。"① "学了这些新学的人们，在很长的时期内产生了一种信心，认为这些可以救中国，除了旧学派，新学派自己表示怀疑的很少。要救国，只有维新，要维新，只有学外国。"② 早年的章太炎正是在寻找维新救国的思想武器的过程中，成为这些新学的拥护者。他最初走的是当时地主阶级知识分子正统的治学道路："治经谨守朴学，所疏通证明者，在文字器数之间。虽尝博览者诸子，略识微言，亦随顺旧义耳。"③ 但是，帝国主义列强对中国的侵略造成日益深重的民族危机，使他再也不能专一研究他的古文经学了。他努力寻找抵御帝国主义侵略的思想武器。在冯桂芬、王韬、郑观应等人早期改良主义变法思想影响下，他在先秦诸子那里探索救国"政术"的同时，开始了对西方近代自然科学和社会科学的学习。

---

① 毛泽东：《矛盾论》，人民出版社，1975 年，第 4 页。

② 毛泽东：《论人民民主专政》，人民出版社，1976 年，第 4 页。

③ 章太炎：《菿汉微言》，见《章氏丛书》，浙江图书馆校刊本，1919 年，第 72 页。

章太炎早年接触过哪些西学，以及这些西学对他的哲学思想产生什么影响，现在能够确切地提供部分答案的就是他在杭州诂经精舍跟随俞樾求学时期，写于二十二岁到二十四岁（1890—1892）的读书笔记《膏兰室札记》（家藏未刊稿）。在其中一部分内容中，我们可以看到他在继承我国古代素朴的唯物思想的同时，吸收了西方近代自然科学和进化论思想。

天是自然物质，还是有意志的主宰？这是唯物论同唯心论长期争论不休的老问题。在《膏兰室札记·天》中，章太炎肯定王充的元气自然观有力地批驳了儒家的有神论，“六经言上帝者，皆可以仲任（王充）说说之”。但他又否定王充把“气”说成“万物之元”的说法，明确指出，“苟误为天自有气，为万物之元，则误矣”。“凡施功于地球，以光热生长万物者，唯日耳。”不是“气”生万物，而是日生万物。为了肯定这个唯物的论题，在《膏兰室札记·化物多者，芙多地日月》中，他援引十九世纪英国天文学家侯失勒（今译赫舍尔 1792—1871，他的著作由清末数理科学家李善兰译成《谈天》）的《谈天》来说明。“地面诸物，无日之光与热，则不能生动。气非热，则永静而不成风；雷电亦由热气所感动；吸铁力北晓，疑皆日气所发也。植物资水土，动物食植物，亦互相食。然无太阳之热，则俱不生。草木成煤，以资火化；海水化气，凝为雨露，为泉泽江河，皆热力也。因热力，诸质之变化生焉，以成新物。……”总之，“化物多者，诚莫日若，而其化由于热力也”。在这里，章太炎根据中国古代和西方近代的有关材料，以力学的原理来说明自然现象，清楚地表明了他早年思想中机械唯物论的特点。

在这部读书笔记中，章太炎还力图用进化论的观点来解释地球和地球上生物的发展。他把这方面的“西人之说”概述为如下一段文字：“盖地本火球，屡次迸裂，乃成今之形体……地球每崩裂一次，即更为一世，每更一世，即有一世之草木。其初世之草木，尽变煤炭于地中；次世之草木，则备大禽大兽之所食；三世之草木，则备众禽众兽之所食；渐至今世，则蔬菜瓜果树木花草无一不备。”① 在另一则《膏兰室札记·火滥炎而不灭》中，他更借助韦廉臣（英国英格兰长老会教士，1887 年在上海成立广学会，专以汉文介绍西学）所著的《格物探源》，勾画了一幅地球上物种起源和生物进化的图景：从简单的海草蚌蛤变为鱼类，变为兽类，再变为人类。这些表明，在一八九八年严复翻译赫胥黎的《天演论》正式出版前，章太炎就谨慎地向进化论跨出了第一步。

① 章太炎：《膏兰室札记·天先成而地后定》（家藏未刊稿）。

如果说《膏兰室札记》还只是章太炎早年对机械唯物论和庸俗进化论思想的初步学习和积累，那么成稿于改良主义运动高潮期间的初版木刻本《訄书》——一部取“急迫而言”之义题名的内容相当广泛的政治和哲学论文集——正是他这种改良主义思想武器的锋芒初试。

在《訄书》中，他对帝国主义利用宗教作为侵华工具，制造“教案”“以割吾地”① 的罪恶表示愤怒。基于忧国和救国的原因，他展开了对宗教神学的思想批判。他根据西方资产阶级启蒙思想家关于宗教起源问题的理论，论述上帝、宗教的产生有着心理的根源，这就是先民对于种种超乎自然之上的神秘的巨大力量的无知和恐惧，“以为必有鬼神司之”，由此产生了宗教。人死后有无鬼魂之类存在？他进一步以自己所理解的近代自然科学加以否定，“人死而为枯骼，其血之转磷或为茅蒐，其炭其盐或流于卉木，其铁在矿，其肌肉或为虫蛾蛰豸。”何谓之鬼？结论是简单的：“鬼者，归也。”② 在另一篇文章中，他更力图从认识论的角度来论证宗教的虚妄。他指出，在感性认识和理性认识这二者中，“宗教之士，钊（截）取其一陬（隅）”，离开了客观的依据和标准，主观凭空地制造出“上帝”的抽象概念来，其恶劣结果是“阻塞人之智虑，使不获公言之至，则进化之机自此阻”③。尽管文章对“宗教之士”怎样违背人的正确的认识路线说得很含糊，但作者站在进化的立场揭露宗教之害，态度还是很鲜明的。

在论及人类进化问题时，他明确肯定：进化的动力是生存竞争。竞存者面临“自然之淘汰与人为之淘汰，优者必胜而劣者必败”④。在另一篇文章中，他更通过人类形体的发展和生产工具从玉器到铜器到铁器的变化的论述，证明这种变化都是为了适应环境，人类及其社会不存在万世不变的东西⑤。这样，他就用进化论思想直接为变法维新制造舆论，批判了封建顽固派和洋务派的形而上学不变论。

但是，当章太炎把这种生存竞争的学说运用到社会斗争的时候，他又变成庸俗进化论者了。他只承认渐变，而否认骤变；只承认量变，而否认质变；只承认进化，而否认革命。他甚至认为，在“万族之相轧”的剧烈斗争中，作为

① 章炳麟：《訄书·忧教》，古典文学出版社，1958 年，第 132 页。
② 章炳麟：《訄书·学蛊》，古典文学出版社，1958 年，第 23 页。
③ 章炳麟：《訄书·公言》，古典文学出版社，1958 年，第 90 页。
④ 章炳麟：《訄书·族制》，古典文学出版社，1958 年，第 60 页。
⑤ 章炳麟：《訄书·原变》，古典文学出版社，1958 年，第 57～58 页。

被压迫的弱小民族还有可能退化为猴子。为了防止向退化的路上变，他开出了“浸益其智”和“合群明分”两剂方子，把增长智慧和团结合群作为防止退化的灵丹良药。他强调中国人民只有“知群之道”，才能抵御“外物之害”①。为此，当时他甚至论证“中国四裔之孤偾……其皆吾昆弟与皇之耳孙”②，借以支持康、梁“满汉不分，君民同治”的变法主张（由此可见，戊戌变法时期的章太炎，种族主义思想尚不太强烈，只是在他摆脱改良主义思想束缚后，种族主义思想才沛然勃发）。那么，照此办理，国家的前途如何？回答颇为乐观：国运必将由衰而盛。因为据说有一股看不见摸不着的气运正在变化，古时候它从中国发源，“由长安而东”，现在则反方向从西而来，由英国经日本，“绕地一帀（周）而返乎赤县（中国）”③。这种论调同梁启超在《中国之将强》中声称的，有一种神秘主宰国家的“运”已到日本，“当渡黄海、渤海兴中国”的说法是完全一致的。这固然因为日本效法西方实行变法维新而取得的成效，使中国的改良派君子们不胜向往之至，但他们不懂得世界形势已经发生变化，还幻想“气运”的转变，这就从庸俗进化论陷入了历史循环论，显出了改良主义哲学思想的唯心主义本色。

（二）

这时期章太炎的政治思想则是以资产阶级改良主义为标帜的。

我们知道，在戊戌变法时期，以康有为为首的改良主义者通过报刊鼓吹、上书载湉、颁布诏书，在政治、经济、文教、军事乃至外交各方面，比较全面地提出了自己的主张。这些主张反映了中国资产阶级谋求发展而又异常软弱的政治要求。它们构成了戊戌变法政治舞台上并非高亢激越的基调。逐一对照章太炎在这时期的政治主张，可以发现，在“以革政挽革命”④ 的总纲之下，他的政治思想完全从属于以康有为为首的改良主义政治范畴。

首先，在变法的师法对象上，章太炎追随康有为的主张。毛主席指出：“那

① 章炳麟：《訄书·原变》，古典文学出版社，1958 年，第 57～58 页。

② 章炳麟：《訄书·族制》，古典文学出版社，1958 年，第 61 页。

③ 章炳麟：《訄书·东方盛衰》，原刻手写本，出版年不详，第 50～51 页。

④ 《论学会有大益于黄人亟宜保护》，《时务报》第 19 册，1897 年。汤志钧编：《章太炎政论选集·上》，中华书局，1977 年，第 12 页。

时的外国只有西方资本主义国家是进步的，它们成功地建设了资产阶级的现代国家。日本人向西方学习有成效，中国人也想向日本人学。”① 以康有为为首的资产阶级改良派可说是近代中国的首批知日派。在他们看来，日本的明治维新恰为中国提供了一个现成样板。康有为在其著名的《上清帝第五书》（1897 年 12 月）中，提出变法的上策即是以日本为师，实行变法。章太炎热烈赞同此策。对日本的变法成功，他心往神驰。他具体分析了明治维新取得成功的两大原因，从国际环境来说，“距今三十年以往，欧罗巴之志。未欲辟地远东；俄则方事咸海，日不暇给，亦相与徘徊其间，莫肯先动”，因而对日本的维新未予很大的干扰阻碍；从国内环境来说，“由于泰西未通，闻见未广，莫敢以拒违王命为常事”，因而能在“尊王攘夷”的口号下顺利实行变革。日本的这些条件显然为中国所不具备。为此，他迫切祈求：在“外患迫亟”“内讧僭遬”的严重情况下，中国的变法事业能时转运来，像日本一样“顺天革政，蔚为望国”②。

康有为希望把日本明治维新的模式移植到中国来，因为他把变法的希望寄托在一个开明的皇帝和一群维新志士的身上。章太炎亦然如此。他认为，只要“睿哲仁彊者，一昔执政而建大计，则引其所知，所知者又引其所知”，维新志士团结御侮，“将以变法为辟公，必使天下之聪明耳目相为视听，股肱毕彊相为动宰，则始可以御内侮”③。他热烈赞扬日本维新志士前赴后继不怕牺牲的精神，认为中国人要向他们学习，“变法者，非口说也，必躬自行之；躬自行之而不可济，必赴汤火冒白刃以行之”④。

康有为在《上清帝第五书》中还提出，由皇帝督促各省大臣，各就本省实行新政。他声称，这样尚可免于亡国，不失为变法之策。章太炎也赞同此策。他预感中国国势危阽，即使变法也可能“屈彊自完，直不过数省播种而已”⑤。新政之种在哪些省播下？到一八九九年，他具体提出向地方实力派借权，即通过那些“方镇”（督抚），效法西方联邦制，实行地方自治。

全面考察这时期章太炎的具体变法主张，可以清楚看到他大抵附和康有为，

---

① 毛泽东：《论人民民主专政》，人民出版社，1976 年，第 4 页。

② 《读日本国志》，《译书公会报》第 4 册，1987 年 11 月 15 日。汤志钧编：《章太炎政论选集·上》，中华书局，1977 年，第 49 页。

③ 章炳麟：《訄书·明群》，原刻手写本，出版年不详，第 44 页。

④ 章炳麟：《变法箴言》1897 年 8 月，引自汤志钧编：《章太炎政论选集·上》，中华书局，1977 年，第 18 页。

⑤ 章炳麟：《訄书·播种》，原刻手写本，出版年不详，第 48 页。

打上鲜明的资产阶级改良主义的烙印。他鼓吹效法西方政治，实行立法、行政、司法三权分立，有司各守其职，而刑官独与政府抗衡，只要触犯刑律，“虽人主得行其罚”①。他主张改革教育，废除科举，“合耦同志，以建学会”②。为了“开民智”、“佐政法”，他又主张广译东西切用的书籍报章，传播资本主义的政教文化③。

在经济上，他主张发展资本主义，喊出了中国民族资产阶级反抗帝国主义压迫的微弱呼声。他主张印刷纸币，方便流通，发展经济。他根据西方资产阶级的经济学说，对照管子思想，提倡鼓励消费（“侈靡”）。他认为消费促进生产，促进流通。“侈靡者，工艺之所自出”，“泰西商务之所自出”，人类社会“智慧愈开，侈靡愈甚”，“愈久而愈文明，则亦不得不愈久而愈侈靡”。他发挥郑观应的“商战”口号，“始也以贸易为一廛之轻重，而终也乃以为一国之轻重……至于重势既成，则以贸易攻人而有余，亦无待于兵刃矣”④。他揭露国际垄断资本操纵国际金融市场，以卑劣的手段掠夺中国白银的罪行，“西方之金一两，当银十五两，其与吾易，则当三十两，所得倍称。故泰西隐益，而中国隐损”⑤。“中国金币之泄于异域者，不可画著计”⑥ 为了抵拒帝国主义的经济侵略，他大声疾呼“神州之商，潼滃蔚荟，相集相错，以成大群，而后可与西商格拒”⑦。他强烈控诉垄断资本依仗“治外法权”打击迫害中国民族资本的罪行。“通商之岸，戎夏相捽，一有贼杀，则华人必论死，而欧美多生。”他强烈要求清朝政府保护民族资本，“定通商之律以平怨”，“与诸邻国约，于通商之地，特定格令，参中西之律以制断”⑧。在当时的历史条件下，企图依靠所谓“商战”来抵御帝国主义的经济侵略，固然是一种幼稚的幻想，但它却在一定程度上反映了章太炎较康有为更为明朗的反帝爱国的政治立场。

---

① 章炳麟：《訄书·刑官》，古典文学出版社，1958 年，第 113 页。

② 《论学会有大益于黄人亟宜保扩》，《时务报》第 19 册，1897 年。见汤志钧编：《章太炎政论选集·上》，中华书局，1977 年，第 9 页。

③ 《译书公会叙》1897 年 11 月 1 日。汤志钧编：《章太炎政论选集·上》，中华书局，1977 年，第 45 页。

④ 章炳麟：《訄书·喻侈靡》，原刻手写本，出版年不详，第 34～35 页。

⑤ 章炳麟：《訄书·制币》，古典文学出版社，1958 年，第 122 页。

⑥ 章炳麟：《訄书·明农》，古典文学出版社，1958 年，第 117 页。

⑦ 章炳麟：《訄书·制币》，古典文学出版社，1958 年，第 122 页。

⑧ 章炳麟：《訄书·定律》，古典文学出版社，1958 年，第 115 页。

对外政策是对内政策的继续。在这方面，章太炎同康有为也是一致的。

在甲午战争之后的几年间，帝国主义侵略中国大致分为俄法和英日两大势力。顽固派和维新派都想结强援来制约对方。顽固派投靠了俄法，维新派就走联络英日的路线以资对抗。为此，康有为发表《联英日策》，随后，唐才常、康广仁分别发表《论中国宜与英日联盟》、《联英策》进行鼓吹。值得注意的是，章太炎鼓吹这条联英日路线比他们都早。早在一八九六年底加入《时务报》前，他就主张联日。他认为中日两国“种族匪殊，亲仁善邻，宜捐小忿”①，不应为甲午之战而结怨。至一八九七年二月，他又在《时务报》上公开发表《论亚洲宜自为唇齿》，从地理位置、政治利益诸方面论述联日拒俄的必要性。“法俄合从，南北为罗，且夹沟而移我。我在亚洲，犹鱼之沫于九罭。”“赤县之地，近在肘腋，可以相倚依者，阖亚洲维日本……中依东，东亦依中，冀支那之强，引为唇齿，则远可以敌泰西，近可以拒俄罗斯，而太平洋澹矣。”“为今之计，既修内政，莫若外昵日本，以御俄罗斯。两国斥候，这遣于东海，势若檠榜，无相负弃，庶黄人有援，而亚洲可以无蹶。”② 作为拒俄的代表作，是一八九八年春写的《弭兵难》。文章题目下注明，“戊戌春作是难，时俄罗斯弭兵会未起”，明确声明为揭露老沙皇鼓吹召开所谓“弭兵会”而写。文章强烈谴责老沙皇一类帝国主义口呼“弭兵”口号，实际就像“群盗”和“虎狼”一样。它们总是交替使用“弭兵”骗术和武力进攻这两手来达到侵略扩张的目的。或者，“避用兵之名”，“中外有衅，则持哀的迈敦书以索地”，或者借口“是征吾属地，非犯邻国”，出动军队、警察，干脆实行武装占领。总之，老沙皇之流高唱“弭兵”，“特假强国以攘夺之柄”，它们是“必不肯弭兵于中国”的。如果轻信这种“崇饰视听”的“琦辞”，懈于戒备，忽视“经武”，对于维新志士来说，无异是“宴安于酖毒”。所有这些言论，不失为一种比较清醒的政治见解。

（三）

综上所述，这时期的章太炎和康有为追求的是维新救国同一政治目标，他们同样不熟练地学着运用的是近代西方的资产阶级哲学。在十九世纪末“经过

---

① 《致汪康年》1896 年 12 月 29 日，汤志钧编：《章太炎政论选集·上》，中华书局，1977 年，第 3 页。

② 汤志钧编：《章太炎政论选集·上》，中华书局，1977 年，第 6 页。

千辛万苦，向西方国家寻找真理"① 的先进中国人的行列中，他们实实在在是战友和同学。

但他们之间还是有差异的。章太炎在一八九七年八月公开发表的《变法箴言》就从思想、政治、道德诸方面表明了自己的不同看法。

在思想上，他批判康有为、谭嗣同等借助佛教思想作为变法的思想武器的做法。他认为，在国势岌岌可危的情况下，"有志之士"唯有身体力行，"醮悴竭思，斟酌西法"，变法才有希望。如果沉湎于东方佛教哲学中，"假贷于浮屠以为宠灵"，"娱乐于禅学以日销其骨鲠"，则犹如"不攻坚石而攻玉屑，不宝周鼎而宝五石之瓠"。这种本末倒置、玩物丧志的后果则是"士气愈委靡，民志愈涣散"，给变法事业带来巨大障碍。

在政治上，他反对康有为、梁启超等设立议院的主张。他列举欧美各国代议制的弊病，"法之左党、右党，美之合众、共和，更相克伐"，议院成为党派论争的场所。以此他认为中国建立议院是有害而无益，因为代表顽固势力的"守旧之士"必将利用议院同维新志士"辩而不已，听者眩于名实，愦眊不渫，则发政益濡缓无期会"。终其一生，对代议制始终持否定态度，十年后写作的《代议然否论》正是这种政见的合理发展，不过那在很大程度上是针对孙中山的了。

在道德上，他极力提倡舍身求法的精神。"当今之世，任变法者，吾未见其面目黧黑，窍气不通者也；争变法者，吾未见其有面折廷诤、千人皆靡者也。"这是对康有为等的批评。他说，如果变法者不能做到"劳其心力""趣死不顾"，那么，"已之不变，其奚能变人"？

可笑梁效追随者，为了"证明"戊戌变法时期有过那么一场"儒法斗争"，对上述章、康之间的大同和小异一概绝口不提，却拼命抓住《时务报》馆内章太炎同康门弟子争论的一节大做文章，扬章抑康，硬派前者为反孔的法家，勒令后者当尊孔的儒家。

今查所谓争论云云的材料见于章太炎的《致谭献书》。在这封信上，他向自己那位诂经精舍时的老师报告了事情的经过，"麟自与梁（启超）、麦（孟华）诸子相遇，论及学派，辄如冰炭"。后来因为"私议""康瓠"，"若钟伯敬、李卓吾，狂悖恣肆，造言不经，及真似之"。因而衔恨于康门。李卓吾辈是"四人帮"敕封的著名"法家"，章太炎认为康有为"真似之"，按照"四人帮"的逻

① 毛泽东：《论人民民主专政》，人民出版社，1976年，第3页。

辑，岂非康有为也就是法家，他怎么又会同章太炎对垒起来呢？这位“公车上书的头儿，戊戌政变的主角”，其时明明还在“趋时”，并未“复古”①，我们有的论者却似乎犯了急不择言的毛病，顾不得反过来推想一下，就匆匆忙忙断案判决了。

倒是谭献说的双方纯为“门户之争”的评论较为切实公允，道破了这场争论的实质②。

原来在古代经学的承受方面，章太炎同康有为并不一样。康有为继承的是极力探索经书“微言大义”的今文学派，宗《春秋》的《公羊》说。章太炎却是治学侧重于名物训诂的古文经学的信徒，宗《春秋》的《左传》说。一个力主今文经学，一个谨守古文经学，各执己见，争论势所难免。但这种争论不过是经学家内部派别的纷争，谈不上谁是尊法反儒，谁又是尊儒反法。实际情况恰恰是，他们对孔子和儒术都是尊奉的。用一名当时今文学家的话来说，“今、古文皆述圣经，尊孔教，不过文字说解不同而已。”③ 用章太炎自己的话来说则是，“今古文底区别，本来只在文字版本上……不过像近代今版、古版的分别罢了”④。有意思的倒是，他们的尊奉都打上了那样鲜明的改良主义的政治烙印，以致共同被当时的正统派经学家视为叛道离经的异端。

康有为在其《新学伪经考》和《孔子改制考》中，给孔子穿上改良派的时装，把六经说成为托古改制的范本，不过是借此对付反对变法的人，利用之心早就盖过了尊奉之意。否则，又如何解释那些顽固派、尊孔派群起而攻之，要求焚毁此书，严禁流传呢？

章太炎同样是借此为变法服务的。“时余所操儒术，以孙卿（荀卿）为宗。”⑤ 他从古文经学立场出发，认为荀子是孔门真传、儒家正统，因而木刻本《訄书》开宗明义第一篇即是《尊荀》。戊戌变法失败后的一八九九年五月，他还在《客帝》中主张孔子为“素王”，作“中夏之共主”。即使后来那篇写于一

---

① 鲁迅：《趋时和复古》，《鲁迅文选》，辽宁人民出版社，1976 年，第 131 页。

② 谭献：《复堂日记续录》，汤志钧编：《章太炎政论选集·上》，中华书局，1977 年，第 15 页。

③ 皮锡瑞：《经学历史》，中华书局，1959 年，第 93 页。

④ 曹聚仁编：《国家概论——章太炎先生演讲》，上海泰东图书局，1922 年，第 19 页。

⑤ 章太炎：《太炎先生自定年谱》1897 年条，见《章氏丛书》附录下，浙江图书馆校刊本，1919 年，第 6 页。

九〇一年转向革命派过程中的、很使“四人帮”乐了一阵的《订孔》，也谈不上是什么了不起的“批孔檄文”。这篇文章对于孔子抑则有之，批则未必。所谓“订”者，其实只是纠正一名日本学者认为孔子的“守旧”是造成中国长期“无进取”的“祸本”之说。章太炎努力从古文经学“六经皆史”的观点恢复孔子的“古良史”地位：他“删定六艺”、“博习故事”，编写的《春秋》与百家之书相比，“若旋机玉斗”。作为文章的结论是，“孔子死，名实足以抗者，汉之刘歆。”把孔子同自己钦慕不已、至于“刻印自言私淑”① 的刘歆相提并论，章太炎当时哪里含有强烈的反孔批孔之意呢？离开了他古文经学的渊源，是极易领会错文章意思的。

这种门户之见，在他们之间日后持续一生的争论中，确实占有重要地位。不过在戊戌变法时期，学术上的分歧并未从根本上妨碍他们在政治上的合作。首先，章太炎正是在批判今文学派的洋洋三十万言的《左传读》写成后，不顾恪守古文经学的老师俞樾的“不怿”而前去《时务报》馆与康、梁合作的。其次，在争论发生后，他们之间在思想和政治的基本观点上并没有发生质变。即使在上述那篇《变法箴言》中，他还称康等为“有志之士”，始终是以对自己人而非对敌人的那种“箴规”的口气来说话的。私交虽恶，公谊犹在。

促使他们间裂痕加深的却是维新派内部的派系之争。

每一个具有一定规模的政治运动，总会出现各种不同的倾向和流派。松散的维新阵营内各派系意见分歧，自是必然之事。由于参加运动的具体个人的社会地位、生活经历、文化修养种种复杂因素，按政治态度分，派内有左中右之别；由于中国长期的封建社会造成根深蒂固的地方观念，按地域分，派内又形成粤、湘、浙等系。粤系以康、梁等中派为核心，散布各地，在北京、上海有一定影响。湘系以谭（嗣同）、唐（才常）等左派为中坚，他们的努力使湖南成为变法运动最有起色的一省。浙系则基本倾向右派。那些较为知名的浙系维新人物大抵走入幕而仕宦的道路。如汪康年、孙宝暄、宋恕、钱恂等先后投到张之洞幕下，他们对洋务派大官僚的依附，反映在政治、思想上则是妥协性和依赖性更明显。

张之洞其人，用现代的话来说，可谓一名典型的风派人物。他想方设法使自己在激烈政争中立于左右逢源、进退有据的不败之地，所以，他在努力向顽

① 章太炎：《太炎先生自定年谱》1896 年条，见《章氏丛书》附录下，浙江图书馆校刊本，1919 年，第 5 页。

固派输诚效忠的同时，不时对维新派做出种种结纳拉拢的姿态。在京沪两地他都派有专人同康有为联络。在北京，他的心腹学生杨锐是他的代理人。杨锐与康有为"过从极密"，"日与谋"，乃至帮助康上书到达光绪那里。杨素以"谨畏自持"的圆滑官僚闻名，他不顾利害地结交顽固派视为眼中钉的康有为，纯由张之洞发纵指示。"张（之洞）有子在京师，而京师事不托之子而托之君（杨锐），张于京师消息，一切藉君，有所考察。皆托之于君，书电络绎，盖为张第一亲厚之弟子。"① 后来他被擢拔为"参与新政"的"军机四卿"之一，仍是作为张的代理人代表假维新系参加变法运动的核心领导的。在上海，张又通过心腹幕宾汪康年与康周旋。汪从一八九〇年到一八九六年一直在张幕下充当西宾，深受信任，张的两个孙子由他授读。由于他著文鼓吹维新，颇负时名，张借以在宣传舆论方面和康协作。一八九五年十一月，张、康商妥在上海设立强学会，张答应提供开办经费，作为交换条件则由汪主办其事。一八九六年八月，张帮助《时务报》创办，结果总理由汪担任，主笔由梁担任，这一人事安排，显然又是双方事前谈妥的。

但是，张之洞拥抱维新派，只是为了在他需要向顽固派输诚的时候折断对方的肋骨。煽起《时务报》内浙系与粤系的风潮，支持汪康年起而争夺执舆论界牛耳的《时务报》领导权，正是这名奸猾的老官僚利用浙系制约粤系的需要。在他的支持下，汪康年在一八九七年冬把梁逼走湖南。粤系不甘丢失这一重要地盘，待到一八九八年夏"百日维新"期间，康有为借圣旨名义，将《时务报》收回官办，逼汪康年限期交出，由梁启超主持。梁启超更公开发表《创办时务报源委》，揭露汪康年凭恃张之洞的支持霸占报馆的经过。

然而，章太炎却偏偏同那些与张之洞关系密切的浙系维新人士关系甚好。宋恕、孙宝暄、钱恂等均为密友，汪康年是他的姻亲。他之加入《时务报》，是汪之延请。他之离开《时务报》，又与报馆内部"抗粤遂分党派，渐成水火"② 的派系之争有密切关系。因而，他在脱离《时务报》后，就曾有意步宋、孙后尘，前往湖北投靠张之洞。在上述那封《致谭献书》中，他就透露过这一想法："鄂中地大物博，求友稍易，有可寄寓，俯求引导为幸。"所以，待到一八九八

---

① 梁启超：《饮冰室文集》第4卷《杨锐传》，转引自中国史学会主编：《中国近代资料丛刊·戊戌变法·四》，上海人民出版社，1957年，第64页。

② 罗振玉：《贞松老人遗稿》，转引自中国史学会主编：《中国近代史资料丛刊·戊戌变法·四》，上海人民出版社，1957年，第249页。

年春，张之洞要借重他的文名帮办《正学报》的时候，他欣然前往武昌，公开声明自己的办报宗旨即是为了“正”康有为“巧文辩慧”的不正之学①。幸好不久他即由《劝学篇》发出了张之洞顽固守旧的真面目，这才愤而离去。应该说，章太炎在门户之见的蒙蔽下，误认张之洞为古文经学的同道，在派系之争影响下，一度对张之洞抱有幻想，这是他政治道路上的一次曲折。梁效的追随者讳言这一点，倒说他这一次在张之洞那里“经受了一场更大的风浪考验”。不明底细的读者，读了这种有意含糊的文字，可能会觉得好像是章太炎雄赳赳奔赴武昌前去讨伐张之洞、批判《劝学篇》呢。

戊戌变法运动是中国资产阶级民主革命准备时期中的一个发展阶段。从这时期的章太炎身上，我们可以清楚看到资产阶级改良派为适应其维新救国的需要，在思想、政治战线上进行的有关活动。虽然由于阶级和时代的限制，他的思想有着很明显的局限性。但他绝非所谓戊戌变法时期的“法家”代表，则是完全可以肯定的。至于他改良主义的哲学和政治思想的转变，那是在戊戌变法失败后义和团反帝爱国运动革命浪潮的巨大推动下，通过一八九九年和一九〇二年的两次东渡日本才逐步完成的。直到那时，他才在日本进一步接受了西方各种社会哲学思潮，“定交”于孙中山，摆脱改良主义思想的束缚，进入自己思想政治发展历程的新阶段。从此，他成为一名站在以孙中山为首的中国革命民主派的旗帜下作战的战士。虽然后来他又同孙中山产生这样那样的分歧，但那是资产阶级革命派内部的纷争，他绝非“四人帮”胡言乱语的所谓“辛亥革命时期儒法斗争”的法家“旗手”，则是同样可以明确肯定的。

① 《正学报缘起》，汤志钧编：《章太炎政论选集·上》，中华书局，1977年，第59页。

章太炎“七被追捕，三入牢狱”解

鲁迅在《关于太炎先生二、三事》一文中，对章太炎一生“七被追捕，三入牢狱”表现的不屈不挠的革命意志，极为称颂，说“这才是先哲的精神，后生的楷范”。章太炎自己也说过七次被查拿的话。他在一九〇六年东京留学生为他举行的欢迎会上说：“算来自戊戌年以后，已有七次查拿，六次都拿不到，到第七次方才拿到。以前三次，或因别事株连，或是普拿新党，不专为我一人；后来四次，却都为逐满独立的事。”但是，关于这七次被追捕或查拿的具体情节缘由，章太炎或鲁迅当时都没有细说，章太炎的自定年谱也未能缕列齐全，因而历来语焉不详。至于“三入牢狱”更被认为是“二入牢狱”之误，找不出那第三次。本文仅据手头资料，对章太炎的“七被追捕”和“三入牢狱”作一注解，人已言之者从略，未言之者稍详。

一被追捕，时在一八九八年春。当时章太炎还是一个资产阶级改良主义者。前一年，他从杭州到上海，参与编辑梁启超主编的《时务报》。章太炎虽然在政治、思想上追随康有为、梁启超，但在学术思想方面却与崇尚今文经学的康有为、梁启超相对立，谨守古文经学的立场，写有洋洋数十万言的《春秋左传读》来反驳今文学派，并且小有名气。他感到再无法在《时务报》社与康门子弟们共事，便应聘到了武昌，去做湖广总督张之洞的幕友。章太炎曾一度把张之洞看成是有志革新的封疆大吏和古文经学的知音，但他很快发现张之洞不过是一个以古文经学相标榜的泥古守旧的假道学。他在自定年谱中写道：“之洞方草《劝学篇》，出以示余。见其上篇所说，多效忠清室语。”于是，他“退而语人：‘……（清朝）蹂躏吾族几三百年，茹毛饮血，视民如雉鬼，今九世之仇纵不能复，乃欲责其忠爱！忠爱则易耳，其俟诸革命以后’”①。接着又与张之洞的幕

① 《艾如张、董逃歌序》，《太炎文录初编》第2卷，浙江图书馆校刊本，1919年，第102页。

僚梁鼎芬发生“内中国外夷狄”的辩论，以“夷夏大防”驳倒了对方的“夷夏不分”，并且写了一篇六万余言的《排满论》发表在武昌《正学报》（一称《楚学报》）的创刊号上。章太炎这种大胆的言论，自然被提倡“效忠清室”的张之洞视为“叛逆”，忙叫梁鼎芬驱逐他。章太炎也料定张之洞必不能见容，甚或遭致暗算，便离开武昌，逃归上海。

二被追捕，时在一八九八年秋戊戌政变之后。关于这一次被通缉、钩捕的情况，章太炎和他的学生们都有较详细的记述。自定年谱说：“传言将下钩党令，群情惶悚，日本人有与余善者，招游台湾。九月，举家南渡。”他在事后对学生们也讲起过这件事，说当时“长江一带，通缉多人，余名亦在其内，乃避地台湾”①。上面提到的这位日本友人，名叫馆森鸿。馆森鸿“故为德清弟子，与有雅素，乃适台湾，寄旅馆森鸿所”②，原来两人都是杭州诂经精舍的同窗好友，朴学大师俞樾（德清）的及门弟子。至于朝廷的“钩党令”怎样辗转地传到章太炎耳朵里，马叙伦在《太炎先生自定年谱补遗》中作过如下的说明：“黄仲弢丈绍箕得讯以告孙颂容丈诒让，容丈告其从妹夫宋平子先生恕，宋先生以告余师陈介石先生黻宸；师与先生皆炎丈友也，即促炎丈避地。”③

三被追捕，时在一九〇〇年秋自立军起事失败之后。先是，唐才常在上海发起张园“国会”，成立“自立会”和“自立军”，“以勤王为名，部署徒众，欲起兵夏口”④。章太炎反对以“勤王”为号召，他对唐才常说：“诚欲光复汉绩，不宜首鼠两端，自失名义。果欲勤王，则余与诸君异趣也”，并“断发以示决绝”⑤。“自立军”失败后，朝廷“钩党甚亟，其徒皆窜日本，余亦被连染”。因为他曾经与唐才常有过交往，所以也被“连染”。章太炎自恃“素非同谋，不甚恇惧”，没有远遁，只是回到他的家乡暂避风头。

以上三次，一次是被张之洞驱逐，形同追捕，两次是因为追随康有为、梁

---

① 朱希祖：《本师章太炎先生口授少年事迹笔记》，《制言》1936年第26期，第2页。

② 李植：《余杭章先生事略》，《制言》1936年第25期，第1页。

③ 马叙伦：《〈太炎先生自定年谱〉补遗》，中国社会科学院历史研究所第三所编：《近代史资料》1958年第1期，第139页。

④ 章太炎：《章太炎自定年谱》1900年条，见《章氏丛书》附录下，浙江图书馆校刊本，1919年，第7页。

⑤ 章太炎：《章太炎自定年谱》1900年条，见《章氏丛书》附录下，浙江图书馆校刊本，1919年，第7页。

启超和唐才常事败而被缉拿，所以章太炎说这三次是“或因别事株连，或是普拿新党，不专为我一人”。

四被追铺，时在一九〇一年春，为所著《訄书》而遭“侦捕”。大年初一，正在乡间避风的章太炎突然得到他的挚友吴君遂从上海派人送来的急报：“踪迹者且至矣，亟行。”于是，他“避之僧寺，十日，知无事，复出上海”①。这一次被跟踪追捕的原因，章太炎在《年谱》中和其他文章中均无直接的说明，但从他到上海以前写给吴君遂的信中，我们可以推知是因为《訄书》的出版。信中说：“……《訄书》刻后，谣诼颇多，(宋恕）嘱勿寓彼宅中，恐遭侦捕。”②吴君遂，名保初，安徽庐江人，补刑部主事，是淮军宿将吴长庆的儿子。为人重义气，颇有豪侠风。章士钊说他当时“蛰居上海，与其贤豪长者游，屡以身家遮蔽国士章太炎、沈翔云之徒，使不为逻者所得”③。

五被追捕，时在一九〇二年春，因在东吴大学昌言排满革命而被“寻问”。上年春，章太炎由家乡逃到上海，得吴君遂的引荐，到苏州的东吴大学任教。在课堂上，他以革命“大义训迪诸生”，以《李自成胡林翼论》为题命学生作文。这就引起反动当局的注视。一九〇二年初，他回家乡度寒假。也是大年初一，他又接到吴君遂的急报：“闻君在东吴大学言论恣肆，江苏巡抚恩寿赴学寻问，教士辞已归。惧有变，亟往日本避之。”章太炎于是东渡日本④。

六被追捕，时在一九〇三年六月，因参与创立“爱国学社”和鼓动拒俄运动而被“密拿”。这一次被追捕因为章太炎自己没有提起过，而且与下一次的因“《苏报》案”而被追捕和入狱时间上只相距一个月，所以易被混同和忽略。一九〇二年十月，章太炎由日本回到上海，与蔡元培等人一起发起成立“中国教育会”和“爱国学社”，以办教育为掩护，在青年学生中进行革命的宣传和组织。一九〇三年四月拒俄运动发生，爱国学社经常在张园集会，“号召民众，以谋救亡”。章太炎是每次集会必去参加，并且常有演说，借题发挥，“多述明清

---

① 章太炎：《太炎先生自定年谱》1901年条，见《章氏丛书》附录下，浙江图书馆校刊本，1919年，第8页。

② 章太炎：《致吴君遂书》，汤志钧编：《章太炎年谱长编（1868—1918)》，中华书局，1979年，第116页。

③ 章士钊：《北山楼诗文集后序》，吴保初：《北山楼集》，1937年，第140页。

④ 章太炎：《太炎先生自定年谱》1902年条，见《章氏丛书》附录下，浙江图书馆校刊本，1919年，第8页。

兴废之事，意不在学也”①。但“有时并不演说，只是大叫：‘革命，革命，只有革命！’可是更受到全场的拥护”②。爱国学社和章太炎的上述活动被反动当局认为是“大逆不道”，说他们“名为拒法拒俄，实则希图作乱”。两江总督魏光焘电奏：“查有上海创立爱国学社，招集群不逞之徒，倡演革命诸邪说，已饬查禁密拿。”③ 当时被指名密拿的黑名单中，就有章太炎。只是因为与外国租界的工部局往复交涉，稽延时日，地方当局迟迟未能采取行动，章太炎等人才得以呆在租界里免遭拘捕。这是章太炎的第六次也是最后一次被查拿而没有拿到。“到第七次方才拿到”，并且坐了牢。

七被追捕，时在一九〇三年六月二十九日，因著名的“《苏报》案”而被捕，入狱。至于这次案件的经过情况，史料有详细的记载，他人已有完整的叙述，不再另赘。

关于“三入牢狱”的问题，一九五八年人民文学出版社出版的《鲁迅全集》注释说：“至‘三入牢狱’，据《太炎先生自定年谱》，可考者只有两次：1. 1903年5月因《苏报》案被捕，监禁3年，至1906年5月出狱；2. 1913年8月，因反对袁世凯被软禁，至1916年6月袁氏死后，始得自由。”注释把《苏报》案三年之狱作为“一入牢狱”，当无异议。但把被袁世凯软禁的三年统统算作“二入牢狱”，我却不敢苟同。我认为应将这段软禁生活划为前后两段，算作两次入狱。

民初，章太炎曾一度拥袁反孙。一九一三年三月，宋教仁的被刺，打破了他对袁世凯的幻想，推动他参加了反袁的“二次革命”活动。“二次革命”失败后，袁世凯疯狂捕杀革命党人，章太炎也因参加“二次革命”而遭袁仇视。《年谱》载一九一三年事云：“余念袁氏网罗密布，无所逃死……京师上海皆不能避袁氏凶焰。八月，冒危入京师。宿共和党。”这里所指的共和党，不是一九一二年组成、后来又与民主党合并为进步党的那个作为袁氏“与党”（即同盟者）的老共和党，而是一九一三年六月在章太炎推动下脱离进

---

① 章太炎：《太炎先生自定年谱》1903年条，见《章氏丛书》附录下，浙江图书馆校刊本，1919年，第9页。

② 马叙伦：《关于辛亥革命浙江省城光复记事的补充资料》，中国社会科学院历史研究所第三所编辑：《近代史资料》1957年第1期，第51页。

③ 中国史学会主编：《中国近代史资料丛刊·辛亥革命·一》，上海人民出版社，1957年，第408页。

步党，由旧属共和党中的民社派和章太炎的统一党成员组成新共和党。章太炎这次进京宿化石桥新共和党本部，就是企图在议会斗争中与国民党“提携”合作以对抗进步党，制约袁世凯。初进京时，袁尚欲拉拢，“属人致意，欲一相见”，待到章太炎“以目疾辞之”①，袁恼羞成怒，不久即命京师警察厅以“内乱罪”起诉羁留，软禁于化石桥，“以宪兵守门，余不得出，然入门者如故”②。一九一四年一月七日，他手持宋教仁遗下的羽毛扇，以袁颁二级勋章作扇坠，大闹总统府，于是“遂被禁锢，先属陆建章锢一军事废校中，渐移龙泉寺。……别以巡警守之，警吏入见，语言瞻视，浸凌人矣”③。陆建章是袁的特务头子、当时的军政执法处长，担任化石桥和军事废校看守任务的宪兵都是他的下属。不久移至龙泉寺改用巡警看守，则表明其时章太炎已被移交给袁的另一个特务头子、当时的京师警察总监吴炳湘看管了。吴看管严密，派巡警充“门房厨手扫夫”，“阻格来客”④，使章太炎与外界完全隔绝，形同监禁。

这种情况一直维持了将近半年。章太炎不堪忍受“浸凌”，一九一四年六月，“资斧空匮”，无力举炊，遂绝食以示抗议，“饬厨役断炊，不食七八日”⑤。章太炎绝食，舆论大哗。《甲寅》杂志有文抗议道：“在视革命若蛇蝎之满清时代，清议犹能生先生于狱中。谓当共和大成之秋，而不能救先生于龙泉寺，其又以何说为辞?”⑥ 袁世凯迫于舆论，不想蒙逼死国学大师之咎，命令陆、吴妥善处置。据徐一士所述，“官医院长徐某，炳湘所亲信，与商此事，乃由徐具一报告书，言章患病，龙泉寺与其病体不相宜，应迁地疗养，即移居本司胡同徐之寓中，以便随时调护治疗，一面由徐以医生资格，慈善家之口吻，说章得允，

① 章太炎：《致伯中书十二》1913 年 8 月 14 日，汤志钧编：《章太炎政论选集·下》，中华书局，1977 年，第 673 页。

② 章太炎：《太炎先生自定年谱》1913 年条，见《章氏丛书》附录下，浙江图书馆校刊本，1919 年，第 24 页。

③ 章太炎：《太炎先生自定年谱》1914 年条，见《章氏丛书》附录下，浙江图书馆校刊本，1919 年，第 24 页。

④ 章太炎：《与吴炳湘书》1913 年 1 月 23 日，汤志钧编：《章太炎政论选集·下》，中华书局，1977 年，第 699 页。

⑤ 章太炎：《太炎先生自定年谱》1914 年条，见《章氏丛书》附录下，浙江图书馆校刊本，1919 年，第 24 页。

⑥ 《高一函致甲寅杂志记者问》，《甲寅》1914 年第 1 卷第 3 号，第 31 页。

于是徐遂暂作章之居停主人，绝食之举无形转圜矣。此为是年夏间事"①。据马叙伦所述，"其由龙泉寺移居钱粮胡同也，先住本司胡同一医家，医即建章之属也"②。上述材料与《年谱》及《章太炎先生家书》所记互相契合。《年谱》云："当事惧余饿死，复令医工来省，得移东城钱粮胡同。"《家书》则云："（六月）十六日由彼处医生前往关说，即于是夕出龙泉寺，现寓东四牌楼本司胡同铁如竟轩医院，医生徐姓即为关说者也。客来可以自由，亦无警察监视。"这次暂寓本司胡同的时间，据《家书》所记为七月二十四日即迁钱粮胡同，则前后共约四十天。应该说，居留本司胡同，可称之为保外就医，实属假释性质，当与"牢狱"有所区别，并且把这三年的软禁生活区分为前后两次。

及至钱粮胡同，当局恢复软禁化石桥时的半禁锢形式。虽允许章门弟子及书贾出入，但仍"以巡警充阍人，稽察出入，书札必付总厅检视，宾客必由总厅与证"③。其实是外松而内紧。半年之后，到一九一五年初，正值袁世凯加紧复辟帝制，章太炎又被升级到龙泉寺那样的禁锢状态。警察将特准借住钱粮胡同的章门弟子黄侃强令押出，并不准客人来访。后经章太炎再度绝食抗议，才"许其门人及友朋无政治色彩者仍得入见"④。直到袁世凯死后获释，章太炎一直处于这种状况。

当时在北京教育部任职的鲁迅，十分关心老师的安危。查阅《鲁迅日记》，一九一四到一九一五年有多次谒见章师的记载，这种不顾袁氏鹰犬窥伺的探视，常常一去就是半天。章太炎刚从本司胡同迁至钱粮胡同，一九一四年八月二十二日的《鲁迅日记》中即有与许寿裳午后同"谒章师"，"坐至傍晚归"的记载。一九一五年一月三十一日载："午前同季市（许寿裳）往章先生寓，晚归。"二月十四日（农历正月初一）载："午前往章师寓……夜归。"是日同往者尚有章门弟子沈尹默、钱玄同、朱逷先、马幼渔、许寿裳、马彝初等。五月二十九日载："下午同许季市往章师寓。"六月十七日载："下午许季市来，并持来章师书

① 徐一士：《章炳麟被羁北京轶事》，《一士类稿》，台湾文海出版社，1966年，第78页。

② 马叙伦：《〈太炎先生自定年谱〉补遗》，中国社会科学院历史研究所第三所编：《近代史资料》1958年第1期，第140页。

③ 章太炎：《太炎先生自定年谱》1914年条，见《章氏丛书》附录下，浙江图书馆校刊本，1919年，第25页。

④ 徐一士：《章炳麟被羁北京轶事》，《一士类稿》，台湾文海出版社，1966年，第81页。

一幅，自所写与。”① 九月十九日载：得“章师长女”讣告，九月二十六日“往钱粮胡同”相吊。这表明，鲁迅对章太炎钱粮胡同的监禁生活非常清楚。

特别值得一提的是，章太炎绝食时，鲁迅还曾婉劝他进食。据许广平回忆，章太炎绝食时，他的许多学生十分焦虑，“没法子敢去相劝，还是推先生（按：指鲁迅）亲自到监狱婉转陈词才进食的”②。许广平未说明绝食为龙泉寺夏天还是钱粮胡同冬天的那一次，我认为应是后一次。鲁迅往劝的时间可能就是一九一五年二月十四日。那次章氏同门不约而同前往谒师，事出非常，决非新年拜贺。因为章太炎被囚北京，一共过了三个春节，而一九一四年和一九一六年的春节，鲁迅都未曾前去拜年。据马叙伦回忆，章太炎钱粮胡同绝食“时方隆冬”，见其“书‘速死’二字，字大方尺五，悬之厅事”③。这“速死”二字鲁迅也曾看到，并留下深刻印象。所以章太炎死后，鲁迅在写给许寿裳的信中还念及“太炎先生诸诗及‘速死’等，实为贵重文献”，希望“汇印成册，以示天下，以遗将来”④。

正因为鲁迅对章太炎的监禁生活知之甚详，他深知龙泉寺和钱粮胡同的监禁，两者地点不同，禁锢程度有所差别，并且又被一九一四年夏季本司胡同的暂时宽释隔开，因而他把这两者算作两次入狱是合情合理的。而在不明底细的人看来，章太炎这近三年的监禁生活都是无甚差别，只浑然一以贯之当得一次入狱，因而感到鲁迅所说的“三入牢狱”为费解。

[原载中华书局1980年版《辛亥革命史丛刊》第二辑]

① 今查所书内容即为《庄子·天运》关于“至乐”的一段文字。

② 景宋：《民元前的鲁迅先生》，许广平：《许广平忆鲁迅》，广东人民出版社，1979年，第496页。

③ 马叙伦：《〈太炎先生自定年谱〉补遗》，中国社会科学院历史研究所第三所编：《近代史资料》1958年第1期，第140页。

④ 鲁迅：《致许寿裳》1936年9月25日，《鲁迅书信集》下卷，人民出版社，1976年，第1041～1042页。

陶成章略论

一提起陶成章，人们往往就将与一个只知道同孙中山闹对立的分裂主义者的恶劣形象联系在一起。其实，这是一种偏见。本文试就陶成章的生平、思想以及被歪曲的原因，探求其历史功过，就正于同志们。

一

陶成章的全部政治活动，与中国资产阶级民主革命运动从兴起到武昌起义胜利的这一过程相始终。约略言之，从 1900 年投身革命，到 1912 年初被暗杀，他那整整 12 年的革命生涯大致可分三个阶段。

陶成章本系绍兴一生员。1902 年东渡日本，他便谋入陆军学校，以求打入军界。这一计划虽因清吏之阻挠而未果，他却因此结识了龚宝铨等留日学生中的爱国志士，共同探讨进行革命的策略。

1903 年的拒俄运动促使陶成章以激进的姿态踏上了政治舞台。拒俄义勇队解散后，他与黄克强、龚宝铨等相集为军国民教育会。并因他的介绍，徐锡麟得以结识拒俄义勇队发起人、军国民教育会特派员钮永建。不久，为军国民教育会派遣骨干潜返内地组织武装活动事，陶成章和浙学会会员进行过两次密商。这两次会议是光复会成立的嚆矢，也是陶成章一生革命活动的发轫。会后，他和魏兰即回到浙江，筹组革命武装和秘密革命团体。

首先，他们把工作重点放在联络会党。1904 年正月，他与魏兰同至仁和县狱中探谒白布会首领濮振声，由濮函介前往富阳、桐庐、分水、云阳等地，遍谒白布会诸党员。在不到一年的时间里，他们的足迹历遍全浙，“秘密党会之情形，尽为成章等所探知矣”。分布在处州、永康、金华的龙华会，台州的伏虎会，绍兴的平阳党和处州的双龙会等党会，经过他们的串连组织，初步实现了

“党会之联合”。他们宣传会党、“开导党员”的主要方法是“多运革命书籍”。由是，《革命军》《新湖南》《浙江潮》《猛回头》和《警世钟》等革命书刊“遂以遍地，而革命之思想，亦遂普及于中下二社会矣”。在先，浙江会党群众愤“洋教”跋扈，多以排外为宗旨，“屡闹教案”①，经陶成章等“宣传洋教士之跋扈，由于清朝清政府之恶劣，欲除邪教之跋扈，必先倾覆清朝政府”②。至此，陶成章、魏兰组织和宣传工作的成功为在浙江开展革命武装斗争和组织秘密革命团体奠定了一定的群众基础。

1904年秋，陶成章前往上海，与正在组织暗杀团的密友龚宝铨“密商”后，决定“根据东京浙学会原议，组织一革命团体。因章（太炎）在狱中，惟蔡元培系清朝翰林院编修，声望素高，欲推为领袖，以资号召。陶素知蔡书生气重，恐不能相容，反使工作造成不利，于是以龚宝铨与蔡元培商讨，决定扩大暗杀团组织，并由蔡自动提出邀陶参加，于是光复会遂在上海正式成立”。陶成章又于是年12月偕魏兰赴东京，与原发起人等筹组光复会东京分部，而浙江“诸志士闻成章之入会也，亦遂群入其会”③。

关于光复会的成立问题，过去人们常以蔡元培、章太炎为发起者，陶成章为附从者，依据则不出章太炎、陶成章所说。章氏称：“光复会初立，实余与蔡元培为之魁，陶成章、李燮和继之。”④ 陶成章则云：蔡元培“由人望见推为光复会会长。元培与成章为同乡……知成章于内地各秘密党中颇有结纳，故劝之入会”⑤。征之情理，建立光复会时，章氏身系囹圄，与闻其事则有之，躬自组织则不能。蔡氏“由人望见推”，推者为谁？与有其力者非陶成章、龚宝铨等实际工作者为谁？所以，把陶成章称为推动光复会成立的设计师和原动力或许并不过分。

① 陶成章：《浙案纪略》，中国史学会主编：《中国近代史资料丛刊·辛亥革命·三》，上海人民出版社，1957年，第18、25页。

② 平山周：《中国秘密社会史》，商务印书馆，1927年，第80页。

③ 陶成章：《浙案纪略》，中国史学会主编：《中国近代史资料丛刊·辛亥革命·三》，上海人民出版社，1957年，第17页。

④ 《光复军志序》，汤志钧编：《章太炎政论选集·下》，中华书局，1977年，第681页。

⑤ 陶成章：《浙案纪略》，中国史学会主编：《中国近代史资料丛刊·辛亥革命·三》，上海人民出版社，1957年，第17页。

1905年8月，以兴中会、华兴会、光复会为基础成立了同盟会。代表光复会参加同盟会部分领导工作的是蔡元培和蒋尊簋，陶成章未在其中担负实际领导职务。由于“是时浙江内地多不知有同盟会事，仍其名为光复会”①。因而他以光复会实际领袖的身份继续致力于联络会党准备起义。1906年夏，他和龚宝铨以芜湖中学堂教员身份为掩护，奔走皖浙间。1907年震动全国的皖浙起义实际上是按照他的部署进行的。

徐锡麟加入光复会后，陶成章向他宣传武装起义的策略：“浙江非冲要地，欲在浙江起事，非先上通安徽，并以暗杀扰乱南京不可。”陶成章认为武装起义有“中央革命及袭取重镇二法”，“否则行团体暗杀，以扰乱北京，亦是一计”。日后徐锡麟拟在安庆杀恩铭后，与浙江秋瑾相呼应，随即“直下南京”的起事计划基本也就是陶成章的设想。

秋瑾返浙，也是由陶成章将她介绍于徐锡麟，再由徐介绍入光复会。秋瑾编制的“光复军”，乃以陶经营多年的金、处、绍三府洪门为骨干。秋瑾借以作为浙江起义中枢的绍兴大通师范学校是陶主议倡办的。他规定了该校造就人才的具体办法：遍招各处会党头目入校练习兵操，然后分赴各地以倡办团练为名，训练革命武装，为他日起事准备。

陶成章筹组光复会并实际组织推动皖浙起义，是他对中国资产阶级民主革命作出重大贡献的革命活动的第一阶段。

徐、秋案后，他出亡日本，与章太炎等密切合作，进入其革命活动的第二阶段。

在这阶段，他继续从事武装斗争，多次潜返国内组织起义。1907年冬，他与浙东金、衢、严、处诸志士密商进取。1908年春，作函介绍王文庆入浙，至各府联络。同年夏，他与“浙江革命党人另订一新章，将合江、浙、皖、赣、闽五省各秘密党会镕铸而一之，定其名曰革命协会。未及就绪，复遭破坏”②。

在这阶段，他还致力于鼓吹革命的宣传工作。1907年秋，他与樊光联络印度、安南、缅甸诸志士，在日本东京设立东亚亡国同盟会，以章太炎为会长。

① 陶成章：《浙案纪略》，中国史学会主编：《中国近代史资料丛刊·辛亥革命·三》，上海人民出版社，1957年，第17页。

② 陶成章：《浙案纪略》，中国史学会主编：《中国近代史资料丛刊·辛亥革命·三》，上海人民出版社，1957年，第21页。

同时又参加了刘师培、章太炎、张继等组织的无政府主义组织“社会主义讲习会”①。这里的“社会主义”即是无政府主义。1908年，章太炎患病休息时，他代为主编同盟会机关报《民报》，同年11月，他又将浙江各同志革命始末，勒为一编，题曰《浙案纪略》，连续登上了仰光《光华日报》，向华侨鼓吹革命。该书为陶成章留世的主要著作。

不过，在这时期他留给人们深刻印象的还是反对孙中山的派别活动。

还在他这次抵日之前，章、刘、张等即因孙中山在1907年3月离日时接受日政府赠款而掀起倒孙风潮。陶成章抵日后不久，即遭到同盟会内在钦廉起义购买日械问题上的一场争执。“孙、黄二公但求其多而价廉，认为械多可张大声势”，“章太炎先生与陶公均主宁可少购，购必精良”，“陶于争论时坚持尤力，因与孙、黄失和”②。

1908年9月，陶成章前往南洋筹款。一要孙中山为经济窘迫难以维持之《民报》拨发3000元作为印刷费，二要孙中山为筹备中之江、浙、皖、赣、闽五省革命协会筹款5万元作为活动经费。在南洋，他以附属于同盟会总部的光复会为旗号，而以五省革命军决行团为名进行筹款。这样在南洋就有了两个平行的同盟会组织，一个是同盟会南洋支部，一个是自称附属于同盟会总部的光复会。这种另树一帜的行动使孙中山十分不满而未予以积极支持。陶虽辗转于仰光、槟榔屿、坝罗、新加坡、勿里洞等地，却募款不多。陶成章认为这是孙中山“暗中设法播弄”之故③。对孙中山不满情绪的发展，终于使他在1909年7月准备“另拟章程”，“其章程中，不认孙文为会员”④。9月，他与李燮和等以东京南渡分驻英、荷各属办事的川、广、湘、鄂、江、浙、闽七省同志的名义起草了一份“公函”，提出所谓“孙文罪状十四条，善后办法五条”，要求撤销孙中山总理职务，改组同盟会。随即带着这一“公函”赶回东京，要求同盟会本部开会讨论。这一行动得到章太炎等人的支持，章太炎公开散发攻击孙中

① 魏兰：《陶焕卿先生行述》，《辛亥革命浙江史料选辑》，浙江人民出版社，1981年，第345页。

② 许炽民：《从陶成章先生被害说起》，中国人民政治协商会议上海市委员会文史资料工作组编印：《文史资料选辑》，第4期第22～26页，油印本1960年。

③ 湖南省哲学社会科学研究所编注：《陶成章信札》，湖南人民出版社，1980年，第93页。

④ 湖南省哲学社会科学研究所编注：《陶成章信札》，湖南人民出版社，1980年，第7页。

山的《伪〈民报〉检举状》以相配合，从而掀起了第二次倒孙风潮。陶成章的错误行动遭到黄兴等大多数会员的坚决拒绝。陶成章认为黄兴等“一力袒护中山”①，故而决定公开发表“公函”，以示与孙、黄“不两立”②。“公函”发表后，影响很坏，孙中山在黄兴等帮助下，对此进行了针锋相对的斗争，终于挫败了这一攻讦。陶成章因感到倒孙以改组同盟会的目的难以达到，只能自行收场。到年底，他终于懊恼地感到，“近来东京人心大坏”，“老孙事，实属可厌，以后不理之可耳”③。

倒孙以改组同盟会既已无法实现，重组光复会另开局面的计划便摆上议程。他先就此问题向章太炎进行试探，得到章太炎的赞同。章太炎为他具体分析革命派内各派系的情况，鼓励他不必依人成事，力争自树一帜。1910年初，光复会在东京成立总部，陶拥章为会长，自任副会长。“以东京为发纵指示，而资南洋以储饷备械”，原南洋各地“经燮和创设之各地同盟会支部，一律改组为光复会支部”④。光复会在南洋势力大为扩张，有取同盟会而代之之势。这种派别活动，无疑给辛亥革命前夜的革命形势蒙上了一层阴云。

陶成章在从事革命活动的同时掀起倒孙风潮，重组光复会引起同盟会的破裂，这是他政治生活的第二阶段。

重组光复会后，他为光复会规定了一条“不招人”“专主个人运动”的方针。所谓“个人运动”，就是暗杀活动。他认为实行革命，唯有筹得巨款，“办暗杀事宜，以振动华侨……如不用暗（杀），转用地方起兵，丧民费财，祸莫大焉”⑤。他甚至设想了一个通过暗杀而“一举覆清”，实行“中央革命”的“妙法”：收罗一批美女，到北京开设妓院，诱惑王公贵族于席间，乘机鸩之，为一网打尽之计。强调暗杀，这是他搞派别活动后，脱离群众，势力孤弱的一种表现。

---

① 湖南省哲学社会科学研究所编注：《陶成章信札》，湖南人民出版社，1980年，第9页。

② 湖南省哲学社会科学研究所编注：《陶成章信札》，湖南人民出版社，1980年，第18页。

③ 湖南省哲学社会科学研究所编注：《陶成章信札》，湖南人民出版社，1980年，第27、33页。

④ 钱基博：《辛亥江南光复实录》，中国史学会主编：《中国近代史资料丛刊·辛亥革命·七》，上海人民出版社，1957年，第39页。

⑤ 湖南省哲学社会科学研究所编注：《陶成章信札》，湖南人民出版社，1980年，第46页。

为了自立门户，他提出经商以筹款，并具体拟定了经商计划。他又把教育当作培育人才的根本，“以教育为进取，察学生之有志者联络之”①。

不过，光复会重组之后，陶与章、孙的关系又有某些变化。与章太炎，他似乎微有隔阂。他认为光复会要秘密进行，宜以一、二线分工，一线搞宣传，二线搞组织。章太炎的才能适于宣传鼓动，凭借他的声望可资号召联络各地。“自联络成后，可将太炎公改为教育会会长”②。对这一打算，章太炎是不满意的。与此相反，陶、孙关系则较前缓和。他说：“孙文以后不必攻击，意见不同，宗旨不合者，辩正可也，不辩正可也。”③

陶、孙紧张关系出现的这一转机反映在行动上则是同盟、光复二会再次合作的意向。著名的1911年广州“三·二九”起义，是由同盟会黄兴和光复会赵声合作负责的。可是接下来的两件事又加深了裂痕。5月，在香港赵声腹疼剧作，救治无效而亡，陶成章疑为同盟会胡汉民所毒。6月，在上海嵩山路沈宅开会时与陈其美发生冲突，陈掏枪欲击陶，陶成章不久即匆匆转道日本返回南洋。两会矛盾缓和的机会一纵即逝。

武昌起义爆发后，陶成章赶赴上海锐进学社设立总机关，主持光复会和光复军的领导工作。到他抵抗时，浙江都督一席已为立宪党人汤寿潜所得，他被任命为没有实权的参议，因而“郁郁不得志”④。不过，他还是努力奔走革命，以练兵筹饷挥师北伐作为己任。在攻宁战役夺取幕府山、乌龙山、孝陵卫、尧化门诸要隘战斗中，光复军战勋颇著。12月2日南京光复，汉阳失陷后一度有所低落的革命情绪被重新振奋起来，革命力量的中心就此由四面受敌的武昌转移到了南京。对此，陶成章是不无功劳的。

1912年元旦，南京临时政府成立。汤寿潜被孙中山委为交通部总长，陶成章、章太炎和蒋尊簋三人成为浙督的继任人选。在彼此相让声中，章太炎有一通揄扬陶成章的劳绩而非溢美之词：“焕卿奔走国事，险阻艰难，十年如一

① 湖南省哲学社会科学研究所编注：《陶成章信札》，湖南人民出版社，1980年，第45页。

② 湖南省哲学社会科学研究所编注：《陶成章信札》，湖南人民出版社，1980年，第47页。

③ 湖南省哲学社会科学研究所编注：《陶成章信札》，湖南人民出版社，1980年，第55页。

④ 章太炎：《龚未生事略》，汤志钧编：《章太炎政论选集·下》，中华书局，1977年，第784页。

日。……我浙之得力于敢死队者甚多，是皆焕卿平日经营联合之力。且浙中会党潜势，尤非焕卿不能拊慰。”① 但是，到了 14 日夜间，陶成章就被陈其美派蒋介石暗杀于上海广慈医院，年仅 35 岁。

陶成章作为重组后的光复会实际领导者，继续奔走革命，在光复东南的事业中作出了自己的贡献，这是他革命活动的第三阶段。

综观陶成章的一生活动，功过昭著：派别活动为其支流，过不可诿；奔走革命为其主流，功不可没。

二

就像同盟会的黄兴一样，陶成章在光复会主要是一名革命实行家，而非理论家。然而，综观他为数不多的遗世之作，则可发现他的政治思想有两大主干成分，自具特色，值得作一论述。

主干成分之一：打上了资产阶级民主革命烙印的种族主义。

骤然一看，他是一个种族革命的热情鼓吹者。1904 年所著《中国民族权力消长史》、1907 年所著《中国民族史》，都是鼓吹夷夏大防和种族之辨的。在《龙华会章程》中他援引孔孟的理论作为排满革命的依据，说孔子对“异种乱入中国，他老先生更恨到极点”，孟子则有“民贵君轻”之说，他们“何尝说皇帝是不许老百姓做的、造反是大逆不道的?”② 1908 年 2 月，他代理《民报》主编时，登出“特别广告”，宣称自己主笔政后，将“改定篇次，专以历史事实为根据，以发挥民族主义，期于激动感情，不入空漠”③。他以身作则，以“汉思”为笔名，“汇录”了一部分明末抗清志士的著述，题为《桑海遗征》，连载在《民报》第十八到二十号上。1910 年重组光复会后，他刊行《教育今语》杂志，编写历史教科书，认为通过普及历史知识来“倡言革命”“易使人起爱国心”④。

---

① 章太炎：《致杭州电文》，汤志钧编：《章太炎政论选集·下》，中华书局，1977 年，第 545 页。

② 中国史学会主编：《中国近代史资料丛刊·辛亥革命·一》，上海人民出版社，1957 年，第 535 页。

③ 《特别广告》，《民报》1908 年 2 月第 19 号。

④ 湖南省哲学社会科学研究所编注：《陶成章信札》，湖南人民出版社，1980 年，第 34 页。

尽管从表面看来，他是在搬弄儒家经典，从清代前期地主阶级反满派那里借用力量，他不过是像章太炎一样企图“用国粹激动种性，增进爱国的热肠”①，他的种族革命思想似乎是民族主义不成熟的表现。然而，仔细推究，他其实是穿着古代的服装，用着前人的腔调，在参加演出民主革命的新场面。上述排满宣传都是打上了资产阶级民主革命的时代烙印的。这在《浙案纪略》中有很明白的表示。他站在资产阶级的立场上，把帝国主义入侵后激化了的种族压迫和剥削作为自己排满的理由：“满人虐遇汉人，无人不愤，亦无人不恨。……因欧美各国之侵迫，外界接触日甚，满人不思变计，虐遇汉人如故，括其脂膏以为得计。于是汉人有思想者，因新仇以记旧怨，共提倡逐满主义。”

这种打上时代烙印的种族革命宣传完全是从属于资产阶级民主革命需要的。

首先，是出于对江浙沿海地区知识分子宣传的需要。在明末，在顾炎武、张苍水等东南志士的艰苦支撑下，浙江是反清武装斗争最激烈、坚持最久的地区之一。清统治建立后，浙江知识分子的反抗思想又表现得非常突出。清初几大著名的文字狱，如庄廷𬭎明史之狱、吕留良选文之狱、查嗣庭试题之狱、汪景祺作诗之狱、齐周华刻书之狱，当事的统统是浙籍知识分子。血腥的株连使浙江的知识分子遭到残酷的迫害。对这种异族的压制，陶成章深有所知。因此，他在《浙案纪略》卷首揭橥浙江革命活动的远因时即指出：“浙江为人文荟萃之地……自满洲入盗以来，屡兴文字大狱，近年益炽，而革命风潮亦即随之以起。”会稽乃报仇雪耻之乡，像陶成章这样生于斯土、长于斯土的知识分子，深知鼓吹种族主义是激起家乡父老子弟复仇之念的有效方法。明乎此，也就懂得他何以紧承上文一一列举近几年来与浙人有关的文字狱：罪辫文案、《苏报》案、萃新报案、猛回头案、新山歌案等等。明乎此，也就懂得他何以在《桑海遗征》前言中郑重声明，“网罗遗佚”为的是救“欧化东行之士”“民族思想之消沉”。可见他强调种族主义，含有非常明确的争取知识分子的目的在内。

其次，是出于宣传会党的需要。浙江乃会党遍布之地，陶成章深知会党的深厚潜力，他对会党苦心经营、联络多年绝非偶然，光复会组织会党工作也较华兴会更为深入。他为光复会规定的基本宣传方针即是，“其方法不外借会党之声气，以鼓舞军学界，复以军学界之名义，歆动会党”②。然而，他又深知掌握

---

① 章太炎：《演说录》，《民报》1907 年第 6 号，第 4 页。

② 陶成章：《浙案纪略》，中国史学会主编：《中国近代史资料丛刊·辛亥革命·三》，上海人民出版社，1957 年，第 62 页。

会党殊为不易。他曾就操纵运用北方的教门和南方的会党作过一比较："若论运动，则开通教门也难，结连党会也易；握权党会也易，伸势教门也难。若论运用，则驾驭教门也易，而驾驭党会也难；欲得教门之死力也易，欲得党会之死力也难。"① 正是为了探求"驾驭"党会得其"死力"的途径，他在散布《革命军》等革命书籍的同时，借助于打上了资产阶级民主革命烙印的种族主义进行思想灌输。

鉴于浙东八府会党如龙华会、双龙会、平阳党、白布会等均属洪门系统，因而陶成章极力宣传洪门宗旨与排满革命相合。明亡后，"志士仁人不忍中原之涂炭，又结秘密团体，以求祖国光复，而洪门之会设也。何谓洪门？因明太祖年号洪武，故取以为名"②。在《龙华会章程》中，他更以会党领袖的身份，用种族主义的语言向自己的弟兄述说起事的"宗旨"："报我们兄弟家祖上的大仇，并现在种种暴虐我们的新仇，赶去了满洲鞑子皇家，收回了大明江山。"这个《章程》满口称颂抵御鞑虏、"惊天动地"的"岳爷爷"，规定入会"最好在岳庙"，至少也须供上岳武穆的神位。用岳飞取代洪门传统尊奉的桃园结义、瓦岗寨义气等，明显含有加重种族主义色彩的用意。《章程》在解释起义时的军制、官制时，与会党职称进行具体套比。在照顾会党旧制的后面，又显然为了适应宣传会党的需要。

需要指出的是，在他的种族革命思想中，对帝国主义的认识非常模糊。他只是强调革命必须"立定""两个主意"："满洲是我仇人，各国是我朋友"，因而当"我们动手革命的时候，外国人不来帮扶满洲，我们一概客礼相待。……等我们平定了满洲，立格外优待的条约，无论何国，都是利益均沾"③。他强调革命必须避免得罪帝国主义，"一有不慎，必引外国人之干涉，后事益难着手失"④。这种对帝国主义的幻想和畏惧，反映了中国资产阶级革命派天真幼稚和

① 《教会源流考》，中国史学会主编：《中国近代史资料丛刊·辛亥革命·三》，上海人民出版社，1957年，第111页。

② 《教会源流考》，中国史学会主编：《中国近代史资料丛刊·辛亥革命·三》，上海人民出版社，1957年，第101页。

③ 《龙华会章程》，中国史学会主编：《中国近代史资料丛刊·辛亥革命·一》，上海人民出版社，1957年，第111、539页。

④ 湖南省哲学社会科学研究所编注：《陶成章信札》，湖南人民出版社，1980年，第46页。

软弱妥协的性格。

主干成分之二：无政府主义。

1907年徐、秋案后，陶成章出亡日本，扑面而遇的是一股东渐的无政府主义思潮。光复会章、刘等人因与孙的矛盾而另谋思想出路，组织“社会主义讲习会”，宣传无政府主义。陶适逢其会卷入这一思潮之中。光复会诸人是颇以思想政治方面立异于三民主义，谋求新发展为己任的。用当时同志者的回忆来说，他们“已不满足于以往搞的驱逐鞑虏，复我中华，创立宪政，创立共和政体等运动”①，他们倾心于无政府主义，是“希望自己去掌握科学的、哲学的、条理清楚的革命原理，用以唤起人民大众的觉醒”②。

1906年9月清政府发布“预备仿行宪政”的诏旨后，保皇派闻声起舞，结团体、发宣言、订纲领，鼓吹“立宪救国”，为清政府的假立宪奔走呼号。以孙中山为首的革命派对之进行了尖锐的批判，指出这种君主立宪是政治欺骗。要救国，只有实现民权主义，反对君主专制，通过“政治革命”建立“民主立宪政体”③。无政府主义则不但反对君主立宪，也反对民主立宪。“政府之可鄙厌，宁独专制，虽民主立宪犹将拔而去之。”④ 他们激烈地反对代议制度，认为“议院者，民之仇，非民之友”。建立议院是“横分阶级”，“封建之变相”，它只适宜于“去封建近”的欧美日本诸国，不宜于“去封建远”的中国⑤。

陶成章用同样的语言双非君宪、民宪。他揭露向往君宪的只是那些“口口声声拍满洲人马屁的外国人，同着几个亡心昧理的中国人”，其目的“实在是把权柄集在皇帝同几个大官身上，却好借着‘宪法’二字，用出种种的苛法，来压制我们”。他指出，“一个异种的政府，来替我们立宪，那里立得好呢!”同时，他又根据中国国情反对民宪：“无论各国立宪，是因为离着封建时代不远，一时不能到平民执政的时代，就把这‘立宪’做个上下过渡的用法。我们已是平民做了皇帝、宰相千百余年，那里还要用着‘立宪’过渡呢。”接下来，很自然的结论是：“立宪实在是有弊病，无论什么君主立宪、共和立宪，总不免于少

① 《近代史研究》1979年第1辑，第185页。

② 《近代史研究》1979年第1辑，第194页。

③ 《三民主义与中国前途》，《孙中山选集》，人民出版社，1957年，第75页。

④ 《官制索隐》，《民报》1907年6月第14号，第2页。

⑤ 章太炎：《代议然否论》，《民报》1908年10月第24号，第16页。

数人的私意，平民依旧吃苦，将来天下各国，定归还要革命。……我们今日就是同种人来立宪，还要再起革命。"①

既然君宪、民宪都不可取，他认为最理想的还是无政府。中国革命"成功之后，或是因为万不得已，暂时设一总统，由大家公举；或五年一任，或八年一任，年限虽不定，然而不能传子传孙呢。或者用市民政体，或者竟定为无政府，不设总统，也未可知"②。这种否定领袖、否定权威的无政府主义思想又自然地被当作反对孙中山的理由："举首领最为坏事，前车可鉴。孔子曰：惟名与器不可以假人。前次之举孙文，实授之以刀柄，而使之杀与刀于彼之人也。"③

在另一方面，无政府主义同时被他用来宣传会党群众。

无政府主义鼓吹平等，他认为这与洪门宗旨相合。洪门"会员之宗旨，专崇义气"，"力求平等主义，故彼此皆称兄弟"④。它同教门、清帮都不一样，教门、清帮讲究辈分，师徒相传，等级森严。洪门则兄弟叙义，大哥不大，幺满不小，讲求平等，没有辈分，下级可以批评上级，即所谓"幺满有理服龙头"。洪门第二十七誓规定，"洪家兄弟，凡两京十三省过州府，四海之内皆兄弟也"⑤。

在经济问题上，他也用这种无政府主义的平等主张宣传会党群众。《龙华会章程》宣称，"要把田地改作大家公有，财产也不准富豪们霸占。使得我们四万万同胞，并四万万同胞的子孙，不生出贫富的阶级，大家安安稳稳享福有饭吃呢。"陶成章认为这是改变"苦的苦到万分，穷的穷到万分，他们做皇帝大官的，依旧快活到一万二千分"的"今日的样子"的奇方良药。真正照办了，就能到达无政府的理想境界："没有大财主，也没有苦百姓，税也轻了，厘捐税关

---

① 《龙华会章程》，中国史学会主编：《中国近代史资料丛刊·辛亥革命·一》，上海人民出版社，1957年，第538页。

② 《龙华会章程》，中国史学会主编：《中国近代史资料丛刊·辛亥革命·一》，上海人民出版社，1957年，第538页。

③ 湖南省哲学社会科学研究所编注：《陶成章信札》，湖南人民出版社，1980年，第8页。

④ 《教会源流考》，中国史学会主编：《中国近代史资料丛刊·辛亥革命·三》，上海人民出版社，1957年，第111、109页。

⑤ 萧一山：《近代秘密社会史料》第3卷，国立北平研究院总办事处出版，1935年，第11页。

也都废了，兵也少了，从此大家有饭吃了，不愁冷了，于是乎可以太太平平，永远不用造反革命了。”需要指出，上述宣传同时也是附和章太炎“均配土田、使耕者不为佃奴”①，和刘师培“使人人之田，均有定额”② 之类的意见，以表异于孙中山以“土地国有”和“单一地价税”为根本的“平均地权”的主张。

总之，在陶成章这里，种族主义和无政府主义萃于一身。他用这种思想武器，对下宣传会党群众，对上挑战孙中山的三民主义。从严格意义上说，他当然算不上一名具有完整的旧民主主义思想的革命家。鲁迅曾经慨叹过：“光复会非失败不可，它可以说连够得上政纲的政纲都没有！”鲁迅还慨叹自己和陶成章这些年轻的革命者在“那时候，实在简单得很”③。可以说，正是陶成章等的思想“简单”，注定了光复会难以制订出够格的政纲。

三

诚然，陶成章反对孙中山，在革命队伍中造成了不小的内伤，他为世诟病，非为无因。但是，如果我们仔细推求彼时彼地的实际情况，那么，有些问题还是可以讨论的。

第一，陶、章与孙的关系，与其说是分裂，毋宁说是分歧。

人所共知，同盟会并不是一个具有严密组织纪律的政党。它的成员受到欧美民主、自由思想的影响，组级内部思想比较活跃，自由论争风气较盛，各行其是更是不足为怪。例如，同盟会成立之初，有不少人对“平均地权”的政纲颇为质疑，经孙中山详加解释方始通过。然而宋教仁、焦达峰等 1909 年组织共进会时，还是将“平均地权”改为“平均人权”。又如关于国旗的形式问题，同盟会内的意见也是不统一的。孙中山主张沿用兴中会之青天白日旗，增加红色于上，以符自由、博爱、平等主义；黄兴则提议用井字旗，表示平均地权之意。彼此相争，几至决裂。再如，在武装起义的规划问题上，彼此也很不一致。孙、黄专注于华南一带；光复会则主张“中央革命”，在江浙或华北地区起义；共进会则力谋在长江中游发难。宋教仁甚至把屡仆屡起于华南的黄兴称为九伐中原

① 章太炎：《五无论》，《民报》1907 年 9 月第 16 号，第 2 页。

② 刘师培：《悲佃篇》，张枬、王忍之主编：《辛亥革命前十年间时论选集·第二卷》，生活·读书·新知三联书店，1963 年，第 754 页。

③ 冯雪峰：《回忆鲁迅》，人民文学出版社，1957 年，第 108 页。

不能成功的姜伯约①，这种讥讽之词传到黄兴耳中，乃被夸张为耸人听闻的“不杀孙、黄，大事不可就”② 的危言。总之，可以说，在策略方针方面的分歧，贯串在资产阶级革命的全过程。陶、章与孙的分歧正是在这种特定的政治氛围内产生发展的，绝非偶然的事件。

平心而论，陶、章对孙，言行愤激诚有之，存心破坏则无之。他们虽然干了一些亲痛仇快之事，但即以重组光复会这一影响最大之事而言，他们并不是另组一游离乃至反对革命的第三势力。光复会和同盟会的关系还是共同奋斗的友军。“继续前迹，以南部为根基。推东京为主干”③ 的光复会，其实与宋教仁等建立的“奉东京为本会主体，认南部分会为友邦”的“同盟会中部总会”④相仿，它们与同盟会虽在个别的具体策略上有分歧，但在根本的原则问题上则并无利害冲突。章太炎认为同盟、光复“二党宗旨，初无大异，特民权、民生之说殊耳”⑤。孙中山将此修正缩小为：“二党宗旨，初无大异，特民生主义之说稍殊耳。”并认为，双方“同为革命党之团体”，“两会欣戴宗国，同仇建虏，非只良友，有如弟昆。纵前兹一二首领，政见稍殊，初无关于大体”⑥。正因为他们是有分歧的政友，而非分裂的政敌，所以陶成章被刺后，孙中山表示了痛悼之情：“陶君抱革命宗旨十余年，奔走运动不遗余力。光复之际，陶君实有巨功。猝遭惨祸，可为我革命前途痛悼。”⑦

第二，这种分歧相当程度出诸名号之争。

孙中山在检讨同盟会与光复会的矛盾原因时曾指出：“盖不图其实际，唯以

---

① 章太炎所述，据其弟子王乘六所录。

② 章太炎：《太炎先生自定年谱》1908 年条，见《章氏丛书》附录下，浙江图书馆校刊本，1919 年，第 13 页。

③ 孙中山：《致粤督陈炯明电》，中国史学会主编：《中国近代史资料丛刊·辛亥革命·一》，上海人民出版社，1957 年，第 519 页。

④ 《同盟会中部总会宣言》，《革命先烈先进传》，台湾中国国民党史史料编纂委员会，1965 年，第 804 页。

⑤ 章太炎：《致临时大总统书》，汤志钧编：《章太炎政论选集·下》，中华书局，1977 年，第 557 页。

⑥ 孙中山：《致粤督陈炯明电》，中国史学会主编：《中国近代史资料丛刊·辛亥革命·一》，上海人民出版社，1957 年，第 519 页。

⑦ 《致浙江都督府令查陶成章生平行谊电》，转引自《历史教学》1979 年第 9 期，第 51 页。

名号为争端，则二会之公咎也。”① 所谓名号之争，用现在的话来说就是争夺最高领导地位的派系斗争。中国长期封建社会的历史又使这种近代资产阶级的党派斗争常常以封建的地域观念和宗派思想的形式表露出来。陶成章所谓游人行事“喜独不喜群，既不问人，亦愿人之不彼问”②，实际上正是光复会地域观念和宗派思想的反映。虽然从客观上说，孙中山无疑是革命派内威望最高、才略最优的领袖，他和黄兴组成的领导轴心据有主导地位，但在非主流派的光复会成员心目中，却并不承认孙、黄的领袖地位。光复会并入同盟会时，它的主要领导人物都不在场。陶成章是在1905年冬赴日时加入的，章太炎则是1906年夏出狱东渡后才加入的。光复会并入同盟会时，它的实力较强，总会和基层组织都是完整的，不像华兴会那样基层组织几乎全遭清政府破坏。这种实力地位也促使光复会独立行事。徐锡麟“鄙逸仙为人”③，坚决不愿加入同盟会，而继续以光复会名义进行活动。当起义失败被捕时，清吏讯问他：“受孙文教令耶?”他十分傲慢地回答：“孙文何等鲰生，能令我哉!”④ 陶成章对光复会成员未曾获得同盟会重要职务明显不满：“革命党首领本为蔡元培，元培德行有余而方略颇短，性又好学，不耐人事烦扰，故推孙文为会长，为自己倦勤也，非果重崇孙文也。”⑤ 这种有意贬低孙中山、夸耀光复会领袖为革命党首领的说法，显然是宗派思想作祟。

应当指出，在这种名号之争过程中，双方个人的性格也产生了某种影响。就陶成章而言，他为人耿直有肝胆，律己甚严，自奉淡泊，但“病在量小，不善容忍，往往执持我见”⑥。就孙中山而言，他无疑是一位伟大的资产阶级民主

① 孙中山：《致粤督陈炯明电》，中国史学会主编：《中国近代史资料丛刊·辛亥革命·一》，上海人民出版社，1957年，第519页。

② 陶成章：《浙案纪略》，中国史学会主编：《中国近代史资料丛刊·辛亥革命·三》，上海人民出版社，1957年，第17页。

③ 章太炎：《太炎先生自定年谱》1907年条，见《章氏丛书》附录下，浙江图书馆校刊本，1919年，第12页。

④ 陶成章：《浙案纪略·徐锡麟传》，中国史学会主编：《中国近代史资料丛刊·辛亥革命·三》，上海人民出版社，1957年，第58页。

⑤ 陶成章：《浙案纪略·徐锡麟传》，中国史学会主编：《中国近代史资料丛刊·辛亥革命·三》，上海人民出版社，1957年，第28页。

⑥ 许炽民：《从陶成章先生被害说起》，中国人民政治协商会议上海市委员会文史资料工作组编印：《文史资料选辑》第4期，油印本1960年，第22～26页。

革命家。他豁达大度，敢说敢讲，所以人称“孙大炮”。这一方面反映了他在对敌斗争中勇猛无畏的坚强性格，但另一方面在处理内部问题时，猛烈的“大炮”又难免使人觉得难堪。宋教仁在分析孙、黄因旗号之争几乎反目时说：“余则细思廑午（黄兴）不快之原因，盖其远者当另有一种不可推测之恶感情渐积于心，以致借是而发，实则此犹小问题。盖逸仙……作事近于专制跋扈，有令人难堪处故也。”① 在回击陶、章攻击时，他也采用过极端方法，如命人将章向端方谋款之信公布于报端，指责陶“为保皇党及侦察”②。这种做法严重伤害感情，只能增生怨憎。陶、章声言“不喜逸仙”，认为“难与图事”③，恐怕也与此有关。

另外，需要强调指出，这种名号之争曾被少数宵小之徒借作“挟私复怨”以遂个人野心的工具。武昌起义后，广东和上海是同盟、光复二会摩擦得最激烈的地方，原因主要在于负责粤沪的同盟会员陈炯明、陈其美都是权势欲极旺的品质不良分子。

陈炯明之嫉视光复会员、民军首领许雪秋、陈芸生等，乃因许、陈都曾“领导或参加黄花岗起义，和农村会党颇为接近”，在潮汕地区有相当影响，所以陈炯明必欲去之而后快。他勾结当地“士绅巨贾”，以“维持地方秩序”为名，将许、陈杀害④。陈炯明的阴险狠毒在两年后孙中山组织第二次讨袁军事活动时即被看破：“此人险诈，难与共事。”⑤ 十年后，他终于公然叛乱，几置孙中山于死地。

平心而论，在辛亥光复沪浙和日后反袁斗争中，陈其美不无功劳。对此我们不应抹杀。但需指出，他是争权利、搞摩擦的专家。还在上海起义前，他即阴谋挖掘光复会上海总干事李燮和等运动新军反正的墙脚，对新军中人宣传“光复会专门同我们捣乱”，“不是我们的人，不可信任”⑥。为了争夺上海起义

---

① 宋教仁：《我之历史》第 6 册，1920 年，第 12 页。

② 湖南省哲学社会科学研究所编注：《陶成章信札》，湖南人民出版社，1980 年，第 13 页。

③ 章太炎：《太炎先生自定年谱》1907 年条，见《章氏丛书》附录下，浙江图书馆校刊本，1919 年，第 12 页。

④ 《潮汕光复回忆》，中国人民政治协商会议全国委员会文史资料研究委员会编：《辛亥革命回忆录》第 2 集，文史资料出版社，1962 年，第 362 页。

⑤ 张其昀编：《国父全书》，台湾“国防”研究院，1963 年，第 598 页。

⑥ 中国人民政治协商会议全国委员会文史资料研究委员会编：《辛亥革命回忆录》第 4 集，文史资料出版社，1963 年，第 45 页。

的首功，他擅自改变了与李燮和等商定的举事日期，以致进攻江南制造局时失利被俘。李率兵救出他后，他又违背由李出任沪军都督之前约，集部党自举为上海都督。

为了巩固自己攘窃的权位，陈其美采用了较陈炯明公开杀戮异己更为隐蔽的暗杀手段。江浙地区握有兵权的一些光复会人物如李燮和、林述庆、陶骏葆，在他的暗算下或杀或逐。至于陶成章这样一名才智过人的光复会领袖人物当然倍遭忌恨。武昌起义后，光复会在政治和军事上的发纵指示往往出于陶成章之手。他“设光复军总司令部于上海，募兵”①。“说炳麟以统一为天下号，与黎元洪、程德全、汤寿潜及宋教仁、张謇、熊希龄诸人，组织中华民国联合会……以文墨议论，望之炳麟，而自出兵绍兴、嘉兴，得数千人，欲以继汤寿潜督浙，与李燮和、林述庆，联络一气，左提右挈，而光复会之羽翮张，横绝东南。”难怪时人这样评论他：“光复会之有陶成章，犹同盟会之有黄兴也。炳麟不足当孙文之恢廓有大略，而成章实胜于黄兴之轻发多败事。”② 试想，这样的人物，这样的规划，从根本上威胁着陈其美的存在，陶成章焉能不身遭毒手。

在另一方面，陶、陈矛盾又含有明显的会党之争的色彩在内。

在会党山堂林立的浙江，陶成章作为洪门领袖掌握浙东金、绍、处数府势力，尤以龙华会为中坚，陈其美则作为青帮头子经营浙西杭、嘉、湖一带，彼此各有范围，门户之见甚深。陶成章对洪门颂美之词屡见笔端，一涉青帮则轻鄙之情溢于言表，“流氓光蛋，咸属此流派”③。辛亥革命前后，双方力量消长不一。筹组“革命协会”时，陶成章“要以龙华山而‘一统’”，江浙数省的会党，事虽因青帮不满而未成④，但谋求以洪门“一统”各会党，多少反映了陶成章的实力大于陈其美。在实际革命进程中，洪门消耗较大，力量减弱。迨至辛亥革命时，在浙江形成双方实力相持不下的局面。陶成章的会党弟兄只能借

① 章太炎：《太炎先生自定年谱》1912 年条，见《章氏丛书》附录下，浙江图书馆校刊本，1919 年，第 17 页。

② 中国史学会主编：《中国近代史资料丛刊·辛亥革命·七》，上海人民出版社，1957 年，第 49、50 页。

③ 陶成章：《浙案纪略》，中国史学会主编：《中国近代史资料丛刊·辛亥革命·三》，上海人民出版社，1957 年，第 21 页。

④ 杨天石、王学庄：《〈龙华会章程〉探微》，《历史研究》1979 年第 9 期。

重他的名义练兵筹饷，这就引起陈其美系统掌权的有关地方军政府之不满。为此，他不得不向“浙省旧同事”发出“公鉴”，要他们注意影响，“将一切事宜，商之各军政分府及杭州军政府，以便事权统一，请勿以仆一人名义号召四方”①。他的会党兄弟还亟盼他回浙就任浙督。龙华山主沈荣卿等声称“已号召旧部，听先生指挥”，“若不谅荣等之苦衷，一再退让，将来糜烂之惨不可逆料”②。沈等“苦衷”，无非名号、地盘之争，而当时舍陈系力量又向谁“退让”？在争夺上海地盘时，陶成章却不是陈其美的对手。从历史上看，自洪门流派之一的刘丽川小刀会武装起义失败后，上海地区的洪门遭到极大摧残，一蹶不振，陶成章在上海没有多少实力，光复会在上海光复前的工作重点在于运动新军之原因也在于此。与此相反，青帮在上海滩上非常活跃。陈其美在联络上层资产阶级分子的同时，十分注意收罗青帮。由于双方力量悬殊，陶之失败乃在必然。明乎此，也就不难理解陶成章何以在遇害前迭遭打击：有谣言说他接受浙抚增韫二十万巨贿，他不得不登报辩诬③，有风传陈其美已派刺客，他不得不匿迹深藏，乃至数日内住处五迁，卒难逃毒手。明眼人对其被害深知底蕴。所以当1912年1月21日在上海永锡堂召开的有四千余人参加的追悼会上，演说者“词意激烈悲壮”，“甚至掷手枪于案”，指出陶成章“必死于争竞权利之徒”，这无异是对假惺惺前来参加追悼的陈其美的当面警告④。

他的死给光复会带来的打击是严重的。“炳麟失其谋主，燮和无与提携，光复会于是无能为役矣。”⑤ 他身后给同盟、光复二会留下的是一道不可愈合的创伤，章太炎由“中华民国联合会”而“统一党”，而“共和党”，在新形势下与同盟会展开新的名号之争，与孙中山扞格不入，终于经历了一段曲折的政治迷途。

第三，陶成章研究何以成为“禁区”。

陶成章未能如邹容那样激昂慷慨死于购捕之狱，也未能如徐锡麟、秋瑾那

---

① 《致浙省旧同事》，《民立报》1912年1月7日。

② 《沈荣卿等致陶成章电》，《民立报》1912年1月14日。

③ 《陶成章广告》，《民立报》1911年11月27日。

④ 《永锡堂追悼大会》，《民立报》1912年1月22日。

⑤ 钱基博：《辛亥江南光复实录》，中国史学会主编：《中国近代史资料丛刊·辛亥革命·七》，上海人民出版社，1957年，第50页。

样轰轰烈烈死于光复之役，而是寂寂默默死于功成之际、刺客之手，常常使人扼腕不止。然而，陶成章个人的悲剧还不止于此。当年的帮凶用有声的枪弹杀其身，后日的帮闲用无声的笔墨灭其名。他的不幸在于身名俱遭暗害。

解放前，素有“蒋家天下陈家党”之说。国民党内以分掌宣传、组织而权倾一时的C. C头目陈立夫、陈果夫是陈其美之侄。为了把蒋介石塑为孙中山嫡系正传，他们竟然连与孙中山齐名、部曲众多的原华兴会领袖黄兴也千方百计加以贬抑，那么，像陶成章这样一名异己人物，他的勋业被抹杀、他的真相被歪曲，自不足怪。更何况杀害他的凶手是蒋介石，只要一提到陶成章，几乎马上就会使人联想到蒋介石肮脏政治史的第一页。因此，陶成章理所当然地成为国民党官方史学家讳莫如深的历史人物。有关他的史料被封锁、被篡改、被湮没，也是题中必然之义。

过去人们常常怪讶，嵇康被司马氏杀害后，他的挚友向秀何以只写了一篇短短一百五十多字的《思旧赋》。无独有偶，熟读魏晋文章的章太炎几乎作了向秀第二。理所当然的一篇陶成章传未见诸他的笔端。现在我们所能见到的，只是他在临终那年写得十分含混的寥寥四十字的《成章学校赞》：“中原向明，海隅未晓。陶公孟晋，与徐分道。诚动宾萌，义夫云扰。杀身之由，志大地小。熏莸判矣，终为国宝。”① 虽然早在1915年被袁世凯囚禁在北京时，他即欲为陶成章作一碑文，但直到1934年定居苏州后，在绍兴成章学校任教的陶子特地赴苏求传，他与光复会故友沈瓞民熟商再三，讫未为之②。以章、陶交情之厚，章氏为辛亥人物撰传之多，何独薄于陶？他的学生曾暗示过这原因：“陶成章功大而名最隐，先生所以未为撰传，所谓犹有忧患者。”③ 这种难言之隐，恐怕正出于对蒋介石的顾忌，这和向秀之因司马氏而无法畅所欲言是完全一样的。所以，陶死不久，他敢于公开指责陈其美为凶手，而在1928年完成的《太炎先生自定年谱》手稿中，却改用或然之辞称之为“或言英士为之也”。等到后来《年谱》正式刊印时，便连这样不敢明言的话也删削不用了。素以放言无忌而著名的章太炎尚且如此，可以想见当年围绕陶成章这一禁区的压力之高了。

---

① 《成章学校赞》，章氏国学讲习会编校：《太炎文录续编》第7卷，武汉印书馆，1938年。

② 据沈瓞之子沈延国回忆。

③ 许寿裳：《章炳麟》，1946年，第28页。

不过，要深入讨论陶成章的历史功过，在今天形而上学的方法还是大敌。由于某种原因，在评论资产阶级民主革命时期的历史人物时，人们往往习惯于以孙中山划线，以孙中山之是非为是非，以兴中会——同盟会作为正统。这种一个领袖、一个中心的历史研究方法是否可取？孙中山诚然无愧为中国革命民主派的旗帜，对辛亥革命作出了卓越的贡献。但他并不是在任何时候和任何问题上都是正确的。在同一政治阵营中，对自己的领袖表述不同的政见，是古往今来的普遍现象。我们决不能简单地指称对孙中山和旧三民主义持有异议的陶成章等为异端邪说，给他们戴上极端分裂主义或地主阶级反满派的帽子。同时，我们也决不能让陈其美、陈炯明这类杀害异己、窃取权位的野心家和叛徒躲藏在一面什么旗号下逃脱历史的谴责。

［原载《江汉论坛》1981年第2期］

试论章太炎哲学思想的演变

在中国近代哲学史上，章太炎是一位具有相当影响而又争议较多的人物。他从1896年参加《时务报》投身维新运动，直到1936年抗日战争前夕去世，前后经历了旧民主主义革命和新民主主义革命两个历史时期，在以戊戌变法、辛亥革命和“五四”新文化运动为标志的近代中国三次思想解放潮流中，他扮演了不同的角色。他曲折复杂的政治态度和思想倾向，在动荡激烈的民族矛盾和阶级矛盾的风浪中起伏发展、不断变化。他一生变动不居的思想、庞杂繁多的议论和索解为难的文字，常常使人在研究过程中感到迷离恍惚，不易把握。本文试图勾画他哲学思想的发展过程。

一

章太炎最初埋头于“稽古之学”，是十九世纪末期危亡的国势推动他寻求“经世救国”之术。但在他十分崇拜的王夫之等人的著作中，“却没有什么学理”①。为了寻求“学理”，他的目光转向先秦诸子和当时源源东来的西学。在继承我国古代朴素的唯物思想的同时，他借用西方的思想酵母，酿发了自己要求变革的政治主张和哲学思想。《膏兰室札记》（未刊稿）是他求学期间写于二十二岁到二十四岁（1890—1892）的一部读书笔记。这部笔记主要考释先秦诸子的有关材料，但在其中部分考释条目中，我们可以看到他采撷西学用来批判封建顽固派和洋务派的形而上学不变论的种种努力。

他用西方近代自然科学解释地球的形成和生物的进化：“盖地本火球，屡次迸裂，乃成今之形体……地球每崩裂一次，即更为一世，每更一世，即有一世之草木。其初世之草木，尽变煤炭于地中；次世之草木，则备大禽大兽之所食：

① 章太炎：《演说录》，《民报》1907年第6号，第1页。

三世之草木，则备众禽众兽之所食。渐至今世，则蔬菜瓜果树木花草无一不备。”① “上古皆水之时，去火尚近，水仍热而他物不生，唯生海草蚌蛤之类。后分海陆，水亦渐冷，而鱼类生，此时则茂草乔松，几无隙地。又后愈冷而鼋鼍蛟龙鳄鱼皆生。又崩易一世界，继前世所生诸物而兽类生焉。从此地球内外安协，万物齐备，而人始生焉。”② 这些论述尽管有不够科学之处，但是在这里，我们可以看到章太炎是力图用进化论的观点、用唯物论的观点来说明地球以及生物的形成和演变过程的。

为了驳斥“景教”关于“上帝造人，使肖己之形象”的谬论，他根据西方自然科学指出，人由微生物进化而成，“人非空气不生”，人死后，“人之骸肉复反为微生物”③。又引用王充的元气自然观指出，“天地合气，万物自生。犹夫妇合气，子自生矣”。他肯定此说“甚精”，《论衡》对董仲舒“神造说”的“驳义更当”④。

在声、光、化、电的科学名词和中国传统的“元气”、“阴阳”等古老哲学概念的极不调和的混杂中，章太炎向西方的机械唯物论和庸俗进化论跨出了第一步。这基本上与当时维新运动的领袖康有为同步一致。康有为也是继承了中国古代的元气自然观，把“元气”当作世界的本体来说明天地万物的产生和发展的。他说：“凡物皆始于气，既有气，然后有理。生人生物者，气也。”⑤ 他发挥《周易》“变易之义”，把它同资产阶级进化论比附起来，认为“人由猿猴变出”⑥，强调新胜旧、今胜昔的“变”的观点是自然界和人类社会的普遍规律，“物新则壮，旧则老，新则鲜，旧则腐，新则活，旧则败，新则通，旧则滞，物之理也”⑦。

他们哲学思想上的相通之处，正好反映了中国近代最早的一代资产阶级知

① 章太炎：《膏兰室札记·天先成而地后定》（家藏未刊稿）。

② 章太炎：《膏兰室札记·火爁炎而不灭》（家藏未刊稿）。

③ 章太炎：《膏兰室札记·青宁生程、程生马、马生人说》（家藏未刊稿）。

④ 章太炎：《膏兰室札记·造人说》（家藏未刊稿）。

⑤ 《万木草堂口说》抄本，北京大学图书馆。转引自李泽厚：《康有为谭嗣同思想研究》，上海人民出版社，1958 年，第 74 页。

⑥ 康有为：《康南海自编年谱》，见杨家骆编：《戊戌变法文献汇编》第 4 册，鼎文书局，1973 年，第 123 页。

⑦ 《上清帝第六书》，见杨家骆编：《戊戌变法文献汇编》第 2 册，鼎文书局，1973 年，第 198 页。

识分子是以西方的自然科学作为自己哲学基石的。只是由于当时中国的社会生产力和生产方式都很落后，近代工业十分薄弱，整个中国资产阶级哲学和近代自然科学只能处于一种外在的联系，用梁启超的话来说，是“以新知附益旧学”①。我们常常可以看到章太炎把西人之说附会到古代诸子上去。例如，在论述人类由微生物进化而成时，他便把《庄子》所谓“青宁生程，程生马，马生人”比附上来，说什么“青宁”即微生物，“程”为微细之积，“马”即空气。因此，“微生物积而为可度之物，是谓‘青宁生程’”；“可度之微物，积而为空气”，是谓“程生马”；“人非空气不生”，是谓“马生人”②。他根据“西法以地圆九万里”，按照“新法径一者，围三·一四一五九二六五”推算，得出地球东西直径二万八千里，南北直径二万六千里，他又将此数字与《管子·地数》中的说法牵强附会在一起③。这种做法，颇近乎鲁迅后来批评的“外国的东西，中国都已有过；某种科学，即某子所说的云云”④，反映了中国资产阶级的思想幼稚和软弱。

然而，即使是不成熟的哲学上的准备，也在甲午战争后把章太炎推上了政治舞台。1895 年，康有为在北京组织“强学会”，他“赠币”赞助；1896 年，梁启超在上海创办《时务报》，他应邀参加。他真诚地高呼“以革政挽革命”⑤的口号，热烈地附和康有为与梁启超师法日本、改革教育、废除科举、发展资本主义经济等主张，成为一名颇为活跃的维新志士。

二

戊戌变法失败后，章太炎进一步倾心于西方资产阶级哲学，其哲学思想逐渐趋向成熟。章太炎这一时期的思想发展，可以分为两个阶段。

1899 年 5 月，章太炎第一次东渡日本。这次东渡虽仅短短三月，但因为得

---

① 梁启超：《清代学术概论》，《饮冰室合集·专集之三十四》，中华书局，1936 年，第 68 页。

② 章太炎：《膏兰室札记·青宁生程、程生马、马生人说》（家藏未刊稿）。

③ 章太炎：《膏兰室札记·地之东西二万八千里、南北二万六千里》（家藏未刊稿）。

④ 鲁迅先生纪念委员会编纂：《鲁迅全集》第 1 卷，人民文学出版社，1973 年，第 388 页。

⑤ 《论学会有大益于黄人亟宜保护》，《时务报》1897 年 3 月，转引自汤志钧编：《章太炎年谱长编（1868—1918）》，中华书局，1979 年，第 13 页。

到机会接触了当时在日本相当活跃的西方各种哲学和社会政治思想，从而开阔了眼界，丰富了思想，其标志是对谭嗣同《仁学》中的唯心主义的批判和木刻本《訄书》的编订。

《仁学》“欲将科学、哲学、宗教冶为一炉”，集中表现了谭嗣同头脑中唯物主义与唯心主义错杂矛盾的特点。早在1897年春，章太炎在看到《仁学》手稿时，即私下“怪其杂糅，不甚许也”①，但当时并未展开批判。待到1899年《仁学》在《清议报》上正式发表，风行一时，引起思想界很大反响后，他便接连在《清议报》上发表《视天论》和《菌说》，分别从宏观世界和微观世界的角度对之展开批判。

在《视天论》中，他针对谭嗣同声称的上帝创造尽善醇美的人类的唯心主义，他运用康德在《宇宙发展史概论》中阐述的理论，指出只要懂得宇宙是无穷的空间和无尽的时间的统一，就能知道宇宙之外并无上帝存在，更谈不上上帝主宰人类的祸福了：“知‘实而无乎处’，知‘长无本剽’，则上帝灭矣，孰能言其主予夺殃庆耶?”

《仁学》把“以太”同精神性的“心力”、“灵魂”和“仁”等同起来，从而把它扩张为“天地万物之源”。与之对立，章太炎在《菌说》则宣传赫胥黎关于原生质是“生命之本原”的观点，“今夫庶物莫不起于细胞”，“凡细胞诸种，皆自原形质成立”。《菌说》还以生命的物质性批判《仁学》所宣扬的“今生来生本为一我”的灵魂不死论。文章较《膏兰室札记》所云人死后“骸肉复反为微生物”更明确地指出，人死后，组成人体的那些氮、氧、氢和盐、铁、磷、钙，都各自分解回复到它们原来的或气体或固体状态，人的生命特性也就消亡，何来不死的灵魂?

如果说，对《仁学》中唯心主义的批判反映了章太炎的唯物论的观点，那么，1899年编订出版的政治哲学论文集《訄书》，则在此基础上继续发展前进，从而在较为广阔的范围内展示了自己的思想风貌。

他高张无神论的旗帜，指出宗教神学源于先民对自然现象的蒙昧无知：“当是时，见夫芜荑之萎于燕，鲸鱼彗星之迭相为生死，与其他之眩不可解者，而以为必有鬼神以司之，则上天之祭，神怪魋头之禓祓，自此始矣。”② 他发展了

① 章太炎：《太炎先生自定年谱》1897年条，见《章氏丛书》附录下，浙江图书馆校刊本，1919年，第5页。

② 章炳麟：《訄书·原教下》，古典文学出版社，1958年，第128页。

《膏兰室札记》中有关否定天生万物的观点，“天萃于气，气生于地，地生于日”，从而进一步指出，即令生长万物的太阳也与人类万物的祸福无关，“物生于日，而其祸福则日无与焉，若夫天与上帝则未尝有矣”①。他更高倡进化论，指出人类由猿类变来：“果然（猿猴）攫狙攀援乎大陵之麓，求明昭苏而渐为生人。”② 他又指出：“物苟有志强力以与天地竞，此古今万物之所以变。”他企图以此警醒中国人民认识帝国主义侵华亡华的严重意义，这在当时无疑是有进步作用的。

在认识论上，他强调感觉来源于物质世界，而不是物质世界依赖于感觉。他举例说：“以目之眚者，视火而有青炎，因是以为火之色不恒，其悖矣。……火之有青炎，火者实射之，不眚目则亦不可见也。烛炮钧冶之上，七色而外，有幻火变火，可以熔金铁，而人目不能见，不见其火，而不得谓之无色；见者异其光，而不得谓之无恒之色。”③ 不过，他所说的感觉器官与外物相接而产生感觉，还是静止消极的反映，这说明他的认识论还属于机械唯物主义的范畴。

总之，批判《仁学》和结集《訄书》，表明章太炎“收集”了更多的西学“学理”，他行将进入自己思想发展行程的新阶段了。1900 年，他作《客帝匡谬》，公开批判自己“尊清”、“纪孔”的错误主张，并在上海张园大会上当众断发，表示与改良派一刀两断。他在政治上摆脱改良思想的束缚，正是以哲学思想的进步作为先导的。

作为转变的第二步，则是 1902 年春的第二次东渡日本。

这次东渡，虽也只有短短三月，但由于反清革命思潮的兴起和与孙中山“定交”并进一步接受西学，他的哲学思想继续前进。西方哲学在他心目中的地位继续上升。在 1902 年修订的《訄书》中，他公开声称，“观今西方之哲学，不赍万物，为当年效用，和以天倪，上酌其言，而民亦沐浴膏泽”。本土的“玄言理学，至于浮屠”，都无法与之比拟。因为它们“不能实事求是，而虩理紊纱者多”，习用它们只能造成“文实颠偾，国以削弱”的严重后果④。这时期，他对康有为景仰的孔学和陆王心学批判尤力。他著文破除人们对孔丘的迷信，指

① 章炳麟：《訄书·天论》，转引自任继愈主编：《中国哲学史简编》，北京人民出版社，1973 年，第 577 页。

② 章炳麟：《訄书·原人》，古典文学出版社，1958 年，第 38 页。

③ 章炳麟：《訄书·公言》，古典文学出版社，1958 年，第 90 页。

④ 章炳麟：《訄书·颜学》，古典文学出版社，1958 年，第 28 页。

明其“闻望过情”和“虚誉夺实”之原因①；指责董仲舒之害在于“使学者人人碎义逃难，苟得利禄，而不识远略”②；至于陆王之学“习于禅宗，虽经论亦不欲睹，其卒与禅宗皆为人鄙，义窭乏而尚辞，固狭质也”，与“泰西唯心合理之学说”相较，乃“蛰之与昭、跛之与完”③。

在一篇论述原始人类宗教观念的文章中，他在概要介绍了十九世纪英国人类学家载路（Tylor. Sir Edward Burnett，1832—1917）和拉备科（Lubbock. Sir John，1843—1913）两种对立的看法后，提出自己的观点，“咒法鬼神之容式，芴漠不思之观念，一切皆为宗教。无宗教意识者，非人也”。同时又坚信，随着人类文明的进步，“学术申，宗教诎”乃是必然趋势④。

应该指出，这时期他对孔学和宗教迷信的批判是有其政治原因的。因为在他看来，清朝统治者“尊事孔子，奉行儒术”，乃是为了“崇饰视听”，“便其南西之术、愚民之计”⑤。而康有为鼓吹光绪复辟、立宪保皇是“天命所归”，正是他在《訄书·通谶》中尖锐批判过的“文义鄙倍”的“近世诸谶”之一。

综上所述，章太炎通过两步转折，移步换形，在二十世纪初近代中国第一次和第二次思想解放高潮的间歇期间，结束了以简单类比的方式运用西学的初级阶段。这时期，他站在孙中山的旗帜下，政治和哲学的批判相辅相依，除排满之声稍为特殊外，他基本上同孙中山用同一声音宣传资产阶级民主革命。这是他们合作的第一阶段，也可以说是和谐圆满的阶段。

三

1906年6月，章太炎《苏报》案刑满出狱，第三次东渡日本，主笔《民报》。这时期，他信奉和提倡佛教，他的哲学思想开始折入主观唯心主义。

在早年，他对佛学仅是“略涉”而已，既“不能深”，亦“不甚好”⑥，认

---

① 章炳麟：《訄书·订孔》，古典文学出版社，1958年，第16页。

② 章炳麟：《訄书·学变》，古典文学出版社，1958年，第21页。

③ 章炳麟：《訄书·王学》，古典文学出版社，1958年，第25页。

④ 章炳麟：《訄书·原教上》，古典文学出版社，1958年，第126页。

⑤ 章炳麟：《驳康有为论革命书》，汤志钧编：《章太炎政论选集·上》，中华书局，1977年，第195页。

⑥ 章太炎：《太炎先生自定年谱》1897年条，见《章氏丛书》附录下，浙江图书馆校刊本，1919年，第6页。

为佛学“无与中夏革命之事”①。然而狱中三年，他却潜心佛学，“专读《瑜伽师地论》及《因明论》、《唯识论》”②。对这些瑜伽宗即大乘有宗的典籍，他十分用功，“晨夜研诵”③。他终于在身陷囹圄的情况下，在自心构筑了一座颇为精致的佛教哲学的殿堂。因此，当他出狱后在东京的欢迎会上报告自身的思想政治经历时，他竟然极其认真地向自己的同志提出“用宗教发起信心，增进国民的道德”④ 的主张。1906 年 11 月，他甚至公开打出建立宗教的旗号来：“今之立教，唯以自识为宗。识者云何？真如即是唯识实性，所谓圆成实也。”⑤ 在他这时期的文章中，“关于印度哲学则吠檀多、波罗门、胜论、数论各宗，法华、华严、涅槃、瑜伽诸经，均随文引入。对世亲、无著之书，尤为赞佩。”⑥

不过，他又宣称，自己所极力倡导的佛教并不是那种含有“许多的杂质”的“通行的佛教”，而是根据民主革命的需要经过必要“改良”的佛教。

他主张怎样“改良”佛教呢？

从佛教内部而言，他“要用华严、法相二宗改良旧法”，以加强“普度众生，头目脑髓，都可施舍与人”的卓厉敢死的信念，以启发“万法唯心，一切有形的法相，无形的法尘，总是幻见幻想，并非实在真有”⑦ 的主观唯心主义思想。他从唯识宗中借来了阿赖耶识（根本藏识），努力论证它就是世界万物的本源，“此识是真，此我为幻”，“心精圆遍，含裹十方。云何无量，心表之无量。云何合法，心之合法。与其归敬外界，不若归敬自心”⑧。除了此识即此心，别无世界。对妨碍人们认识世界乃主观幻觉的所谓损减执和增益执两种“偏见”，他以阿赖耶识力予破除。

从佛教外部而言，他又借用西方资产阶级唯心主义予以充实。此前的西方哲学的根底，再加上他这时在“尽瘁光复之业，鞅掌（繁忙）余间，旁览彼土

① 章炳麟：《訄书·通谶》，古典文学出版社，1958 年，第 37 页。

② 章太炎：《自述学术次第》，《制言》1936 年第 25 期，第 2 页。

③ 章太炎：《太炎先生自定年谱》1904 年条，见《章氏丛书》附录下，浙江图书馆校刊本，1919 年，第 10 页。

④ 章太炎：《演说录》，《民报》1907 年第 6 号，第 4 页。

⑤ 章太炎：《建立宗教论》，《民报》1906 年 11 月第 9 号，第 19 页。

⑥ 侯外庐：《近代中国思想学说史》下卷，生活书店，1947 年，第 861 页。

⑦ 章太炎：《演说录》，《民报》1907 年第 6 号，第 7 页。

⑧ 章太炎：《建立宗教论》，《民报》1906 年 11 月第 9 号，第 13～14 页。

所译希腊、德意志哲人之书”①，终于使他的佛教哲学思想有别于传统的中国佛教哲学。

首先，西方资产阶级的“自由、平等”观念被他用来附会大乘佛教思想。他一反往昔对佛教“平等之说”的非难②，把佛教教义解释为与“天赋人权”完全一致：它“最重平等”，“最恨君权”，“与恢复民权的话相合”③。在这时期的代表作《无神论》和《建立宗教论》中，他都用混合了佛学和西学的“众生平等之见”来评判他种宗教哲学。他指责基督教等有神论，主要还是因为它们“崇奉一尊”，“与平等绝远”④，“使人人自由思想，一概堵塞不行”⑤。

其次，西方资产阶级主观唯心主义被他汲引到佛教唯识思想中来。尽管他声称康德、叔本华这些西方“哲学之圣”的唯心义谛与佛学玄理相“参”，前者“无过”后者⑥。但他认为在一些基本观点上彼此却是相通的，“康德所说的‘十二范畴’，纯是‘相分’的道理；索宾霍尔（叔本华）所说的‘世界成立全由意思盲动’，也就是‘十二缘生’的道理”⑦。他这时期的哲学论文中，叔本华的“实体即意志”，尼采的“超人哲学”，贝克莱和马赫的“存在就是被感知”，休谟的主观唯心主义“感觉论”，统统被用来相帮论证繁琐的佛教哲学思想。因为在他看来，这些“用心益复缜密”的西方“近代学术”与佛教唯识思想“甚适”⑧。

佛学在晚清风靡一时，为许多先进分子和革命者所信奉，他们用佛学来解说西学和孔孟，用佛学来鼓舞斗志。章太炎信奉佛教哲学正是这一时代思潮的一部分。他转向思辨形式较强的佛教唯心主义同他此时政治上的发扬蹈厉是一致无二的。因为在他看来，两千余年的封建积习造成了中国知识分子缩朒畏死、贪慕富贵的软骨病。唯有证得“一切唯心”和“万有皆空”才能求得“立地顿悟”，疗得道德的痼疾，激励人们舍生忘死从事革命。

---

① 章太炎：《蓟汉微言》，见《章氏丛书》，浙江图书馆校刊本，1919 年，第 73 页。

② 章炳麟：《訄书·平等难》，古典文学出版社，1958 年，第 91～93 页。

③ 章太炎：《演说录》，《民报》1907 年第 6 号，第 9 页。

④ 章太炎：《无神论》，《民报》1907 年第 8 号，第 2 页。

⑤ 章太炎：《演说录》，《民报》1907 年第 6 号，第 6 页。

⑥ 章太炎：《自述学术次第》，《制言》1936 年第 25 期，第 2 页。

⑦ 章太炎：《演说录》，《民报》1907 年第 6 号，第 7 页。

⑧ 章太炎：《答铁铮》，《民报》1907 年 6 月第 14 号，第 122 页。

就像谭嗣同一样，章太炎的转向佛教唯心主义，证明了中国近代哲学史上的一个严峻事实：中国资产阶级的先天不足决定了本阶级思想代表在哲学上的摇摆性。他们可以接受并表现出唯物主义的倾向，却总不能形成唯物主义的体系。因此，尽管最早批判谭嗣同“欲将科学、哲学、宗教冶为一炉”的是章太炎，但不出数年，重新搬出这类主张的，恰恰还是他自己。阶级的局限就是这样捉弄人。另外，指出这一点或许是不无意义的：章太炎从政十年，一直身处政治急流之中，戊戌变法、义和团运动、自立军起事、拒俄运动、《苏报》案……在接踵而来的巨大历史事件中，他曾“七被追捕”，望门投止的流亡生活在客观上限制了他。他根本来不及细细消化纷沓而来的古今中外各种学派的思想学说，从容熔铸自己的思想武器。似乎可以说，他经常处在临阵磨枪的境地。因此，一旦抓住了自以为可以克敌制胜的佛教哲学，他便披挂上阵，对垒征战去了。人们常常认为梁启超“善变”，其实章太炎又何尝不是如此？急流回荡的时代要求他们不断修正、改良、变换自己的武器，作为阶级的思想代表，他们无法超然物外。

应该说，这一时期是章太炎同孙中山合作的第二阶段。他们在政治上目标相同，步调一致，但手持的思想武器却有所不同了。可以说，章太炎倡佛，虽然他自己坚信这是激励人心的战歌，但是实际上它却在资产阶级民主革命的伟大乐章中，增添了同孙中山的主旋律不大谐和的噪音。

四

作为章太炎哲学思想发展的新阶段，是老庄的虚无主义和相对主义汇入佛教主观唯心主义，逐渐取代原有西方哲学所据的地位。1907 年 9 月发表的《五无论》是这一转化开始的标志，随后，1908 年 7 月发表的《四惑论》和 1910 年成稿的《齐物论释》，表明他在否定客观真理、抹杀是非区别的唯心主义道路上渐进渐深。

景仰庄子而对西方哲学家渐取批评态度，是表现之一。他批评“希腊学者，括人心之所好而立真善美三，斯实至陋之论”①。他认为资产阶级的公理之说“由海格尔（黑格尔）氏之学说使然”，而黑格尔的学说远逊于庄子万物各从所好的齐物思想：“若夫庄生之言曰：‘无物不然，无物不可’，与海格尔氏所谓

① 章太炎：《五无论》，《民报》1907 年 9 月第 16 号，第 11 页。

‘事事皆合理，物物盛善美’者，词义相同，然一以为人心不同，难为齐概，而一以为终局目的，借此为经历之途，则根底又绝远矣。”① “若海格尔（黑格尔）有无成之说，执著空言，不可附合庄氏。”② 不但黑格尔，就是早先他尊崇不已的康德和叔本华也都在庄子之下了：“康德之批判哲学……乃庄生所笼罩，自非天下至精，其孰能与此尔。”③ “近世达者莫若箫宾闻尔（叔本华），彼说物质常在之律，非实验所能知，唯依先在观念知之。然不悟此先在观念即是法执，其去庄生之见，倜乎不及远矣。”④

以佛庄思想联成一气抵拒西方哲学，是表现之二。他公开怀疑进化论，“有机物之最始，果自无机物出乎？则生物学家所不能断定者”⑤。他搬出佛教思想来论证，“进化者，由外缘牵引以成”，“所谓进者，本由根识迷妄所成，而非实有此进。……有机物界，世见其进化之幻象也，而无机物界，并此幻象亦不可睹”。继而干脆用不可知论把进化称为“戏论”：“明日有无，必非今日所能逆计。所以者何？未至明日而言明日之有，即无证验。……离于明日，何进化之可言？此则徒为戏论而已。”⑥ 他又公开否定客观物质世界的存在，“世界本无，不待消灭而始为无。今之有器世间，为众生依止之所，本由众生眼翳见病所成，都非实有”⑦。“有机无机二界，皆意志之表彰。”⑧ 佛教思想论证过后，老庄的不可知论又被请来相帮，组成物质世界的“原子云者，徒为妄语……皆超出经验之外，但有假名。要之空间尚无，岂彼空间所容受者，而可信其为有？”⑨ “庄生意言，假令诚有物质者，物质不能自认物质为物质，谁认之者？唯是心量。……即此万物现相，有色、有声、有香、有味、有触者，唯是依佗起性，

① 章太炎：《四惑论》，《民报》1908年7月第22号，第9页。

② 章太炎：《齐物论释》第1章释文，见《章氏丛书》，浙江图书馆校刊本，1919年，第24页。

③ 章太炎：《齐物论释定本》第5章释文，见《章氏丛书》，浙江图书馆校刊本，1919年，第55页。

④ 章太炎：《齐物论释》第6章释文，见《章氏丛书》，浙江图书馆校刊本，1919年，第57页。

⑤ 章太炎：《五无论》，《民报》1907年9月第16号，第9页。

⑥ 章太炎：《四惑论》，《民报》1908年7月第22号，第10页。

⑦ 章太炎：《五无论》，《民报》1907年9月第16号，第9页。

⑧ 章太炎：《四惑论》，《民报》1908年7月第22号，第5～6页。

⑨ 章太炎：《五无论》，《民报》1907年9月第16号，第9页。

属于幻有。”① 往昔拳拳服膺的关于世界形成的唯物观点，而今站在佛庄立场上看来，变为只可“为常人道”的俗见。

由上可见，章太炎这时期已由积极入世的西学和佛学的结合转为消极遁世的老庄和佛学的新结合了。如果说，早先他是袈裟罩西装，那么现在他便在袈裟上披了一件齐物、逍遥的羽衣，开始悄悄地脱下西装了。

人们不禁要问：为什么恰恰从1907年下半年开始，他在哲学上发生如此显著的转变？

从客观原因看，一方面，欧美、日本的资本主义到二十世纪初已发展到帝国主义阶段，随着在日本实地观察的深入，他对资本主义制度的反感越深。这期间，他否定代议制和西方物质文明的文字屡屡可见。西方既无极乐世界，回转身来在本土另找一片净土自是常情。另一方面，从1907年下半年开始，同盟会内部矛盾日渐明显。他与孙中山从“论政多所不合”② 一直发展到1910年初重组光复会另立山头。政治上和组织上的分歧要求他在哲学思想上同孙中山有所区示。对西方资产阶级理性王国的重新估价，从某种意义来说，正是同崇信这个理性王国的孙中山抗衡。

从主观原因看，中国传统的封建文化思想的烙印在他身上尤为深刻。他早就是国粹救国的提倡者。当充满理想的脑袋被严酷的现实巨岩撞击得茫茫然的时候，老庄齐物逍遥、任法自然的遁世思想正是医治那伤感幻灭心灵的最合适的国药了。

对这一回的“思想变迁之迹”，他颇引以为快：“端居深观而释《齐物》，乃与瑜伽、华严相会……而今始探其妙，千载之秘，睹于一曙。”③ 其实，他何尝探妙睹秘？这一回的“思想变迁”只是使他同时置身于两条思想战线的斗争，对外要继续批判帝国主义和封建主义的意识形态，对内又要同孙中山展开论争。他的思想武器恰如一柄双刃剑，它的左刃对着帝国主义和封建主义，它的右刃又指向孙中山。但是这种战法并不能使他左右逢源，而只能是进退失据。其实，这时章太炎的哲学思想和政治思想已经偏离了时代思潮的主流，而开始趋向没落了。这种左顾右盼的两重性，正是时代和阶级在他思想上重迭曲折的投影。

---

① 章太炎：《齐物论释》第6章释文，见《章氏丛书》，浙江图书馆校刊本，1919年，第57页。

② 章太炎：《自述学术次第》，《制言》1936年第25期，第11页。

③ 章太炎：《菿汉微言》，见《章氏丛书》，浙江图书馆校刊本，1919年，第73页。

五

辛亥革命后，章太炎又从佛庄相容转向儒学。这一转变是以五四运动为界分两步完成的。

作为倒退的第一步，发生在1913—1916年被袁世凯囚禁时。在经历了助袁反孙而又终于为袁捐弃这一政治曲折之后，他的思想渐入颓唐。作于此时的《菿汉微言》记有这一思想径迹。

第一，庄子相对主义的无是非观被他进一步发展了。他宣称，当他操齐物思想来“割制”世界上古今中外各种思想学说的时候，调和折中之效至佳至妙，在他看来，程朱陆王的理学是有其片面性，但若说它全错“则过”。汉学与宋学“各勤其业”就是了，“瑕衅何为而不息乎”？基督教以上帝为造物主的教理“可谓迷妄”，但“其由果寻因之念固未误”①。总之，用齐物思想来解释这一切，则是非泯除，对立消灭，无往而不利。

第二，他对孔子开始大力扶持了。“以庄证孔，而‘耳顺’‘绝四’之指，居然可明，知其（孔子）阶位卓绝，诚非功济生民而已。”“孔子固应是地上菩萨，犹未证入佛地。”② 在这里，他以庄证孔，以佛比孔，借用佛庄翼助孔子。“文孔老庄是域中四圣，冥合华梵，皆大乘菩萨也。”③ 把孔子同文王、老庄一起供在大乘菩萨的宝座上顶礼膜拜，可说是他当时所能给予的最高评价了。这同十年前抑孔贬儒的激烈态度适成鲜明对照。

1914年，《訄书》修订本“多所修治”④。1919年，手定的《章氏丛书》刊出，“先前的见于期刊的斗争的文章，竟多被刊落”⑤。从此之后，他的唯心主义思想进一步表现出内向性和调和性这两个“新”特点。他绝少提到西方的社会学说了，只是在老庄佛儒中讨生活，努力调和平衡它们，使之“圆满”地解释并改造这个在他看来很不圆满的现实世界。因此，当五四运动作为波澜壮阔

---

① 章太炎：《菿汉微言》，见《章氏丛书》，浙江图书馆校刊本，1919年，第74页。

② 章太炎：《菿汉微言》，见《章氏丛书》，浙江图书馆校刊本，1919年，第73页。

③ 章太炎：《菿汉微言》，见《章氏丛书》，浙江图书馆校刊本，1919年，第38页。

④ 章太炎：《太炎先生自定年谱》1914年条，见《章氏丛书》附录下，浙江图书馆校刊本，1919年，第25页。

⑤ 鲁迅：《鲁迅全集》第6卷，人民文学出版社，1973年，第444页。

的中国近代史上第三次思想解放高潮到来之际，他却站在时代潮流的对面，彻底地转向儒学，完成了倒退的第二步。

他认为五四新文化运动是“妄者”所为，“新道德、新文化者，专己自是，以拂民之旧贯”，“使人淫纵败常”，“诚所谓洪水猛兽”①。对此，素以国手自矜的章太炎却只能就老庄佛儒几粒旧丹权衡功效，补苴罅漏，另行排定这剂药味的“君臣主辅”关系。他终于把儒从四者平起平坐的地位中提拔到“挂帅”的位置。“纯佛法不足以维风教”，“救弊之道，必以儒侠相附”②。为什么儒教可以“拯起”世道人心？且看他引《论语》三段话，得一个结论：“‘入则孝，出则悌，谨而信，泛爱众，而亲仁，行有余力，则可以学文’，可谓弟子矣。‘见利思义，见危授命，久要不忘平生之言，可谓成人矣。’‘行己有耻，使于四方，不辱君命，可谓士矣。’此三者足以敦薄俗，立懦夫，于今救世之急，未有过于是者也。”③ 原来儒家的“孝悌仁义忠信廉耻”可以“救世之急”，大有益于“世道人心”。

需要指出的是，从某种意义上说，近代中国资产阶级在思想领域走下坡路的时候，章太炎的思想尤为突出地表现了一种先行而又急遽早衰的特点。辛亥革命前，人们还在津津乐道“自由、平等、博爱”时，他对之表示怀疑，鼓吹佛庄去了；五四运动后，有人开始宣传佛庄时，他又倡导儒侠兼用了。

章太炎在哲学上政治上的发展轨迹，有如一个相应的马鞍形的双曲线。在哲学上，他“始则转俗成真，终乃回真向俗”④，从对资产阶级机械唯物论、庸俗进化论的生硬搬用发展为比较娴熟的运用，再从资产阶级主观唯心主义与佛教主观唯心主义的相容，转折到以虚无主义和相对主义为特征的佛庄相会，最终退向儒学。这同他在政治上从资产阶级改良派转化为资产阶级革命派，又倒退为保守派的历程是基本一致的。

[原载《哲学研究》1981 年第 2 期]

① 章太炎：《〈王文成公全书〉后序》，《华国月刊》1924 年第 1 期，第 7 页。

② 章太炎：《菿汉昌言·经言三》，见《章氏丛书》续编之七，成都薛崇礼堂，1943 年，第 5 页。

③ 章太炎：《菿汉昌言·经言三》，见《章氏丛书》续编之七，成都薛崇礼堂，1943 年，第 5 页。

④ 章太炎：《菿汉微言》卷末，见《章氏丛书》，浙江图书馆校刊本，1919 年。

辛亥革命前章太炎的佛学思想

佛学思想在章太炎整个庞杂的哲学体系中占有非常突出的主干地位。研究这一课题，对于了解章太炎哲学思想的特点和中国资产阶级在近代思想战线上的风貌，都是很有意义的。可惜长期以来，学术界未曾进行广泛的讨论。近年来出版的任继愈先生主编的《中国哲学史》第四册和侯外庐先生主编的《中国近代哲学史》都对章太炎佛教哲学的横断面作了非常精辟的剖析。本文则拟作一纵剖，着重探讨辛亥革命前章太炎佛学思想的发展变化及其原因，谨以一得之见质于二位先生及学术界同好者。

早年对佛学“不能深”“不甚好”及其原因

在章太炎早年，努力以佛教思想来影响他的是他的好友夏曾佑和宋恕。

据《太炎先生自定年谱》（以下简称《年谱》）一八九四年条记载，是年“始与钱唐夏曾佑穗卿交”。夏劝章“购览”佛经，结果，章“略涉《法华》、《华严》、《涅槃》诸经，不能深也”①。夏是一名深通佛学的新学之士，他的佛学思想曾对梁启超、谭嗣同产生相当影响。梁启超、谭嗣同与他过从时，常常争论学问，梁启超自承“十次有九次我被穗卿屈服”②。然而，夏曾佑的“慧辩”能折服梁启超、谭嗣同，却不能促使章太炎皈信佛学。

《年谱》一八九七年条下尚记载，宋恕是年殷殷相劝：“何不取‘三论’读之?”结果，章太炎并未因此接受佛学义理，“读竟，亦不甚好”。他在后来作的《自述学术次第》中提及此事：“三十岁顷，与宋平子（恕）交，平子劝读佛

① 章太炎：《太炎先生自定年谱》1897 年条，见《章氏丛书》附录下，浙江图书馆校刊本，1919 年，第 5 页。

② 丁文江：《梁任公先生年谱长编初稿》，油印本（未出版），1936 年，第 37 页。

书……而未有所专精也。”宋恕也是一名倾向维新而又好佛的学者。章说他“学兼内外”，“与人言学术，刚棱四注，谈者皆披靡”①。但博学善辩如此公也未能劝服章太炎。

另外，章太炎的父亲章濬“中年颇好禅学”②。章濬死于一八九〇年，享年六十六岁。尽管在民族主义思想的萌发上，他曾对章太炎有过很大的促进，但在佛学思想上，我们至今还未发现有直接影响。

那么，夏曾佑所劝读的“《法华》、《华严》、《涅槃》诸经”和宋恕所劝读的“三论”，究竟是怎样的佛教典籍?《法华经》为《妙法莲华经》之略称，是法华宗（即天台宗）的立宗经籍，内容主要鼓吹“人人皆能成佛”③。《华严经》为《大方广佛华严经》之略称，是华严宗的立宗经籍，它提出许多对范畴（六相：总、别、同、异、成、坏）来说明世界事物的相互依存、相互制约等关系，目的在于用诡辩的手法歪曲解释客观世界，从而取消客观世界④。《涅槃经》有小乘大乘之二部，常称为《涅槃经》者，为大乘之《大般涅槃经》⑤，该经提出“佛身是常，佛性是我，一切众生，皆有佛性”，廉价地预售给人们走进极乐世界的入门券。“三论”指的是《中论》、《十二门论》和《百论》这三部龙树系的大乘典籍⑥。由此可见，章被劝读的这些大乘经论，它们或是宣扬现实世界和

① 章太炎：《瑞安孙先生伤辞》，见《章氏丛书·文录》卷2，浙江图书馆校刊本，1919年，第87页。

② 章氏笔述，影行手迹见《制言》第43期。禅学为魏晋时期偏重宗教修持的佛学派别，最初介绍来中国的安世高一系的禅学，主张默坐专念，构成“心专一境”的观想；后亦泛指佛学特别是禅宗一派为禅学。

③ 据《法华光宅疏》解：法妙者，一乘之因一乘之果也。一乘之因果对于三乘之粗法而谓为妙法。莲华者譬也，莲华必华实同时而存，以表一乘之因果为同时也。所谓一乘，即一切众生乘唯一道而尽成佛。

④ 《华严略策》曰：“大方广者，所证法也。佛华严者，能证人也。大以体性包含，方广乃业用周遍，佛谓果圆觉满，华喻万行披敷，严乃饰法成人，经乃贯穿常法。”

⑤ 《大般涅槃经》有南本、北本之分。北凉昙无谶所译之四十卷本称北本涅槃，刘宋慧观等所译之三十六卷本称南本涅槃。

⑥ 《中论》和《十二门论》均为古印度龙树所著，内容主要宣扬“诸法性空”。《中论》是对治佛家内部各派学说的，用以沟通其歧异之处。《十二门论》为《中论》提要之作。《百论》为古印度提婆所著，内容主要用佛教唯心主义观点反对当时印度数论、胜论、顺世论等派思想中的唯物主义因素，它是专为折伏佛家以外各派学说，排除“邪见”的。

鬼神世界皆备于一念，用唯心主义和折中主义否定客观世界的存在，或是主张客观世界为“假有”，是“俗谛”，“诸法性空”是“真谛”，坚决反对唯物主义。

章太炎为何对之“不能深”，“亦不甚好”？这是因为他当时另有所专、另有所好。

当时，他努力追求的是经世救国之术。荀子等的唯物主义认识论和社会历史观对他的影响巨大，“时余所操儒术，以孙卿为宗，不憙持空论言捷径者”①。“遭世衰微，不忘经国，寻求政术，历览前史，独立荀卿、韩非所说，谓不可易”。② 同时，他还通过接受西方资产阶级的自然科学和社会科学，初步形成了以机械唯物论和庸俗进化论为特征的哲学思想。基于思想上他之所好在此，故对繁琐虚妄的佛教唯心主义持不取态度自在情理之中。关于这，我们可从作于变法期间、初版于一八九九年的木刻本《訄书》取得证明。这本书提及佛教之处不多，除《冥契》和《订文》附录“正名杂义”中偶涉释典翻译问题，其余《通谶》、《公言》和《榦蛊》诸文凡提及佛教处都持批判态度。《通谶》在揭露谶纬迷信后指出，“佛书言释迦去后，弥勒出世。此亦无与中夏革命之事”。在《公言》中，他站在进化论立场上批判包括佛教、基督教在内的“宗教之士”“阻塞人之智虑，使不获公言之至，则进化之机自此阻”。在《榦蛊》中，他更引述西方资产阶级启蒙思想家关于宗教起源问题的理论，肯定先民对超自然的神秘的巨大力量的无知和恐惧，是产生鬼神和宗教思想的认识根源。“征之释典《涅槃经》”，亦有“形体之外必有一灵异之身”之说，他因而慨叹佛教“犹不免于上古野人之说”。为了破此蛊惑，他以自身所理解的近代自然科学予以驳斥：“人死而为枯骼，其血之转磷或为茅蒐，其灰其盐或流于卉木，其铁在矿，其肌肉或为虫蛾蛰豸。”

值得强调的是，章太炎之所以不取佛教，主要出于学术上古、今文经学的门户之见。

作为正统的古文学家，他与今文学家康有为等在经学方面互相对立，“正如冰炭”③。清末的今文学家大抵信佛，这不能不引起他对佛的反感。梁启超在

① 章太炎：《太炎先生自定年谱》1897条，见《章氏丛书》附录下，浙江图书馆校刊本，1919年，第6页。

② 章太炎：《蓟汉微言》，见《章氏丛书》，浙江图书馆校刊本，1919年，第72页。

③ 章太炎：《太炎先生自定年谱》1896年条，见《章氏丛书》附录下，浙江图书馆校刊本，1919年，第5页。

《清代学术概论》中分析佛学在晚清流行的历史原因时指出，佛学是对清代沉溺于文字、音韵、训诂之学的“汉学”的反动。所以，从龚自珍、魏源到康有为、梁启超诸今文学家“多兼治佛学”，“殆无一不与佛学有关系”。康有为“由阳明学以入佛学，故最得力于禅宗，而以华严为归宿焉”，“潜心佛典，深有所悟，以为性理之学，不徒在躯壳界，而必探本于灵魂界，遂乃冥心孤往，探求事事物物之本原。……先生一生学力，实在于是”①。梁则受学于康门时，康“常为语佛学之精奥博大”，后与谭、夏交，又“相与治佛学”②。谭之学佛先受知于康，“闻华严性海之说”，“闻相宗识浪之说”，后又得益于杨文会，与之游，“因得偏窥三藏，所得日益精深”③。

由于当时章太炎较多地注意到了佛教消极避世的一面，未曾同意康、梁等借助佛教激励人们从事变法的做法。所以，尽管在政治上章太炎赞同维新变法，鼓吹“以革政挽革命”，与康、梁为同道，但他还是站在古文学家的立场上对对方的好佛表示了异议。他既反对给孔子披上改良派的新装，也不同意再向佛借取法衣。他批评他们“假贷于浮屠”、“娱乐于禅学”的做法，指出他们之迷恋佛教骸骨就如同“不攻坚石而攻玉屑，不宝周鼎而宝五石之瓠”，对己则“自销其骨鲠”，对事业只能造成“士气愈委靡，民志愈涣散”④ 的严重后果，徒然损害变法事业。在当时所撰《平等论》中，他还批评康有为、梁启超以佛教平等之说宣传“去君臣、绝父子、齐男女”之谬误不经。该文极力论证君臣、父子、夫妇间的平等纯为空想，指出当初佛之言平等是为了“矫正”婆罗门区分人类为四等的“时弊”，矫枉而过正，遂“恣言至其极，则以为胎卵毛鳞，皆有佛性，其知识亦与人等”。他批评康有为等不明佛家本意，“愚者滞其说，因是欲去君臣、绝父子、齐男女，是其于佛说也，可谓仪豪而失墙矣”⑤。当此文收入

---

① 梁启超：《康有为传》，转引自中国近代史资料丛刊《戊戌变法》（四），上海人民出版社，1961 年，第 18、8 页。

② 梁启超：《三十自述》，转引自中国近代史资料丛刊《戊戌变法》（四），上海人民出版社，1961 年，第 45、46 页。

③ 梁启超：《谭嗣同传》，转引自中国近代史资料丛刊《戊戌变法》（四），上海人民出版社，1961 年，第 53、54 页。

④ 章太炎：《变法箴言》，《经世报》1897 年 8 月，转引自汤志钧先生编：《章太炎政论选集》上册，中华书局，1977 年，第 18 页。

⑤ 转引自汤志钧先生编：《章太炎政论选集》上册，中华书局，1977 年，第 25 页。

木刻本《訄书》时，他更把它改题为鲜明的《平等难》①。

如上所说，在变法时期章太炎虽对佛教思想持不取态度，却并未从正面展开系统的批评，那么，在变法失败后，这种情况就有发展变化了。

一八九九年，他撰写《儒术真论》投寄梁启超主编的《清议报》，通过该文附录《菌说》，从正面批评了谭嗣同在《仁学》中宣扬的灵魂不死和轮回之说等佛教思想。值得注意的是，在大力声张西方自然科学以反佛的同时，他还引用了不少佛经材料作为佐证，以佛反佛。例如，他引用《宝积经》、《僧伽吒经》中有关人在出生和临终时的种种痛苦由"八万户虫"造成的材料，企图以佛经中这些有关人的生理现象的一些猜测，来证明细菌活动同人的精神现象的关系。再如，在《涅槃经》"盲人摸象"这一名喻中，"盲喻一切无明众生"、"象喻佛性"、"王喻如来应正偏知"这类有关"佛性"的唯心论说教，他一概摒弃不用，却借此喻证明人类的生理结构：各自触摸到象身一部分的盲人全未说出象的整体，但离开他们所说的许多部分现象，再也没有别的象；人的生理结构与此同，离开了组成生命的"淡、养、炭、轻诸气，盐、铁、磷、钙诸质"，另去寻找人的生命现象，就像离开了象身的各具体部分而找象一样。在另一处，他更引用《楞严经》中有关众生"因诸爱染，发起妄情，情积不休，能生爱水"之说，证明精虫因人之情欲而生，人由精虫造成，"非有上帝之造之"。就这样，他从繁杂的唯心主义的佛经材料中淘沥出有利于证明机械唯物论和庸俗进化论的论据。与此同时，他还运用经论中的材料对佛教进行批判。如他引《涅槃经》中阿阇世王弑父事，驳"放下屠刀，立地成佛"说，辟佛曰："岂释氏之论独高耶？亦由不得其本而已。"又如，引《六波罗蜜经》中忉利天主临终时，天女眷属弃之如草事，指出"诸天之无礼义也，远甚于人"。再如，引宗密《原人论》中对照评论佛、庄、儒的材料后，评定"佛必以空华相喻，庄亦间以死沌为词，斯其实不如儒者也"。可以说，这时期章太炎对佛教持不取态度还是比较明朗的。所以，《儒术真论》对唯物主义无神论者范缜的反佛教神学的名著《神灭论》盛赞不已，认为它"卓诡倜傥"，可以"救浮屠之害政，绝桑门之蠹俗"。章太炎认为它的观点与自己"合契"，因而特将它录于文末。

① 蔡尚思先生在《论佛教的三纲思想》中指称，"章太炎早在清末就瞎吹：'昔者平等之说，起于佛氏'（《平等论》）。"这批评其实是不正确的。章撰此文之原意并不在鼓吹佛氏的平等之说。

中年以后“乃达大乘深趣”及其原因

然而，在一九〇三年六月到一九〇六年六月的《苏报》案三年狱中，章太炎却开始深入学习佛经了。这是因为，狱中可读之书甚少，友人来致之书监狱当局加以控制，唯有佛经稍得宽容，因而得到一个静心读佛沉潜到思维深处的机会。在主观上，他也想借读佛帮助渡过困苦艰难的狱中生活，这就是他劝邹容学佛时所说的“学此可以解三年之忧”①。作为结果，“晨夜研诵，乃悟大乘法义”②，“乃达大乘深趣”③。

他在狱中研诵了哪些佛书?《年谱》称：友人送致《瑜伽师地论》、《成唯识论》。据当事人回忆，章太炎在狱中“索阅《瑜伽师地论》，是书当时上海尚无处可购，唯蒋智由寄存于会中书箧内有之，乃设法取出，送与太炎”④。证之以《自述学术次第》则同：“遭祸系狱，始专读《瑜伽师地论》及《因明论》、《唯识论》，乃知瑜伽为不可加。”⑤ 由此可知，章太炎在狱中主要研诵的还是印度的瑜伽宗和中国的唯识宗典籍，同早先被劝读的那些分别属于法华宗、华严宗和三论宗的典籍有别。

那么，究竟是什么原因促使他对佛学的态度作了巨大的转变呢?

马克思主义认为，对哲学发生最大的直接影响的，常常是政治和道德等的反映。章太炎自不例外。在先，由于对佛学内容未广泛接触，所以容易从虚幻消极方面摒弃之。此后了解稍多，乃发现尚有可资利用的因素。因此，他努力

---

① 章太炎：《邹容传》，汤志钧编：《章太炎政论选集·上》，中华书局，1977年，第354页。

② 章太炎：《太炎先生自定年谱》1904年条，见《章氏丛书》附录下，浙江图书馆校刊本，1919年，第10页。

③ 章太炎：《蓟汉微言》，见《章氏丛书》，浙江图书馆校刊本，1919年，第72页。

④ 蒋竹庄：《章太炎先生轶事》，《制言》1936年第25期，第3页。

⑤《瑜伽师地论》为古印度大乘佛教瑜伽宗创立者无著所著，乃瑜伽宗主要经典，该论认为一切外境都是识之幻化。《唯识论》为《成唯识论》之简称，是古印度护法等十大论师对无著之弟、瑜伽宗创立者世亲所著之《唯识三十颂》各作注释，由玄奘合糅编译而成，内容宣扬“三界唯心”“万法唯识”，为唯识宗主要论著。《因明论》为《因明入正理论》之简称，印度商羯罗主所著，玄奘译。因明为佛教逻辑学，《成唯识论》等悉应用因明法则而成，不学因明无以解佛典奥义。

改造佛教，使之政治化、道德化、抽象化，要把尊称“佛陀”、“大雄”的教宗请来充当资产阶级革命的守护神。

首先，接受佛教思想是出于资产阶级民主革命的政治需要。

佛教思想被他用来坚定自己狱中斗争的信念。我们目前见到的最早发表的章氏研佛心得，当推刊载于一九〇五年四月出版的《国粹学报》第三号上的《读佛典杂记》。其中有云：“天下无纯粹之自由，亦无纯粹之不自由……虽至桎囚奴隶，其自由亦无所失。所以者何？桎囚奴隶，人所强迫也，而天下实无强迫之事。苟遇强迫，拒之以死，彼强迫亦无所用。”① 在此，他以自由相对、苦乐无常的佛学思想表达了自己知死必勇、以死抗暴的斗争精神。同年四月，邹容卒于狱中后，他又用阿赖耶识不死的佛学思想表达了前赴后继的斗争决心，“假令业识不亡，复循旧趣，他日生千猛士，砉然可知”②。

佛教思想又被他用来提倡革命。一九〇六年六月出狱东渡，在东京留学生的欢迎大会上，他公开用佛教的平等之说呼号排满革命：“佛教最重平等，所以妨碍平等的东西必要除去，满洲政府待我汉人种种不平，岂不应该攘逐？且如婆罗门教分出四姓阶级，在佛教中最所痛恨。如今清人待我汉人，比那刹帝利种虐待首陀更要利害十倍。照佛教说，逐满复汉，正是分内的事。又且佛教最恨君权，大乘戒律都说：‘国王暴虐，菩萨有权，应当废黜。’又说：‘杀了一人能救众人，这就是菩萨行。’其余经论，王贼两项，都是并举。所以佛是王子，出家为僧，他看做王就与做贼一样，这更与恢复民权的话相合。”③ 显然，在戊戌时期批评过的佛教平等之说现在完全被他挹注到资产阶级民主革命的新思想中去了。

其次，接受佛教思想是出于净化道德的考虑。

在同时代的思想家中恐怕没有谁比章太炎更重视道德的改良问题了。这是因为现实政治生活中的道德问题给他的感受异常深刻。“经涉人事，忧患渐多，目之所睹，耳之所闻，坏植散群，四海皆是。追怀往诰，惕然在心。”他认为道

① 转引自汤志钧编：《章太炎年谱长编（1868—1918）》上册，中华书局，1979年，第203页。

② 章太炎：《狱中与威丹唱和诗》，转引自汤志钧编：《章太炎年谱长编（1868—1918）》上册，中华书局，1979年，第201页。

③ 章太炎：《东京留学生欢迎会演说辞》，转引自汤志钧编：《章太炎政论选集·上》，中华书局，1977年，第275页。

德不良是戊戌变法和自立军起事失败的根本原因:“戊戌变法,戊戌党人之不道德致之也。”“庚子之变,庚子党人之不道德致之也。”① 东渡后,他接触最多的是一批留日学生。留学生中良莠不齐,其中“竞名死利”为“新党之变形”者比比皆是。因而在痛斥康、梁等“新党”的同时,他对中国这个新的知识阶层中的不良分子针砭尤深:“新党者,政府之桀奴;学生者,当涂之顺仆。”“学生用事,廉耻道丧。”② 为此,他把疗治“诈伪无耻”、“缩朒畏死”、“贪叨图利”、“偷惰废学”、“浮华相竞”、“猜疑相贼”③ 这六种中华道德的痼疾,提高到关系革命成败、民族兴亡的原则高度。疗之,则能“雪中原之涂炭,光先人之令闻”;否则,非唯不能革命,“道德衰亡,诚亡国灭种之根极”④。

怎样疗治这“竞名死利”“道德堕废”的热病呢?他认定,孔教和理学无补于事,“民德衰颓,于今为甚,姬孔遗言,无复挽回之力,即理学亦不足以持世”⑤。唯有宗教方能济助,“世间道德,率自宗教引生”⑥。他极力主张“要用宗教发起信心,增进国民的道德”⑦。为了证明佛教“与震旦习俗相宜”,是治病的良药,他报出一笔历史陈账来证明它的神效:“昔我皇汉刘氏之衰,儒术堕废,民德日薄,赖佛教入而持世,民复挚醇,以启有唐之盛。讫宋世佛教转微,人心亦日苟偷,为外族并兼。”⑧“明之末世,与满洲相抗,百折不回者,非耽悦禅观之士,即姚江学派之徒。”他还认为“日本维新亦由王学为其先导,王学……其义理高远者,大抵本之佛乘”⑨。

指出下列情况或许不是没有意义的:把宗教当作进德的神方,这本是某些

① 章太炎:《革命之道德》1906年10月,转引自汤志钧编:《章太炎政论选集·上》,中华书局,1977年,第323、314页。

② 章太炎:《箴新党论》1906年12月,转引自汤志钧编:《章太炎政论选集·上》,中华书局,1977年,第342页。

③ 章太炎:《印度中兴之望》,《民报》1907年10月第17号,第102页。

④ 《革命之道德》,转引自汤志钧编:《章太炎政论选集·上》,中华书局,1977年,第310、323页。

⑤ 章太炎:《人无我论》,《民报》1907年1月第11号,第16页。

⑥ 章太炎:《建立宗教论》,《民报》1906年11月第9号,第25页。

⑦ 章太炎:《东京留学生欢迎会演说辞》,转引自汤志钧编:《章太炎政论选集·上》,中华书局,1977年,第272页。

⑧ 章太炎:《送印度钵逻罕、保什二君序》,《民报》1907年5月第13号,第97页。

⑨ 章太炎:《答铁铮》,《民报》1907年6月第14号,第113页。

西方资产阶级哲学家的主张。例如斯宾诺沙就主张把宗教留给平民，作为道德方面“教育”平民的工具，休谟则主张建立“真正的宗教”，因为宗教是“道德最可靠的根基，社会最坚固的支柱”，需要通过“宗教的动机”把人们“约束”在道德范围之内①。章太炎当时广泛研读西方哲学著作，斯宾诺沙和休谟正是他的重点研究对象，前者的泛神论和后者的不可知论曾引起他十分注意，因此，他们的宗教道德观不能不对他产生某种影响。但是，提倡抽象的道德改良，毕竟是一种空想。十八世纪法国的唯物主义思想家早就否定了宗教的道德功用：“各个民族的兴盛并不依靠它们的宗教纯洁”，“宗教对民族的美德与幸福无甚关系”②，“神学概念不能作为道德的基础”，它“损害了道德，败坏了政治，推迟了科学的进步，在人心深处毁灭了幸福与和平”③。章太炎还要搬用这些早为历史证明过时了的东西，从理论上说，是因为他不能了解近代中国社会灾难的真正原因，不能了解资产阶级改良主义失败的真正根源，而在实践上说，则是资产阶级不能在人民群众中找到改造社会的真正物质力量。

第三，接受佛教思想与他的学术渊源有关。

他倾心的唯识宗与平生所治的朴学接近。朴学注重繁难的名物训诂考据，唯识宗则注重用繁琐的唯心主义的范畴、概念，对现实世界的物质现象和精神现象以及宗教的臆想世界进行概念的分析、解释。在繁琐这一点上，二者完全相通。所以，他自承唯识宗“以分析名相始，以排遣名相终，从入之途，与平生朴学相似，易于契机”④。

他认为唯识宗思辨精细，又与他当时正在努力摄受的西学一致。“近代学术，渐趋实事求是之涂。……逮科学萌芽，而用心益复缜密矣。是故法相之学……于近代则甚适，由学术所趣然也。”⑤

另外，他当时正对魏晋的思想和文章产生强烈兴趣。他原本“文必法古”，“刻意追蹑秦汉”，自一九〇二年后，他开始欣赏魏晋文章，“既宗师法相，亦兼

---

① ［英］休谟：《自然宗教对话录》，转引自《欧洲哲学史》，商务印书馆，1977年，第418页。

② 爱尔维修：《论人的理智能力和教育》，转引自《十八世纪法国哲学》，商务印书馆，1963年，第524页。

③ ［法］霍尔巴赫：《自然体系》，转引自《十八世纪法国哲学》，商务印书馆，1963年，第636、638页。

④ 章太炎：《菿汉微言》，见《章氏丛书》，浙江图书馆校刊本，1919年，第72页。

⑤ 章太炎：《答铁铮》，《民报》1907年6月第14号，第114页。

事魏晋玄文”①。认为魏晋文章“综核名理”，“诚有秦汉所未逮者，于是文章渐变”②。魏晋时期佛学浸润于思想界，爱好魏晋文章势必促进他对佛学的吸收。

由上述材料，我们可以发现一个有趣的事实：尽管章太炎对佛教前倨而后恭，但无论在辟佛或皈佛时，他的持论始终不出政治、思想、学术诸端。只是由于基本的立场变了，看问题的角度也转了一百八十度。

不过，章太炎所倡导的并不是固有的传统意义上的佛教。因为他认为旧有的佛教含有许多“杂质”，必须“设法改良，才可用得”。为此，他提出从道德和学术方面“用华严、法相两宗改良旧法”的具体要求：“这华严宗所说，要在普度众生，头目脑髓，都可施舍与人，在道德上最为有益。这法相宗所说，就是万法唯心，一切有形的色相，无形的法尘，总是幻见幻想，并非实在真有。……在哲学上今日也最相宜。要有这种信仰，才得勇猛无畏，方可干得事来。”③ 在这里，佛不是创造者，不是主宰，而是章太炎的创造物，一具精心塑造的神祇。他把资产阶级的平等、自由、民主等思想材料作为充填剂注入佛身，从而使佛的形象适应昂奋雄壮的资产阶级革命的活剧。

需要指出的是，强烈的信心甚至使他似乎未曾介意当时国内对日本利用佛教侵华的反感正在转深。在日俄战争取胜后，日本加紧派遣大批僧人来华活动，沿海浙、闽、粤数省首当其冲。日本方面援引列强在华“机会均等，利益均沾”的条文，要求取得传教的特权。日僧立学传教，屡生事端，跋扈之状毫不逊于西洋教士。他们又借同文同种同教之宣传，势力扩张尤较耶稣、天主等教为速④，从而引起中国朝野的严重注意。时论激烈抨击日僧传教系其政府之“倡导”，“专以同化大陆，恢宏其帝国主义，为惟一之方针”⑤。署两江总督周馥和

① 章太炎：《自述学术次第》，《制言》1936年第25期，第8页。

② 章太炎：《太炎先生自定年谱》1902年条，见《章氏丛书》附录下，浙江图书馆校刊本，1919年，第9页。

③ 章太炎：《东京留学生欢迎会演说辞》，转引自汤志钧编：《章太炎政论选集·上》，中华书局，1977年，第274页。

④ 日僧管真海在汕头短期内即招引教徒数百人，见《广东澄海县杜查复日本僧人传教禀》，引自《东方杂志》第1卷第3期。当浙江士绅议废寺兴学之时，日僧悍然支持普陀山等三十六寺僧抵制，见《论提倡佛教》，1905年5月《新闻报》，引自《东方杂志》第2卷第7期。

⑤ 《论日本传布佛教之关系》，1907年5月《中外日报》，引自《东方杂志》1908年第4卷第9期，“宗教”第25页。

闽督松寿先后电请朝廷“阻止日僧来华传教”，清政府为此不得不“电告各省，留意日僧在内地传教，并将属境日僧，查明具报”①。

这样，出现在人们面前的是一种特殊的对流：日本政府竭力将佛教回输中国作为侵略工具，而章太炎却将它当作救国和革命的慈航携之东渡。

还需指出，早在章太炎之先，康有为、谭嗣同、梁启超等人已这样解释和改良佛教，使之资产阶级化了。“以己意进退佛说”②，与其说是康有为个人的特色，倒不如说是整个时代思潮的特点之一。康有为论及佛、耶、儒三教时，认为“耶教出于佛”，“孔子与佛，皆哲学至精极微，道至圆满”③。谭嗣同论佛学与西学的关系，强调佛学比科学高明，“西学皆源于佛学，亦惟西学，而佛学可复明于世”④。实际上，佛学思想是他们宣传资产阶级“平等”“博爱”的工具，也是他们勾画那虚幻的大同世界和奇特的仁学思想的借资。特别值得一提的是梁启超，他在一九〇二年左右鼓吹的佛学较康有为、谭嗣同更带有鲜明的资产阶级思想色彩。第一，佛学被他说成与资产阶级民权论相一致。“佛教之信仰也，必以为教徒之智慧，必可与教主相平等”，“其立教之目的，则在使人人皆与佛平等而已”，“有一众生不成佛，彼誓不成佛。……故舍己救人之大业，唯佛教足以当之”。第二，佛学被他说成是激励道德、开启民智的利器。古今中外，“能成大业，轰轰一世”的华盛顿、林肯、克林威尔、玛志尼、西乡隆盛、康有为、谭嗣同等人，“悉由宗教思想为之”。他热情讴歌佛教信仰“乃智信而非迷信”，“乃兼善而非独善”，“乃入世而非厌世”，“乃自力而非他力”……有了佛教信仰，便能“无歆羡、无畔援、无罣碍、无恐怖、独往独来”，便能造就“舍身救世”的新民⑤。应该说，这些浅近直接的资产阶级化的佛教启蒙宣传为章太炎的倡佛作了先导。

每一时代都有它自己的课题，解决了它就把历史向前再推进一步。十九世纪末二十世纪初摆在中国人民面前的伟大课题是解放。如果说，严复、孙中山等人是以“民主”“平等”“自由”这几尊颇具慑人威力的西洋巨炮猛轰封建古

---

① 分别见《东方杂志》杂俎类第2卷第9期、第4卷第8期、第3卷第8期。

② 梁启超：《清代学术概论》，《饮冰室合集·专集之三十四》，中华书局，1936年，第73页。

③ 康有为：《欧洲十一国游记》，湖南人民出版社，1980年，第133页。

④ 谭嗣同：《谭嗣同全集》（增订本），中华书局，1981年，第317页。

⑤ 梁启超：《论佛教与群治之关系》，引自《饮冰室文集全编》第9卷，上海会文堂书局，1925年。

堡的，那么，上述康有为、谭嗣同、梁启超、章太炎对传统佛学的不同解释比附正是追求政治解放和思想解放的另一种形式。本来，接受佛学，对他们来说都有积极、消极两方面，而这两方面又非平等对立，乃是互有消长。但在当时的特定历史条件下，他们缀旒了一些西学的佛学思想，对传统的封建思想的罗网来说，终究是一种冲击。他们是突起的异军，采用的是拔帜易帜的战法。他们在近代思想史上的进步作用是无可否认的。有的同志一概而论贬之为佛学的“买办化”，本文不敢苟同，还是认为不如称之为佛学的资产阶级化来得恰当，来得公允。

鼓吹建立以唯识为宗的“新”宗教及其特点

德国诗人海涅曾经说过：“自从宗教求助于哲学，德国学者们除了给宗教穿上一套新衣之外，他们对于宗教还作了无数的实验。他们为了想赋予宗教一个新的青春……先给宗教放血，慢慢地把迷信的血液放出来；说得明白一些，就是试图从基督教中去掉它所有的历史内容，只保留它的伦理的部分。”①

章太炎也想这样赋予佛教以新的青春。一九〇六年十一月，他在《民报》上赫然发表题为《建立宗教论》的文章，力图抽掉佛教的迷信血液，而保留其唯心主义的哲学内容和伦理观念。

文章声称，“居今之世欲立宗教者，不得于万有之中而横计其一为神，亦不得于万有之上而虚拟其一为神”。他把这种不设偶像崇拜的“新”宗教取名为“唯识教”。“今之立教，唯以自识为宗。识者云何？真如即是唯识实性，所谓圆成实也。”何谓真如？《成唯识论》卷九：“真，谓真实，显非虚妄；如，谓如常，表无变异。谓此真实，于一切位，常如其性，故曰真如。”佛教宣称“真如”是一种神秘的精神本体，它不可用言语、思维来表达，而只能由宗教神秘主义的直观（“悟”）来理解。佛教宣称它是唯一真实和永恒不变的，而其他一切都是虚幻不实的。因而章太炎所要建立的就是这样一种以神秘化了的主观精神为根本的宗教。

为了建立这一唯识教，他借助阿赖耶识（根本藏识），对妨碍人们认识世界乃主观幻觉的两种所谓“偏见”力予破除。一破“损减执”，即破除那种对客观与主观、事物与意识妄加区别，认为事物属于存在，而意识属于精神即非存在

① ［德］海涅：《论德国宗教和哲学的历史》，商务印书馆，1982年，第82页。

的“偏见”。二破“增益执”，即破除认为离开人的主观意识之外，还有不依赖意识而独立存在的实体的“偏见”。他采用佛教“缘生”的观点，认为客观现象包括人在内，都是靠因缘凑合的假象，但是人们常常把假象当作实在，因而陷入“法执”（误把客观事物当作实有）和“我执”（误把主观的“我”当作实有）。为破这两种迷误，他极力论证阿赖耶识是世界万物的本原，“此识是真，此我是幻”，“此心是真，此质是幻”。凡是“执此幻者，以为本体”，统统是谬误的“倒见”。万象森罗，悉皆虚幻。除了此识即此心，别无我，别无世界。

为破“我执”，他在一九〇七年一月专门发表《人无我论》，全力论证作为佛教根本思想之一的“无我”之说。佛徒认为，佛说法近五十年，其法语不可胜数，一言以蔽之，则为“无我”。他声明，《人无我论》专为发挥无著破我执之说，“先师无著大士，善破我执，最为深通，然其文奥衍，或不适于时俗”，为“明师说”，他撰此文力证形体之“‘我’为幻有，而阿赖耶识为真”。

为了破除“我见缠缚”，文章从多方面进行了论证。第一，强调“我”与“我所”之别。所谓“我”者，指“属于内界”的自身“八识六根以至一毛一孔”。所谓“我所”者，则指“属于外界”的身外“眷属衣食金钱田园，以至一切可以摄取受用之物”。两者又是相对而言，“借由外界以望内界，则外界为‘我所’，而内界唯称为‘我’。若由内界以望最内之界，则根识形体，亦为‘我所’，而唯阿赖耶识可称为‘我’。”第二，用佛教的“缘生”观点相证。他以虹之幻有喻我之幻有：“譬如长虹，虽非实物，亦必依于日光水气而后见影，此日光水气是真，此虹是幻。所谓‘我’者，亦复如是。”第三，以自身拿手的文字训诂相证。他把孔子“克己复礼为仁”中的“克己”训为“杀己”，“故知其(孔子) 所谓‘我’者，亦即阿赖耶识，彼虽不了此识，而未尝不知识所变幻之‘我’。其意固云，仁者，‘我’之实性，形体虽亡而‘我’不亡，故仁得依之而起”。

为破“法执”，章太炎断然宣布：“此天然界本非自有，待现识要求而有。此要求者，由于渴爱，此渴爱者，生于独头无明。纵令有纯紫之天然界，而以众生业力，亦能变为纯青之天然界。”“宇宙本非实有，要待意想安立为有，若众生意想尽归灭绝，谁知有宇宙者？于不知中证其为有，则证据必不极成。譬如无树之地，证有树影，非大愚不灵之甚邪？”“心为必有，而宇宙为非有，所谓宇宙，即是心之碍相。”① 在章太炎这里，作为意识的“心”、“意想”、“现识

① 章太炎：《建立宗教论》，《民报》1906年11月第9号，第16页。

要求”都是第一性的，而作为物质的“天然界”、“宇宙”则是第二性的，全由意识派生。由此可见，主观唯心主义被他膨胀到何等荒谬的地步。

费尔巴哈有一名言：“只有在不信教的人看来，信仰的对象才是与理性矛盾的，而一个人一旦信仰了这些对象，也就确信它们的真理性，承认它们是最高的理性。”① 正是出于这样的情况，《建立宗教论》用了相当篇幅来为这种夸大主观心力的“新”宗教辩护。

首先，他从中国宗教和哲学的发展历史推断佛教又当复兴。他发挥西方资产阶级学者关于宗教与哲学相递嬗生之说：宗教为适应道德的需要而产生，及至道德普及之世，有学者出，去除宗教的神话色彩，而以高尚之理想组织经纬之，即以哲学代宗教而起，如中国之孔子、老子，希腊之苏格拉底、柏拉图。据此，他把中国古来宗教与哲学相互取代的历史分为四段：一、由原始宗教而为孔老哲学；二、“迁为汉儒，则哲学复成宗教”；三、及至“程朱陆王诸儒，又复变易旧章，自成哲学”；四、由程朱陆王之哲学以禅宗为根本而推断，今日“继起之宗教，必释教无疑”。尽管这一分析反映了中国哲学史上儒学与佛学交会融合的某些特点，但它离开了上层建筑和经济基础的关系推断佛教的复兴，则就陷入了历史循环论②。

其次，他努力辩驳加诸佛教的种种贬词。世人常指责佛教厌世，他认为这是“偏执之见”，佛教恰恰是主张积极入世的。因为“所谓世者，当分二事：其一，三界是无生物，则名为器世间；其一，众生是有生物，则名为有情世间。释教非不厌世，然其所谓厌世者，乃厌此器世界，而非厌此有情世界。以有情世间堕入器世间中，故欲济度以出三界之外。”他打了一个比方，“譬之同在漏舟，波涛上浸，少待须臾，即当沦溺。舟中之人，谁不厌苦此漏舟者？于是寻求木筏，分赋浮匏，期与同舟之人共免沦陷。然则其所厌者，为此漏舟，非厌同在漏舟之人明矣”。佛教乃热情拯济沉沦者的苦海慈航，谁个能说它是厌世呢？他辨明，真正的厌世者是那些不问世事隐居山林的人，因为“彼所厌者，

① ［德］费尔巴哈：《基督教的本质》，引自《十八世纪末—十九世纪初德国哲学》，商务印书馆，1960 年，第 478 页。

② 顺提一下，谭嗣同和梁启超都是佛学复兴论的鼓吹者。前者对西教士所谓“他日耶稣教衰，足以代兴者，其唯佛教乎”之说，赞赏不已，见《上欧阳瓣薑师书(十)》。后者认为佛教乃对清学合理的“还元的反动”而必当“复活”，见《清代学术概论》。

实圆颅方趾之人群也。若夫神皋大泽浩博幽间，则反为其所乐，是为厌有情世间，而不厌器世间”。

再次，他运用西方唯心主义哲学对佛教进行比照补充。为了证明大乘“以众生为我”的观点，他把德国资产阶级唯心主义哲学家费希特（1762—1814）请来帮忙。费希特主张“自我”创造一切，“自我”之外没有独立自在的其他事物。他把自己的哲学归纳为三条基本原理：“自我建立本身”、“自我建立非我”、“自我与非我的统一”。费希特把人的能动作用无限夸大，歪曲成凭空创造一切，很配章太炎的胃口，因而他说，“吠息特（费希特）之言曰：‘由单一律观之，我唯是我；由矛盾律观之，我所谓我，即彼之地，所谓他，即他之我；由充足律观之，无所谓他，即唯是我。’以此度脱众生为念者，不执单一律中之我，而未尝尽断充足律中之我，则以随顺法性，人人自证有我，不得举依他幻有之性，而一时顿空之也。”

章太炎鼓吹唯识的“新”宗教，双破“我”“法”二执，目的还在为革命道德确立哲学基础。因为“末俗之沉沦”和“民道之堕废”，“皆以我见缠缚”①，所以“非示无生则不能去畏死心，非破我所则不能去拜金心”，“与其归敬外界，不若归敬于自心”②。否定客观世界，崇拜主观心力，正有利于人们摆脱物欲的束缚，造成“依自不依他”，卓然独立，奋勇从事革命的道德风尚。

应该说，章太炎的唯识思想是一种思辨宗教哲学。费尔巴哈说得好，思辨的宗教哲学为了哲学而牺牲宗教，把宗教当成思辨及专断的一件玩具，让宗教只说它自己想说的话，以及说得更加好听的话③。因此，章太炎在众多的佛教宗派中独独选中唯识宗，在浩繁的佛经内容中突出推崇华严之行和法相之理，归根到底，是一种借题发挥。他高张勇猛无畏、救度众生的佛幡，是对资产阶级革命的理想主义的表达。在宗教狂热的后面，隐藏着的是中国资产阶级实实在在的现世利益；在艰涩抽象的理论后面，涂抹着的是鲜明的功利主义色彩。然而他并不懂得群众的需要。在辛亥革命的准备时期，中国人民需要快枪利炮和一种同样冷静而锐利的思想武器。这是必然的：他放出的思想闪电终未引起燎原之火，他拨动的佛教琴弦和弹唱的唯识赞歌，也未能在多少人心中引起共

---

① 章太炎：《人无我论》，《民报》1907 年 1 月第 11 号，第 2 号。

② 章太炎：《建立宗教论》，《民报》1906 年 11 月第 9 号，第 25 页。

③ ［德］费尔巴哈：《基督教的本质》，引自《十八世纪末—十九世纪初德国哲学》，商务印书馆，1960 年，第 477 页。

鸣。就连他的同志也并不理解他的这番苦心。忙于实际斗争的大多数革命者无暇顾及云端里传来的彼岸世界的呼唤，少数留意到思想意识领域的革命者则认为天国佛声太遥远，并不适合尘世的众生。因此，他的倡佛被批评为“何异待西江之水以救枯鱼?”①《人无我论》中也谈及：“余前作《建立宗教论》，内地同志或谓佛书梵语，暗昧难解，不甚适于众生。”实际上，《答铁铮》通篇都为自己倡佛作辩，而《答梦庵》则是对“梦庵”其人所批评的“《民报》宜作民声，不宜作佛声”作辩。

以唯识思想进行的“判教”工作

人们知道，佛教各宗为了树立自宗的理论根据，都从事所谓的判教活动，对佛教的各种经典著作和各派教义进行判分，借以把自宗摆在最高地位。章太炎为确立以“唯识为宗”的“新”宗教的地位，也展开了自己所特有的“判教”活动。

判别的目光首先注射于先秦诸子。

发表于《建立宗教论》稍前的《诸子学略说》，分别以佛教的道德观和认识论衡量儒、道、墨诸家的优劣。在道德观方面，他以勇猛入世、济度众生的佛教道德为准。他认为墨家苦身劳形以忧天下，则“非孔、老所敢窥探”。“老子胆怯”“不敢为教主”，则不可与“以勇猛无畏为宗，尊曰‘大雄’”的释迦相比。而孔子的表现更低下，“湛心利禄”“矫言伪行”“唯在趋时”，所以，“用儒家之道德，故艰苦卓绝者绝无，而冒没奔竞者皆是”。在认识论方面，他又以不信鬼神、思维精密的佛教思想为准。一方面，他肯定孔、老的不信鬼神，老子“排斥鬼神，为儒家之先导”，而“孔氏之功”则为“变机祥神怪之说，而为人事”；同时，批评墨家“尊信鬼神”，“为古宗教家，与孔、老绝殊”。但另一方面，他又批评孔、老的愚民，“儒家之宗旨，多在可否之间，议论止于函胡之地。……儒术之害，则在淆乱人之思想”。老子“道法自然”“一切以放任为主”，“非以明民，将以愚之”；同时肯定墨、荀合于佛教因明，墨子关于“小故”之论切符因明法则，是为“难能可贵”，荀子《正名》中关于“同异何缘，曰缘天官”的论说，被认为近于佛教“起心分位”的“作意、触、受、想、思”五位相。总之，我们可以清楚看到，上述评议都以佛家之是非为是非。这种观

① 章太炎：《答铁铮》，《民报》1907年6月第14号，第113页。

点，也就是后来《菿汉微言》所谓“私谓释迦玄言出过晚周诸子不可胜计”。

判别的目光同时注射于古印度各派哲学和有关西方哲学。

与《诸子学略说》同时发表的《无神论》分别以佛教的唯识和平等这两把尺子度量了唯神、唯物、唯我三大类宗教哲学。他认为，若以唯识度量，则“唯我之说，与佛家唯识相近，唯神、唯物则远之。佛家既言唯识，而又力言无我，是故唯物之说，有时亦为佛家所采”。若以平等度量，则“唯物之说，犹近平等，唯神之说，崇奉一尊，则与平等绝远也。欲使众生平等，不得不先破神教”。所以，从两把尺子同时度量的结果来看，三者的高下是一致的：唯我为上，唯物次之，唯神为下。

根据同一原则，《无神论》对印度婆罗门哲学中的僧佉，鞞世师、吠檀多三派进行了评述。章太炎认为，僧佉一派“建立神我”，作为精神本质的“神我”被作为物质本体的“自性”三德（忧德、喜德、暗德）所缠缚而产生二十三谛，当属“唯我论”①。鞞世师一派“建立实性”，名为地、水、火、风、空、时、方、我、意，九者皆有“极微”，当属“唯物论”②。吠檀多派“建立大梵”，以为有造物主（梵王）居于大梵天，主宰世界，当属“唯神论”③。

当这一原则具体延伸到欧洲的有关宗教和哲学时，《无神论》先以类比的方法指出，法国实证主义哲学家孔德和唯心主义哲学家歌生则“似鞞世师派而进者”，而德国唯心主义哲学家费希特和叔本华则“似僧佉派而或进或退者”，至于基督、天方诸教则“似吠檀多而退者”。随即，他又对基督教的神造万物论、斯宾诺沙的泛神论、哈特曼的神即精神论和康德的不可知论进行了较为具体的评判。在驳斥基督教以上帝为“无始无终、全知全能、绝对无二、无所不备”的“矛盾自陷”之处时，他手持的批判武器就是佛教的逻辑学。他指出有神论

---

① 二十三谛：大、我慢、五唯（色、声、香、味、触）、五知根（眼、耳、鼻、舌、身）、五作业根（口、手、足、小遗处、大遗处）、心根、五大（地、水、火、风、空）。汤用彤先生认为，僧佉论者“以为生命原有不变清净之本体，是曰自性。自性与神我相合，乃转变生万物”。见《印度哲学史略》，独立出版社，1945 年，第 84 页。

② 汤用彤先生认为，鞞世师者“执积聚说，故先须精密分析宇宙万有。其分析所得，是曰句义。而由分析所得再综合之，遂有此形形色色之世间”。见《印度哲学史略》，独立出版社，1945 年，第 117 页。

③ 汤用彤先生认为，吠檀多解释“梵”非常复杂，“一就泛神言，彼为世界精神；一就心理言，为个人灵魂；一就神教言，为有个体之上帝”。见汤用彤：《印度哲学史略》，独立出版社，1945 年，第 171 页。

犯了循环论证的错误，“若万物必有作者，则作者亦更有作者，推而极之至于无穷。然则神造万物，亦必被造于他，他又被造于他，此因明所谓‘犯无穷过’者。以此断之，则无神可知矣”。对斯宾诺沙“以为万物皆有本质，本质即神”的泛神论，他肯定其与华严宗“无尽缘起”的教义相合。“万物相支之说，不立一元，而以万物互为其元，亦近华严‘无尽缘起’之义。”对哈特曼的神即精神论，他认为那种“精神者，包有心物，能生心物”的说法，介于一神论和泛神论之间，而那种“世界自盲动而成”的说法，是从佛教“十二缘生”之说窃取来的，仍与吠檀多教接近。对不可知论，他认为康德所谓“神之有无，超越认识范围之外，故不得执神为有，亦不得拨神为无”的说法，是其“千虑一失”。因为“神者非有现量，亦非自证，直由比量而知”，“神之为言，唯有其名，本无其相，而不可竟拨为无乎？”

上述评议，与《菿汉微言》中有关学习西方哲学和印度哲学对照比较佛教大乘教理的回忆相合：“尽瘁光复之业，鞅掌余间，旁览彼土所译希腊、德意志哲人之书，时有概述。邬波尼沙陀及吠檀多哲学者，言不能详，因从印度学士咨问。梵土大乘已亡，胜论、数论传习亦少，唯吠檀多哲学今所盛行，其所称述，多在常闻以外。以是数者，格以大乘，霍然察其利病，识其流变。”

从某种意义上说，《建立宗教论》也是一篇判教的文章。为了树立无神的唯识教的地位，全文用了不少篇幅非议泛神论，力排有神论。他论证，泛神论以宇宙自然之无量对比我之有限，乃是“损减自心而增益外界”。为此，他运用多种方法力辩无量纯在人心而不在外界①。他又论证，无论是粗鄙的“崇拜草木鱼龟徽章咒印”的原始宗教，还是比较高级的“吠陀、基督、天方”等多神教或一神教，它们或则“于万有之中，而横计其一为神”，或则“于万有之上，而虚拟其一为神”，统统是人们“偏计所执”，心所虚构。所以，他较前更具体地引用西方的思想资料论证有神的宗教是无知和恐惧的产物：“要以藐尔七尺之形，饥寒疾苦辐凑交迫，死亡无日，乐欲不恒，则以为我身而外，必有一物以牵逼我者，于是崇拜以祈获福。”“或有山谷之民，出自窟穴，至于高原大陆之上，仰视星辰，外睹河海，而爽然自哀其形之小，所见所闻，不出咫尺，其未知者，乃有无量恒河沙数，且以万有杂糅棼不可理，而循行规则，未尝愆于其度，必有一物以钤辖而支配之，于是崇拜以明信仰。”

① 任继愈主编：《中国哲学史》第 4 册，人民出版社，1973 年，第 286～288 页。

如果说，《诸子学略说》、《无神论》和《建立宗教论》主要通过批判“外道”来树立佛教的独尊地位，那么，一九〇七年六月发表的《答铁铮》则是通过对佛教内部各主要宗派的高下优劣的比较，进而确立唯识宗的独尊地位。

《答铁铮》声明，对流行于中国的各佛教宗派，自己有所“简择”，而其“根核”则为法相。

对净土、天台二宗，他表示“有所不取”，因为它们“远于祈祷，猥自卑屈，与勇猛无畏之心相左”，无益于资产阶级民主革命。他批评当时大力提倡净土宗的佛学家：“今世宿德，愤于功利之谈，欲易以净土，以此化诱贪夫，宁无小补，然勇猛无畏之气，必自此衰，转复陵夷，或与基督教祈祷天神相似。夫以来生之福田，易今生之快乐，所谓出之内藏，藏之外府者，其为利己则同。”

对天台宗，他也有所不取。因为此宗“杂糅《涅槃》、《般若》”，“思想则不能如法相之精深，于行事则不能如禅宗之直截”。

值得我们注意的是他对禅宗的看法。在《建立宗教论》中，他还只是泛泛介绍，“若夫沙门之破偶像者则有矣。禅宗丹霞，尝烧木佛，此固著在耳目。……至云门之诃佛，则非特破相而亦破名。文偃诵经，见有佛初降世经行七步之说，书其后曰：我若看见，一棒打杀，与狗子吃”。但在《答铁铮》中却加以明确的评定了。他将禅宗与法相比较，认为禅宗“斩截”“简易”，“自贵其心，不依他力，其术可用于艰难危急之时”则与法相同，但在佛教义理的深入研讨方面，禅宗有一大“缺憾”。“末流沿袭，徒事机锋，其高者止于坚定，无所依傍。顾于唯心胜义，或不了解，得其事而遗其理。”他从中国佛教历史考察，指出两宗“本非异趣”，实叉难陀的七卷本《楞伽经》“正为两宗之通邮”。学术界在论及章太炎此时的佛学思想时，常常强调禅宗的影响。其实，窥其本意，在法相禅宗间尚有厚薄之分，未可一概而论。本文认为，章太炎之所以颂扬径行独往，反对偶像崇拜的禅宗还须与他在此时开始的对孙中山的不满和对无政府主义的赞赏联系起来看。

侯外庐先生曾准确地归结过这时期章太炎的“思想路径”：“他虽然开始把资产阶级平等观和‘个性自由’的要求与有神论对立起来，从逻辑推理和哲学上对有神论进行了批判，这在当时的历史条件下，是有积极意义的。然而他又用‘自我’‘自由’这些属于资产阶级小资产阶级的伦理原则来解决现实世界的矛盾，挽救贫困的世界，力图从主观上、从道德感情上去寻找调和客观世界和主观世界矛盾的药方。最后，他把资产阶级平等观和‘个性自由’返原而为‘自我’之类，并加以膨胀，使之升华为主观唯心主义——唯我主义，而且把改造了的法相唯识宗作为这种哲学的合适的模型，又设想用它来激励人们的‘感情’。”①

其实，鼓吹这种主观唯心主义——唯我主义的，在资产阶级革命派内章太炎并不是唯一的。例如当时宋教仁就认为，“古今宇宙之间，除我之外，即无所谓万物，亦无所谓古今宇宙，皆自我眼中、目中、心中以为有之，始乃有之者也。……余尝思及‘上天下地，唯我独尊’二语，欲以‘唯我’二字当之。”这种看法得到章太炎的首肯，在一九〇六年十二月六日的日记中宋教仁写道：“晚餐后，与章枚叔谈最久，谈及哲学，枚叔仍主张精神万能之说……余以‘唯我’之理质之，并言此我非肉体之我，即所谓此之一念也云云。枚叔亦以为然。”②

可以认为，章太炎用无神的唯识教作为判教的依据，很像当年的费尔巴哈一样，他批判有神的宗教不是为了消灭宗教，而是为了革新宗教，为了创造出一种“高尚”的新宗教。他“采取了以一种宗教观念反对另一种宗教观念的斗争形式”③。因而，他对其他宗教和哲学流派所作的唯心主义的宗教批判，并不能摘去装饰在锁链上的那些虚幻的花朵，而是要人依旧带上这些没有任何乐趣任何慰藉的锁链。

无政府主义思想汇入后虚无思想的浓厚

从一九〇七年春夏开始，随着无政府主义思想的汇入，章太炎的佛教思想发生变化，开始从积极人世逐渐转为消极遁世。

无政府主义是当时流行于欧洲的一股小资产阶级思潮。它反对权威，反对一切政府，反对物质文明的进步，强调个人独立，主张实行罢工，进行暗杀。出于小资产阶级革命狂热、动摇不定和华而不实的本性，不少中国留学生如狂如醉地信奉了它，章太炎也很快被它吸引住了。

一九〇七年三月，他偕张继过访日本著名无政府主义者幸德秋水，“敬聆雅教”。六月，他与张继、刘师培等发起组织无政府主义团体“社会主义讲习会”，

① 侯外庐：《辛亥革命前资产阶级无神论思想的历史特点》，转引自《辛亥革命五十周年纪念论文集》上册，中华书局，1962年，第296页。

② 宋教仁：《我之历史》第5册，出版地不详，1920年，第10、26页。

③ 中共中央马克思、恩格斯、列宁、斯大林著作编译局译：《列宁全集》第35卷，人民出版社，1972年，第110页。

于八月底开成立会。此后，他成为每星期活动一次的“讲习会”的重要成员，先后在会上作过《国家学之荒谬》、《人之根性恶》等讲演。十二月，又曾提议派张继到青岛举办讲习会，推行无政府主义。这期间他所撰文章极口称颂无政府主义。《总同盟罢工论序》高度评价无政府主义的斗争方式，以为实行总同盟罢工将使统治者“虽有利器，且缩不前”①。《无政府主义序》则宣称无政府主义“批捣政家，锄犁驵侩”，“荡覆满盈之器，大庇无告之民，岂弟首途，必自兹始”②。

对章太炎来说，无政府主义的汇入自有其契机。

从内来说，是他与孙中山的龃龉。一九〇七年三月，孙中山被迫离日时接受了一笔日本政府的赠款，章知悉后很有意见，“深以孙君率留学生离去而不示威为憾，且认为孙君实不应密收金钱”③，甚至冲动地将挂在《民报》社的孙中山照片撕下来，批上“卖《民报》之孙文应即撤去”等字样④。六月，孙中山为发动钦廉起义购得一批日械，他又认为“械劣难用”，以明码电报拍发香港《中国日报》，要求“停止另购”。孙中山对此“深为不怿”，认为章太炎等“忽起风潮”，“破坏”运械计划。孙、章芥蒂，当时革命派内一般颇以章为不直。如吴玉章即认为章太炎的“门户之见过深”，对孙中山的“埋怨，徒然暴露了同盟会内部派系之间的裂痕”⑤。也有人因此认为章太炎等“十足的名士气派，咄咄逼人。留东的革命青年，不容易同他们接近”⑥。随着矛盾纠葛的加深，他与孙中山“论政多所不合”⑦，在同盟会内逐渐失去群众。

从外来说，是他对西方社会制度的失望。在日本实地观察得越深入，他对资本主义社会暴露出来的种种矛盾越感不满。昔日他馨香膜拜的资产阶级理性王国的三大柱石“自由、平等、博爱”，统统被严酷的事实撞得粉碎。他目睹资本主义社会贫富之间绝无平等可言，“人所尊荣，不在爵位，而在货殖，富商大贾之与贫民不共席而坐、共车而出”⑧。他耳闻资本主义社会议会政治的黑幕：

---

① 汤志钧编：《章太炎政论选集·上》，中华书局，1977年，第378页。
② 汤志钧编：《章太炎政论选集·上》，中华书局，1977年，第384页。
③ ［日］北一辉：《支那革命外史》，《近代史研究》1979年第1期，第180页。
④ 胡汉民：《南洋与中国革命》，《新亚细亚》1931年第1卷第5期，第4页。
⑤ 吴玉章：《辛亥革命》，人民出版社，1961年，第92页。
⑥ 蔡寄鸥：《鄂州血史》，龙门书局，1958年，第21页。
⑦ 章太炎：《自述学术次第》，《制言》1936年第25期，第11页。
⑧ 章太炎：《俱分进化论》，《民报》1906年9月第7号，第7页。

在日本，有三百多议员在“郡制废止案”中受贿的丑闻①；在美国，有为竞选议员以妻色诱人的丑行②。而帝国主义狂暴的血腥侵略扩张更使他疾首蹙额，它们口唱“自由”“平等”，却“实施最不自由、平等于他国之人。……其酷虐为旷古所未有，是曰‘食人之国’”③。

自无政府主义思想汇入后，章太炎的思想成分陡然发生显著变化。原有的佛教入世精神减弱了，消极遁世的虚无思想相对上升。这种思想消长情况明显反映在他这时期的著作和行动上。

在先，他是共和政府的追求者，他用佛教思想帮助宣传过这一政治主张。而今，在《五无论》和《国家论》这样的代表作中，他却兼用无政府主义和佛教思想努力向人们宣传国家政府是一种虚幻不实的东西了。“夫于恒沙世界中，而有地球，无过于太仓之有稊米，今于其间，分割疆域，葆为己有，而命之曰‘国家’，复于其间建设机关，区分等级，而命之曰‘政府’，则蛮氏触氏之争，不足喻也。……嗟乎！莽漾平原，入其域而视之，始见土地，次见人民，乌睹所谓国家者？国家者，如机关木人，有作用而无自性，如蛇毛马角，有名言而非实存。”④“国家既为人民所组合，故各各人民，暂得说为实有，而国家则无实有之可言。非直国家，凡彼一村一落一集一会，亦唯各人为实有自性，而村落集会，则非实有自性。要之，个体为真，团体为幻。”⑤

当他用无政府主义的准尺衡量革命党人的优劣时，“径行独往”、“依自不依他”、“密怀匕首，流血五步，与夫身遭厄困，百折不回者”，被认为“可贵”、“足重”，而凭借众力以成功的领袖则在非议之列：“匡扶邦族……世人执是以为高名，则不知集众所成，其能力最为阘茸，而自旌其伐，尊于帝天，遂令志其事者，豪毛未动，先有矜众自贵之心，事之既成，又群奉以为大长，斯最可忿嫉者。”⑥ 文章对建立国家事业归功于元首和团体的严重抗议，正好反映了他站在无政府主义立场上对孙中山和同盟会的不满情绪。

有人认为，在近代中国的思想界，印度佛教的空观、中国老子的无为思想、

① 章太炎：《五无论》，《民报》1907 年 9 月第 16 号，第 3 页。
② 章太炎：《代议然否论》，《民报》1908 年 10 月第 24 号，第 10 页。
③ 章太炎：《五无论》，《民报》1907 年 9 月第 16 号，第 7 页。
④ 章太炎：《五无论》，《民报》1907 年 9 月第 16 号，第 1 页。
⑤ 章太炎：《国家论》，《民报》1907 年 10 月第 17 号，第 2 页。
⑥ 章太炎：《国家论》，《民报》1907 年 10 月第 17 号，第 13 页。

俄国的虚无主义和德国的形而上学统统齐备，所以，“中国底思想界，可以说是世界虚无主义的集中地”①。在章太炎身上，这四种成分几乎都具备了。因之，他的虚无思想较一般无政府主义者来得更彻底。他不以“无政府”为最高理想，而从佛教虚无思想出发，进而主张“高蹈”无聚落、无人类、无众生、无世界的“太虚”境界。由于他认为“无人类”为“五无”之“最要”，因而提出一个“以观无我为本因，以断交接为方便”的“消灭人类之方”。他大张佛教“五阴（色、受、想、行、识）皆空，人生为苦谛”的教义，“名色五阴，是为苦聚。人生三苦，一依内苦，二依外苦，三依天苦”。与其有生而苦，不如无生而乐。所以他主张断绝男女交接，幻想“以同志自为契约，而展转及于他人”，“勤学无生，期于人类众生世界一切销熔而后止”。为了肯定这种死的哲学的合理性，他还搬来了老子的说教：“天地不仁，以万物为刍狗，乃老子已知之矣。”“老子云，吾所以有不患，以有身故。”②

强烈的厌世思想甚至促使他想要出家当和尚。一九〇七年，他宣布：“当于戊申（1908年），披剃入山。”③ 他的大弟子黄侃回忆他当时厌世出家思想时曾指出：“睹国事愈坏，党人无远略，则大愤，思适印度为浮屠。”④ 这一情况可证之以苏曼殊一九〇七年致友人书。六月二十八日信说：“衲今后决意与太炎先生同谒梵土。”十一月二十八日信又说：“前太炎有信来，命曼随行，南入印度。”⑤ 章太炎当时赴印学佛的信念十分执着。他特地为自己取了“末底”（梵语“慧”的意思）和“震旦优婆塞”（优婆塞，梵语“居士”的意思）这类学佛的别名⑥。为赴印准备，他还特地请了一个名叫密尸逻的印度人教梵文⑦。为筹措赴印盘缠，他甚至情急到通过刘师培夫妇向清两江总督端方谋款，结果铸

① 陈独秀：《虚无主义》，《独秀文存》第2卷，上海亚东图书馆，1923年，第92页。

② 章太炎：《五无论》，《民报》1907年9月第16号，第21～22页。

③ 章太炎：《自题造像赠曼殊师》，柳亚子编：《苏曼殊全集》，上海北新书局，1928年，第125页。

④ 黄季刚先生遗著：《太炎先生行事记》，《制言》1937年第41期，第2页。

⑤ 柳亚子编：《苏曼殊全集》第1集，上海北新书局，1928年，第335、197页。

⑥ 《梵文典序》、《曼殊画谱序》，分别转引自《章氏丛书·别录》卷3、《苏曼殊全集》第5集。

⑦ 《代余同伯答日本末底书一》，《等不等观杂录》第8卷，杨文会：《杨仁山居士遗著》第10册，金陵刻经处本，1919年。

成了一个难辞其咎的错误。如此种种，引起革命党人的强烈不满。一九〇八年四月二十七日的广州《国民报》上刊出一题为《章太炎出家》的“活剧曲”，批评章太炎准备出家“披袈裟，坐蒲团”，是“理乱不闻，兴亡不顾”，“抛却了平生抱负”①。

与这种出家念头相应，他对佛教哲学开始转向纯学理的研讨。

研讨之一，关于佛典的翻译问题。他从自身擅长的语言文字角度考察了中国早期译经的情况。他指出：“当汉世安世高、支娄迦谶等，已译《华严》、《宝积》、《般若》之篇。其人既出于安息、月氏，于梵汉语言则两阂。汉朝儒先经术虽通明，独短哲学，斯笔受者亦拙。及魏晋间，士大夫喜老庄，言谈始利。老庄于释典，其术语诚弗能密切，然略相近，则僧肇、道安诸师，又往往傅以清言。”② 这里所分析的汉末安世高、支娄迦谶和魏晋间僧肇、道安诸师早期译经的一些情况是正确的。为了推动更多一些人研佛，他同时还与苏曼殊、陈独秀、桂伯华等“议建梵文书藏”，终以“人无应者，卒未成”③。

研讨之二，关于大乘佛教的考察。发表于一九〇八年二月的《大乘佛教缘起说》、《辨大乘起信论之真伪》和《龙树菩萨生灭年月考》都是用来论证大乘为佛教正统的。他认为，从大、小二乘经典的结集情况来看，“大小乘经皆本佛语，至于转相推演，二教等无有异”。他引述日本佛学家常盘大定在《马鸣菩萨论》中所作之证明，赞其“义据诚无间然”，且进一步以“有部诸证，明其契当”。从大、小二乘对待外道的态度上，他肯定大乘“所见闳远”，“不必专守一家”的兼收并蓄态度，否定小乘排摈婆罗门等外道的保守态度。他从自身理解的佛教发展史提出了一种正统佛教不能接受的“异端邪说”：佛与外道的关系并不是绝对对立，而是“互相涉入”“互有通途”，就像“孔与庄韩，亦非隔绝”一样。假如外道诸师“所说胜义，并不异佛，即是大菩萨”。他引用《入大乘论》予以证实：“假令魔说，能除惑障，不违正法，虽曰魔说，即是正法，与佛语不异。”并指出，无论是“理解甚短”的事火教徒，还是“义趣甚深”的数

① 转引自杨天石、王学庄：《章太炎与端方关系考析》，见《南开大学学报》1978 年第 6 期。

② 章太炎：《梵文典序》，柳亚子编：《苏曼殊全集》，上海北新书局，1928 年，第 1 页。

③ 柳亚子：《苏玄瑛新传》，柳亚子编：《苏曼殊全集》，上海北新书局，1928 年，第 276 页。

论、胜论、明论、声论之徒，乃至“尤近佛门”的耆那教徒，只要凭借“自力慧力，展转向上，则自成地上菩萨”①。他还认为，“婆罗门正宗之教本为大乘先声，中间或相攻伐，近则佛教与婆罗门教渐已合为一家，得此扶掖，圣教当为一振。”②

从一九〇六年开始，日本佛学界对大乘佛教的重要典籍《大乘起信论》的真伪问题展开了一场讨论。该论旧题马鸣造，真谛译，其真伪问题是佛学史上一桩著名公案。论中提出“真如缘起”（真如随缘而生起万法）之说，与法相宗“阿赖耶识缘起”（阿赖耶识含藏一切种子生起万法）说相对立。因而本论问世以来，在隋唐间已有争论，注释者多达一百七十余家，为书不下千卷。当时在日本，以为伪者为望月信亨、松本文三郎、村上专精等著名学者，与之对立者则为常盘大定、羽溪了谛，双方论战长达一二十年，发表文章在百万字以上③。章太炎写作《辨大乘起信论之真伪》便是参加这一讨论的。他赞同常盘和羽溪之说，确认本论作者为马鸣、译者为真谛，并具体分析了本论在印度本土未得到流传的原因，驳诘了“自思想系统言之，《起信》必当在龙树后”之说。研究这一讨论的孰是孰非，不属本文任务。我们认为值得指出的是，章太炎参加讨论表现了一种倾向，一度被当作思想武器的佛学至此渐被他送回书斋了。

不过，宣称“披剃入山”也罢，转入学理研究也罢，虚无思想的扩张毕竟只是问题的一面。一颗热烈入世的心是不能顿然冷却的，风云变幻的尘世也绝不是闭上眼睛就能超脱的。知识分子难免其摇摆性，更何况在这个人出处进退的大问题上。因而，就在宣称赴印为僧以遁世的同时，他却又在做入世于东土的新尝试，企图以佛教作为联系亚洲各国的纽带。

一九〇七年四月，流亡在东京的印度革命志士钵逻罕、保什发起召开“西婆耆王纪念会”，章太炎应邀参加，并于同月与之组织发起以“反对帝国主义而自保其邦族”为宗旨的“亚洲和亲会”④。同年秋，他又担任陶成章等发起组织

① 章太炎：《大乘佛教缘起说》，《民报》1908年2月第19号，第1～31页。

② 章太炎：《与余同伯书》，见《等不等观杂录》第8卷，转引自汤志钧编：《章太炎年谱长编（1868—1918）》，中华书局，1979年，第301页。

③ 梁启超：《大乘起信论考证》，商务印书馆，1924年。

④ 章太炎：《亚洲和亲会约章》，转引自汤志钧编：《章太炎年谱长编（1868—1918）》，中华书局，1979年，第243页。

的“东亚亡国同盟会”会长①。他认为亚洲的民族解放斗争应以中印两国为中心，“联合之道，宜以两国文化相互灌输”②。他认为佛教“于亚洲和亲之局，亦多关系”③。在《亚洲和亲会约章》中他更明确地指出，要联合印度的佛教、婆罗门教和中国的孔教、道教等传统的东方宗教哲学来抵抗帝国主义的侵略思想。作为向中国人民介绍有关印度民族解放斗争的第一人，在此期间，他热情洋溢地在《民报》上撰写了一系列文章，并且转载了印度革命志士的有关文章。可以说，章太炎这些有关中印为主的亚洲各国联合的主张和活动，确确实实反映了如列宁所说的二十世纪初的“亚洲的觉醒”。也可以认为，章太炎这样做，既是佛教的吸力使然，也是与孙中山分歧所生之斥力使然。对同盟会的失望乃促使他谋求向外扩展政治活动，这样说或许并不过分。

这一回无政府主义思想的汇入，是在东土的罂粟之外，再加上一份西方舶来的吗啡。作为精神鸦片的宗教，吸食者固然可以借以刺激精神，引起亢奋，但短暂的时效一过，随之而来的便是倦怠麻木，颓丧消沉。章太炎现在开始领略个中滋味了。

老庄思想汇入后虚无思想的进一步发展

章太炎接受无政府主义为时恰好一年。一九〇八年四月，他因事与鼓吹无政府主义最力之刘师培夫妇反目，六月宣告与无政府主义决裂：“无政府主义者，与中国情状不相应，是亦无当者也。”④ 在无政府主义的幽暗森林中彷徨徘徊之后，他终于沿着佛教唯心主义的旧径抽身脱出，从一九〇八年下半年开始，他虔敬地拜伏在老庄的法座之下。从此，佛庄思想在他头脑中占有主导地位。

我们且看他对老庄如何推崇：“中国头一个发明哲理的，算是老子”，“以前看古来的帝王都是圣人，老子看得穿他有私心，以前看万物都有个统系，老子看得万物没有统系。……以前伊尹、太公、管仲都习权术，老子看破他们的权

① 魏兰：《陶焕卿先生行述》，转引自汤志钧编：《章太炎年谱长编（1868—1918）》，中华书局，1979年，第248页。

② 章太炎：《支那印度联合之法》，《民报》1908年4月第20号，第38页。

③ 章太炎：《与苏子穀书》，柳亚子编：《苏曼殊全集》，上海北新书局，1928年，第121页。

④ 章太炎：《排满平议》，《民报》1908年6月第21号，第1页。

术，所以把那些用权术的道理一概揭穿，使后人不受他的欺罔”。至于二百年后的庄子，“就越发骏逸不群”①。“九流繁会，各于其党，命世哲人，莫若庄氏。《逍遥》任万物之各适，《齐物》得彼是之环枢，以视孔、墨，犹尘垢也。”② 对于佛庄相会，他更以欣喜的心情写道：“《齐物》大旨，多契佛经。”“上悟唯识，广利有情，域中故籍，莫善于《齐物论》。”③ “端居深观而释《齐物》，乃与《瑜伽》、《华严》相会。所谓摩尼见光，识见异色，因陀帝网，摄入无碍，独有庄生明之，而今始探其妙，千载之秘，睹于一曙。”④ 总之，在他看来，佛庄思想是渡迷津之指南针，示秘藏之宝钥。

老庄的虚无主义和相对主义应机而入，大大强化了原有的佛教唯心主义。这在《四惑论》和《齐物论释》这些代表作中都有明白的反映。

《四惑论》一般可视为佛庄结合后的锋芒初试。站在虚无主义的立场上，昔日称颂不已的西方资产阶级的“公理”“进化”之说被斥为使人“眩惑失情”的“四惑”。他以佛教思想指责进化之说纯系“根识迷妄所成”之“幻象”：“所谓进者，本有根识迷妄所成，而非实有此进。……且有机物界，世见其进化之幻象也，而无机物界，并此幻象亦不可睹。”接着，又用庄子形而上学的诡辩术，以地球绕日和月球生潮来证明进化确确实实是一种“迷妄”之见：“借观地球，无时而不绕日，乃其所旋轨道，唯是循环周转，非有真进之途。譬若户枢常动，不能有分寸过于规外。夫既循环周转，则方见为进，即见其为退矣。又观月魄与海水者，终日折旋，而今月之明，不能加于古月，今潮之盛，不能过于古潮，安得所谓进化者?”

及至《齐物论释》这部得意之作中，他就更娴熟地运用交融的佛庄思想了。

他努力论证佛庄相通，驳诘那种指称庄子“不达唯心之理”的批评。他指出，唯识宗所说之第八识阿赖耶识，梵文或读阿罗耶识（译义为“藏”）和阿陀

① 章太炎：《中国文化的根源和近代学术的发达》，《教育今语杂志》1910年3月第1册，转引自汤志钧编：《章太炎年谱长编（1868—1918）》，中华书局，1979年，第323、324页。

② 章太炎：《庄子解诂》，转引自汤志钧编：《章太炎年谱长编（1868—1918）》，中华书局，1979年，第315页。

③ 章太炎：《齐物论释》，见《章氏丛书》，浙江图书馆校刊本，1919年，第3页。

④ 章太炎：《菿汉微言》，见《章氏丛书》，浙江图书馆校刊本，1919年，第73页。

那识（译义为“持”），即是《齐物论》所云之“真宰”、“真我”、“真君”，亦即《德充符》所云之“灵府”，《庚桑楚》所云之“灵台”。因据《说文》，“府”与“藏”同义，故“灵府”即译义为“藏”之阿罗耶识；据《淮南注》及《释名》，“台”本训“持”，故“灵台”即译义为“持”之阿陀那识。他用佛学来解释有关“灵台”的一段话：“夫‘灵台有持’者，阿陀那识持一切种子也。‘不知其所持’者，最深细不可知也。‘不可持’者，有情执此为自内我，即是妄计，若执唯识真实有者，亦是法执也。”①

对于“唐世沙门，多谓庄生不达缘生之理”之说，他更是奋力反驳，力证庄子之说“特无十二种名号耳”，实则“与十二缘生大体相符”。文章引《庚桑楚》中的话：“是以生为本，以知为师，因以乘是非；果有名实，因以己为质；使人以为己节，因以死偿节。”对此，他运用佛学逐句加以诠释，从而证明，十二缘生（无明、行、识、名色、六入、触、受、爱、取、有、生、老死）统统被包含其间：所谓“以生为本”，指前有之生；“无明”、“行”、“识”通得云“知”；“名实”即“名色”，亦兼“六处”；“己”谓“身根”，“触”以身根为质，又以触彼故方知有我，故复得“受”、“爱”、“取”、“有”；“以死偿节”者，则更趋后有之“生”、“死”②。他进而又指出，在唐代，倒是庄子之说常被佛徒袭取。无论是华严宗创立者法藏，还是该宗第四祖澄观、第五祖宗密，他们都对庄子“阴盗而阳憎”，“剽剥老庄”，“窃取庄义以说《华严》，其迹自不可掩”③。

不过，《齐物论释》以佛助庄之迹仍不可掩。佛教虚无主义常被用来帮助解释作为庄子哲学思想核心的不可知论和相对主义。“庄生意言，假令诚有物质者，物质不能自认物质为物质，谁认之者？唯是心量。然以现量、比量观察物质，此中现量不能触受，比量不能推度，唯是依于法执，认有物质。而彼法执，即是偏计，偏计所执自性本空，故知万物出乎无质，质既是无，即此万物现相，有色、有声、有香、有味、有触者，唯是依他起性，属于幻有。”④ 针对公孙龙提出的“物莫非指，而指非指”和“白马非马”这一客观唯心主义和形而上学的论题，庄子曾以著名的命题以破之：“以指喻指之非指，不若以非指喻指之非

① 章太炎：《齐物论释》，见《章氏丛书》，浙江图书馆校刊本，1919年，第53页。

② 章太炎：《齐物论释》，见《章氏丛书》，浙江图书馆校刊本，1919年，第51～58页。

③ 章太炎：《齐物论释》，见《章氏丛书》，浙江图书馆校刊本，1919年，第53页。

④ 章太炎：《齐物论释》，见《章氏丛书》，浙江图书馆校刊本，1919年，第57页。

指也。以马喻马之非马，不若以非马喻马之非马也。天地一指也，万物一马也。”可是章太炎却认为庄子以不分别代替分别的说法还不彻底，因以佛学的主观唯心主义相帮庄子排解分歧。首先，他用“境”“识”之说为公孙龙“物莫非指，而指非指”作出新解，“上指，谓所指者，即境。下指，谓能指者，即识”。故庄子所说之“以指喻指之非指，不若以非指喻指之非指”，其实即是“以境喻识之非境，不若以非境喻识之非境”。接着，他又提出，只要断然破除“法执”和“我执”这两种“意根偏计之妄”，认识到“天地本无体，万物皆不生”，便可断定“物亦非境，识亦非境，则有无之争自绝矣。”

佛庄思想的汇合进一步膨胀了他的主观唯心主义。在这阶段，他进一步发展了前此所倡的在佛与外道关系问题上正统佛教不能接受的“异端邪说”，认定佛学是“自心思量”之学。“现在人如果要讲佛学，也只该凭自己的心学去”，“佛经是谈理的，不是历史，只问理的高下，何必问经是谁人所说？……理的是非，要以自己思量为准，不必以释迦牟尼所说为准”①。

若问：佛庄思想于此时汇合之原因何在？答曰：仍不出上节所述内外两大契机，是忧患转深的结果。

从内而言，是政治上的失望情绪扩展的结果。一度缓和的孙、章矛盾，从一九〇八年下半年开始又继续恶化，为《民报》的经费问题和续办后的编辑问题，他对孙中山的不满更加深了。一九〇九年他忿然写下《伪〈民报〉检举状》，与陶成章等在南洋公布的《孙文罪状》相呼应，再一次掀起倒孙风潮。作为反击，孙中山命人将他为向端方谋款而致刘师培夫妇的信公布出来，指责他为端方侦探，为“万金出卖一革命”②。历来以拯济革命军道德为已任的章太炎，现在被回敬如此这般一杯苦酒，其恼怒是可想而知的。因此，当陶成章以重组光复会前来征求意见时，他便欣然同意，随即出任会长，公开与同盟会分道扬镳。

然而，另立山头后，他在政治上并无起色。他既提不出完整的革命纲领，甚至也喊不出响亮的革命口号。他只能把当年“国粹救国”的旧调翻成“教育

① 章太炎：《论教育的根本要从自国自心发出来》，《教育今语杂志》1910 年 5 月第 3 期，转引自汤志钧编：《章太炎年谱长编（1868—1918）》，中华书局，1979 年，第 509 页。

② 《党人》，《新世纪》1910 年 1 月第 117 号，转引自杨天石、王学庄：《章太炎与端方关系考析》，《南开大学学报》1978 年第 6 期，第 38 页。

救国”的新腔，把自己的主要精力放在讲学和著述上。困苦的物质生活甚至使他一度曾萌归国之志①。坎坷困顿的生活常常是培育消极思想种子的温床。当远涉重洋而来的无政府主义被“礼送出境”之后，从思想深处潜藏着的本土固有的老庄思想便“逍遥”出而“养生”，安抚痛苦的心灵。这种取代，对旧文化修养极深、传统思想根深蒂固的章太炎来说，几乎是必然的。

不过，我们却不能因此对他责备独深。在当时革命队伍中，类似这样的苦闷消沉情绪还较普遍。从一九〇七年开始，革命军处在屡起屡仆、十分艰难的境地。一九〇七年的潮州黄冈之役、惠州之役、安庆之役、钦廉防城之役、友谊关之役，一九〇八年的河口之役、安庆之役，一九一〇年的广州新军之役，全部以失败告终。尽管客观上推翻清政府的时机渐臻成熟，但不少革命党人却并没有清楚地意识到。他们被接连的失败压倒了，“举目前途，众有忧色，询及将来计划，莫不唏嘘太息，相视无言”②。所以，从当时整个革命大环境来看，章太炎的佛庄相会同宋教仁之“常郁郁，醉则卧地狂歌”③ 和汪精卫之拼死一搏谋刺摄政王，形式虽殊，实质则一，都是悲观失望情绪的产物。

从外而言，他并未停留在一年前那种对西方社会弊病的揭露上，而是开始从学理上来深究原因。他发现西方资产阶级在反对封建统治的时候，曾侈谈自由、平等、博爱、公理、进化等，待到他们一上台，昔日的高谈阔论统统反过来作为对付劳动群众的利器。在辛亥革命前，中国的资产阶级民主革命者纷纷沉醉在这样的高谈阔论中。然而，章太炎却从朦胧中睁开醉眼，成为看到这些冠冕堂皇宣传后面冷酷现实的先觉者之一。众人皆醉吾独醒，要喝破迷信，唤起众生，在他看来，《庄子》恰好是一方具有神效的醒酒石。早在两千年前，庄子就发现了新上台的统治者玩弄“圣知之法”的秘密。《胠箧》中写道：“为之斗斛以量之，则并与斗斛而窃之；为之权衡以称之，则并与权衡而窃之；为之符玺以信之，则并与符玺而窃之；为之仁义以矫之，则并与仁义而窃之……”这些揭露足以使章太炎联想到现实。所以，庄子当年对“万世之后，必有人与人相食”的深忧，引起他“而今适其会”的共鸣。而《齐物论》中“尧伐三子

① 马叙伦：《〈太炎先生自定年谱〉补遗》，中国社会科学院历史研究所第三所编辑：《近代史资料》1958 年第 1 期，第 158～160 页。

② 孙中山：《建国方略》，《孙中山选集》，人民出版社，1981 年，第 206 页。

③ 章太炎：《太炎先生自定年谱》1908 年条，见《章氏丛书》附录下，浙江图书馆校刊本，1919 年，第 12 页。

之间”，则被他联系过来批判帝国主义，“志存兼并者，外辞蚕食之名，而方寄言高义，若云使彼野人获与文化。斯则文野不齐之见，为桀跖之嚆矢明矣”。庄子思想的高明就在于它既可“斡蛊德于上皇之年”，也能“杜莠言于千年之下”。他认为，可惜的是，庄子未能如佛教那样广泛传布域外，否则，一旦得以普及，西方的种种学说都将蹶伏在先哲的脚下。“能仁之书，译于东夏；园吏之籍，不至殊方（近世虽有译述，然皆鄙生为之）。云行雨施，则大秦之豪丧其夸，拂菻之士忘其奡。”① 由此可见，在袈裟外面披上羽衣，是为了增加同西装革履媲美的本钱。

在章太炎的思想发展史上，这一回的佛庄相会是一大转折，从此后，他对西方哲学的兴趣渐衰，他作为“西学”拥护者的历史就在辛亥革命前夕基本结束。

“非常明显，随着每一次社会制度的巨大历史变革，人们的观点和观念也会发生变革，这就是说，人们的宗教观念也要发生变革。”② 上述辛亥革命前章太炎佛学思想不断重铸改制表明，他的佛学思想和古今中外有关思想交光互摄、折中汇合，都是为了尝试着使它适应巨大变革的社会生活。在辛亥革命归国前，他说过这样的话：“余治法相以为理极，不可改更，而应机说法，于今尤适。”③ “应机说法”这四个字确确实实把他辛亥革命前佛学思想不断变迁的原因和盘托出了。他的这一串曲折的思想发展径迹，从侧面反映了中国近代思想急剧波动的情况。以机械唯物论和庸俗进化论始，以彻底的主观唯心论终，章太炎这一哲学迷途在近代中国是有典型意义的。它表明，软弱的中国资产阶级思想代表仗恃拼凑而得的乏力的锡杖，是如此步履维艰地走完了自己在思想领域短暂的上升历程。从此，站立在二十世纪初新旧思想交错点上的章太炎，基本上就不能瞻前而只有顾后的份了。

这是必然的：在武昌起义的枪声打响之后，孙中山踏上国门时宣称自己携回的是继续进取的革命精神；章太炎“束装欲归”前，在日本的最后一次社会活动却仍是大力宣传法相的教义：“适会武昌起义，束装欲归，东方沙门诸宗三

---

① 《齐物论释》：能仁，释迦牟尼之译名。园吏，指庄子。夸，自大、夸耀。奡，傲慢。

② 中共中央马克思、恩格斯、列宁、斯大林著作编译局译：《马克思恩格斯全集》第7卷，人民出版社，1959年，第240页。

③ 章太炎：《自述学术次第》，《制言》1936年第25期，第2页。

十余人属讲佛学。一夕演其大义，与世论少有不同。东方人不信空宗，故于法相颇听受；而天台、华严、净土诸巨子，论难不已，悉为疏通滞义，无不厌心。”① 正因为直到此时，他的思想还停滞在此，因而在返回神州大地不久，他即提出“革命军起，革命党消”这类取消主义的口号，也就不足为怪了。

[原载中华书局 1983 年版《纪念辛亥革命七十周年学术讨论会论文集》]

① 章太炎：《自述学术次第》，《制言》1936 年第 25 期，第 2 页。

章太炎与邹容
——兼论二十世纪初的中国先进知识分子

倘若有人问起，青年鲁迅在二十世纪初最崇敬的当代中国人是谁？那回答不能不首推章太炎和邹容。邹容是他一九〇二年春东渡留学时几乎同时赴日的同学，章太炎是他一九〇六年在东京搞文艺活动时拜入门下的老师。他们作为一九〇三年《苏报》案的主角，在中国政治舞台上演出了悲壮激烈的一幕，震动全国，大开革命风气。从此，他们作为二十世纪初中国先进知识分子的代表、资产阶级民主革命首批涌现的英雄而赫然留于史册，同时也成为鲁迅推崇终生的人物。

一

一九〇三年在中国近代史上留有两块丰碑：拒俄运动和《苏报》案。它们既是中国先进知识分子由爱国前进到革命的重要界石，也是资产阶级民主主义开始取代改良主义的重要标志。

日月不过在二十世纪的上空运行了一千多个昼夜，帝国主义及其走狗清朝政府却作为绝好的反面教员，继镇压义和团运动之后，又在拒俄运动和《苏报》案上接连给中国人民上了第二、第三课。它们面目狰狞地向中国人民宣称：爱国有罪，革命有罪。关心国家前途命运的中国人民不能不认真思考：清朝政府何以如此畏外媚外？康有为之流何以如此原宥当局，讳言革命？站在二十世纪门槛上的中国究竟向何处去？

首先站出来向中国人民作出明确响亮回答的，是章太炎和邹容。

历史上的优秀人物，常常是在社会发生剧烈变动的时代，在曲折坎坷的斗争生活中成长起来的。章太炎和邹容便是这样。尽管他们分别隶属两种类型不同的知识分子，但激荡的时代潮流却推动他们从不同的起点走上了共同的道路，终于相会于爱国的拒俄运动，齐名于高涨革命的《苏报》案。

出身于浙江余杭一个已经破落了的封建地主家庭的章太炎是一名典型的旧式知识分子。他从小接受的是传统的封建教育，走的是一条封建学者的道路。“一意治经，文必法古”①，因小时多病，弃八股，绝意仕进。二十三岁时他到杭州诂经精舍跟随俞樾求学，前后长达七年，潜心钻研古文经学，继承清代乾嘉学派的治学方法，以文字学为基点，从训诂、音韵、典章制度等方面阐述儒家经典、先秦诸子。甲午战争后，在深重的民族危机刺激下，他才走出书斋，追随康有为，成为一名改良主义者。他真诚地相信过改良主义是救国的妙药。可是，戊戌六君子和自立军骨干的鲜血，迫于追捕两次东渡时接受的西方新思想，从不同的角度擦亮了他的眼睛。他终于否定了“与尊清者游”的旧我，而“定交”于孙中山。一九〇二年春，他与秦力山等在孙中山的赞助下发起组织“中夏亡国二百四十二年纪念会”，标志着他完成了政治立场的转化，在为该会所撰《宣言书》中，他以悲愤的感情、典雅的文辞写下了脍炙人口的排满革命的名句：“愿吾滇人，无忘李定国！愿吾闽人，无忘郑成功！愿吾越人，无忘张煌言！愿吾桂人，无忘瞿式耜！愿吾楚人，无忘何腾蛟！愿吾辽人，无忘李成梁！别生类以箴大同，察种源以简蒙古，齐民德以哀同胤，鼓芳风以扇游尘。庶几陆沉之痛，不远而复；王道清夷，威及无外。”这一“鼓吹种族革命，振起历史观念”的宣传引起很大反响，“留学生报名赴会者达数百人，学界为之振动”②。同年五月，章太炎返国，接着又与蔡元培等在上海组织中国教育会，从事革命宣传。该年冬，上海南洋公学爆发了自废科举、兴学校以来国内第一次规模较大的具有资产阶级民主色彩的学潮。蔡、章等人表态支持，接受退学生请求，帮助成立当时被誉为“东南各省学界之革命大本营”的爱国学社，并义务任教。一九〇二年这两件事，使章太炎在爱国知识分子群中名重一时。

就在章太炎返国之际，年仅十八岁的邹容冲破重重阻力来到日本留学。邹

① 章太炎：《太炎先生自定年谱》1885年，《章氏丛书》附录下，浙江图书馆校刊本，1919年，第3页。

② 冯自由：《壬寅支那亡国纪念会》，《中华民国开国前革命史·上》，中国文化服务社，1944年，第102～105页。

容出身于四川巴县一个颇饶资财的商业资本家家庭。他的父亲“行商陇蜀间，略知书”①。有趣的是，章太炎绝意仕进，得到其家长的支持，而邹容摒弃科场，却遭到其家庭的激烈反对。其父“以科甲期之”，邹容却认为“科举为君主笼络英雄之具”，“衰世功名，得之又有何用”②？结果却招来“父怒，辄榜笞至流血”③。当他在重庆经学书院就学于吕翼文时，不喜传统的训诂词章之学，非薄传统的封建思想，“指天画地，非尧舜，薄周孔，无所避”④，因而被书院开除。当戊戌变法波及四川时，邹容正随日本人学习英语和日语，“闻欧理绪余”，“浏览种种新籍书报，每有所刺激，好发奇辟可骇之论，又纵谈时事”⑤，很自然地成为一名同情变法的激进分子。变法失败，他痛惜不已，把谭嗣同遗像公开悬诸座旁，题诗曰：“惟冀后来者，继起志勿灰。”⑥ 正因为邹容是一名接受封建传统教育较少的知识分子，所以在东渡不久，即在留日学界革命氛围的熏染和西方资产阶级思想政治学说的影响下，很快接受了民主革命思想。他不像章太炎那样经历了一个痛苦的自我“匡谬”的蜕变过程，他是径直跨进新垒的。在他身上，新式的学生知识分子那种敏感而锐进的特点更鲜明。卢骚的《民约论》、孟德斯鸠的《万法精意》、约翰穆勒的《自由原论》以及美、法资产阶级革命的历史书籍，很快成为他指导行动的思想武器。他追求真理的道路，有人曾用这样的文学语言描绘：“江流出峡，一泻千里而至东瀛兮，乃以汉魂而吸欧粹耶。”⑦ 自此，他的思想迅速前进，积极投身留日学界展开的各种斗争中去，“与同学钮永建规设‘中国协会’，未果”⑧。一九〇三年春节留学生新年团拜会上，他慷慨陈词，“大倡排满主义”。此后，凡留学生集会，他常“争先演说，

① 章太炎：《邹容传》，汤志钧编：《章太炎政论选集·上》，中华书局，1977年，第353页。

② 邹鲁：《中国国民党史稿》第5册，中华书局，1960年，第1241、1246页。

③ 章太炎：《邹容传》，汤志钧编：《章太炎政论选集·上》，中华书局，1977年，第353页。

④ 章太炎：《邹容传》，汤志钧编：《章太炎政论选集·上》，中华书局，1977年，第353页。

⑤ 邹鲁：《中国国民党史稿》第5册，中华书局，1960年，第1242页。

⑥ 邹鲁：《中国国民党史稿》第5册，中华书局，1960年，第1242页。

⑦ 金松岑：《哀邹容》，《醒狮》1906年第2期，第7页。

⑧ 章太炎：《邹容传》，汤志钧编：《章太炎政论选集·上》，中华书局，1977年，第353页。

犀利悲壮，鲜与伦比”①。一九〇三年三月，他偕同战友借留日陆军学生监督姚某奸私事，秽腾学界排闼直入，“快剪刀除辫”，大煞清吏威风，因此被清政府驻日公使视为留学生中的急进分子，照会日本外务省指名索拿。就这样，邹容结束了一年的留学生活回到上海。

在上海，他住在爱国学社，与章太炎同居一室。虽然彼此的出身、年龄、教养都不一样，但共同的思想基础却促使他们在朝夕相处中建立了深厚的情谊。“相得甚欢，约为昆弟交”②，“一见心钦，互相期许。容称太炎为东帝，而自称为西帝”③。就此，正值拒俄运动高涨之时，出峡之奔流与钱塘之怒涛会合于黄浦江畔，掀起了二十世纪初中国资产阶级民主革命有声有色、裂岸拍天的第一阵怒潮。

拒俄运动期间，上海爱国人士经常在张园集会演说，章太炎“无会不与”④，他的演说非常“受到欢迎，但他有时并不演说，只是大叫：‘革命，革命，只有革命！’可是更受到全场的拥护”⑤。同样，邹容也全身心地投入了运动，据章太炎记载，爱国志士组织拒俄义勇队，“容闻之，愿附名”。在张园集会上，他“滔滔辩论，旁若无人，海内渐闻邹容之名矣。容舅氏某，贸上海，容往见之，讽以散财纾难，不听；又发家书，悚父兄以危亡之词，亦以其狂而弗纳也”⑥。接着，他又“愤中国学生团体之不坚，毅然创一中国学生同盟会。……其目的在于学界成一绝大合法团体，以鏖战于中国前途竞争逼拶之中者也”⑦。

正是在拒俄运动的高潮期间，他们共同挥笔上阵。章太炎欲将自己在一九〇二年“删革”后的《訄书》“传于世”。他废去梁启超为原刊本所书的署题，

① 邹鲁：《中国国民党史稿》第5册，中华书局，1960年，第1242页。

② 章太炎：《赠大将军邹君墓表》，中国史学会主编：《中国近代史资料丛刊·辛亥革命·一》，上海人民出版社，1957年，第365页。

③ 蒋竹庄：《章太炎先生轶事》，《制言》1936年第25期，第1页。

④ 马叙伦：《〈太炎先生自定年谱〉补遗》，中国社会科学院历史研究所第三所编辑：《近代史资料》1958年第1期，第158～160页。

⑤ 马叙伦：《关于辛亥革命浙江省城光复记事的补充资料》，中国社会科学院历史研究所第三所编辑：《近代史资料》1957年第1期，第47～58页。

⑥ 《革命人物志》第6集，1971年，转引自杨天石、王学庄编：《拒俄运动1901—1905》，中国社会科学出版社，1979年，第327页。

⑦ 《论中国学生同盟会之发起》，《苏报》1903年5月第30、31页。

特请邹容重新题签，这就是后来一九〇四年在日本东京翔鸾社排印的重印本《訄书》。这本著作“熔铸新理”、“推迹古近”，是鼓吹资产阶级革命的重要作品。邹容则发愤续成了在日本时未曾写完的《革命军》。“容目击时势阽危，支那人心又腐败难可与言，乃发箧将旧所著者续成，题曰：《革命军》。”① 四月脱稿后，请章太炎“稍稍润色之”，章“乃为叙序”，五月与黄宗仰集资交上海大同书局刻印②。在序文中，章赞扬邹“痛心疾首恳恳以逐满为职志”，把《革命军》誉之为震撼社会的“雷霆之声”，为他日“义师再举”之“先声”。五月十五日，序文发表于《苏报》。十七、十八日，《苏报》又发表章、邹、柳亚子等合写的批驳保皇派的《驳革命驳议》。据柳回忆，文章开头由章执笔，结尾为邹所作③。接着，闰五月初五日，章之名文《驳康有为论革命书》的主要部分在《苏报》刊出，直斥“载湉小丑，未辨菽麦”，对康有为的保皇理论作了全面系统的批判。这些充满战斗热情的革命论著接连发表后，清政府惊呼：“查著《革命军》逆书，系四川巴县邹容所为，浙江余杭章炳麟作序，此书逆乱，从古所无，竟取谤及列祖列宗，且敢直书庙讳，劝动天下造反，皆非臣子忍闻，尤非拿办不可。”④ “清廷责两江总督魏光焘不觉察，甚厉。”⑤ 魏即派员会同上海工部局查禁《苏报》馆及指名逮捕章、邹等人。闰五月初六日，上海工部局应清政府之请，查封《苏报》，逮捕章。次月，邹得讯，不愿置身事外，毅然自动投案，与章誓共生死。于是，震动中外的清末最大文字狱《苏报》案形成。

由于帝国主义不愿放弃其租界治权，不允引渡，堂堂清政府作为原告竟不得不低声敛气委托洋律师向英租界会审公廨提出控诉。在起诉书上，《苏报》之罪名为“大逆不道，污蔑今上”，而章、邹之罪名则为“大逆不道，谋为不轨”。在公堂上，章、邹神气激扬，侃侃而辩，继续宣传革命，自称“吾辈数人则汉

① 《革命人物志》第6集，1971年，转引自杨天石、王学庄编：《拒俄运动1901—1905》，中国社会科学出版社，1979年，第327页。

② 章太炎：《邹容传》，汤志钧编：《章太炎政论选集·上》，中华书局，1977年，第354页。

③ 柳亚子：《我和言论界的因缘》，《逸经》1936年创刊号，第16页。

④ 《兼湖广总督端方致两江总督魏光焘电》，光绪二十九年（1903年），中国史学会主编：《中国近代史资料丛刊·辛亥革命·一》，上海人民出版社，1957年，第446页。

⑤ 章太炎：《太炎先生自定年谱》1903年，见《章氏丛书》附录下，浙江图书馆校刊本，1919年，第9页。

种四万万人之代表"①。政府与平民两造对簿，俨然敌体，使清政府万分出丑露乖。所以孙中山说："此案涉及清帝个人，为清廷与人民聚讼之始，清朝以来所未有也。……于是民气为之大壮。"② 这次诉讼，长达一年，最终章、邹分别被判处三年和两年监禁。在整个诉讼过程中，政府当局狼狈周章，国内舆论如沸如腾。不过这些情况我们今天已是很难体会的了。

章、邹的名字是与《苏报》案分不开的，他们是那个时代精神的体现者，无愧于英雄称号。如果说，在资产阶级民主革命的政治舞台上，拒俄运动中的学生义勇队是以热血青年的群像出现的，那么，《苏报》案中的章、邹则以悲壮激烈的独胆英雄展现在全国人民面前。他们以自己的英雄行为赢得了关心国事的知识分子的同情和尊敬。一九〇三年以后，"出保皇党以入革命党者，不可以千数计"③。在此之前，资产阶级革命派虽有自己的英雄如陆皓东、史坚如等，但其客观影响是敌不过改良派的英雄谭嗣同、唐才常的。现在有了章、邹，则不止是相与颉颃，而是胜过多多。从此之后，与康有为辈的缩朒畏死日益沉沦相对照，革命派中吴樾、陈天华、徐锡麟、秋瑾、黄花岗诸死难烈士，相继以自己的热血谱写了民主革命的新章节，使中国人民一次又一次地受到感奋和激励，从而迎来了武昌起义的胜利。

判案后，章、邹在狱中被罚做苦工，遭到非人待遇。号称"文明"的洋监狱中，食物粗劣，不得饱食，狱卒还时加殴辱。为了反抗凌虐，他们愤而绝食，联吟《绝命词》，还经常作诗唱和，互勉斗志。章以"志在流血，性分所定，上可以质皇天后土，下可以对四万万人"④ 自励，邹则以"欲尽文字的国民责任，念而不能"为憾⑤，"概念"于"哗嚣尤甚"的"支那瓜分之说"，痛恨将国土"再拜敬献于列国皇帝统领陛下之前"的清政府⑥。为鲁迅熟诵而在其临终前

① 《章炳麟狱中答新闻报记者书》，汤志钧编：《章太炎政论选集·上》，中华书局，1977 年，第 233～234 页。

② 孙中山：《革命原起》，中国史学会主编：《中国近代史资料丛刊·辛亥革命·一》，上海人民出版社，1957 年，第 11 页。

③ 恨海：《来函》，《民报》1906 年第 5 号，第 140 页。

④ 《章炳麟狱中答新闻报记者书》，汤志钧编：《章太炎政论选集·上》，中华书局，1977 年，第 234 页。

⑤ 《致柳亚子书》，《复报》1903 年 10 月第 5 号。

⑥ 《邹容狱中致蔡寅函》，苏州文史资料研究委员会编：《文史资料选辑》1981 年第 7 辑，第 14 页。

十天所书的《关于太炎先生二三事》中还引用的《狱中赠邹容》和《狱中闻沈禹希见杀》，即是反映他们肝胆相照的狱中斗争生活的诗篇。到一九〇五年，邹容终因不堪忍受监狱生活的长期折磨而病倒，四月三日在服用了工部局医院所配之药后去世，享年才二十一岁，距刑满出狱仅七十余天。“内外哗言西医受贿，下毒药杀之。”① 对邹容的痛惜，使人们更关心章太炎的安危。吴樾在谋刺清政府派遣出洋考察宪政的五大臣之前，特致遗书恳切要求章太炎严密注意饮食起居，提防敌人的“隐害”②。迫于舆论压力，监狱当局不得不对章“稍善视”，所以他痛感“余之生，威（邹容字威丹）之死为之也”③。出狱后，他即作《邹容传》，认为自己与邹容“交义亦最挚，悲痛惨怛，度越恒情，故欲记其事而不能措诸文辞”，虽为撰传，“所以发扬芳烈酬死友于地下者，无过毫末”④。一九一八年，章太炎入川，特赴巴县谒邹容祠；一九二四年，为筹备次年邹容逝世二十周年纪念，他多方联系募款修治邹墓，又增损旧传为《赠大将军邹君墓表》；一九二五年，邹墓治毕，又议治墓道。综观心高气傲的章太炎一生，受他热烈称颂、至死不衰的同时代人，不过寥寥数人，邹容即是引人注目者之一。他们间的生死不渝之交，堪为近代史上的美谈。

二

如果说，拒俄运动和拒俄义勇队为一九〇四年华兴会、光复会、科学补习所等革命团体的次第建立集合训练了骨干力量，那么，《驳康有为论革命书》和《革命军》则为一九〇五年后革命派与保皇派的大论战拉开了帷幕。这两篇文章是那样珠联璧合、交相辉映，那样同声相应、沆瀣一气，无怪乎敌人要惊呼：

---

① 章太炎：《邹容传》，汤志钧编：《章太炎政论选集·上》，中华书局，1977年，第356页。

② 吴樾：《与章太炎书》，中国史学会主编：《中国近代史资料丛刊·辛亥革命·二》，上海人民出版社，1957年，第392页。

③ 章太炎：《狱中与威丹唱和诗》，汤志钧编：《章太炎政论选集·上》，中华书局，1977年，第255页。

④ 章太炎：《再复吴敬恒书》，汤志钧编：《章太炎政论选集·上》，中华书局，1977年，第436页。

"邹逆附和章逆，多拾唾余。……无章逆之狂才，而荒谬绝伦又过之。"① 其实，章太炎也自承这两篇文章"同意"②。这两篇文章究竟如何立意一致，指归相同？历来研究者论及的还不多，本文拟作一探讨。

一九〇二年八月，在近代史上颇为著名的康有为那篇《与南北美洲诸华商书》以《辨革命书》为题，公开发表在《新民丛报》。该文主旨，一言以蔽之，则为鼓吹君宪，反对革命。文章喋喋申述不可革命的种种"理由"。其一曰，"满汉平等"，毋庸革命。自昔言之，则二百余年来的清朝统治"深仁泽厚"，为"大地万国所未有"；自今言之，则是光绪圣明，"天命所归"。其二曰，中国"民智未开"。从下言之，"公理未明，旧俗俱在"；从上言之，则缺乏"才略如华盛顿、拿破仑"那样的杰出领袖。其三曰，革命会招致亡国大祸。自内言之，革命必然"流血成河，死人如麻"，"自生内乱"；自外言之，则会导致列强干涉，瓜分中国。由于康有为挟其公车上书、戊戌变法之余威，所以在他已落伍为拉车屁股的角色之时，仍有很多中间派的知识分子对他抱有好感。进入二十世纪后的康有为已成为阻碍知识分子前进的巨大障碍。不把他反对革命的几条"理由"驳倒，广大知识分子的思想就难以解放。章太炎在一九〇一年曾说过："自非躬执大彗，以扫除其故家污俗，而望禹城之自完也，岂可得乎？"③ 从某种意义上说，《驳康有为论革命书》和《革命军》正是将这种认识付诸实践，在思想理论战线上抡起两把铁扫帚，充分发挥"扫除其故家污俗"的革命清道夫的作用。

针对康有为的"理由"之一，章太炎以中国传统的种族主义思想（华夷之辨）外加一点西方的民族学说予以驳斥。他指出，"今日固为民族主义之时代"，"民族主义，自太古原人之世，其根性固已潜在，远至今日，乃始发达，此生民之良知本能也。……近世种族之辨，以历史民族为界，不以天然民族为界。藉言天然，则……六州之氓，五色之种，谁非出于一本？"所以他的结论是，决不可"溷淆满汉以同薰莸于一器"。为此，他揭露二百多年来清朝统治者对汉人的

① 《金鼎致梁鼎芬书》，中国社会科学院历史研究所第三所编辑：《近代史资料》1956年第3期，第3页。

② 章太炎：《赠大将军邹君墓表》，中国史学会主编：《中国近代史资料丛刊·辛亥革命·一》，上海人民出版社，1957年，第365页。

③ 章太炎：《正仇满论》，张枬、王忍之主编：《辛亥革命前十年间时论选集第一卷》上册，生活·读书·新知三联书店，1960年，第94页。

暴虐统治，无非“以腐败之成法，愚弄之、锢塞之”。在政治上，满汉不平等，“汉人无民权，而满洲有民权，且有贵族之权者也”，“此为奴隶而彼为主人”，即使“曾（国藩）左（宗棠）诸将，倚畀虽重”，而“仰承风旨”“犹之阉宦仆竖”；在经济上，清朝统治者“一条鞭法名为永不加赋”，而实际上种种盘剥，无异敲骨吸髓；在思想上，制造种种文字狱，钳制舆论，“康熙以来，名世之狱，嗣庭之狱，景祺之狱，周华之狱，中藻之狱，锡侯之狱，务以摧折汉人，使之噤不发语”。他还揭露统治者“尊事孔子，奉行儒术”，只是为了“崇饰视听”，“即以便其南面之术，愚民之计”。他指出，康有为“欲言立宪，不得不以皇帝为圣明”。为了打破对方捧住的偶像，他又从自身的政治体会出发，揭露光绪支持戊戌变法只不过借此交结英、日等国，打击后党以“保吾权位”。他毫不留情地把康有为吹捧为“天命所归”的“圣明之主”直斥为“未辨菽麦”的“小丑”，“孱弱少用”的“仁柔寡断之主”，其“才略，则天下信其最绌”。结论十分自然：要通过这样一个“一身之不能保”的傀儡皇帝立宪救国，完全是梦幻。唯有革命，才能使人们取得自由、平等的权利。为此，他激昂地宣称，“语曰：‘不自由，毋宁死！’然则暂有自由之一日，而明日自刎其喉，犹所愿也”。

邹容同样呼号剖清满汉人种。在他那里，西方资产阶级的人种学说被引用得更多一点。《革命军》指出，世界人种之公理，“始焉自结其家族，以排他家族；继焉自结其乡族，以排他乡族；继焉自结其部族，以排他部族；始焉自结其国族，以排他国族”。准此公理，“中国者，中国人之中国也”，汉人必当排满。他以资产阶级的“自由、平等、博爱”和“天赋人权论”为依据，用几乎雷同于章太炎的语言从政治、经济、思想诸方面揭露控诉“贼满人待我同胞之政策”。他指出，在政治上，满汉待遇不平，“满人中有建立功名者，取王公如拾芥，而汉人则大奴隶如曾国藩、左宗棠、李鸿章之伦，残杀数百万同胞，挈东南半壁，奉之满洲，位不过封侯而止”。在经济上，则是残酷榨取，“若昭信票，摊赔款，其尤著者也”。苛重的剥削使老百姓“鬻妻典子”，“犹美其名曰薄赋，曰轻税，曰皇仁”。他指出，这完全是颠倒黑白，“贼满人入关二百六十年，食吾同胞之毛，践吾同胞之土”，倒反诬我食彼毛、践彼土（附提一句，章太炎《訄书·原人》有云：“彼（清朝统治者）方践我土食我毛，而曰我践彼土食彼毛，其言之不应其肺肠欤?”）。他指出残酷的压榨只是供封建统治者的享乐及其主子的需要：“‘量中华之物力，结友邦之欢心’，是岂非煌煌上谕之言哉！……割我同胞之土地，抢我同胞之财产，以买其一家一姓……一日之安逸”，“近日之崇楼杰阁、巍巍高大之颐和园，问其间一瓦一砾，何莫非刻括吾汉人之膏脂，以供一卖淫妇那拉氏之笑傲”。在思想上，他同样揭露清朝统治者大兴文字狱，大搞愚民政策。“牵连之狱，开创于顺治；文字之狱，滥觞于乾隆。以故……抗议发愤之徒绝迹，慷慨悲咤之声不闻”。他的结论是：“各人不可夺之权利皆由天授”，“无论何时，政府所为有干犯人民权利之事，人民即可革命，推倒旧日之政府”。而今日提倡革命，即是要“杀尽专制我之君主，以复我天赋之人权”。

针对康有为的“理由”之二，章太炎指出，“今日之民智，不必待他事以开之，而但恃革命以开之”。他历数李自成、义和团、景廷宾、广西会党的革命斗争经历，证明人们的智慧才干就是在革命斗争的实践中培养出来的。“公理之未明，即以革命明之；旧俗之俱在，即以革命去之。革命非天雄、大黄之猛剂，而实补泻兼备之良药矣。”他指出，康有为“谓革命党中必无有才略如华盛顿、拿破仑者，吾所不敢必也”。他表示深深渴望着像华盛顿、拿破仑这样有才略的领袖出而领导中国革命，建立资产阶级共和国，“在今之世，则合众共和为不可已”。

邹容同样热情地把华盛顿、拿破仑“推尊为大豪杰”。他热望中国革命涌现出千千万万华盛顿、拿破仑式的英雄：“然一华盛顿，一拿破仑倡之而无百千万亿兆华盛顿、拿破仑和之，一华盛顿何如？一拿破仑何如？……今日之中国，固非一华盛顿、一拿破仑所克有事也，然必预制造无量无名之华盛顿、拿破仑，其庶乎有济。”那么，怎样“制造”呢？回答是必须开民智。为此，《革命军》专列一章曰“革命之教育”，论述开民智则藉革命，行革命必开民智。

针对康有为的“理由”之三，章太炎列举欧洲日本各国历史，指出政治变革总需付出代价。即使立宪，流血也是“无可幸免”的。如果中国不实行革命，“满洲弗逐”，“浸微浸衰，亦终为欧美之奴隶而已矣。非种不锄，良种不滋；败群不除，善群不殖”。清朝统治者是绝不会自动让出部分政权来的。只有革命才能锄除这堆政治垃圾。不过在回答革命是否会引起列强干涉问题时，章太炎又反映了资产阶级革命派的共同弱点。一方面，他清醒地认识到，“今日革命，不能不与外国委蛇；虽极委蛇，犹不能不使外人干涉”。另一方面，他又天真地幻想从内地发动革命，避免触犯外人利益而引起干涉，“今者西方数省外稍负海而内有险阻之形势，可以利用外人而不为外人所干涉者，亦来尝无其地也。略得数道，为之建立政府，百度维新，庶政具举”。只要造成如此情势，“彼外人者，亦视势利所趋耳。（革命）未成则欲取之，小成则未有不认为与国者”。由此得到十分轻松的结论：对外人的干涉问题，“何必沾沾多虑为乎？”

对流血革命，邹容更以激进的姿态号召人们，“张九世复仇之义，作十年血战之期，磨吾刃，建吾旗，各出其九死一生之魄力，以驱逐凌辱我之贼满人……以恢复我声明文物之祖国，以收回我天赋之权利，以挽回我有生以来之自由，以购取人人平等之幸福”。他歌颂革命为中国人民“至尊极高，独一无二，伟大绝伦之一目的”。“革命者，天演之公理也。革命者，世界之公理也。革命者，争存争亡过渡时代之要义者。革命者，顺乎天而应乎人者也。革命者，去腐败而存良善者也。革命者，由野蛮而进文明者也。革命者，除奴隶而为主人者也。”他力言中国当今不可不革命，只有革命才能救中国，舍此之外别无他途。但对帝国主义的侵略本质，邹容同样缺乏根本的认识。因此，他把革命分为两步，首先是革清朝的命，与“公敌爱新觉罗氏相驰骋于枪林弹雨中”，“然后再扫荡”“干涉”中国“主权”的“外来之恶魔”。

从上述比照可知，对封建制度的批判，对民主共和的向往，构成了这两篇文章鲜明的反封建基调。如果说，一九〇三年初先后出版的《浙江潮》、《江苏》、《湖北学生界》、《直说》等革命刊物唱出了颇为高昂的调子，那么，这两篇文章犹如这组大合唱中的领唱，它那激越的声音回荡在神州大地，表达了时代的强音。这声音即使今天听来，我们还不能不为之动容。值得指出的是，《革命军》“模拟美国革命独立之义”，制订了“中华共和国”的二十五条纲领。这个鲜明的资产阶级共和国方案，较之兴中会宣言更具体，民主色彩更浓厚。所以无怪乎人们誉之为中国近代的《人权宣言》。《驳康有为论革命书》是继《正仇满论》后，对保皇派进行正面系统的理论批判的第一篇文章。我们知道，孙中山发表要求人们将革命、保皇“划清界限，不使混淆”的《敬告同乡书》和《驳保皇党》，在一九〇三年底和一九〇四年初。就这个意义上说，章和邹确确实实在思想政治战线上发挥了“革命军中马前卒”的作用，他们的文章无愧为“义师先声”。

应该肯定，他们对封建权威的严重挑战，是谭嗣同《仁学》冲决网罗精神的合理延续和积极发展。一马当先，万马奔腾。二十世纪的新思潮一旦将黑暗的封建专制的闸门冲开了一个缺口，从此革命刊物放言无忌滔滔汹汹而不可收。由此而言，本世纪来中国第一次真正的思想解放运动是由他们开端发始的。无怪乎革命派要将这两篇文章当作主要的革命宣传品，广为翻印，到处散发。据统计，《革命军》销数在一百万册以上，居清末革命书刊销数首位。孙中山为了纪念邹容和《革命军》，在檀香山改兴中会为“中华革命军”。一九〇三年十二月十七日，在致友人书中称："弟今在檀香山已将向时党字改为军字，今后同志当自称为军，所以记□□（应为邹容）之功也。"① 吴樾谈到友人传来《革命军》，自己至"三读不置。……举昔卑污之思想一变而新之"②，急欲将自己鼓吹革命之《暗杀时代》一书呈上章太炎，"以求文匠于先生"，表达"顶礼膜拜之诚"③。

鲁迅说，"我的知道中国有太炎先生，并非因为他的经学和小学，是为了他驳斥康有为和作邹容的《革命军》序，竟被监禁于上海的西牢。""先生的业绩，留在革命史上的，实在比在学术史上还要大。"④ 在谈到《革命军》的影响时又说，当年革命派的文字宣传，"便是悲壮淋漓的诗文，也不过是纸片上的东西，于后来的武昌起义怕没有什么大关系。倘说影响，则别的千言万语，大概都抵不过浅近直截的'革命军中马前卒'邹容所做的《革命军》"。鲁迅对自己师友的评价实为千古不刊之论。

三

从较为严格的意义上说，中国的资产阶级、小资产阶级知识分子群的涌现是在二十世纪初。

这同中国资本主义的初步发展几乎是同步一致的。在这一阶段，虽然一部分商人、地主和官僚向资产阶级转化的过程尚未结束，但随着民族资本主义企业规模的扩大和数量的增多，民族资产阶级开始形成一个独立的阶级。正是在这种背景下，兴办新式学堂和奖励出洋留学成为二十世纪初盛行一时的事业。这就大大拓开了催生新一代知识分子的途径，使民族资产阶级开始产生了自己的政治家和思想家。

以留日学生的数字为例：十九世纪末仅一二百人。一九〇三年增至一千三

---

① 《国父全书》第3册，台湾1973年，第30页。转引自陈锡祺：《孙中山和辛亥革命》，《中山大学学报》1979年第4期。

② 吴樾：《暗杀时代自序》，中国史学会主编：《中国近代史资料丛刊·辛亥革命·二》，上海人民出版社，1957年，第394页。

③ 吴樾：《与章太炎书》，中国史学会主编：《中国近代史资料丛刊·辛亥革命·二》，上海人民出版社，1957年，第394页。

④ 鲁迅：《坟》杂忆，人民文学出版社，1980年，第215页。

百人左右，一九〇五年到一九〇六年间，激增至七千多人。至于新式学堂的兴办，则“上有各府州县官学堂之设立，下有爱国志士热心教友蒙学女学各种私立学堂之设立”①，出现办学热潮。到一九一一年全国兴办的各类学堂达五万二千五百余所，学生总数达一百五十六万余人②。

征诸历史，知识分子常常首先觉察社会危机并迅速作出反响。辛亥革命时期也不例外。先进的知识分子敏锐地感受着国家危亡、风雨如磐的种种刺激，他们以天下为己任，热烈追求，奋勇进击，从容赴难。正如毛泽东同志所指出的，“在中国的民主革命运动中，知识分子是首先觉悟的成分。辛亥革命和五四运动都明显地表现了这一点”③。“辛亥革命乃留学生的发踪指示，哥老会的摇旗唤呐，新军和巡防营一些丘八的张弩拔剑所造成的。”④ 应当肯定，知识分子与其所依附的阶级是毛和皮的关系。“皮之不存，毛将焉附”，诚为至理名言。但也应当承认，知识分子是他们所依附的阶级的精英。“毛之不存，皮将焉丽”，同样值得深思。在二十世纪初，中国民族资产阶级的上层以从官僚转化来的居多数，常常由于对封建主义的依赖，决定了他们不愿与清政府分离的政治立场。他们欣赏改良是远甚于革命的。其中、下层由地主、商人转化和手工业主上升而来的居多数，他们深受帝国主义和封建主义的压迫侵害甚重，决定了他们具有反抗的愿望和革命的要求。革命派主要代表他们的政治趋向。他们的代表人物如禹之谟、梁钟汉、熊晋槐等，或则慷慨就义，或则毁家纾难，对革命作出了贡献。但追逐利润是资产阶级的共性，同帝国主义和封建主义的瓜葛牵连，又使中、下阶层的大多数常常在政治上目光短浅、猥琐鄙陋，动摇妥协是他们基本的政治性格。上述邹容的乃父乃舅就是证明。马克思在论及一个阶级的代表人物同他们所代表的阶级间的关系时，这样指出：“不应该认为，所有的民主派代表人物都是小店主或小店主的崇拜人。按照他们所受的教育和个人的地位来说，他们可能和小店主相隔天壤。……一般说来，一个阶级的政治代表和著

---

① 《论教育》，《时报》1904 年 8 月 14 日。

② 章开沅、林增平主编：《辛亥革命史》上册第 4 章第 1 节，人民出版社，1981 年。

③ 毛泽东：《五四运动》，《毛泽东选集》第 2 卷，人民出版社，1952 年，第 546 页。

④ 毛泽东：《民众的大联合》，山东大学政治系中共党史教研组选编：《中共党史教学参考资料》，山东大学出版社，1974 年，第 8 页。

作方面的代表人物同他们所代表的阶级间的关系，都是这样。"①

黄兴在华兴会成立时有一著名讲演，他把军学界、会党的革命条件渐臻成熟比作为"火药既实"，而自许为"引火线而后燃"的发动者②。这一比喻很贴切。群众，诚然是蕴藏着无穷威力的"火药"，在炸翻旧制度的事业中功德巍巍，绝不容讳。像温生才、曹阿狗这样的工农分子，洪全福、马福益、龚春台这样的会党人物，在辛亥革命中功不可没。但是，引燃那"火药"的人同样值得赞颂，如果没有他们的果敢坚毅，"火药"当量再大也难以发挥掀天揭地的作用。"如果对伟大的资产阶级革命者不抱至深的敬意，就不能成为马克思主义者。"③ 歪曲历史本来面目的英雄史观必须继续批判。但在今天需要强调的课题应是给辛亥革命的历史人物以恰如其分的历史地位。歌颂英雄人物，发扬爱国热忱，激励民族进取精神——资产阶级民主革命先行者的光荣历史完全可以而且完全应该作为后人的教材。孙、黄、宋、章、邹无论矣，就是上文提到的陆、史、吴、陈、徐、秋……又何一不可为其撰传作颂？不消说，他们各有自身的弱点和缺点，决非完美无缺。但如果不把这些历史人物从"左"的史学思想桎梏下解放出来，连这一点气魄和度量都没有，无产阶级又怎么谈得上解放全人类、解放自身？

不过，要真正认识知识分子在民主革命中的地位和作用并非易事。即使像孙中山这样伟大的民主革命先行者也不是一下子认识的。二十世纪初，经受自立军失败刺激后的进步知识界在分化组合的过程中已有许多人急速地转向革命，他们正在重新寻找自己的领袖。章太炎、秦力山等敦请孙中山署名为《支那亡国二百四十二年纪念会》赞助人，即反映了这种要求。可是此时的孙中山对知识分子尚不很重视，"谓秀才不能造反"，他的工作重点放在联络会党和向华侨筹款方面。我们只要翻检一下冯自由《革命逸史》所表列的兴中会会员情形便可知道，占绝大多数的是侨商和会党分子，知识分子所占比例甚少。孙中山真正解决这一认识问题是在一九〇五年初欧游期间。他是在接受了留学生中的革

① 《路易波拿巴的雾月十八日》，中共中央马克思、恩格斯、列宁、斯大林著作编译局编：《马克思恩格斯选集》第 1 卷，人民出版社，1972 年，第 632 页。

② 刘揆一：《黄兴传记》，中国史学会主编：《中国近代史资料丛刊·辛亥革命·四》，上海人民出版社，1957 年，第 277 页。

③ 列宁：《第二国际的破产》，《列宁选集》第 2 卷，人民出版社，1972 年，第 628 页。

命分子朱和中等的批评后，才将“联络人才”即团结进步知识分子放在首位工作的。这可以用同盟会筹组期间他的讲话为证①。而此后革命进程中的实际情况也表明知识分子不负所望。运动新军、联络会党、宣传鼓吹、运械制弹、奔走筹款……革命活动的各个领域几乎无一不有那些舍生忘死的知识分子参与主持。他们确确实实是革命的先锋和桥梁，同盟会也确确实实是以这些造反的“秀才”为主体的革命团体。

可是，这一代知识分子又是有严重弱点的。由于他们是从末世的封建躯壳中脱胎而出，又在欧风美雨栉沐下成长，所以，在政治和思想上他们与封建主义、资本主义的联系难解难分，他们既有反帝反封建的革命一面，又有动摇妥协的一面。

首先，名利之心难以解脱是他们的显著弱点。贪夫徇财，烈士殉名，封建社会此风悠悠千载，源远流长，而资产阶级复又搧其焰，扬其波。那些志在干禄的意念不坚者，是很难冲破这重名利关口的。我们常常可以看到这种情况：刚刚走出旧垒没有几步，名韁利锁又把双脚绾住，拖回原处。拒俄运动和《苏报》案中都不乏这样的事例。湖北学生王璟芳在留学生拒俄大会上演说“激昂慷慨”，博得“鼓掌如雷”②，被推举为“军国民教育会”的“经理”③。可是后来向清政府告密并率领动摇分子百余人脱会的也就是此人。作为翻筋斗的代价则是得到了名利。被称为“吾中国大国民大豪杰军国民教育会特派员”的钮永建和汤尔和，是拒俄运动中风头最健者，他们日后不也是滚进了名利的泥淖不能自拔，分别沦为依附军阀的官僚政客和投降日本的汉奸么？在《苏报》案中，被章太炎誉为“年少英发”因而与邹容同时结为昆弟交的张继和章士钊，后来不都沿着“宦达之路，利禄之路”滑下去了吗？对于从旧式文人转化来的那一部分知识分子来说，他们身上士大夫的气味较浓厚，因袭的负担也格外沉重。他们中不少人是提过考篮、风尘仆仆于长安道上的功名中人，名利的内热更甚。那个自称“激烈派第一人”的刘师培，不就是由举人而提倡国粹救国，而鼓吹

① 金冲及、胡绳武：《辛亥革命史稿》第1卷第30、37、38节，上海人民出版社，1980年。

② 《青年会与拒俄义勇队》，冯自由：《革命逸史》初集，中华书局，1981年，第104页。

③ 杨天石、王学庄编：《拒俄运动1901—1905》，中国社会科学出版社，1979年，第106页。

无政府主义，而投入端方幕下充当清政府的走卒？在他周而复始的急剧转变过程中，名利始终是摄魂勾魄使他忘乎所以的迷药。至于那个被章太炎斥为“康有为门下之小史，盛宣怀校中之洋奴”的吴稚晖，也是中过举入过幕的名利场中人。因为在爱国学社争名夺利，乃至“睚眦报仇”，在《苏报》案中与清吏“表里为奸”，“请安”“献策”，“坐视同党之危而不先警报”①，从而引起与章之间长达半世的笔墨官司，更是人们熟知的近代史上的一重著名公案。

对比章、邹对富贵利禄之徒所作的揭露是很有意思的。

邹容十分鄙视那些“藉学堂为阶梯，为官场作傀儡”的学生，将他们孜孜以求的毕业证书直呵为“奴才证书”②。在《革命军》中，他在痛快淋漓揭发封建地主阶级知识分子丑态的同时，笔锋并不曾放过那些所谓“通达时务”的新学者，“摭腐败报纸一二语，袭皮毛西政之二三事，求附骥尾于经济特科中”。他入木三分地刻画那些禄蠹们“奴颜妾面”的精神状态：“倚赖之外无思想，服从之外无性质，谄媚之外无笑语，奔走之外无事业，伺候之外无精神。”

较之邹容上述泛论，则经历了戊戌变法、自立军起事、拒俄运动、《苏报》案一系列政治事件的章太炎感受尤为深刻。懂得这一点，也就不难理解在《苏报》案出狱后，他何以即在一九〇六年下半年所撰的《演说录》、《革命之道德》、《诸子学略说》、《建立宗教论》、《箴新党论》一系列文章中，将攻击旧道德、建设新道德作为自己宣传的主题了。

他把“艰难困苦”和“富贵利禄”并视为革命的大敌，而又特别强调后者的危害。革命者“若夹杂一点富贵利禄的心，就像微虫霉菌，可以残害全身”③。所以他对“竞名死利”“渴慕利禄”的康、梁“新党”和“新式学生”加以痛挞：康、梁“新党之对于旧党，犹新进士对于旧进士，未有以相过”。而新式学生“又新党之变形也。夫其学术风采，有异昔时，诸所建白，又稍稍切于时用，然其心术所形，举无以异于畴昔”。“新党者，政府之桀奴；学生者，当涂之顺仆……其品格愈卑，易于策使”，“学生用事，廉耻道丧，耗矣哀哉”④！他认为道德之高下恰与知识权位成反比例，“知识愈进，权位愈申，则

① 章太炎：《再复吴敬恒书》，汤志钧编：《章太炎政论选集·上》，中华书局，1977年，第437页。

② 《论中国学生同盟会之发起》，《苏报》1903年5月，第31页。

③ 章太炎：《演说录》，《民报》1907年第6号，第5页。

④ 《箴新党论》，《民报》1906年第10号，第15页。

离于道德也愈远”。因此在他制作的道德等第表上，农、工、稗贩等六种均在道德之域，而官僚、巨商、军官，雇译人等则多在不道德中①。

其次，他们中相当一部分人狂热信奉虚无主义成为一种令人注目的现象。幻灭感常常是知识分子失态走极端的原因。无政府主义之所以在革命队伍中流行一时，除了因为光复会那部分人与孙中山的矛盾分歧有关，在思想上则同资产阶级、小资产阶级的浪漫狂热情绪分不开。在昨天还是那样令人神往的西方文明，一旦今天发现其疑窦百出，此心此情将何以堪？因之他们认为中国应“别筹革命之方”，于是当时在国际上盛行的貌似激进的无政府主义思潮乘虚而入，被奉为瑰宝，认为足以疗治资本主义制度的弊病。他们把前此顶礼膜拜的欧美文明斥之为“伪文明”，认为唯有无政府主义“于学理最为圆满”②，“义广理全，至公无私”，较三民主义为高远，二者差别乃在“归纳之有大小，犹行程之有远近”③。总之，从他们偏激的眼中看来，无政府主义是灵丹妙药，要解决政治革命和社会革命舍此莫由。

无政府主义是从资产阶级个人主义出发的。在民主革命中，资产阶级个人主义既有愤世嫉俗把人引向厌世遁世的消极作用，但不可否认，也有其强调个性、不和众嚣、奋身独往、果于任难的积极作用。它对这一代知识分子的影响是值得以专文加以探讨的。本文只想指出，这一代知识分子对它大抵是以欣悦的心情迎受的。例如章太炎在鼓吹较虚无主义还要虚无的“五无”（无政府、无聚落、无人类、无众生、无世界）的同时，即力倡个人主义：“凡诸事业，必由一人造成，乃得称为出类拔萃，其集合众力以成者，功虽烜赫，分之当在各各人中。”唯有那些在学术、文艺、科技方面有建树独创者，“斯足以副作者天民之号”④。为此，他对“束缚”“陵藉个人之自主”的封建主义的“天理”和资本主义的“公理”坚决持反对态度⑤。可以认为，邹容在《革命军》提倡的

---

① 章太炎：《革命之道德》，《民报》1906年第8号，第20页。

② 公权：《社会主义讲习会第一次开会纪事》，《天义》1907年9月第6卷，转引自《辛亥革命前十年间时论选集》第2卷，生活·读书·新知三联书店，1978年，第946页。

③ 《伸论民族、民权、社会三主义之异同再答来书论“新世纪”发刊之趣意》，《新世纪》第6期，转引自《辛亥革命前十年间时论选集》第2卷，生活·读书·新知三联书店，1978年，第1004页。

④ 《国家论》，汤志钧编：《章太炎政论选集·上》，中华书局，1977年，第364页。

⑤ 章太炎：《四惑论》，《民报》1908年7月第22号，第2页。

“养成上天下地，唯我独尊，独立不羁之精神”，“养成冒险进取，赴汤蹈火，乐死不避之气概”，同样打上了这样的印记。鲁迅当年也是这样。他积极鼓吹“尊个性而张精神”，“排众数而任个人”，反对“以多数临天下而暴独特”①。必须指出，直到“五四”，在知识分子中这种看法还被肯定。毛泽东同志一九一七年在《伦理学原理》的批语中极口称赞“精神之个人主义”，一九一九年又说，“现代学术的发展，大半为个人的独到所创获。最重要的是‘我’是‘个性’……岂知道古今最确的真理，伟大的事业，都系一些被人加上狂妄名号的狂妄人所发明创造出来的”②。

鲁迅十分关心知识分子这一主题。在晚年，他曾准备写一部关于近代中国四代知识分子的长篇小说，第一代即是领导辛亥革命的章太炎他们③。通过艺术形象再现近代中国知识分子走过的曲折道路，以启示将来，这对革命无疑是功德无量的善举。可惜鲁迅无暇从事这一巨著。我们今天从历史上看到的是：章太炎未能像邹容那样，在赢得了《苏报》案斗争的巨大荣誉后，政治令名与之同存共辉。在渡过一段主编《民报》的光彩照人的生活后，近三十年间曲折的思想变迁和坎坷的政治道路，给他留下了一连串盖棺难以定论的问题，以致备受人间的惋惜、误解和非难。这是他的幸抑不幸耶？但无论如何，在追究其思想退化的原因时，我们总无法忘怀他所处的特定历史环境。激烈尖锐的民族矛盾和阶级斗争，迫使他们只能将自己的主要精力放在御侮救亡上。图存篇成为压倒一切的基本篇，而争取资产阶级的民主、自由、平等则相对居于次要地位。封建意识极易得到一个良好的庇护所，它之为厉为祟乃是必然的。

因此，要是说，邹容像一颗急遽升起、迸射出耀眼异彩的彗星，那么，章太炎就更像一个缓缓上升、明灭不定、令人扑朔迷离的星体。他们虽以自身炫目的光华照临中华，划破了墨一般浓、铅一般重的两千年漫漫封建长夜，向中国人民展示了一个充满希望的新天宇。但是，长夜暗氛难扫，即令一唱雄鸡天下皆白之后，也并不就是万物都能沐浴在光明之中。我们今天还要进行启蒙，扫除封建残余，就是证明。惟其如此，尽管他们作为政治明星的时代已经过去，

① 迅行：《文化偏至论》，《河南》1908年第7期，第6页。

② 1919年7月21号《湘江评论》增刊第1号，转引自汪澍白、张慎恒：《青年毛泽东世界观的转变》，《历史研究》1980年第5期。

③ 冯雪峰：《过来的时代》，新知书店，1946年。

无产阶级群星灿烂、繁星如云的时代早已到来，但只要人们回眸二十世纪初的东方星空，这一对兄弟星座却依然能引起人们的无限遐思和不尽怀念。

一九八一年二月改成

［原载江苏人民出版社 1983 年版《一次反封建的伟大实践：江苏省纪念辛亥革命七十周年学术论文选》］

梁启超佛学思想述评

氤氲弥漫于康有为、谭嗣同思想中的佛教主观唯心主义是人所共知的，章太炎理想主义地鼓吹建立以唯识为宗的新宗教，“用宗教发起信心，增进国民的道德”①，也为人们熟知。可是梁启超终生不懈地弘扬佛法却没有引起足够的重视。其实，在近代鼓吹佛学，使之资产阶级化，他的作用决不在上述三人之下。在他目迷五色变幻不已的思想体系中，佛学当然还不是最重要的成分。但无可否认，在强弱不等、色彩不一的政治折光下，他的佛学思想顺随着政治思想的变化，发生过有规律的谐应。本文试图评述：以思想善变著称的梁启超如何以佛法为权法，应机说法，在不同时期作不同的运用。意在通过这位擅长比附穿凿而又自认思想来源浅觳的中国资产阶级思想代表的贫困的哲学，说明这个阶级在其短促上升时期哲学的贫困。

一

梁启超接受佛学启蒙是在一八九一年。那一年，十九岁的梁启超已舍弃了往日孜孜以求的帖括之学和训诂词章，就学于万木草堂，在聆受康有为关于陆王心学、史学和西学的同时，听取有关佛学的宣讲。他与同学陈千秋等“相与治周秦诸子及佛典”②，“先生又常为语佛学之精奥博大，余夙根浅薄，不能多所受”。虽然这样，他还是觉得受用不浅，“一生学问之得力皆在此年”③。

---

① 章太炎：《演说录》，《民报》1907年第6号，第4页。

② 梁启超：《清代学术概论》，《饮冰室合集·专集之三十四》，中华书局，1936年，第67页。

③ 梁启超：《三十自述》，《饮冰室合集·文集之十一》，中华书局，1936年，第17页。

梁启超的佛学思想又是在与朋辈的切磋砥砺中逐渐形成的。一八九五年在北京奔走国事之余，他与谭嗣同、夏曾佑、吴季清、铁樵父子相识，“喜谈龚魏之学，亦涉猎佛教经论”①，“文酒之会不辍，更喜读佛学”②。谭在与他相交之前，“不知有佛，不知有孔子”，通过梁氏介绍师门学识，他才“大服”，从此“日夜冥搜孔佛之书”③。在谭走向佛的莲座过程中，梁氏可谓接引使者。但当谭学佛精进之后，又反过来促进了梁氏，“相与治佛学，复生所以砥砺之者良厚”④。所以，尽管他此时已是变法运动的重要角色，忙碌非凡，却仍以异常的热情研求佛典。一八九六年，他请汪康年代购有关佛经⑤。同年十二月在致夏曾佑书中又絮絮专谈学佛情况：“超自夏间闻君说法，夏次（吴）雁舟演述宗风，颇发大心，异于曩日。亦依君说，略为经论，苦为贼缚，无从解脱。……唯别以来，颇守戒律。”⑥ 次年三月在致夏信中又说：“启超近读经，渐渐能解(原注：亦不能尽解，解者渐多耳)，观《楞伽记》，于真如生灭两门情状，似仿佛有见，然不能透入也。大为人事所累，终究受六根驱役不能自主，日来益有堕落之惧。”⑦

戊戌时期知识分子的好佛自有其特定背景。梁氏曾就佛学作为清末思想界之“伏流”而骤然流行的原因，在《清代学术概论》中作过如下回顾：

第一，今文学家的提倡。空谈心性的理学、寻章摘句的八股和金石考据等，至晚清已为有识者所厌，有志之士常借今文经学以谋经世致用。如今文学家所推奖的龚自珍、魏源率先好佛，开风气之先，“故今文学家多兼治佛学”。梁氏早年从学，不知天地间于帖括外更有所谓学，后又酷嗜训诂词章，直到进入康门，才在迎就今文经学和西学的同时皈信佛学。在清末，这一思想发展过程是有典型意义的，它就像生物进化论在胚胎学上的证据一样，个体的迅速发育过程集中反映了群体的漫长演进历程。

---

① 林志钧：《饮冰室合集序》，《饮冰室合集》，中华书局，1936 年，第 1 页。

② 梁启勋：《曼殊室戊辰笔记》，转引自《梁启超年谱长编》，上海人民出版社，1983 年，第 37 页。

③ 谭嗣同：《谭嗣同传》，《饮冰室合集·专集之一》，中华书局，1936 年，第 109 页。

④ 梁启超：《三十自述》，《饮冰室合集·文集之十一》，中华书局，1936 年，第 18 页。

⑤ 蔡尚思、方行编：《谭嗣同全集》，中华书局，1981 年，第 491 页。

⑥ 丁文江：《梁任公先生年谱长编初稿》，1936 年，第 34、41 页。

⑦ 丁文江：《梁任公先生年谱长编初稿》，1936 年，第 34、41 页。

第二，经典流通提供研习之便。杨文会于一八六六年创建金陵刻经处，四十余年中校刻经版四万多片，印刷流通经典著述百万余卷，印造佛像十余万张。戊戌时期他与维新志士往来密切。除谭嗣同外，梁、夏、汪康年、陈三立等与他都有交情。“晚清所谓新学家者，殆无一不与佛学有关系，而凡有真信仰者，率归依文会。”

第三，由西学的输入而对佛学“引起连带的兴味”。因严复译介而在中国享有大名的赫胥黎对释迦牟尼盛赞不已：“此其一人作则而万类从风，越三千岁而长存，通九重译而弥远，自生民神道设教以来，其流传广远，莫如佛者。”① 先生如此激赏，学生自当随而趋拜。另外，不少以传播西学而著名的传教士也是佛陀的推崇者。梁启超曾为之担任过秘书的英教士李提摩太，一八九四年与杨文会合作，将《大乘起信论》译为英文，英教士韦廉臣赞佛为“真圣人”，美教士欧格甚至预言佛教终将取代耶教。

第四，不良的社会政象驱使人们遁入空门。“社会既屡经丧乱，厌世思想不期而自发生，对于此恶浊世界，生种种烦懑悲哀，欲求一安心立命之所，稍有根器者，则必遁逃而入于佛。”

梁氏上述分析，固然在理，却还没有抓住根本。关键只在：日渐严重的民族危机促使有志之士竭力将传统的佛学加以改造制作，以求适应时代的需求。马克思主义经典作家指出，以马丁·路德为代表的十六世纪欧洲新兴资产阶级掀起的宗教改革运动，尽管隐蔽在宗教外衣之下，却“根本是为着十分明确的物质的阶级利益而进行的”②，对康、梁等鼓吹佛学也可作如是观。

戊戌时期梁启超的佛学思想有何特点？要寻找答案，还须追溯康有为。

康有为开始构筑他的哲学殿堂是在二十二岁到二十七岁（1879—1884）之间。一八七九年，他在家乡西樵山“专讲道佛之书”，进行哲学的沉思。这位未来的教主在自己的禅定过程中，不断战胜心魔，悟性自证。“常夜坐弥月不睡，恣意游思，天上人间，极苦极乐，皆现身试之。始则诸魔杂沓，继则诸魔皆息，神明超胜，欣然自得。”③ 待到一八八四年，乡居澹如楼，他终于找到了自己的

① 赫胥黎著，严复译：《天演论》佛法篇，科学出版社，1971 年，第 107 页。

② 中共中央马克思、恩格斯、列宁、斯大林著作编译局译：《马克思恩格斯全集》第 7 卷，人民出版社，1959 年，第 400 页。

③ 康有为：《康南海自编年谱》，中国史学会主编：《中国近代史资料丛刊·戊戌变法·四》，上海人民出版社，1957 年，第 114、117～118 页。

菩提树，宣布在此悟成大道："秋冬独居一楼，万缘澄绝，俛读仰思。至十二月，所悟日深……合经学之奥言，探儒佛之微旨，参中西之新理，穷天人之赜变，搜合诸教，披析大地，剖析今故，穷察后来……日日以救世为心，刻刻以救世为事，舍身命而为之……"① 在他看来，孔佛二教恰好是阴阳互辅，"无孔教之开物成务于始，则佛教无所成名也"，"人治盛则烦恼多，佛乃名焉，故舍孔教无佛教也"，"是二教者终始相乘，有无相生，东西上下，迭相为经也"②。就这样，在中国近代史上大放光芒的维新派哲学思想的雏形基本形成，它的主人即据此出而济度众生了。

如果说，康有为杏坛授教是在"孔子改制"的牌子下偷运改良主义的变法主张，那么他莲池说法，宗旨并未稍异。他在勇猛入世救世的佛教思想掩蔽下宣传大同的理论，他反对传统佛教消极遁世、追求空幻的彼岸"法界"的说教，而主张"庄严世界，即所以庄严法界"，彼岸即在此岸，人们应该立足现实，"专肆力于造世界"，"务于世间造法界"③。

梁启超对于师门佛学的要旨知之甚详，日后他评述道："先生由阳明学以入佛学，故最得力于禅宗，而以华严宗为归宿焉。其为学也，即心是佛，无得无证，以故不歆净土，不畏地狱……以故日以救国民为事，以为舍此外更无佛法。"④

明乎乃师宗旨，自然不难明乎其弟。

首先，梁启超同样主为佛儒一致相通。他认为众生大蔽无过于有"我见"，而在克服"我见"方面，佛儒完全一致。"孔子绝四，终以毋我。佛说曰：'无我相。'"⑤ 在另一处，他又用大段文字论证大乘之法与孔教精义两两相比，无不契合。华严之菩萨行与大同之义，相宗的唯识义与三世之说，彼此只是说法不同，至于实法则毫无二致。"大乘之法，悲智双修，与孔子必仁且智之义，如两爪之相印。唯智也，故知即世间即出世间，无所谓净土？即人即我，无所谓

① 康有为：《康南海自编年谱》，中国史学会主编：《中国近代史资料丛刊·戊戌变法·四》，上海人民出版社，1957年，第114、117～118页。

② 康有为：《性学篇》，汤志钧编：《康有为政论集》，中华书局，1981年，第13页。

③ 梁启超：《南海康先生传》，《饮冰室合集·文集之六》，中华书局，1936年，第70、83页。

④ 梁启超：《南海康先生传》，《饮冰室合集·文集之六》，中华书局，1936年，第70、83页。

⑤ 梁启超：《仁学序》，《饮冰室合集·文集之三》，中华书局，1936年，第32页。

众生。世界之外无净土，众生之外无我？故唯有舍身以救众生。佛说：'我不入地狱，谁入地狱？'孔子曰：'吾非斯人之徒与，而谁与？''天下有道，丘不与易。'故即智即仁焉。既思救众生，则必有救之之条理；故孔子治《春秋》，为大同小康之制，千条万绪，皆为世界也，为众生也。舍此一大事，无他事也。华严之菩萨行也，所谓誓不成佛也。《春秋》三世之义，救过去之众生与救现在之众生，救现在之众生与救将来之众生，其法异而不异；救此土之众生与救彼土之众生，其法异而不异；救全世界之众生与救一国之众生、救一人之众生，其法异而不异；此相宗之唯识也。因众生根器，各各不同，故说法不同，而实法无不同也。"①

其次，他也像康有为那样认为佛教即是舍身无我、救度众生之教，佛法即是救国救民之法。他说："佛为一大事业出世，说法四十九年，皆为度众生也。若非为众生，则从菩提树起，即入涅槃可矣。"② 他把"六根"（眼、耳、鼻、舌、身、意）称为"我之贼"，把"器世间"（物质世界）种种外境称为"贼党"，认为唯有廓清外境，才能灭净心中之贼，而修成六根清净之身后方能无我，大无畏地入世普度众生。"六根我贼，世间一切，父母妻子、功业名誉、顺适供乐，悉贼党与。党与摧落，贼自灭故。"③ 一八九六年七月，他热情地向谭嗣同阐扬师门关于以苦行求出世间法，宣称唯有出世，然后才能奋身入世救国救民。"出世间者，当伏处深山，运水搬柴，终日止食一粒米，以苦其身，修成善果，再来投胎入世，以普度众生。"④ 在另一处，他又宣扬这种超然绝尘的"无我"思想具有不可思议的奇妙作用："既无净土矣，既无我矣，则无所希恋，无所罣礙，无所恐怖。夫净土与我且不爱矣，复何有利害毁誉称讥苦乐之可以动其心乎？……通乎此者，则游行自在，可以出生，可以入死，可以仁，可以救众生。"⑤ 谭嗣同以自己的壮烈牺牲坚决地实践了这一思想，因而在其殉身三

① 梁启超：《谭嗣同传》，《饮冰室合集·专集之一》，中华书局，1936 年，第 106～112 页。

② 梁启超：《论支那宗教改革》，《饮冰室合集·文集之三》，中华书局，1936 年，第 59 页。

③ 梁启超：《致碎佛（夏曾佑）书》，《饮冰室合集·文集之一》，中华书局，1936 年，第 111 页。

④ 蔡尚思、方行编：《谭嗣同全集》，中华书局，1981 年，第 328 页。

⑤ 梁启超：《谭嗣同传》，《饮冰室合集·专集之一》，中华书局，1936 年，第 111 页。

周月之时，梁启超又极力以宇宙之广大久远复杂对比“我”之渺小短暂虚幻，从而得出“我”绝无可私、绝无可爱的结论：“今夫世界乃至恒河沙数之星界，如此其广大；我之一身，如此其藐小。自地球初有人类，初有生物，乃至前此无量劫，后此无量劫，如此其长；我之一身，数十寒暑，如此其短。世界物质，如此其复杂；我之一身，分合六十四原质中之各质组织而成，如此其虚幻。然则我之一身，何可私之有；何可爱之有？既无可私，既无可爱，则毋宁舍其身以为众生之牺牲，以行吾心之所安。”①

由此看来，戊戌时期梁启超的佛学思想就如同他的政治思想一样，完全依附在康有为的樊篱之内。闻道师门，便如醍醐灌顶，皈信不二，竭力佐助乃师宣传变法，他的佛学思想缺乏自身的个性色彩是显然的。

同时，面对强大的旧势力，尽管他以佛儒为护法神祇，高张佛幡，外铄似旺，却仍然疑虑重重，内质脆而不坚。康门师弟当务之急究为传教，抑为为政？先求自度，抑先度人？在这些进退出处的大问题上，梁启超彷徨不定，生出不少烦恼，甚至对“三世大同”说也表怀疑，这就生动地反映了他那软弱动摇的思想性格。“近学算读史，又读内典（原注：读小乘经得旧教颇多，又读律论）。所见似视畴昔有进，依佛法甚至。窃见我教太平大同之学，皆婆罗旧教所有，佛吐弃不屑道者，觉生平所学失所凭依，奈何。”他甚至要求将入世的佛学从思想前沿阵地撤下，远离苦难的现实，从事与救亡无干的纯宗教修持：“我辈以教为主，国之存亡于教无与，或一切不闻，专以讲学授徒为事，俟吾党具有成就之后，乃始出而传教，是亦一道也。”② 对外大言炎炎地高倡佛学，内心却又如此虚怯，无怪乎对此颇知底蕴的章太炎要斥之为“玩愒于佛”，讥之为无济于事的玄学清谈：“徒费日损功以自游衍，日睹闻百姓之啼号宛转而欲以空言济之也，魏晋人之清言，其复见矣。”③

---

① 梁启超：《仁学序》，《饮冰室合集·文集之三》，中华书局，1936年，第32页。

② 梁启超：《致康有为》，中国史学会编：《戊戌变法·二》，神州国光社，1953年，第544页。

③ 章太炎：《变法箴言》，汤志钧编：《章太炎政论选集·上》，中华书局，1977年，第18页。

二

梁启超的佛学思想开始摆脱康有为的影响而渐具个性色彩，是在戊戌政变东渡日本之后。

戊戌政变后，八国联军入侵、自立军起事失败等一系列时事政治的强烈刺激，对西方社会科学的广泛接触，与孙中山的相识交往，如此种种促使思想敏感的梁启超逐渐摆脱乃师的束缚，开始相对独立地宣传西方资产阶级意识形态。《民约论》、《人权宣言》，他热情鼓吹；资产阶级道德观，他高度评价；孟德斯鸠的政法原理，达尔文的进化论，亚当·斯密的经济学……他合十礼赞，称颂不衰。近代欧洲哲学家培根、笛卡儿、斯宾诺莎、康德、斯宾塞、尼采，甚至马克思，他都从自己的立场撮其要旨，予以评述。

与热情崇拜西学形成鲜明对比的是对孔学的冷漠和批评。一九〇二年二月发表的《保教非所以尊孔论》，主张孔教不必保，也不可保，颇与师门立异。他把孔教视为秦汉以来窒息思想阻碍进步的祸根，因而"深恶痛绝夫缘饰孔教、利用孔教、诬罔孔教者之自贼而贼国民"①。他站在鼓吹自由民主的资产阶级立场上，猛烈攻击孔子之诛少正卯，"变公敌而为私仇，其毋乃滥用强权，而为思想自由、言论自由之蟊贼耶"②？

总之，眼界开阔之后，在先敬仰崇拜的孔圣人一变而为猥琐卑陋的人物，在先拳拳服膺的师门之道也并非知识和真理的终极。于是，就在他试图自辟思想新径的过程中，我们看到他的佛学思想也随之而生变化，呈现出三方面的特色。

特色之一，在先的援佛入儒而今变成援佛入西。

当年他也曾认为西方的"格致之学多暗合佛理"③。但在追随师门援佛入儒之际，他并未展开必要的论证。现在不同了，既然孔教不合时宜颇似已陈之刍狗，那么佛学和西学的地位就顿然相应提高。他满心希望由它们所代表的东西

① 梁启超：《新民说·论进步》，《饮冰室合集·专集之四》，中华书局，1936年，第59～69页。

② 梁启超：《中国学术思想变迁之大势》，《饮冰室合集·文集之七》，中华书局，1936年，第36页。

③ 丁文江：《梁任公先生年谱长编初稿》，油印本（未出版），1936年，第33页。

方文明“结婚”，为新旧思想过渡时期的中国诞育出一代新文明。他乐观地预言，“彼西方美人，必能为我家育宁馨儿，以亢我宗也”①。不过，在梁氏意中，这一对贤伉俪倒是应由入门不久的那位新人升堂入室，主持家政，而另一位则从旁拱手待命，处于翼赞地位。

一方面，佛学思想被他拉来帮助阐发西哲的学说。例如，《泰西学术思想变迁之大势》在介绍古希腊埃黎亚学派形而上学的唯心主义者巴弥匿智（今译巴门尼德）和与之相对的具有朴素唯物主义和辩证法思想的额拉吉来图（今译赫拉克利特）的学说时，他应用佛教的语言加以综括。前者强调“唯一不变”的“存在”（Being），被他说成为以万法之实相为“一如不变”的“有”宗；后者强调变化（Becoming），把世界万物看成是永不停息的火的变化，则被他说成为以万法之实相“流转无已”，以“成”为主。如果猝读下列文字，人们或许还会误以为它出自某卷佛经：“存者唯有，非有不存，匪唯不成，亦不可识。所谓有者，无始无终。唯有现在，不生不灭，又不可分，唯一不二，平等如如。无以名之，强名‘特安’。此‘特安’者，勃然不动。唯万有本，亦其真相。其他现象，变化生灭，无量无数，皆有众生，六根顽妄，自生分别，指为本相，无有如此。”“一切物相，非有非无。有无两相，同时而现。唯趋于我，以为其鹄。即集即散，方散方集，忽来倏去，熟视其朕。世界起灭，成败循环，更无一物，同一不变，而常存在……”实际上，上述两段引文是他对巴氏和额氏之说的概述。

另一方面，他又用西方的理念诠释佛学。例如，佛教崇尚无欲，以贪求五欲为众生苦恼之本。可是梁启超却站在资产阶级功利主义的立场上，认为精神上的多欲不但不是坏事，反倒是达到佛的觉悟（“如来种”）的必要途径。“佛弟子问佛曰：‘何谓如来种?’佛言：‘无明有爱，是如来种。’无明有爱者，多欲之谓也。”② 在另一处，他又把英文中一般作为灵感、妙想或神话、神灵的启示解释的“烟士披里纯”（Inspiration），说成颇似佛教的“三界唯心”说，古今中外种种伟人伟业都由这至大心力所鼓动③。

---

① 梁启超：《中国学术思想变迁之大势》，《饮冰室合集·文集之七》，中华书局，1936年，第4页。

② 梁启超：《无欲与多欲》，《饮冰室合集·专集之二》，中华书局，1936年，第75页。

③ 梁启超：《烟士披里纯》，《饮冰室合集·专集之二》，中华书局，1936年，第71～73页。

特色之二，佛教唯心主义色彩逐渐浓重。

在境（物质）和心（精神）的关系问题上，唯物主义者认为心由境造，唯心主义者则认为境由心造。梁氏则是把这种“境由心造”的理论说得更精致巧妙的佛教“三界唯心”说的积极鼓吹者。佛教史上有一段著名材料：有二僧因风吹刹幡，相与对论。一僧曰风动，一僧曰幡动，往复辩难不能决。六祖大师慧能曰：非风动，非幡动，仁者心动。慧能之说否认外在事物的存在和变化，认为一切变化都由人们的主观意识决定。对此，梁氏却赞叹道：“三界唯心之真理，此一语道破矣。”①

为了阐明“三界唯心”的“真理”，同篇文章反复举例发挥。同一月夜，歌舞琼宴心情愉悦之人与对影独坐之思妇、枫叶绕船之旅人，感触绝不相同。山川春秋风月花鸟诸外境，百人受此感触则有百心境，千人则有千心境。为什么心境不同，则感受的物境也就不同呢？他的回答是：各人所见之外境，实即各人心造之境。这就像戴绿眼镜者所见皆绿，戴黄眼镜者所见皆黄，口含黄连者所食物皆苦，口含蜜饴者所食物皆甜，“其分别不在物而在我，故曰三界唯心”。

梁氏鼓吹一切唯心是为了膨胀心力，鼓舞勇气，弥补自己在物质力量方面令人焦虑的孱弱。于是，在他那里，心力至上，心力大于物力，觉者的寸心可启群盲的无明。即使“举国皆我敌”，也是光荣的孤立，应该无所畏惧力战到底。你听他雄心万夫傲然独吟：“牺牲一身觉天下，以此发心度众生，得大无畏兮自在游行，眇驱独立世界上，挑战四万万群盲……百年四面楚歌里，寸心炯炯何所樱。”②

特色之三，佛学被用来配合资产阶级民主共和的宣传。

佛学被他说成是争自由的利器。中国人民要像西方资产阶级那样全力以争政治、宗教、民族、生计诸方面的自由，必先自求“我”之真自由始；欲求“我”之真自由，又“必自除心中之奴隶始”。佛学就是专门讲求破除“我见”的大学问。佛学把“我”分为内外：外我者，即与众生对待之我，昂昂七尺立于人间的形体之我；内我者，则与形体之我相对待的精神之我。解得此义，求得真我，则无罣无碍，无怖无畏，本心自在，摆脱物役；不解此义，则终生自扰，忽然而忧乐，无端而惊喜，我为物役，不得自由。他断言，学佛达到真正

① 梁启超：《惟心》，《饮冰室合集·专集之二》，中华书局，1936年，第45～46页。

② 梁启超：《举国皆我敌》，《饮冰室合集·文集之四十五（下）》，中华书局，1936年，第17页。

"无我"的境界，便成为游行自在的最高流者，可以翩然出地狱而登净土，复又毅然入地狱而度众生①。

佛学又被他当作进德的不二法门。"泰西近数百年来，其演出惊天动地之大事业者，往往在有宗教思想之人。夫迷信于宗教，而为之奴隶，固非足贵。然其借此以克制情欲，使吾心不为顽驱浊彀之所困，然后有以独来独往，其得力固不可诬也。日本明治之役，其倡之成之者，非有得于王学，即有得于禅宗。"② 在他鼓吹育新民、建新国而提倡"道德革命"时，佛教关于"无明"和"恶业相熏"的理论被他用来说明旧习所产生的原因，而有关"无我"之说则十分自然地被当作克服旧习的根本法宝③。

综观这时期梁氏佛学思想，纵然他未能像稍前的谭嗣同那样将佛学纳入《仁学》自成体系，也未能像稍后的章太炎那样撰成理论性更强的《建立宗教论》、《人无我论》、《无神论》之类论文，借以公开号召革命，但他浅近直接的佛学宣传却因风靡一时的《清议报》和《新民丛刊》的输载而广泛传播，其影响谭、章未必能及。况且，谭氏死去过早，章氏公开倡佛配合宣传民主革命已经在一九〇六年后。所以，完全可以认为，梁氏的佛学宣传是谭、章之间承前启后的一块必要的思想跳板。

西方思想史的如许事实为人们熟知：黑暗的中世纪宗教使人彻底兽化，十八、十九世纪思想启蒙的曙光使人们开始懂得，一切宗教都是骗子手的捏造。梁氏作为西方启蒙思想的皈从和传播者，不但不贬斥宗教，反倒着意对佛陀作了一番改造制作，化腐朽为神奇，使它同西来的"自由"、"平等"诸天使一样，成为漫长的中国封建夜空破晓时最早射落的几缕理性阳光之一。它降临在苦难深重的神州大地上，为的只是使人恢复自己的权利和尊严，使人更像人。

三

学术界通常以梁氏一九〇三年的游美之行作为他思想退转的分界线。作者

---

① 梁启超：《世界外之世界》，《饮冰室合集·专集之二》，中华书局，1936年，第80～83页。

② 梁启超：《新民说·论自由》，《饮冰室合集·专集之四》，中华书局，1936年，第50页。

③ 梁启超：《说悔》，《饮冰室合集·专集之二》，中华书局，1936年，第75～79页。

对此稍有修正，以为梁氏思想发皇时期大致到一九〇二年秋结束。在此之后，他的思想在自我否定的形式下继续发展，“以今日之我与昔日之我相战”。国权论取代了民权论，渐进的温和的改良主义君临于他的思想言论中，他折入一个新的思想层次。

一九〇三年游美期间，他在写给康有为的信中说：“阅世既多，厌世念自起，畴昔常以此责人，今亦不自知其何以与此途日相接近也。”同时在写给蒋观云代购佛经信中又谓，“不如意事纷沓并接，心如辘轳”，而“偶一读内典”，颇能“收摄”，故在深感“治心之学真荒落”之余，决意借“治心”以助“治境”①。现实生活中所遇到的种种挫折和由此萌生的厌世观念也影响到他的佛学思想。

于是，梁氏佛学思想又进入一重新的境界，迅速而又准确地顺应了他这阶段的思想变化。

变化之一，佛学对资产阶级民权论宣传的配合为资产阶级国权论所替代。

资产阶级国权论宣扬国家至上，要求人们牺牲个人的自由和幸福，放弃民权服从国权。对这种强化资产阶级国家机器、与民权论处于对立地位的理论，梁氏十分激赏，断言伯伦知理的国权论必将取代卢梭的民约论：“昔谓卢梭为十九世纪之母，则伯伦知理其亦二十世纪之母焉矣。”②

与之相应，他在佛教义理的解释上不再配合个性自由的宣传，却竭力贬抑“么匿”（个体）、强调“拓都”（全体），力图以勿执我见、生死轮回流转无常之类的佛理来证明“牺牲个体，服从群体”之必要。他说，对于我体来说，体中血球等各原质是小我，是组成大我的分子，它们的不断生灭流转才保证了我体的生存。与此理同，对于我群（国家）来说，我体又是小我，是组成我群的分子。所以，牺牲我体以存我群是天经地义的责任。他反复致意，群体为重，个体为轻，唯有我之家国群体不死，大圆性海不死，我之个体才不死③。

与之相应，他又一反前说，不再鼓吹多欲，而宣扬起禁欲来了。为此，十九世纪英国资产阶级功利主义泰斗边沁的学说大为他指责。边沁以为，“人群之

---

① 丁文江：《梁任公先生年谱长编初稿》，油印本（未出版），1936年，第190～192页。

② 梁启超：《政治学大家伯伦知理之学说》，《饮冰室合集·文集之十三》，1936年，第89页。

③ 梁启超：《余之死生观》，《饮冰室合集·文集之十七》，1936年，第1～12页。

利益，舍群内各个人之利益，更无所存”，道学家与宗教家使人“去乐而就苦”的禁欲主义是“人道之又蟊贼”。边沁之说，在先本系梁氏顶礼膜拜者，而今他却以为“不无太过”，中国当前“万不可昌言”。他汲汲用佛教教理为宗教禁欲主义作辩，认为由于各人的“智度”不一，苦乐观也各各不同。边沁对乐利的渴求，在洞彻一切的佛的智慧对比下，只显得幼稚浅薄。“其所谓乐，只在世间，而不外出世间。……乐之最高尚者，莫如佛说华严。佛知夫世间乐之无常也，唯无常，故乐之后将承以苦，而苦之量愈增也。故毋宁取烦恼根而断之，忍小苦以求长乐。”① 忍受眼前之苦、克制个人欲望，这种消极保守的佛教苦乐观与前此理想主义的解释迥然有别，它之被梁启超用来诱导人们安于现状、勿为已甚是十分自然的事。

与之相应，他的生死观也有所修正。在先，他的生死观是和民权论连在一起的：若要入世救度众生争取民权，便须勘破生死。而今他的生死观却和国权论紧扣在一起了。他对所谓“进化论革命者”颉德的生死观大加推奖。颉德认为，生物之高等低等，不以其生命长短为别，而以其传种布种的广狭为差。在外界环境剧变之时，落后的种族想要适应而自存，则长寿为患，短命为福。因为长寿则代谢缓慢，唯有短命速死，方能加快进化过程，使后代的性状习惯适应环境。这种要求落后种族尽快尽多地死去的理论完全是帝国主义、殖民主义的声腔。梁启超为了适应自己关于个体服从群体的国权论宣传的需要，却由衷地赞美这种反动的社会达尔文主义是“以科学谈死理，圆满透达，颠扑不破”，几乎可与“言死之极轨”的佛理同称为谈生死的至理②。

由上述可见，尽管一九〇二年底所作《论佛教与群治之关系》中，还说什么佛教之信仰“乃智信而非迷信”、“乃兼善而非独善”、“乃入世而非厌世”……似乎“佛学”与“群治”的宗旨和方法仍相一致，但恰在此时，高昂的佛学宣传悄悄地向低沉方面下滑。

变化之二，上阶段佛学对西方哲学处于辅襄地位渐渐倒转过来。

首先，他认为佛学的功用大大胜过西方哲学。在解决现实问题时，冷静的学究哲理显然不及狂热的宗教信仰。他报出一长串近代各国历史上的著名人物

---

① 梁启超：《乐利主义泰斗边沁之学说》，《饮冰室合集·文集之十三》，1936年，第31～39页。

② 梁启超：《进化论革命者颉德之学说》，《饮冰室合集·文集之十二》，1936年，第79～85页。

如克伦威尔、贞德、华盛顿、林肯、玛志尼、加富尔、格兰斯顿等人为例，指出他们彪炳一世的功业，统由宗教思想造成。他特别强调明治维新时期的西乡隆盛与中国的康有为、谭嗣同，都是借助佛学之力，才“震撼宇宙，唤起全社会之风潮”。为什么宗教信仰的力量超过哲理呢？回答是：哲学家常常囿于眼前利益之计算，缺乏佛教那种“大雄”、“无畏”、“奋迅”、“勇猛”的魄力，因而不能治事。哲学家“其用算学也极精，其用名学也极精，目前利害，剖析毫厘，夫天下安有纯利而无害之事？……哲学家往往持此说，三思四思五思六思，而天下无一可办之事矣”①。

其次，他认为西方哲学在理论上也远远不及佛学的精奥。古代希腊与近代欧洲的哲学，其“论理之圆满，犹不及佛说十之一”。在巍巍佛经面前，那些在先看来闪光的西学黯然失色了：“斯宾塞之言哲学也，区为‘可知’与‘不可知’之二大部……若佛教则于不可知中，而终必求其可知者也。斯氏之言，学界之过渡义也。佛说则学界之究竟义也。”② “佛之说因果，实天地间最高尚完满，博深切明之学说”，可以包涵万有，达尔文进化论“莫能出此二字之范围”。达尔文能就生物遗传变易“言其理”，而佛之因果论则能“并详其法”③。擅长计算苦乐的边沁在“最精算学”的佛前，只是小巫而已，他“虽能知其术，而未能尽其用”④。直到辛亥革命前夕，他在用佛教“共业依报”之说解释社会现象的同时，强调的还是“近世科学日昌，而在在皆足以证佛说之不诬”。作为例证，他指出进化遗传和物质不灭都与佛说互相“脗合”⑤。

变化之三，他用较前更为浓重的佛教唯识义谛来诠释验证西学。

这里不妨以一九〇三年二月始刊，至一年后刊毕的《近世第一大哲康德之学说》为例，梁启超断言“康德哲学，大近佛学”。尤其是康德“直搜讨诸智慧

---

① 梁启超：《宗教家与哲学家之长短得失》，《饮冰室合集·文集之九》，1936年，第45～49页。

② 梁启超：《佛教与群治之关系》，《饮冰室合集·文集之十》，中华书局，1936年，第46、51页。

③ 梁启超：《佛教与群治之关系》，《饮冰室合集·文集之十》，中华书局，1936年，第46、51页。

④ 梁启超：《乐利主义泰斗边沁之学说》，《饮冰室合集·文集之十三》，中华书局，1936年，第36页。

⑤ 梁启超：《国家运命说》，《饮冰室合集·文集之二十二》，中华书局，1936年，第97页。

之本原，究其性质及其作用”的批判哲学，可与“穷一切理，必先以本识为根底”的“佛教唯识主义相印证”。为此，他特就康德哲学中关于人类认识能力的“感性”、“知性”和“理性”三环节分别与佛学进行比较，以佛学义谛予以诠释发明。

康德认为，人的感性知识具有两个因素，一是由客观的“物自体”对感官的刺激所引起的“感觉”，二是离开感觉经验而属于人的认识能力本身，是人的头脑里所固有的。前者必须经过后者才能成为感性认识的对象，才能构成感性知识。梁启超则认为，康德这一唯心主义的感性论并不新奇，它早为佛经所阐明无遗：“案此义，乃佛典所恒言也。《楞严经》云：‘譬彼病目，见空中华，空实无华，由目病故，是故云有。’即此义也。其谓由五官及我智慧两相结构而能知物。五官者，《楞伽经》所谓前五识也；智慧者，所谓第六识也。”

在康德看来，反映现象与现象间的因果关系和必然性之类的概念、范畴，并不来源于客观事物，并不是客观事物间的联系和关系在人的头脑中的反映，而仅仅来源于人的主观认识能力——知性。只需凭借莱布尼士所倡之“三大原理”（条理满足、庶物调和、势力不灭），就能发现复杂纷繁的世界万物互相联系，“譬犹一大网罟”。梁启超则认为，康德大加发明的“三大原理”不足为奇，“其义与华严宗之佛理绝相类”，“所谓条理满足者，即主伴重重、十方齐唱之义也。所谓庶物调和者，即事理无碍相即相思之义也。所谓势力不灭者，即性海圆满、不增不减之义也。华严以帝网喻世界，康德所谓世界庶物，如大网罟然，正同此义。”

康德认为，理性所追求的最高最完整的“本原之旨义”是“魂”、“世界”和“神”。他把人的生命分为“下等生命”与“高等生命”，前者为“现象之我”，具有五官肉体而与空间时间相倚，后者为“真我”，超然立于空间时间之外，不受“牵缚”。面对这一唯心论，梁启超忍不住赞叹道：“此论精矣尽矣，几于佛矣。”但在肯定康德“现象之我”和“真我”之说接近于佛说的“无明”和“真如”后，他又指出此说毕竟逊于佛学：“佛说此真我者，实为大我，一切众生，皆同此体，无分别相，而康氏所论未及是，通观全书，似仍以为人人各有一真我，而与他人之真我不相属也。又佛说同一真我，何以忽然分为众体而各自我，盖由众生业识，妄生分别，业种相熏，果报互异，苟明此义，则并能知现象之所以出。若康氏犹未及见此也。”

如果说以上是以佛教唯识思想来诠释发明康德的唯心主义认识论，那么稍后发表的《余之死生观》便以佛教的因果思想来诠发达尔文的进化论了。

进化论中有关行为习性的遗传问题，他认为与佛教因果业报的理论“若合符契”。他指出佛经中早有行为习性遗传的说法：“佛说一切万象，悉皆无常，刹那生灭，去而不留，独于其中有一物焉，因果连续，一能生他，他复生一，前波后波，相续不断”。此物为谁？他说即是性格。作为援军，他不惮其烦把严复在《天演论·能实》按语中有关性格遗传的一段论述找来帮忙。

进化论中有关变异问题，他又用佛教的外境熏习理论加以解释。他认为“我”之特性由祖父辈前世“业力”和“我”今世“熏习”二者“兼秉”而来，这一特性在“我”之后，又与新的外境熏习相合而传子传孙，从而不断产生变异。

总之，我们看到，在灿烂的袈裟下，包藏着的不再是民权，而是国权；逐渐膨胀的佛教唯心思想开始取代吞并在先的西方哲理。花落水流春去也，梁氏佛学思想的这一变化从一个侧面反映了他思想政治立场的退转，宣示他在思想舆论界的黄金时代即将逝去。

四

有趣的是，当章太炎主持《民报》与《新民丛报》展开激战时，他的佛学宣传如日中天，“唯识”、“无我”是他克敌致果、独擅思想界的金刚法轮。梁启超却没有重操并非生疏了的禅杖戒刀与之对垒。辛亥前，尽管他有时也研读佛书，但那同当时读帖习字、批阅女儿日记一样，仅把它当作修身养性之具①。他论法制、议财政、组政党、办报纸，反复分合，纵横捭阖，始终处在政治漩涡的中心。似乎波谲云诡紧迫万状的此岸政治生涯使他无暇顾及彼岸的庄严佛界。弹指十年，世移时易，待到前度梁郎重叩佛陀大门，却已是五四运动前后。

梁氏姗姗再践佛土，自有其主、客观原因。

终其一生，梁启超从来不愿以学者文人自处而亟求一握政柄经纬天下为快。可是，在经历了辛亥革命后拥袁反孙、护国之役、助段组阁而又被弃之后，他深感政海浮沉，前途渺茫。因此，在心灰意懒之余，他决心“屏弃百事”，“遵养时晦，勿与闻人家国事”②。一九一八年秋，忧劳致疾，“呕血甚久”，病愈，

---

① 梁启超：《双涛阁日记》，《饮冰室合集·专集之二十九》，中华书局，1936年，第1～40页。

② 丁文江：《梁任公先生年谱长编初稿》，油印本（未出版），1936年，第543、546页。

"乃转而好读佛书"①。所以，梁启超是在政坛失意、身心交病的情况下，才又躲进书斋重捧佛典，意欲以之作为抚慰自己心灵的良药。这是一。

一九一八年底，他与另几位研究系的名流联袂游欧，历访英、法、比、荷、瑞、意、德诸国，直到一九二〇年春才归国。这次游历主要目的在于向文明的欧洲"求一点学问"。可是归来后的结论却是，西方文明已经沉沦，新文明的曙光正在东方。"泰西思想界，现在依然是浑沌过渡时代，他们正在那里横冲直撞，寻觅曙光。许多先觉之士，正想把中国印度文明输入。"既然欧洲人从"科学万能"的大梦中醒来还要请教于佛儒二教，那么，面临"精神饥荒"的中国人就更应宝爱自家固有的精神文明，再不能"拿马克思、易卜生的话当做金科玉律，说他神圣不可侵犯"②。正是有鉴于此，梁氏再度攻读佛书，要努力从中发掘出东方文明的精髓，助成他所谓的"思想解放"，以抵御"五四"后广泛传播的马克思、易卜生等"西洋新思想"。这是二。

然而纵观佛教在中国流布的现状，他不禁浩叹。一是恶人借佛行恶，"稔恶之辈，断章取义，日日勇于为恶；恃一声'阿弥陀佛'，谓可湔拔无余，直等于'罗马旧教'极蔽时，忏罪与犯罪并行不悖。"二是愚者攀附诬佛，"佛教流行，而种种邪魔外道惑世诬民之术，亦随而复活，乩坛盈城，图谶累牍；佛弟子曾不知其为佛法所呵，为之推波助澜"③。好端端的佛教被这等佛口蛇心的伪信者与佛头着粪的愚信者糟蹋得不成样子了，如不迅速克服，就非唯不能有助于他所需要的"思想解放"，反"将为思想界一大障"。为此，他决心承担振兴佛法的重任。这是三。

由于上述原因，梁氏这一回向佛的热度异乎寻常。先是一九一八年从林宰平学净土，一九二二年又在南京从欧阳竟无学唯识，用功程度，自称"可谓拼命"④，"每日读极深奥的《成唯识论》，用尽心思，一日读三四页……"⑤ 德国

① 丁文江：《梁任公先生年谱长编初稿》，油印本（未出版），1936 年，第 543、546 页。

② 梁启超：《欧游心影录节录》，《饮冰室合集·专集之二十三》，1936 年，第 28 页。

③ 梁启超：《清代学术概论》，《饮冰室合集·专集之三十四》，1936 年，第 74 页。

④ 丁文江：《梁任公先生年谱长编初稿》，油印本（未出版），1936 年，第 623、634 页。

⑤ 丁文江：《梁任公先生年谱长编初稿》，油印本（未出版），1936 年，第 623、634 页。

著名汉学家杜里舒此时恰在南京讲学，梁氏又同他一起研讨佛学。再度掀起的对佛学的强烈感情，使他公开承认自己是一名“非非宗教”的宗教信仰主义者，“认宗教是神圣，认宗教为人类社会有益且必要的物事”①。又使他公开倡言，佛教教给我们“绝对的自由”和“绝对的爱”，这是“永世不能忘记”的东西②。一九二四年九月，梁夫人病危，梁氏空前的学佛热忱竟感染得那位素不信奉任何宗教的夫人“病中忽皈依佛法，没前九日命儿辈为诵法华”③。夫人亡故后，他为之作佛事三日，还欲在墓碑顶端刻一佛像。

梁启超晚年认为，学佛可分两派，一为“哲学的研究”，二为“宗教的信仰”④。我们看到，梁氏晚年学佛正是循着这两条途径同时并进，从而形成三方面的特色。

第一，转向颇为深入的常理研究。

《新民丛报》时期的佛学宣传，不少采自日本学者的成说。“鄙人虽好佛学，然实毫无心得。凡诸论述，皆贫子说金之类而已。”他坦率承认当时自己介绍中国佛学历史的文章大抵根据日本学者所著之《八宗纲要》《十二宗纲要》《佛教各宗纲领》等书“獭祭而成，非能自记忆自考证也”⑤。但在此时，他开始系统研读佛书，打算依靠自己编著一部《中国佛教史》。一九二〇年欧游归来当年即写成佛学论文十二篇，以后数年又续撰多篇。这些论文大致可分三类：一、关于探讨中国和印度佛教史的，如《中国佛法兴衰沿革说略》《佛教之初输入》《印度佛教概观》《佛教与西域》《中国印度之交通》《佛教教理在中国之发展》等。二、关于阐述佛教经义的，如《佛陀时代及原始佛教教理纲要》《读异部宗轮论述记》《说无我》《说四阿含》《说六足发智》《说大毗婆沙》《读修行道地经》等。三、关于考释佛教典籍的，如《四十二章经辨伪》《牟子理惑论辨伪》

---

① 梁启超：《评非宗教同盟》，《饮冰室合集·文集之三十八》，中华书局，1936年，第23页。

② 梁启超：《印度与中国文化之亲属的关系》，《饮冰室合集·文集之四十一》，中华书局，1936年，第39页。

③ 梁启超：《悼启》，《饮冰室合集·文集之四十四（上）》，中华书局，1936年，第25页。

④ 梁启超：《清代学术概论》，《饮冰室合集·专集之三十四》，中华书局，1936年，第73页。

⑤ 梁启超：《中国学术思想变迁之大势》，《饮冰室合集·文集之七》，中华书局，1936年，第72页。

《佛家经录在中国目录学上之位置》《大乘起信论考证》等①。

可惜的是，《中国佛教史》未能成书，否则当可与《清代学术概论》一样成为近代学术的瑰宝。但在短时期内写出如许颇有分量的文章，是十分难能可贵的。

这些论文，可说是运用资产阶级的观点方法治佛学的首批成果之一。例如在论述印度佛教发展概况时，他根据斯宾塞的社会有机体论，指出它是“循机体发育之公例，为不断的进化蜕分”，“佛教在彼土千余年间之分合盛衰，必与其政治上学艺上有相应相倚之关系”②。又如在论中国南北朝佛教发达的原因时，他通过思想史的具体分析，指出两汉“碎义逃难”的经学为社会所厌，魏晋玄学正是对它的一种反动，当思想界“缥缈彷徨，若无归宿之时”，佛学自然成为很好的趋归；又通过社会历史的具体分析，指出长达百年的空前的社会动乱，酿成普遍的厌世观念，“佛徒悚以果报，自易动听，故信从亦渐众”。再如，论佛教在南北中国的不同传播情况时，他借助西方的地境论加以大体的区示：“南方尚理解，北方重迷信，南方为社会思潮，北方为帝王势力。故其结果也，南方自由研究，北方专制盲从；南方深造，北方普及……”③

这些论文也有发前人所未发者，如《佛家经录在中国目录学之位置》从目录学角度高度评价佛家经录优于普通目录之书者五事：“历史观念甚发达”、“辨别真伪极严”、“比较甚审”、“蒐采遗逸甚勤”、“分类极复杂而周备”④。《翻译文学与佛典》则肯定佛经翻译扩大汉语语汇、引起语法及文体的变化，促进了文学的发展⑤。

这些论文也吸取了近代的佛学研究成果。被他誉为“印度文明与中国文明

---

① 在夏曾佑的启发下，十余年来梁氏立意欲著《佛顶〈楞严经〉疏证》，详考《楞严经》之伪，后因夏死未遂，见《忘友夏穗卿先生》，近人吕澂著《楞严百伪》，考辨精详。

② 梁启超：《印度佛教概论》，《饮冰室合集·专集之五十三》，中华书局，1936年，第1页。

③ 梁启超：《中国佛法兴衰沿革说略》，《饮冰室合集·专集之五十一》，中华书局，1936年，第7页。

④ 梁启超：《佛家经录在中国目录学之位置》，《饮冰室合集·专集之六十七》，中华书局，1936年，第1页。

⑤ 梁启超：《翻译文学与佛典》，《饮冰室合集·专集之五十九》，中华书局，1936年，第27～30页。

结婚所产之胤嗣”的《大乘起信论》是否真为马鸣所造、真谛所译？长期以来佛学界聚讼纷纭。在采纳当代日本著名学者研究成果的基础上，他“间附己见”，分别就文献与学理两方面加以考察，证明马鸣时代不应有起信论之类的学说，真谛所属学派亦与此论多不相容，从而否定了旧说。

第二，重新解释“无我”的佛教义谛。

早年在“无我”口号下鼓吹积极进取、舍身求法的精神不见了，而今他把“无我”当作勘破成败利钝、消极保自全心，救治“精神饥荒”的药方看待。不讲“无我”，便会“闹到内界精神生活不能统一”，便会生出种种苦恼。你听他说：“佛家讲无我有什么好处呢？主意不外教人脱离无常苦恼的生活状态，归到清净轻安的生活状态。无常是不安定不确实的意思，自然常常惹起苦恼。清净是纯粹真理的代名，佛家以为必须超越无常才算合理生活，合理便是清净。……我们因为不明白‘五蕴皆空’的道理，误认五蕴相续的状态为我，于是生出我见，因我见便有我痴我慢，我痴我慢的结果，不唯伤害人，而且令自己生无限苦恼，其实这全不是合理的生活。”①

他认为佛儒在证成“无我”方面完全一致。在一九二三年初的一次公开讲演中，他宣称佛儒二家最大的相同点即在“无我”。他夸耀自己无我的人生观“是从佛经及儒书中领略得来”，故而“常觉快乐，悲愁不足扰我”②。而佛学和西学在证成“无我”方面也彼此相通。他指出，“无我”说亦即“五蕴皆空”说，“实建设于极稳实、极致密的认识论之上”，完全可以用近代资产阶级心理学来解释③。

第三，对净土宗表现了异常的热忱。

在先，他认为“最有功德有势力”于佛学界的是华严、天台、法相和禅宗，劝一般老百姓循善戒恶而猥琐求利之心难以掩盖的净土诸宗则“皆支蘖附庸而已”④。明代袁宏道辈提倡净土，至被斥为“劣下”⑤。而今他却对净土刮目相

① 梁启超：《佛教心理学浅测》，《饮冰室合集·专集之六十八》，中华书局，1936年，第57页。

② 梁启超：《东南大学课毕告别辞》，《饮冰室合集·文集之四十》，中华书局，1936年，第15页。

③ 梁启超：《说无我》，《饮冰室合集·专集之五十四》，中华书局，1936年，第28页。

④ 梁启超：《中国学术思想变迁之大势》，《饮冰室合集·文集之七》，中华书局，1936年，第75页。

⑤ 梁启超：《宗教家与哲学家之长短得失》，《饮冰室合集·文集之九》，中华书局，1936年，第44～49页。

看了。一九一八年九月，他要求友人林宰平为自己治佛学“导以法门”，对方劝他一力专攻净土。就此，他便以欣喜的心情拜受了当代净土巨子印光（1861—1941）的教理，以为“其词警策”。十月间在致同收信人书中，又对明末专修净土道场的云栖、憨山、蕅益三高僧的经论十分感兴趣：“数日来读《竹窗随笔》、《云栖遗稿》，生大惭愧，增长信根。极欲更求憨山，蕅益诸集读之，以助修行”①。

这时，他最欣赏的是净土宗有关生死轮回、业力（灵魂）不灭的教理。他解释“业力”道：一个人的身心活动随起随灭，毫不停留，但是每活动一次，他的魂影并不就此消失，而是永远留在宇宙间，不能磨灭。“本人渍得最深，大部分遗传到他的今生、他生或他的子孙，永不磨灭……”②

稍后，在给自己子女的信中，他更将这种报应轮回的观念袒露无遗：“凡自己造过的‘业’，无论为善为恶，自己总要受报，一斤报一斤，一两报一两，丝毫不能躲闪，而且善和恶是不准抵消的。”③ 这一大段关于善恶业报的说教，他自称为本人“宗教观人生观的根本”。

有心栽花花不发，无意种柳柳成荫。历史也真像有意作弄这位以擅治历史自鸣的梁夫子。当他慷慨说法、殷殷度人之际，他未曾赢得几多信从者，而今在他低回吟唔浅斟慢酌之时，偏偏获得了来自学术思想界不小的回声。

在学术方面，他与同时及稍后的一批著名佛学研究者欧阳竟无、章太炎、桂伯华，谢无量、熊十力，丁福保、陈寅恪、黄忏华、胡适、汤用彤等，分途并进，各尽所能，推进了在近代意义上的佛学研究，作出了斐然可观的成绩。梁氏这段开创性的研究工作，奠定了他在近代佛学研究史上的重要地位。有人认为清末的佛学研究重心已从出家的僧侣转移到在家的居士，因而可称之为居士佛学的最盛时代。本文认为，就研究成果的丰硕而言，这居士佛学的最盛时代应推二十世纪二十到三十年代。把梁启超目为居士佛学中的杰出者，殆非过誉之词。

在思想方面，他是马列主义在二十世纪二十年代中国的主要论敌。他以老师宿

① 丁文江：《梁任公先生年谱长编初稿》，油印本（未出版），1936 年，第 546～547 页。

② 梁启超：《什么是文化》，《饮冰室合集·文集之三十九》，中华书局，1936 年，第 98 页。

③ 丁文江：《梁任公先生年谱长编初稿》，油印本（未出版），1936 年，第 677 页。

儒的身份站在前列，身后一字儿分两翼排开的是他那个阶级的思想界秀异人物。

站在“左翼”的是胡适、丁文江等新派的西学小生。胡适在教人“学一点防身的本领”，以免“被马克思列宁斯大林牵着鼻子走”方面，与梁夫子所见略同。即在佛教信仰和教理探研方面，也颇为同调。自称十一二岁时即因范缜《神灭论》的启发而感悟为无神论者的胡适，到一九二〇年时却津津有味地反刍起梁启超当年的“小我服从大我”论，并把它衍化为“大我（社会）不朽论”。他又同梁启超一样热衷于灵魂不灭即业力不灭的说教，声称人们的“一切作为，一切道德罪恶，一切语言行事，无论大小，无论善恶，无论是非，都在那大我上留下不能磨灭的结果和影响……今日的世界便是我们的祖宗积的德造的孽，未来的世界全看我们自己积什么德造什么孽”①。在佛教学理的探求上，胡适也乐此不疲。从一九二四年开始，有十年多时间，他致力于主观唯心主义的禅宗史研究，写了不少文章。直到晚年谈及自己禅宗史研究中关于神会和尚的考证时，还兴会尽致，情不自禁②。

站在“右翼”的是梁漱溟、张君劢等新派的中学小生。看来梁氏与之在思想上似更接近更合拍一点。张君劢一九〇六年留学日本时即好佛学，在东京往听谛闲法师佛学讲座③。而梁漱溟则大力宣扬佛儒二教，“反对西方物质文明，提倡东方精神文明”，尤与梁氏一致。他自述早年思想第一期与西洋功利主义同符，第二期转入佛教的出世思想，第三期再转而归落到中国的儒家思想④，这三期思想的发展轨迹也颇与梁氏相合。

在一九二三年夏中国思想界“科学”与“玄学”的有名论战中，梁启超比较偏向于玄学而又持折中主义的立场，可以说是具有象征意义的。“科学神”胡适、丁文江与“玄学鬼”张君劢都被他称为“我的朋友”。他在其间左右逢源，前提后挈的特殊地位，恰好表明了资产阶级这一翼的思想发展脉络：从康有为径由梁启超而分蘖为胡适、丁文江与梁漱溟、张君劢等为代表的两支。如果说，胡、丁是西装革履博士帽，洋派学者风度俨然，那么，小梁和张则是中国兼祧

① 胡适：《介绍我自己的思想》，《新月》1930年第3卷第4期。

② 胡适：《禅宗史的一个新看法》，葛懋春、李兴芝编：《胡适哲学思想资料选·上》，华东师范大学出版社，1981年。

③ 张朋园：《梁启超与民国政治》，食货出版社，1978年，第274页注释。

④ 梁漱溟：《自述早年思想之再转再变》，《中国哲学》第1辑，生活·读书·新知三联书店，1979年。

而颇好古代有道之士的宽袖大袍。他们分别承受了戊戌以来二十余年间梁启超中西时装皆宜的相应一面。至于“南海圣人”，则众所周知，他是口颂赵武灵王胡服车骑而身穿袍褂头挂辫发终其天年的。如果说，这三代人外面的服饰有所不一，那么，贴身的内衣却是相同的。把这内衣——佛教唯心主义称之为他们间法嗣密传的信证之一，或许不为无理吧？

世界宗教史反复表明，历史上的伟大转折点往往有宗教变迁相伴随。在十六世纪的德国，马丁·路德的宗教改革打出了封建势力和反动的天主教会，促进了资本主义的发展和人们的思想解放。在二十世纪的中国，梁启超则十分向往于佛教的改革。《清代学术概论》的煞尾处曾预言：“佛教上之宗教改革”必在“最近之将来”出现。他非常喜欢谈论路德。康有为曾被他称为孔教的路德。看来，他颇似有意自比为佛教的路德。有意思的是，他和路德确有某些相似之处。路德以自己的改革活动促使农民们起来反对诸侯、贵族、僧侣，在德国历史上起过一定的推动作用。但他所代表的毕竟是一条宗教改革中的改良路线。所以，等到代表革命路线的闵采尔领导农民起义之后，他又很快站到起义农民的对面，运用宗教武器压迫农民就范于黑暗统治。在先他“曾向一切民主革命人士频送秋波”，而后“又一一背叛了”①。梁启超几乎作了路德第二。他早年使封建主义的佛教异化，变为资产阶级思想政治斗争的武器，当政治与思想领域的严峻现实一旦与自己的思想宗旨相悖时，他的佛学宣传很快转向。他称谭嗣同的佛学为“应用佛学”，其实，在他身上佛学的实用主义气息恐怕更浓烈些。

黑格尔有一名言：“每个人都是他那时代的产儿。哲学也是这样，它是被它把握在思想中的它的时代。”② 所以，尽管梁启超的佛学思想因时推移，却始终准确地反映了软弱的中国资产阶级的根本利益和愿望，反映了新旧两个世纪交界的三十余年间中国历史的伟大转折。就此而言，它确确实实是梁启超赖以托身的那个阶级和时代理所当然的产儿。

［原载《华中师范学院学报》1983 年第 4 期］

---

① ［德］弗兰蒋·梅林著，张才尧译：《中世纪末期以来的德国史》，生活·读书·新知三联书店，1980 年，第 35 页。

② ［德］黑格尔著，张企泰译：《法哲学原理》序言，商务印书馆，1961 年，第 12 页。

清末苏州商会与捐税抗争

众所周知，清末的政治危机是与财政竭蹶迭相始终的。为了弥缝匡救，清政府对外滥借条件苛刻的洋债，对内暴敛名目繁多的捐税，结果则如饮鸩止渴，抱薪救火，加速了自身的灭亡。江南素为全国财赋之区，而素以商业繁富雄甲东南的苏州则受捐税征敛之累尤深。本文根据苏州商会档案中的有关材料，试论苏州商会对清政府横逆而来的苛捐杂税的抗争，借以考察苏州商业资产阶级与当局的关系，它的矛盾心理和妥协性格。

一

苏州商会自1905年11月成立伊始，接连不断的捐税抗争事件就摆在它的面前：

1. 酒作请免摊捐。

在清末，苏城酒捐急遽加增。1895年冬，酿酒每用米一石捐钱150文，1899年冬因“帑项奇绌”，加征为300文，1904年又增至450文。十年之中，酒捐增加二倍，加以米价腾贵，零星小作无力维持，只能闭歇。厘局为不减捐数，将闭歇户应缴之捐强令开业户匀摊。如光绪三十一年（1905年）闭歇户少酿酒米1200余石，按当年捐数每石450文计，开业户将平添五百四十千文的负担。这实在是一笔重捐后外加的支出。为此，以潘万成为首的六十三户酒作联名具禀，请免匀摊。

尽管酒商们恳恳相求，但苏州商会的态度并不积极，颇有推诿之意。只是由于商会的酒业议董潘廷枞的坚请，才不得已再为转陈。这种软弱态度使当局以为可欺，结果只是在酒业接受1906年新颁的酒捐每石缴纳975文的条件下，才免除了上年的匀摊数。待到新颁酒捐收齐，当局马上翻脸，仍要匀摊。不管酒业六十多户再次联合公禀，提出抗议和请求，一概置之不理。这次免摊酒捐的斗争终因商会态度软弱而告失败。

2. 缏线业抗缴认捐。

缏线一业是苏城各业中买卖行情不大者，所以一直未有捐项。有一曾业缏店之归某，希图渔利，私向牙厘局包认全业捐钱每年一千六百千文，向各户摊派。1905年10月，苏城厘局即传令该业照缴。全业公议，坚决不认。当局竟施强硬手段，12月先由吴县差提为首二名商人加以关押，后又传讯有关缏店责认捐款。

受此压迫，缏线业具禀商会请代呈商部。商会虽然代递禀呈并保释了被押商人，但态度并不明朗。只是在查复此事的部文下达后，它才从原先被动消极立场上前进一步，复文商部，谓强令认捐之事一启其端，则"势必奸黠之徒相率效尤，苏城商业滋扰殆不可堪"，因而要求宽免①。这次几乎与酒业同时发生的抗捐事件，只是因为该业商人态度坚决，才得以成功。

3. 洋广货业抵制加捐。

苏州洋广货业的落地捐一向由苏城厘局按件收取：洋货每件收银一两，每年以一万零五百件计，共收一万零五百两；广货总计九千余千文。1907年2月，有失业官吏邹某条陈苏抚，谓洋广货运本每年至两三百万，故捐数与捐章远不相符。于是此人即被牙厘局札委为"整顿洋广货落地捐委员"，谕令调查货件运销情况，以便重定捐章，按值百抽二五之半税征收。

面对突如其来的重捐，洋广货二业商人愤慨异常。在他们向商会递呈的禀词中，怒斥邹某，声明如果不得全体同意而私订捐章，合业"决不承认"②。可是他们激愤的禀词，在商会代递的禀咨牙厘局和呈苏抚的文稿中，过火的文字不见了，有的只是"暂缓免加"的要求，即年内照前捐纳，待商情好转再行加捐。

这种态度又被认为可欺，牙厘局很不客气地照会商会，"明白开导"该二业，饬照二五半税交纳。商会只得劝导二业再作让步，洋货业终以加三成之捐而毕事，即由原来的一万零五百两加至一万三千六百五十两。二年之后，当洋货业的商情不支，要求减捐三成，仍复前年旧数之时，所得只是当局掷下的冰冷如铁的一纸公文："何得藉词请减，所禀应无庸议！。"③

---

① 苏州档案馆档案：乙$_{2-1}$，113/9。113为案卷号，9为页码，下同。

② 苏州档案馆档案：乙$_{2-1}$，112/8。

③ 苏州档案馆档案：乙$_{2-1}$，109/36。

4. 请免船捐。

1907年3月，镇江商会为镇江下游厘局订立新章，增加船捐子口单，每石货二十文，电致苏州商会，以商务疲敝，要求转禀苏藩饬厘局“暂缓实行”①。商会照转照请，未作任何努力，立即就被碰回：此捐“万难免抽，希即传谕开导。勿任阻挠”。

5. 请免团防捐。

1909年闰二月，长洲县商人呈请免缴团防捐。理由是：“新政”举办后，既有巡警，又有巡防队，团防已成可有可无之赘旒。商会照转照请，未作任何努力，结果又被碰回。当局以事属要公、合境遵行、捐费有限等为辞，“断难照准”，峻拒了事。

6. 虎丘花树业抗捐。

虎丘花树业以培植珠兰、茉莉为主，专销本城茶帮或沿街叫卖，系属半农半商之小本营生，向无厘捐。1902年，有好徒夏某以每年包认花捐五千七百五十千文为牙厘局批准，从此每间花房摊捐二千四五百文。

次年6、7月间，先后有255家和163家花户联名请免花捐具呈商会。商会对之表以同情，希望当局宽免花捐并惩办敲勒花户的蠹吏陆某。然而，商会的要求仍被否决，当局依然征催，蠹吏依然作恶，欠捐各户被逼无奈，终于“互结团体，坚不缴捐”，并于是年8月将厘局告示揭去，拥入花捐公所闹事。在当局拘押为首闹事之人时，商会再次表示同情，派专人调查花树业认捐历史及现状，写成报告送呈当局，强调花户之哀呼已是“眼枯血尽”。

群众的抗争和商会的坚请，终于使当局作了让步，当年花捐减免三成，实收七成。这次抗缴花捐算是取得了有限的成功。

7. 反对牙税加征十倍。

江苏牙税向分四等：上等年纳税银二两，二等一两五钱，三等一两，四等五钱。如果加上折价、耗银及各项小费，则上等完银二两者，实际须完洋八元左右，四等完银五钱者，亦须完洋二元。1906年，苏抚以整顿牙税为名，按照典业税章奏请饬加十倍完纳。加征十倍，则上等须完洋七十余元，这是前所未有的重税。消息传出后，商廛骚然，各地牙商纷纷赴商会声诉。苏州商会恐“贫牙”滋事，因而会同上海、江震、梅里、盛泽等地商会禀报商部，要求苏抚

① 苏州档案馆档案：乙$_{2\text{-}1}$，292/27、288。

“酌减几成”①。可是地方当局却蛮横拒绝，指令商会劝谕各该牙商遵章输税，“不得违抗”②。碰壁后，各地商会并不气馁，他们一方面联合苏属四府（苏州、松江、常州、镇江）一州（太仓）的二十二处商会于1907年8月在苏会议，由苏州商会再次领衔呈文商部，要求按牙户大小分等加征五成，另一方面，他们又组织发动下属各业牙商具呈说略，由自己代为转禀。于是，苏城木、丝、米等业主要牙商纷纷按照商会的口径，要求核准减税。

商会的联合行动和社会的不安因素终于迫使当局竟如所请，从1907年起牙税加征五成。

8. 抗缴酱缸捐。

苏属四府一州酱业所用盐斤等原料均来自浙江，捐税向由浙省抽收。这在到处罗掘财源的江苏当局来看，当然是一大漏卮。因而，1906年9月，苏抚札命筹款所开办酱缸捐，调查酱业各商缸口、成本、售价及利息等项数字，准备按照落地货捐抽收常年捐项。酱商闻命之后，以营业疲敝，请求宽免。可是当局宣布，每缸成本核作三十五千，照产地捐值百抽五，行销捐半之，共抽七五，不分正、副、备缸，一律按缸起捐，每缸常年完捐两千六百二十五文，从光绪三十三年正月起征。根据这一规定，酱商们很快算出，苏城六十二家酱坊正缸1499口，按一口正缸可带二口副缸，一口备缸，便当作7495口计，每缸照章完捐，全年共须完捐近二万千文。估衡情势，全免难准，于是他们讨价还价，要求半免：接受正缸之捐，求免副、备缸捐；接受产地捐，求免行销捐③。

酱商们越是让步，当局就越是咄咄逼人。筹款所以峻厉的态度训斥酱商，“瞢于税则，妄为訾议”，又命令苏邑三县将潘万成等为首六户的账册在三日内饬吊送核，以为“抗捐逞刁者戒”④。这种绝不通融的死硬态度，把酱商们逼到无路可走的地步。于是，苏城三邑会同吴江、震泽、昆山、新阳、武进、阳湖六县，九十二家酱商联名向商部和江督禀控筹款所抑勒酱捐、饬吊账册的非法举动。自命以兴商护商为己任的商部竟装聋作哑，只是转抄原文，例行公事，半点干系都不承担。

禀控失败，有恃无恐的筹款所气焰更加嚣张。他们大施淫威，威逼酱商交

① 苏州档案馆档案：乙$_{2\text{-}1}$，116/66。

② 苏州档案馆档案：乙$_{2\text{-}1}$，116/58。

③ 苏州档案馆档案：乙$_{2\text{-}1}$，117/31～33。

④ 苏州档案馆档案：乙$_{2\text{-}1}$，117/34～36。

出九十二家公禀的主笔者①。同时，他们又谩骂商会之转呈为多事，“未加考察，遽为代陈”，有意“掣官吏之肘”，甚至含沙射影指称商会为幕后指使者②。

正当筹款所盘马弯弓大唱红脸武戏之时，苏城三邑却涂白了面孔出来充当调人了。他们假惺惺地代苏城酱商求告筹款所宽免备缸，而以副缸二口照正缸一口纳捐，每缸缴钱两千六百二十五文，共缴二缸之捐。

酱商们看到官府由硬变软和骗，于是进一步联合同业，由苏属九县扩展至四府一州，由九十二家扩展至二百六十五家联名向商部公禀③。他们坚决拒绝三县的调停方案，声明自己从未提出过以副缸二口抵正缸一口的要求。又羞又恼的筹款所只能重新使用高压手段，以逼迫酱商就范。1907年10月，以抗捐的罪名饬提酱董潘廷枞和叶祉龄解县讯究，下属各县也奉令押勒酱商。群情激愤的酱商以罢市歇业相抵抗，“各坊同声缴牌请闭”④，于是，斗争发展到了高潮。

然而，这场规模不小的斗争还是以妥协告终。酱商们最终还是接受了商会的调停方案：正缸一只不论产地捐和行销捐，每缸常年捐钱一千七百五十文，副缸二只抵作正缸一只计捐，“禀认照缴”。只是由于“上海一隅复行抵抗”，坚持只认一正缸之捐，督抚在谕旨催问下，不得已才“一律蠲免”，使苏属酱商侥幸得获全胜⑤。

在这扬斗争中，苏州商会的态度较前大为鲜明。他们除不厌其烦地为酱商们转递禀词，不断向当局代陈商情艰难，还在私下与酱商密筹对策，运用自己的影响设法支持。如酱商抗缴账册的公禀就是由商会出面求得上海商会的帮助，才刊登在上海各报，从而造成于斗争十分有利的舆论。

二

苏商各业在光绪三十四年（1908年）前的抗捐斗争以分散自发者居多，商会的主导作用并不明显，倒是它的妥协性格给斗争带来不少消极影响。宣统元年（1909年）以后则统一的有组织者居多，商会的主导作用不断增强，这里试

① 苏州档案馆档案：乙$_{2-1}$，117/71。

② 苏州档案馆档案：乙$_{2-1}$，117/56～57

③ 苏州档案馆档案：乙$_{2-1}$，117/84～88。

④ 苏州档案馆档案：乙$_{2-1}$，120/12。

⑤ 苏州档案馆档案：乙$_{2-1}$，115/69。

就反对印花税和反对统捐斗争为例。

清末捐税章程之繁乱严重影响了政府的岁入，而各地此伏彼起的抗捐抗税事件又使政府当局困扰不已。为了摆脱困境，必须筹一简易便捷之法。1907 年秋，度支部奏请仿行西方各国的印花税法，奉旨允准条拟章程办法奏明办理。这一消息顿使苏州商会产生幻想，总理尤先甲在致商会创办者王同愈的信中兴奋地指出，试行印花税便可抵消落地捐，减轻商人的重负，“商民必多乐从”，“公家亦有裨益”。因此尤先甲等在拟就的一份上呈说帖稿中，对印花税和落地捐作了六方面的比较，描绘了自己心目中的理想税则：前者为积极主义，后者为消极主义；前者为交通时代之善政，后者为闭关时代之苛例；前者税则廉平，行之全国，能使物品有齐一之倾向；后者税则偏枯，行之一隅，能使物品有壅滞之现象；前者征于货将行销时，则权利义务均足相偿，商民便之，后者征于货方到埠时，则未有权利先有义务，商民不便；前者方法简便，可得商民之信从，后者方法复杂，易受胥吏之侵欺；前者税额之多寡，以商业之盛衰为反比例①。

然而商会的好梦并不长久，1909 年 5 月，度支部拟就的印花税则和章程抄发到商会。税则规定，凡人民之财产货物当授受买卖借贷之时，所有各种契据、账簿可用为凭证者，均须遵章贴用印花。这一包罗无遗的税则如此苛细，几乎无物不税，不禁使商会诸人瞠目结舌。他们粗算一下，各商各铺每日进出的发票、收据、期票、汇票少则十余张，多则数十张，即以每张贴印花二十文计，则每日即有数百、千文之税，如此重税较之落地捐有过之而无不及。

钱业强调苛重的印花税直接影响各业，间接影响本业，“印税既重，则利率必增，利率既增，则各业必承其敝。夫至各业皆承其敝，则钱庄之重累不堪设想矣”。

典业认为外国的好办法一到中国就走样变质，印花税即其一例，“外国印花办法非加收之税，乃统一之税也。我国非不可办，特不能行之于今日耳”。

纱缎业则从群众疑虑心理出发，“当此民穷财尽，捐税重迭之日，稍有举动即群相惊疑”，如印花税骤行，必将造成更大的恐慌。

米业深有同感，“在商民交困之余，闻捐税草木皆兵，必因退惊而阻流通，价目陡生升降，市面因之闭塞”。他们还深忧民心不稳，印花重税必致小民“鹿铤走险，隐患堪虞!”

---

① 苏州档案馆档案：乙$_{2\text{-}1}$，109/146～148。

绸缎业则断言，若行印花税，“则商市涣散可立而待”。

花树业表示，“若再加以印花税，则救死不遑，奚论谋生”。

建烟业声称，捐税重迭再加印花税，“实有万不能堪之势”。

其他如京缎业、绉业、酱业、珠宝业、洋广货业、木业、顾绣业、缏线业、桐油业、肉业、烧酒业、布业、药业、茶业、笺扇业、染业、经纬业、肥壅业纷纷作书表态。总之，商会属下二十五业空前一致，坚决反对。

由于苏州和各地商会的抵制，持续半年的试办印花税法，终于不了了之。

既然印花税法不可行，于是当局又把目光转回到改革厘捐上来。

厘捐始于十九世纪五十年代，由于制度过于复杂，给税吏以上下其手剥削商民、侵蚀公款之机，对这一百弊丛生的制度，官商双方都痛感有改革的必要。1903年，江西最早改办统捐，1905年，湖北也改办统捐。他省的见效，遂使江苏谘议局有改办统捐以取代当局印花税法之议，牙厘局则针锋相对，搞了一个改办认捐的反建议，“办统捐莫如改为认捐”。其具体办法则为，撤销水旱厘卡，令各州、县、市镇商人各按本业分举殷实公正之同业数人，将向征各货之捐承认汇缴，以后如有部派加拨之事款，亦由认捐各商照限设法筹足①。这一方案，实际是包捐而非认捐，但它却促使谘议局对统捐和认捐两个方案加以比较。因此，谘议局在复议此案时斟酌其得失如下：统捐可裁撤多数厘卡，货物一次捐足，便利商用而又节省局用开支，不足之处则为裁卡未尽，其害未绝。因而，按之税法原理，统捐不是尽善尽美的办法，只是当前救弊的权宜之计。至于认捐，一可免通过税之不均，二可尽去厘局委员司巡之中饱，于官于商实为两利。但兹事体大，非立时可就，须将各业原捐数确凿调查清楚，方能筹议办法分别认定②。

这样一比较一议论，事情就出现戏剧性的转变，双方的主张倒了过来：谘议局反过来倾向于认捐，当局反过来倾向于统捐。

谘议局当即议决改办认捐的若干意见，这一意见得抚院札复：“俟各业认捐议定切实办法，果于国家正税无损，再行酌核办理。”③ 尽管当局的允诺相当含糊，具有极大的限制，但谘议局还是积极会同各地商会商订认捐的具体办法了。1909年7月，在南京召开全省商界联合大会，会商改办认捐事宜。对这次会议，

---

① 苏州档案馆档案：乙$_{2\text{-}1}$，154/22～24。

② 苏州档案馆档案：乙$_{2\text{-}1}$，102/21～22。

③ 苏州档案馆档案：乙$_{2\text{-}1}$，104/16。

苏州的商人十分重视。会议决定，南京、南通、苏州、上海四总会总理为筹办认捐所所长，南京、南通为一处，设宁；苏州、上海为一处，设苏。11月，苏事务所成立，大量工作就落在苏州商会身上。而苏州商会确实恪尽其责。表现了高涨的工作热情。这主要反映在厘捐调查上，由于摸清各业原来厘捐情况乃是实行认捐的关键，而原来的厘捐则因涉及商情隐秘和厘卡积弊，很难查实。所以，苏事务所将它作为首要大事来抓，派出自己的得力干部充任此职。调查专员洪锡范、匡凤逵等受任之始，即组织了一个颇为周密的厘捐调查网，至少有三十二个总分会的三十八名专职人员参加此项工作。他们在三个多月中历访苏属各地商会三十三，厘局十一。在他们逐日汇报的工作信函中，处处闪现着调查员们栖栖奔走，不遑寝处，脚踏实地，不折不挠的身影。今日读来，还是使人深深感受到这些商业资产阶级的代表人物，在向腐朽的封建捐税制度争取自身的经济权益时是很有一点实干精神的。

在进行调查的同时，商会极力宣传认捐。苏城几个较大的行业如纱缎业、洋广货业都归公所认包捐项，部分米业和烟酒业中的坐贾也取此种形式。所以一经宣传，其他行业“众咸允从”，纷纷骥尾于后，呈请认捐，要求商会代为转禀。如南北海货业自愿认捐通年八千千文，腌腊业认捐通年四千五百千文，木业、煤炭业也都提出认捐要求。

正当商会全力从事认捐准备，当局则紧张地筹划统捐的进行。1910年9月，苏抚谕令苏藩从五库、锡金、下游、车坊、木椟等厘局抽调专人到苏研究办法。到该年年底，苏藩拟就一个统捐草案，把统捐进行分为三期。在其第一期改办统捐扼要章程中，其捐则之苛细烦琐，较原来的厘捐规则有过之而无不及。举一个例子，由镇江到上海之厘捐，铁路旱卡仍按旧章完捐七道，船运之货则为八道，系下游、奔牛、锡金、苏城、车坊、吴淞江六道厘卡完捐六道，又苏、沪船捐各一道，在首卡下游分局统完，而完纳了这些厘捐，产地捐或落地捐仍须在本地或到地照纳不误。

由此可见，当局炮制的这一统捐方案，只是将原先分交于各卡易被商人偷漏和司巡中饱的厘捐统一收纳，而绝非商会所追求的恤商、便商之举。

苏抚的方案具奏后，很快奉准照办。于是苏省当局宣布于1911年阴历六月初一开办统捐。这一宣布无异表明捐税改革之事只准官办，不准商办，前此商会在裁厘认捐方面所作的种种努力全部作废无效。一种被欺骗受屈辱的感情激起商民规模更大的反抗。

尽管当局宣称实行统捐务须革除局卡规费陋习，以安商旅。然而，半世纪来的积惯之习岂是一纸空文所能祛除？那些委员司巡反借统捐之名，变本加厉抑勒商民。在他们那里，所谓统捐就是统统要捐。据六月二十四日《时报》报道：乡镇航船携带零星物件如布两匹、桌一只，也难免课征，以致航船停带物件，商家停运各货，商市为之停滞。在物议沸腾的压力下，苏藩不得已照会商会，谓试办统捐如有“未尽事宜”，尽可提出，以便酌核办理。商会随即利用这一官样文章，进行合法斗争。它移文苏藩，指出统捐改办未及一月，“闻诸道路，啧有烦言，航船行商，相率裹足”。同时又声称，当局如此“虚己求言”、“体念商情”，因而各属各业“尽可缮具节略，函送来会，以便转陈”。当苏州商会将此文内容函知上海商会后，后者俏皮地以《苏藩对于改办统捐之虚衷》为题，刊之于六月二十九日之《申报》。二大商会一唱一和，鼓动商民反对统捐。

苏沪商会做主动员，各业纷纷开具说略，指陈统捐病商之处。在苏城，反响很大。米业以为实行统捐有“四难”①，茶业则曰本业因统捐而“受困有四”②，纸商对统捐以后商船被困深表忧虑③，船商与厘卡接触最多，所以体会也最深，在列举“三碍”同时，指出实行统捐以来，“上下哗然，以为不便，甚至货船停运，航业不通，商情惶骇，市面震惊”④，酒商更一针见血地指出，统捐以后，“捐数忽暗增一倍”，“名则统捐以便商，实则加捐以困商”⑤。在苏属，反对的呼声与之相应。有建议“联合团体，力谋公益”者（溧阳商会），有请酌减统捐道数者（太仓商会），有开列统捐窒碍十例者（江震商会），有谓“统捐实行，商民被害，罄竹难书”者（宝山、罗店商会），有建议苏事务所趁此时机“大声疾呼”，组织各地商会商定对付办法者（锡金商会）。他如浏河、陈墓、松江、江阴等地商会也无不投书表态。

一时之间，反对统捐之声响彻苏南地区，苏州商会有效地领导了这一大合唱。于是，当局再也忍不住了，“循良商人均无异词，惟于积惯偷捐之航划船户、减折卖放之厘卡司巡，则大有所不便，未免啧有烦言，希图破坏耳”⑥。这位曾经欢迎对统捐“未尽事宜”进言的苏藩，时不兼旬，言犹在耳，就恼怒如

① 苏州档案馆档案：乙$_{2-1}$，63/64。

② 苏州档案馆档案：乙$_{2-1}$，145/3。

③ 苏州档案馆档案：乙$_{2-1}$，113/11。

④ 苏州档案馆档案：乙$_{2-1}$，115/10。

⑤ 苏州档案馆档案：乙$_{2-1}$，125/45～47。

⑥ 苏州档案馆档案：乙$_{2-1}$，115/9。

此，翻脸骂人，这种窘急无奈的情状正反映了商会一致反对统捐所取得的成效。

这一斗争虽被接踵而来的武昌起义的枪声打断，但我们看到，商会终于以较为明朗的态度站到捐税抗争队伍的前头来了。

三

在上述捐税抗争过程中，苏州商会的态度由软而渐硬，由暧昧而渐明朗，并不奇怪。苏州商会是代表与封建官绅有着较多联系的上层商人的利益。“苏城出产以纱缎为大宗，而丝茧次之；行店以钱业为大宗，而绸缎布匹次之。”这是苏地绅商为拟设商会呈部说帖中的话，日后商会大权确也始终牢牢掌握在钱典和纱缎、绸缎这些领袖行业之手。

根据商会章程，会中之人分为四等，即会友、会员、议董、总协理。凡岁捐会费十二元之商人得为会友，各行帮每岁公举会费三百元以上者准其开列会友名单到会，并得举会员一人，依次递加，至得举三人为限。会员总数六十八名，内举议董十八名，再从议董中举总协理二名。事实上，后来的数字并不受此拘束，大多溢出。这样的选举法实际是由资财的厚薄和纳资的多寡决定的，今将历届议董所属行业列表如下：

届次	典	钱	纱缎	绸缎	珠宝	米	茶	酱	烟	不明	合计
一	5	5	2	2				1		1	16
二	6	4	2	3	1			1		1	18
三	6	5	3	3	1						18
四	6	4	4	4	1	1	1				21
五	5	5	5	4	1	1	1				22
六	5	4	5	4	1	1	1		1		22

与议董比例相应的是总协理的行业所属。六届总协理全为绸缎业、钱业、典业和珠宝业所占。其中绸缎商尤先甲五任总理，而钱商吴似村则四任协理与之配合。绸缎业与钱业的盟主地位唯一禅让的第四届，则为典业和珠宝业所据。总协理人选的稳定连续状态，反映了苏城商业的特殊结构，也必然对捐税抗争有所影响。

与组织领导权相一致，上述财大势众的各业又成为商会财政的后盾。商会经费全赖各业所缴会费，年入常在七八千元左右，各业交纳颇为自觉，所以收入比较稳定。今以会费收入最多的第四届（8183.5元）为例，排列其交费的前十名如下：钱业787元，纱缎业500元，酱业500元，典业400元，洋货业360元，绸缎业320元，布业300元，米业300元，酒业240元，珠宝业、茶业、缏线业各200元。上述各业会费总数占全部会费的一半以上。

组织上和经济上的具体条件决定了商会理所当然地要更多地代表各该业的利益，重视他们的要求。

虽然绸缎、纱缎业和钱典业未曾酿成捐税抗争的风潮，但他们对苛捐重税同怀切肤之痛，对各业的抗争同持唇齿之义。绸缎业曾列举身受之重捐，直接所受有十种：丝捐、经捐、产地机捐、产地出口捐、厘金捐、落地捐、分运、镳捐、绣贷捐、邮政关税捐。间接所受十余种：颜料捐、房捐、巡警捐、灯捐、米捐、鱼肉捐、烟酒捐、菜蔬捐、柴炭捐、糖捐、盐捐，“日用所需几乎无一不捐”①。钱业的兴衰与各业的荣枯大有关系，各业受困于捐税，必然影响钱庄的存放各款。

酱商和酒商领袖潘廷枞说的一段对商会不满的话颇堪玩味：“酒作大半系酱坊兼设，而（商会）捐费已出两项，可谓踊跃乐从，期望甚切。倘稍事推诿，不仅将来经费难收，且与大局攸关。”② 可见，酱酒二业年交740元的会费（几占全部会费的1/10）和商界人心的归向，是他挟持对方的利器。

不过，从另一方面看，苏州商业的特殊结构又是政治和地理环境的产物。素有“天堂”之称的苏州长期以来一直是宦游寄迹的封建官绅富商乐不思归的聚居之地。为了满足他们奢侈生活的需要，苏州的纱缎、绸缎、金银、珠宝、玉器、烟酒各业特别发达。而官僚地主的私蓄和政府机关的公款又成为苏州钱典业资金的重要来源。故而苏州一向被认为是吸收存款之地③。与封建统治阶级密切的经济联系，势必影响到商会的立场和态度。

同时，苏州作为人文荟萃的江南名城，在朝在野的巨绅名宦特多。有清一代状元112名，苏州一府三县即有17名，占七分之一强。长袖善舞，多钱善

---

① 苏州档案馆档案：乙$_{2\text{-}1}$，104/1～24。

② 苏州档案馆档案：乙$_{2\text{-}1}$，292/8。

③ 马寅初：《中华银行论》，商务印书馆，1934年，第41页。

贾，绅宦们成名之余又思逐利，因而亦官亦商，半官半商，在当时并非个别现象。这是因为，从商人方面说，致富乃得官之捷径，营利乃梯荣之权舆。1903年奏准的《奖励华商章程折》和随后改订的《办理实业爵赏章程》《奖励华商公司章程》等奖励政策提供了这方面的保证。从官绅方面说，非假手商业，不克致身尊荣。农工商部顾问官、议员之职，商务、路务、矿务各议员之设，均以官绅兼营商业者充其选，则又提供了这方面的方便。商会上层人物或藉年谊姻戚之情，或凭经营往来之谊，与之相互结纳，关系密切。在送呈商部拟设苏州商会的报告中领衔六人的身份可为这种情况的注脚：王同愈，五品衔翰林院编修；尤先甲，侍读衔内阁中书；张履谦，三品衔户部郎中；吴本齐，三品衔候选郎中；潘祖谦，盐运使衔分省补用知府；彭福孙，甘肃补用知府。至于会员中挂上捐补虚衔的则在在皆是，二届会员近百人次竟无一不有虚衔。这固然反映了清末捐纳之滥和商人们贪慕官势的虚荣而又卑怯的心理状态，尤为重要的则是官商畛域难分的趋向也势必影响到商会的立场和态度。

明乎此，也就不难理解，何以商会对于那些可以请托的达官显宦，总是满怀信任和依赖之感，何以每至捐税抗争危难之时，总情不自禁地向他们送达请援的要求。抗酱缸捐时，丹阳商会和溧阳商会在条议的办法中都曾提议发动全省同乡京官弹劾奏告，后者甚至将“言官入告”作为此次抗争的“归宿”和“紧要问题”、“同人之视线在此，结果之良否在此”①。在他们的活动下，丹徒籍官员姚某果允所请，联合同僚致书苏抚为之缓颊。与地方商会相比，苏州商会的活动能量就大得多了。他们更容易疏通紧要关节，进出高官府第，攀援有力后台。在反对浙盐改售洋码时，上文提到过的那个杭祖良正任国会请愿代表在京活动，得讯后，迅即拜会当时身居要津的“元和相国”陆润庠，奔走于大老之间，刺探度支部大臣兼盐政大臣载泽对此事的意向，密商办法，飞函苏州，供商会决策之用②。

统观捐税抗争全过程，态度的坚决与否恰同与官绅的亲疏成反比例。一般说来，苏州商会不如外地商会，身家较大的商人不如较小的商人。大酱商潘廷枞在面临提讯拘押时的表现是有代表性的。他想退缩，但又碍于外府同业“团体甚坚”，如果私相妥协，必遭“外府痛打，拆毁房屋”乃至“家破人亡”。两

① 苏州档案馆档案：乙$_{2\text{-}1}$，120/24。

② 苏州档案馆档案：乙$_{2\text{-}1}$，156/7。

害相较，还以受押为得。这种“势成骑虎”的矛盾心理，终于使他产生一种卑劣自私的念头：希望当局不要“专责”自己，而先“从外府办起”①。

其次，它又表明，苏州商会毕竟是新世纪的产物，它不能不受到时代潮流的影响。

市场是一个直观性极强的学校。通过与洋商洋货的利权竞争，通过与南洋各埠的商事往来，通过与各大商会的互通声气，凡此种种，无不推动苏地商人缓慢地行进在趋新的途中。

政界又是一个充满戏剧性的舞台。预备立宪、谘议局、资政院多额议员选举、地方自治等活剧，商会躬逢其盛；张謇、黄炎培等立宪派名角在裁厘认捐活动中的客串，商会仰其风采；再加上输载新学的书报宣传品的广泛传播，苏州商会处在旧式商人从未经历过的新氛围中。耳之所闻，目之所接，大抵与一“新”字有关。

所以，尽管商人们在请求免捐的呈词中频频使用“伏乞哀恳”、“顶德上禀”之类的公文套语，但旧套中毕竟含有不少新内容。近代的商业意识和政治观念给这些正由旧式商人向新式商人转变中的人提供了新的语言和新的理论。

当筹款所调取账册压迫酱商就范时，“商律”、“公司律”、“簿计学例”之类新东西就成为他们反抗的武器。他们指出，调取账簿的做法只有在商家词讼牵涉账目或因倒闭欠缴官款时方能行之，官方无故调取，揆诸“商律”，“无此办法”。即使有查账之权的股东，在涉及营业秘密不便遽行公开时，按诸“公司律”，也有“不准率行查阅”之条。如以账册漫以与人，按“簿记学例”，则有“科罪专条”治之。因此，他们严正声明，决不接受凌辱，庶免愧对国内同行和西方先进。“商等虽愚，曷敢冒天下之不韪而为天下先，致商界之唾骂，且贻笑于全球乎！”② 洋广货业在抗捐时，也曾运用那些时髦的新名词向当局争理之短长：“如仍照从前少数人之意见，勒多数人以遵从，似失预备立宪、提倡国民之宗旨。”③

商会总理尤先甲在拟倡印花税时曾致王同愈一函，函称“二十年来苏省主持权务者”为“仇视新学之老学究”，彼等“事事胶柱，目光仅寸，徒就民气最靖之一隅，日事朘削不已。至商业之通塞及收税之盈缩，不惟不一研究，实并

① 苏州档案馆档案：乙$_{2\text{-}1}$，120/15。

② 苏州档案馆档案：乙$_{2\text{-}1}$，116/48。

③ 苏州档案馆档案：乙$_{2\text{-}1}$，112/8。

一无所知"①。溢之言表的对无能无知颟顸大吏的鄙视和愤懑之情，正好表明他们自居于对"新学"有所研究的地位。而从上文述及的他对印花税和落地捐的种种比较中，我们也分明可以看出"计学原理"、"交通"、"闭关"、"权利"、"义务"这些"新学"是他的立论依据。

正因为受到来自新旧两端力量的作用，所以苏州商会才在捐税抗争中表现得那样矛盾。它憎厌黑暗的官场和苛虐的官吏，却又时有逢迎之意，它诅咒不合理的捐税制度，却又深忧人民的反抗。然而，矛盾归矛盾，倾向还是在纷繁杂乱中表露出来了。尽管他们自称为沟通官商的桥梁，官商龃龉，便当持"抚下对上"政策，超然折中，以求"下有以对诸商，上有以对层宪"②。可是商会终究是商人的组织，商人的思想意识无论如何离不开具体的经济利益。俗谚道，铜钿银子关心境。对商人来说，关系更深，不唯心境而已。日筹夜算，锱铢必较，所为何者？千里负贩，市廛株守，复为何者？他们的立场态度往往是由眼前的算盘和账册所反映的盈亏涨缩来决定的。商务第一，利润第一，这是他们的唯一信条。敌友之分，亲疏之别，统统据此而定。所谓人是"经济动物"的谑称，如果移谥于唯利是图的资本家，看来绝非苛论。

对暴力行动的恐惧使这些良懦怯弱的商人认为，一个经过改良的封建旧政权要比革命新政权对自己更有利。所以，当预备立宪期限由九年缩短为五年的消息传来时，他们欢欣不置。其中翰林院编修出身而历任商会书记长、名誉会董、名誉议董等要职的蒋炳章的反响可说是有代表性的。蒋氏作为苏州商界代表而出任江苏谘议局议长，一得消息，"即私以谘议局议员全体名义分电枢府及各要津，以示代表欢祝之意"，电文中不乏"天恩高厚，感激涕零"之类的肉麻话。发电后即遭马相伯等议员当场质问，并专电辩正，否认蒋电为全体之意。蒋氏凑趣不成，难以为情，"如芒刺在背"③。然而，蒋氏在苏州的同事是安全的，他们背上没有芒刺，依然兴致勃勃拨出专款，组织各界热烈庆祝三日，高悬"立宪万岁"的横幅，在闹市元妙观前"高搭彩棚，并提灯游行"。国会请愿代表杭祖良由京归来，复组织盛大欢迎，"军乐前导，列队长驱，道路观者逾万人"④。这种热情，如与辛亥光复后各业对捐助革命军军饷的冷漠态度和对离苏

① 苏州档案馆档案：乙$_{2-1}$，109/46。

② 苏州档案馆档案：乙$_{2-1}$，120/7。

③ 《蒋炳章日暮途穷》，《民立报》1910年10月13日。

④ 《苏州通信》，《民立报》1910年10月10日。

他任的原苏抚程德全一再挽留的慊惓之情联系对比，那么，商会的政治倾向就最明白不过了。

四

那么，上述迭次捐税抗争的影响如何呢?

第一，捐税抗争增强了商人对封建政权的离心力。

在清末，江苏厘金征纳数字在全国居于首位。商会方面估计全省厘金年纳三百万，还是一个比较保守的数字。光绪末年，苏省厘金一直占全国厘金总数的五分之一左右。

年份	江苏厘金数（两）	全国厘金数（两）	比例
1905	3，755，910	17，590，000～18，190，000	20%～21%
1906	3，711，572	18，154，000～18，544，000	20%
1907	3，539，161	19，146，000～19，846，000	17%～18%
1908	3，887，046	20，417，000～21，117，000	18%～19%

（据罗玉东《中国厘金史》第464、469页表制，商务印书馆，1936年）

江苏厘局有苏、沪、宁三总局，苏局每年征解数字如何，以后宣统年间征解数字如何，罗著均未说明。兹据苏州商会档案中保存的厘局自制《宣统元二年苏沪两属厘金各项收数细册》，表列苏沪总数，以见一斑（取整数）。

年份	苏属	沪属
1909	库平银十万二千二百一两 洋六十四万五千二百四十六元 钱一百六十万三百八十二千文	库平银六十二万二千八百九十一两 洋二十七万二千九百八十六元 钱一百五万八千八百三十四千文
1910	库平银八万六千八两 洋五十八万五千六十八元 钱一百五十二万七千一百三十六千文	库平银五十四万四千九百三十二两 洋二十五万八千九百八十四元 钱一百二万八千二百七十八千文

由上表推知，宣统年间苏省解缴数字当有持续上升趋势，而苏属缴数又较

沪属为多。由上表大概估算，则全国厘金每征得百元，其中就有六至七元是从苏属取得的。如果考虑到原件注明的钱洋搭半解缴，每元作钱千文，而实际上宣统年间的苏州市价已是每元作钱一千三百三十文，则商民实际所缴当又不止此数。如果再考虑到局卡瞒报及局员中饱诸因素，则商民实际身受的重负当远远不止此数。厘捐纳入国库前所受亏耗，当局曾估计过："十分之中，耗于隶仆者三，耗于官绅者三，此外四分中，又去其正费若干，杂费若干，国家所得几何?"① 据此而倒算上去，则商民实受之害可以想见。

对于商民来说，国家威权常常是从税官的札饬、委员的票签和巡丁的铁扦上感受的。这些统治机体中专司觅食之责的触角和爪牙，其贪暴凶狠足使杜甫笔下的石壕吏辈自叹不如。彼辈颐指气使，叫嚣隳突，商民领教多矣。对于商民，厘卡可以恣意卖放偷漏，也可以随心阻留刁难。他们巧立名目设置的陋规私法，实集封建时代税务弊端大成：挂号钱、划子钱、查船规费、查货规费、灰印钱、浮收折价、出票钱、验票钱、补捐、苛罚、填换印照钱、换票钱，总之，一投手一举足，无不要钱。在他们的管辖范围内，他们几乎就是君上，对于商人具有予取予夺的权力。

对这些贪暴的伥鬼，商会并非没有斗争，结果却都以失败告终。以道员和署臬司出任筹款所的朱之榛其人，以刻剥商民凶悍著称。十倍加征牙税时，"严札各州县勒限追取，州县恐干撤任，星火传提，如捕寇盗，因而闾阎骚动，鸡犬不安，罢市逃亡，屡见报纸"。商会上控到御前，想扳倒此人，但督抚们却全力相保，在复奏中反称赞他"长于理财""勇于任事"，是司道中"不可多得之员"②。长洲县书吏陆某，勒抑花户，劣迹多端，民愤很大，商会查证确实，移文要求"究办"。长洲县不仅不准所请，反而声称陆某所为是其本分之事，嘲讽商会此文"命意遣词均属失当"。金匮县黄埠墩卡扦手宗某，因勒索不遂，故意将石灰船开舱扦量，以致石灰爆裂，船只沉没。商会控案苏藩，可是在金匮县庇护下，宗某仍得逍遥法外。在商会本意，或以为区区县吏、扦手，非根子粗硬的司道大员可比，诚不足当己一嘘。他们当然不会懂得，根植在封建专制土壤里盘根错节的毒根不切除，那附生其上的万千茎蔓就决非一嘘所能吹了。可

① 王廷熙等辑：《皇朝道咸同光奏议》第37卷，同治元年（1862年）户部《遵议整顿厘捐章程疏》，上海久敬斋，1902年，第1992页。

② 苏州档案馆档案：乙$_{2\text{-}1}$，15/69。

以说，正是统治者及其帮凶的种种倒行逆施使商民们的不满情绪层层累积，对封建国家政权这把钝刀子宰制自己的切肤之痛越来越切。所以，张謇那句名言是有代表性的："过捐卡，而不思叛其上者，非人情；见人之酷于捐卡，而非人之欲叛其上者，非人理。"①

商场就是战场。苏州的商人们发现，捐税重负已使自己在激烈的商竞中处于疲顿乏力的被动地位。且不说与洋商相竞势穷力单，就与外地商人相竞也常显得左支右绌，难以招架。由于捐章繁复，各地实施不一，因而产生畸重畸轻的情况。有的厘卡为增加税入以谋奖叙，想方设法吸引商人通过本局卡。"淞沪厘局因捐数不旺，招来〔徕〕商人有觔两放大、捐价减成之办法。"镇江也压低捐章，使之"较苏地轻简"。上海和镇江两大商埠都以变通之法轻减捐税，结果"客商避重就轻，趋之若鹜。而苏州一省因税则偏重，裹足不前，几同瓯脱，视为畏途"。处在东西两端夹击中的苏商十分被动，绸缎商的叹息不为无因："昔为各货云集之繁盛之区，今成众商星散萧条之地。"② 洋货业也深有同感，"苏城东近于申，西近于镇江、常州、嘉兴、无锡、常熟，皆有雄大资本，堪为苏城之敌"③。在竞争中，苏州洋货业每况愈下，1904 年销货九千四百件，1905 年九千三百件，1906 年八千七百件，1907 年七千六百件，1908 年六千八百件，五年间减少三分之一④。桐油业情况完全相同。原由苏州转售嘉兴、湖州的业商，现在直接向产地订货，由汉口经上海转口嘉兴，绕越不少捐税，苏商与之相较，"致内外成本不同，各处均向嘉湖批进"。由于市场被夺，苏商经营"日就衰颓"，往昔六家业此，1909 年仅余其一⑤。

上述种种，无不加深苏州商人对这个只管算计虐待自己的政权的反感，但是，这种离心力始终受自身与封建政权相联相关的向心力的制约。驯顺的苏商要越轨而去，还需要时间，还需要事件，以便使"思叛其上"的心理积淀再积淀，然后才有可能进入"行叛其上"的新阶段。

第二，捐税抗争大大加剧了社会的动荡。

---

① 张怡祖编：《张季子九录》实业录第 4 卷，中华书局，1932 年，第 5 页。
② 苏州档案馆档案：乙$_{2-1}$，109/1～24。
③ 苏州档案馆档案：乙$_{2-1}$，112/8。
④ 苏州档案馆档案：乙$_{2-1}$，126/28。
⑤ 苏州档案馆档案：乙$_{2-1}$，109/1～24。

清政府为极端卑劣自私的要求所驱使，在攫取这些超额的捐税剥削的方式上也表现得十分愚钝。这样，它就在造成社会动荡加速自身消亡的过程中，充当了历史的不自觉的工具。

在当时苏州街头，那种愤而诉之社会公论的匿名揭帖出现不少。作为捐税抗争的一种补充形式，它更容易激起人们的社会动荡感。苏州商会档案中存有一份油印揭帖，对厘卡借故钱洋搭收抑勒商民作了控诉："该卡唯利是图，贪得无厌，于铜元则坚拒不收，于洋价则硬行抑勒，以致每银一元较市价短少五百余文，其敲骨吸髓鱼肉商民之手段可谓达于极点。倘同人等仍作噤声寒蝉，则商贾之受亏胡有底止？小民之生活势必益艰。"①

不过，商人总要把身负的苛捐重税转移到广大消费者身上。因此，捐税苛重刺激物价，物价猛涨加剧社会动荡，这一恶性循环是无可避免的。压在社会最底层的劳动者度日维艰，这里且以一八九九年苏城纱缎业的工价及售价作为参考：

纱货名	规　　格	工价（文/尺）	售价（元/尺）
大汗衫纱	门幅 2 尺 8 寸，竖用纱经，横用纬，头行 1600 根，每寸织 36 梭	36	四角六分
小汗衫纱	门幅 2 尺 2 寸，竖用纱经，横织行，头行 2480 根，每寸织 48 梭	52	二角八分
西局纱	门幅 2 尺 2 寸，竖用纱经，横用绒，头行 2640 根，每寸织 60 梭	64	三角一分
经昌素纱	门幅 2 尺 2 寸，竖用纱经，横用绒，头行 2640 根，每寸织 64 梭	60	二角九分
葛纱	竖用纱经，横织行，头行 2500 根，每寸织 52 梭	58	三角
纱三元袖	门幅 2 尺 6 寸，竖用纱经，横用绒，头行 2840 根，每寸织 64 梭	80	八角

① 苏州档案馆档案：乙$_{2\text{-}1}$，122/9。

续表

纱货名	规格	工价（文/尺）	售价（元/尺）
红芝素纱	竖用纱经，横用绒，头行2520根，每寸织56梭	50	三角
元色雄地纱	门幅2尺，竖用纱缎，横用绒，头行2000根，每寸织40梭	24	二角

缎货名	工价（文/尺）	售价（元/尺）
头花累	84	四角三分
二花累	77	四角
三号花累	62	三角八分
头素累	65	四角
二素累	59	
三号素累	47	三角五分
二尺八寸贡缎	84	四角五分
三尺二寸贡缎	98	五角五分

（材料出处：《纱缎业沧桑回忆录》）

根据海关报告，1905年左右苏州丝织工人的日工资为二百文，1910年也仅增至三角。考虑到工人是在自备花本（织花纹用的纸版）和机泛（机织附件）等生产工具的情况下取得如许微薄的工资，那么，资本家即使捐税加重，从工人那里剥削所得仍颇可观。

与之成鲜明对照的是，这十年间苏城基本生活必需的物价却上涨了一至二三倍。下面综合有关材料制成一表，借以说明问题。

货名	1899年	1902年	1909年	1910年
米（石）	2元	4.10元	5000文（糙米） 6000米（白米）	7.00元
柴草（担）	140文	200文		450文
猪肉（斤）	80文	140文	160～180文	280文

续表

货名	1899年	1902年	1909年	1910年
面粉（担）	2元		6元	
盐（斤）	24文		60文	
黄豆（担）	1两4钱～1两5钱		4两	
菜籽（担）		2.90元		4.10元
菜籽饼（担）		1.00元		1.60元
房租		100%		150%～200%

（材料出处：1899年项下见《纱缎业沧桑回忆录》；1902和1910年项下见《中国十年海关报告1902—1911》苏州口所载，转引自汪敬虞编《中国近代工业史资料》第二辑，第1247页；1909年项下见苏州商会档案109/1～24，苏城米、酱、肉等业“反对印花税理由书”）

随着物价上涨，唯恃十指营生的升斗小民生活日益恶化。于是，市民为米价腾贵而抢米，工人为增加工资而罢工。例如，1907年布业印花染匠为增加工资而罢工，“聚众加价，扣布不交”①。1908年，苏州纱缎业机工的罢工斗争引起远在日本的中国无政府主义者的注意。1909年，纱缎业机工复为增加工资而“强抢机梭，勒令停工”，“啸聚暴动，势甚汹汹”②。到辛亥武昌起义前夜，这种情况已达极点：“工商各业，如织机七千部，玉石作若干家，以及他项生理，悉于是时停罢。失业者数千人，悬揣大势，似有肇乱之象。……惟是各行辍业，若辈工役生计固穷，而小贩营生暨中等社会，亦定有难言之苦况。”③ 所有这些，与苏城四乡风云骤起的抗租、索账、抢米、反对调查户口、抗钉门牌等一系列风潮相互呼应，号称“天堂”的苏城再也平静不下来了。当时梁启超形容国内通都大邑的经济危机和社会动荡的那段文字堪为苏州之写照：“十年前号称殷富之区者，今则萧条满目，而商民之破产，目有所闻，金融紧迫，无地不然。

① 苏州档案馆档案：乙$_{2\text{-}1}$，299/88。

② 苏州档案馆档案：乙$_{2\text{-}1}$，252/79。

③ 《宣统三年苏州口华洋贸易总册》下卷，引自彭泽益：《中国近代手工业史资料1840—1949》第2卷，中华书局，1962年，第611～612页。

自上至下，皆有俯然不可终日之势。”①

第三，捐税抗争确立了苏州商会在本地区的领袖地位。

根据苏州商会试办章程规定，总会只有“维系所属分会之责”，并无上下领导的隶属关系，可是通过接连不断的捐税抗争，共同一致的利害关系使彼此间的联系大大加强了。每遇重大事件，各会唯此马首是瞻。在牙税、酱缸捐、印花税、统捐的反抗过程中，反映得尤为显著。他们此呼彼应，沆瀣一气，相与当局周旋。苏州商会的盟长身份因此奠定。前文述此已多，此处不再赘论。

到武昌起义之时，苏州商会已经度过了自己整整六年的幼年时期。它之捐税抗争，是风雨如晦中的一声鸣啼，它宣示那个严重阻遏经济发展的国家政权行将走到大崩溃的边缘了。然而，武昌突发的枪炮可以打倒一个朽烂了的政权，却未能结束陈旧的税制。即以那令人诅咒的厘捐制度而言，它之寿终正寝还在二十年后的一九三一年。命中注定，苏州的商业资产阶级得和全国各地的同业一样，背负着因袭的捐章税法蹒跚而行，摆在它们面前的仍是一条荆棘丛生、充满忧患艰辛的道路。

苏州商会绝不具有开创性的性格，它太缺乏丰富的想象和进取的勇气了。纵然它日后在一个稍有改善的生存空间中成长发展，得意时也能整饬羽毛，欢腾跳跃，引吭而啼。但是，先天的不足和后天的重负则使它更经常地处于冠垂羽铩茕茕孑立的窘困地位，它始终不能凌空飞翔，而永远只能像经典作家所形容的某些西方前辈一样，屈身在历史条件造就了的那肮脏低矮的樊篱下踟蹰觅食。

[与林植霖联名，原载《近代史研究》1985 年第 3 期]

① 沧江：《论中国国民生计之危机》，《国风报》1910 年第 1 年第 11 期，第 6 页。

反思的历史和对历史的反思及其它

——章开沅中国近代史论文读后

章开沅教授多年从事中国近代史的教学和研究工作，从二十世纪五十年代中期开始发表学术论文，到目前为止，除与林增平教授共同主编的《辛亥革命史》(全书三册120余万字）之外，已发表的论文近百万字。最近，他从自己所写的数十篇论文中选出二十篇，以《辛亥革命与近代社会》为题结集出版了。我们先睹为快，读了这本论文集和一些未曾入选的文章，略有所得，写出来就教于广大读者和作者本人。

题目中的“反思”一词，意为对本质的把握，“反思的历史”，是我们对作者治史道路和过程的把握；“对历史的反思”，则是讨论作者如何对中国近代史，尤其是对辛亥革命史加以本质的把握。

一

作者曾说“我们这一代人，是在民族灾难空前深重的岁月里长大的……正是这样的生活经历，使我们比较容易理解中国近代史的内容，比较容易对那些爱国御侮、革新救亡的史事产生共鸣”①。二十世纪五十年代初，他把中国近代史研究的重点，放在太平天国史方面。1954年，他参加接待一位民主德国的历史学者，连日陪同参观辛亥首义遗迹，访问健在的辛亥老人，感到辛亥革命的历史确实是一个颇为广阔的学术天地，在这个领域里，前人留下的真正具有科学价值的成果并不很多，而需要研究的课题简直俯拾皆是。他觉得自己有责任去从事中国近代史中这一较为薄弱的分支的研究。

1961年，他向辛亥革命五十周年学术讨论会提交了与其他同志合写的《从

① 章开沅：《辛亥革命与近代社会》自序，天津人民出版社，1985年。

辛亥革命看民族资产阶级的性格》和《武昌起义与湖北革命运动》两篇论文。前者从宏观着眼，围绕着对待工农群众反帝反封建斗争的态度这一根本问题，探讨了中国资产阶级的政治趋向，把资产阶级区分为买办官僚资产阶级和民族资产阶级两大部类，又进而将民族资产阶级划分为上、中、下三个阶层，并且分行业（工业、商业、银钱典当业）、分阶段（辛亥革命的准备阶段、爆发阶段、失败阶段）分析它们的政治态度和经济上的动因。他提出，买办官僚资产阶级惯于使用“反革命两面政策”，这不是什么两面性的问题；而民族资产阶级上、中、下层的两面性也不尽相同，上层的两面性“从来未曾表现为革命与妥协，而只是在一定历史时期体现为进步与反动”，中下层则具有革命和妥协的两面性，而“动摇是其基本特征”。

这两篇文章以翔实的史料和严密的逻辑力量获得了到会学者的好评。会上，吴玉章、范文澜等前辈谆谆嘱咐：“不要停留于写论文，要努力写出大著作来。”从此，作者一直以此为目标鞭策自己。

会议之后，作者一方面加强了对辛亥革命史的深入研究；一方面继续从事太平天国史探讨。可以说，他正是通过对中国近代史上的两大事件——太平天国和辛亥革命的交相研究，对旧民主主义革命时期两支社会力量——农民和资产阶级的深刻认识，才得以形成对中国近代史的整体了解，从阶级力量的配备和关系的变化中，把握了这八十年间近代民族解放运动的主要线索。

其后的所谓“文化大革命”，对于思想学术界是一场浩劫，作者在这一过程中也饱经忧患。然而，他正是在忧患中通过对马列主义的再学习和对中国近代史的再认识，发现我们“自己对国情的已有认识毕竟是有限度的。至少，我们对封建主义影响的深远就估计不足，否则个人崇拜何以能够在中国大地上如此泛滥一时？‘四人帮’的文化专制主义何以能够一度那样猖狂”①？在反思检讨中，他的认识得到了深化。正因为如此，所以，尽管在“四害”肆虐的日子里，研究辛亥革命，尤其是科学地评价中国民族资产阶级，风险很大，动辄就会遭到“资产阶级中心论”、“资产阶级决定论”、“资产阶级高明论”之类的棒击，但作者还是在1976年，将个人得失置之度外，毅然与林增平教授等人着手撰写《辛亥革命史》。

党的十一届三中全会之后，中国的历史进入了一个崭新的时期。新形势和新任务向史学工作者提出了新要求、新课题。作者认为，无论是从马克思主义

① 章开沅：《辛亥革命与近代社会》自序，天津人民出版社，1985年。

史学的根本任务来看，还是从历史的延续性来看，中国近代史，尤其是辛亥革命史，都是最富有意义的一环，它不仅能通过总结经验教训丰富人们的思维，还能培养人们的爱国主义感情，教育人们坚定地走社会主义道路。他说过，“我现在最感兴趣的是二十世纪初年活跃在历史舞台上的那一代青年……他们崇高的爱国主义精神，为后世留下了一笔宝贵的精神财富。这种爱国主义……是以对于时代、祖国和社会的客观剖析和理论思维作为认识基础的。因此，我们不难发现，在这一代青年的言论文字中普遍地存在着一种感人至深的时代紧迫感和历史使命感”①。于是，深入发掘这种最可宝贵的精神，遂成为作者致力所在。在认真剖析时代和社会背景的前提下，作者不仅继续从事对资产阶级本身的考察，同时加强对他们的政治代言人——不是一个或几个领袖人物，而是整整一批先进知识青年的研究。因为在他看来，当年那些志士仁人们留给我们的，并不仅仅是爱国主义精神，他们对刚刚到来的时代的预测，对新的社会潮流的分析，对西方近代自然科学和社会政治学术的传播，对旧学和封建道德的批判以及重新清理传统文化的实践，都给人们留下了相当丰富的遗产。对这些遗产的批判继承，是建设社会主义精神文明不可缺少的组成部分。而他们对封建传统自觉或不自觉的习染，他们的思想局限、性格弱点以及在有关历史阶段的种种表现，同样值得我们深入探究，借以了解其社会根源并从中汲取经验教训。总之，作者“研究这一代人”和“研究产生这一代人的社会”，既是执着地为了“发展辛亥革命研究”，也是切实地为了“今天的四化建设”②。

在人的认识过程中，反思从来就是一位聪俊清醒的向导。它总是不断对经历之途加以回顾总结，从而理智地引导自己的主人进入新的境界，获得新的成功。对一位史学工作者来说，取得成功的条件多端，但善于通过反思以增长自己的才识和勇气，毕竟是非常重要的一端。因为“史学家的责任”和“历史的使命感”云云，应该说对任何人都是“机会均等”的，但在事实上，又非任何人都能感觉到并敢于进而承担它们。这恐怕与能否自觉从事反思不无关系吧。

二

中国近代史和任何国家、任何社会的历史一样，是在社会基本矛盾的运动

① 章开沅：《我与辛亥革命史》，《书林》1983年第6期，第18～20页。

② 章开沅：《辛亥革命与近代社会》自序，天津人民出版社，1985年。

中形成的，其间贯穿着生产力和生产关系、经济基础和上层建筑的矛盾。必然性与偶然性的统一，现象与本质的依存，规律性与多样性的渗透，使得这八十年的历史呈现出异常丰富而复杂的图景，加之如烟似海的众多史料，以及封建史学、资产阶级史学在这个领域中的影响，在某种意义上造成了这个领域中科学研究的难度。

作者高度重视马克思主义理论的指导意义，始终坚持实事求是的认识路线，并且力求达到理论的高度与史料的深度的统一。他的理论兴趣和素养使他具有哲人的素质，而运用史料之精审，又颇有考据家的器度。他的文章富于新意，与其说是因为在选题时独具慧眼，毋宁说是他善于对具体而丰富的历史现象加以分析和综合，深入地揭示隐藏在现象之后的本质和规律。

作者在辛亥革命史领域中的重点研究对象是资产阶级，但他所重视的，不仅是这个阶级政治活动的轨道，更注意剖析他们生活于其间的那个时代和社会环境，以说明这些轨迹的成因，说明资产阶级于当时社会所起的作用。比如说，他对辛亥革命之前江浙地区民族资产主义的发展状况作了深入细致的考察，对那里的纺织、食品、矿冶、铁路、航运等企业的数字和职工人数作了统计，又探讨了资产阶级如何把势力伸进商会、公所、市政管理、地方自治机构、慈善机关、文化教育事业，乃至“商团”武装的历史情况，从而确认当时中国的民族资产阶级已初步成为一支独立的社会力量。他并且将中国资本主义的发生发展，纳入世界资本主义发展的大范围内考察，将中国的情形与尼德兰、英国、美国、法国资产阶级革命发生时期的工业状况展开比较研究，确认当时中国民族资产阶级“所拥有的新的物质前提并不逊色于他们当年的欧美前辈”①，从经济基础的问题上有力地论证了这个阶级固然幼弱，但它的发展程度却已经从根本上决定辛亥革命的性质。此外，作者还从同盟会的性质、政纲，先进知识分子的言论文字中所体现的思想认识等诸多方面，论证了这一根本问题。这就不仅科学地说明了当时所使用的“排满”口号实际上所具有的时代和阶级内容，而且批驳了台湾某些学者认为辛亥革命是“全民革命”，欧美许多学者认为辛亥革命是“绅士革命”，苏联若干学者夸大满汉民族矛盾、视辛亥革命为陈旧格局的民族斗争的种种错误见解。

在论证辛亥革命的资产阶级性质的同时，作者深刻地指出，无论是资本家

① 章开沅：《辛亥革命与江浙资产阶级》，《辛亥革命与近代社会》，天津人民出版社，1985年，第104页。

本身还是这个阶级的政治代表，都是“资本主义经济范畴的人格化”，在最终极的意义上来说，资产阶级无疑是“把‘装满自己的钱袋’当作公开的‘生活的目的’”①。而且，由于他们与帝国主义、封建主义有着不同程度的联系，特别害怕工农群众的反抗斗争。资产阶级与他们的政治代言人相比，他们更为软弱，更加害怕动荡。因而在民主革命中，中国的民族资产阶级本身不能“作出自我牺牲和英雄行为，需要由小资产者（包括知识分子）、农民、工人以及其他下层群众挺身而出履行那些本来应当由资产阶级自己完成的职责”②。

历来论及中国民族资产阶级及其政治代表的内部分歧的文章，均鲜有以确凿的史实论证其经济动因的。但作者却通过考察后指出，武昌起义和攻克南京之后，湖北和江浙在各省代表会议及南北和谈的地点之争，“表面上是在上海与武昌两个政治集团之间进行的，但背后却隐藏着江浙与湖北两个地区资产阶级之间的经济利益的冲突，政治中心的争夺实际上就是市场、利润的争夺”③。

对于资产阶级代言人的华美约言，作者也加以冷静的分析，认为“‘自由、平等、博爱’的口号尽管在当时曾经具有巨大的吸引力，但归根到底无非是雇佣奴隶制的外衣”④。他强调对旧民主主义革命时期资产阶级在政治、经济、思想文化诸领域的活动的考察，“剖析其狭隘的阶级内容……注意把资产阶级民主与无产阶级民主严格区别开来”。但这种分析不是简单的“立足于批”，他提出，要注意“区分上升时期的资产阶级和没落时期的资产阶级”，“区分民主革命时期的资产阶级和社会主义革命时期的资产阶级”，“区分压迫民族的资产阶级和被压迫民族的资产阶级”，决不能“持虚无主义的态度来抹杀资产阶级革命在历史上的贡献”。他说，在这八十年的民族运动过程中，“人民群众斗争”无疑始终是“历史主体”⑤。但是，由于农民不与最先进的生产方式相联系，工人阶级又还处在自发状态，在这种特定的历史条件下，民族资产阶级成了进步的社会

① 章开沅：《从状元到资本家》，《华中师范学院学报》1978年第2期，第29页。

② 章开沅：《辛亥革命与江浙资产阶级》，《辛亥革命与近代社会》，天津人民出版社，1985年，第132页。

③ 章开沅：《辛亥革命与江浙资产阶级》，《辛亥革命与近代社会》，天津人民出版社，1985年，第129页。

④ 章开沅：《论辛亥国魂之陶铸》，《辛亥革命与近代社会》，天津人民出版社，1985年，第41页。

⑤ 章开沅：《解放思想，实事求是，努力研究辛亥革命》，《辛亥革命史丛刊》第1辑，中华书局，1980年，第1页。

力量，以孙中山为代表的民族资产阶级和小资产阶级（包括其知识分子），提出了明确的政治纲领，使中国人民的反帝反封建斗争正规地进入了资产阶级民主革命的阶段。基于这样的认识，他分析了民族资产阶级在发生和发展的过程中与帝国主义、封建主义的矛盾，从历史辩证法的高度肯定了民族资本主义产生的历史意义，尤其是肯定了他们的政治代表——当时那一批先进的中国人在山河破碎、国权沦丧的条件下，以国家的主人翁自居，奔走呼号，义无反顾地走上了救国救民的道路，在政治、军事、文化各条战线上，为民族解放事业作出了贡献。

作者还坚持批判封建史学的陈旧格局。他认为，封建史学的影响不仅表现为“正统观念”和“为考据而考据”，还体现在偏重政治和君臣事迹，表现为强调惩恶劝善的所谓“史意”和褒贬“笔法”，“以个人为中心，以政事为主体，以褒贬为笔法，以劝善惩恶为宗旨”。他认为这些陈旧观念严重地阻碍了人们去全面、客观、科学地认识社会历史。他强调，“必须遵循马克思主义的原理，把社会运动真正看作是服从于一定规律的客观存在的自然历史过程”①，开阔视野，解放思想，进行多角度、多侧面、多层次、全方位的分析研究。

作者的研究活动就是这样进行的。诸如辛亥时期的经济背景、各个阶级阶层的性格、各个派别的政治活动、文化思想领域里的新旧冲突、下层群众的自发斗争、帝国主义的动向、清王朝统治集团的举措，还有会党、新军、商会以至黄兴、张謇等具体人物，无一不在他的考察分析之中。在他的笔下，一幕幕历史背景，一桩桩历史事件，一个个历史人物，无不通过思维之筛的清滤，从纷繁错杂的历史中栩栩如生地再现出来，给人以深刻的印象。阅读他的论文，读者绝无散漫支离之感，因为这些文章紧紧围绕着一个中心：即自鸦片战争到五四运动之间的中国近代民族运动。他的论文，正是分别从经济、社会思潮、阶级力量的配备及其相互关系等方面展示了中国近代社会的运动过程，因而自成一个体系。这个体系本身，就是与各种陈旧的史学思想、史学格局决裂的产物。

作者坚持了从个别到一般，从一般到个别的复式研究方法。他对资产阶级的研究，一是剖析辛亥革命的经济背景和阶级基础，前已讲到的《从辛亥革命看民族资产阶级的性格》，在表述上就是从“一般”、从整体上考察民族资产阶

① 章开沅：《要加强对辛亥革命期间社会环境的研究》，《辛亥革命与近代社会》，天津人民出版社，1985年，第209页。

级的特征的，而同时写的《武昌起义与湖北革命运动》则是从“个别”、从局部展开分析研究的。其后，作者加强了一系列“个别”的研究，就区域而言，在剖析了湖北地区之后，又深入考察了江浙地区；就集团而言，在研究了同盟会之后，又进而解剖了具有资产阶级性质的其他社会“细胞”，如商会、市民公社等；就对资产阶级本身而言，在探究了民族资产阶级的上、中、下层分野之后，又致力于研究其上层的代表人物张謇。二是探讨二十世纪初年的社会思潮，其路途则明显为从“个别”到“一般”。比如，他分析了1900年到1903年知识界的觉醒和飞速进步，讨论了进步青年如何从爱乡到爱国，从不满现状到认识国情、世情，认识时代特征，乃至形成带有民族、民主精神的爱国主义和革命思想，从而把握了二十世纪初年社会思潮的实质和整体。

三

作者对马克思主义的信仰是坚定的。但是，作者在强调坚持马列主义、唯物史观的同时，又反复申言，不能“简单地向经典著作寻找有关结论”，“重要的课题是如何把理论与史实紧密地结合起来”。这在前面分析他有关近代史的具体研究时，就可知道他对此一直是身体力行的。他还中肯地批评了过去辛亥革命研究中“某些喜爱大而无当的泛论的毛病”。对于资产阶级研究，他认为不能老是停留在两个类型（买办资产阶级和民族资产阶级）、三个阶层（民族资产阶级的上、中、下三层）的“不分行业、地区的‘一揽子’式的考虑和论述”，强调要像马克思、恩格斯研究欧洲各国资产阶级那样，分析研究“多个地区的特点”，而且着重分别研究“金融、商业、工业等各种类型的阶级性格差异”①，以便加深对资产阶级的内部结构和外部环境的认识。他觉得，史学工作者的任务，不仅应该“着重探索阶级斗争在各个国家、各个阶段的具体表现”，还应该“要对阶级斗争这一概念作完整的理解，不能把它看成是游离于经济、文化之外的，仅仅是涉及政治的暴力行动”②。

在人物评价问题上，作者主张还历史人物以本来面目，为达此目的，阶级分析仍是先决的基础。例如，他认为评价洋务派人物，不能把他们的经济、文

① 章开沅：《辛亥革命与近代社会》自序，天津人民出版社，1985年。

② 章开沅：《民族运动与中国近代史的基本线索》，《历史研究》1984年第3期，第51、56页。

化活动与政治活动“割裂开来”，更不能无视他们所依附的阶级和效忠的政权已经更加腐朽并且日益屈从于西方殖民主义者这一“严峻的客观事实”①。但是，阶级分析法不是简单浅薄的“好坏分类法”。这里，不能以封建的道德观念为准绳，也不能以对领袖人物的亲疏向背为坐标，而必须把握住人物活动的全体，分析人物思想上各种趋向的变化，具体人物具体分析，乃至分阶段的分析评价都是必不可少的。不能因为某些人物晚节有误就否定其一生，也不能因为另一些人物后来立地成佛了，就忽视其以前曾操屠刀的历史。

作者是一位主张开放交流、敢于引进借鉴的学者。对于外国历史学者的一些研究方法，如比较研究、区域研究、个案研究、量化统计，乃至其它一些社会学、人类学的研究方法，他均有所借鉴和肯定。这样做，不是猎奇，更不是赶时髦，而是为了开阔思路和不断改进研究方法。而这样做，又是建立在对包括自己在内的中国史学工作者的能力充分自信的基础上的。用马列主义武装的无产阶级史学家，不仅能敏锐地鉴别良莠，也能大胆地吸收和改造。作者正是这样做的，所以有些外来的研究方法一经择用，他就把它改造成为中国式的并且具有自己个性特色的方法。对于外国学者的观点，于正确的敢于肯定，于谬误的也不予以轻蔑，一切都经过自己的深思，旗帜鲜明而又心平气和地开展讨论。正因为这样，他的研究工作在欧美和日本都赢得了广泛的尊重。

作者又是一位十分谦逊的学者。他常说，要慎重地考虑别人的意见，因为一名成熟的历史学家的观点，往往是经过很长时间的思虑才形成的；对于一些青年史学工作者的成果，他也总是注意发现并极其珍视其中的合理成分。但对自己的研究心得，他却并不视为不易之定论。细心的读者可能会发现，在二十世纪五十年代那场关于中国近代史的基本线索和分期问题的讨论中，他是赞同“用阶级斗争的表现作为分期标准”的，他认为阶级斗争“集中地反映了经济基础的变化”，“也反映了各种上层建筑的变化”，“阶级斗争包括了民族斗争”，并以此为着眼点，把中国近代史分为三个时期：从 1840 年至 1873 年为半殖民地半封建社会的开始和第一次革命高潮时期，1873 年至 1905 年为半殖民地半封建社会的完备形成和第二次革命高潮时期，1905 年至 1919 年为半殖民地半封建社会的继续发展和第三次革命高潮及新民主主义革命的酝酿时期②。二十余年后，

---

① 章开沅：《民族运动与中国近代史的基本线索》，《历史研究》1984 年第 3 期，第 51、56 页。

② 章开沅：《关于中国近代史分期问题》，《华中师范学院学报》1957 年第 1 期。

他认为，中国近代史仍“是以作为真正动力的阶级斗争为基本线索”的，但阶级斗争“在各个国家各个阶段的历史中又各自有其千差万殊的具体特点和表现形式”，从中国近代史上人民大众与帝国主义的矛盾是社会的主要矛盾、反对帝国主义与封建主义的斗争一直是时代的主题这一角度来看，把民族运动看作是中国近代史的基本线索，则更贴切一些。因为“近代中国的民族运动，是一种兼具民族独立和社会革新双重要求的混合型运动”，它的内容极为丰富，诸如民族战争、农民起义、政治上的革新革命、经济上的兴办企业、文化上的发展教育均应包括在内。从这些内容的内在联系综合考察，他把中国近代史的全过程分为“两个阶段、三次高涨”：1900年以前是第一阶段，“这一阶段的民族运动带有较多封建落后的因素，1900年以后的民族运动则具有更为明显的近代特征”。“在第一阶段经历了太平天国和甲午战争之后的戊戌维新、义和团运动这两次民族运动的高涨，在第二阶段又经历了辛亥革命这次更为具有近代特征的民族运动的高涨”①。我们认为，经过补充修正后的看法，更能反映近代社会的整个进程和诸多方面的变化。

再如，在他的成名之作《从辛亥革命看民族资产阶级的性格》一文中，作者曾经认为，同盟会“是一个从资产阶级小资产阶级急进派、资产阶级自由派直到地主阶级反满派的松懈联盟”。十余年后，他根据二十世纪初年民族资本主义和民族资产阶级的发展状况，认为当时业已具备建立资产阶级革命政党的经济基础和政治基础；资产阶级、小资产阶级知识分子的成长，为资产阶级革命政党的建立作了思想和组织准备；孙中山已经成为革命人民公认的领袖；同盟会还有一个明确的、为多数党人所接受的革命纲领和政党的组织系统。据此，他提出，“同盟会是一个资产阶级革命政党”，并且郑重表示，在“同盟会内部，究竟是否存在着资产阶级小资产阶级急进派、资产阶级自由派和地主阶级反满派这三种力量的政治分野，也是一个需要重新考虑的问题”。在他看来，同盟会中虽然“存在着左、中、右的分野，但区分左、中、右的标准则应着眼于‘民主主义各种程度上的差别’”②。

可以说，正像中国近代社会的发展是一个自然历史的进程一样，史学工作

① 章开沅：《民族运动与中国近代史的基本线索》，《历史研究》1984年第3期，第59页。

② 章开沅：《论同盟会的性质及其内部分歧》，《历史研究》1978年第1期，第35～47页。

者对中国近代史的认识同样有一个过程。凡属科学的、开放型的认识体系，都必然具有吸收他说、自我改造的功能。更全面更深刻的理论思维，往往不是一次就能形成的。认真的讨论，广泛的交流，促使史学家们不断地去学习理论，在更大的认识范围和更高的认识层次收集和审核史实，并且通过否定或者修正补充前说等方式，使自己越来越接近于对中国近代史本质的把握。作者一贯主张百家争鸣，自由研讨，目的也正在这里。

四

在文字表达上，作者经由长期的实践形成了自己的风格。

人们常常听到这样的史学评论：有的论著立论和材料都颇见功力，但美中不足在于文字表达，枯涩滞重，对读者的吸引力不大。因此，史学界多年来一直在呼吁，希望有更多一些史文并秀的佳作问世。

这就涉及一个所谓“智力结构”的问题。我们认为，作为一名理想的史学工作者所必备的条件，除了严密的理论思维能力、合理的知识组合和科学的研究方法之外，运用语言文字表达复杂思维的素养也不容忽视。优秀的史学论著，总是凭借丰富深刻的思想内容和晓畅动人的文字表达把读者引入一种高远的学术境界。在近代，那些著名的史家无不重视史笔的训练，他们也总是形成了自己的文字风格。梁启超的笔端常带感情，章太炎的古朴典雅，郭沫若的文辞驰骋，范文澜的叙议璧合，吕振羽的精于剪裁……都是他们文字表达方面各见功力之处。

那么，作者的风格特点是什么呢？

在我们看来，他的文字熔哲学的思辨和文学的风采于一炉，行文流畅活泼，词语丰富精当，表情达意，简洁有力，具有很强的可读性。概括而言，如王充所说“华实俱成，文义浃备”，他足以当之。具体而言，则有三点颇堪注意。

善于以情动人，此其一。作者的文字极富感情色彩，这是建立在历史真实性和对史事深刻理解基础上的抒情笔调。试读全书首篇《时代·祖国·乡里》，作者饱蘸重彩浓墨，为读者描绘了一个呼啸而来的二十世纪新时代，一群锐意革新爱国爱乡的志士仁人。如果说，当年那些去国离乡的海外游子，曾以自己用鲜血和生命凝铸的诗文，有力地叩击过读者的心弦。那么，而今作者通过自己冷静的分析和热情的宣扬，亦叙亦议，亦歌亦吟，把散见于当时诗文之中的一缕一掬忧国伤时眷念乡里的情思，抽绎汇聚，编织成篇，从而把这一代爱国青年的激烈情怀和炽热心扉敞开在自己的读者面前。作者以情载情，成功地再现了他们深沉的爱和恨、忧和乐，公正地指陈了他们的劳作及其业绩、局限及其影响。很难想象，笔端无情或寡情能写好这一类的论文。在书中另几篇文章中，作者也都以自己这一特长赢得了读者。

善于以理服人，此其二。作者的文字晓畅流利，却又并不一览无余。他有一些文字除了很适宜于讽诵上口，还很经得起“咀嚼”、“品味”。这些文字往往开掘较深，洞烛世情，阐幽发微，克服流俗的浅薄，发现蕴藏在历史深层的东西。研究中闪光点的不断呈露，当然多赖哲理之石的敲击。我们觉得，在作者的文章中，始终有一哲理的骨架存在。感情的血肉附丽其上才显出它绰约动人的风姿。因此，掩卷以后，读者每每可以深长思之。尤其对于青年史学工作者，由此产生的联想常常引发他们探究新问题的兴味。可以说，正是依仗坚实的哲理，作者的表达才训练得逻辑严密和说理透辟，从而赢得了众多的中外读者。

善于文随体异，此其三。在不同文体类型的文章中，作者能把握笔调，使之恰如其分。大体说来，作者叙述史事，则宏丽精整，铺陈得当，如《翁张交谊与晚清政局》一文，把相当纷繁的晚清政局从翁同龢和张謇交往这个特殊的角度写出，清晰异常。作者考订史实，则广征博引，质朴是尚，如《同盟会会名探源》一文，古今中外，探源溯流，如谈家常，如数家珍，娓娓动人。作者论辩答难，则从容不迫，气度恢弘，如《关于辛亥革命性质问题》一文，与台北学者相辩，有理有据，态度冷静，掌握分寸，辩驳得体。有关经济研究，则罗列数字，区别门类，条分缕析。有关思潮研究，则思如泉涌，文情并茂。总之，文体不同，作者则出之以不同的文字表达。在这里，没有斧凿之痕，一切出于自然，表现了作者驾驭文字的深厚坚实的功力。

然而，在文字表达上作者得以到达自由王国却并非偶然。

首先，在重视理论和史料的同时，作者从来十分强调文字表达，把文字表达的训练视为治史的基本功。他认为学好语言并非易事，因而长期以来注意语言文字的学习和锤炼。读者不难发现，他的文章广泛有效地吸收了古今中外那些生动活泼、切实有力、富有生命力的文字表达形式。作者经常教导青年史学工作者要不断加强“表达方法的训练，乃至于文字技巧方面的训练”。他认为，好的史学文章必须“通过严密的论证，把自己的思想提炼到很准确的地步，然后用一种具有比较深的意境的文字表达出来”。正因为如此，作者在论文集的《自序》中，把“文字风格”的“探索”和“尝试”作为自己“心愿”之一郑重提出。在这里，作者尽管没有借用孔子所说“文质彬彬”和文而行远之类的旧话，但他主张“文以载史”的意见却十分明确。人所共知，语言文字是思想的物质外壳。人们思维活动的结果，研究工作的成绩，必须依靠文字才能记载下来，固定下来。史学研究的成果如果不能得到相应媲美的语言外壳，那难免会使人产生有质无文之叹。

其次，在与史学密切相邻的学科中，作者特别喜爱哲学和文学。他对哲学和文学都颇有素养，但在文章中从不炫耀理论和卖弄词采。文史哲三者在他那里浑然合一，从而形成了自己的文字风格。他要求青年史学工作者阅读古今中外的哲学著作，自觉锻炼理论思维。他认为，一名好的史学家，首先应该有哲学的头脑。没有哲学的头脑，研究的格调就必然比较低下，不能升华到一种更高的学术意境。他自己正是这样身体力行的，整个对历史的反思过程都贯穿着这一点，从而使他的笔端不断涌现出一种具有深远意境的文字。

作者文字表达又得益于文学爱好不浅。有如《自序》开头所称，作者青少年时代的“爱好和志愿”是当一名诗人或作家，而从事史学工作倒多少有一点“出于偶然”。看来作者治史之余，始终未曾忘情于文学。作者嗜书有癖，涉猎颇广，文学类书籍占有相当比重。也许正是这种爱好使他见猎心喜，写下了对电影故事片《林则徐》的评论文章。该文收入集中，题目取自林则徐赠关天培诗，“傲霜花艳岭南枝”，非常耐人寻味。作者一语双关，以此歌颂了林、关等历史人物民族气节的芬芳，也以此赞扬了历史故事片《林则徐》是百花丛中的一枝艳花，巧拈一题反映了作者的文学才思。从内容来看，评论涉及影片的编、导、演诸方面，有关题材的剪裁，形象的塑造，演员的技巧，乃至一些细节描写，作者都提出了中肯切实的评论。无怪乎当年著名电影导演郑君里见文后要迅即来信，以行外知音相许，并以创作反映太平天国革命的电影剧本相邀了。

文学创作当然离不开形象思维，离不开丰富的想象。在我们看来，形象思维和丰富的想象对于史学研究来说，同样是非常有用的。列宁曾经高度评价丰富的想象在科学创造中的重要作用：“有人认为，只有诗人才需要幻想，这是没有理由的，这是愚蠢的偏见！甚至在数学上也是需要幻想的，甚至没有它就不可能发明微积分。”① 在史学研究中，应该容许想象的神骏在严格限定的历史真实性的范围之内纵情驰骋。画地为牢，死守史料，不敢越雷池一步，只能搞出“蜡人院”或“墓志铭”之类的东西。作者在这方面作了尝试。压卷之篇《血染

① 中共中央马克思、恩格斯、列宁、斯大林著作编译局译：《列宁全集》第 33 卷，人民出版社，1972 年，第 282 页。

峭壁凝春华》原本是史事调查，但作者却通过严谨的考订和丰富的想象，把发生在一百多年前太平天国英雄们悲壮的湖北阳新半壁山保卫战成功地再现在读者面前。作者还原了当年太平军浴血鏖战的壮烈图景，也还原了战后当地人民群众和清朝官方对烈士墓地爱憎不同的鲜明态度。(顺便一提，文中引用千人碑碑文，内有一字模糊不辨，作者录而存疑。今据上下文意，我们认为“余为哈(?)然”中这一存疑的“哈”字”当为“眙”字之沕。“眙”者，瞪目吃惊之貌。《文选》班固《西都赋》“犹愕眙而不能阶”。李善注：眙，惊貌。这就是那个清朝小军官（“余”）企图挖掉千人冢，而遭到当地农民群众坚决反对后舌挢目瞪的惊愕之态。证之作者，以为然否?）这篇文章一扫旧文人弔古战场文那种伤心惨目、鬼哭天阴的描写，洋溢着明朗乐观健康的情调，或许可以把它称之为新时代的弔古战场文吧。

元遗山诗云：鸳鸯绣出从君看，不把金针度与人。旧知识分子即使身怀绝技，也往往秘不示人，那是因为狭隘的眼界和胸襟限制了他们。章开沅教授积数十年功力绣出“鸳鸯”，增辉史苑，又时时“金针”明度，津梁后学。我们在他作品面前流连之余，不避浅陋，指点“鸳鸯”，探研“针法”，是希望金针普度。所以，区区一得之愚还望得到大方之家的教正。

［唐文权、罗福惠合撰，署名吴楚，原载《华中师范大学学报》1985年第5期］

熊十力《乾坤衍》探微

《乾坤衍》在1961年抄写影印自费出版，它是熊十力众多著作中最后问世的一部，因此，可视为作者一生思想的最后归宿。由于种种原因，熊十力思想过去在国内学术界未曾受到应有的重视。他的前期代表作《新唯识论》还曾引起过思想界的争议，《乾坤衍》则似还未见专门的评论。本文试图对它作一探讨，以期就正于国内外对之感兴趣的专家学者，并作为对这位早年以辛亥革命参加者现身，中年以后以哲学家问世的著名人物诞辰一百周年的纪念。

思辨的哲学体系：主观唯心主义的一元实体论

一名彻底和深刻的思想家，无论他是唯物论者，还是唯心论者，永远倾向于一元论。他总是借助于某一基本原则去解释现象。这是因为一个严密的思想哲学体系总要求取得一个最高的、明确无误的、可以凭其独特的性质逐步推演前进的出发点。熊十力就是一元论的坚决主张者，“哲学上的二元论，固不理应。多元论，尤不见根”①。他的整个哲学生涯，就始终以阐明一个统一的哲学体系为首要任务。

这个统一的哲学体系就是以“体用不二”的哲学命题作为出发点的一元实体论。

熊十力认为本体论是哲学的根本问题。“余以为哲学任务，在解决宇宙人生诸大问题，而实体之穷究，自不得不视为急务。”② 因此，《新唯识论》开卷第一章“明宗”就首揭本体问题，接着在“唯识”章和“转变”章中，又以“翕”和“辟”的相反相成关系，论述“体用不二”之理。所谓“翕”，即摄聚而成形

① 熊十力：《新唯识论》，商务印书馆，1944年，第195页。

② 熊十力：《乾坤衍·广义》，中国科学院复印，1961年，第24页。

质的能力，“辟”即有对于“翕”的另一种动势，与“翕”同起，刚健而不物化。“辟”即是心，即是体，“翕”即是物，即是用。翕辟不二，也就是心物不二，体用不二。熊十力在1958年所著《体用论》书中专述这个问题。《乾坤衍》在基本观点上没有变化，但却以《周易》中“乾”和“坤”这一对概念取代了“辟”和“翕”，使得“体用不二”的哲学命题进一步向传统文化归化了。他最喜欢以海水和众沤来譬喻体用关系。海水喻实体，众沤喻现象，腾跃不住喻功能。海水不能离开众沤而存在，海水即是众沤自身，众沤即是腾跃不住的显现。这譬喻被用来说明本体即现象，也即功能，三者实无分别，不可分离。在过去，他把海水比作辟，众沤比作翕，现在则把它们比作乾和坤了。《乾坤衍》把“大哉乾元，万物资始”释为万物资取于乾元，而成其大始，把“至哉坤元，万物资生”释为万物资取于坤元，而承乾以成物。这样，一元实体，其内部含藏乾坤两性，而乾坤又互相含受，成为一体，翕辟不二就变成了乾坤不二。

不但如此，《乾坤衍》还公开把“体用不二”的发明权归之于孔子名下。“孔子以体用不二立宗”，“夫惟大《易》，创明体用不二”①。熊十力认为孔子在《周易》中对体用关系问题作了精微深入的阐发，创明了“体用不二”的两大原则。

原则之一，肯定现象真实，万物真实。《乾坤衍》认为，孔子在《周易》中肯定实体不是离开现象而独存，肯定现象真实，也就是以现象为主。这种观点，反对哲学家妄想有超越现象而独存的实体，从而正确阐明了实体是现象的真实自体，在哲学上是一种“根本重要的创见”，可名之为“摄体归用”说。熊十力肯定现象真实，万物真实，这就辩证地阐明了本体和现象的关系。本体不在真实的现象之外，而就表现在真实的现象之中；真实的现象就是本体的表现，认识了它就可以从中认识到现象的本质。与此相联系，他正确揭示了佛、老、墨、汉宋易学家在体用问题上的共同错误，那就是离开真实的现象，另外虚构一种本体。他把佛、老的做法称之为“迷暗论”。佛家十二缘生之说以“无明”导首，将“无明”这一迷暗势力当作宇宙人生所由始，在认识的源头之处发生了偏差。老子把创造世界的客观精神本体的“道”比作一个“虚而不屈，动而愈出”的风箱。但风箱何以能虚而又不为无，又是谁鼓动于内使之生风？究竟“道”是世界的内在规律，还是创造天地的神？在这些本体问题上，老子都含糊其词，缺乏正确的见解。他又把墨子和汉宋易学家的做法称之为“目的论”。墨

① 熊十力：《乾坤衍·广义》，中国科学院复印，1961年，第4、36页。

子为学“不究本原，故不能扫除宗教之毒”。其《天志》、《明鬼》之论，要人敬天而畏鬼，“以天鬼自迷而迷人”①。汉宋易学家如程颐以乾道变化为有目的，坤道包括在乾道之内，这就成为唯乾论，也就是唯神论。要之，“目的论”也就是天命论或唯神论。熊十力认为，无论是“迷暗论”，还是“目的论”，都是在真实的本体之外另外虚构一种或为“无明”、“虚无”，或为“天帝”、“鬼神”的本体。这种“头上安头”、“骑驴觅驴”的做法，是对体用关系的歪曲和割裂，可名之为“摄用归体”说。

值得指出的是，熊十力把现象真实和万物真实的问题同人生的利害损益相联系，清晰地显示了理性主义的风貌。他认为“摄体归用”说肯定现象真实，万物真实，人生真实，世界真实，这样，“人生一切皆得自主自在，一切皆得自创自造”，形成一种积极乐观的人生态度。而如果不是这样，“摄用归体”，像“迷暗论”或“目的论”那样取消现象的真实存在，就只能引导人生投入不生不灭的“死体”，使人陷入“空虚”和“幻妄”，“自甘降低”人生的价值。

原则之二，宇宙万物是从过去到现在，趋于未来，发展不已的全体，因此不宜割裂现象，妄有取舍。熊十力认为，唯有肯定这一原则，方能究明实体的性质是复杂的，而非单纯的。根据这一观点，他把整个自然的和精神的世界描写为处在不断运动、变化、转变和发展的过程中，其发展之序首为物质层，继为生命层，后为生灵层。在宇宙万物的发展运动过程中，乾和坤相反相成的作用就是内在的动力。乾的作用在“知来”，也就是主动、主变，导坤以成物；坤的作用在“藏往”，也就是一方承乾起化，舍弃万物之各种个体，不惮于创新，而另一方则保留万物之各种类型，不废已往成绩，使得创生的各种个体仍以旧类型出现。在这里，熊十力借助乾和坤的观念，发展了《新唯识论》中“翕辟成变”的思想，表述了促使宇宙万物发展的矛盾对立的双方互相联系成一整体的思想，也涉及了新旧事物间的否定或扬弃关系，以及量变与质变之间的转换关系。

根据这一观点，他又揭示了“唯心一元论”和“唯物一元论”之失。他认为它们都因不悟宇宙万物是一完整的全体，因而用剖析法将它分裂开来。唯心论执定精神现象的一方作为万物的本始，而唯物论则执定物质现象的一方作为万物的本始。在双反唯心论和唯物论的过程中，熊十力其实还是以唯物论作为自己的主要辩论对象。他指出，运用剖析法，必然将向前发展中无空隙的宇宙

① 熊十力：《乾坤衍·广义》，中国科学院复印，1961年，第25页。

划成分段，而划成分段又必然将出现在先的现象（如物质）认为一元，而将出现在后的现象（如生命和心灵）说为从物质一元而产生。对于物质产生心灵之说，他期期以为不可，力申此说不能成立的三条理由。第一，物质产生非物质的心灵，将毁坏因果律。第二，宇宙实体内部原本含藏相反相成的乾阳坤阴两性，条件具备则显发为心灵现象或物质现象，就像桃树由种子生发为芽、根、干、枝、叶、花、果，芽虽生在最先，但不得说根、干、枝、叶等均从芽生，不从种子生。第三，实体本来随时创新，决不可说实体从无始来，早已固定于一性。这里对剖析法的批评，也是前期思想的继续和发展。《新唯识论》认为唯心论和唯物论之失误，都是由于不能全面了解翕和辟的作用，前者只承认辟的作用，把翕消纳到辟的一方，后者则相反，只承认翕的作用，把辟消纳到翕的一方。只是《新唯识论》没有这里说得如此明白透彻。

同其他近代哲学家相比，熊十力的一元实体论至少有两个特色值得注意。

第一，在他的哲学体系中，本体论和认识论、人生观、方法论等浑然合为一体。他并不像有些近代哲学家把自己的哲学思想划成几大块，然后分头论述。他始终偏重在本体论的范围内，结合着认识论、人生观、方法论等具体问题加以探讨。他的文字表达有一特点，那就是同一意思的内容经常前后互见，回复之文较多，孜孜矻矻，唯恐读者不了解自己的观点。《乾坤衍》为衰年之作，这一特点尤为突出。他自知此弊，特为辩解：言之重复，其中必有不得已者，非好学深思，不能道此。时谓“不得已者”，可理解为他的哲学体系是把认识论、人生观、方法论等同本体论糅成一团，彼此相粘相连，莫能截然分割。

第二，在他的哲学体系中，传统的辩证思维的气息似乎更浓厚一些。他公开宣称自己的一元实体论就是发挥孔子《周易》“内圣学”的真义。易、老庄、佛几家本是中国古代辩证思维的主要代表，尤其是易，它所达到的辩证思维的高度，在古代世界是非常突出的。熊十力在扬弃了佛庄之后，归宗于易，并在研究过程中不断开掘深化。因此，人们不难在他的哲学体系中发现比较丰富的辩证思想。在与形而上学片面、静止、孤立的割裂论相反对的过程中，人们也不断发现，他的哲学体系发展了古代易学中那些极其素朴、极其简单的辩证思想，是一种经过抽象化和理论化了的成熟形态，具有比较全面地叙述辩证法一般运动形式的近代意义。

但是，熊十力的辩证法说到底还是主观唯心主义的。他认为“《周易》辩证法之最特殊，而又最精密处”，不在乾坤之间相反相成的“根本原则”，而在

"乾阳统坤阴，坤阴承乾阳"这个"最大原则"①。也就是说，乾作为心的一方，统率作为物的一方的坤。这也就是重申早先的意见，辟主施，翕主受，"辟毕竟是包涵着翕，而翕终究是从属于辟的"②。这样，心（思维）始终是主导的，物（存在）则是从属的。他所说的有关宇宙万物变化等辩证思想，也就统统建立在这个"最大原则"基础之上。

熊十力主观唯心主义的哲学体系绝非浅薄。他提出了一系列思辨哲学问题。他对唯物论和客观唯心论提出的责难也都值得认真对待。需要花力气才能咬开这颗坚果，剥取它合理的辩证内核。

执着的人生要求：东方近代化的社会伦理观念

恩格斯在评论黑格尔时曾经这样说过："黑格尔的思维方式不同于所有其他哲学家的地方，就是他的思维方式有巨大的历史感作基础。"③评论熊十力，我们似乎也可以认为，一种巨大的历史感是他的哲学基础之一。而这种巨大的历史感又常常合乎逻辑地归落到对于解决现实人生问题的关注上。

那么，在现实人生问题上，熊十力反复强调的是哪些内容呢？

在政治观方面，他强调人的自主自由，反封建，反帝国主义，表现了资产阶级要求自由平等的民主精神。

一方面，《乾坤衍》大力鼓吹天赋人权思想。熊十力认为孔子之道总括起来只有两端，除了"内圣学""天地万物为一体"的哲学思想一端外，便是"外王学""万物各得其所"的社会政治思想的另一端。"各得其所"被释为义务"有其所应尽"和权利"有其所应得"，从而被赋予资产阶级天赋人权的近代意义。他认为"人生本有天赋之良知良能"，因而人人都应享有"受教育"、"吃饭穿衣"和"共决天下事"的权利，以及"图报于社会"的义务。可是在"过去有上下、贵贱、贫富等阶级存在之社会"中，这些人人应得的教育权、生存权、参政权却"最大多数人常不可得"。这就违反"万物各各自由"和"彼此平等互

① 熊十力：《乾坤衍·广义》，中国科学院复印，1961年，第85页。

② 熊十力：《新唯识论》，商务印书馆，1944年，第66页。

③ 中共中央马克思、恩格斯、列宁、斯大林著作编译局编：《马克思恩格斯选集》第2卷，人民出版社，1972年，第121页。

助”的原则，有悖于“人道”和“治化”①。

他力图证明天赋人权的理论在孔子那里已经得到充分发展。因此，孔子“天下为公”理想被赋予三重含义。一、“天下人一律平等，各得自由，互相和爱，互相扶助”。所谓“自由”，即“甲得自由，必不侵犯乙和丙等之自由，乙和丙等各得自由，必不侵犯甲之自由”。这一条显然是照搬了“人人自由而以不侵人之自由为界”的西方资产阶级自由观。二、“天下之利，天下人共开之，共享之”。在国界未除之前，则国与国之间通财，必以“真正平等互惠”为原则。三、“天下事，天下人共治之，共主之”②。这两条显然又沾有空想社会主义的色彩。

另一方面，《乾坤衍》又揭露封建主义和帝国主义摧残人权的罪恶。

熊十力笔下的孔子是中国民主思想的倡始者，帝君则是其严厉声讨的对象。《易经》乾卦六爻有“亢龙有悔”之文，他把它释为孔子“断定君主制度无可维持之理”。“亢龙”指处至高之地的帝君，如果无所作为，非自退不可，不退则必召灭亡之祸，故曰“有悔”。坤卦五爻有“黄裳元吉”之文，他解释道：天子之衣色黄，服于下体者裳，裳为人民卑下之象。裳而黄色，为下民用天子之服色，也即“下民群起革命，废除天子制度，消灭统治阶级，下民一齐伸出头来，共主天下事”。元吉，言其大美③。熊十力还认为，在古代统治者为了“压制下民”，“学术授受，限于朝廷，无可推行之于群黎”。孔子以私人讲学于野，昌言有教无类，就是为了打破这种思想统治。对于那些“提倡忠君思想”的小儒，他斥之为“无耻无聊”，意在“消磨民气”。

对于帝国主义，他视为“人道”之大敌：“帝国主义国家，对内则剥削大多数劳动人民，对外则侵略弱小的众国，人间世根本找不出一个平字，此真人道之忧也。”④ 他揭露帝国主义对外扩张，有经济侵略，有文化侵略，有土地侵略。“其涂弥广，其术弥毒，吸人膏血，何所不至。”尤为可恨者，他们每每“窃自由与正义等美名”，“行乱贼之事”⑤。为了扩大权力和满足私欲，他们制

① 熊十力：《乾坤衍·广义》，中国科学院复印，1961年，第97页。
② 熊十力：《乾坤衍·辨伪》，中国科学院复印，1961年，第59页。
③ 熊十力：《乾坤衍·广义》，中国科学院复印，1961年，第102页。
④ 熊十力：《乾坤衍·广义》，中国科学院复印，1961年，第101页。
⑤ 熊十力：《乾坤衍·辨伪》，中国科学院复印，1961年，第64、66页。

造原子弹，发动战争，“劫制科学家的智力与劳动家的体力，来造人类自毁的武器”①。因此，熊十力认为《周易》乾卦“首出庶物，万国咸宁”之说，就是孔子主张“天下庶民互相联合，出而革命”，消灭帝国主义“毒物”，到达“更新世界”“天下一家”的理想境界②。

在伦理观方面，他强调为群的公德，反对独善其身的私德，表现了资产阶级积极乐观的人生态度。

道德不是一个抽象的范畴，而是历史的范畴。随着社会政治和经济生活的变化，人们的道德观念也在不断改变之中。《乾坤衍》在两方面反映了这种变化，表达了一种新的伦理观念。

一方面，它批判了传统的旧道德观念。他认为新道德的基本原则有二，一曰个体不可独善，必须注重群体中各个体共进于善，独善自私为最大的失德；二曰公德范围私德，公德的准则在于以积极的态度为群体扶持公道、克服困难和谋求公共福利，私德的准则在于在不违背公德原则的范围内自由活动。循此原则，他对有关旧道德施以尖锐批评。他揭露作为封建道德核心的“仁”和“孝”，都是为君为上的奴隶道德。子路批评管仲不为子纠死而为桓公相，是其不仁。熊十力认为子路“知有君而不知有庶民”，所见甚小，他之最后死于卫君私人之祸患，是沦于“奴隶的道德”而不能自拔的必然结果。《论语》载有若所言“其为人也孝弟，而好犯上者鲜矣”。熊十力认为，孝弟本为自然的人性，有若所言只为君上着想，这就参入政治作用，使人性“穿凿”，失其自然，成为封建社会的思想支柱。

另一方面，它又归纳了新道德的三个要点。要点之一，强调道德与智慧的合一性。“智慧常与道德合一，忘我的道德，即有明睿作用存乎其间。非明睿，不能公私分明，是非昭析，何从忘我乎”③？老不健全的道德，是同他们只求自明的狭小的智慧相连的。熊十力认为美德和智慧有其先天的“内在根源”即“种子”，而这一“种子”发展成长必须以“现实世界为田”，也就是说它们必待后天的诸种“外缘”如社会制度、生养教育、学术思想的诱导以及社会风习的感染等的“引发”。要点之二，强调道德的实践性。凡是那些不离人生、不离实践的道德都为他肯定，反之，则在否定之列。所以，孔子“不离现实”和“不

---

① 熊十力：《乾坤衍·辨伪》，中国科学院复印，1961年，第73页。
② 熊十力：《乾坤衍·辨伪》，中国科学院复印，1961年，第110页。
③ 熊十力：《乾坤衍·辨伪》，中国科学院复印，1961年，第87页。

离格物”的“人生的道德”最为他歆羡，王阳明倡导知行合一，“将道德与事业融成一贯”的做法也为他许可。而佛家对现实世界不作真实观，而作幻化观，不生乐观，而起厌想，这种道德被他称为“出世的道德”。老子以虚无为本，以弱为用，不敢争先，这种道德被他称为“独善的道德”。他认为这两种脱离实践和人生的道德“虽不会有恶行，而欲其对世事，对群众，有积极的道德行动，殆不可能”①。强调入世利众，这就使他的道德观带有较多的现实感。要点之三，强调道德的历史性。熊十力把社会制度视为引发道德的“外缘”中最重要的内容。恶劣的社会制度造成不健康的道德和智慧。而社会制度不同，则道德的评价标准也不相同。比如说，古人以洁身自好，不仕于侵略者之廷为美德，今则以为这种消极抵抗做法，将造成本民族甘为卑屈之顺民，实为失德之尤。又如汉以后之儒以不事生产不与庶民争利为德，今则以参加生产劳动为服膺公德之“模范人物”。强调道德观念的发展变化，这又使他给人留下了较深的历史感。

熊十力对于人生问题历来非常关注。《新唯识论》尽管以纯思辨哲学著称，但其意还在“阐明吾人生命与宇宙元来不二的道理”，归宿在现实的人生。《乾坤衍》则表现了作者垂暮之年对人生问题的关切。他宣称孔子《周易》哲学的精髓在于“成己”的“内圣学”和“成物”的“外王学”的“一贯”。所谓“成己”，就是讲求通过格物致知，上穷宇宙之原，反观人生之真，凭借知识之所及和彻悟之所至，征验于日用作为之际，以求道德、智慧和知识融成一片，“卓然树立人极，弘大人道”；所谓“成物”，就是讲求通过“明大公之正则，立均平之洪范，建人类共同生活制度”②。在这里，熊十力把孔子哲学分析为改造主观世界的“成己之学”和改造客观世界的“成物之学”两大部分，它的核心则是“人极”、“人道”和“大公”、“均平”的人类理想制度，这就充分表明了他的哲学的基本倾向。

中国的传统哲学本有人本主义的倾向，既与西方古代的神本主义不同，也与西方近代强调自然主义和个人主义的人本主义不同。中国的人本主义偏重于社会伦理，强调道德和群体，讲求克己，由修身养性取得自身内心的充实和平衡，进而解决齐家、治国、平天下的人际问题。熊十力通过在政治上的反帝反封建和道德上的新原则阐发，使传统的人本主义思想近代化了，打上了时代启

① 熊十力：《乾坤衍·辨伪》，中国科学院复印，1961年，第90页。

② 熊十力：《乾坤衍·广义》，中国科学院复印，1961年，第88页。

蒙思想的印记。因此，要是说，熊十力在思辨的哲学体系上同德国十九世纪末与辩证法相结合的唯心主义相接近，那么，在社会伦理问题方面，他却类似于十八世纪法国的启蒙思想家。

深长的理性反思：对孔子学说的改造制作

在二十世纪初，梁启超曾在《保教非所以尊孔论》中说过，孔子学说两千多年来一直不断地被人改造制作，各争道统，各自以为孔教，而排斥他人以为非道统，非孔教。于是孔子学说始终处在变化之中，渐变为董仲舒、郑玄，又渐变为韩愈、欧阳修，又渐变为程朱陆王……可以认为，熊十力当得起本世纪来对孔子学说作了最全面大胆的改造制作者。他不但把自己的哲学和社会伦理的构架建立在经过改造制作的孔学基础之上，并且精心刻画了一个新的孔子形象，尖锐批判了传统儒学。

他虽然未能将孔子及其思想严格置于特定的历史范围内加以考察，但他却以一位哲学家对事物发展变化的深刻理解，否定了圣人之学始终如一的传统说法，提出了孔子思想发展三期说。孔子青年时期从十五岁有志于学，殚精古典，博习深研，取精用宏，以“信而好古”为特征。进入中年，“三十而立”，逐渐脱去对古人的依傍而有以自树，“四十不惑”，其学又大进。这一过渡时期积渐而变，产生创见，从而以“温故知新”为特点。五十以后，进入思想成熟期，既得之于仰观俯察的哲学实悟，又得之于现实社会生活不平的实感，于是呼号革命而作六经，最终形成自己的思想体系

基于这一认识，他指出，由于孔子思想有前期保守而后期革命的根本区分，因此门下三千弟子所受也各有别。那些传其前期思想者则为顽固派小康之儒，那些传其后期思想者则为革命派大道之学。二者取舍，完全相反，彼此发展的历史命运也截然不同。战国时期，由于孔子大道之学与当时思想界潮流不合，而小康派大师孟子、荀子乘机活跃，变乱改易大道之学，以迷谬腐迂之论号召徒众，势倾天下。秦汉时期，禁学焚书，罢黜百家，大道之学绝嗣，小康之儒遂以伪五经冒称孔子六艺。汉代经学纷争，可是无论是公羊寿、胡毋生、董仲舒的今文派，还是刘向、刘歆父子的古文派，都未沾大道之学分毫，只算得小康派内的蜗角触蛮之争。彼此用意并无不同，都是为了“献媚皇帝，拥护统治”。宋儒的情况也未见高明，周敦颐和程朱等人在哲学上未得“体用不二”的真见，在社会伦理问题上服务专制，与孔子大道之学根本相背。近代的治经者

在封建主义的经学中注入了新的时代内容，但他们仍未能突破小康之学的樊篱，还在小儒的唾余中讨生活。孙诒让著《周官政要》，为主张变法者所盛传，熊十力则认为此书非常“肤浅”，并非“真能通《周官》”。康有为大张三世三统说，以此作为维新变化理论依据，熊十力认为他“受小儒之欺，妄信其邪说”，所以每每颠倒真假，陷于迷雾。比如说，他宗《公羊》伪传三世之说，是以伪为真，而诋《周官》为刘歆伪造，则是以真为伪。章太炎以古文经学大师著名，熊十力照样认为他“受数千年小康学之毒”，因而不能分辨六经中大道、小康之别，实为“于六经无所知”。总之，在审察了历代思想旧战场后，熊十力断然宣布争斗的各方统统是作雾自迷，自误而又误人。两千余年来，孔子之学就是这样被小康之儒搅得面目全非，世传的孔学无一不是离孔子真经异端，叛孔子大道的邪说。

《乾坤衍》对孔子学说的改造和传统儒学的否定并非偶然，它是时代风会合乎逻辑和历史的归趋。

它显然是中国资产阶级根据自身需要塑造孔子新形象的继续。熊十力对孔子的改造制作非常容易使人想起康有为。尽管熊十力批评康有为不了解孔子大道之学，但在对孔子改造制作方面，他却有过之而无不及。康有为还只是以刘歆的“新学”为伪经，孔子为托古改制主张改良的祖师。熊十力则以所有小儒流传之经为伪经，孔子并非托古改良的祖师，而是主张革命的导师。因此，如果说，在康有为那里，孔子是穿着袍褂的资产阶级改良主义者的形象，那么，在熊十力这里，孔子就是身穿中山装的资产阶级民主革命者的形象了。并且可以认为，《乾坤衍》中借助孔子名义勾画并称之为“社会主义”的那个“天下为公”的“理想国”，实际上就是孙中山所设计并流产了的资产阶级民主共和国方案。“旧代衣冠从新演出，今人面目仿古粧成”，这一旧时戏台上常悬的楹联，似乎就可直接移赠给康有为和熊十力，以表彰他们“从新演出”和“仿古粧成”的苦心和劳绩。从康有为到熊十力，中国资产阶级的思想代表精心塑造了近代孔子的两类不同形象。在后塑的形象身上，无论是政治的还是理性的色彩都较前一形象更浓厚。人们不难从中发现中国产阶级在思想政治领域前进的脚印。

它显然又是对“五四”新文化运动反孔批孔的呼应。“五四”新文化运动以“打倒孔家店”为口号，以提倡新文化新道德，反对旧文化旧道德为己任。那些讨伐“孔家店”的檄文，风发昂扬，在中国近代反封建的历史长河中掀起过波澜壮阔的高潮。这是有目共睹的反孔主流。现在熊十力却通过自己的考辨工作，断然宣布发现了一个埋没了两千多年的秘密，真正的孔子学说即大道之学在孔子死后基本上就是湮没不闻，暗而不彰，而世俗所传的孔学几乎无一不是小儒作伪而成的小康之学。漫漫两千余年，这些作为真正孔学的异端和邪说统治人间，至今仍然浃肌沦髓，影响匪浅。只有摒弃它，才能恢复孔子及其大道之学在人间的地位。这样的看法，与其称之为尊孔，倒不如说它的内在本质是反孔。可以认为，“五四”新人物是在“孔家店”外鼓噪呐喊，群而攻之，直揭店内全系残害人们身心的毒品，而熊十力则独在店内大声呼应，自称经过检查发现该店秘密，毒品系小儒伪托孔子之名所造，理应捣毁，勿使害人。彼此在反封建方面并无不同。同时还值得指出，熊十力对孔学的曲予辨伪，也是“五四”新文化运动的流风余韵所致。人们知道，“五四”之后的学术界有一种大胆“疑古”，“辨伪”的风气，这是思想解放在研究传统思想文化中的反映。钱玄同以“疑古”作笔名，胡适《中国哲学史大纲》（上卷）以辨伪为特色，顾颉刚和罗根泽等学者一时都以对先秦诸子等古史的怀疑和指伪著称于世。熊十力从《读经示要》直到《乾坤衍》始终不离“辨伪”的手段，正是这种特定学术氛围的产物，在本质上也是对盲目尊孔崇孔的否定。

它还显然是对孙中山三民主义的理论补课。集中反映在《春秋》、《周官》和《礼运》三经中的孔子社会学说被熊十力用资产阶级民主革命的观点加以解释。《春秋》三世说被他描绘成循序渐进的民主革命步骤。“据乱世”消灭统治、拨乱反正，为革命初成时期；“升平世”为领导建设时期，对内任务为选贤与能，树立民主政治，对外讲信修睦，建立国际交谊；“太平世”则不需要国家和政府，天下一家，建立全人类共同生活制度。“升平世”为三世中的关键，其对内任务实又包括“大力发展生产”和“改造社会思想”两大方面。《周官》和《礼运》正好分别对之加以具体阐明。这样的构想，很容易使人想起孙中山的革命方略。但熊十力并未到此为止，他把“天下为公”和“群龙无首”联系在一起解释，声言“惟万国民众，群起而消灭统治”，亦即“群龙无首”，方能进至人人皆得自由自主的“天下为公”的理想境界①。这种别异的声调对于口诵总理遗教、身行元首独裁的人来说，确实刺耳难听。而在本体问题上，熊十力坚决反对在宇宙实体之上“头上安头”，另立“上帝”和“造物主”以为主宰。这观点几乎就是直冲着陈立夫的“唯生论”而来的。“唯生论”认为，作为宇宙本

① 熊十力：《乾坤衍·广义》，中国科学院复印，1961年，第96页。

体的“生元”，“相当于《易经》的太极”，它是“无形无象之本体”，相当于“上帝”和“造物主”①。也许正因为对国民党官方理论表示了异议，《乾坤衍》等晚年著作常常受到来自作者原先所属的那个阵营的批评，认为书中受到某种政治色彩的影响。熊十力积数十年精力，在哲学战线上辛勤劳作不辍不止，始终不离资产阶级民主革命的范围。从这个意义上说，《乾坤衍》在辛亥革命五十周年前夕的呈献，恰好表达了一名老近卫战士对自己的领袖和事业的眷眷深情。

《乾坤衍》致力于对孔子学说的改造制作和对传统儒学的彻底否定，是作者思想发展的必然归宿。熊十力早年为科学补习所、日知会等革命团体的骨干分子，寄望于对封建专制统治进行武器的批判。可是辛亥革命后，国事未见好转，政象依旧恶劣，昔日舍生忘死追求的理想境界渺不可知。正是令人失望已极的现实生活促使他从茫茫宦海恶波澜中抽身脱出，决意躲到哲学的小岛上去寻觅批判的武器。这一意图，《乾坤衍》说得十分明确：“余伤清季革命，又自度非事功才，誓研究中国哲学思想，欲明瞭过去群俗，认清中国何由停滞不进”②。“认清中国何由停滞不进”的基本立场决定了熊十力对于“中国哲学思想”和“过去群俗”的态度是批判性的。大致说来，他的批判工作可以二十世纪四十年代中期为界，分作前后两个时期。在前批判时期，他的系列论著《新唯识论》、《破〈破新唯识论〉》、《十力语要》、《佛家名相通释》等，无一不是以他自悟的佛学批判传统的佛学，从而在佛学界引起一场轩然大波，无论是在家的还是出家的佛门弟子纷纷相与辩难，半世纪来至今未绝，成为近代佛学史上的一宗著名公案。在后批判时期，他的目光转向儒学。《读经示要》、《原儒》、《体用论》、《明心篇》乃至《乾坤衍》，这一系列论著基本上就是以他自悟的儒学批判传统的儒学。按照熊十力自己的说法，1954年出版的《原儒》一书，自悟的儒学体系“大体已备”，略有不足者则是“其中枝节处，犹多未畅发”，小康之学的“杂染旧闻，未曾刊落”。1958年出版的《体用论》主要论及由佛而儒之故，他对之自许甚高，以为此书既成，则《新唯识论》可以“毁弃，无保存之必要”。“余之学自此有主，而不可移矣”。但是，严肃的治学态度和不倦的理论追求最终使他以抱病之躯写成《乾坤衍》，汇归了在哲学和社会伦理诸方面的总体看法，畅发己旨，成为“衰年定论”③。这也就是他在回顾自己一生思想主要脉络

① 陈立夫：《生之原理》，正中书局，1944年，第24页。

② 熊十力：《乾坤衍·辨伪》，中国科学院复印，1961年，第8页。

③ 熊十力：《乾坤衍·广义》，中国科学院复印，1961年，第131页。

时所说："少年时读五经，詈孔子为宗法思想，封建思想，便舍之弗顾。后来专心佛学多年，又不敢苟同，而自有所悟。回忆大《易》一经，早已开我先路，于是又回到孔子六经。"① 由反孔而研佛，复由反佛而返孔，这一否定之否定的思想发展历程，在中国近代思想界是颇有代表性的，它也刚好表明《乾坤衍》实为作者一生思想的最后终结。

看来，对于熊十力在中国现代哲学史上的地位重新加以估价，目前已无大的异议。作者由此想到的是，对熊十力同时的那些伙伴即所谓"东方文化派"加以批判性的总结，似乎也应作为课题渐次摆到治近现代思想哲学史的同志面前了。该派作为"五四"新文化运动之后出现的一个资产阶级思想文化流派，以宣扬传统思想文化，运用传统思想文化资料构筑自身思想哲学体系为共同特点。它既表异于马克思主义，也独立于全盘西化论者。半个多世纪来，这个学派先后涌现了一批著名的人物和论著，在中国现代思想文化领域产生过广泛影响。确实需要有人运用马克思主义的观点，站在宏观的角度写出一部东方文化派的"学案"来，探究其源流，指陈其得失，为当今精神文明的建设提供历史的借鉴。

[原载《江汉论坛》1985年第11期]

① 熊十力：《乾坤衍·辨伪》，中国科学院复印，1961年，第8页。

苏州工商各业公所的兴废

清代苏州工商各业公所组织相当发达。据《江苏省明清以来碑刻资料选集》附录《苏州会馆公所调查简目》所载，其数目为一百二十二个，如果加上由会馆递变而来的九个，则是一百三十一个。近年来，笔者在查证中又发现二十六个（详见文末附表），这样，总数则达一百五十七个。具体考察清代苏州地区工商各业公所兴废演变过程，探究其变化原因，对于我们深入了解苏州地区资本主义萌芽发生、发展的曲折历程以及近代资产阶级的产生，都是很有帮助的。

一

苏州地区工商各业的公所组织的成立相对集中于乾隆到道光这一时期，到咸丰十年，即太平军占领苏州城时，公所数目只剩五十三个。在各业公所所订立的成文形式的行规章程中，大多声称成立公所是为了同业之间“相维相系”、“敬业乐群”，但我们如果透过这些装饰之言词，认真剖析这些行规章程并联系考察工商业者的作为，我们就不难看出，这些公所组织，是把传统的封建行会职能规范化。这突出表现在以下三个方面：

第一，通过制定行规章程，用强制的办法，限制来自行业内部或外部的竞争，以维护各行业的既得利益。主要办法有：一、对新入行的工商业者收取相当可观的行规钱。如小木公所规定，外来开业者须交纳行规钱四两八钱，本地开业者减半，不交而私自开业者加倍①。有的公所还通过收取行规钱严定本业

① 江苏省博物馆编：《江苏省明清以来碑刻资料选集》，第 66 号碑文，生活·读书·新知三联书店，1959 年，第 108 页。

内开店、摆摊、挑担的界限，如剃头业江镇公所规定，开店者交纳行规钱七千文，摆摊者减半，挑担者五百文①。二、严格控制业主招收学徒。不少行业为了垄断工艺技术，防止其外传，规定业主不准多带学徒。如红木梳妆公所规定，招收学徒一名，由店主出行规钱三两二钱；学徒满师入行，交纳之数加倍②。再如咈布染业浙绍公所规定，学徒五年才准满师，六年才准留用③。这是故意延长学徒期限，以控制同业人员的增长。三、画一货价银码。一经公所议定货价，同业必须遵守，不准私自高抬或低售；如需增减，得由公所主持调整。如1822年绍兴帮蜡烛业建立蜡烛公所时，明确指出公所"为同业公定时价，毋许私加私扣"④。四、限定开设店坊的地点。凡开设新店新作者，必须与原有的店坊保持一定的距离，以免侵犯原有店坊的生意，违者处以罚钱。五、统一规格质量。为了保证销路，避免彼此竞争，行规规定各店坊不许违背统一规定的规格要求。

第二，防范并对付工匠徒伙的罢工斗争。如造纸业，乾隆年间有纸坊工匠八百余人，往常为工价"纠众停工"。1793年，三十三家纸坊主为加强对工匠的控制，联名禀报当局，请求批准"稽查弹压章程"。该章程规定。设立"坊甲"，"专司稽查各坊，弹压各匠"；严禁坊匠"夜不归坊"；"坊匠犯事，递籍按插"，坊匠如"侵空工银，避不做工"，则"差押归坊偿欠"⑤。对数以万计的丝织业机工和土布业踹匠，控制则更严密。1734年，经丝织业商人察请，清政府地方当局颁文严禁机工"聚众叫歇，勒加阻工"，凡违令者即可"扭禀"，且可以"比照把持行市律究处，再枷号一个月示儆"⑥。1822年，当局还规定机工揽织

---

① 江苏省博物馆编：《江苏省明清以来碑刻资料选集》，第249号碑文，生活·读书·新知三联书店，1959年，第426页。

② 江苏省博物馆编：《江苏省明清以来碑刻资料选集》，第73号碑文，生活·读书·新知三联书店，1959年，第119页。

③ 江苏省博物馆编：《江苏省明清以来碑刻资料选集》，第37号碑文，生活·读书·新知三联书店，1959年，第64页。

④ 江苏省博物馆编：《江苏省明清以来碑刻资料选集》，第134号碑文，生活·读书·新知三联书店，1959年，第217页。

⑤ 江苏省博物馆编：《江苏省明清以来碑刻资料选集》，第40号碑文，生活·读书·新知三联书店，1959年，第71～72页。

⑥ 江苏省博物馆编：《江苏省明清以来碑刻资料选集》，第3号碑文，生活·读书·新知三联书店，1959年，第6页。

“概向机房殿书立承揽，交户收执”，“安分工作”。官方核准丝织业商人“所议规条一簿”，机工若“故违不遵”，丝织业主则可以“指名禀县究治”①。

各公所在勾结官府压制工匠的同时，又普遍设立抚贫恤寡之类的公益善举，以笼络工匠徒伙，缓和劳资矛盾。1843 年，绸缎业成立七襄公局，标榜的就是“助济”本业中“失业贫苦、身后无备以及异籍不能回乡”者，办理所谓“捐资助棺、酌给盘费、置地设冢等善事”②。公所办理“善事”的经费来源，固然有殷富工商业主的“乐善好施”，但主要是本业人员交纳的行规费及常年定捐。

第三，应付官差官役。清代，苏城官衙林立，官府时向工商业者“出票借取”，吏胥差役复假借名义，上下其手，中饱私囊，因而，工商业者曾不断吁请清政府下命禁止吏胥差役的骚扰。仅《江苏碑集》及书末附录的《未收碑刻简目》所载的资料，涉及这方面的就有十八件之多。有的行业就是为了便于与官府交涉而组织公所的。如木商成立的大兴公所，情况就是这样。清初，为平定三藩，向木商征用木材，商人“稍有迟误，锁链绳栓，害切剥肤，靡不倾家荡产”③。战后则又有河工所需的“架木”“桩木”，建造宫殿皇陵所需的“皇木”，都要木商供应。木商不堪，不断求减，终使官府在乾隆二十四年（1759 年）作出规定：凡朝贺春秋丁祭、先农社稷坛、万寿宫前戏台以及督抚阅操、府县考试等“大典”所需木料，为木商当值内容，“许该地方官照依应用木值，出具印票，填明根数”，向木商借取。除此之外，其余一切地方公务所需均由各衙门按价购买，不准出票借取。但“日久禁弛，渐滋杂派”，木商仍不能免除规定外的勒索④。为维护自身利益，抵制额外的勒索，木商组织了大兴公所，并以公所名义，将官府颁布的旧章勒石立碑。另一方面，各业公所又将承值应差事宜列入行规，强制工商业者遵办，违者则予禀究。这种同封建官府既相矛盾又相依附的状态，准确地反映了公所组织的封建特征和本质。

苏州是清代著名的商业中心之一。乾隆时就有人称“苏州为东南一大都会，

---

① 江苏省博物馆编：《江苏省明清以来碑刻资料选集》，第 8 号碑文，生活·读书·新知三联书店，1959 年，第 13～14 页。

② 江苏省博物馆编：《江苏省明清以来碑刻资料选集》，第 18 号碑文，生活·读书·新知三联书店，1959 年，第 28 页。

③ 江苏省博物馆编：《江苏省明清以来碑刻资料选集》，第 58 号碑文，生活·读书·新知三联书店，1959 年，第 95 页。

④ 江苏省博物馆编：《江苏省明清以来碑刻资料选集》，第 62 号碑文，生活·读书·新知三联书店，1959 年，第 103～104 页。

商贾辐辏，百货骈阗，上自帝京，远连交广，以及海外诸洋、梯航毕至”①。正是由于商品经济发达、商业竞争激烈，各业公所才次第成立；而公所的成立，却又压抑着正在萌发的资本主义新芽，使其无法正常生长。我们如果把它同欧洲中世纪行会作一比较，就不难发现，它们在限制师傅雇用帮工、招收学徒、限制作坊生产工具的数目、限制行外人员从事本业工作诸方面，是十分相似的。其作用，就是“有计划地阻止了行会师傅变成资本家”②。

不过，经济发展的客观规律是无法改变的。由于商品经济的发展，资本主义萌芽尽管受到压抑，但仍在顽强地生长着。如在丝织业中，“机户出资经营，机匠计工受值”③，这种带有资本主义性质的雇佣关系，颇具规模的工场和专业分工以及不断发生的劳资纠纷，都表明在苏州手工业作坊中孕育着新的生产方式。但在强大的传统经济力量的摧压下，它成长得很缓慢、很艰难，因而对整个苏州地区的经济来说，尚不能产生重大的影响。正当苏州地区工商业经济关系中新旧因素交错争斗的时候，中国社会却堕入半殖民地半封建的深渊，这就注定苏州各业公所不能像欧洲的行会那样折入新的途程，也就注定苏城的工商业者不能像西方的前辈那样完成自己阶级地位的历史蜕变。

二

十九世纪六十年代初在苏州地区进行的严酷的国内战争，使苏城遭到很大的破坏。清军占领苏州时，苏州城内“瓦砾载涂，榛莽塞道，凡昔时之市，咸变为墟”④。战后，随着城市经济生活的恢复，各行业星散的成员也陆续归来，重理旧业。在生产恢复的过程中，各业公所也次第恢复。据《江苏碑集》、《苏州碑集》记载，苏州在战后到甲午战争前三十年间，重建的公所至少有四十九个，其中重修者二十五个，新建者二十四个。如果分组统计，则第一个十年

① 江苏省博物馆编：《江苏省明清以来碑刻资料选集》，第 221 号碑文，生活·读书·新知三联书店，1959 年，第 375 页。

② 中共中央马克思、恩格斯、列宁、斯大林著作编译局译：《马克思恩格斯全集》第 23 卷，人民出版社，1972 年，第 397 页。

③ 江苏省博物馆编：《江苏省明清以来碑刻资料选集》，第 3 号碑文，生活·读书·新知三联书店，1959 年，第 6 页。

④ 江苏省博物馆编：《江苏省明清以来碑刻资料选集》，第 102 号碑文，生活·读书·新知三联书店，1959 年，第 163 页。

(1864—1873) 特别集中，重修者十五个，新建者二十个；第二个十年 (1874—1883) 则急剧减少，重修者仅四个，新建者仅二个；第三个十年 (1884—1893) 稍有回升，重修者五个，新建者三个。

1864 年以后苏州各业公所的重建，原因是多方面的。首先是由于太平天国革命失败后，封建统治秩序相对稳定，出现了所谓“同光中兴”，因而，商品经济恢复并有较快的发展，尤其是那些与人民生活关系密切的衣食住行之类行业，以及那些适应统治阶级奢侈生活所需要的行业，发展尤为迅速。其次，统治阶级为确保城市厘金捐税的收入和官署供应，以及满足城市公共工程建设的需要，也希望工商业者能迅速恢复公所组织，以便承值官差官役。第三，工商业者为缓和同行间的激烈竞争，也为了与官方重新确定有关承值的范围，以避免吏胥差役“乘此卷档沦失，讳混派借”①，也希望尽快恢复公所组织，迅速整顿因战乱而废弛了的行规。从上述恢复公所组织的原因可以看到，公所组织对封建统治者的依赖性一如既往，继续保持着传统封建行会的模样。

尽管公所组织的本质依旧，但由于时代变化了，中国社会性质变了，因而，各业公所组织也发生了一些值得注意的变化。

第一，传统的经济结构有所变化。

甲午战前三十年间，苏州工商业中，由于对外贸易的刺激，有些行业发展较快。例如，十九世纪七十年代初，由于欧洲发生蚕瘟，欧美各国从中国大量进口生丝，从而刺激了苏州地区蚕桑业的发展。到八十年代至九十年代初，国际市场对中国的丝绸需要量激增，这就刺激了苏州地区丝织业的生产。苏州纱缎商人为了外销的方便，纷纷在上海设立分店分庄，直接将货物批发给洋行，这就改变了原先由买办经手的外销途径。苏州纱缎产品“销路远至俄国、高丽、缅甸、印度等处”②。苏州的茶业，情况也类似。以北销一路而言，苏州花茶因为受俄国人欢迎而畅销东北，其销售点遍及营口、锦州、宽城子、沈阳、奉天、吉林、黑龙江等处③。因此，苏州地区经营丝、茶出口贸易的公所，相当兴盛。

---

① 江苏省博物馆编：《江苏省明清以来碑刻资料选集》，第 62 号碑文，生活·读书·新知三联书店，1959 年，第 104 页。

② 宇鸣：《江苏丝织业近况》，《工商半月刊》第 7 卷第 12 期，调查，1935 年 6 月 15 日，第 48 页。

③ 苏州档案馆档案：乙$_{2\text{-}1}$，130。

以茶业为例，在这一阶段，苏城茶庄林立。1893 年专供窨茶用花的花商公所重修时，捐款名单中，除七十九户花户和三家闽粤茶商外，其余三十五户均是苏城的茶行、茶号和茶秤①。目前已知的各行帮在苏城建立的茶业公所就有五处，即茶商公所、茶叶公所、秀兰公所、浙岩公所、浙台公所。而有些公所，则是随着洋货的大量倾销而出现的。早在 1860 年以前，苏州就成立了专门经营洋布业的存正公所和专门经营洋货的唯勤公所。1857 年成立的绒领业的领业公所，也自始便兼营洋货。而从 1860 年以后，随着资本主义侵略的深入，洋货更是源源而入，除大宗洋纱洋布外，日用诸物，如药材、颜料、钟表、呢绒、肥皂、火油乃至纽扣针线，“虽遍陋市集，靡所不至”②，何况是通商大埠的苏州城。因而，太平天国革命失败后不到三年，唯勤公所便首先重修，存正公所则以“存款协贴，合而一之”③。而原来“附销”洋货的绒领业公所的各商户，这时由于“洋货日盛，领业日衰”，则有不少商人转业专营洋货了④。随着洋布进口量的猛增，洋布加工业也在苏州发展起来。当时人们称花纹如席的洋布为咈布，1870 年建立的浙绍公所即是浙江绍兴人开设的咈布染坊业的行业组织。通过进出口贸易这一纽带，苏州的工商业者与外来的资本主义发生了千丝万缕的联系。

传统经济结构的变化，还表现在资本构成变化方面，即商业资本流向工业生产的过程加速了。试以纱缎业为例说明之。该业一向有“账房”、“机户”和“机工”之分。“账房”即经营纱缎机业的铺户，其经营方式有两种：一是自置织机，设立工场，雇工织造；一是将原料发给机工或机户加工。“机户”也分两种：一是“现卖机户”，即自购织丝并自行织造，“自织自卖”，这实际上是一种独立的小商品生产者；一是“揽织机户”，即自备工场和织机，但原料仰给于“账房”，活忙时还须雇用机工。他们是为“账房”加工代织，计件取酬，实际上是一种半独立的家庭手工工场。“机工”则为向账房领料

① 江苏省博物馆编：《江苏省明清以来碑刻资料选集》，第 246 号碑文，生活·读书·新知三联书店，1959 年，第 420～422 页。

② 柯来泰：《救商十议》，求自强斋主人：《皇朝经济文编》第 45 卷，慎记书庄，1901 年，第 18 页。

③ 江苏省博物馆编：《江苏省明清以来碑刻资料选集》，第 80 号碑文，生活·读书·新知三联书店，1959 年，第 128 页。

④ 江苏省博物馆编：《江苏省明清以来碑刻资料选集》，第 103 号碑文，生活·读书·新知三联书店，1959 年，第 165 页。

承揽包织，或为“揽织机户”雇佣而计工受值者。甲午战前三十年间，随着商品市场的扩大，“账房”自设的工场及其所控制的“揽织机户”增加很快。据1913年的一个调查资料记载，从十九世纪开始到甲午战前，苏州开业的“账房”计二十二家，其中，在1861年以前六十年间开业的仅七家，雇佣的机工或为其代织的机户总数为118人，年产值131093元；而在甲午战前三十年间开业的则有十五家，雇佣的机工或为其代织的机户总数为1641人，年产值183614元①。这一趋势表明，资本主义性质的手工工场正在迅速增加，小商品生产者越来越多地被“账房”所控制，变成雇佣工人，而“账房”则逐渐由商业资本家转化为工业资本家。

商品经济的发展和生产方式的变化，又促使新的分配方式的出现。1870年㖊布染坊业坊主“邀及各坊诸司”，“议建公所”，并议订章程二十一条。有关工资问题规定如下：一、按照技术和工种确定染司的工薪，月薪分四等，从1800文到3000文不等；二、在固定工资外，实行计件按质附加工资；三、每日另贴小菜钱20文②。类似这种计时与计件相辅的工资形式，在丝织、棉织和水木等行业也相当普遍地出现。这种工资制度，包含着某些资本主义的特色。这是传统经济结构变化在分配问题上的表现。

第二，公所组织的骨干成分有所变化。

在十九世纪六十年代后，苏州出现了一个令人注目的绅商合流的现象。由于商品经济的发展和农民战争的打击，一部分地主士绅传统的价值观念有所变化。他们“视田业为畏途”③，相继将手中积蓄的货币财富投入工商业，这就为战后工商业的恢复和发展提供了重要的资金来源，同时也为工商业界增添了一批有身份的经营活动者。据《江苏碑集》所载，1870年到1878年间修建的浙绍、裘业、丝业、永和公堂、酱业、元宁、崇德、五丰八个公所，向当局呈文时，领衔的人物，无一没有士绅在内，从附贡生、监生、举人，直到曾为“甘

① 据彭泽益：《中国近代史手工业史资料1840—1949》第2卷统计，中华书局，1962年，第429页。

② 江苏省博物馆编：《江苏省明清以来碑刻资料选集》，第37号碑文，生活·读书·新知三联书店，1959年，第63～64页。

③ 刘坤一：《查实江苏各属荒熟田地报部折》，《刘坤一遗集·奏疏》卷16，中华书局，1959年，第20页。

肃巩泰阶道”者，累累二十人之多①。这批人从绅界转入商界，无疑使有关的公所增强了实力地位。

与此同时，还出现了另一种由商而绅的反向活动。清政府为解决财政危机，鼓励商人出资捐纳虚衔；而商人为了跻身上流社会，求得实业经营和交通各方的便利，也乐于响应。只要略为翻检一下苏州那些较为殷实的商人的履历，就会发现他们几乎无一没有虚衔。仍以上举八个公所为例，其头面人物所拥有的虚衔，从知州衔候选布理问、五品衔即选训导、运同衔、中书科中书衔，直到从九品、候选从九品。虚衔的高下，大致与捐纳者的资本及其捐纳的多寡成正比，因而，官场那种等级森然而又流品驳杂的情况又被搬进商界。

上述所分析的绅和商相向对流，在一定程度上促使那些孳孳求利的封建士绅逐渐资本化，但同时也使公所组织原有的封建色彩更为浓厚。

第三，封建行规迭受打击。

商品经济的发展和市场的扩大，势必刺激工商业者增加生产、追逐利润的欲望。为了提高产品的产量质量，就需要增加工匠，改进生产工具和技术，而要做到这些就要求冲破行规的限制。同时，工商业的发展，又必然引起封建行头的觊觎。因此，甲午战前三十年间，工商业者与封建行规的矛盾越来越尖锐，其表现主要有以下三方面：

首先，在招收徒伙问题上限制与反限制的斗争。1872 年 11 月 21 日《申报》上报道了一起发生在苏州金箔业的惨剧。金箔业因为人少利厚，因而“向来例规”，“每一字号之中，只准留学徒一名以习此业，不欲广其传也”。而当时有个董姓者，违众独收二徒，同行使其去一，董不听。行首乃约期召董议事于公所，行首四人将董裸缚于柱，率众各咬其肉，顷刻周遍。然而董姓的惨遇并未使业中那些迫切需要增加学徒的作坊主却步。在他们的不断抗争下，公所不得不于第二年打破限收一名学徒的旧规，准各作每三年招收一徒，“一俟满师后再收，统扯九年中，每作多收两徒”②。蜡牋业绚章公所行规规定，每做手一人，月捐

① 分别见江苏省博物馆编：《江苏省明清以来碑刻资料选集》，第 37、111、20、117、120、110、42、118 号碑文，生活·读书·新知三联书店，1959 年，第 63～64、177、30、190～192、195、175～176、74、192～193 页。

② 江苏省博物馆编：《江苏省明清以来碑刻资料选集》，第 110 号碑文，生活·读书·新知三联书店，1959 年，第 176 页。

五十文，各坊须捐满十二千文，始许收徒一名。这规定，对于仅有一两名做手的小作坊来说，则需一二十年才能再招收一徒，因而业主们痛感“为时过远，未免偏枯”，不断要求改变旧规。1888年，经官断，各小作坊均以六年为限，准收一徒，如六年中做手所捐不足十二千文，可由作坊主照数捐足。第二年，有三户作坊主又冲破上述规定，各收一徒，其中戴姓作坊主，一举招收四徒①。

其次，同行内部各店坊或相近行业之间在竞争问题上限制与反限制的斗争。如苏州浆坊业共有七家，原行规规定：“每向店铺领货，须得按坊公摊，不准私自括浆。”1877年，陆寿“不守行规”，私自收货，为其他六家查出，遂“共同议罚，呼陆吃茶，评理，陆不服，于是在茶馆演出了一场双方各有数十人参加的斗殴”②。至于跨行夺业的讼案则更多。1867年，为揽夺包金手艺，专做军装腰刀器械包金的军装铜物业与专事银饰包金的银楼业相争涉讼。红木玻璃灯架挂镜业搀做洋镜，屡屡引起专做大小梳妆粉镜等的梳妆公所的不满，双方终于在1895年发生涉讼案③。

再次，工商业者与封建行头之间勒索与反勒索的斗争。封建行头或系同业成员，或系地痞流氓。他们以敛财肥己为目的，通过把持行市和限收徒伙规约，勒索业主徒伙，因而，不时引起店主徒伙的反抗。这类矛盾随着经济的发展，显得更加突出了。1867年，烛业行头陈老七向每个做手索贴1400文，遭做手抵制，他便纠集多人“来店凶索”，引起铺主和做手的共同禀控④。1877年，硝皮业行头张志兴等把持各作，擅议罚款，阻收外帮徒伙，也引起作坊主联名禀控⑤。

上述情况表明，在这一时期，随着经济和政治环境的逐渐变化，一种新的生产方式正在苏州工商业中潜滋暗长，从而逐渐地动摇着传统的公所组织的旧有结构，这就为行将到来的突变做了必要的准备。

---

① 江苏省博物馆编：《江苏省明清以来碑刻资料选集》，第44～45号碑文，生活·读书·新知三联书店，1959年，第76～79页。

② 《申报》，1877年1月29日。

③ 江苏省博物馆编：《江苏省明清以来碑刻资料选集》，第96、74号碑文，生活·读书·新知三联书店，1959年，第120～121、156～157页。

④ 江苏省博物馆编：《江苏省明清以来碑刻资料选集》，第137号碑文，生活·读书·新知三联书店，1959年，第220页。

⑤ 江苏省博物馆编：《江苏省明清以来碑刻资料选集》，第110号碑文，生活·读书·新知三联书店，1959年，第176页。

三

甲午中日战争之后，资本帝国主义的经济侵略愈益深入，各国商人竞相在苏州倾销商品，争夺市场。美商为倾销香烟，“到苏城各处满贴香烟招纸及雇人背负香烟，逢人分食”，还派人在苏城寻衅闹事，“或借查香烟之名滋扰商店，或借分烟之名称其殴打”。英商亚细亚火油公司为打入苏州市场，不择手段地偷运煤油，逃避捐税，以打击包捐包销煤油的唯勤公所。美孚石油公司也不甘落后，企图在齐门外设栈堆放煤油，直接控制苏州的煤油销售市场。日商则不顾约章规定，擅自在租界地外租房设店，推销商品，先在养育巷开设“三盛堂药房”，继而又企图在苏城商业中心地区观前街租房设店。

苏州工商业者在遭受外资狂暴摧折的同时，还受到封建统治政权的超负荷的经济榨取。清政府为偿付甲午和庚子两次巨额赔款，残酷地压榨全国人民，苏城尤甚。据罗玉东《中国厘金史》统计，1905年到1908年间，江苏每年厘捐浮动在350万两到390万两之间，约占全国的百分之二十。又据苏州档案馆档案《宣统元二年苏沪两属厘金各项收数细册》估算，苏州年收厘金约占全省总数的三分之一。这就意味着苏州一隅之地所负担的厘金数占全国的百分之六七。如果再加上厘局人员的勒索敲诈，苏州工商业者的负担就更重了。此外，清政府当时还允许各地自办捐税，地方当局则借机巧立名目，从中舞弊营私。如绸缎业，各种捐税名目不下二十种。苛重的捐税，造成了产品成本加重，从而使经营者营业不振、利润锐减，致使客商“裹足不前，几同瓯脱，视为畏途”。而地处苏州东西两端的上海、镇江，此时却以变通办法酌减捐税，吸引商客，因而“客商避重就轻，趋之若骛”。所以，绸缎商人称苏州“昔为各货云集之繁盛之区，今成众商星散萧条之地”①。

在帝国主义和封建主义的两重压迫下，苏州工商业者发展艰难，这是引起有关公所组织发生变化的外部原因。但是，促使公所组织解体的原因，更重要的还在于其内部，即生产方式的变更。

首先是近代新式企业的出现。从甲午战争之后到辛亥革命，苏州相继出现了源盛丝厂（1896年创办）、苏纶纱厂、苏经丝厂、苏经源盛缫丝厂、吴兴缫丝厂（1897年创办）、生生电灯厂（1905年创办）、瑞记布厂、瑞记公司汽水厂、

① 苏州档案馆档案：乙$_{2-1}$，109/1～24。

瑞丰轮船公司（1906年创办）、颐和罐食厂、公兴冰厂（1907年创办）、振兴电厂（1908年创办）、丰豫泰碾米厂（1911年创办）等工厂。同时，新式的股份公司也相继出现，目前已知的有：经营茶食糖果的稻香村公司（1905年创办）、经营典当的同源典合资公司和济大典无限公司（1906年创办）、经营香料和肥皂的瑞兴胰皂有限公司、经营出口南洋商品的华通有限公司（1907年创办）、经营禽鱼蔬果的三友垦牧合资有限公司。

尤其值得注意的是，上述新式企业，固然有资本雄厚的，如在1896—1898年间创办的五家棉纺和缫丝厂，以及在1908年由著名买办祝大椿创办的振兴电灯厂，但多数资本并不多，如公兴冰厂资本仅两千元、颐和罐食厂资本仅一万元、稻香村公司和瑞兴胰皂有限公司资本仅三千余元。这一状况表明一般商人投资近代新式企业的积极性有所提高，也反映了旧式工商业者向近代工商资产阶级转化的趋势。这不能不加速封建性浓厚的各业公所的解体过程。

其次是沪宁铁路的通车。铁路是近代生产力发展的重要标志。沪宁路通车，苏沪间瞬息可达，这样，苏州作为交通枢纽的历史地位就发生了动摇。这一变化，也给苏州传统的工商业带来巨大的影响。如湖绉业，货额由十余万匹骤减为二三万匹，银根由百数十万突降为一二十万。苏商感叹地说，“向来客商办货，皆在苏省。现在轮船铁路相辅而行，咸改办货于上海，是以苏省销路日绌”①。再如药材业，苏州原是全国有名的药材集散地之一，但自铁路通车后，形势顿变，风流云散②。南北海货业也是“前盛今衰”，“一落千丈”③。这样，昔日苏商引以为豪的“阊胥两门，夙称万商云集，客货到埠，均投行出售”④的繁华年代便一去不复返了。这也势必加速有关行业公所的解体。

再次是消费心理的变化。甲午战争之后，在洋货倾销的刺激下，人们的消费心理发生了微妙的变化。以煤油而言，虽然价高质次，但由于使用方便，人们仍乐于使用。据1902年的海关材料记载，苏州“煤油涨价，生意不甚兴旺，且间有图利之人，私自掺水在内，用时颇觉恶劣，而民间仍欲用之者，以其较

① 苏州档案馆档案：乙$_{2\text{-}1}$，293/2。

② 《苏州药材行业发展历史》，政协苏州市委员会文史资料研究委员会编：《苏州文史资料选辑》第9辑，1983年。

③ 苏州档案馆档案：乙$_{2\text{-}1}$，125/41。

④ 江苏省博物馆编：《江苏省明清以来碑刻资料选集》，第116号碑文，生活·读书·新知三联书店，1959年，第190页。

之菜豆油等，尚觉简便耳”①。煤油受到欢迎，菜豆油等销路便受影响。再如香烟，它“为各界所欢迎，虽稚孩及工作人等，亦酷嗜无厌。常见工人力役之暇，烟卷恒不释于口”，因而，“纸烟贸易颇见畅茂”②。这样，传统的制烟丝和烟具的行业便受到冲击，“近因外国纸烟盛行，土创烟丝销路大减，几至无人过问”③。再如缏线业，由于进口的丝缎带子“式样翻新，层见迭出，彼以机制，我以人工，巧拙既殊，优劣自见”，因而很快地衰败了。该行业在光绪初年尚有四十余户，到1909年时仅剩九户，“外强中干，已如强弩之末”④。

从上述分析中，我们可以看到，随着新的生产力和新的生产关系的出现和生长，公所这种旧的传统的行会形式组织，已经无法应付在新的形势下出现的新问题。一个最明显的事实是，公所最基本的职能原是限制行业中的竞争，而目前，竞争不仅来自外行业，而且来自外埠、外洋。正是在外洋、外埠强有力的竞争下，公所赖以生存的基础——旧式的工商业不断地被淘汰。而新兴的近代企业，自然要求与之相适应的新的组织形式。正是在这样的历史背景下，苏州商会于1905年成立了。它的成立，是传统的工商业经济组织形式解体的重要里程碑。它不仅大大加速旧式公所的进一步解体，而且促成了新一代工商资产者的生长。

尽管苏州商会成立后，各业公所依然存在，但它实际上已变成商会的基层组织。据1908年刊印的《商会题名录》所载，入会的有43个行帮，1106个店铺作坊，工商各业几乎悉数参加。所以，商会自称“以各业公所、各客帮为根据”⑤。按商会组织法，会中人分会友、会员、议董和总协理四等。凡每年交纳会费三百元以上的行帮可推会员一人，并准其自行开列会友名单到会，

① 《光绪二十八年苏州口华洋贸易情形论略》，《通商各关华洋贸易总册》下卷，第54页，上海通商海关造册处译，转引自彭泽益：《中国近代手工业史资料1840—1949》第2卷，中华书局，1962年，第477页。

② 《宣统元年苏州口华洋贸易情形论略》，《通商各关华洋贸易总册》下卷，第72页，上海通商海关造册处译，转引自彭泽益：《中国近代手工业史资料1840—1949》第2卷，中华书局，1962年，第480页。

③ 彭泽益：《中国近代手工业史资料1840—1949》第2卷，中华书局，1962年，第481页。

④ 苏州档案馆档案：乙$_{2-1}$，109/1～24。

⑤ 1912年6月5日苏州商会《呈工商部条陈》，《清末苏州商会档案》第259卷，苏州市档案馆藏苏州商会档案，第2页。

议董和总协理也就在会员中选出。照此，各公所、行帮在商会中颇似团体会员身份，下可直接收纳会友，上可推举议董、总协理，实为商会中坚力量。前述那些踊跃捐纳虚衔的各公所的头面人物，也大多跻身商会，成为领袖人物。在辛亥前几年，各业每年交纳的会费总数一直保持在七八千元，保证了商会活动的经济来源。组织上和经济上的具体条件决定了商会理所当然地代表各业公所的利益，成为它们当然的保护者。在一份代某公所向官方申述情况的照会中，商会声明："该公所为一业之团体"，"敝会则为各业之团体"①。至于市民公社、商团和救火会等新式社团，也无不以本街道区域内的工商业户作为基础。那些影响较大或在商会中有会员或议董荣衔的工商业者，在市民公社等组织中往往担任正副社长、团长或各部干事等要职。

这些新式社团的出现，顿使工商业者处在社会关系的新坐标上：他们不再单纯接近于本行业的纵向轴线，还同时靠拢商会、市民公社等横向轴线。他们除了与本业所属的公所在传统的经营往来和公益善举方面保持联系，还须同本街道和整个苏城范围内新出现的广泛社会事务产生关系。随着同新式社团的联系日益加强，这些工商业者因此得到一个比较可靠的依傍。过去，各业公所不为当局所重，工商业者很难借助这一组织形式在与官府的交往中得到多少好处。现在，按照清政府规定，商会在与府县一级地方当局公文往来时，并无上行下移尊卑之分，彼此皆以平行的"照会"相待，俨同敌体。尽管这是清政府故作姿态，但与旧式行业公所相比，商会在维护工商业者的权益方面，成效更显著，作用更大。这主要表现在以下几方面：

(一) 与官府交涉

1907 年 1 月，洋货业商人拟将业中漏捐罚款拨办公所善举，经商会一力相保，遂很快获得当局批准②。同年 7 月，稻香村等茶食糖果店谋设糖果公所，其公所简章由当局转交商会核议，商会建议改名糖食公所，以免与糖果作业公所同名而生纠纷，稻香村等欣然相从，该公所迅获批准③。煤炭业申请成立坤震公所，当局搁置经年未予批复，1909 年底，一经商会调处担保，商会"昨复"，而当局"今准"④。

---

① 苏州档案馆档案：乙$_{2\text{-}1}$，251/33。

② 苏州档案馆档案：乙$_{2\text{-}1}$，143/16。

③ 苏州档案馆档案：乙$_{2\text{-}1}$，143/14。

④ 苏州历史博物馆：《明清苏州工商业碑刻集》，第 188 号碑文，江苏人民出版社，1981 年，第 279～280 页。

(二) 调停劳资纠纷应付罢工

1907 年 7 月，瑞元印花坊与瑞记布号为染价问题发生纠纷。商会受吴县委托“派员调查”，以左袒资方的立场处理此案①。1906 年 7 月，机工毛石大等数十人因工贱米贵，“首倡罢工，抢梭喊阻”，商会即应纱缎商之求而转请当局“指名访拿，惩办示众”②。在 1909 年 5 月发生的罢工事件中，商会复应请函请当局“迅先派差协保分头弹压”③。不久，云锦公所司年探知机工将“邀众轰击司年司月账房”，连夜作书密报商会，要求迅请巡逻队“弹压解散”并“密拏严办”罢工领袖，商会均一如所请④。

(三)“当官”“承值”和反对苛捐杂税

商会往往充当袒护工商业者的调停人角色。1908 年 3 月，长洲县为致祭先农坛，按旧例向巽正公所木商“借赁”排杪等物。木商却拒不应命，答称“已入商会，不肯承差”。长洲县经卑词求助商会方始借到。事后，木商复依仗商会之力开价索讨租价并运木力资，锱铢必较，狠敲了一记竹杠，致使官府连呼“未免太巨”，不得不一面饬差与木商“接洽”，要求减价，一面再函商会，借重情面，求讫此事⑤。1909 年清政府改头换面拟办印花税法，商会在权衡得失后，发动所属二十五个行业分别投书当局，坚决表示反对。随后，更联合全省各地商会，掀起了一个颇有声势的裁厘认捐运动，公开要求改革腐朽的厘捐制度。他们积极筹设事务所，选派得力人员会同苏南地区有关分会详细调查厘捐情况。为了抵制当局的统捐阴谋，他们更与上海商会联合鼓动苏南各地商人上书当局，直揭统捐弊害。

(四) 抵制美货和收回路权

在抵制美货运动初起的四月间，正在筹组商会的一些骨干分子即和学界联合成立“苏州争约处”，多次举行群众集会，指导并推动了有关各业的运动开展。随即，工商各业纷纷集会商议办法。据不完全统计，当时各行各业的集会有三十余次，参加集会的群众达数万人次，在苏城汇成了一个有广泛群众基础的爱国运动。在随之而来声势浩大的收回铁路利权运动中，苏州各业商人又在

---

① 苏州档案馆档案：乙$_{2-1}$，299/88。

② 苏州档案馆档案：乙$_{2-2}$，49/8。

③ 苏州档案馆档案：乙$_{2-1}$，300/2。

④ 苏州档案馆档案：乙$_{2-1}$，251/5。

⑤ 苏州档案馆档案：乙$_{2-1}$，212/2；苏州档案馆档案：乙$_{2-1}$，91/9。

商会领导下，成立“拒款会”、“保路会”，积极参加苏省集股筑路活动。在“苏省铁路公司”一百余名发起人中，苏州工商业者占二十余人，到1906年底，苏州集股即达三十万元①。

（五）倡办新式学堂，开通商智

商会在《试办章程》中明文号召工商各业倡办新式学堂，“为商界下新种子”。纱缎业率先响应，1905年底即将本公所原设蒙养义塾改为“初等实业学堂”，招收本业子弟，开设课程有史地、格致、英文、簿记、音体图画等十三门，颇具近代教育气息。与之相应，商会还积极购销有关商务刊物。根据商会档案，辛亥前经商会在苏州销行的商务刊物有：《商务官报》（五本）、《南洋商务官报》（二十本）、《交通官报》（十本），其他如《华商联合会报》、《实业杂志》、《广东实业报》、《汉口商务报》、《南洋群岛商业研究会杂志》等也相继来苏销售。这类刊物译载各国商务工艺、金融币制、赛会种类及其沿革情况，也介绍国内各地工商外贸行情和政府有关政策，商会把它们推荐给各业工商者，无疑有助于他们对外部世界的了解。

综上所述商会就是在“扩商权”、“联商情”、“开商智”这类大不同于公所“联乡情”“固行谊”的口号下，通过上述种种活动，代表工商业者的利益，提高工商业者的阶级意识，逐渐把工商业者团聚在自己的周围，从而集结为一支新的阶级力量。商会作用的大大加强，使工商各业公所名存实亡，呈现出解体的种种迹象。

传统行规束缚力的松弛，是有关公所解体的主要迹象。甲午之前，主要是一批作坊主对限收徒伙等旧规章的不满，现在则主要是一批店伙徒工为了自身崛起的需要，起来反对公所限设新店坊的陋规了。1909年3月，肉业敬业公所为减少竞争，切断新设店摊的货源，与猪商公所订立“联盟信约”，以垄断店行交易。可是几名顽强的竞争者硬是不肯俯首听命，盟约签订墨迹未干，即有张、任二家“违规”开张。公所为此设置种种障碍，双方因而涉讼。虽然张、任最后各以罚洋了结，但他们毕竟开店成功。当双方争讼最烈时，有业中杜某等十二人联禀控告业董勒捐肥私的劣迹，旗帜鲜明地支持张、任对公所陋规的挑战。杜某等的身份，颇为业董所鄙夷：二人开小店不久，一人摆摊，一人租店基开张，其余八人都是肉店店伙②。地位卑微的杜某等居然与业董作对，它无疑透

① 苏州档案馆档案：乙$_{2-1}$，297/26。

② 苏州档案馆档案：乙$_{2-1}$，205/13。

露了一种信息：那些迫切希望自己地位上升的店伙摊主对公所行规是何等不满！同一时期在商业方面针对统一售价和衡器等行规的斗争也时有发生。1909年，煤炭业在筹设坤震公所时所拟行规规定，“秤皆由公所校准”分发各店更换，价目“由公所集议”，进货“由公所发给盖戳起货票，方准起驳”①。这些规定很难使一百七十余户同业一致同意，因此迁延九月之久，最后公所不得不在续议章程中作出让步，有关统一公秤和管理进货的规定被删，统一市价的规定也改得较为松动。履源公所的草章中也有“公所会议定价，不得自行高低”的条文，在重订规章中也被删掉②。

部分公所组织形式的趋新，是有关公所解体的又一迹象。由于新思想的影响，不但部分工商业者热心于投资近代企业，就是公所组织形式也开始发生变化。社会上有人主张把公所办成商人的“自治机关”，“公所为各业之机关，俨如商业会议所”③。1907年成立的糖食公所的简章名目颇与旧章不同，其内容也多有新意之处，如“职员”条下所拟“经济董事”、“评议董事”诸名称与旧有的“司年”、“司月”有别；“议期”条下规定商定事务，须经总董酌核、同业中十分之六同意始可准行，又颇含民主色彩④。唯勤公所为认捐事宜组织“同业研究议会”，“议会”之称，显然受社会新思想的影响；“职员”条下，议长、监议员、评议员、备议员、调查员之类的新名目和“职务”条下各该人员的职责分工情况，也都是旧公所所未有的⑤。在相沿成习的公所善举事项中，总是以抚恤贫苦之类的内容为主，现在石业公所则一变为“筹捐办学之中，并顾同业贫苦事项”⑥，把倡办新式学堂放在首位，显然表现了一种新意。

个别工匠公所的出现，是相应公所解体的又一迹象。在先苏城工匠们单独组织公所的尝试从未成功过。1864年，苏帮烟业伙匠拟立公所，1870年和1878年，宋锦业工匠曹阿传、王沛等先后拟设公所，都因相关业主的坚决反对而告

---

① 苏州档案馆档案：乙$_{2-1}$，32/9。

② 苏州档案馆档案：乙$_{2-1}$，118/4。

③ 杨荫杭：《上海商帮贸易之大势》，《商务官报》1906年6月，第1册第12期。

④ 苏州档案馆档案：乙$_{2-1}$，143/14。

⑤ 苏州档案馆档案：乙$_{2-2}$，68/4。

⑥ 苏州历史博物馆：《明清苏州工商业碑刻集》，第86号碑文，江苏人民出版社，1981年，第133页。

失败①。但是，随着公所传统控制力量的减弱和工匠经济生活的恶化，纱缎业机工终于冲破“账房”云锦公所的重重阻力，建立了霞章公所。据《江苏碑集》第十三号碑文，该公所建成于1910年。但苏州商会档案表明，1906年11月即有二十六名发起人提出申请，1909年6月，“霞章公所发起人”与云锦公所签订了增加工资、结束罢工的“开工字据”②。它表明，尽管云锦公所全力阻挠，但还是不得不在事实上承认霞章公所的存在。霞章公所当然仍属传统的行会范围，不能同近代意义的工会相并视，但它的出现却清楚地反映了资方公所控制力的减弱。更为重要的是，在二十世纪初，有一批店员徒伙在公所解体、行规松弛之时，乘物质生活的新需求和商品经济的新发展之势，把握机运，脱颖而出，上升为近代色彩较鲜明的工商资产阶级。如黄驾雄于1897年跨上从绍兴到苏州的航船时，还是一名仅怀银洋二元的穷汉。可是仅隔五年，他已端处“萃成祥操衣鞋帽店”老板的座位了。他从加工包揽全城香烛店纸锭起步，转而利用新生产工具缝纫机的优势包揽鞋帮花加工业务，继而转业生产时兴不久的皮鞋，随后又转向开设新式印刷厂，最终经营旅馆业，获得了“旅馆大王”的雅号③。“戎镒昌皮件店”老板戎法琴早年从丹阳乡下到苏州当学徒时，也是身无长物。他在满师后自设鞋底作坊，继而扩大为皮件店。通过创名牌产品，他很快扩大了经营规模，工场内有工人一百四十余人，沪、宁等地均设分店，成为沪宁线上著名的皮件商④。“生春阳火腿店”店主许瑞卿的情况也颇相似。他早年随父从业香烛，1890年借款三百元入股岳父所设火腿店，由于经营得法，不久即将该店收归自己独资经营。随后又压倒竞争对手，成为苏城腌腊业巨子，仓储火腿常在十万只左右⑤。他同时跨行经营烛号、柏油行，镇江、汉口都设有商号，后又投资苏州电气公司和百货公司等近代工商实业⑥。上述三人异军突起，从

① 分别见江苏省博物馆编：《江苏省明清以来碑刻资料选集》，第25、224、9号碑文，生活·读书·新知三联书店，1959年，第14、15、41～42、382页。

② 苏州档案馆档案：乙$_{2\text{-}1}$，300/2。

③ 《苏州“旅馆大王”始末记》，政协苏州市委员会文史资料研究委员会编：《苏州文史资料选辑》第9辑，1983年。

④ 《戎法琴先生记事》，政协苏州市委员会文史资料研究委员会编：《苏州文史资料选辑》第9辑，1983年。

⑤ 《生春阳与孙春阳》，政协苏州市委员会文史资料研究委员会编：《苏州文史资料选辑》第9辑，1983年。

⑥ 1984年4月15日，许氏孙女许以达口述材料。

低微的生产者上升为近代工商业资本家，黄和许分别以鞋业和烛业代表的身份成为商会会员，并都在观前市民公社中担任职务。黄还是抵制美货运动“拒约会”的代表，许则后任烛业公会主任委员。戎的社会职务更为显要，他是商团筹备委员、副团长，救火分会主任委员，后又出任丹阳同乡会会长、吴县皮革业公会会长、吴县总商会议董。他们在清末民初苏城商界的重要地位，表明了一代新人正在替代前人，他们以自己膨胀了的经济实力，加快了公所旧躯壳的崩解。

所有一切人们借以进行生产、消费和交换的经济形式都是暂时的和历史性的形式。苏州各业公所作为特定经济形式，在前期曾经适合于生产力和生产关系性质，但随着新的生产力的获得和生产关系的改变，随着外部社会环境的剧变，它无可挽回地成为过时的经济形式，虽然它们在名义上的正式消亡是在二十世纪二十年代末。“现代资产阶级本身是一个长期发展过程的产物，是生产方式和交换方式的一系列变革的产物。”① 近代苏州工商业资产阶级艰难问世的历史过程，再次证明了这个科学结论。

附表：

名称	行业	所址	备注	资料出处
猪业讨账公所	猪业	附设山塘莲花斗猪商公所内	乾隆二十七年创立	《江苏碑集》第 123 号碑文
大兴公所	木商	附设娄门内东汇路 51 号大兴会馆内	公所最早碑记乾隆四十六年	同上第 60 号碑文
泾县公所	不详	不详	嘉庆间，泾旌太各县分设公所	同上第 225 号碑文
旌德公所	不详	不详		同上
太平公所	不详	不详		同上
永和公堂	海货业	南濠黄家巷	咸丰八年创立	同上第 117 号碑文
存正公所	洋布业	不详	咸丰十年前创立	同上第 80、102 号碑文

① 中共中央马克思、恩格斯、列宁、斯大林著作编译局编：《马克思恩格斯选集》第 1 卷，人民出版社，1972 年，第 252 页。

续表

名称	行业	所址	备注	资料出处
崇礼堂公所	金银丝抽拔业	装驾桥巷口	光绪三十三年创立	同上第101号碑文
面业公所	面馆业	宫巷关帝庙内	乾隆二十二年创立	《明清苏州工商业碑刻集》(以下简称《苏州碑集》)第172号碑文
江鲁公所	鱼蛋业	胥门外十一都三十五图官路上	乾隆年间创立	同上第194号碑文
柏油公所	柏油业	阊门外信心巷	嘉庆二十四年创立	同上第180号碑文
剞劂公所	刻字业	教场南	乾隆四年创立	《民国吴县志·公署》
镇扬公所	不详	阊门上津桥下塘	宣统二年创立	同上
茶叶公所	茶业	神道街	不详	同上
秀兰公所	茶业	杨安浜	代表谭维官	同上
瑞云公所	不详	李继宗巷		同上
瑞凝公所	云白铜烟袋业	李继宗巷		苏州档案馆馆藏档案乙$_{2\text{-}1}$，295/23
集贤公所	笺扇业	不详	代表蔡晋伯	同上乙$_{2\text{-}1}$，111/5
经纬公所	经纬业	西白塔子巷白鹤观	业董吴国珩	同上乙$_{2\text{-}1}$，43/53
浙岩公所	茶业	不详	代表王嘉谟	同上乙$_{2\text{-}1}$，145/3
浙台公所	茶业	不详	代表陈百源	同上乙$_{2\text{-}1}$，145/3
永和公所	木柴业	不详	道光二十年创立	《吴门表隐》
承善公所	置器业	不详	道光十七年创立	同上
四明公所	不明	南濠谈家巷	光绪十三年宁波人创立，代表刘正康	1930年《吴县》
粉业公所	粉业	娄门外大街汪家桥浜	光绪十八年创立，代表彭英材	1930年《吴县》
腿业公所	腿业	五福路	光绪二十七年创立，代表陈君侠	同上

[原载《历史研究》1986年第3期]

鹃因口瘁啼衔赤

——《雷铁厓集》前言

革命老人吴玉章在回忆辛亥革命准备时期创办著名的《四川》杂志时，曾热情赞扬过一位共事的战友，称他的文章“畅达锋利，很受时人赞赏”，南洋女子陈璧君即因“仰慕”而专程赴日访求①。这位文笔很有魅力也颇名重一时的宣传家，就是本集的作者雷铁厓。

雷铁厓的一生（1873—1920），经历了辛亥革命的酝酿准备、胜利和失败的全过程。他用深情的笔墨文字，召唤革命，鞭挞反动势力，载下了自己对民主革命执着的追求以及这种追求破灭后的痛苦，从而从自身特定的角度反映了这场革命。应当说，辛亥革命活剧是由无数慷慨悲壮震撼心魄的动人情节结构而成的，是由无数忧国伤时怀抱激烈的志士仁人通力合演的。但当人们来追述它的时候，容量有限的现成史书却总只能载录历史舞台上主要角色的活动，次要角色的活动则略而不及或语焉不详。然而要求对这场革命作多面立体的深入了解，又非得在加深对前者研究的同时，加强对后者的探讨。正是本着这种愿望，编者纂辑了这本《雷铁厓集》，以敬献读者。

一

和同时代的许多先进中国人一样，雷铁厓是在严重的民族危机刺激下，在接受了资产阶级民主主义思想后，才奋然走上革命道路的。他出生在川南自流井一个风气相对闭塞而又家境中落的环境中，父兄以鹾业为生，把读书兴业的希望寄之于他。然而，新旧世纪交替之际，随着外来侵略的加深，极大地激发了广大爱国知识分子的觉悟。到一九〇二年和一九〇三年时，集结在日本的一

① 吴玉章：《吴玉章回忆录》，中国青年出版社，1978年，第46页。

批爱国留学生，已开始运用自己的广长舌和生花笔，把万斛新思潮从东海彼土源源挹回。四川首批留学生寄回的《劝游学书》和青年革命家邹容的《革命军》，都在一九〇三年广泛传布于巴山蜀水间。雷铁厓自称，“壬寅癸卯间，激荡于新潮流，民族思想愈勃发不可遏”。因而，在一九〇四年底，“一曲骊歌辞祖国”，他终于冲破家庭阻力，东渡日本，“学得屠龙好身手，归来收拾旧山河”。

到达日本后，雷铁厓立即投身昂扬高涨的革命潮流之中。当时弥漫留学界中空前浓厚的民主革命氛围，使他未曾蒙受改良主义思想的浸润影响，从而径直进入了革命的中心。一九〇五年八月二十五日，也即同盟会成立后的第五天，他就由同乡同学黄复生主盟加入，成为四川留学生中首批加入者。从此后，他就开始了文字鼓吹的革命生涯。同年九月，与本省同志创办《鹃声》杂志，二期后停刊。一九〇七年三月至五月间，再兴《鹃声》，旋又停刊。次年一月，与吴玉章等主办《四川》，积极撰稿鼓吹革命。一九〇九年七月，返沪任中国新公学等校教职，复因鼓吹革命为清吏指名捕拿，仓卒走杭州白云庵为僧。为僧时复为《越报》等刊物撰文，半年后返沪，以教育为名从事革命活动，并为《民声》主要撰稿者。

雷铁厓原字泽皆，后以“詟皆”为号，因为“詟有恐惧意，与姓可络”(《正号》)。后复以音近，取铁厓为笔名。他之欲以雷霆之声震醒国人，用意甚明。遍聆他这阶段的鼓吹，响彻其间不绝于耳的，也始终是救亡图存的爱国主义和资产阶级的民主主义两大基调。

著名的《警告全蜀》洋洋洒洒近两万字，历叙帝国主义列强对中国的侵略本性、侵略政策和侵略手段，极陈神州大地已为列强竞争的“中心点”，天府之国也已成为列强竞争的“大战场”，中国人民面临“刀下之肉糜”和“枪下之血肉”的命运。而帝国主义之所以能在中国披猖横行，那是同“盗钱政府”和“送礼政府”的腐朽统治分不开的。因此，要挽救中国的危亡，就必须破除对政府、官吏和乡绅的“依赖病”，依靠爱国志士自身的力量达此目的。正是建立在对帝国主义和封建主义相当深刻的认识基础上，他呼吁有志者慨然以中国的华盛顿和拿破仑自居，“舍身从事，百折不回”，为在中国实现资产阶级民主共和制度而奋斗不懈。

雷铁厓并未停留在上述政治批判方面，他还把自己的笔锋指向思想领域。《名说》一文堪称代表，它尖锐揭露封建纲常名教对中国人民的毒害，“杀人于无形”。文章指出，君为臣纲的名教谬说，助成了封建帝王敲剥脂膏恣意杀戮的暴虐统治，而夫为妻纲的名教谬说，又不知害死了多少妇女。作者站在民主主义立场上，愤怒斥责那些制作名教邪说的“枭雄”，和为之铺张扬厉推波助澜的“无耻贱儒”，激烈宣称，恨不能焚尽彼等曲说，坑尽彼等迂儒。在辛亥时期批判封建纲常名教的文字中，这篇文章应该占有一定地位。

同反帝反封建的宣传文字相应，雷铁厓还针对资产阶级改良主义以及革命队伍中出现的某些思想倾向加以批评。

一九〇七年后，随着形势的发展，清政府预备立宪的调子渐唱渐高。资产阶级改良派康、梁一系组成政闻社，杨度一系则别组宪政公会，彼此呼应联合，而又互相攻讦，争坐立宪运动设计者和理论家的首席。资产阶级革命派以《民报》为主阵地，一些主将纷纷把自己的火力主要集中在康、梁身上。雷铁厓则似乎有意布一犄角之势，专以杨度为对手，大张挞伐，不稍宽贷。杨度在《中国新报》上发表《金铁主义说》，大倡“政治革命”，主张用局部改良的办法来修补国事，雷铁厓则专作《主张政治革命之非》，力攻其谬。他强调腐败的清政府已经到了“大窳烂”的崩解地步，非用霹雳手段行种族革命之“大改革”不能济事，“政治革命”之谬谈，就在于“有大窳烂用小改革”。杨度曾发挥梁启超的“满洲非国”和“中国不亡”论，认为东三省为明朝属地，满族实为与汉族异种而同国之人民，清之代明，犹汉之灭秦、唐之灭隋。雷铁厓复专作《中国已亡之铁案说》，力辩其非。他逐一辩驳，证明满族为异种异国之民，清之代明为中国已亡之“铁案”。作者在此发挥“排满革命”的意趣，是为了宣传和发动群众，目的无可厚非，但在理论和史实方面则有失误。杨度还标榜自己先开国会的主张较梁启超笼统要求立宪的提法为优，自诩提挈住了立宪运动中“至重且大”的关键。雷铁厓则专作《中国立宪之观察和欧洲国会之根据》力斥其妄。他指出，《钦定宪法大纲》的种种规定，都表明清政府立宪本意在于加强皇权，而毫无让出分毫权柄之心，因而纵使国会召开，也是徒然。杨度辈“佯狂奔走吁请号咷”，不过借以为博取仕禄之捷径，“宪政公会者，做官公会；金铁主义者，金钱主义”。预备立宪只是一种“狙公赋芧”的把戏，赋芧者刚刚宣布改朝三暮四为朝四暮三，“今之齿龇龇焉而思嚼者”便喜不自胜，可怜堂堂“谋国之士”，其见识竟连群狙也不如。

在这里应该特别指出的是，他对革命队伍内部有关思想倾向所作的批评，这是他当时思想独放异彩之处。

一九〇七年，在资产阶级革命派队伍中颇有一部分人醉心于无政府主义。在东京以刘师培为首的《天义报》诸人和巴黎以吴稚晖为首的《新世纪》诸人，高张此说，一时之间颇成思潮，甚至连时任《民报》主编执革命派舆论之牛耳的章太炎也赞附此说，发表《五无论》，扬其波，扇其焰。对此情况，雷铁厓奋起以铁铮之名投寄《政府说》于《民报》，直劾其非。文章相应于《五无论》立意，从哲理和运会两方面落笔。从哲理上说，宇宙之间万事万物都是大小有无相对而立，相倚而存的。“欲去政府，必有扑政府之能力”，而欲组织此能力，则实又转而自建一政府。所以要达到“五无”（无政府、无聚落、无人类、无众生、无世界）之境，“必先生‘五有’，否则无操‘五无’之权而使之无者”。从运会来说，处今之世，“运会在有政府，即不容无政府者存也”。帝国主义群虎肆虐，“率以政府策厉其后”，倘我无政府，则以我涣散之人民当彼萃聚之政府，其后果不待筮卜。因而，无政府主义的过误即在于“貌运会而先之”，超越了不可躐等的历史发展阶段。主观愿望虽想否定满政府，结果“适以巩固满政府”。建立在逻辑论证基础上的肯綮批评，使得被批评者章太炎亦为之折服，特以“记者按”的形式在文末写下自己的感想：“论者主张太过，然亦适合今之事势。”

众所周知，章太炎还曾热情鼓吹佛学，企图以之鼓舞革命者的斗志，鼓励革命者的道德。雷铁厓对此感应十分迅速，章太炎《建立宗教论》刚在一九〇六年十一月发表，他随即在《中国已亡之铁案说》中作出反响，委婉地然而却立场鲜明地指出，当此危亡之时，而望此迂缓之佛学以收成效，“此岂非所谓待西江之水，已求我于枯鱼之肆乎?”随之引来的便是章太炎在《民报》上发表的《答铁铮》。虽然这封公开信旨在辩白，并未接受批评，但它重申倡佛原因，澄清若干易致误解的说法，足以引起读者的深长思考，从而抉择舍取，这就不能不说是雷铁厓先发之功了。

孙中山曾经有过一个著名比喻，他把腐朽的清政府统治比作一座行将坠毁的破房子，号召人民奋起推翻它。雷铁厓深以其言为然，并专以涤荡旧屋的陈垢为要，“今之中国，已如大厦之将倾，非推去旧宇，重建鸿模，其何以历星霜而蔽风雨? 欲谋今日之中国，必先涤尽旧日之陈朽，以改易社会之观念”（《名说》）。领袖登高一呼，骨干逐齐声响应，并以重建神州华厦为己任。于是百千万人大呼，曳屋许许，构成了一幅颇见声色壮伟的资产阶级民主革命图景。在意识形态领域从涤荡陈垢工作的那一部位，人们应能发现雷铁厓辛瘁劳作的身影。

二

一九一〇年秋，雷铁厓应胡汉民之邀实受孙中山之召，前往南洋槟榔屿筹组《光华日报》，随即主持该报笔政一年有余，从而进入一生文字鼓吹最见实效的时期。

槟榔屿为地处马来西亚马来亚地区西北部的一个小岛，面积二百八十平方公里，同马来半岛相隔一条不宽的海峡，居民绝大部分为中国血统的马来西亚人和闽广华侨。但就是这一弹丸之地却为辛亥革命作出过相当重要贡献。了解孙中山历史的人都知道，自从一九〇七年他被日本政府驱逐出境后，同盟会工作的重心便移向南洋，同盟会南洋支部所在的新加坡一时遂居有革命运动在东南亚地区领导中心的地位。可是随后因章太炎、陶成章等同孙中山之间的党内纠纷接连不断，新加坡分会部分领导人受此影响，该地革命活动渐处停顿状态。一九〇九年底，革命派在新加坡所建立的最大的书报社“开明演说书报社”关闭，次年夏，设在该地的南洋地区舆论重镇《中兴日报》停刊。鉴于如上情况，孙中山遂于一九一〇年七月将南洋支部迁往槟榔屿。槟榔屿的党人倾心服从孙中山的领导，并且在地理上与孙中山倾力从事武装起义的华南地区比较接近，大量的华侨移民及其相当可观的财力，加以便捷的邮政通讯和银行汇兑，都使它具备了取代新加坡成为新的革命指导中心所必需的条件。于是，在该地创办一张报纸作为革命喉舌就成为十分急需的了。刚好这年夏天，设在仰光的同盟会缅甸分会机关刊物《光华报》，因受清领事的摧残停刊。槟榔屿党人遂沿用其名，重组新报，表现了彼伏此起、革命不止、永光中华的决心。雷铁厓也因时乘势，进入了自己文字生涯的新阶段。

《光华日报》于当年十二月二日问世，摆在主编面前的任务十分明确：以孙中山为首的革命派需要南洋华侨提供足够的财力和人力，以继续支持在华南地区的武装起义。这就需要大造革命舆论，鼓动华侨出钱出力。同年十一月十三日召开的那次著名的槟榔屿秘密会议，作出了在广州举行武装起义的重大决定，这就使任务愈显紧迫。然而，要完成任务又非易事。这是因为康有为长期居住槟榔屿，经营多年，厚植势力，华侨受惑者甚多。要从康有为卧榻之侧夺下这块舆论阵地，非经一场恶战不能奏功。

在本集中所见到的雷铁厓论战文章，是《光华日报》扫荡康党《槟城新报》的主体部分，借此可以窥知在辛亥革命前夕南洋地区的思想战线的大致情况。从实说来，双方论战不过是前几年以《民报》和《新民丛报》为主体的大论战的延续。双方的政纲以及有关民族革命与君主立宪的可行性之类根本问题，其曲直是非已在日本的辩论中判定，胜负也已见分晓。加以槟榔屿主持笔政的康党也绝无梁启超、杨度辈的才力，所以，移师南下的雷铁厓便以嘎喈宿将的资格轻取对方，笔战不过百日，《槟城新报》便阵脚大乱，主笔几经更换，但都纷纷狼狈退败下阵，在战斗中，雷铁厓除以社论之类煌煌大论向敌营发起进攻，还采用散兵游击的战术，以谐文、笑史、短论、杂谈、时译、杂俎等多种形式打击对方。因此，这阶段的文字与前此相比，虽没有很多理论色彩，也没有多少深刻的思想，但它却以多姿多彩和犀利活泼而别具特色。

与此同时，雷铁厓还十分注重对广大华侨进行教育疏导工作。这一工作仍在民族主义和爱国主义两大课题下进行。因而，一方面始终不懈地揭露清政府的种种腐败情况，举凡黑暗暴虐的内政、丧权辱国的外交、以骗人为目的的预备立宪、以骗钱为宗旨的侨务政策，统统成为他取给有余逐日撰写时评文章的大好材料。另一方面，他又耐心细致地启发广大华侨的思想政治觉悟，从宣传剪辫和男女平等，到破除神鬼迷信和侨胞的地域观念，乃至提倡华侨子弟学好中文，投身革命。部分文章还表现了作者对贫苦华侨的同情，对华工反抗殖民地工头正义行动的支持。当悲壮的广州黄花岗之役失败之后，曾经捐助巨款热望此役成功的南洋爱国华侨深刻陷入失望和痛苦，雷铁厓又及时配合同盟会南洋支部，批判来自各方对此役的指责或攻击，以息邪论而正视听，热烈颂扬殉义烈士尤其是南洋烈士的英雄业绩，以鼓舞士气振作人心。收入文集及附录中的多篇殉义烈士的“传略”，似是发表最早的黄花岗烈士传记了。

在这里还值得一提的是，雷铁厓在当时党内纠纷中的表现。章太炎和陶成章等在一九一〇年二月于东京重组光复会，南洋各埠也相继设立分会。在此前后，他们与孙中山之间的关系颇不相洽，互相撰文攻击，以致一九〇九年底时新加坡康党《南洋总汇报》转载章之攻孙文章，幸灾乐祸于革命党的内讧。对此，雷铁厓颇能识大体顾大局，他掌握的《光华日报》有意保持缄默，不予介入，不作左右袒，回避了党内那些恩恩怨怨的人事矛盾。在槟榔屿与党人谋复《民报》之际，该报只字不提十分敏感的《民报》之真伪谁属问题。当章太炎因与刘师培的交往有数封涉及名节的信件被孙中山周围的人加以披露后，他也并未视章为革命党的不肖或叛逆。《光华日报》一面刊载章太炎《东夷十章》、《诛政党》等诗文，一面又在《哀章太炎》的题目下，对其穷饿而坚持革命表示赞赏。他对章氏始终怀有好感，在日时缔结的文字因缘，返国后在江浙一带同颇与光复会有渊源关系的南社的交往，恐怕都是酿成这种好感的媒介。

雷铁厓及其同志在《光华日报》的辛勤笔耕终于获得了丰硕的果实。《光华日报》一纸风行，畅销海内外。所以，当事者在回顾这段历史时着重指出，该报当同盟会在南洋的主要喉舌《中华日报》和《星洲晨报》停刊之际，“大声疾呼，光芒万丈”，“尤多所贡献”，非常自然地取代了它们的地位①。至于雷铁厓，人们推奖他“一卷文章传海外”②，殆非过誉之词。

不过，由于种种原因，史学界对于《光华日报》和雷铁厓似乎了解不多。台湾出版的杜元载主编《革命文献》丛书在专题介绍同盟会时期“海外各地重要报刊”栏中，未曾提及此报，有的即使简略提及，也颇有错讹。国外出版的专著《星马华人与辛亥革命》，三处提及该报创刊时间，竟有一九〇九年、一九一〇年和一九一一年三种自相矛盾的提法③。台湾出版的沈云龙主编的“近代中国史料丛刊续辑”中所收的《星洲十年》一书，也将其创刊时间误指为一九一〇年十二月二十日。一九八二年出版的陈旭麓主编的《中国近代史词典》之误，同此。至于雷铁厓其人，更是湮没无闻，多种辛亥人物传记大抵付之阙如。《星马华人与辛亥革命》一书竟将他和他的同事周杜鹃误称为刘铁厓和张杜鹃。即以这些枝节问题，也足见要准确掌握这段历史还有很多工作要做。

三

雷铁厓又是一位很有成绩的诗人，柳亚子称他“工诗文书法”，收在本集中的百余篇诗作，便反映了他在诗歌创作方面的成就。

诗人同清末民初重要的革命文学团体南社有着非常密切的关系。南社一成立，他便欣然参加，成为一九一〇年第二、第三次南社雅集的座上佳客，因而名列社员姓氏录第五十九位。此后，无论是羁旅海外，还是暂居国内，他始终以《南社丛刻》作为发表诗作的主要园地。他主编的《光华日报》不但经常发表南社诗友的作品，而且成为《南社丛刻》在海外的分发行所。民国初年，南社北京雅集，他又被推为编辑员。保留在《南社丛刻》中数量颇不为少的他与社友互相酬唱之作，是研究诗人及这一革命文学团体十分重要的材料。

就像南社创始人想以这一文学组织“和中国同盟会做犄角”④，雷铁厓也以自己的诗歌创作作为革命文学宣传的辅助。他的诗作绝无旧文人模山范水、吟

① 冯自由：《革命逸史》第4集，中华书局，1981年，第146页。

② 逸叟：《赠铁厓》，《民主报》1913年1月26日。

③ 颜清湟著，李恩涵译：《星马华人与辛亥革命》，联经出版事业公司，1982年，第147、260、334页。

④ 柳亚子：《南社纪略》，上海人民出版社，1983年，第100页。

风弄月、无病呻吟的陋习，尽管他的一些写景之作也颇清新可喜，如尺幅小品，端丽俊秀，丰神洒逸，但他却始终以抒情之篇见长。革命是他吟唱中的第一主题，作为交响的第二主题，若以辛亥光复作为界限，那么，在此之前则忧国伤时之声较显，在此之后则慨叹生平之音颇重。

充满于前期诗作中的，是诗人对祖国危亡的忧虑之情。去国怀乡，游子苦吟。关山迢迢，风雨如晦。凶狡的侵略者虎视鹰瞵，眈眈相向，“欧美枝枪今又焰”，而腐朽的统治者依然歌舞升平，醉生梦死，“满座貂蝉贺太平”。因而，诗人亟以投身而出拯救危亡为己任，“男儿不拯神州劫，辜负龙泉破壁鸣”。(《旅夜偶书》)“匈奴未灭家何有？无定河边莫苦吟”(《步剑华韵》)同时又以声声哀鸣唤醒国人的杜鹃自命。出现在他诗作中最多的是“杜鹃夜半声凄绝”、“哀亡鹃血知多少”之类诗句，约略统计，集中与啼血杜鹃相关的诗句不下二十句，雷铁厓直可名为啼鹃诗人。前期诗篇固不乏慷慨昂扬回肠荡气之作，但更多的是呜咽悲愤酸心砭骨之语，这就形成了一种苍劲沉凝而又凄婉悲壮的风格。

诗穷而后工，诗人奔走革命，浪迹四海，备尝困阨，而其中又以寄迹白云庵为僧这一段颇具传奇色彩的革命生涯，给他的前期创作带来了一个巅峰时期。前不久还以铮铮之声批评他人倡佛，而今却为了逃避缉捕，无可奈何怀着“英雄失败只逃禅”的心情遁入空门。老僧的教导要求解脱尘世，斩断情缘，心如枯井，不生波澜，“恩仇付云烟，家国侪瓦缶”。而同志的责难和革命的素质，又使闭户参禅徒具形式，因之心猿意马，常常走火入魔。于是，“万里关河梦入禅”，畴昔建功立业的英雄烈士，如刺暴秦的荆轲，驱胡虏的岳飞，纷纷来入心际，从而出世隐遁与入世革命的矛盾构成了诗人前期诗作中一个瑰奇的纽结。

洋溢于后期诗作中的，是诗人对民主革命的失望之感。一九一二年元旦，孙中山就任临时大总统，踏上国门未久的诗人随即应召赴大总统府秘书处就职。兴奋之余，复邀约柳亚子等意志相投的朋友一起赴任。可是，在枢密机要之地的所见所闻，却使诗人大失所望。他呼吸不惯弥漫于总统府内日渐浓厚的南北议和的空气。而扰扰石头城内，攀龙附凤，附和革命者固大有人在。“初，同盟会著籍者不过两千人。自南都建立，一日附者率数千人”①。那些旧官僚、立宪派，也有标榜过革命的同盟会员，奔竞干进，趋骛如恐不及。待到南北议和以袁代孙的大势已定，不少人又忙不迭打点跳槽换船。对此，率情见性的诗人再

① 章太炎：《太炎先生自定年谱》1912年条，见《章氏丛书》附录下，浙江图书馆校刊本，1919年，第19页。

也忍受不住了。疏狂的柳亚子在职三天就披着大红斗蓬挂冠而去，回上海去写他反对袁世凯以及南北议和的文章①，狷介的雷铁厓则在半月之后，“一笑飘然”，长揖而别，跑到杭州去孤山问梅了。从此后，归隐还是出山再度成为他反复斟酌的内容。

一种萧条寂寞愤懑不平的情绪弥结郁积在他的诗中，下面这首《追悼革命诸先烈哀诗》是很有代表性的：“无限头颅血尚红，剧怜只付瓣香中。苍生幸福今安在？青史虚名总是空！革命何曾皆丧命，狗功尽可说人功。英雄尽化飞燐散，马上何人傲乃公？”这种情绪浓浸在随后不久的归川组诗之中。他一路漫吟归去来辞，准备归家耕耘奉侍老亲，“漫嗟行路难，吾将归老矣”，“而今尝尽飘零味”，“英雄仍作旧书生”，一路又放浪名士形骸，流连歌场声色，“妇人醇酒傲风尘”。他常常借酒浇愁，待到酒入百结愁肠，复又乘醉狂书，逞情发挥。于是，史书所载百战不能封侯的李广引起他的共鸣，野乘所记因司马相如负心而作《白头吟》的卓文君赢得他的同情，戏剧界令名未彰的女演员惹动他的大不平。不必讳言，在这种佯狂和牢骚之中，个人伤感的成分颇重，是诗人世界观的局限。但只要想到在新中国成立之初，经历过新民主主义革命风雨洗礼的柳亚子尚且还有观鱼富春江上的想法，那么，对雷铁厓似也无须苛责。

但是，必须指出，作为诗人吟唱的第一主题仍然缭绕在后期诗作之中。对于苦难的民生现实和日渐幻灭的革命理想的苦念苦忆，终使诗人不曾脱离革命队伍，高蹈远引。返川的江轮上，一名不堪主妇凌虐的幼婢竟因疲极而失足堕江，诗人不禁感从中来，在愤怒鞭笞那个毫无人性的本土蓄奴主义者后，遥对大洋彼岸的废奴先驱而兴嗟叹：“共和虽云建，平等究何果。遥望美利坚，呜呼林肯颇！”诗人当然还不能完全懂得，不拔除阶级剥削和压迫的总根子，自由和平等终究是一句空话，幼婢堕江之类的惨剧终无尽止之日。但他毕竟认识到民生问题的迫切，“国难未闻生卜式，闾阎安得稳高眠”。恐怕正是以救济民生的当代农家卜式自居，他才放弃了归隐的初衷，家居月余，就又匆匆前往重庆筹组垦植协会蜀支部，成为以黄兴为首的旨在开发国家资源、发展农业、移民实边主张的积极支持者。一九一二年底，他又冒寒来到北京，参加垦植协会本部工作，同时兼代《民主报》主编。《民主报》由黄兴的密友仇亮（冥鸿）主持，报社一班人基本即是垦植协会本部的骨干，编辑之中会聚了同盟会中不少好手笔。该报对袁政府持批评态度，实为同盟会在北京的一个重要据点。诗人之就

① 柳亚子：《南社纪略》，上海人民出版社，1983年，第39页。

职于此，无疑是一身二任贯彻民生实践且又致力民主宣传。宋教仁于一九一三年三月被刺之后，险恶的形势迫使诗人再度亡命南洋。他与南洋同志在新加坡创办《国民日报》，成为革命党在海外的重要喉舌之一。在以犀利政论鼓吹反袁的同时，他未曾停止歌吟。他痛恨袁世凯帝制自为，颠覆共和，把这个“冢中枯骨”称皇之日视为共和“出殡”之时。他还怒斥这个残民以逞，啖民而食的民贼，“终使神皋归分擘，河山何处余寸尺”，对袁党匍匐称臣呈表劝进，他更讥之为“狐鼠盈庭颂莽功”。与此同时，对故乡家人的怀念和知交友朋的关心，也成为他诗作的题材。《乙卯端午》和《八月十四夜》等诗反映了游子羁身异域母丧难奔的悲恸，《哀冥鸿》痛惜战友仇亮的牺牲，《题亚子分湖旧隐图》又箴规好友柳亚子，归隐湖山“欲避暴秦终不适”，宜执长枪大戟与民贼相战。这些诗，始终与民主革命的主题相契相合，表现了诗人火热的情怀。

读罢诗作，掩卷遐思。如果说，本文所题“鹃因口瘁啼衔赤”可认为是辛亥之前的作者自况，那么，与此对仗十分工整的下联“烛为心多泪坠红”便可视为辛亥之后的作者写照。袁世凯死后，诗人曾一度回国，可是军阀混战国家动乱的局面又使他再度漂赴南洋。在此之后，他日就杜康，时在醉乡，或提国事，则狂歌笑骂，终于渐成精神之病。可以说，他的心始终在煎熬流泪。诗人死后，柳亚子等称他“蒿目时艰，卒以忧死”，当不为无因。一面在召唤光明驱除黑暗，一面却又口瘁身憔灰心坠泪，从表面看来十分矛盾的思想感情，却真切地反映了在辛亥前后那个特定史时期一位忧国忧民诗人的复杂心情。鹃声啼血，红烛坠泪，此情无计可消除。因为对于广漠的大地和茫茫的长夜来说，这一点声和光毕竟太微弱了，它们太容易被旧世界所吞没。中国近代不乏悲剧性格的志士仁人，辛亥时期尤为突出。屈指算来，雷铁厓也应该排进这一行列。他没有轰轰烈烈的英雄业绩，只是辛亥革命成百上千先驱人物中的普通一员。他生前寂寞，死后萧条，如同当年与之颇称莫逆的汪精卫、陈璧君这一对风云人物相比，名与不名真不知相去几何。然而，尽管他缄默谦恭地隐藏在史籍的夹注或夹注的夹注之中，但凡接触了他的读者，恐怕都会对他留下难忘的印象。至如汪、陈之流，名则名矣，但后半辈子翻筋斗落得骂名千载，被钉在历史的耻辱柱上，这又是历史的公正裁决。

[原载《华中师范大学学报》1986 年第 4 期]

二十世纪初孟德斯鸠地理环境决定论东渐述论

十九世纪末二十世纪初，是西方新学涌入中国的高峰时期。在思想界，达尔文的进化论和由此衍发的进化史观所产生的巨大影响，为世所公认，数十年来学术界对之兴趣不衰，从而取得了较多的认识。与之相比，其他一些东渐的新学就相对逊色。我们在这里要论述的孟德斯鸠的地理环境决定论和由此衍发的地理史观就是其中之一。尽管它作为当时颇为流行的一种西方新学，也曾引起过不少知识分子的注意，但它却至今未能受到相应的重视，对它的研究远未能与它当年在思想界的地位相称。我们撰写这篇文章，意在就读书所及，介绍有关情况，提出一些不成热的看法，以期引起注意。

孟德斯鸠地理环境决定论的基本内容

在西方，率先强调地理环境对社会政治制度的巨大作用从而引起世人瞩目的，是法国资产阶级启蒙思想家孟德斯鸠（1689—1755）。他在自己的名著《论法的精神》(严复译为《孟德斯鸠法意》。为行文之便，以下简称《法意》）一书中，作了很多论述。他认为一个国家的幅员大小、气候炎寒、土壤肥瘠等地理条件，对这个国家的政权形式、法律性质、民质民俗、文艺宗教等方面，都有决定性的影响。以下略加分述。

地理环境决定政权性质。为什么亚洲多“专制霸力之治”？他认为，“亚之地多大原，山海所分，皆成广部，至其南国，河流易干，虽为名山，上少积雪，川流较狭，不足以隔交通”。为什么欧洲多“法度治民”之邦？就因为“其地势便于分立，而立国无甚大者。其以法度治民，亦便于自存之故。盖使法度不立，将腐败立呈，而国为其邻所兼并矣”①。

地理环境决定法律宽严。“国以天候地气之不同，而民之资生各异。资生异，故饮食居处不齐，而其国之法律亦从而不一。”所以，“四通之国”与“深山贫裔”之邦的法律不同。而因为风土的关系，日本的民性“懻忮乖张”，印度的民性“柔良和易而悲闵人”。两国的法律也截然不同。前者“其国法常严，而其君若吏于民无所信也，主以刑罚立威而已”，后者则“主于宽大，而与民相任，其刑罚疏简而轻，且多纵舍”②。

地理环境决定民质强弱。土壤的肥瘠可使民质大不一样。“硗确之地，往往能使民勤慎、坚忍而刚强，由是而为任兵之众。盖生事所资，天既靳之，不得不以人力争也。反是而观，故膏腴之壤，能使人柔惰、怯弱而贪生。”③ 气候的炎寒也可使民质呈现不同面貌。“热带之民如老夫，其于行也，常长虑而却顾；寒带如少年，其入世也，每喜事而有为。”④

地理环境决定风俗厚薄。“高寒之国，其民俭于乐方，所以怡情者寡。至于温带稍增，而热带辄流于淫佚。”⑤ 纳妾多妻之俗与气候有关，热带女子早熟早衰，终其之身，依人而立，所以热国男子多妻。温带女子，容色耐久，其衰与男子相随，女权易立，所以一夫一妻制通行⑥。女子之贞淫也与天时地气有关。“生于北境”之女子“血气和平，仪容贞静”，南境之女子则不然⑦。

地理环境决定文艺风格。不同地域的人们对文艺的要求不同，“南土之生，质器脆轻，而感情酞至，是以爱根至重……北土之生，其机体伟硕，而觉根迟重，故其行乐，必震撼激昂，其神始快”。南北之民，由于“人心情感之浓淡”，对文艺的感受程度大不一样。举例来说，同一歌曲，即使是同一演唱者，在英国和意大利所引起的听众的反应各不相同。“北人淡然而寡悰，南人欢尔而神

① ［法］孟德斯鸠著，严复译：《孟德斯鸠法意》，商务印书馆，1981 年，第 364～365 页。

② ［法］孟德斯鸠著，严复译：《孟德斯鸠法意》，商务印书馆，1981 年，第 317 页。

③ 孟德斯鸠著，严复译：《孟德斯鸠法意》，商务印书馆，1981 年，第 371 页。

④ 孟德斯鸠著，严复译：《孟德斯鸠法意》，商务印书馆，1981 年，第 308 页。

⑤ 孟德斯鸠著，严复译：《孟德斯鸠法意》，商务印书馆，1981 年，第 309 页。

⑥ 孟德斯鸠著，严复译：《孟德斯鸠法意》，商务印书馆，1981 年，第 344 页。

⑦ 孟德斯鸠著，严复译：《孟德斯鸠法意》，商务印书馆，1981 年，第 352 页。

动。其为感浅深，有不可思议然者。”①

地理环境决定宗教盛衰。宗教的发达程度与气候的炎寒相关。“亚洲僧道妖巫之众，辄随其土之热度而增。印度最热，故其数亦最多。殴之神甫祭司，其所以为众寡亦然。”宗教的教义也与气候有关。印度“其所处国为炎墟，以其熇炎，而体疲力散久矣，是土之民，固宜乐静而恶动”，“故其为教也，亦以寂灭为极乐，而人道所求在此”②。

以上就是孟德斯鸠所倡言的地理环境决定论的主要内容。

我们知道，在十八世纪的法国，发展近代工业的迫切任务和封建生产关系之间的矛盾日益尖锐。为了自身的经济利益和政治利益，法国资产阶级必须推翻封建专制制度，摧毁教会的精神统治。以孟德斯鸠等人为代表的启蒙思想家们正是自觉地充当了历史的得力工具。孟德斯鸠主张按照“永恒正义”的原则改造社会制度，他从英国资产阶级立宪政治中得到启发，对它进行理论加工，提出了著名的行政、立法、司法三权分立说。为了变革封建专制制度，反对宗教神秘主义，他又认为客观世界存在着“固定不易的规律”。于是，当时实验科学中关于自然现象的规律性的认识被借用过来，以便帮助证明在纷繁的社会历史现象中也有某种规律存在。地理环境决定论的提出，正是服务于此。孟德斯鸠虽然是一名历史唯心主义者，并不真正懂得社会存在的客观规律性。但是，他反对把历史看作是神的任意妄为的产物，反对把历史看作是一连串的偶然事件以及教会与君主的意志和狡诈奸计的产物，力图通过地理环境对人类社会历史的决定作用的论证，揭示人类社会历史发展的内在逻辑和各种历史事件的必然联系。就此而言，孟德斯鸠确确实实在社会历史观方面为摆脱封建专制和教会羁绊迈出了可喜的一步。

孟德斯鸠为资产阶级意识形态新殿堂的构筑而殚心竭力于清扫中世纪垃圾的劳绩，赢得了广泛而持久的重视。该书一出，即备受欢迎，各国竞相翻译，“一载间板重者二十二次”③，惊动一世。此后，三权分立说为政治学家所祖尚，

---

① ［法］孟德斯鸠著，严复译：《孟德斯鸠法意》，商务印书馆，1981 年，第 309～310 页。

② ［法］孟德斯鸠著，严复译：《孟德斯鸠法意》，商务印书馆，1981 年，第 313～314 页。

③ ［法］孟德斯鸠著，严复译：《孟德斯鸠法意》，商务印书馆，1981 年，第 371 页。

从政治法律的角度阐扬其意者，固大有人在。而其地理环境决定论又引起思想界的争议，有褒有贬，态度不一。同时代一部分唯物主义思想家持批评态度，如伏尔泰便否认孟德斯鸠所主张的地理环境对人类社会历史的决定作用，虽然其方式较为简单肤浅。霍尔巴赫则为自身的形而上学方法束缚在重重矛盾中，对孟德斯鸠的主张时而否认，时而承认，处于摇摆不定的状态。但是，更多的人却是接受这一观点的。所以，在该说问世以来，在西方不少有名的社会历史著作中，我们经常可以看到发挥此说的文字。黑格尔的《历史哲学》(1840 年)，巴克尔的《英国文明史》(1865 年)，拉采尔的《人类地理学》(1882 年)和《地球和生命》(1902 年)，梅契尼柯夫的《文明和伟大的河流》(1889 年)，是其中尤为突出者。在这里，我们不妨略为引用一点材料。在一本 1800 年出版于巴黎题为《气候、江湖和地域》的书中，作者希波克拉底在比较欧亚民族不同性格后，从气候的角度寻找原因："亚洲的季节没有大的变化，几乎是一样的，从热到冷几乎是不知不觉地过去的。在这样一种气候中，灵魂既感觉不到那些活泼的震动，肉体也感觉不到那些突出的变化。"反之，欧洲的季节以突然的变化而带给人们一种性格，使他们比生活在经常不变的气候中的人来得粗野、倔强、猛烈。这是因为气候从一个极端急速地过渡到另一个极端，能"使人精神振奋，使人从怠惰和马虎的状况中解脱出来"。在另一本 1888 年出版于巴黎的题为《就自然地理与人类历史的关系考察的比较自然地理学》的书中，作者居友则以同样的精神写道："热带大陆虽有自然财富，而温带大陆则最适合于人类发展"，"亚洲东部既有其特有的地理性质，所以也就有其特有的人种"。这二处引文均见诸普列汉诺夫 1896 年所写的《唯物主义史论丛》一文中。在这篇著名文章中，被列宁誉为最通晓马克思主义哲学的社会主义者之一的普列汉诺夫指出，孟德斯鸠的影响至今依然存在，有许多人在评价地理环境对人类影响时，还总是强调"有什么样的居住地区，便有什么样的人种、道德、科学、哲学、宗教，因而不可避免地也就有什么样的社会政治制度"①。由此可见，孟德斯鸠有关地理环境的论述对西方思想界影响的深入了。当然，普列汉诺夫在此未能谈及，就在他发表这些意见不久，孟德斯鸠之说被进一步发展为"地理政治论"，有人正热衷于以地理因素为帝国主义开拓疆界和获得"生活空间"的侵略扩张政策作论证。

---

① ［俄］普列汉诺夫：《普列汉诺夫著作选集》第 2 卷，生活·读书·新知三联书店，1961 年，170～171 页。

以梁启超为代表的中国思想界的积极移植

孟德斯鸠该书最早的中文节译本，当推连载于 1900 年 12 月至次年 4 月《译书汇编》第一期至第三期上的《万法公理》，而将孟德斯鸠有关地理环境的论述系统而全面地接引到中国来的则是梁启超。

梁启超在 1901 年发表的《中国史叙论》中专列“地势”一节。宣称“地理与历史最有紧切之关系”。第二年，他又在《新民丛报》接连发表系列论文《地理与文明》、《亚洲地理大势论》、《中国地理大势论》、《欧洲地理大势论》等，集中地运用地理环境来解释中外古今有关社会历史现象，给人以很深刻的印象。

在这些文章中，他把地理环境分解为两个方面。一是地势，包括高原、平原、海滨等地形及位置和地质条件。二是地气，即寒带、温带、热带等不同的气候条件。他反复论证，世界各国各民族的社会历史无不受到地势和地气的决定性影响。

首先，在“物质的文明”方面所受影响。

梁启超认为，地势对物质文明有决定意义。生产方式由此规定，“高原之特质，最适于畜牧，牧民逐水草而居”，“故文明无可言”；“平原之地多河流，有河流则土地丰饶，宜于农业发展”，所以“文明烂然”。为了说明问题，他作过两组对比。第一组对比，他以北半球亚、欧、北美三洲与南半球澳、非、南美三洲相比。他认为北三洲物质文明所以远胜于南三洲，主要原因就在于地势复杂，便于交通，“多港湾，多内海，多半岛，多附属之岛屿，其地面之复杂，亦与相应，有山脉，有高原，有平地，有河流”。而南三洲则不同，地势单纯，交通不便，港湾、内海、半岛、岛屿都极少。第二组对比，他以欧洲与亚洲相比。亚洲为高原、平原交错之地，而欧洲则高原、平原、海滨三者调和适均，海岸线特长，居各洲之冠。亚洲面积将近五倍于欧洲，而海岸线不能倍之。所以，欧洲“船舶交通之便利，冠绝宇内”，这就带来了物产、言语、技术、思想诸方面交流的方便。欧洲各国得以相摩相厉，相竞相师，造成了“开化速进”的大好局面。

梁启超认为，地气与物质文明的关系也至为重大。“文明之初发生，必在得天独厚之地。厚者何？即气候温暖，物产饶足，谋生便易是也。”凡埃及、印度、中国、巴比伦诸文明发源之地，“非地势使然，亦地气使然也”。他认为“多温气多热气而两者又相中和”的气候条件为最理想。北美的墨西哥和南美的秘鲁，具此条件。欧洲气候严寒，但因为有大西洋之暖流使西欧温度增高，而非洲沙漠的热风又使南欧气温得到调节，从而使得欧洲较之亚洲和美洲的同纬度地区的气候条件为佳。

其次，梁启超更多地论述了地理环境对“精神的文明”所产生的重大影响。

地理环境决定政俗。梁启超又作了两组对比。第一组欧亚相比。亚洲地理虽与欧洲相近，但由于面积辽阔，东西南北各部自成格局，地理不便，交通隔绝，“各地孤立”，这样就“无竞争”，从而导致“无进步”，保守政治特浓。欧洲则反之，幅员不广，交通便捷，地势复杂，“故能分立诸国，使诸种国民，角起相竞”，进取精神甚强。第二组中国历代南北政权相比。由于地理环境的“风动”和“熏染”，建立在黄河流域的政权，常常规模宏远，局势壮阔，气魄磅礴英挚。而建立在长江流域的政权则不同，常常规模绮丽，局势清隐，气魄文弱。

地理环境决定战争。他编制了一份“历代革命军及割据国所凭藉地理表”，对秦末陈胜起义到刚刚失败的义和团运动为止的一百多次战争加以分析。他认为战争的起因虽有种种特别，但地理则为“重要之主因”。历代汉族起事之地集中于山东、江苏、安徽、河南、湖北诸省，就因为淮河流域东面通海，北界黄河，南控长江，“地理之适合于开化”，所以这几省的起事“独占优胜”。

地理环境决定民质。他的说法悉依于孟德斯鸠。民质与气候有关：“夫酷热之时，使人精神昏沉，欲与天然力相争而不可得。严寒之时，使人精神憔悴，与天然力相抵太剧，而更无余力以及他。热带之人，得衣食太易，而不思进取，寒带之人，得衣食太难，而不能进取。惟居温带者，有四时之变迁，有寒暑之代谢，苟非劳力，则不足以自给，苟能劳力，亦必得其报酬。此文明之国民，所以起于北半球之大原也。”民质还与地势相关：海洋“能发人进取之雄心”，陆居者反是，“以怀土之故，而种种之系累生焉”。所以久于海上者，其精神日以勇猛，日以高尚，较之陆居者“活气较胜，进取较锐”。

地理环境决定风俗习惯。他指出，古希腊以地势为别，其民“分三俗”，即山谷之民、平原之民、海滨之民。印度则以河流为别，其民也“分三俗”，即印度河之民、布拉马河之民、恒河之民。“中国则兼两者而有之”，东西为言，则其民有高原、平原、滨海之俗的区分；南北为言，则其民又有白河流域、黄河流域、长江流域和西江流域之俗的差别，总之，不同的地理环境决定了“民间社会风俗华离破碎”，各不相同。所以，《史记·货殖列传》以地理别风俗，他赞之为“目光如炬”，并且以为即在今日，仍可看到这种深刻影响。黄河以北之民则“矜懻忮，好气任侠”，江汉之民则“俗习于巧黠，好小乱而无远志”，江浙之民则“其俗文而少气，知者多而行者寡”。

地理环境决定学术思想。先秦诸子学说各异，他认为这同他们各自所处的地域有关，孔子、墨子在北方，老子、庄子在南方，商鞅、韩非在西方，管子、邹衍在东方，所以“或重实行，或毗理想，或主峻刻，或崇虚无”。“其现象与地理一一相应”。宋明理学各家有别，也与地理有关。周敦颐为南人，故“首创心性，以穷理气之微”，邵雍北人，故“好言象数，且多经世之想”。二程之学虽出自周，却因身为北人，故其“面目亦稍变，而倾于实行”。张载为北人，故其学“颇重考实”。陆九渊、王阳明皆为南人，故其学“直指本心，知行合一，蹊径自与北贤别也”。历代经学也有南北之流别，如六朝时，北人喜治“三礼”，南人则喜治《易》，因而前人所评“南人简约得其英华，北人深芜穷其枝叶”，被他认为居要之言。

地理环境决定宗教信仰。他认为，由于地理环境不同，欧洲各民族所信奉的宗教不同。南欧拉丁民族诸国，由于天候和煦，空气清明，时鸟好花，优美艳丽，其民质“华而脆，骄而奢，汰而惰”。所以宗奉天主教，“不重理想而重仪式，轮奂其教堂焉，繁重其礼拜焉”。中欧条顿民族诸国，气候稍寒，生物发育较迟，物产种类较少，其民质“忍耐刻苦，质朴节俭”，“意想致密，带数理的性质”，所以皈依耶稣新教，“核名实，贵理想，不拘于仪式，不屑于品物”。北欧斯拉夫民族，所居之地酷寒，平原莽漠，其民质“沉毅而深远，宏渺而不可测”，所以归心于希腊正教而“政教混淆”。亚洲情况类此。西伯利亚人信奉沙玛尼教，中国人信奉佛教，印度人信奉婆罗门教，阿拉伯人信奉伊斯兰教，都由地理环境使然，即以盛行于隋唐时期的佛教而论，南北宗派的不同风格也是随地域而划分。北方天台、法相、华严三宗，务实践而重疏证，恰与南方的禅宗“专凭悟证，不依文字”相对。这种情况又与上述学术思想的南北之别相一致。

地理环境决定文学艺术。他指出，诗赋文章，南北各为家数。燕赵多慷慨悲歌之士，吴楚多放诞纤丽之文。北人优为长江大河一泻千里之散文，南人擅长镂日刻月善移我情之骈文。长城饮马，河梁携手，为北人之气概；江南草长，洞庭始波，为南人之情怀。书法绘画音乐也以南北区分。北以碑著，为方笔之祖，遒健雄浑，峻峭方整；南以帖名，为圆笔之宗，秀逸摇曳，含蓄潇洒。北画擅工笔，笔格遒劲；南画擅写意，意象逼真。北乐悲壮，南乐靡曼。

由上可见，梁启超对地理环境作用的鼓吹宣传极为周详。孟德斯鸠论及之处，他基本上面面俱到，无所脱漏。这固然与他对孟德斯鸠本意的准确把握有关，也同他系列论文的安排部署分不开。如果说，最先发表的《地理与文明之关系》主要从地理环境对欧、亚、美各洲文明发展的决定作用作俯瞰式的总体介绍，那么，紧接着发表的《亚洲地理大势论》、《中国地理大势论》和《欧洲地理大势论》几篇文章则是分别深入各洲国作进一步的论证。并且，这种努力还散见于其他论著中。如1902年发表的《新民说》和《论中国学术思想变迁之大势》宣传了这种观点。直到二十世纪二十年代，他还把它当作剖解社会历史的主要工具。如《近代学风之地理的分布》（1924年）继续认为地理环境影响"住民性质"，即民族性质，而这种性质又影响物质生活，《地理及年代》（1922年）列举地理环境影响中国社会历史的十八条材料，说明地理环境"为历史上主要之原动力"。可以认为，梁启超终其一生信奉此说。同时值得指出的是，梁启超十分注意联系中国国情，举凡中国的政俗、民质、宗教、文艺、学术诸方面，可为孟氏之说佐证者，他都组织入文，加以引申发挥，这就把外来的学说中国化了，增强了该说的可信性。正因为如此反复致意，强聒不舍，使得梁启超较之同时代的赞附者取得了更明显的宣传效果，成为孟德斯鸠此说在中国的主要代表。也正因为梁启超在这方面给人印象至深，以至他的年谱编写者特意将其家乡《新会县志》中有关气候和风俗的材料系之于出生之年下，并加上按语说明"一个人的性格的形成，地理环境也有很大的关系"①。可谓深知谱主，也真可谓"即以其人之道，还治其人之身"了。

梁启超引吭高唱，很快获得了经久不绝的共鸣和回响。他所致力说明的地理环境决定作用的那些方面，几乎都有人站出来做第二、第三遍的复证。这并不奇怪，当年中国进步思想界对西方新理新说反应极为迅速，是深以介绍阐发为自己天职的。为了节省篇幅，不拟一一撮引这些文字，仅就我们所见极为有限的一些本世纪初介绍或运用此说的文章表列如下：

篇　名	作者	出　处	
论太平洋海权及中国前途	梁启勋	《新民丛报》第26期	1903.2
中国兴亡一问题论	蒋观云	《新民丛报》第26期	1903.2
印度灭亡之原因		《浙江潮》第一期	1903.1

① 丁文江、赵丰田：《梁启超年谱长编》，上海人民出版社，1983年，第12～13页。

续表

篇　　名	作者	出　　处
俄人之性质	飞　生	《浙江潮》第一期　1903.1
地人学	壮　夫	《浙江潮》第七期　1903.7
中国地理与世界之关系	李步青	《湖北学生界》第一期　1903.1
黄河	李步青	《湖北学生界》第二期　1903.2
地理与国民性格之关系		《湖北学生界》第三期　1903.3
扬子江		《汉声》六月份　1903.6
原学	章太炎	《訄书》重印本　1904
清儒	章太炎	《訄书》重印本　1904
中国民族志	刘师培	《刘申叔先生遗书》乙类十七册
南北学派不同论	刘师培	《刘申叔先生遗书》乙类十七册
编辑乡土志序例	刘师培	《国粹学报》第21～24期　1906
世界通商地之沿革	陶懋立	《地学杂志》第一年第5、6号 1910.5～6
中国地理学家派	陈学熙	《地学杂志》第二年第17号　1911.2
中国种族考	熊秉德	《地学杂志》第二年第18号　1911.9
论人民性质与地理之关系	樗　生	《东方杂志》第十卷第7号　1914
地理与文明之关系	东海寓公	《东方杂志》第十卷第8号　1914
中国文化之发源地		《东方杂志》第十卷第12号　1914

以上所引响应之文，早则1903年，与梁启超文章相差一年，迟则辛亥之后，可见十余年间此说历久不衰，一直是思想界津津乐道的内容。虽然响应之文大抵单篇零星，未能如梁启超那样独立布成堂堂正正之阵，并且在理论化和中国化方面也未见有多少深入之处，有些文章反倒沾有不少西方资产阶级散布的欧洲中心论的气味。但是，由于响应者中有像章太炎、刘师培、蒋智由等名噪一时的学者，积极播扬的又是《新民丛报》、《浙江潮》、《湖北学生界》、《国粹学报》、《地学杂志》、《东方杂志》这些影响广泛的杂志，因此，它毕竟造成

了一种声势，扩大了传播范围，从此使人们在考察社会历史之时，注意把地理环境的因素考虑在内，把它当作一种西方的“显学”看待。比如清末名士孙宝萱就把古希腊人政治独立思想所生之由归之于地理因素当作一大心得，郑重其事地把它载入自已十分宝重的日记之中：“希腊古代之文明，于自然地理上所关甚巨。一希腊为多岛屿多港湾之国，发达于地中海东部，得与古开化诸国埃及、腓尼基等相近。一全国山脉纵横，成多数之小邑，因其畛界，皆可分为自治之区。有此二端，皆足生希腊人政治独立之思想。”①

中国思想界热烈响应的原因

从十八世纪中叶孟德斯鸠大倡此说，到二十世纪初年梁启超等热烈响应，中间相隔一个半世纪，它是通过怎样的媒介才克服广阔时空的阻隔呢？看来，这须从当年国际学术环境和国内思想战线的任务两方面寻求回答。

从国际方面来说，上文已论及，孟德斯鸠此说问世一个多世纪来影响始终不衰，欧美日本的学者不倦地采摭引申，作为观察社会历史的主要出发点之一。他们的论著对于一心向往西学的中国进步思想界是具有吸引力的。法国邵可侣(Seclus)著《人与地》，专阐人类与地理环境的关系，该书约一百万字，可谓煌煌巨著，李石曾却毅然以《人地学》为名将它译出，显示了中国学者的识见和魄力。美国樊格里夫（J. Fariegriere）著《地理与世界强权》，汉丁敦(E. Huntington) 著《文明与气候》、《人生地理学》，力申地理环境有大影响于人类。这些著作都引起过中国学者的重视，或作评述，或作译介。著名的《地学杂志》就拟连载汉丁敦的译著②。法国汉学家拉库伯里（Lacouperie）著《中国太古文明起源西方论》，比较中国和巴比伦的古代文化，认为中国文明来自巴比伦两河流域。另有地质学家李特哈芬（Richthofen）著《支那》，以中国地理和地质为依据研究中国历史，认为汉文化的发生实被黄土之惠。这两种探讨中国文明来源的著作引起中国思想界的反响尤为广泛，至于日本学者或迻译西方论著，或出于己意论述，它们对于中国思想界的影响就更为直接和便捷了。栖原陈政著有《支那事情》，其中论及“气候不齐，地势亦不一”的地理环境对中国社会历史的重大影响。1902 年 10 月，留日湖南籍学生就在自己所办“专以输

① 孙宝萱：《忘山庐日记》，上海古籍出版社，1983 年，第 921～922 页。

② 《地学杂志》封底广告，1910 年第 1 年第 1 卷。

入文明，增益民智为本”的《游学译编》杂志创刊号上率先把它译载，并且改题为《支那地理概述》。而梁启超等更经常直认不讳己作摭集东西方学者所言。在《地理与文明之关系》文前，梁启超公开声明系“集译东西诸大家学说言地理与文明之关系者草为是篇”，在《欧洲地理大势论》和《亚洲地理大势论》文后，又公开声明系以日本致贺重雄所作《欧罗巴地理考究之方针》和《亚细亚地理考究之方针》二文为“蓝本”，而“间下己意”，梁启勋作《论太平洋海权及中国前途》，则声明文中“征引之资料”多出自日本《独立评论》所载《太平洋海权问题》一文。蒋智由著《海参崴》一文，则公开声明取资于日本《太阳》杂志，而自己“附以考论”。总之，欧美日本各国有关直接或间接发挥孟德斯鸠之说的，都成为中国思想界予以青睐、积极迎就的对象。

在这里，不妨以发生在十九世纪末二十世纪初的关于中国人种和文明来源问题的国际学术大讨论为例，来探究一下中国思想界的感应程度。当年东西方学者出自不同的目的和方法，作过种种考释，提出种种说法。除上述拉库伯里之说外，有主张源自亚洲南部的（海概尔），有主张来自亚洲北方的（蒯督禄弗尔），有主张来自亚洲东方的（冈本监韩），有主张由美洲迁入的（赫胥黎），有主张来自埃及的（岱乌士、户水宽人、币原坦、霓川），也有主张来自帕米尔——昆仑山的（有贺长雄、儿岛昌定），还有主张独自发生的（特孟亚、爱米柯、部来墨尔）①。众说纷纭，各执所见，但在各自申述的理由中，地理环境的作用始终是最根本的一条。中国知识界比较集中于倾向巴比伦说和帕米尔——昆仑山说。倾向前说者有谭嗣同②、章太炎（《訄书·序种姓》）、蒋智由（《中国人种考》）和宋教仁③等人。倾向于后说者为梁启超（《中国史叙论·人种》）、刘师培（《中国民族志》、《攘书·华夏篇》）和《浙江潮》的一些作者（《浙江文明之概观》、《十九世纪时欧西之泰东思想》）。二说所称源头虽然不同，但分流东西二支的说法仍然一致：其西行者则成欧洲种族和文明，东行者则成亚洲种族和文明。过伊犁，越新疆，以至黄河流域，于是黄河流域成为中华民族及其文明的摇篮。李特哈芬所言中国文明受惠于黄土之说深受欢迎也就不难理解。所以，当年有李步青其人专为发挥此说写《黄河》一文，先载于 1903 年 2 月《湖北学生界》第二期，继又载于次年 7 月《萃新报》第三期。中国知识界投入

① 蒋智由：《中国人种考》第 6 章，上海出版社，1929 年。
② 蔡尚思、方行编：《谭嗣同全集》，中华书局，1981 年，第 195 页。
③ 陈旭麓主编：《宋教仁集》，中华书局，1981 年，第 3、666、702 页。

这场有关种族和文明起源的国际讨论，力称东西方人种和文明同出一源，纵有黄白之异，绝无贵贱之分，只是由于日后各自所居地理环境不同和别的一些原因，才发展各异，以至今日。用章太炎的话来说，“如欧美者，则越海而皆为中国。其与吾华夏黄白之异而皆为有德慧术知之氓”。这样，隐藏在这场学术讨论后面的便是一种不甘示弱和民族自尊的强烈愿望。

在国际学术方面，还有一事值得注意，那就是近代西方因人类学、社会学和文化学诸学科对文化研究的深入展开，有所谓文化史派的兴起。到十九世纪中期，欧洲史学界掀起了一场文化史运动。一批资产阶级文化史家以历史学的革新者自居，要求进一步清除封建史学的残余，打破以帝王将相为中心的旧框架，把史学研究的领域从政治、军事的狭窄范围扩展到人类活动的各个方面。英国史学家巴克尔和哲学家斯宾塞，德国史学家柏恩海姆和拉姆普雷希特，美国史学家罗宾孙等人，都是此中健将。巴克尔作为新史学的先驱，率先主张建立一个像自然科学那样有一定定律的历史科学。因而地理环境对社会历史的影响成为他们重点探求的对象。这一以“新史学”标榜的资产阶级文化史运动，经由留学生的传播介绍，很快在二十世纪初受到中国知识界的欢迎，与梁启超等人倡导的“史学革命”相汇合。

也许最能从一个局部的细节上反映国际文化史运动对中国影响的，要算巴克尔《英国文明史》中的两段文字了。读书把“地域的一般外貌”视为影响人民性格的四大原因之一。“地震和火山爆发，在意大利和西班牙——葡萄牙半岛，是比其他大国更常见而且更有破坏效果的，正是在这些地方，迷信最为坚固，并且迷信的阶级最有势力。在这些国家里，僧侣阶级首先树立起统治；基督教在那里堕落到最不堪的程度，迷信取得了最稳固、量持久的基础。”在谈到地理环境影响文学艺术时，该书又说，“欧洲近代最大的画家和几乎所有最大的雕塑家都出身于意大利和西班牙。在自然科学方面，意大利当然也出了一些有杰出才能的人，但是科学家的数目和艺术家与诗人比起来，是小到不成比例的。”① 根据普列汉诺夫考证，巴克尔前一段话系采自希波克拉底《气候、江湖和地域》一书。巴克尔这两段话，被梁启超在《地理与文明之关系》中概述如下：“欧洲中火山地震等可怖之景，惟南部两半岛最多，即意大利与西班牙、葡

① 转引自［俄］普列汉诺夫：《普列汉诺夫著作选集》第2卷，生活·读书·新知三联书店，1961年，第172页。根据普列汉诺夫考证，巴克尔前一段话系采自希波克拉底的《气候、江湖和地域》一书。

萄牙是也。而在今日之欧洲，其人民迷信最深，教会之势力最强者，惟此三国，且三国中，虽美术家最多，而大科学家不能出焉。此亦天然之景物与想象理性之开发有关系一明证也。”如果说，这一概述是西方文化史派所论地理环境作用于宗教文艺在中国的第一版，那么，内容基本雷同的，我们还看到另有二版，其一为1903年3月出版的《湖北学生界》第三期《地理与国民性格之关系》所说，其二为1914年出版的《东方杂志》第十卷第八号署名东海寓公所作《地理与文明之关系》所说。

从国内方面来说，中国知识界对西方新理新说的热烈欢迎是最根本的原因。甲午战败的刺激，促使一些先进的中国人迎就西方新学，戊戌政变后虽一度岑寂，但随着八国联军入侵、民族危机深重，进入二十世纪后，很快又烈焰倏腾，热度更高。这一马鞍形，用梁启超的话来说则是，“丁戊之间（1897—1998），举国慕西学若羶，己庚之间（1899—1900），举国避西学若厉，今则又为羶矣”①。梁启超自己也就是在二十世纪开初的二三年间，以“更研哲理牖新知”为已任，大力介绍西方新学。他把强调经验的培根和强调理性的笛卡尔称为“近世文明初祖”，将这两种资产阶级最基本的方法论介绍给中国人民，“天演学初祖”达尔文，“法理学大家”孟德斯鸠，“英国鸿儒”斯宾塞，“民约论巨子”卢梭，“乐理主义泰斗”边沁，“近世第一大哲”康德，“进化论革命者”颉德，无一不为他殷殷介绍。他以自己的辛勤劳作，赢得了“输入文明第一祖”的褒扬。他和同时从事思想启蒙工程的那些思想界先进人物，共同造成了一种浓烈的信崇西学以趋新为尚的社会心理。地理环境决定论正是在这种特定氛围中输入中国，它之得到迅速传扬自不为怪。

中华民族的深重灾难，促进先进的中国人寻求救亡之道，设法保种自强。严复适时地把进化论介绍给中国人民，于是从十九世纪末开始进化论遂成为影响中国社会生活最深刻的一种西方新学。进化论以近代生物科学为首要依据，把人类社会视为自然发展的产物，视为一个进化的过程，这是一种合理的见解。但是，用进化论解释复杂的社会历史现象，无论是把人类社会进化归因于“物竞天择”、“适者生存”，还是归因于社会有机体的各部分的分工合作，都不能完满地达到目的。比如，不同地区不同种族物质文明发展迅速的原因、政教风俗的差异、民质民性的不同、文艺学术的区分，所有这些涉及社会历史现象及作为其主体的人的问题，进化学说都不能全面切实地解释清楚。可以说，正是为

① 《新民说·论自由》，《新民丛报》，1902年第8号，第5页。

了补充进化论之不及，为了回答近代东方为什么落后于西方这一重大课题，中国思想界才从西方思想之树上把地理环境决定论这一新枝采摘下来移植于本土。

不过，这一新枝在移植过程中又同当年资产阶级新史学结下了不解之缘。梁启超等人提倡“新史学”，鼓吹“史学革命”，从某种意义上说，是西方资产阶级文化史运动在中国的波及和反响。他发表于1901年的《中国史叙论》和次年的《新史学》，可视为中国资产阶级新史学的奠基之作。他鲜明地批判封建旧史学，指出它有“四蔽”（“知有朝廷不知有国家”，“知有个人而不知有群体”，“知有陈迹而不知有公务”，“知有事实而不知有理想”），“三恶果”（“难读”、“难别择”、“无感触”），斥责它为“帝王家谱”、“相斫书”、“墓志铭”和“蜡人院”。这种批评，我们不难在国际学术环境中找到相近的言论。如1901年译成中文的日本中西牛郎所著《支那文明史论》在论及中国旧史学“研究之方法失其宜”时，有两点即与梁启超所揭之“蔽”相近，一、“知支那之个人，不知国民”，二、“明文那之古代，不知近世之事”。《新史学》在论及新史学的根本任务时说，“历史者何？叙述人种之发达与竞争而已，舍人种则无历史”。因此，叙述数千年来各种族盛衰兴亡之“迹”，被称之为“历史之性质”，而叙述其所以盛衰兴亡之“故”，则被称之为“历史之精神”。那么，“历史之精神”怎样探求呢？梁启超引用英国哲学家洛克的话回答：“地理与历史之关系，一如肉体之与精神，有健全之肉体，然后活泼泼之精神生焉。有适宜之地理，然后文明之历史出焉。”有人更进一步发挥：“地理与历史，犹舞台与剧曲，不可以须臾离，不学地理，而学历史，是无盘之弈也。”“历史之精神在民族，故民族与地理又有极大之关系。”① 地理与历史有如此密切的关系，那么，地理环境决定论作为一种史观为资产阶级新史学所引用也就是必然的了。正因为如此，那些在资产阶级“史学革命”中赞附梁启超的思想界头面人物，如章太炎、刘师培、夏曾佑、蒋智由、陶成章等人，他们之在地理环境作用问题上大抵持以相同看法也就可以理解了。

严复对它的批评及其原因

尽管孟德斯鸠的地理环境决定论在中国获得了热烈的响应，但中国思想界

① 壮夫：《地人学》，《浙江潮》，1903年第5期，第9页。

并未对之完全信从。有意思的是，对它批评最多最尖锐的偏偏是《法意》的译者严复。严复在书中不断通过自己“达旨”式的“搽语”，逐条批评。凡是孟德斯鸠夸大地理环境作用的文字，他几乎都针锋相对予以驳斥。

孟德斯鸠认为地理环境决定国民自由的程度，“高原山国”之民都自由，而“文物富厚之乡”少自由。严复认为，这种情况“于古代治浅之世有然，至于今日大异”。就现实政治而言，“真无往而不与孟氏之言相反”。英、法、美三国为文物富厚之乡，可是其“自由之盛，政理之平，与其富厚为比例”。反之，俄国地处寒带，按照孟德斯鸠观点，可谓“质野”，可是“其民之不自由特甚”。“方之亚洲，殆过焉而无不及。”① 就历史事实而言，也根本不如孟德斯鸠所说“山林质觳之民”多自由。他指出，人类学家对世界落后地区民族的考察足以表明，在人类的幼年时代，先民受困于外界环境，“苦乐死生，悉由外力，万物之至不自由者也”。“初民生事至劣，以强役弱，小己之自由既微，国群之自由更少。”② 总之，孟德斯鸠在这方面的立论和十八世纪民权论者所说天赋人权、生而自由，皆为主观武断，“同失其实。”

孟德斯鸠认为地理环境决定国家的强弱，欧亚强弱之殊，由于二洲地势不同，气候不同。严复力予辩驳，他指出，“欧亚虽强分二洲，以地势论，实同一洲”。孟德斯鸠称欧洲皆温带，而亚洲无真温带，“其不圆易见”，亦“未见其说之已密”。他认为，决定国家和种族强弱的因素有三，即“天时”、“地利”和“人为”，研究者“不宜置而漏之”③。举例来说，北美洲的气候与欧洲相似，按照孟氏所说，北美土人“法当以自力兴”，为什么“见灭殆尽”呢？可见孟氏“以寒炎分种之例”，只是“权略其词”，不可“尽信”④。至于孟氏认为南方的国家民族常为北方的国家民族所蹂躏制伏，严复也以为此说不圆。在“火器未兴之前，科学未明之世”，会有这种情况，但时至今日，情势大异，国以富而

① ［法］孟德斯鸠著，严复译：《孟德斯鸠法意》，商务印书馆，1981 年，第 368、369 页。

② ［法］孟德斯鸠著，严复译：《孟德斯鸠法意》，商务印书馆，1981 年，第 377 页。

③ ［法］孟德斯鸠著，严复译：《孟德斯鸠法意》，商务印书馆，1981 年，第 360 页。

④ ［法］孟德斯鸠著，严复译：《孟德斯鸠法意》，商务印书馆，1981 年，第 366 页。

强，兵以巧而利，“欲率游牧之民，以席卷工商之国”，“断断乎无此事”①。

孟德斯鸠认为地理环境决定民质的优劣，南北自然条件不同，因而“南方之民偷生而惰窳，北土之众勤奋而超功”。严复认为这是一概之论，未可尽信，“于欧洲诚然，亚不如是”。在中国，则南北诸省的勤惰情况恰与孟氏所言“若相反者”②。孟氏还诬称中国商民欺罔饰伪之俗“为大地诸种之尤”，这是中国的“天时地利有以使然”。严复更站在民族的立场上，奋起痛斥其为妄言而“非笃论”。他指出，中国的天时地利“适中而至美”，非如孟氏所说，而中国的商民“信义卓著，皦然不欺”，往往在他国契约券符所为之不足者，在中国则“片言相诺而有余”。他承认中国之民确实存在“各恤其己私”的缺点，但又认为这不能归咎于天时地利，而是“法制教化使然，于天地无可归狱也”③。

孟德斯鸠认为地理环境决定文艺和宗教。他以英国和意大利对文艺的不同感受作为例证。严复认为这两国对文艺“赏会之不同”是实，但造成的原因却“不必尽由风土”，因为涉及“宗教之通介不齐”，“风俗之和峻异等”诸种复杂因素。作为反证，我国分处南北的吴与燕，气候寒热不同，却并无孟氏所说之情况④。至于宗教，孟氏以为印度炎热，其民乐静恶动，所以产生颓然自放的佛教。严复不客气地指出，此论纯系无知妄言，“以此攻佛，可谓不知而作者矣。佛道修行之辛苦，其所以期其徒之强立者，他教殆无与比伦也”⑤。

严复全面否定孟德斯鸠地理环境决定论并非偶然。

我们知道，严复是斯宾塞“任天为治”观点的反对者。斯宾塞的社会达尔文主义把生物竞争“优胜劣败，适者生存”的自然进化规律移之于人类种族和社会，严复对之非常欣赏。但是，斯宾塞又认为“劣弱”的本国劳动群众和殖民地人民，应该任其按照“天演”规律自然淘汰。显然，这种“任天为治”的

---

① ［法］孟德斯鸠著，严复译：《孟德斯鸠法意》，商务印书馆，1981年，第362页。

② ［法］孟德斯鸠著，严复译：《孟德斯鸠法意》，商务印书馆，1981年，第457页。

③ ［法］孟德斯鸠著，严复译：《孟德斯鸠法意》，商务印书馆，1981年，第403～417页。

④ ［法］孟德斯鸠著，严复译：《孟德斯鸠法意》，商务印书馆，1981年，第309页。

⑤ ［法］孟德斯鸠著，严复译：《孟德斯鸠法意》，商务印书馆，1981年，第313页。

主张是压迫剥削本国民众和殖民地民族的强权逻辑和反动理论，与严复救亡图存的爱国要求处于严重对立地位。正因为如此，严复虽然不同意赫胥黎人性本善，社会伦理不同于自然进化的观点，但他还是十分赞赏其奋发自强与自然斗争的主张，因此取其原书《进化论与伦理学》的前半部分，用《天演论》之名译出，以治斯宾塞之失。在该书自序中，他说："赫胥黎此书之旨，本以救斯宾塞任天为治之末流……且于自强保种之事，反复三致意焉。"反对"任天为治"，是为了自强保种的需要，那么，孟德斯鸠强调地理环境对社会历史的决定作用，则是一种"任地为治"的观点，它之与严夏主张相背，要为严复反对，就不难理解了。

既然如此，严复为什么又要翻译此书呢？原来在他看来，决定一个国家和民族强弱盛衰的原因，"天时"、"地利"和"人为"三者各有"一因之用"，而"人为"尤为重要。"人为"包括风气、宗教、种性、体力、教育诸端，"而最重者又莫若其国之治制"①。也就是说，最根本的应该是"任人为治"，"任法为治"。这种强调人的主观能动作用，与天竞，与地竞，正好反映了一种被压迫民族自强保种的奋斗精神。在他意中，西方各国的"人治"和"法治"是以民主（民权）和自由为根本的。"民主者，治制之极盛也。使五洲而有郅治之一日，其民主乎？"② 但二者相较，从保证国家富强而言，则自由尤较民主为要。"夫所谓富强云者，质而言之，不外利民云尔。然政欲利民，必自各能自利始，民各能自利，又必自皆得自由始。"③ 正因为严复把自由视为资本主义各国"人治"、"法治"的精髓，中国今后求富求强的要道，所以他对英国式的自由主义政治思想十分倾心，把英国的富强和稳定归功于君主立宪的政治制度。"英国以富而为强者，三四百祀于兹矣。非富而为强也，实以立宪之美而为强也。"④ 严复醉心英国的政治制度和思想文化，这可从他的八大译作看出。七部译作的原作者都是英国人，孟德斯鸠是唯一例外的法国人，但他刚好又是英国资产阶级

① ［法］孟德斯鸠著，严复译：《孟德斯鸠法意》，商务印书馆，1981年，第311页。

② ［法］孟德斯鸠著，严复译：《孟德斯鸠法意》，商务印书馆，1981年，第158页。

③ 《原强》，《中国近代史资料丛刊·戊戌变法·三》，上海人民出版社，1957年，第53页。

④ ［法］孟德斯鸠著，严复译：《孟德斯鸠法意》，商务印书馆，1981年，第427页。

立宪政治的崇拜者。他对英国立宪政治进行理论上的加工，从而提出了君主立宪的政治改革方案。他认为最合理的政治制度应该保证各种权力能够互相平衡、互相制约。他那著名的行政、立法和司法三权分立说，就是以此为出发点的。所以，《法意》一书处处以英国式的君主立宪制作为自己的理想政体，猛烈抨击法国的专制制度。

正因为彼此共同醉心于英国的立宪政治，所以孟德斯鸠阐扬英国立宪政治的关键文字屡屡为严复赞叹不已："最为精湛明确"，"不觉首俯至地，而叹孟德斯鸠之精识为不可及"，"语决神充"，"贤者盛名，岂虚得哉!""此惊心动魄之语"① 等等。而他对孟德斯鸠这些文字的翻译也慎重斟酌，百倍小心，至称"字字由戥子称出"②。严复膜拜英国的君主立宪，有其明确的目的，那就是用这把尺子来度量中国封建专制的短缺。所以，《法意》的"搽语"不断联系中国历史和现状加以比照申论。在西方，"君与民皆有权"。在中国，则"君有权而民无权"③，在西方，有所谓国之兴亡，在中国，只有帝王"一姓一家之兴亡"。在西方，凡个人自由非他人所能过问，而"一涉社会则人人皆得而问之"。在中国，社会国家之事唯君主官吏得问，老百姓要过问，就成为"不安本分之人"④。当孟德斯鸠在论及中国为"专制之国"，"其治制以恐怖为之精神"时，无怪严复要沉痛万分地说，中国社会四千余年来"仅成此一治一乱之局，而半步未进"，咎在于封建专制治术的种种钳制了⑤。可以说，正是出于对中国封建专制制度的强烈不满，他才对英国君主立宪制度如此倾心。

比较当年梁启超和严复在对待英、法两种不同政体的不同态度，是很有意思的事情。1902年，梁启超在大力鼓吹地理环境决定论的同时，曾写过一篇题为《法理学大家孟德斯鸠之学说》的文章。这篇文章在肯定孟德斯鸠揭露专制

---

① ［法］孟德斯鸠著，严复译：《孟德斯鸠法意》，商务印书馆，1981年，第229、244、258页。

② ［法］孟德斯鸠著，严复译：《孟德斯鸠法意》，商务印书馆，1981年，第219页。

③ ［法］孟德斯鸠著，严复译：《孟德斯鸠法意》，商务印书馆，1981年，第301页。

④ ［法］孟德斯鸠著，严复译：《孟德斯鸠法意》，商务印书馆，1981年，第87页。

⑤ ［法］孟德斯鸠著，严复译：《孟德斯鸠法意》，商务印书馆，1981年，第418页。

政体“深切著明”，三权分立的提出使他成为“造时势之英雄”之余，又批评他对民主政治的精义“尚有见之未莹者”。在法治问题上，他每每将法律与自由“并为一谈”，对法治的真精神“尚一间未达”。在政体问题上，则“心醉英国太甚”，其致误之由则为“不知平等之义”。与之相对，梁启超在同时发表的《民约论巨子卢梭之学说》中，则极口赞扬主张人人平等，否定君主臣庶之别的民约学说。显然，梁启超当年以强调“平等”的法国派的民主主义政治思想为宗，与严复强调“自由”的英国派的自由主义政治思想判然有别。严复对孟德斯鸠地理环境决定论的批评，从某种意义上说，正是对梁启超的间接批评。这样，同一个孟德斯鸠，他的学说被分解为两部分，梁启超和严复各执一端，为己所用。意见虽然相歧，然而彼此不满现实，要求持以改变现实的意愿则相同相合。在近代，东渐的西学每每为不同政治立场或不同认识水平的人从各自的角度或层次加以剖取应用，这就往往变单向一元为复式多元的传布，在移植过程中呈现出纷繁复杂的风貌。

严复译书很有眼光，很会取舍。取其大醇而不遗小疵，看来是他信奉的一条基本原则。取其醇，所以求称己意，以飨读者。指其疵，以免读者误解。《天演论》对赫胥黎和斯宾塞的别择，是一种创造性的取舍。《法意》对孟德斯鸠学说的分别对待，是一种新的创造性的取舍。严复对外来思想文化的译介态度严肃认真，求实致用，在今天还是很值得借鉴的。如果不是从讽刺的意义上来说“创作是处女，翻译是媒婆”这句话，那么，在今天作为介绍西方社会科学著作的“媒婆”们，似乎很值得考虑一下，怎样不停留在一篇鸟瞰式的前言介绍。而通过比较深入细致的方法把所荐介者的妍媸情况如实地告诉自己的读者，以期开启思想，克尽厥责。

对地理环境作用的科学评价

严复对地理环境决定论的批评尽管富于理性，却仍然贫于理论。孟德斯鸠和他的追随者们把地理环境简单分解为几种具体的感性的自然因素，从而在形而上学面前止步不前。他们只能运用机械、静止、狭隘、直观而片面的方法来看待地理环境与社会历史的联系。与之相似，严复的批评也往往只是从逻辑实证的角度加以反证辩驳，理论的抽象远未完成。真正科学地说明地理环境的作用，还有待于历史唯物主义。

历史唯物主义认为，地理环境对于人类社会发展是有重大影响的。人类为了满足自己的需要所获得的自然物品，都受到地理环境的特性决定的。没有金属的地方，土著部落就不能用他们自己的力量越过石器时代。没有相当的动物区系和植物区系，原始部落就不能依靠渔猎转变到依靠畜牧业和农业生活。地理环境的特性越是复杂，它对生产力的发展越是有利，为什么欧洲各国自十七世纪相继进入资本主义社会，使生产力有了极大发展，政治经济文化也都突飞猛进，而这种情况不出现于非洲和中国呢？马克思在分析这个问题时，首先便指出了地理环境的作用。他在《资本论》中写道："过于丰饶的自然，'使人离不开自然的手，像儿童离不开引绳一样'。那不会使人类本身的发展成为一个自然的必然。资本的母国，不是草木郁然繁茂的热带，而是温带地方。形成社会分工的自然基础，并由生活所在的自然环境的变化，刺激他，使他的需要、能力、劳动手段和劳动方式多样化的，并不是土地的绝对丰度，而是它的差异性，它的自然产物的多样性。"① 他还指出，"把社会生产的形态有的更为发展，有的更不发展这一点撇开不说，劳动生产率总是离不开各种自然条件。"②

但是，地理环境对于社会人类的影响，是一种可变的量。也就是说，人和地理环境之间的关系，随着社会生产力的不断发展而变化。人的生产力每前进一步，这种关系就变化一次。不同生产力的发展阶段，地理环境对人的影响是不同的。同样的肥沃土地，对于使用刀耕火种和使用现代机器耕种的人来说是不同的。同样的辽阔江海，对于驾驶独木船和驾驶机轮船的人来说也是不同的。所以，黑格尔所说海洋和河流使人们接近的话，只切合于生产力发展到较高阶段的情况，在生产力较低阶段，海洋和河流对人们却是极大的障碍。对这层童思，马克思是这样表达的：他把自然条件从经济方面分为两类，一类为生活资料的自然富源，如肥沃的土地和富有鱼类的水等，另一类为劳动手段的自然富源，如汹涌的瀑布，可以航行的河道、树木、金属和煤炭等。在文化初期，前一类自然富源有决定作用，在较高的发展阶段，则后一类自然富源起决定作用③。总之，地理环境对人类社会的作用有着极其丰富的内容，是一种可变的量。人类对自然界的斗争永远不会终结，而地理环境对人类社会的影响也永远不会终结。我们只有从历史发展中才能确切地把握地理环境的作用。

---

① 郭大力、王亚南译：《资本论》第1卷，人民出版社，1953年，第555、556页。

② 郭大力、王亚南译：《资本论》第1卷，人民出版社，1953年，第554页。

③ 郭大力、王亚南译：《资本论》第1卷，人民出版社，1953年，第554页。

历史唯物主义还认为地理环境对人类社会历史发展所起的作用是间接的，而非直接的。“地理环境总是通过在一定地方，在一定生产力的基础上发生的生产关系来影响人的，而生产力发展的头一项条件就是这种地理环境的特性。”①也就是说，地理环境作用于生产力，生产力决定生产关系及其他一切社会关系，于是人类社会历史的进程才能得以展开。人类社会历史的复杂的内在关系，决非是地理环境直接影响的结果。在这里，我们不妨引用普列汉诺夫驳斥巴克尔关于意大利多地震火山因而宗教盛行、文艺发达的材料，借以照应上文。普列汉诺夫指出，虽然意大利的自然特性许多世纪以来并未发生显著的变化，但不同时代的僧侣阶级如天主教意大利的僧侣阶级和古罗马的僧侣阶级的作用就完全不一样。并且，天主教教皇在意大利最大部分权力所以造成的原因不仅与意大利的自然特性无关，而且与意大利的社会结构无关。教皇曾不止一次被罗马民众驱逐出境，只是靠外阿尔卑斯诸国的帮助才得以复位。教皇驻在罗马的特殊地位固然有力地影响到整个意大利僧侣阶级的作用，但僧侣阶级在意大利的势力并非永远比在其他欧洲国家如德国更强大。他还说，在文艺方面，意大利绘画的兴盛期正好在十五世纪七十年代到十六世纪三十年代的五六十年间，然而它为什么不在别的时期，比如早五十年或迟五十年出现呢？在这个时期，意大利半岛上的自然环境并没有发生什么大的变化。由此足见，自然环境对意大利绘画的兴盛并没有直接影响。普列汉诺夫在上述批评的基础上总结道：“只有当科学放弃了那些暧昧的、‘假想的’看法，不再以为地理环境直接影响‘人的精神’的某一特性，并且开始努力决定地理环境在各个民族生产力的发展上，以及——通过生产力为媒介——在社会发展与精神发展、总之在历史发展上所占的地位时，我们才能获得科学。”②

若用上述历史唯物主义观点来审察衡量中国的地理环境决定论，我们很快就能发现其得失所在。

梁启超们确实论及了地理环境对于生产力和其他物质条件的巨大作用。他们谈到在文明发生之初，不同的地势和气候对于不同地域“交通之利便”和“物质之交换”，对于有关民族从事不同的物质生产方式，的确意义重大。他们

① ［俄］普列汉诺夫：《普列汉诺夫哲学著作选集》第3卷，生活·读书·新知三联书店，1962年，第170页。

② ［俄］普列汉诺夫：《普列汉诺夫哲学著作选集》第2卷，生活·读书·新知三联书店，1961年，第175页。

虽然没有使用“生产力”这个概念，但畜牧业、农业、工商业正是具体的物质生产部门，还是包含了有关生产力的内涵。他们还谈到地理环境越是复杂，对于物质文明的发展越有利。即使每每与之持不同看法的严复也并不否定“初民生事”受制于地理环境。这说明，他们在一定程度上是从地理环境对生产力和其他物质生活因素的作用来考察其对历史发展的影响，这种看法同历史唯物主义的观点相当接近。

同时，梁启超们还在一定程度上注意到了人类对地理环境的反作用。在《中国地理大势论》中，梁启超曾以大运河开凿沟通长江、黄河流域的文明，从而使得南北各家各派的文艺学术思想的接近统一为例，说明“天行之力虽伟，而人治恒足以相胜”。日后在《地理及年代》中，他更进一步指出地理环境不能绝对决定文明的程度。类似于普列汉诺夫以意大利为例，他则以北美洲为例，“若谓地理能支配历史，则五百年前之美洲，地形气候皆非有以大异于今日，而声明文物判若天渊，此何以称焉”。他认为人类文明程度越低，则征服自然之力越有限，随着文明程度的提高，征服自然之力也就越大。比如说，海运及国境上之铁路的通畅，则连山大漠不足为对外交通之障，国内航运邮电事业的发达，则幅员虽广，统治不难。由此可见，梁启超见及人类和地理环境相互作用的问题，已十分接近于历史唯物主义把地理环境对人类历史发展的作用视为一种可变的量的观点。

但是，梁启超的正确观点基本到此为止。他最终还是认为人类对地理环境的反作用极其有限。同文指出，“近代以科学昌明之结果，其能嬗变地理而减杀其权威者虽不少，然衡以总量，究属微末”。在巨大的自然力量面前，人的努力微不足道。这样，说到底，他坚执不放的还是地理环境决定论。并且，梁启超还有一个根本看法一直未变，那就是地理环境对政治制度、民性民质、宗教文艺、学术思想等方面的影响是直接的而非间接的。这样，就始终未能以生产力和生产关系为出发点来说明问题，即地理环境作用于生产力，生产力决定生产关系和其他一切社会关系。因而，就只能停留在机械唯物论的水平，而与辩证的历史唯物主义相隔尚有一段距离。

虽然如此，这毕竟是非常有益的探讨。恩格斯在《反杜林论》中指出，西方哲学史由古代的朴素唯物论和朴素辩证法相结合的阶段，经过近代的机械唯物论阶段，发展到辩证唯物论和历史唯物论的阶段。实际上，这种仿佛向出发点复归的圆圈式或螺旋式的发展情况，在中外哲学思想发展史上是有普遍性的。近代中国的哲学思想发展，也是经历了机械唯物论的中介才得以向前发展的，尽管它不像西方那样比较充分完整。但是，至少严复通过形式逻辑和梁启超等通过地理环境决定论的介绍，使得机械唯物论分别在认识论和社会历史观方面得到了存身之处。就此而言，二十世纪初在地理环境作用问题上的机械唯物论的观点，对于日后历史唯物主义在中国的传播不无前驱之劳。

地理环境决定论东渐的作用

地理环境决定论的东渐，其作用除以上哲学思想方面外，还有以下几点：

第一，激发了爱国爱乡的感情。

当年那些地理环境作用的鼓吹者每每视地理学为基础之学，把地理教育视为基础教育，启蒙工作必阶之途。“地理学者，诸学之基础也。……证之于史，班班可考。殖产也，政治也，美术也，宗教也，皆凭地理而入于人为者也。”① “地理学者，学问之最广博而最切于日用，为人类生存之知识，向与历史学互相效用而并重者也。……西人觇人国者，至视其所受地理学能普及与否以定其国与民位置之强弱。……地理学之效用，对于一人为谋生之利器，对于国家为强弱之导源，对于世界为天演淘汰之准绳。”② 正因为他们这样估价地理学的效用，因而非常自然地把它汇归到时代的中心课题救亡图存上去。列强对我侵凌鱼肉，如何拒之？“救之之法，其必自地理教育始。”“故教授本国地理，本所以启其爱国思想。”③

从某种意义上可以说，近代中国爱国御侮的宣传是从史地著作开始的。1839 年林则徐组织幕僚翻译英人慕瑞《地理大全》，编为《四洲志》，介绍世界五大洲三十余国之地理、历史、政情，成为当时中国第一部较有系统的世界地理志。随后魏源受林则徐嘱托，在《四洲志》基础上编纂《海国图志》，几经增订，1852 年扩编为一百卷本，成为当时中国和东方划时代的世界史地巨著，为东方各国人民了解西方，了解世界的宝贵典籍。可惜这两部很有魄力很能打开眼界启迪思想的经世致用之作，在中国反应冷落，影响甚微。倒是《海国图志》1854 年传入日本之后，备受重视。据有关学者查考，三年之间刊印的各种选本达二十二种之多，对日本人民了解世界大势，接受西方文化，乃至维新思想的

① 壮夫：《地人学》，《浙江潮》1903 年第 4 期，第 2 页。

② 陈学熙：《中国地理学家派》，《地学杂志》1911 年 8 月第 2 年第 17 号。

③ 壮夫：《地人学》，《浙江潮》1903 年第 4、5 期。

形成都产生了促进作用。等到中国知识界觉悟过来，为求了解本国和世界的情势，返身再从日本回输有关史地知识，时间已经整整流逝了半个世纪，中国已经堕入深重的民族灾难之中。对于这一段不幸的历史曲折，当年中国知识界当然不可能作出科学的解释。但是，他们却完全有理由对于前度史地知识未被重视产生无限扼腕咨嗟之情。可以说，二十世纪初年他们对地理教育的大声呼号是以痛苦的反思作为再认识的基础的。

正因为这样，在当年那些鼓吹地理环境作用的文章中，大多寄托着一种炽烈的爱国情思。他们或则纵情礼赞"美哉，中国之山河"，把中国历史上人种、语言、文学、教义、风俗诸方面的一统，全部归之于地理；或则以瓜分之祸迫在眉睫，举国"坐待脔割"，十八省之地域"悉划为白人殖民地"为忧①，或则以中国地利甲于五洲，然而"芜秽不治，转不及欧美各国之富"，因而愤然以"是谁之故"相诘相责，把罪责的追究指向了腐朽的统治者②；或则眷念割于列强之地，描述其易主后风土人情的代谢变迁，以激起失地之痛③，或赞或忧，或责或痛，感情表现形式不一，而对国土的宝爱和国运的关注，则并无二致。

与鼓吹地理环境作用相呼应，在当年还引人注目地涌现了一批表达爱乡情思的文章。那些留日学生把民族觉醒和救亡图存的新内容充实到乡土地域观念之中，他们以爱乡心作为爱国心的源泉，广泛展开对乡土历史地理的调查工作。在《浙江潮》、《江苏》、《湖北学生界》等著名刊物上所发表的乡土调查提纲，纲目详尽，巨细无遗，细目每至一二百条之多。据此而得的乡土调查报告之多又可想而知。我们对《浙江潮》和《江苏》做了一点统计，在不到一年的时间里，前者发表本省乡土调查报告三十余篇，后者更达五十余篇之多，几乎每期都有十几页的篇幅刊载这方面的材料。在调查材料或其他文章中，故乡美丽的山川形胜、丰饶的物产矿藏和各异的风俗习惯，总是引起他们深情的赞叹和眷恋。返照现实，则故乡的落后腐败与黑暗现状，又始终是他们心头拂之不去的一大憾恨。可以毫不夸张地说，勃兴在二十世纪初的爱乡宣传热潮，早已冲破传统的封建地域观念的束缚，而成为一场颇具规模颇见成效的乡土史地教育

---

① 李步青：《中国地理与世界之关系》，《湖北学生界》1903年第1期。

② 湘乡力庵：《五洲高原平原比较物产说》，梁启超主编：《癸卯新民丛报汇编》"地理栏"，日本东京1903年。

③ 蒋观云：《海参崴》，梁启超主编：《癸卯新民丛报汇编》"地理栏"，日本东京1903年。

运动。

第二，表达了中国资产阶级谋求自身发展的愿望。

中国的地理环境决定论的鼓吹者，一开始就是从地理环境对“物质的文明”和“精神的文明”两方面的作用加以论述的，这刚好表明了他们在物质和精神方面谋求本阶级发展的迫切愿望。

在精神方面，他们的注意力集中倾注在国民性问题的探讨上，反映了他们对培育本阶级理想新人的追求。

作为国家主体的国民的性质与国家强弱兴衰的关系如何？当年那些志士仁人总是在这一救亡图存的时代课题前踟蹰徘徊而不能离去。对此发表意见较早较多并且较深入的当首推严复和梁启超。严复在1895年发表的《原强》中，首先提出决定国家强弱存亡的三大要素是民力、民智和民德，谋求国家富强之途首在于“鼓民力”、“开民智”、“兴民德”。梁启超在1902年大倡《新民说》，对此作了积极的引申发挥，民弱则国弱，民强则国强，二者如影之随形，响之应声。他把前此数十年学习西方而未有实效归咎于始终未曾留意于国民文明程度的提高，认为“今日中国第一急务”即在造就新民，以为新制度、新政府、新国家之基。

要改造不良的国民性，就必须寻找造成的原因。于是，人们就政治制度、种族优劣、地理环境、思想学术、宗教习俗诸方面加以探求。严复比较偏重于从封建专制的政治制度上挖掘根源，因此他把政教法制视为决定民性民质的根本。梁启超则在承认封建专制政治制度戕害民性民质的同时，把自己的注意力进一步放到种族和地理环境上，试图为中国的国民精神寻找一个物质基地。这样，西方的种族史观和地理史观便在中国找到了一个合适的代言人。

严复、梁启超对民性民质的关注并非偶然，在当年中国思想界所接触的西方学说中，孟德斯鸠和黑格尔又是对民性民质问题议论较多的。《法意》一书有专章专节谈论“国民精神”和“民德”、“民性”问题。黑格尔在《历史哲学》中也经常使用“民族精神”这一概念，他从客观唯心主义立论出发来谈论地理环境问题，因而把“民族精神”称为理性精神在具体的社会历史阶段中的特定表现。他把自然界视为“精神发展的基地”，因而又把世界民族分为温带地区的“世界历史民族”和寒带、热带地区的“非世界历史民族”，把地中海地区说成世界历史的中心，而日耳曼世界则是欧洲的中心。虽然在孟德斯鸠和黑格尔那里，有关“国民精神”和“民族精神”的论述缺乏必要的周密的界说和规定，显得比较含糊。但它们却激起了中国思想界探讨的兴趣。严复对中西民质民性思想文化的对比文字，梁启超为新时代的中国国民所规定的若干优良品质，同样反映了他们对国民性的重视，虽然他们在探求方向上颇不相同。

值得注意的是，梁启超在《新民说》中采用基本同于黑格尔的区分方法，把世界五大人种分为“历史的人种”（黄白）和“非历史的人种”（棕红黑）。在“历史的人种”中又分为“世界史的”（白种）和“非世界史的”（黄种）两类。在“世界史的”白种之中，又以条顿人最佳，条顿人中又以盎格鲁—撒克逊人为“主中之主，强中之强”。这些言论颂扬西方白种民族，明显地带有资产阶级种族主义的偏见。但是，以地理环境为依据，把本民族放在一个比较广阔的国际民族大环境中来比照它的优点和缺点，审察它的过去和现在，展望并预言它的将来，从而以改造国民性，实行“道德革命”自任，这毕竟是一种有意义的尝试。

在物质方面，他们的注意力集中倾注在民族经济的发展上，反映了中国资产阶级对获得市场的迫切需要。

为了谋求自身发展，前期资产阶级改良派曾提出过“商战”之类的口号，他们要求以资本主义的生产方式代替腐朽了的封建主义生产方式，以抵制外来的经济侵略。但他们对于本国经济借以发展的基础，对于世界经济发展的历史注意较少。进入二十世纪后，新一代的资产阶级代言人把呈现在自己面前的大好自然条件当作一显身手的舞台，对世界资本主义发展的历史过程加以浅略的回顾。

他们在研究中国经济发展的地域趋势后，认为经济重心必将由北而南，由内陆而滨海。有人在考察了宋代以后的历史后指出，中国的经济和政治重心将从黄河和长江之间的原野转移到长江与西江之间的原野①。有人在纵观世界近代史后指出，整个世界近代史就是一部轰轰烈烈的海权发达膨胀史。“狃于用陆”和“闭关内锁”，不思扩张海权，这就是中国近代最大的“失策之处”。因此，要改变这种情况，就必须充分利用海陆兼有的地理形势，与各国争衡②。他们在研究世界经济发展的地域趋势后，认为经济重心必将由古代的地中海中心，近代的大西洋中心，发展扩大为现代的太平洋中心。对范围不断扩大的这三个商业圈的认识，使得他们乐意把中国历史的未来寄之于地理条件，用玫瑰

① 中国之新民：《中国地理大势论》，《壬寅新民丛报汇编》“地理栏”。

② 蒋观云：《中国兴亡一问题论》，梁启超主编：《癸卯新民丛报汇编》“时局栏”，日本东京 1903 年。

色描绘太平洋沿岸的亚、美二大陆，畅想中美两国互为犄角，占尽地利的美好未来①。

无论是对西方资产阶级发展经济获得成功的歆羡，还是对自身失败的忧虑和对前途的希望，都表露了中国资产阶级要求发展资本和扩展市场的强烈愿望。为了使商品生产取得完全胜利，原料的基地、运输的利捷、市场的范围，无一不与地理环境有关。因此，对于地理环境作用问题的研究评论，归根结底是与中国资产阶级发展生产的需要相关。可以认为，正是这种深刻的经济动因推动人们注意地理环境，要求在历史所提供的这一物质基础之上，建立一个最能满足近代资本主义利益的民族国家。这不仅在中国，在欧美各国也如此。

第三，促进了历史学和地理学的发展。

对地理环境作用问题的重视，为历史学提供了一种新的观察社会历史的方法。尽管这种方法未能达到真正科学的了解，但它毕竟与进化史观、种族史观等共同一致地支持了二十世纪初的资产阶级史学革命，推动了近代中国史学的发展。同时，对地理环境作用问题的重视又推动了近代地理学的发展。中国古代虽也出现过不少地理学大家，但到清代，乾嘉汉学的盛行使得地理学越来越趋向微观的地理考证，对于人们栖息其上的自然环境却留意无多，无补于国计民生。用章太炎的话来说，这种地理著作“皆详于郡县沿革”、“略及天时物产，节解而言，又弗能成条贯”②。用刘师培的话来说，则这种地理著作“详于考古而略于知今，以考证标其帜，一城一邑，辨及千言，故地理之书日增而地理之学日晦”③。现在，地理环境作用的鼓吹者们强调从宏观的地理环境着眼，这就使得海陆的区分、山川的流峙、气候的寒热、邦国的政制、物产的丰瘠、民风的厚薄等统统成为人们留意考察的对象，视野的开阔有利于人们摆脱烦琐的地理考证。

对历史学和地理学的推动，可从当年史地著作和教科书的编撰情况看出。

当年很多杂志都辟有“历史”和“地理”的专栏，与“社说”、“政治”、“学说”等并列，思想界不少前驱人物常常通过史地专栏文章进行普及教育。这里不妨以胡适为例。1906 年 10 月，胡适以“期自胜生”的笔名在《竞业旬报》

① 陶懋立：《世界通商地之沿革》，《地学杂志》第 1 年第 5 号，1910 年 5 月。

② 章太炎：《地文学序》，《地学杂志》第 5 年第 9 期，1914 年 9 月。

③ 刘师培：《中国地理教科书自序》，《刘申叔先生遗书》第 72 册，宁武南氏校印，1936 年。

一至三期连载《地理学》一文，即专门介绍了若干浅近的地理知识。如果说上年他改名适，字适之，是接受了进化论思想影响后留下的一点“纪念品”，那么，这篇在他16岁时发表的白话文的处女作，取老子“自胜者强”之意署名，那分明是把地理知识的普及和期望国强联系在一起了。

不过，最值得注意的是当年史地教科书的大量编写。1905年清政府废止科举后，新式学堂大量创办，新式教科书的需求量激增。知识界不少人都投身到教科书的编撰工作中。史地与思想启蒙关系尤近，更成为思想界有识之士关注的对象。有一些与史学革命或鼓吹地理环境作用有关的人物先后成为热心人士。章太炎与陶成章组织《教育今语杂志》，该杂志以“提倡平民普及教育”为宗旨。编撰了《中国历史教科书》和《中国地理教科书》等多种教科书。刘师培以一人之力先后编写史地教科书五种，其中中国历史和中国地理各一种，外加江苏、安徽和江宁三种乡土历史教科书。可以认为，前此在史地问题上的理论鼓吹，正好为教科书编写的实践工作作了前导。至于各地乡土史地教科书的编写工作，更是颇见规模。据1907年《江西乡土历史教科书》（第二册）所登广告介绍，直隶、江宁、江苏、安徽、江西、湖北、广东七省的乡土教科书，历史各出四册，地理各出五册。浙江、河南、四川、湖南也已在编辑之中。这一乡土史地教科书的编写工作，正是乡土调查工作的积极成果。我们把它列为鼓吹地理环境作用的间接效应之一，当不为无理。

对历史学和地理学的推动，还可从当年史地著作和教科书的译介情况看出。

这里不妨以两本介绍二十世纪初译书情况的著述所提供的材料作一对比，其一为《东西学书录》（增版），徐以愻、顾奕光辑，辑者收录所见1902年前译书目录提要，共计931种，其二为顾奕光补辑之《译书经眼录》，辑录1902年至1904年所见译书目录提要，共537种①。我们将这两种书中所录有关史地书籍的情况，列成简表如下：

历史类	《东西学书录》	《译书经眼录》
通史	8	22
专史	22	40

① 杨寿春统计为533种，误，系“史志”、“法政”、“兵制”和“地理”类下各漏计一种。杨之统计见《中国近代出版史料二编》，中华书局，1957年，第99～101页。

续表

历史类	《东西学书录》	《译书经眼录》
编年	6	3
帝王传	8	7
臣民传	17	17
女史	0	4
政记	15	18
战史	13	15
总计	89	126
占全书比例	9.6%	23.5%
地理类	《东西学书录》	《译书经眼录》
地文	0	5
地理	10	17
地志	30	9
地图	14	16
总计	54	47
占全书比例	5.8%	8.8%

由上表可见，在1902年至1904年的三年中，这两类书籍在全体译书中的相对比例取得较大幅度的提高，而历史类的绝对数字竟超过过去几十年所译，地理类虽稍差一点，但也足见增长之速。从具体分类项目来说，则历史类中“通史”、“专史”和“女史”显著增加，而“编年”、“帝王传”相应减少，地理类中“地文”和“地理”显著增加，“地志”相应骤减，刚好相应不悖地从一个侧面反映了新史学、新地学影响的增强和旧史学、旧地学影响的减弱。

这里不妨还以1903年留日学生范迪吉等人所译、会文学社出版的《普通百科全书》为例，这是一整套当时日本中等教科书和一般大专程度参考书。按内容分类，计宗教哲学六种，文学一种，教育五种，政治法律十八种，地理历史十八种，自然科学二十八种，实业二十二种，其他二种，总共一百种①。由此可见地理历史书籍在译介中所占的地位。史地译著的骤增，主因当然是二十世纪初学习西方新学的高涨所致，但地理环境作用问题的鼓吹毕竟不无促进作用。

以上我们对于二十世纪初西方地理环境决定论的东渐，依次回顾了它的历史、比较了中国思想界对它的不同反响、分析了它的得失、评论了它的作用。由于我们所知有限，所以疏误难免。只是怀着抛砖引玉的愿望，我们才把这篇文章贡献出来。如果能够引起治近代思想史和史学史的同志的一点兴趣，那也就算达到目的了。

[与姚伟联名，原载1986年10月出版《东西文化研究（创刊号）》]

① [日]实藤惠秀著，谭汝谦、林启彦译：《中国人留学日本史》，生活·读书·新知三联书店，1983年，第226页。

关于《革命军》的借资移植问题

《革命军》一九〇三年五月刊印前，章太炎即在序文中预言：这本“叫咷恣言”、“径直易知”的革命读物，必如“雷霆之声”那样振聋发聩，“恢发智识”，成为革命的“义师先声”。随着《苏报》案震动四海，《革命军》不胫而走，风行天下，以至在邹容去世二十年整的一九二五年，鲁迅还深情地怀念并高度评价这本书的历史功绩：“便是悲壮淋漓的诗文，也不过是纸片上的东西，于后来的武昌起义怕没有什么大关系。倘说影响，则别的千言万语，大概都抵不过浅近直截的‘革命军马前卒邹容’所做的《革命军》。”①

邹容在前言中称，“以壬寅（1902 年）游海外，留经年。录达人名家言，印于脑中者。及思想间所不平者，列为编次”。他撷取的西方“达人名家”言，书中有说明，人们也有论及。而书中引录的本国同代的“达人名家”言，则邹容没有提供多少情况，研究者论及也不多，本文拟对此作一探讨。

一

现将所见《革命军》引录的当代中国“达人名家”言，对比汇合如次：

一、《革命军》第二章“革命之原因”在论及清政府对农民的压榨时有文云：

“今试游于穷乡原野之间。则见夫黧其面目。泥其手足，荷锄陇畔。终日劳

① 鲁迅先生纪念委员会编纂：《鲁迅全集》第 1 卷，人民文学出版社，1973 年，第 205 页。

劳而无时或息者，是非我同胞之为农者乎？若辈受田主土豪之虐待不足，而满洲人派设官吏，多方刻之。以某官括某地之皮，以某官吃某民之血……务使其鬻妻典子而后已。”①

今查一九〇一年六月十日出版的《国民报》第二期有《说国民》一文，其中有云：

“又试观穷乡僻壤之间，有黧其面，涂其足，终日劳劳无时或息者，是亦所谓天下之穷民者矣。然虐之以田主，虐之以官长，虐之以吏胥，虐之以土棍，务使之鬻其妻典其子而后已，然若辈不敢动也。朝廷派设官吏，以某官剥某地之皮，以某官吸某民之血，若辈不与闻也。”②

二、《革命军》紧承上文，在论及清政府对工人的压制时，有文云：

“然吾闻之，外国工人，有干涉国权，倡言自由之说，以设立民主为宗旨者，有合全国工人，成一大会，定法律以保护工业者。有立会演说，开报馆，倡社会之说者。今一一转询中国有之乎？曰，无有也。”③

《国民报》上引同文，紧接云：

“若者外国工人，有立会、演说、开报馆、倡社会之说者，我国有之乎？曰无有。外国工人，有合各国之工人于伦敦，立一大会，议定各法以保护工业者，我国有之乎？曰无有。外国工人，有干涉国政，倡自由之说，以设立民主国为宗旨者，我国有之乎？曰无有。”④

三、《革命军》再承上文，论及清政府对商人敲肤吸髓：

“抑吾又闻之，外国之富商大贾，皆为议员执政权，而中国则贬之曰末务，卑之曰市井，贱之曰市侩，不得与士大夫伍。乃一旦偿兵费，赔教案，甚至供玩好养国蠹者，皆莫不取之于商人。若者有捐，若者有税，若者加以洋关，而又抽以厘金，若者抽以厘金，而又加以洋关，震之以报效国家之名。诱之以虚

---

① 中国史学会主编：《中国近代史资料丛刊·辛亥革命·一》，上海人民出版社，1957年，第341页。

② 张枬、王忍之主编：《辛亥革命前十年间时论选集·第一卷》，生活·读书·新知三联书店，1960年，第75页。

③ 中国史学会主编：《中国近代史资料丛刊·辛亥革命·一》，上海人民出版社，1957年，第341页。

④ 张枬、王忍之主编：《辛亥革命前十年间时论选集·第一卷》，生活·读书·新知三联书店，1960年，第75页。

衔封典之荣，公其词则曰派。美其名则曰劝，实则敲吾同胞之肤。吸吾同胞之髓，以供其养家奴之费，修颐和园之用而已。”①

《国民报》上引同文，复紧接道：

“外国之富商大贾，皆为议员。执政权，而中国则贬之曰末务，贱之曰市井，不得与士大夫伍。然一旦偿兵费赔教案，甚至供玩好养国蠹者，皆莫不取资于商人。若者有税，若者有捐，震之以报效国家之名。诱之以虚衔封典之荣，公其词则曰派，美其名则曰劝，实则敲其肤吸其髓，以供胡儿之用而已。”②

四、《革命军》复紧承上文，论及清政府残酷对待士兵：

“每月三金之粮饷，加以九钱七之扣折，与以腐朽兵器，位置其一人之身命，驱而使之战，不聚歼其兵而馈饷于敌，夫将焉往？及其死绥也，则委之而去，视为罪所应尔。旌恤之典。尽属虚文。妻子哀望，莫之或问。即或幸而不死，则遣以归农。扶伤裹创，生计乏绝，流落数千里外，沦为乞丐。欲归不得；而杀游勇之令，又特立严酷。”③

今查谭嗣同《仁学》，有段内容相同文字：

“月得饷银三两余，营官又从而减蚀之，所余无几，内不足以赡其室家，外仅足以殖其生命……使执以御敌，不聚歼其兵而馈械于敌，夫将焉往？及其死绥也，则委之而去，视为罪所应得。旌恤之典，尽属具文，妻子哀望，莫之过问。即或幸而不死，且尝立功矣，而兵难稍解，遽遣归农，扶伤裹创，生计乏绝，或散于数千里外，欲归不得，沦为乞丐，而杀游勇之令，又特严酷。”④

五、《革命军》论及清兵入关屠戮汉人，写道：

“吾读《扬州十日记》、《嘉定屠城记》，吾读未尽，吾几不知流涕之自

① 中国史学会主编：《中国近代史资料丛刊·辛亥革命·一》，上海人民出版社，1957年，第342页。

② 张枬、王忍之主编：《辛亥革命前十年间时论选集·第一卷》，生活·读书·新知三联书店，1960年，第75页。

③ 中国史学会主编：《中国近代史资料丛刊·辛亥革命·一》，上海人民出版社，1957年，第342页。

④ 蔡尚思、方行编：《谭嗣同全集》，中华书局，1981年，第347页。“尽属具文”，《仁学》别本有作“尽属虚文”。

出也！吾为言以告我同胞曰：扬州十日，嘉定三屠，岂非当日贼满人残戮汉人一州一县之代表哉？夫二书之记事，不过略举一二耳。想当日既纵焚掠之军，又严薙发之令，贼满人铁骑所至，屠杀掳掠，必有十倍于二地者也。”

接下去写到乾隆南巡骚扰民间：

“所号为令主贤君，及观《南巡录》所记，实则淫掳无赖……方之隋炀、明武为比例差，实为知其相去几何。”①

《仁学》中有段文字大致相同：

“《明季裨史》中之《扬州十日记》、《嘉定屠城记略》，不过略举一二事，当时既纵焚掠之军，又严薙发之令，所至屠杀掳掠，莫不知是。……亦有号为令主者焉，及观《南巡录》所载淫掳无赖，与隋炀、明武不少异。”②

六、《革命军》驳清政府声称对中国人民“食毛贱土、深仁厚泽”说：

“贼满人入关二百六十年，食吾同胞之毛，贱吾同胞之土。……此言也，不出我同胞之口，而反出诸于满洲人之口，丧心病狂，至于此极邪？”③

今查章太炎《訄书·原人》中有云：

“彼方践我土食我毛，而曰我践彼土食彼毛，其言之不应其肺肠欤？”

七、《革命军》第二章《革命之教育》论及必须通过革命教育造就无量数的华盛顿、拿破仑说：

“若华盛顿、若拿破仑，此地球人种所推尊为大豪杰者也。然一华盛顿、一拿破仑倡之，而无百千万亿兆华盛顿、拿破仑和之，一华盛顿何如？一拿破仑何如？其有愈于华拿二人之才之识之学者又何如？有有名之英雄，有无名之英雄，华拿者，不过其时抛头颅，溅热血，无名无量之华拿之代表耳。今日之中国，固非一华盛顿、一拿破仑所克有事也，然必预制造无量无名之华盛顿拿破仑，其庶乎有济。吾见有爱国忧时之志士，平居深念自尊为华拿者若干人。其才识之愈于华拿与否，吾不敢知之，吾但以有名之英雄尊之，而此无量无名之

---

① 中国史学会主编：《中国近代史资料丛刊·辛亥革命·一》，上海人民出版社，1957年，第344、345页。

② 蔡尚思、方行编：《谭嗣同全集》，中华书局，1981年，第342页。

③ 中国史学会主编：《中国近代史资料丛刊·辛亥革命·一》，上海人民出版社，1957年，第346页。

英雄，则归诸冥冥之中，甲以尊诸乙，乙又以尊诸丙。呜呼！不能得其主名者也。”①

今查一九〇一年八月十日出版的《国民报》第四期，有题为《亡国篇》一文，内云：

“法之有拿破仑，美之有华盛顿，欧西人所称为大豪杰者……今试无慓悍无前之法民，则拿破仑何如矣；无十三州之自治，则华盛顿又何如矣！彼其若死若亡无量数之华盛顿，往矣泯矣，寂寂焉无闻矣，上帝哀之，乃遣一二人焉，为此无量数之代表。譬之则代数耳，聚千百之数而代之，曰甲曰乙，此甲也乙也，非一数所能成，必合十百千万而始成也明矣。而乃以拿破仑、华盛顿为一人乎！美之独立，美之自治为之也；法之革命，法之民气为之也。吾不敢谓今日之志士之才之力，其不能及华盛顿、拿破仑也；以今日之中国，虽百倍于拿破仑、华盛顿之才之学，吾知必无济也。今不欲预造无量数之无名华盛顿、拿破仑，而及汲汲自任为有名之华盛顿、拿破仑，吾甚不愿支那之有此人也。”②

八、《革命军》第四章“革命必剖清人种”开头论述人种相排相结公理：

“夫人之爱其种也，必其内有所结，而后外有所排。故始焉自结其家族，以排他家族；继焉自结其乡族，以排他乡族；继焉自结其部族，以排他部族；终焉自结其国族，以排他国族。此世界人种之公理，抑亦人种产历史之一大原因也。”③

今查一九〇二年八月十八日出版的《新民丛报》第十四号，有梁启超所写《历史与人种关系》，开宗明义道：

“历史者何？叙人种之发达与其竞争而已。舍人种则无历史，何以故？历史生于人群，而人之所以能群，必其于内焉有所结，于外焉有所排，是即种界之所由起也。故始焉自结其家族，以排他家族；继焉自结其乡族，以排他乡族；继焉自结其部族，以排他部族；终焉自结其国族，以排他国族。此实数千年世

① 中国史学会主编：《中国近代史资料丛刊·辛亥革命·一》，上海人民出版社，1957年，第350～351页。

② 张枬、王忍之主编：《辛亥革命前十年间时论选集·第一卷》，生活·读书·新知三联书店，1960年，第92、93页。

③ 中国史学会主编：《中国近代史资料丛刊·辛亥革命·一》，上海人民出版社，1957年，第352页。

界历史经过之阶级。”

九、《革命军》继上所述后，列表说明黄种情况如下：

- 黄种
  - 中国人种
    - 汉族——中国人
    - 朝鲜人
    - 暹罗人
    - 日本人
    - 西藏人
    - 其他亚细亚东部人
  - 西伯利亚种
    - 蒙古族
      - 蒙古人
      - 满洲人（今日所谓政府皇帝者）
      - 西伯利亚人（古鞑靼人）
      - 其他亚细亚北中部人
    - 土耳奇族
      - 土耳奇人
      - 匈牙利人
      - 其他在欧洲之黄种人

今查《历史与人种之关系》中亦有一表，大致相同：

- 历史的人种
  - （一）黄种
    - （甲）
      - 中国人
      - 日本人
      - 朝鲜人
      - 暹罗人
      - 其他亚细亚东部人
    - （乙）
      - 蒙古人
      - 鞑靼人
      - 鲜卑人（即今西伯利亚人）
      - 其他亚细亚北部中部之人
    - （丙）
      - 土耳奇人
      - 匈牙利人
      - 其他在欧洲之黄种人
  - （二）白种（略）

十、《革命军》第五章“革命必先去奴隶之根性”，描述奴性：

“曰奴隶也，则既无自治之力，亦无独立之心，举凡饮食、男女、衣服、居处，莫不待命于主人，而天赋之人权，应享之幸福，亦莫不奉之主人之手。衣主人之衣，食主人之食，言主人之言，事主人之事，依赖之外无思想，服从之外无性质，谄媚之外无笑语，奔走之外无事业，伺候之外无精神，呼之不敢不来，麾之不敢不去，命之生不敢不生，命之死不敢不死。得主人之一盼，博主人之一笑，如获异宝，登天堂，夸耀于侪辈以为荣。及樱主人之怒，则俯首屈膝，气下股慄，至极其鞭扑践踏，不敢有分毫抵忤之色，不敢生分毫愤奋之心，他人视为大耻辱，不能一刻忍受，而彼无怒色，无忤容，怡然安其本分。”①

今查一九〇一年一月《清议报》第六十九期有麦孟华《说奴隶》一文，有一段描写奴性的文字，除个别文字稍有不同外，余皆相同，此不赘引。需要指出的是，邹容并非移植麦文第一人，同年同刊四月至七月连载梁启超《中国积弱溯源论》已照录无误。

十一、《革命军》紧承上文，又云：

“且夫我中国人之乐为奴隶，不自今日始也。或谓秦汉以前有国民，秦汉以后无国民。吾谓宴息于专制政体之下者，无所往而非奴隶。”②

今查《说国民》中亦有此意，表达稍有不同：

“虽然，中国之无国民，不自今日始也，说者曰，秦汉以来，中国人之屈服于专制者，两千年于兹矣，故每谓三代以前有国民，而嬴秦以后无国民。……夫乃知中国自开以来，未尝有国民也。”③

十二、《革命军》紧承上文又云：

“数千年来，名公巨卿，老师大儒，所以垂教万世之二大义，曰忠，曰孝。更释之曰：‘忠于君，孝于亲。’吾不解忠君之谓何？吾见夫法、美等国之无君可忠也，而斯民遂不得等伦于人类耶？吾见夫法、美等国之无君可忠，而其国人尽瘁国事之义务，殆一日不可缺焉。夫忠也，孝也，是固人生莫大之美德也。以言夫忠于国也则可，以言夫忠于君也则不可。何也？人非父母无以自生，非国无以自存，故对于父母、国家自有应尽之义务焉。而非为一姓一家之家奴走狗者，所得冒其名以相传习也。”④

---

① 中国史学会主编：《中国近代史资料丛刊·辛亥革命·一》，上海人民出版社，1957年，第357页。

② 中国史学会主编：《中国近代史资料丛刊·辛亥革命·一》，上海人民出版社，1957年，第357页。

③ 张枬、王忍之主编：《辛亥革命前十年间时论选集·第一卷》，生活·读书·新知三联书店，1960年，第76页。

④ 中国史学会主编：《中国近代史资料丛刊·辛亥革命·一》，上海人民出版社，1957年，第357～358页。

今查一九〇二年三月《新民丛报》第四号，有梁启超《新民说·论国家思想》一文，内云：

“吾中国相传天经地义，曰忠，曰孝，尚矣。虽然，言忠国则其义完，言忠君则其偏，何也？忠孝二德人格最要之件也，二者缺一时曰非人，使忠而仅以施诸君也，则天下为君主者岂不绝其尽忠之路，生而抱不具人格之缺憾耶？则如今美、法等国之民无君可忠者，岂不永见屏于此德之外，而不复得列人类耶？顾吾见夫为君主者与为民主国之国民者，其应尽之忠德更有甚焉者也。人非父母无自生，非国家无自存，孝于亲，忠于国，皆报恩之大义，而非为一姓之家奴走狗者所能冒也。”

十三、《革命军》以下又云：

“自汉末以迄今日，凡千七百余年，中国全土为奴隶于异种者，三百五十八年。黄河以北为奴隶于异种者，七百五十九年。呜呼！黄帝之子孙，忍令率其嫡亲之同胞，举其世袭之土地，为他族所奴隶者，何屡见而不一。箪食壶浆，以迎王师，纡青拖紫，臣妾骄人。”①

《新民说·论国家思想》则这样写：

“计自汉末以迄今日，凡一千七百余年间，我中国全土为他族所占领者，三百五十八年。其黄河以北，乃至七百五十九年。……呜呼！以黄帝神明华胄所世袭之公产业，为人终而夺之者，屡见不一见。而所谓黄帝子孙者，迎壶浆若崩厥角，纡青紫臣妾骄人。”

十四、《革命军》再接下文又云：

“柔顺也，安分也，韬晦也，服从也，做官也，发财也，中国人造奴隶之教科书也。举一国之人，无一不为奴隶，举一国之人，无一不为奴隶之奴隶，两千年以前皆奴隶，两千年以后亦必为奴隶。同胞乎！同胞乎！法国议院中无安南人足迹，英国议院中无印度人足迹，日本人议院中无台湾人足迹。”②

《说国民》中有文与之大同小异：

“……曰安分，曰韬晦，曰柔顺，曰服从，曰做官，曰发财。是数者皆奴隶之根本，国民之仇敌。故率举一国之人而无一不为奴隶，即举一国之人而无一

① 中国史学会主编：《中国近代史资料丛刊·辛亥革命·一》，上海人民出版社，1957年，第358、359页。

② 中国史学会主编：《中国近代史资料丛刊·辛亥革命·一》，上海人民出版社，1957年，第358、359页。

可为国民。呜呼！诚如是，则无论两千年以前无国民，即两千年以后亦未必有国民。曾见英国议院中，有印度人之足迹乎？曾见法国议院中，有安南人之足迹乎？”①

十五、《革命军》再下文又云：

“吾愿我同胞，万众一心，支体努力，以砥以砺，拔去奴隶之根性，以进为中国之国民。……非然者，天演如是，物竞如是，有国民之国，群起染指于我中土。”②

《说国民》的结尾有类似警告：

“故今日者，愿吾同胞，万众一心，支体协力，以求为中国之国民，并以播国民之种子。非然者，天演如是之剧，物竞如是其酷，而世界有国民之国，将群起染指于亚洲大陆极东之地。”③

十六、《革命军》紧承上文有云：

“近人有古乐府一首名《奴才好》云：奴才好！奴才好！勿管内政与外交，大家鼓里且睡觉。……奴才好！奴才好！奴才到处皆为家，何必保种与保国！”④

今查“近人”为浙江诸暨蒋智由，原诗以“因明子”笔名发表于一九〇一年七月出版之《清议报》第八十六期。

二

总观以上借资对象，取自《国民报》七则，梁启超四则，谭嗣同二则，章太炎一则，蒋智由一则，麦孟华一则。借资程度，原文照录移植入文者为第八、第十、第十六三则，余皆略加裁剪入文。明言借资者为第十六则（原文第二章尚有一处明言借资者，“某之言可以尽吾国士人之丑态者曰：‘覆试而几案不具，

① 张枬、王忍之主编：《辛亥革命前十年间时论选集·第一卷》，生活·读书·新知三联书店，1960年，第77页。

② 中国史学会主编：《中国近代史资料丛刊·辛亥革命·一》，上海人民出版社，1957年，第359页。

③ 张枬、王忍之主编：《辛亥革命前十年间时论选集·第一卷》，生活·读书·新知三联书店，1960年，第77页。

④ 中国史学会主编：《中国近代史资料丛刊·辛亥革命·一》，上海人民出版社，1957年，第359～360页。

待国士如囚徒……'”作者尚未查得出处，立此存照，以俟高明)，半明言借资者为第二则（“然吾闻之”）和第三则（“抑吾又闻之”），余皆未加说明。借资内容，揭露清政府的暴政因而鼓吹种族革命与批判奴性因而强调革命教育的内容刚好各占一半。前者为第一至第六则，第八、第九则，余皆后者。

上述对此摘引并统计分析，并非旨在发覆，而在借此说明同时代思想文化的互相吸引、互相借鉴、互相渗透。

首先，上述材料表明，《革命军》摄取的正是当时中国思想文化界所能提供的最高水平的养料，被借资移植的作者无一不是那时的翘楚。

章太炎与邹容的关系已为人所共知。他们之间的交往，可以视为当时革命队伍中一种较高层次的思想交流。

谭嗣同是邹容早年竭诚崇拜的英雄，对邹容的影响不能低估。《苏报》案发生后，邹容不愿苟免独全，自动投案，与戊戌政变后，谭嗣同甘为变法流血之事并非毫无关系，“赫赫谭君故，湖湘士气衰。惟冀后来者，继起志未灰”。这首悼谭并自勉的诗，可以提供部分解答。《革命军》对《仁学》的借资移植，既是“后来者”的“继起”，也是革命民主主义对激进改良主义的取代。

《国民报》诸文，如《国民说》、《亡国篇》虽未署名，但大体可以认为是该刊主办人秦力山、戢元丞等的观点。《国民报》以“破中国之积弊，振国民之精神”为宗旨，持论多与《清议报》相角，实际是对清政府和改良派的批判，对民主共和的宣传的前驱。它之获得邹容的重视是理所应当的。

蒋智由曾助梁编《新民丛报》，后又与蔡元培等在上海创设中国教育会及爱国学社。年轻的鲁迅东渡日本之初，便视其为泰斗。《奴才好》对醉生梦死、顽钝无耻的奴才的冷嘲热骂，成为切中时弊的一柄短匕。梁启超也曾在自己的文章中予以全引。

梁启超的情况比较复杂，以一八九九年八月《清议报》“饮冰室自由书”新专栏的开辟和“饮冰子”、“饮冰室主人”新笔名的启用为始，到一九〇二年秋，三年中思想呈一马鞍形。处于马鞍两头的二年作了不少光彩照人的名文，这是他执舆论界牛耳的黄金时代。上文所及五段梁文，除第十则于奴性一段，其余四段均系“马鞍”高处的作品。所以，尽管邹容取名“中国少年之少年”，以示有别于曾自名“少年中国之少年”的梁启超，但他还是领受了梁启超的思想洗礼，表明改良派和革命派在思想文化上存在着万缕不绝的“剪不断，理还乱”的联系。

其次，上述材料表明，《革命军》的借资移植完全是为了适应时代的需要。

邹容从一九〇一年冬离川抵沪，到一九〇三年春由日返沪，五月刊印《革命军》，总计在上海和东京革命环境中度过时间不过一年半，却是中国近代思想文化史上十分重要的转折时期。以章太炎、秦力山等在一九〇二年秋发起组织的“中夏亡国二百四十二周年纪念会”为标志，改良派在思想文化领域独擅其威的情况也开始发生变化。邹容正是在这一时期径直步入革命气氛渐浓的环境，避免了改良派思想的浸淫，从而以较快的速度完成了自身的革命化。因此，《革命军》实为民主革命思想开始高涨时期的产物。

普列汉诺夫说过，一个时代的革命有它最主要的战场，最主要的对象和目的物。《革命军》攻击的对象是清政府，目的在结尾处归纳得十分明确：“为同胞请命，为祖国请命”，高举独立旗，猛击自由钟，遽兴革命军，与“公敌爱新觉罗氏相驰骋于枪林弹雨之中”，然后再“扫荡”“外来之恶魔”，建立“中华共和国”。

《革命军》在借资移植过程中时有改造制作，可以视为邹容对赋予自身历史使命的适应。

借资最多的《国民报》的《说国民》一文，主旨在于论说中国只有奴隶而无国民，古已有之，于今为烈，士农工商无不为牛马奴隶，该文论述至此为止。《革命军》则加强了对清政府的批判，着重强调士农工商的种种苦难，祸本为清政府，唯有速兴革命军方能解除苦难。

第七则论拿破仑、华盛顿，《亡国篇》固然强调“预造无量数之无名华盛顿、拿破仑”以为革命之准备，但全文立意则在箴贬那些汲汲以华、拿自居的革命者，颇含讥意。《革命军》则不然，“但以有名之英雄尊之”，立意在强调革命之教育，以预造无量数之华、拿以求促成革命早日成功，这样的眼界显然高过前者。

再以梁文相比，第八则论人种相排相结，梁文旨在说明历史发展与人种有密切关系，邹容则作为宣传爱种爱国的根据，从而导出“革命必剖清人种”这一种族革命的结论。第十三则论中国为他族占领，梁启超痛斥的汉奸是宋末的张宏范，邹容则又添上明末的洪承畴，这就把矛头指向清统治者，显示了自己与梁启超的不同立场。

这种情况，同《革命军》对西方“达人名家”思想的撷取互为辅补，主题是统一的、和谐的。

丹纳说得好：“要了解那位大师，仍然要把这些有才能的作家集中在他周围，因为他只是其中最高的一根枝条。”① 在一九〇三年的中国思想文化界，《革命军》无愧为“最高枝条”之一，因为它根植于时代的土壤中，畅摄最佳养料。

［原载复旦大学出版社 1987 年版《中国文化研究集刊》第 5 辑］

① ［法］丹纳著，傅雷译：《艺术哲学》，人民文学出版社，1963 年，第 5 页。

杨度与清末立宪运动散论

杨度是中国近代历史上名声大落大起的传奇人物之一。在1975年披露其晚年参加中国共产党，为革命作过一定贡献的史实之前，他一直处在声名狼藉者列。在史实披露之后，他开始被人们再度发现，再度认识。笔者不敏，敢效先进，聊就读书所及，试就杨度在清末立宪运动中的地位、作用、阶级基础、思想局限诸问题略作评估。

杨度最先与立宪运动发生关系，即是代清政府考察各国宪政的五大臣捉刀撰文。1906年1月，五大臣途经日本，特派人商请杨度撰写东西洋各国宪政情况的文章，以为将来归国汇报考察宪政的蓝本。在梁启超的协助下，是年夏天撰成《中国宪政大纲应吸收东西各国之所长》和《实施宪政程序》两文。当年9月，清政府宣布“预备立宪”，就是慈禧在反复考虑了五大臣的建议后作出的决定。作为枪手，杨度对这一决定的作出，当可说不无关系。

在清政府下诏准备仿行立宪后，杨度便与梁启超等积极筹组宪政党。1906年12月，他偕熊希龄赴神户，与梁“熟商三日夜”达成初步协议，新组织拟名宪政会，以梁出名为发起人，杨任干事长，熊不出名，负责内地运动。然而，这一联合组党计划最终流产，到次年春天，彼此就各谋其事，分道扬镳。关于他们的离异，人们往往强调杨度同康有为、梁启超等在争夺宪政会领导权问题上的尖锐冲突。其实，更重要的原因则是彼此在政见上的分歧。

在对于中国实行立宪的基本条件的估价问题上，梁启超认为实行立宪之人民程度，除汉族外，满、蒙、回、藏诸族皆不足；杨则认为蒙、回、藏诚程度不足，而汉、满则无不足。梁认为中国国民程度仅达君宪，未达民宪；杨则认为国民程度能达君宪，即能达民宪。在宣传立宪的策略上，梁忽而痛骂政府，忽而驳斥革党、批评国民；杨则以为如此行事“实为失策”，易“招国民之疑惑”而“生党员之嫌恶”，正确的策略应当是“号召国民从我以反对政府”①。在实行立宪后的政权归属问题上，梁等径自确定由清朝皇帝自立宪、自掌权，在推进立宪运动的具体政治目标上，梁只是空洞地要求立宪；杨则批评其要求笼统含糊，大而无当，失之不明，因而主张“于要求立宪之广范围中，而抽出其最重之一事，易其名曰要求开国会而已”②。

在同时所作《金铁主义说》这篇洋洋十余万言的著名政论中，他对要求先开国会问题做了不少论述。他指出，立宪国的国会与政府，犹如车之两轮，不可缺一。但因为政府是由国会产生的，所以立宪国“至重极要，惟一不可缺者，则必曰国会”。当今中国的首要任务在行政治革命，即把不负责任的政府改造成为负责任的政府。“其惟一之方法，必在开设国会也。故一言以决之曰：国会者，改造政府之武器也。”③

在政治运动中，一个准确鲜明的政治口号具有非常重大的作用。杨度深知其中三昧。他对革命派“排满革命”的口号作过研究，认为这个口号“操术简单”、“人人能喻”，因而取得重大成功。他自称提出“召开国会”的口号正是有鉴于此，通过这一易于普及和鼓吹的口号，以求达到团结群众，组织队伍，统一步调的目的④。事实证明，“召开国会”的口号收到了预期的成功。梁启超接受了杨度的意见，后来组织政闻社，其四条政纲之首即是“实行国会制度，建设责任政府”。其余立宪团体如张謇等的预备立宪公会也是以此作为宗旨而展开活动。应当说，“召开国会”这一战略性的政治口号的提出，是清末立宪运动中的一件大事。它是联系各立宪团体共同行动的纽带，也是同革命派“排满革命”的口号相抗衡的武器，还是对清政府合法斗争的旗幡。

为了实践自己提出的“召开国会”的立宪要着，杨度在此后二三年的时间里倾注全力，奔走呼吁不息。约略而言，他接连跨出了在立宪运动史上值得一书的三大步。

---

① 杨度：《复梁启超函》，刘晴波主编：《杨度集》，湖南人民出版社，1986 年，第 410、411 页。

② 杨度：《致〈新民丛报〉记者》，刘晴波主编：《杨度集》，湖南人民出版社，1986 年，第 403 页。

③ 杨度：《金钱主义说》，刘晴波主编：《杨度集》，湖南人民出版社，1986 年，第 322 页。

④ 杨度：《复梁启超函》，刘晴波主编：《杨度集》，湖南人民出版社，1986 年，第 405 页。

第一步，自组政党以为召开国会活动的根基。1907年2月，他在东京组织“政俗调查会”，7月改为“宪政讲习会”，以“宪政之实现”为宗旨，以“设立民选议院”为中心目标。这是第一个明确地以“召开国会”作为立宪中心目标的立宪团体。9月，由会员熊范舆领衔呈请清政府速设民选议院的请愿书，又成为国会请愿运动的先声。这份请愿书上虽未见杨度之名，但请愿书的基本精神是他发明过的，因此，称杨度为这第一份国会请愿书的发踪指示者，当不为过。这份请愿书发布后，影响很大，不久海外华侨和留学生等即相继上书或致电清政府，要求速开国会。杨度通过自己的政党带头跨出了“召开国会”实践的第一步。

第二步，深入国内推动召开国会活动。1907年10月，他借奔丧回籍的机会，在年底与湘绅谭延闿等于长沙成立宪政讲习会湖南支部（旋改名湖南宪政公会），随即以湖南全省士民的名义发起入都请愿。在这份请愿书中，杨度率先强烈要求“于一二年内定期召集”国会，言辞激切，有力地刺激和推动了其余各省的请愿开国会运动。于是，豫、粤、江、浙、直、奉、鲁、晋诸省纷纷效尤，陆续派代表入京递呈请愿书。从此，速开国会之声一时响遍全国，从报刊时论到街谈巷议几乎都莫能释此主题。在不长时间里形成相当强大的舆论压力，推源溯始，人们不能不肯定杨度发始倡导和率先践行之功。

第三步，进入中央参与宪政活动。1908年4月，因张之洞、袁世凯联名保荐，杨度应召入京，以候补四品京堂在宪政编查馆任总核。从此，他一方面奉行公事，为清政府起草宪政文件，另一方面又利用这一合法地位，在官绅和知识界中广为鼓吹先开国会的主张。有一种看法，认为杨度进京供职后，变成赞助立宪的官方人物了。笔者认为，杨度奉行公事参与文件制订，与清政府最高当局的决策并非同一回事。例如，1908年6月中旬，在颐和园专为清政府大臣亲贵所作的演说中，他便表示了同政府当局扞格不入的激烈态度。“政府如不允开设民选议院，则不能为利禄羁縻，仍当出京运动各省人民，专办要求开设民选议院之事，生死祸福，皆所不计。”① 又如，《钦定宪法大纲》和《立宪预备事宜年表》这两项重要文件的制订，他都“未曾参与一字”②。1910年11月4日，清政府宣布将九年预备立宪期限缩改为五年。杨度在谕旨颁发当日即上

① 刘晴波主编：《杨度集》，湖南人民出版社，1986年，第501页注。

② 《布告宪政公会文》，刘晴波主编：《杨度集》，湖南人民出版社，1986年，第511页注。

《速开国会折》，反对五年期限，并批驳了“国会不能过速”的官方“论者”。

资产阶级立宪派呼吁召开国会和发动国会请愿运动，它的根本目的是为本阶级争取参政权，带有争民主的性质。在运动中，立宪派对封建专制制度的揭露和攻击，在政治上打击了封建统治集团。因此，前期杨度之所以值得称道，主要还不在于如有的论者所称他是一个意气风发、热血沸腾的爱国青年。20世纪初的中国，慷慨激烈、风华正茂的革命青年何止千百？杨度所以胜过他们，在近代历史上为自己争得一席地位，恰恰就在于他是立宪运动的设计师和实践者。

杨度身手不凡，举措得宜，成为在立宪运动的涛头俯仰自如的弄潮儿，除却自身的学养和才干之外，还有另一些原因也值得注意。

杨度喜欢以演戏比喻政治。凡是走红的演员所必备的条件，如理想的演出场所、共鸣的热情观众、精湛入胜的演技、配合默契的搭档等，对于政治家的成功来说，同样都是十分紧要不可或缺的。杨度进身立宪运动时，所幸那些必要条件业已基本具备。

20世纪初的日本正是有志改革的中国留学生从事各种政治活动的好地方。留学生中政治空气较浓，大多数人忧国伤时，怀抱救国之志。日俄一战，老大俄国竟败在小小日本之手，这件事对于身在此邦的留学生来说，尤易引起研究的兴趣。也许正是君主立宪制优于君主专制的结论，激起采彼扶桑灵药投治中华痼疾的企望。因此，杨度在日本攻读政法，倡导立宪，可谓得到了理想的场所。

同时还须指出，凭借已有的声望和出色的社交活动能力，杨度的政治主张又极易引起各方的注意。杨度是挟其声名来到日本的。他少年中举，复在1903年的经济特科考试中名列榜首，却因被参奏为新党而为清政府查拿。清政府的翻云覆雨最易激起留学生的逆反心理，因此出亡日本的杨度很快博得大家的同情和拥护，成为学生领袖。杨度为人倜傥，热情好客，性喜结交，生张熟魏，来者不拒，他的寓所经常高朋满座，致有“湖南会馆”和“留日学生俱乐部”之雅称。他既与孙中山、黄兴等相交，又与梁启超、蒋智由等过从。在革命派和改良派中，他都有很宽绰的活动地步，因此，两派都在他身上下功夫拉拢。同盟会成立前，孙曾到他寓所相访，有意邀其合作，未获成功。梁更是把他视为留学界中举足轻重的人物，十分担心他为孙等所得，认为杨若“不适彼，而终从我，真一大关系也”①。由此可见，杨度当时的名望和圆熟老练的社会活动能力，使他具备了充任立宪运动一翼领袖的若干必要条件。

如果把眼光转到在立宪运动中和杨度唱“对台戏”的康、梁方面，那么，我们就可以发现，尽管康、梁对立宪运动投入很大力量，也取得相当成绩，但平实论之，他们还是有不少困难和弱点的。他们是戊戌钦犯，目标很大，政府当局对之忌恨入骨。因此，他们搞立宪运动就会受到比他人更多的限制。在海外放言高论固然还较自由，但要立足国内实地运动，便立遭镇压，不稍宽贷。政闻社迁上海后立被清政府勒令查禁便是证明。同时，他们还处在革命派环攻之中。统观立宪运动全过程，革命派始终把自己批判君主立宪的火力主要对准康、梁。杨度虽然也受到《民报》、《复报》诸刊的嘲讽和批判，但若与康、梁相比，不过十之二三。《民报》中那些攻势凌厉的煌煌大论，几乎全是针对康、梁的。

康、梁不但左右受敌，而且处于立宪派内部的重重矛盾之中。上海《时报》创办时，他们投资十余万，原拟借此作为政闻社喉舌，以谋扩张党势于内地，结果却被张謇釜底抽薪，通过狄葆贤控制该报，反变成预备立宪公会的喉舌。至于杨度同他们的倾轧，还要厉害。杨度利用原来的人事关系，竭力拉拢那些与已“素通款曲”的政闻社员去彼就已，大挖康、梁墙脚，使得原本人数有限的政闻社愈难厚集党势。政闻社谋扩充势力于长江中游，杨度则处处作梗阻难，不容对方染指于自己的禁脔，遂使政闻社空无所成，以致破口痛骂宪政讲习会的“德性”“何败坏一至如此”②。

我们再来看一看以张謇为代表的江浙立宪派的预备立宪公会。该会是国内成立最早、规模最大的一个立宪团体。它组织健全，经常活动，拥有一支精明干练的骨干队伍，在政界、实业界和文教界都有较深的根基。他们立足于在国内占有举足轻重地位的江浙地区，在势力的雄厚和影响的广泛方面，他们都显然驾乎杨度宪政公会之上。但是，张謇的态度时趋保守。1908 年国会请愿运动开始在各省发动，该会领导否决了会内要求参加请愿运动的意见；1910 年 11 月清政府以五年召开国会搪塞请愿代表，全国大多数立宪派均不满意，而该会领

① 丁文江、赵丰田：《梁启超年谱长编》，上海人民出版社，1983 年，第 371 页。

② 丁文江、赵丰田：《梁启超年谱长编》，上海人民出版社，1983 年，第 371 页。

导却持妥协态度。由于在重要时刻表现得消极保守和妥协退让，就使得该会的政治作用时有未能与其政治实力相称。因此，他们虽在立宪派内具有优胜之处，但在总体上仍与康、梁和杨度呈三雄鼎立的局面。

既然立宪要角康、梁和张謇等的情势如此，那也就注定了与之相颃颉的杨度必定走红如彼。

杨度的立宪主张无疑代表了民族资产阶级的利益。在那些涉及民族资产阶级利益的重大问题上，他都非常自觉地充当了本阶级的代言人。

发轫于戊戌期间而形成于20世纪初的湖南民族资产阶级，在投资方向上颇有特色。省内丰富的矿产尤其是有色金属的蕴藏，吸引了大批湖南民族资本，从而形成了一个矿业资本集团。而与矿产运输密切相连的铁路事业，也随着集股商办活动的开展，形成了一个铁路资本集团。有人统计，从1895年到1909年，湖南创办的民族工业资本比例如下：六家商办矿务公司与有色金属冶炼业，资本额为511.8万元，占37%；一家铁路公司，资本额为743.1万元，占55%；七家商办工业和航业，资本额为102.4万元，仅占8%①。由此可见，路矿资本集团在湖南民族资产阶级中占有绝对优势。湖南立宪派主要是以他们作为自己的阶级基础的。湖南宪政公会的骨干，如谭延闿和龙绂瑞都是湘路股东会的头面人物，如分别担任湖南谘议局副议长和审议长，并同被选为资政院议员的冯锡仁和罗杰，都是著名的矿业资本家。杨度自己也是一名拥资不小的矿业资本家，1908年3月，他与人在长沙组设湖南华昌炼矿公司，获准新法炼锑十年专利。

作为身家不小的杨度，对于同本阶级利益密切相关的重大问题，他都作出明快的反应，显示了自己鲜明的阶级立场。

一、铁路利权。1904年，湖南绅商为抗议美国合兴公司私相转授粤汉铁路建筑权和延宕路工，率先发难，要求废约自办。湖北、广东二省随即响应，于是轰轰烈烈的收回路权斗争很快席卷全国。杨度积极投身这场爱国斗争，他在留学生中发起组织“鄂湘粤铁路联合会”，并于1904年11月两次以“留美留日学生代表人”的名义致电湖广总督张之洞等，反对借款合同，要求废约自办。到次年3月，更作《粤汉铁路议》。该文洋洋五万余言，为要求铁路商办提供了有力的理论依据，表现了鲜明的反帝爱国思想。

① 傅志明：《辛亥时期湖南的资产阶级立宪派》，中华书局编辑部编：《纪念辛亥革命七十周年学术讨论会论文集》，中华书局，1983年，第325页。

二、矿产利权。杨度一再宣传他的理想中国是既富又强的金铁之国，也即经济军事强国。在考察列强对华经济侵略的历史过程后，他指出国际垄断资本总是处心积虑觊觎我国矿藏，“内地各省乃至满洲、蒙古，外人要求试采权之事处处皆见之也”①。身为湘人，他对于湘省矿权严重失落的情况十分关心。他痛心于省内那些趋利无赖之徒，“各挟矿山契据，赴汉沪一带私卖及抵押与洋行”。因此，他对于湖南绅商设立全省矿务总公司非常支持，肯定其挽回利权的功劳。1907 年底，原总公司经理冯锡仁患病辞退，他即与有关著名湘绅联名具呈湘抚，要求奏派得力人员继任②。凡此种种，无不准确而又鲜明地代表了湖南矿业资本集团的利益。

三、裁撤厘捐。病商困民的厘捐到清末百弊丛生，工商业者痛感有裁撤的必要。杨度于 1905 年底发表《于中国厘金税之可否》，从经济和财政两方面痛论裁厘的必要性。他指出，厘捐苛重是中国发展工商实业的大敌，“非裁撤之，不能望实业之进步”。他还建议，在裁撤后改行销场税，不用官吏管理，委任绅民管理③。这一意见，反映了新兴工商资产阶级要求摆脱封建厘捐剥削的愿望，也反映了杨度“工商立国”的一贯主张。

毋庸讳言，对上述经济问题的关注与杨度在立宪运动中的所作所为是有内在联系的。正是镶嵌在这些强烈震动的政治经济的巨大背景之上，杨度的宪政思想才显出了他的时代节奏和色彩。

杨度意识到自己正处在从封建主义的宗法社会向资本主义的军国社会过渡的历史时代。因此，毫不奇怪，在他的头脑里新旧杂糅混合，既有西方的新学说，也有传统的旧东西。这就组成了杨度特有的政治思想，典型地表现出过渡时代中过渡人物身上所具有的那种矛盾情况。

杨度主张君主立宪的理论依据在于西方的君宪制度。他认为，中国只有实行君宪，也即仿效“西洋各国去君主专制之权，以扩张民权而定君民权限之关系”④，方能避免国家崩离、列强分割的严重恶果。那么，中国实行君宪又该采

---

① 杨度：《金钱主义说》，刘晴波主编：《杨度集》，湖南人民出版社，1986 年，第 228 页。

② 杨度：《为请派湖南全省矿务总公司总理事与湘绅呈岑春蓂文》，刘晴波主编：《杨度集》，湖南人民出版社，1986 年，第 498～500 页注。

③ 刘晴波主编：《杨度集》，湖南人民出版社，1986 年，第 207 页注。

④ 杨度：《金钱主义说》，刘晴波主编：《杨度集》，湖南人民出版社，1986 年，第 396 页。

用谁家的模式呢？在具体分析英、德、日三国情况后，他断定三国宪法程度高下有别，国会权力大小有殊，究其原因，则取决于国会成立之先后。英国立宪之先，已有提议宪法的国会机关，德国则在立宪之际同时产生承认宪法的国会机关，日本则在立宪之后方产生国会。因此，他强调中国立宪运动的首要任务在于尽先召开国会，以保证产生程度较高的宪法。他相信，只要立宪运动参加者“勇猛精进”，“人人负其责任”，下则可避免日本式的君宪，中则可达到德国式的君宪，上则可实行英国式的君宪。杨度就这样企图借他山之石，来攻治在他看来尚待定形的中国立宪之璞。

杨度的立宪思想又建立在他的社会历史观基础之上。他十分欣赏英国社会学家甄克思所发明的社会学说。《金铁主义说》劈头就运用甄克思的基本观点来论说中国社会历史进化的概况，作为全文的发凡。甄克思把人类社会进化发展划分为蛮夷社会、宗法社会和军国社会三大阶段，杨度称之为：“一定不移之公例。”① 以由宗法社会向军国社会过渡中的中国与已进入军国社会的西方各国相比，优胜劣败，事理极明。因此，杨度坚信中国只有迅速召开国会，实行立宪，方能推动中国早日进入完全的军国社会，避免国家民族覆亡的历史悲剧。

尽管杨度两次东渡留学，研习西方政治、法制、历史、教育、哲学、社会学等，并注重自然科学，堪称饱读新学之士，但是，在他思想深处传统的封建思想仍然根深蒂固。

他是湖南著名学者王闿运的高足弟子，自称独得乃师所传的“帝王之学”。所谓“帝王之学”，其实是一种层次较高的封建政治学。就学之人凭借纵横捭阖之术，通过物色非常之人，辅佐其成功帝王之业，从而使自己骤取卿相之位，建立不世之功。王闿运早年作为机密幕僚，曾劝说过消灭太平天国后带甲百万的曾国藩，要他趁清室衰微之际，取而代之，自立为帝。此议未被采纳，后来杨度有诗记之：“更有湘潭王先生，少年击剑学纵横。游说诸侯成割据，东南带甲为连横。曾胡欲顾咸相谢，先生笑起披衣下。”② 字里行间对乃师所为赞赏不已。在还没有遇到非常之人时，他只能与常人一样在级秩严格的仕途上蹒跚爬行。但当他一旦得遇袁世凯后，袁氏已有的权势和未来的政治潜力，都足以令

① 杨度：《〈中国新报〉叙》，刘晴波主编：《杨度集》，湖南人民出版社，1986年，第209页。

② 杨度：《湖南少年歌》，刘晴波主编：《杨度集》，湖南人民出版社，1986年，第94页。

他与自己悬拟着的“非常之人”联系起来。因此，袁氏父子的恩结极容易换得杨度的倾心攀附。1908 年，当袁世凯在慈禧、光绪死后面临严重政治危机之际，杨度即与之同舟共济，一致应付政海恶浪。次年 8 月，他因在京事无可为，遂以请假回籍省亲为由，悄然返湘，又表明了他与袁氏共进退的坚定态度。武昌起义一爆发，袁世凯时来运转，他又立即赶赴彰德为袁策划，暂拒清政府任命，待价而沽，逼迫对方就范，交出更多的权力。袁世凯在汉阳前线运用武力谋篇布局，对清王室和革命党双方同时发布了一篇软硬兼施打拉并用的大文章，杨度则配合默契，在后方用“文力”如法炮制。他与汪精卫发起“国事共济会”，自称分别代表君主立宪党和民主立宪党，主张发起“国民会议”，以决定“国民公意”，从而和平解决在中国实行君主立宪还是民主立宪的根本问题①。可见，这时的杨度正是为了非常之人的非常之业，放弃了他多年一贯主张的在“宪”不在“主”，一变为在“主”不在“宪”了。他在辛亥之际的权变，对于日后的洪宪帝制，恰似一场预演。

袁世凯不像曾国藩那样畏首畏尾，坐失良机。政治野心家从来不恤人言：清末逼宫夺权，他不怕清室骂他欺人孤寡；洪宪帝制自为，也不怕国人唾他窃国大盗。因此，杨度也不像乃师王闿运那样时运不济，一言不合，拔衣笑起，终老林泉。得交袁世凯后，袁对他言听计从，杨度乃得大展“帝王之学”，大遂自比诸葛亮的平生之愿。

以上所述，笔者并非意在贬讥杨度当时的政治品格，只是想指出，传统的伦理道德和人生价值的观念集中反映在其帝王之学的追求和实施过程中。杨度是一个矛盾体，他既有救国匡时之志，又有权势名位之欲。那种散发着封建士大夫气味的人生哲学，如修齐治平、用之则行、舍之则藏之类儒家的教诫隐藏在思想和内心的深层，而它们恰恰又被一层新学包裹装护了起来。这并不奇怪，杨度生活在“中体西用”的口号产生和流布极广的时代，并且还对这一口号的提出者张之洞极为心折，因而他前半生的思想政治中呈现出调停二者的种种迹象：“帝王之学”为体，政法新学为用；非常之人为体，西方之宪为用；功名权欲为体，组社结党为用。这样说，是否失当，敬待批评。

［原载《华中师范大学学报》1988 年第 3 期］

① 杨度：《国事共济会宣言书附简章》，刘晴波主编：《杨度集》，湖南人民出版社，1986 年，第 539 页。

评《剑桥中国晚清史》的文化观

费正清教授主编的《剑桥中国晚清史》（以下简称《晚清史》）是一部有影响的中国近代史著作。由于该书的主要撰稿者多是西方人，其写作目的又是“为西方的历史读者提供一部有内容的基础性的中国史著作”①，因而这部书的文化观无疑是西方的，它对中国社会近代化历程的描述，它关于西方文化对近代中国的作用以及中国传统文化在近代的命运的评判，都带有明显的西方人的视角特征。尤其值得注意的是，这部完成于二十世纪七十年代中期的论著，虽然对西方史学界流行一时的“冲击—反应”模式作了某些修正，认为“外来影响的程度和性质”还是一个“需要阐明的重大问题”②，但全书显然还是以西方文化为价值参照系，未曾摆脱这一基本模式。这一切，在“中国的历史读者”看来都是饶有兴味的。它所提出的一些问题，或者是我们正在思考的，或者是我们比较忽略的；它的一些见解，或者与我们不约而同，或者与我们大相径庭。然而，无论哪一种情形都对我们有所裨益。为着以文会友，我们愿与《晚清史》的作者读者共同切磋该书的文化观问题。

一

以儒学为主体、包括多方面复合因素的中国传统文化作为农业—宗法社会的产物，进入日益为西方工业文明所左右的近代社会，势必要发生复杂的变异，势必要对纷至沓来的内外挑战作出自己的反应——积极的反应或消极的反应。

---

① ［美］费正清编，中国社会科学院历史研究编译室译：《剑桥中国晚清史·上卷》，“总编辑序”，中国社会科学出版社，1985年，第2页。

② ［美］费正清编，中国社会科学院历史研究编译室译：《剑桥中国晚清史·上卷》，“总编辑序”，中国社会科学出版社，1985年，第3页。

封建顽固派对外来事物的“深闭固拒”、断然排斥，便是中国传统文化的消极面在外来文化面前显示的一种固执而又虚弱的态度。与此同时，经过痛苦的磨难，愈益增多的先进的中国人，发扬中华民族刚健自强、勇于博采异域的积极传统，逐渐把眼光从封闭的狭窄天地转向异彩纷呈的现实社会和中国人一向陌生的外部世界，并在新生产力的推动下，创造了近代新学。这种“新学”是中国传统文化与来自西方的异质文化（通称“西学”）彼此撞击、相互融会的结果，它自浅入深、由小到大，逐步成为近代中国文化的主潮，并对近代中国社会发挥日益巨大的影响。在这一过程中，中国文化的面貌为之一新。所以中国文化在近代既遇到了严峻的挑战，屡陷危境，同时，也因此而另辟蹊径、另寻生路，犹如烈火中的凤凰，在涅槃中赢得了新生。

《晚清史》在论述中国传统文化的近代命运时，对这个古老文明在近代舞台上的窘态和困境作了相当充分的刻画。该书认为，西方文化在近代中国的传布具有双重历史使命：一方面是对旧制度的破坏性使命；另一方面是对西式新制度的建设性使命。

对于体现西方文化冲击的传教士的历史作用和地位，《晚清史》特别重视，列有专章“1900年以前的基督教传教活动及其影响”予以论析。

有关传教士在中国传布西学的情况，以往国内学者的著作中并非没有论及，但往往罗列史实，简单定性者多，钩玄提要从事宏观的文化考察者少。《晚清史》的作者则有所不同，笔墨主要倾注在传教活动的历史作用上。在“传教事业和旧制度”与“传教事业和新制度”两个标题下，作者具体剖析传教士与中国传统的旧制度旧文化以及与改革的新机运的复杂关系，把传教士置于十九世纪中国这一特定历史时期的中西文化冲突融合的大范围中考察，从而勾画出他们作为中国旧制度旧文化的破坏者和新制度新文化的推动者的群体形象。

在上一个世纪，传教士为何引起中国人“最大的恐惧和仇视”？对这个问题《晚清史》特别着意从中西文化冲突的角度加以解释。由于“传教士深深地、不可避免地坚信这一主张：只有从根本上改组中国文化，才能符合中国人民的利益”，这就使得“所有传教士都向传统文化提出了革命的挑战。使许多中国人感到受威胁的正是这个原因，而不是任何其他原因”①。该书认为，中国人视基督教为异端，对传教士钟爱的信仰采取疑而不信的态度；传教士则认为中国人迷

① ［美］费正清编，中国社会科学院历史研究编译室译：《剑桥中国晚清史·上卷》，中国社会科学出版社，1985年，第584、585页。

信，因而“无情”地、“放肆”地攻击儒家文化道德。在两种文化冲突中，“每一方认为另一方属于低级文明。实际上很难设想不发生更激烈的思想交锋”①。传教士人数虽少，但由于晚清中国的社会、政治等方面只有脆弱的平衡，因而当这种冲突扩及整个中国社会，既涉及体现儒家文化道德的绅士和官僚阶级，又涉及在风俗习惯心理等方面更加固守传统的广大民众的时候，这种冲突往往对传统观念起到破坏作用，对传统的社会制度构成威胁，从而打乱近代中国脆弱的平衡。作者特别强调，传教士不但在文化和道德方面对中国的绅士提出了强烈的挑战，还对他们历来把持的地方教育、善堂、救灾等社会领导权“构成了直接的威胁”。这样，到十九世纪下半叶传教士作为对中国传统文化“进攻的先锋”，打破了近代中国绅士“全面地坚持中国是一切文明的中心的主张”②。

在论述传教事业和中国社会改革新机运的关系时，作者把传教士的“非宗教知识和实践”即西学及其传布同他们的宗教活动加以离析，指出西方宗教未能“有效地迎合中国的需要”，而西学则“受到非常热烈的欢迎”。作者依次对传教士所传布的三方面西学予以具体剖解。首先作者肯定在医学和教育这些传教活动的副业领域日益提高的专业标准对“中国的现代化”所起的作用。他通过统计介绍传教士开办的医院、床位、治疗病人和培养中国第一批现代医生的数字以及编译医学著作的情况，罗列传教士开办的各类学校、学生和编印各种教科书的数字以及有关西学的课程设置，具体描述了传教士所传布的物质文明在中国的波及面。其次，在探求传教士所传布的非物质的文化形态时，作者着意从质的方面加以考察，具体分析他们编辑出版的中文期刊撰述译介的非宗教书籍的内容，肯定这类有关科学、数学、历史和国际法等知识的西方著作对中国近代文化发展的贡献，指出这些著作是十九世纪前中国人获得西方新知识的“基本来源”。再次，作者进而肯定传教士在近代中国革新事业中的作用。他们的西学传布造成了一种有利于改革的气氛，李提摩太等著名传教士不但是改革的热情宣传者，与官场内外的中国改革派领袖人物建立了密切关系，并且他们在政治、方法和社会态度等方面也为中国的改革派提供了可资模仿的榜样。

即令如此，对于如何进一步估量传教士所传布的西方非宗教著作所产生的

① ［美］费正清编，中国社会科学院历史研究编译室译：《剑桥中国晚清史·上卷》，中国社会科学出版社，1985年，第608页。

② ［美］费正清编，中国社会科学院历史研究编译室译：《剑桥中国晚清史·上卷》，中国社会科学出版社，1985年，第607页。

影响作者仍是谨慎而求实的。他把自己未能确切把握的三组问题提交今后的研究者。第一组问题要求研究中西思想交往的学者解答：传教士传布的内容清晰到什么程度？他们编撰的东西能被看懂到什么程度？它们在多大程度上表达了编撰者想要说明的问题？第二组问题要求研究思想史的学者解答：传教士传布的内容为何物？他们既以西方文明精髓的译介者自居，但为什么斯宾塞、穆勒和孟德斯鸠的著作却有待严复等人去翻译？而他们所译介的非宗教著作中流传最广影响最大的《泰西新史揽要》，为什么被西方有些学者称为"第三流的历史著作中最叫人恶心的渣滓"？第三组问题推向所有可能感兴趣的史学家：谁接受了传教士传布的内容？他们译著的读者范围在社会上和地域上究竟有多大？读者的类型在那些年间是怎样发生变化的？这许多富有启发性的问题显然是近代中国文化史研究中极有价值的课题，它充分反映了作者的思维方式及思考深度，也具体展示了作者的研究旨趣和价值尺度。它或许就像希腊神话中斯芬克司的谜语一样，会引起共同跋涉于这一领域的中外学者深入探求的兴味。作者审慎严谨的治学态度，对于勇于定性不留余地、希望"毕其功于一役"的史学家来说，无疑是一块可供攻玉的他山之石。

《晚清史》也极为重视接受近代西方文化的中国人传布西学的历史作用。

一般说来，传教士传布西学的中介作用在甲午战争之前至为明显。甲午战争之后，随着新时代的到来，传教士业已基本完成其"文化掮客"的历史角色。《晚清史》认为，随着士绅文人日益接受西方文化，就使"西方思想从中国文化的外围向其中心渗透"，"这种渗透引起了西方思想和大国思想倾向的大融合"①。这种渗透和融合从中国方面开始了填平中西之间"文化鸿沟"的巨大工程。从贯穿全书的脉络来看，作者认为这一工程是从两方面同时进行的，一方面是震撼破坏陈旧的文化和制度，另一方面则是造就养成新型知识分子。

《晚清史》在论析中国近代最先接受西方文化的士绅文人魏源和早期改良人物时，都具体论述了他们对儒家学说和现行制度的程度不同的批评意见，以及他们关于"艺"、"政"、"教"三个主要问题都需要向西方学习的看法。作者特别指出，对"道"和"器"这一对范畴的解释，充分反映了西学价值观念的扩大。在比较早的时期，中国知识界常常称西学为器，中学为道。这样，西学被认为只有工具的价值，而儒学具有本质的基本价值。到九十年代初期的著作中，

---

① ［美］费正清编，中国社会科学院历史研究编译室译：《剑桥中国晚清史·下卷》，中国社会科学出版社，1985年，第317页。

便出现了强调“器”不能与“道”分离的倾向，这种变化所暗示的内容是十分清楚的：它“颂扬西方不但产生了工具的第二位的价值，而且也产生了本质的和主要的价值”①。不过，作者对于康有为代表的维新派在破坏传统文化方面的历史作用评价更高。作者认为康有为在迎受西方知识之后，借今文经学微言大义的名义，对儒家学说加以激进的解释，从而引起人们对儒家的“价值观和信仰产生疑问”。这种情况“意味着作为中国信仰核心的儒家正日趋衰落”②。

对于西方文化卓有成效的承受者，《晚清史》的看法与中国多数学者的意见是基本一致的。从1895年到1898年这个时期，以康有为、梁启超为代表的维新派通过模仿，成功地运用传教士取得成效的三种变革的组织工具，造成了一种新颖的思想风气，培养了一批新式知识分子。

所谓变革的组织工具，指的是设置新式学堂、成立学会团体和出版定期刊物。对这方面的基本估价，《晚清史》与中国多数学者无甚轩轾。新式学堂的创立形成了近代教育改革的一股新风。改革的核心则在“实学”的名义下接纳西学，它有效地导致了此后西学的广泛传布。如果说新式学堂主要促进年轻学子接受新的价值观和新的知识，那么学会团体便相应对成年人起这方面的作用。而当时大量问世的报刊作为宣传改革和传布西学的大众媒介，其作用和影响显然更为广泛。这三者相互促进，创造了一种相当浓厚的改革气氛，并使西学的传布也达到了前所未有的广泛范围。

但在如何看待戊戌时期西学传布的历史作用方面，《晚清史》的估价似较一般中国学者为高。由于众所共知的一些原因，在本世纪五十年代到七十年代期间，不少国内学者对改良派在中国近代思想文化领域的建树估计偏低。相比之下，倒是《晚清史》的估量更平实客观。该书认为，戊戌维新派开创了中国文化的新阶段。变法虽然归于失败，但他们“开民智”的努力实为晚清时代的巨大思想文化遗产。它所引起的思想变化“对中国的社会和文化有着长期的和全国规模的影响”③，堪称“近代中国社会和文化发展的里程碑”④，而从另一方

① ［美］费正清编，中国社会科学院历史研究编译室译：《剑桥中国晚清史·下卷》，中国社会科学出版社，1985年，第323页。

② ［美］费正清编，中国社会科学院历史研究编译室译：《剑桥中国晚清史·下卷》，中国社会科学出版社，1985年，第331页。

③ ［美］费正清编，中国社会科学院历史研究编译室译：《剑桥中国晚清史·下卷》，中国社会科学出版社，1985年，第372页。

④ ［美］费正清编，中国社会科学院历史研究编译室译：《剑桥中国晚清史·下卷》，中国社会科学出版社，1985年，第372页。

面看，它又是中国传统文化进一步崩解的标志。因接触西方文化而拓开了视野的中国人，必然对传统文化产生疏远感，“引起了原有的世界观和制度化了的价值观两者的崩溃，从而揭开了二十世纪文化危机的帷幕”。从此，先进的中国知识分子深刻地反省过去，“超越他们的文化局限去重新寻求思想的新方向”① 成为一种新趋势。这就宣示了与传统文化有所变异的近代文化即将在二十世纪出现。在这里，作者相当准确地把握自己的研究对象，从而合乎逻辑地把它放在近代中国文化史的特定位置上，表现了清新的思想和敏锐的历史感，足以引起读者的认真反思。

综上所述，我们认为《晚清史》作者的视野比较开阔。他们不是只见一点一面而不及其余，而是上下求索左右考核，宏观地把传布西学的一方面和对应作出反响的另一方面当作一个流转变动的多面体究察。这种思考方式表明作者对于西学传布这一中西文化交流的特殊现象具有一种缜密周详的研究意趣。这样，《晚清史》对西方文化传布的双重使命的表述就比较接近历史真实。传教士开辟荆榛，谷稗俱撒，结果是嘉禾与稗草并生，中国的迎受者努力去稗留禾，却又因水土有限和眼力不济，“器”、“政”、“教”三种次第试验，复依次失败。《晚清史》研讨近代中国复杂的文化变迁深及于此，这是它的成功之处。

二

《晚清史》有一基本观点，即认为“坚持农业经济和官僚政治的中国文明”同西方文明之间存在着“文化对抗”。该书开宗明义便指出，在前者那里，“经典的教义只能容忍限于传统内部的变化，扩大的家庭制支配着个人，恪守职责的信条高于享受权利的信条，文官控制着军事，并且使商人为其所用，道德行为的准则凌驾于人的情欲、物质利益和法律条文之上”，在后者那里，“信仰民族国家、法治、个人的权益、基督教和科学技术，以及使用战争来为进步服务”。鲜明比照后，作者的结论十分明确：“两种文明是冰炭不相容的。”②

由这种中西文化两极对立的基本观念出发，该书又生发出中国的现代化就

① ［美］费正清编，中国社会科学院历史研究编译室译：《剑桥中国晚清史·下卷》，中国社会科学出版社，1985 年，第 334 页。

② ［美］费正清编，中国社会科学院历史研究编译室译：《剑桥中国晚清史·上卷》，中国社会科学出版社，1985 年，第 2 页。

是西化的重要论点。《晚清史》反复强调中国的现代化遇到了文化和制度双重惰性的阻碍，“现代化显然需要冲破文化和制度的障碍”①。那么如何冲破这种文化障碍呢？作者提出了一个非常值得重视的命题——中国文化走向近代的一种主要形式，是“在‘实学’名义下接受西方知识”。“实学”本是儒学的一个重要范畴，《晚清史》认为“西方知识在实学的名义下得以在新课程中占有突出地位，这件事表明西方思想在传统的思想价值领域中已被承认占有一席之地”②。这是很有见地的论断。中国文化虽然一直是在相对封闭的环境中独立发展，不像地中海文化、大西洋文化和印度文化那样屡经异质文化的冲击、取代和融合。但中国文化体系仍然不乏接受外来文化的机制。从经世实学到新学，构成了晚清中国文化的发展路径和基本形态。该书的论断从一个重要方面反映了中国近代文化是在西学输入的直接影响下发展起来的历史事实。

但是与此同时，《晚清史》似有忽视中国文化自身存在着走向近代的潜在因子的偏颇。作者似乎只注意到“实学”成为西学在近代中国得以传布的一种外壳，而忽视了道光、咸丰时期兴起的经世实学本身已蕴涵着某些通往近代文化的萌芽和因素，并非只是两千余年“儒学经世”传统的简单延续。所以，该书下卷第五章、第七章、第九章在论述戊戌变法、辛亥革命时，都非常强调西学的影响，而较少分析中国传统文化的某些积极因素所起的作用。虽然作者多处提及《周易》中的变易思想对新学家的启迪，然而对《孟子》、《左传》中的民本主义，历代改革家的变法谋略，今文经学的历史进化论等对中国近代改革和革命的深刻影响所论甚略。

我们认为，新学的近代性质虽然在很大程度上是由西学赋予的，但它的某些基因还深藏在近代民族文化的母胎之中。也就是说，新学的近代性既来自“西学东渐”的横向历史运动，也来自民族文化继承发展的纵向历史运动。它不同于此前的传统文化，也不同于外来的西学，而是中西融合的结果。这种新学，一方面以中国传统文化为基础，一方面又以西方近代文化为基础，在中西文化的对立统一中形成和生长。尽管它发展有限，却是近代中国不容忽视的历史存在。《晚清史》显然也注意到了这个现象，书中对此不乏论述，但囿于两极对立

① ［美］费正清编，中国社会科学院历史研究编译室译：《剑桥中国晚清史·上卷》，中国社会科学出版社，1985年，第543页。

② ［美］费正清编，中国社会科学院历史研究编译室译：《剑桥中国晚清史·上卷》，中国社会科学出版社，1985年，第373～374页。

的文化观，未能明确承认在中国传统文化和西方近代文化之外，还存在这种初具规模的中国近代文化，对它的估价也就显得偏低。西学在中国是不断通过中国社会的内部因素才发挥作用的。中华民族特有的心理素质、民族性格和文化传统，始终在中国文化走向近代的过程中产生着深刻的影响。正因为存在这些影响，近代新学不是西学向东方的简单位移，而是东西方文化经过复杂化合作用的产物。近代先进的中国人在学习西学时，并没有忘记民族文化之“根”。他们在构建自己的文化思想体系时，总是致力于“会通中西”，努力在近代中国特定的历史条件下进行再创造，而全盘照搬照抄者毕竟较少。对中国近代文化是中西文化大交汇的产物这一契机，《晚清史》似嫌掌握不足。这就显示了运用“冲击—反应”模式概述中国文化的近代命运的局限性。

近代西方文化，是西方各民族经过长期创造、积淀和融合形成的物质成果和精神成果的总和。尽管有物质生产上的工业化和政治制度上的资产阶级民主化构成其文化上的共性，但西方文化也还存在着为数众多的民族差异。因此，就像《晚清史》所正确指出的，“有如政治上统一一样，文化上的共性也是中国伟大的社会神话之一”①，西方文化的统一和共性也当属于这类社会神话之列。同时还须指出，近代西方文化也包含了许多源于非西方的成分。中国传统文化中的变易思想，辩证方法，佛学的思辨，儒道两家对理想人格的追求，乃至文学名著《红楼梦》，都曾经在十八、十九世纪通过各种途径传入西方，引起西方思想界的重视。欧洲知识界曾经对中国文化赞赏备至，以至一度形成“中国文化热”。这又表明晚清时期的中西文化交流并不限于西方文化单向辐射一种形式，中国文化并非处于单纯被动接受的消极地位。

在多数情况下，《晚清史》特别注重于揭露儒学不利于文化的物质层次的一面，因而着重批评其政治意识形态上的负面价值。这就容易给读者造成传统文化与近代文化二者相互对立的印象。我们并不完全同意“存在的就是合理的”这样的命题，但儒学能在中国长期存在也确有其自身存在的价值。儒学也有讲求人格发展的身心性命之学的正面价值，可惜它却漠然落在该书作者的视线之外。应该说，中国传统文化具有鲜明的多面性：既重道德教化，又重经世致用；既教人明哲保身，又教人刚健有为；既讲尊卑贵贱，也讲和谐互助……同时，传统文化是一个动态的、历史的、外延和内涵都不很明确的范畴。晚清的传统

① ［美］费正清编，中国社会科学院历史研究编译室译：《剑桥中国晚清史·上卷》，中国社会科学出版社，1985年，第12页。

文化与汉唐或宋明的传统文化就有不同涵盖面，“传统”之内的文化内容也不尽相同。传统与现代化的对立只有相对的意义，二者之间有冲突、牵制，也有交叉结合和转化的契机。各民族各国家的现代化只能建立在合理的、不断调节的传统的基础之上。随着现代化进程中近代民族意识的确立和人们思维水平的提高，不断地重新认识和发掘传统文化的价值，将其纳入现代的民族文化体系，正是日本、印度、中国这些既富于传统文化，又必须学习吸收外来文化的东方民族国家都存在的共同现象。

总之，我们认为中西文化曾经分别经历了不同的发展阶段，各自的文化基础不一样，因而它们之间的差别是相当明显的。但它们毕竟又都是人类的创造，不乏相同相通之处。因此，它们之间既有冲击的一面，又有融合的一面。研究者不宜只见其“冰炭不相容”的“对抗”，还应看到交会双方的更新应变；不宜只是站在西方文化本位的立场，还应深入到中国文化体系的内部考察。

《晚清史》的作者都是对中国问题研究有素的著名学者，他们对中国近代历史的了解在当代西方无疑是第一流的。但是，也许因为置身域外，研究和撰述难免受到种种条件限制，所以在域内的学者读来，该书对中国文化有时尚似有所隔膜。

这种隔膜的表现之一，在于对作为中国近代文化载体的知识分子的看法。

《晚清史》对于中国近代文化思潮演进过程中有关人物的评价有畸重畸轻的现象。比如对于何启、胡礼垣这些在香港接受西方教育的中国人，作者似因比较同情欣赏而估价较高。其实，他们所著的《新政真诠》内容虽然激进，却因作者西方式的世界观和价值观与中国国情相去较远，其著作流布局限于几个通商口岸，影响也就比较有限。倒是全书论列比较有限的梁启超、谭嗣同和严复等人，以及偶尔提及一略而过的章太炎、邹容和陈天华等人，他们的作品对西方社会科学知识加以有选择的吸收，并用适合中国读者的方式表达，这种中国化了的西学介绍对于多数读者来说，其影响恐非何、胡那种在中国社会土壤中缺乏根基的作品可以比拟。这里事实上涉及对中国近代文化发展趋向的估价问题。在近代中西文化交会过程中，大致产生了三种文化心态。第一种是固守传统，它既不能对传统文化作出新的研究和发掘，也不能吸收引进西方文化。第二种是强调西化，它强调移植和吸收西方文化，却往往忽视同传统文化的融合。第三种是主张中西融会，它主张以现实需要为基础，清理并改造传统文化，选择并吸纳西方文化。三种心态所反映的识见显然有高下之分，在我们看来，魏源、洪仁玕、冯桂芬、郑观应、严复、康有为、梁启超、章太炎、孙中山等人，构成了第三种文化心态的代表系列，可以视为中国文化近代化的主流。《晚清史》厚爱于何、胡以及被称之为“基督教改革派”的西方知识分子，而相对忽视这一主流。这刚好表明了他们对中国近代文化的隔膜。

另外，该书在分析中国社会结构时，曾对接受西方文化的知识分子所处的社会地位作过一个总体的归类。作者把他们一律归入与“平民百姓”对立的“特权阶级”①。在十九世纪末二十世纪初，中国新式知识分子数量激增，他们职业各异，经济状况贫富悬殊，社会地位高下不一。《晚清史》把他们统统归之于“特权阶级”，似乎失之简单。而在论析这些新式知识分子的“突出特点”时，强调其“新异观点和行为准则”以及他们在中国近代社会变革中的“独特作用”。这种分析固然必要，也富有价值，但相对忽视或低估他们的“阶级背景或社会地位”却似未见允洽②。

还要指出一点，《晚清史》对近代文化和知识分子问题的论析似有前详后略的倾向。如对于早期经世派集团、洋务运动和维新运动时期的文化和知识分子问题论述得相当深入，可谓用笔淋漓酣畅。但对二十世纪初即清末最后十年的文化现象和知识分子问题的论述则相对显得薄弱，用笔偏枯，作者只是极其简略地提到不多几人，并且缺乏全面的把握和深入的分析。其实，辛亥革命准备时期的文化思想有着十分丰富的内容，它在中国近代文化史上的地位也极为重要，是戊戌和“五四”两大文化运动之间承前启后的又一高潮。也许这是由于《晚清史》是一部以专题论文缀合而成的著作，又系集合众手所成，因而难免出现这样的缺漏，使读者深抱不能得窥全豹之憾。

前述隔膜表现之二，在于对中国民族文化心理的看法。

《晚清史》多处批评中国近代知识分子“排外”、“好战”。该书作者认为晚清时期的“主战精神部分地是出于知识界对1840年、1860年和1884年几次战争的愤怒”，并认为清流党人应对清政府“赞助不现实的政策和感情用事这一情况负主要责任”，不是别人而是他们“促使中法战争、中日战争和义和团战争爆发”③。显然，该书所论为一端之见。历史事实是列强打上门来，中国的“战”

① ［美］费正清编，中国社会科学院历史研究编译室译：《剑桥中国晚清史·下卷》，中国社会科学出版社，1985年，第617～635页。

② ［美］费正清编，中国社会科学院历史研究编译室译：《剑桥中国晚清史·下卷》，中国社会科学出版社，1985年，第380页。

③ ［美］费正清编，中国社会科学院历史研究编译室译：《剑桥中国晚清史·下卷》，中国社会科学出版社，1985年，第206、208页。

与“和”其实是“抵抗”与“不抵抗”的含义，孱弱的清政府何来“好战”的本钱？诚然，清流党人呼号抗战，多为书生论兵，徒托空言，无补于大局。但是促使这几次战争爆发的，当是环伺中国的列强，而不是清政府，更不是清流党人。

《晚清史》还批评中国学者在论及基督教时态度不够冷静，“表现得感情激动”，以致轻率（作者用“轻易”这个词）地把当年“乖戾的仇外心理”或“排外情绪”“视作爱国主义的愤慨情绪”而对“中国人敌视基督教的长期传统”，却“忽视、否认，或者被认为无足轻重”了①。不必讳言，中国的官家和士绅确实有根深蒂固的“华夷之辨”的传统观念，中国的老百姓（如义和团）也确实有过盲目排外的行动，而中国一部分学者的论述也确实颇多“感情激动”之处，更难保不会导致见解偏颇。它们共同反映了闭塞和落后，其主要根源还在于封建文化的极大限制。但是，基督教在清末的传布是一种非常性质的文化宗教交流，是在特定的政治氛围下强行进入中国的。既然它挟资本殖民的剑和火而来，同时也连带带来了西方文明的种子和肥料，那么近代中国人对于所受之害或所受之赐记忆不忘，便是一种正常的民族文化心理。在这个星球上，很难找到健忘民族的生存余地。自尊自重是民族独立和发展的基本条件。在不同民族的文化融合过程中，冲突终究是不可免的。纵览基督教在异民族异教徒中推行的遭遇，当可证知这是一种普遍的现象。对于基督教在中国被抵拒的根本原因存在不同看法，也许就是因为对于酝酿中国民族感情的政治氛围的浓厚程度和文化温床的深广程度，中西方学者的估计有所不同吧？

《晚清史》对十九世纪中国文化走向近代化的历史过程的总结，给中外学者提供了一个深入探讨的机会。该书作者恳切认为，“各种思想的继续论战归根到底只会加强促使各国人民相互了解的纽带”。本着同样的良好愿望，我们希望这篇短评能引起进一步的讨论和对话，从而加强东西方学术思想之间的交流。

[与冯天瑜、罗福惠联名，原载《历史研究》1988年第1期]

① ［美］费正清编，中国社会科学院历史研究编译室译：《剑桥中国晚清史·上卷》，中国社会科学出版社，1985年，第603页。

同盟会倡始时期宋教仁心态研究

在宋教仁传世的著作中，有一部留学日本时的日记。这部日记起于1904年10月30日，止于1907年4月7日，除中间缺失1904年底的半个多月和1905年9月下旬至年底的100天左右，它以17万字的篇幅相当完整地记录了宋教仁在该时期的外部生活和内心世界。所以，《宋教仁日记》(以下简称《日记》)历来深为研究者所重。人们对其中所载政治活动称引发明颇多，取得了可喜的研究成果。本文拟另换一种方式，即从《日记》所载述的内心世界入手，进行一次由内向外的逆向考察，试图通过研究其潜意识层及升华过程，以探求他的性格特征及其与政治生活的关系。

题目所谓的“心态”即心理状态。按心理学的释义，它是指心理活动在某一特定时间的相对稳定水平。它的生理机制是因机体的内外刺激影响在大脑皮质中产生的兴奋或抑制状态。它是心理活动的效应或背景。如果心理状态经常产生，它就会巩固下来，转化为另一种情景，并且逐渐成为人的个性特征。因此，从某种意义上说，心态的研究具有性格学的意义。当代中国史学家对于历史人物性格的研究渐予垂青，本文则是追随先进的一种粗浅尝试。

一

翻阅《日记》，有关宋教仁私生活中给人印象至深的便是他持久不断地为严重的神经衰弱病痛所折磨。

《日记》表明，在两年多时间里他几乎无月无病，随着病情加重，他不断更换医院诊疗，各医院一致确诊为脑神经衰弱。这一诊断与《日记》所载病情印证无误：病初起时睡眠不佳、精神不振、心志不清，渐重后周身怠倦、情绪抑郁忧苦，更深后周身神经痛时作、情绪往往不能自控。从病史来看，1905年就医仅4次，1906年激增至28次，并且住院2个半月。

那么，宋教仁在这时期究竟因何而引起严重的神经衰弱呢?

他自述“受病原因”有二，其“心理的”为“素日心理发动不中节者太多，伤及脑”，其“生理的”则“甚复杂”①。自病自得知，所谓“心理发动不中节”，其实就是心理受挫而失去平衡。由于人们总是从特定的社会地位出发，在具体的社会环境中形成某种心态，因此，在造成宋教仁心理失去平衡的诸多原因中，我们首先还须从他当年所处的社会生活环境中寻找。

同中国相比，当年日本的社会环境要开放得多。它必然猛烈冲击留学生的传统价值观念，直接影响他们的心理状态。

对于刚从闭塞的中国内地走出来的留学生来说，20 世纪初日本近代文明的成果足令他们目眩神移。在他们乘坐劈风斩浪的轮船和风驰电掣的火车到达东京这样的大都市后，呈现在他们面前的无异是一个现代文明的展览馆：电灯、电话、电车、汽车、电影院、照相馆、设施良好的医院、琳琅满目的商场、精良的印刷品……在西方文明的影响下，日本社会的男女交往相对自由，绝无中国那种男女之大防。至于日本有些风俗习惯，如计月输租的收养外妇和相去咫尺的男女同浴等，在给予留学生以骇异之余，无疑还连带冲击了头脑中固有的那道德礼教的藩篱。由于处在这样的社会环境中，又由于接受的是西方的自然科学和社会科学知识，所以，留学生们必然从外到内身心俱起变化。他们会剪辫发，穿西服，用上“计时器”，中国留学生会馆的地板也会被咚咚咚的舞步震得响天。如果不为贤者讳的话，那还应当指出，当年活跃在日本的中国著名人物收养外妇或情人也并非秘密。

开放的社会自有其溃疡和病灶。对留学生来说，最危险的是那种居心不良的学店。日本当时有不少以贩文凭为利的私立学校。有的私立学校为吸引留学生，往往兼以女色诱人，其寄宿舍不用主妇，不用下女，专用年轻女子以诳惑学生。志行薄弱者极易堕入这种陷阱。所以，初到日本的留学生被一再告诫，必须谨慎选择学校和宿舍。留学生中当然不乏坚守传统伦理道德者，如宋教仁有位同乡朋友黄尊三，某夜独宿，“正酣睡中，有一女子投怀送抱，黄氏婉言相拒，彼女遂恨恨而去”②。但是，这种投怀不乱、志在求学的鲁男子毕竟是少数，不少游学者在洋风熏拂下是亦游亦学。鲁迅《藤野先生》中所讽刺的那种

---

① 宋教仁：《宋教仁日记》，湖南人民出版社，1980 年，第 232 页。

② ［日］实藤惠秀著，谭汝谦、林启彦译：《中国人留学日本史》，生活·读书·新知三联书店，1983 年，第 141 页。

结队游行于花间，油辫粉脸扭脖子的顾影自怜者是一种情况。不知检点，好为花街柳巷冶游，被日本报纸斥为“放纵卑劣”者则是另一种情况。深刻的道德焦虑感常常促使清醒者奋起呼吁。陈天华所以在绝命书中念念于日本报纸“放纵卑劣”的批评，吁恳留学生自尊自重自爱，正表明了他对留学生道德问题的刺心之憾。章太炎东渡不过3个月，就奋笔直书《革命之道德》，大力揭露“恣其情性，顺其意欲”而自以为“倜傥非常”的危害，从理论上批判“大德、公德不逾闲，小德、私德出入可也”的错误。置身开放的社会，克制自持与放纵情欲的选择摆在每个留学生面前。宋教仁在这两端之间徘徊移动的身影正是映衬在这样一个特定的社会文化背景之下。

对于宋教仁来说，低压的时代气氛又使他长期处在国难家忧的包围之中。

中日甲午战争及日俄战争之后，日本统治阶级的大和民族优越感急剧膨胀，这种思想情绪也影响到一般国民。因而，虽然日本方面把教育中国留学生当作一项基本国策，但中国留学生在日本的境遇并不太好。类似鲁迅在《藤野先生》中所述被诬考试舞弊的受辱事件，宋教仁也时有所遇。在他的《日记》和其他留学生的回忆录中，不乏这类对日本人傲慢的愤慨之情。民族感情和个人人格的被伤害必然形成一种强烈的压抑感。1905年冬东京8千余名留学生罢课抗议“取缔规则”就是对日积月累的这种伤害的集中反抗，宋教仁成为主张全体归国的激烈派领袖人物，刚好表明他对这种伤害的切肤之恨，是压抑心理的一次爆发。

留学生们除国耻之外，复有家忧。翘首西望，天涯神州路总是由无穷无尽思乡念家的情丝连缀起来的。作为湖南起义失败后仓皇东渡的亡命客，宋教仁的家忧更重。家中上有祖母在堂，下有儿女在抱。偏僻贫穷的湘西生活艰苦，连年的灾荒使得宋家这样的中小地主也难以维持正常的生活。因此，《日记》所载家书数封，无一不是愁苦之事。或则告以家族因其从事革命而被株连，或则传来祖母去世的噩耗，或则老母诉以饥荒，衣物典尽，青苗田售人之事，或则妻子哀怨盼其早归。不如意事无时不断。所以，每接家书，他总难免产生“伤感”和“愁思”。1906年中秋前夕，他“心内烦闷，且不胜思家之感”，吟得《思家诗》云：“去国已三载，思家又一秋。亲忧知白发，闺怨定蓬头。禹域腥膻满，天涯道路悠。有家归未得，期待灭匈奴。”可以说，这首诗把他思家忧国的沉重心情表达得十分酣畅，充分展示了他心头压抑的另一个层面。

留学生们心头压抑的又一个层面是沉重的学习负担。日本的教育制度相当严格，课程多，考试严，稍一不慎即不能合格。要取得正规的高等学校文凭，就必须过好语言关，能把日语乃至英语当作母语一样使用，多数人还必须读完预科，完成必修学科的基础补习，方能考上大学随班学习。无论是官费生还是自费生，只要不是仰仗父祖荫庇游而不学的贵胄子弟之流，都必须认真对待，马虎不得。像宋教仁这样负有学习和革命双重任务者，他们的精力消耗更不难想见，繁重的学习任务对他们的精神压力也不难估量。宋教仁一到日本就被紧张的学习生活所包围。他先后就读于顺天中学、法政大学和早稻田大学。1906年4月18日《日记》所载的一张自修课程表表明，他修习的课程在10门以上，每天早晨6时至晚上10时排满功课，竟无片刻余暇。初渡时，他尚不谙日语，但不久即能胜任笔译、口译并为人师，而英语也能达到自读水平，即此一端，便可知道他为此而付出的艰苦的脑力劳动了。

除此之外，宋教仁还在恋爱方面受到严重挫折。他在1905年和1906年两年之初，分别结识过两位日本女子，但理智严格制约着他不准逾规，而情欲却总是不愿受到这种制约。睁开眼是"正心诚意，慎独寡过"的古板教条，闭上眼却仍是"巧笑倩兮，美目盼兮"的娉婷形象。理性的规范像上帝一样严厉地予以禁遏，情欲的本能仍不断驱使他渴望着那禁果。在情和理之间这种趋向一回避的冲突，如冤魂附身不稍离去，斯人焉能不病?

看来，像宋教仁这样家国并忧、身心皆病的留学生并非少数个别。1906年7月中旬，刚从《苏报》案刑满出狱东渡日本不过10天左右的章太炎，就沸沸扬扬听到了不少有关此病患者的传闻，因而在东京留学生欢迎会上发表演说时，他劈头自我介绍生平即直认为神经病，接着又说"近来有人传说，某某是有神经病，某某也是有神经病"。即从宋教仁身边看，患此病者也颇有人在。除在《日记》中提到的李和生和同院治疗的三名中国病友外，章太炎本人不久即因脑病一度中辍《民报》编务，上述那位黄尊三也患脑病而接受电疗①。以神经衰弱为主要表征的脑病在留学界中也并非一时一地。后来郭沫若和郁达夫等人反映留学生活的自传式作品所以深受知识界的赞赏，其主要原因之一恐怕就在于他们把五四时期海外游子在时代低气压下的苦闷心态勇敢地袒露出来。近代留学生的心态变化是文化史研究中一个值得加以注意的课题。处在危急存亡中的国家和民族不曾为自己的儿女提供腾飞的机会，却让刚刚学会独立行走的儿女承担起打开套在自己身上的沉重枷锁的艰巨任务。异域文化的熏染往往会使年

---

① ［日］实藤惠秀著，谭汝谦、林启彦译：《中国人留学日本史》，生活·读书·新知三联书店，1983年，第138页。

轻的留学生引发一种求取身心更新自在的吸引力，但传统观念又绝不容许任性悖离，相背的两股力量撕扭不休无疑是心理的一大重负。紧迫的时代使命和积郁的苦闷心态对于少经磨练的肩膀和神经来说，未免压力过重，因而心态易生变异也就是非常自然的了。

二

患病之后的宋教仁曾努力作过精神自疗。他的主要方法是借助读书吸取理性的力量，以求淡化非理性的意欲，克制情欲本能取得心理平衡。

宋教仁的求知欲原本十分旺盛，在病后更是嗜书如命。《日记》中充满了有关购书和读书的记录，有具体书名可查考者即有两三百种。为了购书，他节衣缩食，撙节异常。一部《大英百科全书》售价3百余元，一部《英文大字典》售价百余元，几套旧杂志售价40余元，价格之昂令人缩手，但他都毅然订购，按月分期付款。只要想到当年日本三口的医生之家月入仅24元，那么，这种购书可以说是倾囊相求的豪举了。

不过，在其广泛涉猎的过程中，最值得注意的还得首推有关修身养性的读书。

有关这类书籍的阅读，大致可分前后两个时期。在1906年1月至4月间，他攻读理学家著作的劲头很大。二程、朱熹、陆九渊、王阳明、颜元、李塨等人的著作都在浏览之列。《日记》上摘有60多条理学语录，其中吕叔简《呻吟语》修身语录13条，《明儒学案》的《薛敬轩案》及其《读书录》9条，《王阳明集》、《王阳明年谱》及其《传习录》尤为他所重，前后读了3个月，摘出语录近40条。但他还不以此为足，认为这样散录于《日记》，"拉杂无次第，难得要领"，拟以另册择要录之，以便将来"随时体验"①。在此没有具体介绍这些语录内容的必要，因为它们无非就是人们熟知的那些理学的教诫。需要探研的倒是宋教仁如此热衷的原因。王学在日本的隆崇地位显然是引起他注意的外部原因。日本人往往把当年尊王攘夷志士卓厉奋发倾覆幕府的思想动力归之于王学，因而王学著作在日本流布甚广，专门研究王学的学术组织明善学社还办有《王学杂志》(宋教仁也曾购阅)。这种推崇对于急需谋求鼓舞自身主观战斗精神的中国资产阶级革命派来说，它的鼓动性是不言而喻的。革命派很容易把它视

---

① 宋教仁:《宋教仁日记》，湖南人民出版社，1980年，第114页。

为一种现成的符合民族传统精神的思想武器而加以利用。在 1905 年 8 月 13 日为欢迎孙中山到达东京而举行的盛会上，一位日本来宾的致词便以王学精神相祷相祝于革命派。宋教仁作为这次欢迎会的主持者，恰恰在此之后加紧攻习王学恐与之不无联系。

在中国儒家传统伦理观念中，“礼”是一个基本核心。凡非礼者勿视、勿听、勿言、勿动的教诫，成为长期统治中国的心理机制，使人们对于非理性的意欲产生一种罪恶感。这种伦理观到宋明理学家手中后，更被强化为一种绝对的精神和规范。“礼”，或者“理”，被认为是克服人欲的一剂良药。因而，以解决人生知行问题为特色的王学内核就成为引起他关注的更重要的内部原因。因为在他从事改革外界环境的排满革命事业和改善内界环境的理欲调处工作时，王阳明“破山中贼”的克敌事功和“破心中贼”的克己学问，无疑是一种可以从中取得经验的良好参照物。但是，他在有关处世、待人、为学这类偏近外层的知行问题上虽有所得，却在正心、诚意、慎独、寡欲这类逼近内层的知行问题上进展不大。所以，尽管“存天理，去人欲”的警句使他“不觉恧然”，却总无法断然“克己”——把内心深处本能的我（所谓“心中贼”）克服荡平。研读王学未能解决心态的失衡，恐怕这也就是当年秋天章太炎两度请其为国学讲习会诸子作宋明理学讲座，他一再婉辞的原因。他婉辞理由有二：一曰“虽有研究，而至今尚未得要领”；二曰“此座须素服膺此学躬行实践而素为人所仰望者，方可担任”①。宋教仁并非故作谦语，两条理由其实是一种切实的自我反照和自我评估。他确实认为自己践履此学方面尚未完全成功。

既然王学不济，自当另想别法。因而当他毅然决定对王学“拟此后姑置之”后②，西方的哲学和心理学等便适时地填补进来。

在这方面出色地充当导引的是章太炎。1906 年 7 月 6 日，他与章太炎初晤，才通姓名，对方立即问及哲学研究之法及日本新出哲学书情况。面对这位当时正醉心深研西方哲学的著名学问家，他只能以“素未研究，不知门径对之”。对无知的羞愧往往能激起强烈的求知欲。从此，《日记》中就开始出现研习近代哲学的记载了。7 月 12 日所拟每周课程表中排进了哲学，半月之后在读过一本哲学著作后，发现难度很大，“浅浅尝试，不得要领”。于是，服部宇之吉的《心理学讲义》引起他的高度重视。虽然此书在 5 月业已读过，但现在他又用了 10

① 宋教仁：《宋教仁日记》，湖南人民出版社，1980 年，第 262 页。

② 宋教仁：《宋教仁日记》，湖南人民出版社，1980 年，第 196 页。

余天时间加以精读，几乎每次都作了十分详尽的纲领性摘录。这些摘录合在一起，洋洋将及万言。宋教仁为什么如此重视这本书？要回答这个问题，最好看一看摘录的内容。这里且以该书第二篇关于“情”的部分的内容为例，它包括：情的作用，情与知、意等心态的关系及异同，情与身体的关系，情之理法，情之不正者，情之种种表现（恐怖和愤怒、同情与爱情、自我之情、异性相爱之情、社会之情、道德之情、宗教之情、美之情、知之情）。以上每一项目之下还都有具体的细目展开。这样，通常被认为浑沌一团难以捉摸的情，在现代心理学的理论分析下，被逻辑地肢解成若干条块。这些清晰的纲目就像一位有经验的教师的有条不紊的授课提纲。只不过受知者不是别人，恰是书写者自己。他自称这样做是意在心理自疗。“余思余之病源半属于物的方面，半属于心的方面。物的方面之病可由生理疗法疗之，即医药是也，心的方面者须由心理疗法疗之，即所谓自疗法也。”① 可以认为，这些条分缕析的心理知识，正是用来自剖自疗被压抑的时时躁动不安的情欲的医具。

这种旨在通过增进心理知识以自疗的效果如何？看来回答并不能令人满意。即以此书读毕的次月而言，充满《日记》中的依旧是恼人的病状：周身神经痛时作，悲感愁思无端泪落，易愤怒易失眠，情抑之极则至于气塞于胸。这原因不难理解，像宋教仁这样活跃的政治活动家，独自躲进病院，严格保密的行踪只让个别知交相知，这种离群索居日与医护和书籍为伍的生活，使他脱离了战斗的集体。隔离往往导致孤独感，会加深压抑的心理状态。宋教仁终于自己悟出静居病院读书自疗并非良法：“居病院中日日一人独守，无论如何，心理上总有不适于自然中节处。”② 于是他决意走出狭小的病院，回到广阔的斗争天地中去。

三

当宋教仁出院之际，迎接他的是从 1906 年底开始逐渐高涨的革命形势。忘我投身革命事业，使他有效地从焦虑抑郁的心理状态中逐渐解脱出来。

12 月 2 日《民报》创刊周年庆祝大会上群情振奋的热烈场面无疑给他激励至深。《民报》初办时，宋教仁几乎是独立撑持着这一舆论阵地，从撰稿、编

① 宋教仁：《宋教仁日记》，湖南人民出版社，1980 年，第 259 页。

② 宋教仁：《宋教仁日记》，湖南人民出版社，1980 年，第 279 页。

辑、出版，到发行、账务，一应诸事无不躬亲。以当日经办“艰难之境”及“苦心孤诣”，对照今日之辉煌成功，他实在不能不“感慨系之”。透过《日记》这些记载，读者不难觉察到宋教仁怦然兴奋的心跳。紧接着，没过几天传来了萍浏醴起义爆发的消息。起义发生在家乡，领导起义的又是自己的亲密战友，他不能不为“中原之风云”的“蔚起”而激动不已。当黄兴邀他偕归襄助起义时，他即慨然应允①。在以后《日记》中再也不见有关自身病痛呻吟之语，载满《日记》的是山东、广西、湖北、河南、陕西等省会党起义的消息，是充满悲壮情绪的对被杀被捕人员的追悼和营救活动。亢奋高昂的情绪成为主流，自然取代了在先低沉压抑的情绪。读这阶段的《日记》，只觉得在血与火的强烈刺激下，他心中的那个“大我”正油然升起并不断膨胀，那个徘徊沉吟的“小我”被挤压到不易为人注意的角落了。因而当他束装就道赴东北运动时，《日记》中流露的便是一种义无反顾的革命豪情了。

如果说，重大的突发事件能强烈地改变一个人的心理流向，产生戏剧性的效果，那么，与之一致的经久持续的日常活动则往往能加宽加深这种流向的渠道，帮助形成一种心理定势。宋教仁是一位充满热情工作勤勉的革命者，即便被神经衰弱症严重折磨之时，他仍顽强坚持工作。繁重的工作固然加重了病体的负担，但作为他精力的主要发散处和精神寄托处，无疑又有助于他从焦虑抑郁的心理状态中解脱出来。从 1906 年 4 月至次年 4 月，他辛勤翻译，一年之中不下 10 余万字。译述重点显然在西方各国的议会政治和国家制度方面。这类译品先后有《英国制度要览》、《各国警察制度》、《俄国制度要览》、《美国制度要览》、《德国官制》、《普鲁士王国官制》等。这些材料的译述，固然适时地满足了宪政运动兴起后人们对这方面知识的迫切需求，但对正在攻习法政的宋教仁本人来说，则把他的注意力自然导向现实政治活动，为他在民国初年有关政体问题的主张作了必要的准备。

然而，才高好学心雄志大的宋教仁“一身所欲之事，所欲求之学，不知凡几”②。所以，他绝不满足于一般的译介。读《红楼梦》后，产生创作冲动，“欲作一小说，写尽中国社会之现在状态及将来之希望”③。此后在《日记》中屡屡称引该书写作技巧。对借助小说疗治国民之病的纯真愿望和对古典文学名

① 宋教仁：《宋教仁日记》，湖南人民出版社，1980 年，第 314、322 页。
② 宋教仁：《宋教仁日记》，湖南人民出版社，1980 年，第 270 页。
③ 宋教仁：《宋教仁日记》，湖南人民出版社，1980 年，第 237 页。

著写作技巧的别有会心，使得卓有才华的宋教仁有可能像鲁迅那样应身现世。但是，他所处的特定环境又注定这一冲动不可能维持下去，让他在小说创作上一试锋芒。倒是对语言文字学的浓厚兴趣，使他取得了成果。在学习外语过程中，他深感中国尚无一本理想的语言文字著作，因而极愿以之为己任。为此，他曾设计了包括文字学、文法学、文章学三大部分的写作架构。1907 年 1 月中旬，他担任成女学校汉文科的课务，学生要求编一讲义，他应请编撰。从此，《日记》中出现不少跑图书馆查找资料的记载，有关音韵训诂的读书心得也大量写入《日记》。

值得一提的是，宋教仁还对边疆地理的研究表现出浓厚的兴趣。对于爱国者来说，19 世纪 80 年代的边疆危机和 90 年代的瓜分狂潮，都是触目惊心，记忆犹新的历史事变。对于祖国河山的无限眷爱，使得宋教仁密切关注着边疆地理学。可以说，它是以魏源为代表的湖南近代经世致用学派重视边疆地理研究的继承发展。在他的《日记》中留有很多地理著作的购读记录。平时阅报和交接朋友时，边疆地理也始终是他视闻关注的内容。当从宫崎滔天夫人得知云南干崖土司住居对门后，他立即央同往访，后又多次访谈，细心收集云南边疆情况，这就为他在 1911 年中英片马交涉事起写作《滇西之祸源篇》作了必要准备。当偶从一本日文杂志中发现一篇名为《鸭渌江源之独立国》的文章后，他马上以一位政治家的敏感觉察到这块毗邻朝鲜的边地的特殊意义。从此后，对这一所谓"间岛地区"的情况，他一直锲而不舍地注视。凡书报载有这方面的材料，他或者摘录，或者写信询问疑难。日友萱野长知和古河军曹对此问题颇多了解，他复仔细请益。有同志赴东北从事革命活动，他又求彼常来信报告间岛情况。直到最后，他在黄兴支持下偕同古河、白逾桓亲往间岛运动，从而中止了本文所称引的《日记》。作为一次革命活动，这次间岛之行是失败了。但随后不久引起中外瞩目的间岛交涉问题发生，他得以迅速著成《间岛问题》一书，以有力的证据证明该地区历来属于中国，从而捍卫了中国对这块面积略等于台湾的领土主权，这就不能不归功于他对间岛地理沿革等情况的孜孜探求了。

宋教仁在以上专心致志勤勤恳恳从事译介、写作和研究的时候，先前重压心头的牢愁郁闷被悄悄替代。在《日记》中，病痛呻吟之声渐为探求撰研的兴味所消释掩盖。

人的情欲是一种高级精神活动，一般不会像动物那样粗鲁本能地显现。即使因情欲高度被压抑而致病之时，作为万物之灵的人仍有解脱之法，使自己的心理能量用于非情欲的目的，转变升华为一种更有活力更有社会价值的目标，常常是一种有效的方法。精神分析学派把人类文化的最高成就归功于这种升华，这当然是夸大不实的唯心论。但是，从情天恨海中超度升华出来的男女往往以自身的意志力量对社会作出更多贡献，却是现实生活中经常可以见到的事实。返照宋教仁，他就是在承受了高度的心理压力，并且经历了情欲的燃烧—压抑—升华过程后，才成为一名承担更多社会责任的革命者。

四

宋教仁在政治事业上的成功，原因当然是多方面的。但不可否认，他特定个性的铸成毕竟是最重要的原因之一。历史学和政治学的无数事例证明，一名政治家的性格和气质对其事业来说，决不容等闲视之。

在宋教仁的心态变化过程中，我们发现其人格维度逐渐发生移位。

原本他自称“实一情易动、心易热、不暇审查而轻易许人之神经质者”①，在《日记》中，他那不稳定和外倾型的特征随处可以发现。他知觉锐敏，思维灵捷，积极好动，兴趣广泛，善交朋友，感情丰富，并且容易外露而多变。这些特征如在政治活动中得到积极的发扬，那么他就能在宣传鼓动和组织群众方面显出自己的优长。他的缺点则在理性的冷静考虑较少，处事往往不够沉毅。他在反对“取缔规则”中的表现便是最好的例证。他那全体归国以示抗议的主张虽然出于正义的愤慨，却是一种高度情绪化了的态度，并不合乎冷静的政治策略。正如孙中山所虑，如果留学生大批回国，革命精英就有被清政府一网打尽的危险。在这一事件中，宋教仁勇猛直前的热情有余，审时度势的冷静不足。作为政治家，他未能像孙中山那样深谋远虑，掌握准确权衡后果的政治才能。他毕竟像自己 24 岁的年龄一样显得年轻了一点。

但是，在患病之后，宋教仁通过革命的实践，完成了自身移情于社会、推爱于革命的情欲的升华。通过升华，他披上了一件性格的甲胄。凭借它，在日后起落不定的政治生涯和复杂的人际关系中，他都可以得到一定的防护。对于一名政治家来说，这决非无关紧要。同时，在患病之后，为了调摄身心，他严格制情制怒，开始把性格和气质的修养当作立身行事的根本来抓。在 1906 年下半年的《日记》中，这类修养性格的记载经常可见。在感情激动之后，他每每

① 宋教仁：《宋教仁日记》，湖南人民出版社，1980 年，第 270 页。

自责"气太不和，度太不宏"，而苦思今后"得一善处人之方"①。正因为患有抑郁焦虑的症状并且有注意调处自身情意这方面的经历，他的人格特征逐渐向稳定和内倾的维度转移。他渐渐变得情绪体验深刻持久而注意控制感情的外露，善于体察别人思想和行动中的细微变化，待人处事加入了沉着冷静和稳健踏实的成分。所有这些，无疑为他今后的政治生涯增添了吸引人的魅力。从某种意义上说，政治家就应该是调处高层次的人事关系的专家。为了获得人望，他应该炉火纯青地掌握与人交接时的热度和冷度的调节，思考问题时的广度和深度的并进，处理事务时的灵度和稳度的兼顾。娴熟掌握这一艺术需要经过实践的功夫。宋教仁的部分实践恰恰是在平衡心态的过程中进行的，这不能不说是一种奇特的机遇。

在同盟会领导集团中，宋教仁既不属于孙中山那种宏观揭橥政治纲领的导师型的领袖人物，也不属于黄兴那种主张武装斗争的军事型的领袖人物，还同章太炎那种长于论辩宣传鼓动的学者型的领袖人物有所区别。他属于运筹帷幄折冲樽俎的政治型的领袖人物，一位天才的组织家。在1906年病前，他已在华兴会、科学补习所、《二十世纪之支那》、《民报》乃至同盟会的组织创建工作中崭露头角。在病后，只要想到在屡次武装起义失败后，他仍能联合各省志士筹组中部同盟会，共同进取以谋策动长江各省起义，人们就不能不赞赏他的才干。只要想到在民国初年政党林立派系众多的复杂情势下，他几乎是独立筹组国民党，在议会中赢得了多数，人们也不能不赞赏他的才干。然而，人们的目光往往容易停留在表象上面，即使是与之相知很深的章太炎，在民国初年专为"品藻时贤"所作的月旦之评中，也主要表扬他"智略有余，而小心谨慎，能知政事大体"，"劳心综核，受善若虚"②，因而认为他的才具快利无当，足以宰制天下。其实，"智略"辅之以"谨慎"，"劳心"辅之以"虚心"，正是经历了锤炼之后的坚韧，经历了砥磨之后的锋利。古哲所谓艰难困苦，玉汝于成，所谓将受大任者必先苦其心志云云，无非也就是指性格、气质、精神等的锤炼和砥磨。研究宋教仁这类人物，不妨从探测其深层意识的积淀厚度入手，并从它的位移、转化过程中把握其外观的思想和行动。

不容否认，宋教仁因病而生的消极情绪也给倡始期的同盟会多添了一抹阴

① 宋教仁：《宋教仁日记》，湖南人民出版社，1980年，第237页。

② 汤志钧编：《章太炎政论选集·下》，中华书局，1977年，第527页。

影。同盟会原本组织比较松散，在孙、黄离日后的1906年中，更显得群龙无首，乏人料理。在这种情况下，照理宋教仁应该多负责任挑起重担。但他却陷在自身的病痛烦恼之中不能自拔，无暇加以积极关注。在一次同盟会总部留守骨干的特别会议上，有人建议振作“维持”会务，他却对之反应十分冷淡，“余心始终恐此举仍归无益，但势亦惟听之而已”①。病态的心理使他对前途产生疑虑，“思及一身飘泊海外，所谓朋友甚多，而真正志同道合者甚少，自顾此身，仍是孤怀独行，俯仰天地，恐终侧身无所耳！”② 从这种孤独的主观心境投射出去的情绪当然只能是愤世嫉俗。所以，1907年2月孙中山和黄兴为制订国旗图式发生冲突后，他产生“不如早自为计”的想法；东北之行失败归来后，他复陷于消沉，“常郁郁，醉则卧地狂歌”③。外现的狂态是内心的抑郁的散发。我们当然不能把同盟会倡始期的松散状态全部归咎于宋教仁，但宋教仁异常的心态毕竟为这个松散结构增添了一道缝隙。

中国的传统史学研究历史人物，往往偏重于有关兴亡治乱之类严肃的政治主题，而对于非公开的日常生活及内心世界则常常语焉不详。这种传统至今尚存，因而，出现在读者面前的近代革命人物，通常一律身穿中山装，正经之态可掬。其实，革命者是七情六欲俱备的人，并非降生世上除了苦修苦持救国救民之外别无他求的神。他们既有吃饭和恋爱等世人为生命维持并延续所恒有之事，也有喜怒哀乐等世人为生命附丽或泄溢所恒有之情。并且，唯其志在济世，这种人所共有的感情才往往散发得更深沉、强烈、持久。研究者应该在努力展现这种深藏胸中的感情的过程中，再现出灵肉俱丰、形神毕肖的历史人物来。

[原载《近代史研究》1988年第4期]

---

① 宋教仁：《宋教仁日记》，湖南人民出版社，1980年，第193页。

② 宋教仁：《宋教仁日记》，湖南人民出版社，1980年，第262页。

③ 章太炎：《太炎先生自定年谱》1908年条，见《章氏丛书》附录下，浙江图书馆校刊本，1919年，第12页。

甘地两次不合作运动在当年中国的反响

（一）

一位真正伟大的历史人物，无论在其生前还是身后，往往总是探究目光集注的对象。人们会从不同的立场和角度加以审察评论，从而得到种种不同的结论。但是，正如黑格尔所说，作为“世界历史个人”的伟大人物对此是不会有许多顾虑的，“他毫无顾忌地专心致力于‘一个目的’。他们可以不很重视其他伟大的、甚或神圣的利益”①。

甘地也就是这样一位“世界历史个人”。对于他，尊崇者的狂热同反对者的激烈在感情的天平上几乎是接近的。倾心于他的印度上层社会和知识分子把他视为革命领袖，尊为“国父”，下层社会和平民则把他视为印度保护大神毗湿奴十次转世释迦牟尼之后的第十一次转世，把他视为半神半人、亦神亦人式的人物。泰戈尔给他的尊号“玛哈特玛”，最确切的译义被认为是“圣雄”，即兼圣人与英雄于一身，或曰以英雄姿态出现的圣人。斯诺则赞扬他一生都在寻求真理，“他所领导的人数，比任何其他领袖所领导过的为多，而所流的血却比较少……他教导弱者和贫者如何斗争而不必以生命相搏……他反对成见独断和可恶的种姓制度的正统，其成功的程度，超过自释迦牟尼以来任何人的成就”②。爱因斯坦以诗代歌：“他是一个政治家，但他的成功，不靠权谋术数；一切全凭着人格的感化！他是一个胜利的斗争者，但时时轻视使用武力……以纯真的人

① ［德］黑格尔著，王造时译：《历史哲学》，生活·读书·新知三联书店，1956年，第72页。

② 《斯诺论甘地》，《东方杂志》1948年第44卷第5期，第22页。

性的庄严，抵抗欧洲的暴力!”① 罗曼·罗兰则把他和列宁、孙中山并称为“一民族乃至全人类之忠仆”②。而反对他、批评他的人，不但有英国政府和殖民当局，有共产国际及其领导下的印共，而且有国大党内与他持不同政见的派系集团，有印度教和伊斯兰教中的极端教派主义者。党外的政敌不断地攻击他、迫害他，党内的不同政见者小心地修正他、利用他，极端教派分子则致力于谋杀他。在一次未遂的炸弹谋刺之后不久，他终于在1948年1月30日参加祈祷会时被一名印度教极右分子枪杀。对于这位79岁高龄的专心致力于“一个目的”的“世界历史个人”来说，这正是一个历史悲剧：终生反对暴力，偏偏死在暴力之手；终生主张对敌宽恕，偏偏有人必欲置之死地而不宽恕他；终生致力于调和印、伊二教，偏偏最终还是成为教派尖锐冲突的牺牲者。

从20年代以来，中国人民对于甘地及其主义并不陌生，知识界曾以很浓的兴趣不断向读者传送有关其人其事的信息。据有人统计，在新中国成立前的20多年中，有关甘地传记及其主义介绍的书籍总共有27种，平均一年一种。这些书中16种出版于30年代，20年代和40年代（到1948年）分别为3种和8种。在这些书中，单是甘地的自传即有4种不同译本，罗曼·罗兰所作甘地传也有3种不同译本。此外甘地的代表作《印度自治》及其言行录，也都有人译介。若以解放前在知识界享有盛誉的历史最久的大型综合性杂志《东方杂志》(1904—1948）而言，其中有关甘地及其主义和印度革命运动的译介文章，据作者统计，即不下60～70篇。其中19卷第10号（1922年5月出版）曾辟有《甘地与新印度》专栏，发表专文7篇，44卷第5号（1948年5月出版）则作为“追悼甘地专号”，刊载各种纪念文章达13篇之多。这些情况表明，甘地及其主义在中国的介绍历久不衰，拥有一定的读者群。

甘地及其主义在当年中国有过两次较大的反响。一是甘地第一次不合作运动在20年代初曾引起较多关注，二是甘地第二次不合作运动在20年代末30年代初曾引起更多的注意。至于甘地逝世引起的反响，却多少被那时正在胜利进行之中的暴力革命的隆隆炮声所掩，知识界的呼吸目光正急促焦灼地集中在中国大地上出现的巨大历史事变上面，即有人注及斯人之逝，自由主义知识分子也往往视为非暴力的一首哀歌。所以，以下主要拟就《东方杂志》所及，对两次不合作运动在当年中国的反响作一简要评述。

---

① 薛留生：《甘地的一生》，《东方杂志》1948年第44卷第5期，第1页。

② 《罗曼·罗兰与中国二三事》，《人民日报》1987年11月29日第8版。

（二）

对甘地领导的第一次不合作运动，《东方杂志》从1920年到1924年相继发表了近20篇文章。最先发表的文章如《印度民族运动领袖甘尼地》、《甘地主义是什么》、《甘地的略传》、《印度之静的革命》和《印度自治运动》等，只是对甘地及其主义加以粗略介绍，作者大多持比较明确的赞颂态度。他们或称甘地为印度“思想界领袖”、“Saint”（圣人）、“印度之王”，其势力足以“支配目前印度的精神界和物质界”。也有称其主义代表“东方的静的文明”，因其倡导自然主义和反对现代文明而称之为“印度的卢骚”，又因其高唱坚持真理和反对暴力而称之为“印度的托尔斯泰”。稍晚发表的有关论析不合作运动的文章，则意见颇有歧异。赞之者津津乐道其不合作方案的八条具体条款，历数其“可惊的成绩”，盛称参加不合作协会会员达一千万人，这些头戴甘地帽的甘地信徒遍布印度大地，使得殖民当局对运动难以禁阻。作者因而认为完成“反抗恶势力，灭除掠夺阶级”的革命任务，除了运用暴力革命一途，还有甘地所倡所践的那条“平和而且坦荡”的非暴力一途①。这一看法，似开孙中山关于革命有积极、消极两途说法的先河。同时，批评者则认为不合作方案的“性质皆为消极的，缺乏建设之要素”，其进行方略则是“极渐进的，而有临机应变之妥协的特色”，因而断言不合作运动“一时虽可成功，实无何等永续之效果”。批评者还根据1921年秋英国王储威尔士亲王赴印时，甘地无法控制群众“无秩序之小暴动”的事实，预言不合作运动终难以非暴力达到目的②。

在此时期，也有一部分文章超越了上述那种或可或否的态度，而着意于探求甘地主义和不合作运动形成的内外环境，以求取得进一步的认识。从外部环境来说，有的文章论述了甘地对英国政治制度由崇信到怀疑否定的思想历程，指出不合作运动“全由英政府战后措施不当，激之使然”③。从内部环境来说，有的文章介绍了甘地思想的几大来源，包括宗教的、家庭的和西方人道主义的，

① 化鲁：《非协同运动》，《东方杂志》1922年第19卷第10号，第80页。

② 《印度民族独立运动与英国政治方针》，《东方杂志》1922年第19卷第10号，第70页。

③ 潘公展：《印度独立运动之解剖》，《东方杂志》1922年第19卷第14号，第66页。

着重强调甘地对近代文明的批判态度。更有文章指出甘地革命理想可分为政治和社会两个方面，并对甘地社会革命思想的要点作了具体剖解，指出不合作运动并非伦理的玄学的，而是“以人民的社会及经济的利益，及其个人自尊的意识为基础的一种实际的政策”。作者在对比后指出，这种依靠“各个人的人格和暴力反抗”以解决社会问题的做法，同俄国用了“集中的暴力”作为解决手段，正是“东西两大社会改造理想的不同”①。

1922年2月，乔里乔拉发生暴力事件后，甘地决定停止不合作运动。接着3月10日殖民当局逮捕甘地，判刑6年，由此宣告了甘地在国大党内第一期政治生活的结束。对印度民族运动这一挫折，中国知识界十分关注。有人撰写专文《印度不合作运动领袖甘地入狱以后》，论析其入狱原因、介绍其狱中生活和思想以及西方知识界对甘地主义的不同评论。也有人专门论析甘地入狱后，以奇·达斯和莫·尼赫鲁为首的一部分人采取新策略，参加参事会竞选，与政府合作，于1923年在国大党内成立了司瓦拉吉派（自治党）。论者对于由“不合作运动，一变而为宪政运动”，称之为国大党“自左趋右的倾向”。1924年2月甘地因病提前获释后，甘地派与自治党的态度时有冲突。不合作运动生此阻碍，论者以为主要是甘地的“才具”不足使然。“甘地的人格虽然是非常高尚，他所标的主义……也是极其正当。可是他完全是一个宗教家，没有政治家的才具。”因此，论者深以印度民族运动之蹇顿为忧，“两派态度，日益鲜明，互相攻讦，发生冲突，而印度国民运动的势力，亦因内部的涣散不及往昔了。长此以往，印度国民运动的前途，实足令人悲观”。论者寄望于印度民族运动在争取政治自由的同时，从事社会及经济的改革，使运动方向再“由右而趋于左”。而这种探切的寄望又是对中国革命运动现状的一种移情作用：“我们中国不也是困顿于二重压迫——外国资本主义与国内资本主义（并且不止二重）之下么？但是我们怎样呢？”②

在这里值得特别一提的是，孙中山对于甘地及其主义的看法。由于争取民族解放的共同目标，使孙中山得以站在很接近的立场上观察对方，理解对方。在1922年到1924年的几次讲演中，他一再肯定甘地领导的反英斗争，对印度

① 愈之：《甘地与印度社会改造》，《东方杂志》1922年第19卷第10号，第78页。

② 虞诵：《印度国民运动与甘地出狱》、《印度国民运动的现势》，《东方杂志》1924年第2卷第16、17号。

民族运动的高涨充满欣喜之情。他指出，印度虽“被外国的武力压服”，但并非“民族思想便随之灭亡”，他在斗争方法上认同并欣赏甘地倡导的非暴力不合作运动，“抵抗外国的方法有两种：一是积极的，这种方法就是振起民族精神，求民权、民生之解决，以与外国奋斗。二是消极的，这种方法就是不合作。不合作是消极的抵制，使外国的帝国主义减少作用，以维持民族的地位，免致灭亡”。“假若全体国民都能够和印度人一样的不合作，又用宗教团体做基础联成一个大民族团体，无论外国用什么兵力、经济和人口来压迫，我们都不怕他。”①

但是，在一些具体的斗争对策上，孙中山却又明显地表异于甘地。以抵制帝国主义“经济压迫”而言，甘地主张烧弃洋布，用手工自纺自织，以之振奋民族精神。孙中山则在总结国内几次提倡国货抵制洋货运动失败原因的基础上，指出洋货因为有不平等条约保护，因而价廉，要国民永久不用常常是价廉质高的洋货而用国货，必因违反“经济原则”而绝难持久。所以，孙中山主张把政治问题的解决，如废除不平等条约、收回海关、实行关税保护，作为经济问题解决的前提。再以抵制帝国主义的“人口压迫”而言，孙中山认为列强目前所以还不能吞并中国的原因之一，就是因为他们的人口比中国少。但如果彼增我减，长此以往，则百年之后，他们的人口就会超过中国，到那时，“中国不但是失去主权，要亡国……还要灭种”②。出于亡国灭种的忧虑，出于积极抵御帝国主义人口压力的需要，孙中山主张同时提高人口的数量和质量，对马尔萨斯及其在中国的赞同者采取了批评的态度。甘地则不同，他认为贫困、灾荒、瘟疫和饥饿，每年都要在印度夺去成百上千万人民的生命，“倘若还接连产生子女，不过是加添许多奴隶和身体孱弱的人”，与其如此，还不如“停止生产承继当奴隶的人”③。为此，他极力提倡一种严格的宗教苦行生活，主张戒色和绝欲，以节制生育，减少人口，并认为只有在印度业已成为一个自由民族之时，方可改变这种做法。

总之，从中国进步知识界来看，在此时期对于甘地及其主义的认识处在逐渐深入之中。作为认识主流的是赞同景仰之情，作为认识素材的资料及观点来

① 孙中山：《孙中山选集》，人民出版社，1981年，第649、678、677页。

② 孙中山：《孙中山选集》，人民出版社，1981年，第630页。

③ [奥地利] 孚勒普密勒著，伍光建译：《列宁与甘地》，华通书局，1932年，第48页。

源主要来自西方，作为认识的主体背景则是被压迫民族的共同遭遇和相近的斗争任务。至于为数不多的对非暴力主义的批评，则出之于受到马克思主义影响的知识分子。由于中国马克思主义的理论队伍在当时尚未形成，因而这种批评的影响也就有限。但它毕竟是中国知识分子借助一种新的理论对非暴力主义所作的初步的理论批判，它预示着日后在这方面工作的必然加强。从中国进步政治界来看，孙中山对甘地主义的认同，刚好表明了在 20 世纪 20 年代初两国民族运动新高涨的历史阶段，彼此的应和共鸣。孙中山和甘地这两位东方伟大人物的名字，随着两国民族运动新高涨而同时响遍全世界。作为本党的灵魂和导师，在此时期，他们同样致力于政党建设，并同样在领导本党为实现理想而进行的斗争中取得了巨大成绩。孙中山对甘地主义的关注，无论是直接赞赏还是间接表异，都反映了一位以整个东方民族解放为目标的政治家的开阔胸怀，也可以视为 20 世纪初中国革命派对印度民族运动热情扶持的再现。

（三）

1928 年以后，以抗议“西门委员会”为契机，印度民族运动在经过几年的沉寂后又进入了高涨阶段。1929 年 12 月，国大党通过了关于开展第二次不合作运动的决定。次年 1 月 26 日，印度人民响应国大党号召，举行“独立日”誓师。随即在 3 月 12 日到 4 月 5 日，甘地领导了著名的“食盐进军”，成为大规模群众运动的信号。5 月，当局逮捕甘地等国大党主要领袖。11 月在伦敦召开的第一次圆桌会议因为没有国大党代表参加，无甚实效，只能休会。到年底，殖民当局迫于内外压力同甘地等进行谈判，于 1931 年 3 月 5 日签订了有名的《甘地—欧文协定》。英政府向国大党作出若干让步，而国大党则同意停止不合作运动，并出席圆桌会议。当年 9 月，甘地赴伦敦出席第二次圆桌会议。由于英国政府的顽固立场，会议破裂，甘地退出会议，1932 年 1 月 1 日国大党决定重新恢复和平抵抗运动和抵制英货。1 月 4 日，甘地被捕，国大党再次被宣布为非法，一年多时间里，坚持斗争的群众被捕达 12 万人。1933 年 7 月，甘地等决定停止群众性和平抵抗，代之以个人的和平抵抗。到 1934 年 5 月，国大党终止和平抵抗运动，至此第二次不合作运动宣告失败。

对甘地领导的第二次不合作运动，《东方杂志》从 1932 年到 1939 年，相继发表的时评、通讯等类文章就有 20～30 篇，在《甘地与其最近的抗英运动》、《印度之反英运动》和《印度西北部落之抗英》的题目下，杂志扉页刊载的照片就有20余幅，表明了中国知识界对它的密切关注。就总体而言，其中不少文章通过深入探究，对印度局势指陈甚切，论析颇当，展示了敏锐的洞察力。它表明，随着时间的推移，在评述第二次不合作运动时，中国知识界有了长足进步。大致说来，这阶段反映印度时局的好文章具有如下三个特点：

特点之一，鲜明而又理性地支持并赞同印度民族运动。这阶段评述文章中，固然仍有推崇甘地人格和德性的泛泛之论，但这类文章毕竟为数不多。多数文章开始摆脱前阶段主观感情色彩很浓的格局，转向理性的探求，致力于研究印度民族运动的现状、特点、发展前途等问题。因而这些文章虽然仍对甘地领导的斗争十分称道，但行文平实严谨，把主观感情埋藏在客观介绍之中，带有一种科学的国际时事评论的风格。如甘地为印度独立日所撰誓词，言词慷慨，很有一点美国《独立宣言》的味道；在“食盐进军”开始前，甘地致书英印总督宣布和平抵抗运动的宗旨和理由。有一位评论者把这两个重要文件的原文，连同英印总督傲慢无礼而又顽固不化的复文一并录出，并不加以很多分析，是非曲直诉之读者的判断力，从而收到了很好的效果。而在必须加以冷静而理性的政治分析之处，评论者也并未有所懈怠。比如，在民族独立运动这样一个大题目下，甘地为什么只做反盐税盐法的小文章？评论者指出，不合作运动包括的面很广，在事实上难以一举实现。而殖民当局所规定的苛重的盐税盐法为民众切身感受到的痛苦。甘地率领人民自己制盐，自由贩卖，并叫人民不买政府的盐，借以打破当局的盐法，以此唤起民众，易收实效。盐法若破，其他法律自然随之。由此再进而不纳税，不服从一切政治命令，实际就是“不合作运动”①。类似此种评论，还相当准确地捕捉了在第二次不合作运动过程中出现的新情况：甘地不但得到学界和无产阶级的同情，还得到商人的赞助；印度各党派所采对英手段虽不同，但他们的目的是一致的；在民众总动员中，妇女为新涌现的一支生力军②。

特点之二，研究比较深入，论析接近本质。这时期的评论撰写者，有的是学有素养的国际问题专家（如张明养），有的则住居印度，消息灵便观察切近（如谭云山）。因之他们的文章较前一阶段从西方观察家那里转手来的材料具有自身特色，所见也较为真切独立。例如有的文章不但把第二次不合作运动纳入30年代初朝鲜、越南、菲律宾等亚洲被压迫民族反抗斗争的大范围之中，而且

① 谭云山：《印度独立运动之近局》，《东方杂志》1930年第27卷第13号。

② 岫人：《百折不挠的印度运动》，《东方杂志》1930年第27卷第8号。

深入揭露代表英国资产阶级统治集团利益的麦克唐纳政府的“善变手段”。在执政前，麦克唐纳矫言伪行，反对保守党的对印政策，侈论赞助印度独立，执政后则背弃诺言，悍然以高压政策镇压印度人民①。《甘地—欧文协定》签订前后，印度国内外一度赞扬声四起，但《东方杂志》评论者却别具慧眼，根据协定内容加以分析，指出七条条款中除第三、四条（释放不合作运动之政治犯和准许居住盐区之贫民得收集及制造食盐以供家用或售与本村居民）对印度有利外，其余数条如停止不合作运动和停止以排斥英货为政治武器等，都是“英国的胜利”。对于甘地在原则问题上过多的让步，评论者严肃批评他“太不顾及印度革命民众的要求”，并预言“英印间的纠纷一时非但不能得以解决，即印度革命阵线中亦将掀起偌大的内讧潮了”②。这一预言，不幸而言中。由于站在比较清醒的旁观地位，另一位评论者在推断印度民族解放运动“将来之结局”时，见地也颇不凡。一方面，他指出要英国自动让印度独立，则“等于欲虎吐肉，是千难万难”。即使要英国真正同意印度获得如加拿大、南非一样的“联合自治”地位也不可能，因为在加拿大和南非的“自治”，是英国人的自治，所以“自治”了还可“联合”，而在印度行自治，则是印度人的自治，既自治则与英国的“联合”亦恐难久。即使将来有一个大转机或大变化，“联合自治”一事，英国不得不许而印度则不得不受，也将是一种极为短暂的局面。因为“印度独立运动不达到目的，终不会停止，而英伦非到水穷山尽，也终不会退让”③。

特点之三，接受共产国际影响，批判甘地“右派”立场。前阶段虽有批评甘地非暴力主张的文字，但是思想倾向并不明显。这阶段却有一部分文章明显受到共产国际批判甘地主义的思想影响。1928年后，共产国际以“六大”为起点，在对待殖民地和半殖民地革命运动问题上，“左”倾路线渐占统治地位。共产国际认为，印度国大党是印度资产阶级的政治组织，尽管它表面上还进行反英斗争，但实质上它代表地主资产阶级利益，以牺牲劳动人民利益同帝国主义妥协。共产国际把国大党同中国国民党相提并论，认为它们都是帝国主义的工具。为了避免在印度重演中国大革命失败的悲剧，必须坚决揭露和反对国大党。

---

① 明养：《印度独立运动之世界展望》，《东方杂志》1930年第27卷第17号。

② 明养：《英印和平协定的成立》，《东方杂志》1931年第28卷第4号，第4页。

③ 谭云山：《印度独立运动之近局》，《东方杂志》1930年第27卷第13号，第31页。

这样，接受共产国际思想影响的一部分中国知识分子，就同当时以甘地为主要斗争目标的印共相呼应，对甘地采取激烈的批判态度。他们抨击甘地派和奇·达斯等的自治党都是印度民族运动中的“右派”代表，指出这般右派代表“赞助政府，共同协力以求实现印度自治邦的计划”，只是“百无聊赖中的一线希望”，因而必然引起印共领导的左派总工会的“极力反对”①。在另一篇分三次连载洋洋数万言的《印度革命论》中，作者运用马克思主义的基本观点考察当代印度，提出了很多警策的见解。但当作者在论述印度民族运动各派政治力量的分野时，他也接受了共产国际的思想影响。他把甘地划为代表“大地主、工商业主”利益，“所要求的是印度自治，而不是印度独立”，“只要政治改革达到目的”，而对“社会的经济的改革却全不措意”，因而“惧怕革命运动深入民众”。作者不但把甘地视为印度民族运动中的右翼势力，即“最妥协的，最温和的”政治派别，而且把前此印度民族运动的挫折归咎于甘地等人。作者认为，英政府利用甘地这一派“妥协分子”，“从中捣乱”，“数年中印度革命运动的几次挫折，大半是由于这缘故”②。这一看法显然是片面的和欠公允的。

需要指出，中国知识界对两次不合作运动的不同反响，也同中国国内政治气候的剧变相关。20年代初，国共合作，两情正浓，以对内一致合作达到对外一致不合作的甘地主义自然易于受到欢迎。30年代初，国共内战，两情方恶，合作破裂了的国共双方自然都有反省检讨往事的必要。所以，《东方杂志》上既有上述相对隐晦的对甘地的批评，也有数量可观的公开渲染“铲共大观”之类的图文。可以说，它们都是特定时代的特定产物。

当年中国进步知识界和政治界对甘地两次不合作运动的反响，交织着深切的关注之情，也包含着借石他山以攻己玉的迫切愿望。回顾本世纪前半期中印两国互相扶助的历史，人们有充分的理由相信，当发展中国家谋求更快的发展速度在新一轮东西方竞争中奔向新世纪之时，喜马拉雅山两边的伟大人民终将再度携手并进。这也就是当甘地逝世40周年之际，作者所馨诚寄望者。

[原载《南亚研究》1988年第4期]

① 育干：《旧事重提的印度自治运动》，《东方杂志》1929年第26卷第21号，第9页。

② 愈之：《印度革命论·下》，《东方杂志》1931年第28卷第3号，第29～40页。

新视角下的得与失
——评《剑桥中国晚清史》有关辛亥革命部分

辛亥革命既是清王朝统治的终结，也是中国近代历史的重大转捩。费正清教授主编的《剑桥中国晚清史》(以下简称《晚清史》)，几乎用了5章，约占全书总量1/4的篇幅，由美、法、日及华裔学者撰稿，围绕着辛亥革命时期的中国社会状况展开讨论。该书除大量吸收其他各国学者运用的资料和提出的观点之外，对于新中国近代史研究者的成果亦有三十来处的引用、附议或商讨。因而有关辛亥革命部分，不仅是这部著作的重心之一，而且从撰稿、剪裁、观点和方法上体现了鲜明的世界性特征。

一

《晚清史》在探究清王朝崩溃的原因时，力图从整体上把握清末社会的运行机制，其视角和阐述颇多精到之处。如在政治结构方面，该书清晰地从上、中、下三个层面，内部和外部两个系列分析了清王朝政权从相对稳定到分崩离析的过程；在经济方面，概括当时的基本情况是：一方面在都市产生了“具有最先进的经济和技术特点的工业”，一方面在广大农村“农民的逐渐贫穷几乎是普遍现象”①，并将这两者视为晚清社会运行态势和辛亥革命背景的基调；在意识形态方面，指出维系清王朝的精神力量，来自儒家“三纲”学说的“忠诚”、“道德与政治结合”、“社会秩序和宇宙秩序融为一体”② 的人生观和世界观。

---

① ［美］费正清编，中国社会科学院历史研究编译室译：《剑桥中国晚清史·下卷》，中国社会科学出版社，1985年，第639～643页。

② ［美］费正清编，中国社会科学院历史研究编译室译：《剑桥中国晚清史·上卷》，中国社会科学出版社，1985年，第27～33页。

对于外来影响，该书也作了较为客观的分析，认为“各种形式的外国入侵，是中国社会变化的因素之一”，并将这种影响区分为“直接”和“间接”两个方面。直接的影响主要有“造成如买办和洋务专家等新的社会集团的产生，也促进某些行业衰退……增加了有些居民的贫困和失业”；间接的影响主要指使中国社会产生“许多新的活动，改变了某些固有的职能，同时使得一批现代的商人和实业家、军阀、大地主和城市知识分子新兴起来，同时传统的士绅文人阶层则处在瓦解和变化之中”①。总之，《晚清史》将那个特定时期的具体经验和思想意识作为审察对象，详尽地对政治、经济、文化等外来影响诸因素作了全方位的透视。

这种全方位的逐一透视不是彼此割裂的条分缕析，而是明确地将其融纳于晚清中国社会这个运动的整体之中。作者将当时中国成员划分为“特权阶级”、“平民百姓”和“半无产阶级”三大部分，并认为“中国社会最显著的变化是发生在不断分化、越来越四分五裂的统治阶级内层”②，因而用了大量篇幅剖析“特权阶级”，极有见地地指明了政府部门中“捐纳”得官人数的激增导致官员素质的下降；特权阶级队伍的膨胀造成巨大的财政压力；文人人数的增长以及其中大多数人因社会地位和经济状况的日益下降而逐渐产生的离心倾向；还分析了军队的现代化及其日益重要的、超过文人的作用；讨论了技术专家、买办、实业家、新式商人、新型知识分子的社会职能和观念变化。最终得以说明，过去的王朝统治阶级始终保持着“相对的社会成分同一性”，而到此时则“由于新成分的增加而开始变得多样化”③。于是统治阶级的内聚力明显减弱，出现了诸如“新旧上流社会人士之间的对立”、“民族和地区的差异”、“城乡双方的上层分子分道扬镳”和“传统文人阶层的分化”④ 等过去为人所忽视的变化。

该书还揭示了清王朝从衰落到崩溃过程中各个阶段的特点。作者认为，以较长的时段而言，人口增加的压力、官僚体制的窳败、群众反抗和外来入侵的

---

① ［美］费正清编，中国社会科学院历史研究编译室译：《剑桥中国晚清史·下卷》，中国社会科学出版社，1985 年，第 653～654 页。

② ［美］费正清编，中国社会科学院历史研究编译室译：《剑桥中国晚清史·下卷》，中国社会科学出版社，1985 年，第 598 页。

③ ［美］费正清编，中国社会科学院历史研究编译室译：《剑桥中国晚清史·下卷》，中国社会科学出版社，1985 年，第 599 页。

④ ［美］费正清编，中国社会科学院历史研究编译室译：《剑桥中国晚清史·下卷》，中国社会科学出版社，1985 年，第 627～634 页。

打击，始终在威胁着清王朝的生存。但具体到最后十年，王朝政权从衰落到崩溃的主要契机乃是被迫实行的"改革"和这种改革的失败。"政府原先本无自己的改革方案。他只需要保持改革的门面"，其"改革"的目的"是为了保卫清政府不受汉人与外国人两者的攻击"。但当这种半真半假的"改革"开始以后，"所有参与制订改革方案的人都各谋私利"：最高统治层中派别歧异，经过几番争斗倾轧，最后出现了一个极度虚弱的寡头政府；各省督抚原先出于利害关系的考虑而忠于王朝政府，而当其权力遭到来自中央的削夺和地方绅士的分占之后，他们对上心存怨忿，对下失去了镇压动乱的能力；地方绅士一再表现出他们顽强的应变能力，科举被废除，他们就通过学堂，把"绅士特权传给子孙"，并力争通过"地方自治"扩大自己的权益，而当其根本利益迫使他们服从"共和"时，就最终抛弃了对王朝的忠诚。加之改革需要资金，于是有以种种名目强加的额外征税，使多数社会成员感到这是"最不堪忍受的负担"①，晚清最后十年中连绵不断的民众起义，可以说都是人民在这种绝望处境下举行的。这就是《晚清史》对清王朝政府"改革"的负面价值的分析。

"改革"的正面价值，则在于促进了清王朝异己力量的增长。开办新式学堂和鼓励留学，使新式知识分子群迅速壮大，他们中的多数人在政治观念上与清王朝由疏远进而变为对立；新军对王朝的忠诚，也远不及旧式的巡防营之类武装力量；鼓励发展工商业和宣传预备立宪，加速了经济领域、政治领域中新型上层社会集团的成长，刺激了他们的自我意识。这些中国历史上从未有过新的社会力量带来了新的社会机制。但是清王朝的本质决定了它不可能整合和运用这些全新的社会机制。1908年以前，它以权力不断下降为代价，尚能控制全国的局面；而在1908年以后，当它试图利用"改革"方案重新集中权力时，这种倒逆的举措就成了压断骆驼脊梁的最后一个重荷。《晚清史》鞭辟入里地揭示了清政府的两难窘境："它愈改革，权威愈少；但它改革愈少，它要求保持正统地位的可能性也愈小。"② 当这一政权的政治权威和政治操作技能丧失之后，等待着它的就是全线崩溃。

---

① ［美］费正清编，中国社会科学院历史研究编译室译：《剑桥中国晚清史·下卷》，中国社会科学出版社，1985年，第459～463页。

② ［美］费正清编，中国社会科学院历史研究编译室译：《剑桥中国晚清史·下卷》，中国社会科学出版社，1985年，第576页。

可以认为，《晚清史》充分运用政治学理论和对社会集团加以分析的方法来总结清王朝垮台的原因，给中国读者提供了一个广阔的新视角。作者实践了自己提出的“了解所有有关方面的情况、动机和作用”的初衷，克服了“只涉及冲突一方的片面知识、对这场冲突中的另一方仍然一无所知”① 的局限性。这对以往习惯于在近现代史著作，尤其是在教科书中，把丰富生动的历史简化为非此即彼的两极模式，仅用对立阶级或政治集团的斗争代替社会的总体分析，只写革命者和下层劳动人民一方而忽视其他层面的作法，显然是一个有意义的补充参照。

然而，《晚清史》的缺陷又是与它的新视角相伴随出现的，作者过于强调从旧政权体系、从“特权阶级”内部发现晚清社会变化的动因，因而低估了清末资本主义因素对当时社会的影响，忽视了农民运动的时代特征。

该书强调，1904年—1908年间，向政府登记的私营公司只有272家，登记资本总额近1亿两白银，但实有资本只达“半数或不足半数”，而且其中“有44家是传统的个体经营的当铺、钱庄、中药铺或其他批发和零售商店”。“近代的股份有限公司”仅153家，这就是“全部中国现代化的企业”②。在另一处又说，到清王朝灭亡之前，中国“大约有六百个中国人自己兴办的使用机器的制造业和矿业企业”，“已经铺设的铁路约5600英里”，“投资总额大概达到1.6亿元”，“只合农业投资的百分之六七”③。对于资产阶级的状况，该书也作了低调的判断，认为陈璧、沈云沛、陆润庠、张謇等人虽然“具有许多资产阶级的特点”，但真正资产阶级的出现，“是清朝的最后五年”，他们只集中在上海、广州、天津、汉口等大商埠④。在分析农村社会状况时，该书虽也谈到地主与佃农关系的某些变化、农村半无产阶级队伍的扩大等问题，但仍基于“中国的绝大部分人口还是由拥有少量土地、有正常职业的农民组成”，“农村体制在这一

① [美] 费正清编，中国社会科学院历史研究编译室译：《剑桥中国晚清史·上卷》，中国社会科学出版社，1985年，第1页。

② [美] 费正清编，中国社会科学院历史研究编译室译：《剑桥中国晚清史·下卷》，中国社会科学出版社，1985年，第498～499页。

③ [美] 费正清编，中国社会科学院历史研究编译译：《剑桥中国晚清史·下卷》，中国社会科学出版社，1985年，第464页。

④ [美] 费正清编，中国社会科学院历史研究编译室译：《剑桥中国晚清史·下卷》，中国社会科学出版社，1985年，第621～622页。

时期是依然如故”① 的认识，力图证明在这种背景下发生的农民运动只能是“传统形式”的继续，不具有任何明确的“革命计划”②，将农民斗争视为一如既往的由贫困化引起的造反和骚动。《晚清史》就是这样通过论证都市社会资本主义因素的幼弱、农民斗争仍停留于旧有水平，对辛亥革命的资产阶级性质含蓄地表示了否定意见。

显然，要在这一篇幅有限的评论中对上述问题展开详尽的讨论是困难的。在此，我们拟就《晚清史》理论方法上的欠缺和论证过程中的自相矛盾之处发表若干看法。

首先，“特权阶级”和“平民百姓”云云，缺乏具体的时代规定性。恐怕除了原始社会和未来的无阶级社会，任何社会都可运用这种分类法，而在阶级、阶层和社会集团十分混沌、复杂的晚清社会中，把新兴的民族资产阶级和所有的新式知识分子都列入“特权阶级”，借以说明清王朝主要是因“内部”原因而崩溃，显然缺乏说服力。因为它过分强调了革命派、新式知识分子与工农之间的阶级鸿沟，却完全忽视了资产阶级及其知识分子与工农大众在反对帝国主义和封建主义这一根本问题上的一致性。事实上，当时从孙中山到绝大多数投入革命的新式知识分子，都是明确地把自己视为旧政权体系的对立者、下层人民的代言人的。

其次，晚清中国民族主义发展不足、资产阶级队伍弱小是事实，但即使再缩小当时近代企业及其资本的数额，把民族资产阶级出现的时限推迟，也难以使我们完全接受《晚清史》否定辛亥革命的资产阶级性质的论点。我们对《晚清史》作者的观点表示异议是立足于这样的考虑：其一是对经济背景的全面理解。近代企业归谁所有在经济学领域是一回事，而它在政治、思想文化范围里的作用和影响则是另一回事。在封建的、殖民地或半殖民地社会里，私营的、国营的、以“官办”名义出现而实际上属于官员个人的、买办商人独立经营或附股于外国人的近代企业，都是封建王朝的异己的物质力量。从根本上说，它们所体现和渴求的资本主义精神，不属于封建主义的思想体系，难以长期被包罗在封建政治体制之内。这些体现新型生产方式的事物在社会观念上造成的影

① ［美］费正清编，中国社会科学院历史研究编译室译：《剑桥中国晚清史·下卷》，中国社会科学出版社，1985 年，第 640～653 页。

② ［美］费正清编，中国社会科学院历史研究编译室译：《剑桥中国晚清史·下卷》，中国社会科学出版社，1985 年，第 561～564 页。

响，也决不只限于那些拥有它们的主人。

第三，资本主义的发展常常是不平衡的，因而它具有开放和放射的特点。机械的定量分析，将全中国的农业投资、农村政治经济状况与集中在发达地区的近代企业、新型生产关系相比较，并不能说明事物的全部性质和社会的发展态势。正如人们已经了解的那样，晚清中国的近代企业、资产阶级及其知识分子队伍，当时主要集中在江浙、广东、湖北、天津及香港等地，这些地区就成了先进生产方式和先进思想的窗口和发射台，也成为革命派滋生和频繁活动的所在。先进的物质力量、思想意识对于广大的处在落后状态下的社会和地区的影响，不能完全以它们在整体中所占的百分比来计算。当时日渐形成主体意识，并通过商会、公所、各种公司乃至革命团体和政党等机构集中起来的资产阶级及其知识分子，其作用和能量不能仅以人数来断定，更不能简单地将其与处在分散和不自觉状态下的其他社会成员相比。

最后，对当时农村社会民众运动的性质，应该加以具体分析。1905 年以后，农民运动依照其组织、斗争形式和要达到的目标而论，大致可以区别为三种。第一种是和 19 世纪 70 年代至义和团时期斗争类似的“反洋教”运动，它们在 1906 年后虽仍不断出现，但除江西、四川的几次斗争规模较大之外，其他则规模、影响渐小。这一方面是与义和团事件后外国教会在华的活动形式有所改变、影响逐渐变小有关，另一方面是农民的这种斗争形式渐被其他斗争形式所取代。第二种是旋起旋灭的抢粮、抗捐税暴动，如 1910 年 4 月长沙的饥民焚毁了巡抚衙门，捣毁了大清银行、税关、官钱局，还烧了大官僚地主瞿鸿禨的住宅，外国人在长沙的领事馆、洋行、教堂也多遭破坏。同年 7 月，山东莱阳人民在抗捐税斗争中也捣毁衙门，火烧地主房宅。这些斗争事起仓促，很快失败，称它没有“革命计划”可谓不诬，但无论如何不能称其为“只反教士、洋人和中国教徒……而不反地主、富人或税吏”①。更何况还有第三种类型的斗争，如 1906 年12 月爆发的萍浏醴起义，不仅有革命党人从中指导，而且起义者的誓词明确提出“誓遵中华民国宗旨”，文告中更有“必破除数千年之专制政体”、“建立共和民国”的号召。浙江的革命者创办大通学堂，招收会党头目入学，灌输革命思想，组织了 1907 年的光复军和龙华会起义。此外，还有 1910 年、1911

① ［美］费正清编，中国社会科学院历史研究编译室译：《剑桥中国晚清史·下卷》，中国社会科学出版社，1985 年，第 659 页。

年四川、陕西的农民起义，也都接受了同盟会的政纲和战略方针①。这些史实可以说明，至少在有革命党人活动的地方，农民的斗争已开始带有资产阶级革命的色彩。所以不能把整个晚清的全部农民运动一概目之为“传统形式”的继续。

总之，清王朝的崩溃与革命运动的发展，是一而二，也是二而一的关系。20世纪初清政府的“改革”，既是前段洋务运动、维新运动的延续，也是“义和团的拳头打出来的”②。1908年以后，也主要是资产阶级和农民运动挫败了清政府以“改革”为名重新集权，企图对封建专制政体作最后补救，并终于推翻了这个王朝。《晚清史》认为仅“是意识形态的风暴和政治风暴摧毁了这个儒家的帝国”③，并称即使“假定”辛亥革命是一场革命的话，也“是那些背弃古老的农业帝国而转向西方以寻求建立政治组织和发展经济的新技术的城市化的精英人士脑力劳动的结果”④，这一基调虽然与认为辛亥革命是“假革命”、或是一场“改朝换代式的革命”⑤ 的观点有所区别，但其轻视辛亥革命中资本主义经济和政治因素的作用，低估农民运动的思想水平，从而或多或少地否定这场革命的资产阶级性质最终得出其不足以称为一场社会革命的看法，还难以令人信服。

二

历史发展是由众多相互关联的方面构成的整体的社会运动。在近代中国社会，各阶级、政团、广大群众和政治领袖人物都曾以各自不同的方式投入历史活动。《晚清史》摒弃了此前西方史学界论述中国历史的传统观点和作法，不再

---

① 章开沅、林增平：《辛亥革命史·中册》，人民出版社，1980年，第231～274页。

② ［美］费正清编，中国社会科学院历史研究编译室译：《剑桥中国晚清史·下卷》，中国社会科学出版社，1985年，第665页。

③ ［美］费正清编，中国社会科学院历史研究编译室译：《剑桥中国晚清史·下卷》，中国社会科学出版社，1985年，第9页。

④ ［美］费正清编，中国社会科学院历史研究编译室译：《剑桥中国晚清史·下卷》，中国社会科学出版社，1985年，第667页。

⑤ ［美］费正清编，中国社会科学院历史研究编译室译：《剑桥中国晚清史·下卷》，中国社会科学出版社，1985年，第516页。

以“外在力量”帝国主义为中心，对“冲击—反应”模式有所修正，力求从探究中国社会内部各个阶级、各种社会力量入手，从“内在方面”重新“发现”中国历史。在该书的辛亥革命研究中，我们清楚地感到了这种变化。

由于种种原因，从20世纪20年代以来的中国近代史研究者，大多数人以“兴中会—同盟会”和孙中山作为辛亥革命的“正宗”，以此画线和定性，带着主观感情色彩和片面性的研究方法盛行不衰。而《晚清史》的作者重新探讨革命派及其领袖在结束清王朝统治过程中的历史作用，给中国读者带来了一种新的价值观念。

该书对于革命派带有军事冒险性质的武装起义，偏重于理论分析。作者认为，这些起义的失败原因，除了客观上的地理条件、敌我力量对比之外，更重要的是主观上的缺陷。孙中山的军事行动方略是把秘密会社“当作桥梁”，希望通过他们“接近对当局不满的、有叛逆精神的和最具有潜在革命力量的农民”。作者指出，这“并不是一种理想的手段”，因为秘密会社并不真正“代表群众”。但在革命派没有找到获得民众支持的其他方法时，寻求秘密会社为盟友，却也“不是毫无希望的手段”。因为作者在考察革命派同农民的关系之后，发现革命派“在农村和县城没有根据地”，而且在实际的联系上，他们较之传统的士人“更加脱离群众”。作者还指出，革命派在宣传教育农民方面“缺乏组织能力”，“同盟会提不出能吸引农民的坚定的土地政策”①。虽然研究的出发途径不同，但所得的结论却与我们十分接近。

《晚清史》对于孙中山及其思想，也尽可能在平实的论析中修正其被有意或无意地神圣化了的形象，以恢复其固有的面貌。在论及孙中山成为革命领袖的诸项条件时，作者用朴实的文字归纳出：他具有丰富的革命经验和知识，尤“精通外国的情形”，对西方和日本有着“广泛经验和联系”；他品德高尚，“为人正直无私，全心全意献身于共和政治和现代化”；富有才干，善于向华侨筹款和联络会党，无人“有他这样大的能耐”②。作者特别强调，孙中山炽烈的爱国热情是吸引广大先进青年的更重要的原因，“孙中山所强调的主题——统一、主权和国家强盛是很适合学生们的胃口的。他们接受它，主要是因为他懂得外国

① ［美］费正清编，中国社会科学院历史研究编译室译：《剑桥中国晚清史·下卷》，中国社会科学出版社，1985年，第560～563页。

② ［美］费正清编，中国社会科学院历史研究编译室译：《剑桥中国晚清史·下卷》，中国社会科学出版社，1985年，第544页。

人的威胁，不仅知道怎样去消除它，而且知道怎样把它变成对中国革命的支持。他满怀信心地说出了学生们所感到的特殊使命感”①。这样的论析，把孙中山放置在时代和社会的特定环境中，从经验的领域和心理的领域道出了孙中山成为众望所归的革命领袖的“秘密”。

作者进而又讨论了孙中山在思想意识形态方面的优点与不足。他肯定，“革命意识形态的主要轮廓是孙中山提出来的。孙中山作为一位思想家，可能缺乏深度，但他在观察别人的情绪、调和他自己和别人的思想以及生动简明地表达自己意见等方面的能力，往往能补自己思想之不足”②。并且指出，孙中山及其信从者始终把民族主义放在三民主义中的首位，原因就在于现实的政治需要和传统的吸引力量，“民族主义既能唤起爱国主义的新觉醒，又能唤起团结一致和文化优越感的以往的意识”。同时也就造成了孙中山思想的一大特点：“他之重视人民参政却不如他之重视强有力的领导”，“他把民主和社会正义的理想摆在迅速改变中国成为富强国家的目标之下”③。应该说，作者的这些看法是敏锐而深刻的。此外，该书还注意到三民主义的纲领在武昌起义后的作用，认为武昌起义之所以使以孙中山为首的革命派的“地位突出起来”，最重要的原因就在于“他们在所有反清力量中具有最广泛的吸引力和最全面的全国纲领”。无论如何，三民主义成为一个弹性极大的思想和政治制度体系，“在最后的反清大联合的一切派别中，最能够调解利益冲突和把各敌对集团纠合在一起”，因此，主张三民主义的革命派自然成为“事态发展的中心”④。作者自始至终注重政治意识在社会事变中的作用，对于讨论武昌起义常常偏重于研究内外各种政治力量此消彼长的运行态势的著作来说，无疑是一明快的探本溯源之论。

可以肯定，《晚清史》在研究辛亥革命的主动力方面，发表了许多卓有见地的看法，但在扬弃以“兴中会—同盟会”和以孙中山为中轴的研究方法的同时，却又表现出低估资产阶级革命政党及其领袖的历史作用的倾向。作者说，辛亥

---

① ［美］费正清编，中国社会科学院历史研究编译室译：《剑桥中国晚清史·下卷》，中国社会科学出版社，1985 年，第 550 页。

② ［美］费正清编，中国社会科学院历史研究编译室译：《剑桥中国晚清史·下卷》，中国社会科学出版社，1985 年，第 548 页。

③ ［美］费正清编，中国社会科学院历史研究编译室译：《剑桥中国晚清史·下卷》，中国社会科学出版社，1985 年，第 551 页。

④ ［美］费正清编，中国社会科学院历史研究编译室译：《剑桥中国晚清史·下卷》，中国社会科学出版社，1985 年，第 578 页。

革命“是一场大于它所有的领袖的革命，是‘一次没有真正领导者的革命’”①，这一结论，实际上是向中国近代史研究者表示了两个疑问，即在辛亥革命过程中，兴中会—同盟会是不是这场斗争的领导组织？孙中山是否起到了革命领袖的作用？

《晚清史》在评论兴中会时，虽然也肯定其“以推翻清廷、建立民国为职志”，是“中国第一个现代的革命团体”和“中国政治中的新元素”②，但又认为兴中会章程只强调了“爱国”，它所领导的革命运动“只是一棵幼苗，对事件没有决定性的影响”③，因而把兴中会摆在与其他社会团体或政治力量同等甚或更无足轻重的地位。在评论同盟会时，竟认为它的建立“与其说是推进力量，不如说是一个象征”；在革命势力的“反清联合”中，同盟会仅是“一个组成部分”，而“不是最重要的部分”④。

人们熟知，作为整体的社会历史运动，在其众多的参与力量中，必然有主导的方面。任何革命运动都离不开集团或政党的领导。在近代中国，太平天国的拜上帝会，农民和其他劳动者的天地会、三合会、哥老会，资产阶级改良派的强学会、保国会、保皇会等，由于历史的局限，都未能提出一个顺应世界潮流并适合中国国情的革命纲领，因而不可能指引中国走上民主共和之路。唯有孙中山领导的兴中会和同盟会，才以崭新的姿态出现，标志着资产阶级民主革命新阶段的到来。兴中会第一次提出了“创立合众政府”、“振兴中华”的响亮口号，随后又进而主张“创立民国”，明确表示与清王朝和君主专制制度决裂，从而与历史上“改朝换代”式的旧式“革命”明显地区别开来。同盟会继承和发展了兴中会的事业，把一个带有地域性的革命小团体，发展成为具有全国规模的革命政党；提出了“驱除鞑虏，恢复中华，创立民国，平均地权”的十六字纲领，把反帝和反封建的斗争交融在一起；强调国体和政体的根本变更；主张土地国有，发展资本主义。总之，这是一个比较完整、比较明确地反映了中

① ［美］费正清编，中国社会科学院历史研究编译室译：《剑桥中国晚清史·下卷》，中国社会科学出版社，1985年，第516～517页。

② ［美］费正清编，中国社会科学院历史研究编译室译：《剑桥中国晚清史·下卷》，中国社会科学出版社，1985年，第518、520～521页。

③ ［美］费正清编，中国社会科学院历史研究编译室译：《剑桥中国晚清史·下卷》，中国社会科学出版社，1985年，第519、521页。

④ ［美］费正清编，中国社会科学院历史研究编译室译：《剑桥中国晚清史·下卷》，中国社会科学出版社，1985年，第542～543页。

国社会和时代需要的资产阶级革命纲领。正是这一纲领推进了中国革命的行程，使同盟会在反清联合斗争中居于最重要的地位。其实，《晚清史》的作者对此也是有所见及的，本文前引该书称武昌起义后革命派的“地位突出起来”、“成为事态发展的中心”等有关论述，便是证明。

辛亥革命是一场具有全国规模的革命运动，如果没有同盟会的切实领导和长期准备，很难想象会迅速波及全国并结束清王朝的统治。历史事实是：同盟会支部和分会遍布于粤、桂、苏、沪、浙、皖、赣、闽、鄂、湘、川、滇等省市及南洋、美洲、欧洲等地；革命党人为了制造舆论，鼓吹革命，在国内外创办了数以百计的报纸杂志；还在1895年—1911年间先后发动了十数次武装斗争，有效地打击了清王朝的统治。在动员和组织群众运用批判的武器和展开武器的批判方面，其他任何政治集团都难以与之相提并论。

与漠视革命派、同盟会和孙中山在辛亥革命中的主导地位相对应，《晚清史》显然夸大了立宪派的作用。作者认为辛亥革命实际是由“温和派中较激进的人”即“进步的立宪派”和“激进派中较温和的人”即“保守的革命派”合力领导的。对以梁启超为代表的“进步的立宪派”尤多誉词，认为戊戌变法后“梁启超已变成了一位革命家”；他在影响“维新派绅士和发展新知识分子”方面，与孙中山一样“起着重要的作用”，“他的著作燃起了整整一代人的希望”；在“推动变革”方面，“革命派和改良派都做了同样的贡献”①。

不容否认，在二十世纪开始的头几年中，梁启超确曾有过“执舆论界之牛耳”的声望，在启迪民智、鼓吹民权等方面作出过巨大贡献。中国学者过去对他的批评有失公允，近年来对此有所反省，开始重新评价梁启超在近代思想文化启蒙方面的历史地位及其在辛亥革命时期的历史作用。《晚清史》的作者较为冷静客观地评论梁启超，并将其作为研究孙中山的一个参照，对我们很有启发。然而，梁启超尽管在思想舆论界掀起飓风，在文化变革上可算前车先路，但严格而言，毕竟不是“一位革命家”。站在时代前列、高举民主共和大旗、推动社会革命大潮的仍然是孙中山。用《晚清史》作者自己的话来说，“不管是同情者还是批评者，哪怕他们各持己见互不相让，但仍然要围绕着孙中山所说的和所

① ［美］费正清编，中国社会科学院历史研究编译室译：《剑桥中国晚清史·下卷》，中国社会科学出版社，1985年，第525、529～530、558页。

想的内容来争辩，仍然要讨论他提出过的问题，仍然要使用他创造出来的术语”①。这就证明，孙中山作为一位真正的领袖的权威地位，不是其他的人能够取代的。

三

有关革命派在思想意识形态领域的情况，《晚清史》也提出了一些令人回味的见解。

对于革命派和改良派的论战，中国学者几乎无一例外地是重视双方的分歧，强调彼此的不可调和。《晚清史》的作者却认为，在论战中，“虽然双方争持激烈，甚至有些不怀好意，但他们之间的交锋表明，他们在不少方面有共同见地，甚至还有一些令人瞩目的共同设想”②。“梁启超在民主和人民主权、国力、工业化和社会主义等问题上的观点，很接近许多革命派人士的观点；在这些问题上他们通常只争论细节或方法，而不是争论根本目标和价值”③。对于论战的意义，《晚清史》突破了历来学者们所拘守的政治领域一隅，将其置于推进中国近代化的价值系列中予以考察。“他们的辩论在上层知识界中传布了新观念和发展了一套新语汇”，诸如“国家的团结和统一”、“公民权”、“平等”、“权利”、“代议制”、“国有化”和“公共舆论”等全新的观念，是包括革命派和改良派在内的“整整一代人共同创造的精神产品”，它们的出现，“使所有传统观点和思想家受到冷落（只有几个除外），使整个一代新知识分子显露了头角。他们的著作满足了对急剧变革的日益增长的要求。1910年以后，当清廷终于证明它无力满足这种要求时，革命和共和制思想便被越来越多的人所接受了”④。《晚清史》这一论述符合历史与逻辑的统一，对于研究中国近代政治文化中的多种成分、多种因素的相互关系应有启发。

① ［美］费正清编，中国社会科学院历史研究编译室译：《剑桥中国晚清史·下卷》，中国社会科学出版社，1985年，第548页。

② ［美］费正清编，中国社会科学院历史研究编译室译：《剑桥中国晚清史·下卷》，中国社会科学出版社，1985年，第547页。

③ ［美］费正清编，中国社会科学院历史研究编译室译：《剑桥中国晚清史·下卷》，中国社会科学出版社，1985年，第554页。

④ ［美］费正清编，中国社会科学院历史研究编译室译：《剑桥中国晚清史·下卷》，中国社会科学出版社，1985年，第558页。

在前些年的论著中，对孙中山和革命派在学习西方过程中的认识失误，往往语焉不详。《晚清史》则鲜明地指出，他们在这方面存在一个严重的缺陷，即一方面“忽视了把他们的所学应用于中国的问题”；另一方面则是“无批判地吸收外国的观点，囫囵吞枣，而不经过充分的咀嚼”。以前者言，革命派讨论立宪问题主要是根据德国的政治理论和日本的实际；讨论无政府主义和社会主义，主要是解释西方的思想和政治问题；即使是探究土地国有化问题、土地政策与税收政策之间的关系问题，也“往往旨在反映西方问题，而不是反映中国问题”。以后者言，他们在勾画中国式的“社会主义图景”和“修改西方的民主实践的问题”时，也往往模仿照搬。尽管在我们看来，这些批评也许近于事后的苛求，但指出这些失误造成的“知识上的消化不良”，以致于在建立新政府时机到来之际，出现“政治规划不周和执行不当”①，则是作者的深刻之言，足以引起中国读者的深思。

但是，《晚清史》认为当年革命派在意识形态领域过分地宣传了“排满”，以致使得“排满思潮沸沸扬扬，掩盖了其他问题”②，成为这场革命运动的基调。这种看法难免失之简单。对于排满作为一种斗争的策略，《晚清史》同我们的看法尚无歧异，而在为什么要采取这一策略问题上，则有一些不同的看法。

《晚清史》认为，排满作为一种策略，是革命派自身的需要。需要之一是安全。在日本，革命的留学生“宣传排满比宣传反帝要安全一些，所以学生们的写作逐渐改变了重点。学生们不是集中力量于反帝，或重点攻击清廷姑息外洋的政策……而是不惮其烦地缕述满人的缺点”③。同样，在美国和东南亚，支持革命的华侨“喊出排满的口号比批判英国人、法国人或美国人要更加安全”④。需要之二是团结。当时留学生受到不同的政治影响，因而意见分歧，所以“排满宣传正是在不团结成为学生的主要问题的时候加紧进行的”。而且对于“建立一个广泛的革命运动”，把秘密会社、华侨、青年知识分子、士兵、劳工和商人

① ［美］费正清编，中国社会科学院历史研究编译室译：《剑桥中国晚清史·下卷》，中国社会科学出版社，1985年，第552～553页。

② ［美］费正清编，中国社会科学院历史研究编译室译：《剑桥中国晚清史·下卷》，中国社会科学出版社，1985年，第556页。

③ ［美］费正清编，中国社会科学院历史研究编译室译：《剑桥中国晚清史·下卷》，中国社会科学出版社，1985年，第538页。

④ ［美］费正清编，中国社会科学院历史研究编译室译：《剑桥中国晚清史·下卷》，中国社会科学出版社，1985年，第539页。

聚集在一起，“排满是一种大家都能够基本上或毫无保留地加以接受的思想”①。

我们认为，所谓“安全”和“团结”的需要，固然不失为一种理由，但排满之所以成为革命派的基本口号，最重要的原因还是因为它足以蕴涵反帝反封建的政治内容。早在1894年的兴中会誓词中，“驱除鞑虏”的排满口号便首次与“建立合众政府”的目标紧紧联系在一起。1901年，章太炎在《正仇满论》一文中，也明确地将排满与扫除封建的“故家污俗”、摆脱“欧美之奴隶”地位相联系，表现了争取社会进步和民族独立的强烈愿望。接着，1902年春在孙中山积极支持下举行的“支那亡国二百四十二年纪念会”，在留日学生中作了一次公开的排满动员。1903年因邹容的《革命军》和章太炎的《驳康有为论革命书》而引起的《苏报》案，更把“排满”思想深深印入中国人民的脑中，宣传排满成为进步书刊的主题。1905年同盟会成立后，以《民报》为首的舆论阵地更进而从政治上、理论上、历史上系统阐发革命排满的重要性和必要性，从而使得民族主义成为三民主义宣传中最突出的内容。

《晚清史》对于革命党人与改良派在排满问题上展开的思想大论战颇不以为然，认为它“脱离了中国的生活”，“革命党人重视的是要赢得这场辩论。不大重视解决有关共和政体、土地政策和外国人在中国现代化中的作用等棘手问题，所以他们得不偿失；打赢了意识形态上的一场小遭遇战，却失掉了争取对新中国的领导权”②。确实，从20世纪初年起，中国社会的政治生活中就一直过分专注于思想理论上的斗争，以至于妨碍了实际问题的解决。但辛亥革命失败的原因显然是多方面的，书中列举的那些未被重视的“棘手问题”，并非都可看成导致革命派不能掌握政权的原因。而当时革命派高度重视那场论战的重要性，把它当作大造革命舆论、争取广大群众的关键，应该说无可指责。很难想象，在意识形态领域中不能取胜的革命党人，却能取得领导革命的主动权。因此把论战中的排满宣传视为“喧嚣的种族主义喊声”，“创造了一种辱骂和仇恨的气氛”，是“理性反而被感情所压倒”的产物，显然失之公允，低估了这场论战的意义。

当然不必讳言，鼓吹排满口号的人中，有不少是由旧营垒中走出来的知识

① ［美］费正清编，中国社会科学院历史研究编译室译：《剑桥中国晚清史·下卷》，中国社会科学出版社，1985年，第539页。

② ［美］费正清编，中国社会科学院历史研究编译室译：《剑桥中国晚清史·下卷》，中国社会科学出版社，1985年，第556～557页。

分子，他们身上留有不少旧思想的痕迹，并且由于各人在趋新途中的情况不一，因而在形形色色的宣传品中难免有些带着旧式的种族主义情绪。我们对此必须有足够的认识，但又须指出这些毕竟是支流，是问题的非主导面。要而言之，"排满"是三民主义中民族主义内涵的一部分，这种民族主义，虽然没有完全同以往的"夷夏之辨"彻底划清界限，但毕竟主要是民族资本主义经济逐步发展的社会存在在观念上的反映，同时也是西方近代思想影响的结果。

《晚清史》还称，革命派出于避免激怒列强干涉中国革命的需要，就"尽量缩小外国对于中国内部起义事件进行干涉的可能性，所以他们……姑置帝国主义的劣迹于不论"①。并称革命派对外国人持着一种"难以言喻的态度"，"他们对外国革命者有亲切感，可是他们也妒忌外国的富强；他们反对西方和日本的帝国主义，但他们又同时向西方和日本求助"②。

诚然，中国资产阶级革命派没有制订系统的反帝纲领，没有明确提出打倒帝国主义的口号，而且为了避免列强干涉，还多方采取妥协态度。但这主要是基于革命成败的考虑，面对清政府和帝国主义两大强敌，革命派先谋推翻王朝政权，再谋解除外来侵略桎梏，显然是审时度势的明智决定。但即令如此，革命派也没有"姑置帝国主义的劣迹于不论"。兴中会章程劈头的惊心动魄之语便是"方今强邻环列，虎视鹰瞵，久垂涎于中华五金之富，物产之饶。蚕食鲸吞，已效尤于接踵；瓜分豆剖，实堪虑于目前"③。这表明中国资产阶级革命派甫登历史舞台，就视反帝爱国、救亡图存为根本课题。著名的宣传家陈天华在《警世钟》、《猛回头》中，把反对帝国主义侵略的思想表现得淋漓尽致；同盟会成立之后，类似的激情呐喊、冷静阐述仍屡屡出现于各种进步刊物之中。总之，反对帝国主义的思想并没有为"排满"宣传所淹没。至于说到革命者对待外国人的态度，也并无难喻之处，因为外国人并非全然一样，有同情和支持中国革命者，也有侵略中国和敌视中国革命者，中国的革命党人站在中国革命的原则立场上，对前者怀有"手足之情"，对后者抱警惧之心，自在情理之中。就是他们争取日本政府和西方国家支持的愿望和行动，尽管带有一些实用主义的色彩，

---

① ［美］费正清编，中国社会科学院历史研究编译室译：《剑桥中国晚清史·下卷》，中国社会科学出版社，1985 年，第 540 页。

② ［美］费正清编，中国社会科学院历史研究编译室译：《剑桥中国晚清史·下卷》，中国社会科学出版社，1985 年，第 553 页。

③ 孙中山：《孙中山全集》第 1 卷，中华书局，1981 年，第 19 页。

但从尽量化解外部阻力、分化清王朝与帝国主义的关系等意义来说，也无可厚非。

还有，《晚清史》对于日本与辛亥革命的关系非常重视，专辟一章予以论述，发表了不少很好的看法。但遗憾的是，对于欧美列强在辛亥时期与中国革命的关系语焉不详。研究辛亥革命，毕竟离不开对“外国与中国的关系”的深入了解，只有将其置于世界环境中加以考察，借助其对应面所提供的丰富充实的参照比较，才能更清楚地见其本来面目。辛亥革命是在 20 世纪初中华民族与帝国主义的矛盾在表面上相对有所缓和的情况下进行的。从列强来说，义和团运动迫使它们暂时收起了瓜分中国的狂妄计划，而它们相互之间为争夺权益彼此掣肘，又迫使它们必须调整对华政策，变“瓜分主义”为“保全主义”，将赤裸裸的武装侵略改为运用在政治、经济、文化等各方面向纵深发展而形式又较“温和”的奴役方法。在革命党人方面，他们并未麻痹于这种表面的缓和，而是对帝国主义高唱的“保全主义”惕然于心，称之为“无形之瓜分”，“托保全之名，而行灭国之实”，斥之为“不劳兵而有人国”的“灭国新法”。正因为革命派始终坚持致力于建立一个独立于世界民族之林的新中国，他们才备受列强的胁迫。这也就是武昌起义爆发后革命随即面临列强干涉的危险以及列强支持袁世凯取得政权的根本原因。由于《晚清史》疏于考察列强与中国革命的利害关系，这场革命的反帝性质自然就不易尽述了。

总之，辛亥革命虽然没有完成反帝反封建的历史任务，也未能成功地把中国推进到近代化阶段，但它毕竟不同于中国以往历史上的“改朝换代”，也不仅仅是停留于意识形态领域的革命，而是一场列宁称为“亚洲的觉醒”、具有真正意义的社会革命，它虽然先天不足，而且发生不久就遭到挫折，但毕竟是近代中华民族的腾飞尝试。

处于不同文化背景中的学者，在社会科学研究中，因价值取向不同而将研究对象置于不同的评价坐标，采取不尽相同的视角，是必然之事。我们与《晚清史》作者在上述观点上相合或相异，也是非常自然的。《晚清史》成书于 1977 年，此前由于缺乏中外之间的学术交流，因而该书作者对中国历史学界的基本情况和研究进展的了解受到了限制；而直到 1985 年《晚清史》的中译本问世之前，该书也未被中国学者普遍阅读。观念差和时间差造成了作者与中国读者间的隔膜。近年随着中外学术交流渐趋频繁广泛，《晚清史》终于在我国产生了应有的反响。而该书的作者也无疑加深了对中国历史和中国历史学界的了解。如撰写该书辛亥革命部分最主要一章“共和革命运动”的迈克尔·加斯特

(Michael Gasster，汉名高慕轲）教授曾说，“让我们正视这些意见分歧，坦率地讨论彼此之间的不同观点”。为此目的，他于1979年—1980年间来中国作了为时一年的考察访问，其初步看法是“我认为，对于西方学者来说，现在首先要做的事，是重新研究中国学者所提出的‘辛亥革命是一场资产阶级革命’的观点”，并“重新检验”自己“在资产阶级革命问题上的观点”，从而“在新的水准上，进行全面的探讨”①。我们欢迎与《晚清史》作者进行更深入的探讨，并且相信，在中外学者的共同努力下，辛亥革命史的研究必将取得新的巨大进展。

［与刘望龄、罗福惠联名，原载《历史研究》1989年第1期］

① ［美］高慕轲：《辛亥革命之再探讨》，中华书局编辑部编：《纪念辛亥革命七十周年学术讨论会论文集》（下册），中华书局，1983年。

近代中外经济联系加强对苏南农村的影响

地处长江三角洲的苏州地区，千百年来一直稳执东南经济的牛耳。进入近代，它又成为对外国商人具有特大吸引力的市场。本文拟通过十九世纪后半期中外经济交往在这一地区迅速扩大的历史考察，探求苏州地区农村经济所受的影响。文中所谓“苏州地区”包括当时府属的“下六县”（常熟、昭文、吴江、震泽、昆山、新阳）和太湖厅，也含有东西毗邻的常州和松江、太仓府属的有关诸县，其范围大体相当于通常所说的苏南地区。

一

洋货在苏州地区流行颇早。至少在十八世纪中叶便已初具规模。乾隆时画家徐扬画有《姑苏繁华图卷》，画面上可以辨认市招的店家即有洋货行二处。证以时人笔记，苏城“洋货、皮货、绸缎……如山如林”①，可知画家并非虚构。1843 年，孙宝琦在奏折中说：“所有洋布呢羽等货，向在苏州售卖。”② 凭借苏州河、肇嘉浜、蕴藻浜等河道，上海和苏州地区紧密沟通衔接。因此，早在1843 年上海开埠之前，外国商人就确认苏州地区是上海可靠的经济依托，稳固的后方基地，直称“上海是苏州的门户”③。等到开埠以后，往来上海的内河运输船只每每以苏州为货物运输地。据估计，当时这些船只的数字在一万四千到两万之间。

苏州地区盛产的丝茶，是外商致力收购的货物。外商认为苏丝“细而软，

① 顾公燮：《消夏闲记摘抄·上》，上海商务印书馆，1924 年，第 27 页。

② 齐思和等整理：《筹办夷务始末》第 70 卷，道光二十三年十一月孙宝善奏，中华书局，1964 年，第 2786 页。

③ 姚贤镐编：《中国近代对外贸易史资料》，中华书局，1962 年，第 559 页。

色泽光滑纯净，非华南各省生产者所能及”①。苏丝不但物美，而且价廉，英商认为如以之代替大部分土耳其、意大利和法国丝的地位，将“大大有利于英国制造商”②。事实上，上海和伦敦两地的丝价比较，中国人 1847 年比 1844 年出售的价格下降了 35%，而同期英国消费者购买生丝的价格则下落 40%，“由于上海开放，丝价下落，英国丝织业者受惠不浅”③。至于茶叶，在十九世纪的欧美业已成为非常流行的饮料，受到各阶层的普遍欢迎，因而成为外商采购的大宗商品，获利丰厚，往往可达十倍。由于上海和广州两埠的贸易差价较大，开埠前，“在上海，最好的绿茶的价格比在广州低百分之二十四，生丝和绸缎的价格也较广州为低廉”④。因此，上海开埠以后，丝茶出口量增加迅异，顿成中国最大的丝茶市场。丝的出口，1845 年为 6433 包，到 1858 年即升至 85970 包。茶的出口，1844 年为 1149000 磅，到 1855 年即升至 80221000 磅⑤。

出口年份	茶（磅）	丝（包）
1858～1859	65，789，792	81，136
1859～1860	85，938，493	69，137
1860～1861	87，220，754	88，754
1861～1862	107，351，649	73，322
1862～1863	118，692，138	83，264
1863～1864	119，689，238	46，863
1864～1865	121，236，870	41，128

十九世纪五十年代末六十年代初在苏州地区激烈进行的太平天国革命战争，使苏州地区的经济遇到很大的破坏。但是，苏州地区对外经济联系的纽带始终未被战火烧断。从上列表格可以得到佐证。

丝茶外贸基本未受战争影响，学术界对此解释颇多。有从太平天国实行“照佃起租”政策，调动农民生产积极性方面解释，也有从太平天国允许自由贸

① S·W·Williams：The Chinese Commerical Guide，Printed at the office of the Chinese Repository in Canton，1856，p. 137.

② 姚贤镐编：《中国近代对外贸易史资料》，中华书局，1962 年，第 581 页。

③ 姚贤镐编：《中国近代对外贸易史资料》，中华书局，1962 年，第 580 页。

④ 姚贤镐编：《中国近代对外贸易史资料》，中华书局，1962 年，第 560 页。

⑤ 姚贤镐编：《中国近代对外贸易史资料》，中华书局，1962 年，第 563～564 页。

易的商业政策方面着眼。本文认为，外国资本主义国家对丝茶的迫切需求则是一个更为直接的原因。利润的巨大魅力使那些外商不甘寂寞冷落。“在太平天国所据有的产丝地区与上海之间的乡村中，欧洲人护送运丝船，往来于内河之间，每船由一名欧洲人护送，以便经过太平天国境内时，可以算作外人的财产。”①同时，战争又使苏州地区不少丝商和绸缎商逃亡他乡，织工颠沛失业，大量织机停织，使得国内市场的生丝和丝织品的购销大受影响。这样，大量的生丝无法进入国内的生产领域，只能流入对外市场。至于茶叶出口，内地茶叶因江运阻塞改道陆路而运输艰难，容闳《西学东渐记》所述当年代洋行到安徽采办茶叶之困阻足见一斑。这样，密邻上海的苏州地区输出茶叶便占了不少地理上的好处。

1863年底清军攻陷苏州时，苏州地区的经济所受破坏已达极点。苏州府属九县一厅只剩一百二十八万余口，较之1831年的三百四十余万口锐减近三分之二②。“室庐焚毁，田亩无主，荒弃不耕”③。“几乎所有桑树均已根除或被毁，从事丝业的居民，大多数已星散”④。

然而，这一摧折却奇迹般地得到迅速恢复。战火才熄，“比年以来，流亡渐集，商旅复通，城闉内外，百堵皆作”⑤。这除了封建统治阶级调整政策，实行某种让步，以及封建经济自身所具的调节功能有助于愈合战争创伤等原因之外，中外经济交往在战后迅速扩大应该是最重要原因之一。

以丝茶出口而论，战后国际市场的激烈竞争和苏州丝织业生产的恢复都曾对它影响不浅，虽然它们在全体出口货值中的比例逐渐下降，但它们的绝对货值基本上还是逐年增长的。如1867年全国丝茶出口货值为45872618海关两，1893年则为56346227海关两⑥。苏州地区丝茶出口的增长相应于此大范围。战后棉花的输出也有所增加。由于华棉物美价廉，据时人记载，洋棉每百斛需近三十三元，印棉也在三十元上下，而华棉仅售十三元，多至十七八元。“故华棉

---

① 呤唎著，王维周译：《太平天国革命亲历记》，上海古籍出版社，1985年，第697～698页。

② 李铭皖、谭钧培修，冯桂芬纂：《同治苏州府志》第12卷，田赋二，户口。

③ 王韬：《平贼议》，《弢园文录外编》第7卷，中华书局，1959年，第189页。

④ 彭泽益：《中国近代手工业史资料》第1卷，中华书局，1962年，第594～595页。

⑤ 江苏省博物馆编：《江苏省明清以来碑刻资料选集》，第102号碑文，生活·读书·新知三联书店，1959年，第163页。

⑥ 姚贤镐编：《中国近代对外贸易史资料》，中华书局，1962年，第1116页。

行销外洋，以之纺纱织布，转运中国销售，尚有巨利”①。“洋船回国，多购中国棉花压载出口”②。1867年出口棉花29391担，价值458424海关两，1894年便达747231担，价值7361343海关两③。出口量增长25.7倍，出口值增长16倍，经由上海出口的那部分中，不消说其中又有相当数量是从苏州地区集中运输而来的。

在战后，洋百货的进口有了显著的增长。到八十年代末，苏州城内已有35家到40家批零兼营西洋百货的“头等百货商店”。其经营品种从钢铁、煤油到火柴、肥皂，应有尽有④。洋货“贩运来华，虽偏陋市集，靡所不至”⑤。对于水运发达，商品流通渠道通畅的苏州地区农村来说，其源源流入自然不难理解。

二

上述十九世纪下半期中外经济联系的加强，对苏州地区农村经济的影响是十分深刻的。

首先，它加快了苏州地区农村自然经济的解体过程。

在自给自足的封建自然经济下，农村分工分业的水平起点较低而又长期停滞，缺乏促使经济较大涨落的动力和机制。而中外经济联系的加强，则增强了农村商品化的程度，为农村分工分业的旧模式带来了一种破坏性的力量，推动它加快向相对开放的系统过渡，从而使传统的封建农业逐渐向半殖民地半封建的农业转化。

随着农产品外贸出口的增长，苏州地区农村商品化程度明显增强。战后苏州地区的蚕桑事业发展迅猛。常熟县西乡“讲求蚕业”⑥，南浔、震泽、黎里一带产丝颇盛。1884年时，“约有车户二三千家。每家平均约有车四部，每部小车

---

① 于宝轩:《皇朝蓄艾文编》第21卷，农政二，台湾学生书局，1965年，第20页。

② 陈炽:《续富国策》卷1，慎记书庄，1897年，第29页。

③ 姚贤镐编:《中国近代对外贸易史资料》，中华书局，1962年，第1249页。

④ 姚贤镐编:《中国近代对外贸易史资料》，中华书局，1962年，第1325～1326页。

⑤ 柯来泰:《救商十议》，求自强斋主人:《皇朝经济文编》第45卷，慎记书庄，1901年，第18页。

⑥ （清）庞鸿文等:《常昭合志稿》第46卷，古籍刻本，1904年，第5页。

每日出经（丝）十两”①。以前产丝不多的苏州西部地区，如丹阳县的丝产量，到1880年时产值达15000海关两。常州和宜兴该年产值则达90000海关两②。溧阳县1880年产值为750000海关两，“此项丝产运往上海供对外输出的，约占8/10”③。无锡、金匮两县战前养蚕的农户不多，在战后该处“饲蚕者日多一日，而出丝者亦年盛一年”④。1880年的产值达480000海关两⑤。在外贸的刺激下，苏州地区商品棉的种植也大有扩大。常熟、昭文和太仓的棉区发展迅速。据1876年报载，上海周围的南汇和浦东、浦西植棉区已大大超过植粮区，“均栽种棉花，禾稻仅十中之二”⑥。进入九十年代后，随着近代民族棉纺织业在上海、苏州等地的兴起，对于商品棉的需要量愈加增大，苏州农村商品化程度的愈益加强便是不言而喻的了。

由于生丝增产的需要，又促进了蚕桑事业的恢复和发展。比如，江浦县当局“购桑给领”，使“饲蚕者几于比户”⑦。1882年句容县一次领种桑秧八万株，“分散各乡栽种，而免其息”⑧。丹阳县在战后“闲田既多，大吏采湖桑教民栽种，不十年，桑阴遍野，丝亦渐纯，岁获利以十数万计”⑨。镇江地方当局也在1871年“免费散发从湖州运来的嫩桑枝，鼓励人民再度从事养蚕”⑩。有的地方当局还设立机构加以技术指导。如新阳县令“教民蚕桑，设公桑局”⑪。丹徒县则“设课桑局，购湖桑教民种之”⑫。

---

① 中国经济统计研究所：《吴兴农村经济》，中国经济统计研究所，1939年，第12页。

② 姚贤镐编：《中国近代对外贸易史资料》，中华书局，1962年，第1484～1485页。

③ 姚贤镐编：《中国近代对外贸易史资料》，中华书局，1962年，第1484～1485页。

④ 《申报》光绪六年（1880年）五月十四日。

⑤ 姚贤镐编：《中国近代对外贸易史资料》，中华书局，1962年，第1484～1485页。

⑥ 《申报》光绪二年（1876年）七月二十八日。

⑦ 侯宗教等：《江浦埤乘》第1卷，光绪十七年（1891年），第21页。

⑧ 肖穆等：《句容县志》第4卷，光绪三十年（1904年），第12～13页。

⑨ 凌焯等：《丹阳县志》第29卷，光绪十一年（1885年），第7页。

⑩ 姚贤镐编：《中国近代对外贸易史资料》，中华书局，1962年，第1485页。

⑪ 汪堃等：《昆新两县续修合志》第8卷，光绪六年（1880年），第8页。

⑫ 吕耀斗等：《丹徒县志》第17卷，光绪五年（1879年），第19页。

不过，更值得注意的是洋布、洋纱的进口。它深刻地扰动了旧有的分工平衡，破坏了农村自纺自织的传统经济结构。由于机制的洋纱细洁价廉，非农民自弹自纺的土纱所能及，所以很多农民乐意搀用洋纱织造土布。开始时仅用洋纱作为经线，后来又用作纬线，到最后全部用它织布。苏州农村不少地方手纺纱被机制纱取代基本就是这样一个历史过程。在太仓，织布“搀用洋纱，乡间几无自轧自弹之纱矣”①，在上海乡间，“机器纱盛行，手纺纱出数渐减”②。到九十年代，上海的纱厂和苏州开办的苏纶、苏经纱厂问世后，苏州地区的机制纱织布（苏州当地称“洋纱布”）便占了压倒优势。“市上所出洋纱布，已居大半矣”③。由于农村大批手纺者的失业，劳动力市场扩大，又由于大量采用洋纺织布，洋纱的市场也相应扩大。因而，搀用机制纱（无论它是进口的还是国产的）越多，农民离开自纺自织的传统分工体系的平衡点的距离就越远。自纺自织集于一身的局面被打破，自纺变为他纺，纺纱者流入手织业，手织业又有赖于机制纱的供应。这就加深了对原料市场的依赖。苏州地区的农民在短短数十年内，从出口原棉的供应者变为同时又是机制纱的加工者。耕织结合的传统经济在外来资本影响下加速分解。

洋布、洋纱的大量进口也加剧了农村的贫困。以洋纱而言，洋行在进口时已在价格上加入运费、利润、税款、买办佣金等费用。他们把洋纱批售给上海批发商，再经苏州的商号转卖给乡镇的商人，最后卖到农民小生产者手中，一般总要加到50%至60%以上④。洋布流行使土布销路锐减，“自洋布充斥，苏布一业凋零”⑤。在生产土布著名的常熟，“土布之销数日绌，小民生计维艰”⑥。在无锡、金匮“洋线盛行，土布滞销，纺织生涯，已成弩末”⑦。有云：“雍正乾隆之间，松江以织布富甲他郡，后夺于苏州之布，而松民失其利。近洋布行，而苏民亦失其利。”⑧

---

① 求自强斋主人：《皇朝经济文编》第42卷，慎记书庄，1901年，第5页。

② 李味清等：《上海县续志》第8卷，1918年，第17页。

③ 黄允源等：《吴县志》第52卷（上），台湾成文出版社，1970年，第5页。

④ 段本洛、张圻福：《苏州手工业史》，江苏古籍出版社，1986年，第296页。

⑤ 黄允源等：《吴县志》第52卷（上），台湾成文出版社，1970年，第5页。

⑥ 朱寿朋：《东华续录》，光绪第149卷，光绪二十四年九月初十日奎俊奏，上海集成图书公司，1909年，第7页。

⑦ 王廷熙等辑：《皇朝道咸同光奏议》第27卷，上海久敬斋，1902年，第32页。

⑧ 徐鼒：《务本论罄辨篇第三》，《未灰斋文集》第3卷，福宁郡斋，第4页。

自然经济的解体，是手工工场产生的必要历史条件。十九世纪中叶以后，苏州地区乡镇手工工场的兴起比较引人注意。八十年代末一名外国人在巡察苏州周围的乡镇之后，在写给《字林西报》的信中指出："苏州东面12哩的唯亭专业毛毡和地毯，而北面浒墅关专业织席，南面横泾专业粗麻布，东南一个村庄官渎里专制商店里大量使用的草包，西门外一个小村子专门做筷子。这些货物中任何一种被代替，则附近居民的生计就会受到破坏。"① 这些各具特色的地方手工业具有很大潜力。今天苏州地区十分活跃的乡镇企业，与之相距百年而前后映照，两者之间恐怕不是没有联系的吧?

其次，它使苏州地区农村卷入了资本主义世界经济的大系统之中。

国际市场的激烈竞争从此深刻地影响苏州地区农村的经济。十九世纪六十年代以后，"印、日之茶，法、意之丝，竞销甚力，华茶遇此劲敌，销场大受影响"②。1871年左右，欧洲发生蚕瘟，欧美各国为满足生丝的需要，竞相增加进口。因此，中国在七十年代的生丝出口量平均保持在七八万担左右，从而刺激了苏州地区的蚕桑事业和生丝生产。但进入八十年代后，日本因改良蚕桑而丝业生产大大扩展，出口的优质生丝深受欧美用户欢迎。"美国市场逐渐成为日本生丝的重要市场"，日本丝"深得欧洲购买者的爱好"③，中国丝的外销于是大受影响。这样，苏州地区农村的年成不再单纯决定于眼前的风雨是否调顺，而且还要取决于远在万里之外难以预卜的国际经济大气候的冷热变化。

国际贸易运输和通讯技术的改善更新直接影响到苏州地区农村的经济。1869年11月欧亚交通要道苏伊士运河通航，大大缩短了中国与世界市场的空间距离。1871年6月欧洲与香港、上海海底电线的接通，更从根本上结束了商情不灵的局面，近代科学技术的成就缩短了中国与世界市场的时间距离。过去因为远隔重洋，声气难通，常常有赖洋行买办囤储巨量商货以供进出口。现在则存货之多寡、销售之旺淡、日后所需货量以及销售价格等，都可及时通报联络。所以，外商欣喜于原有的营业方法"已根本改变"，有人更把时间性较强的茶叶贸易的改进，"谓之茶叶革命，亦无不可也"④。外商利用其优势的经济信息，有效地控制市场，操纵丝茶等货的收购数量和价格。在外贸过程中经常处于被

① 姚贤镐编：《中国近代对外贸易史资料》，中华书局，1962年，第1326～1327页。

② 姚贤镐编：《中国近代对外贸易史资料》，中华书局，1962年，第1043页。

③ 姚贤镐编：《中国近代对外贸易史资料》，中华书局，1962年，第1447页。

④ 姚贤镐编：《中国近代对外贸易史资料》，中华书局，1962年，第1039页。

动地位的中国商人，当然又总是将种种亏损最后转嫁到农民身上。

国际金融市场的变化也会波及苏州地区农村的经济。1866 年上海金融市场发生变故，很快影响到外贸方面。“考其变故之缘起，间接固由于伦敦金融发生危机”①。普法战争后，德国白银泛滥中国和泥瓦达银矿大量出产，造成银价下落。银价的变动使英商处于不利地位，而使美商处于非常有利的地位，从而激起美国粗布和斜纹布在七十年代向中国市场倾销。铜山西崩，洛钟东应，苏州土布的销路当然又会受到影响。

国际政局的变故也会明显影响苏州地区农村的经济。1870 年普法战争发生，“全球贸易顿失常轨，华茶销路亦因减少”②。六十年代初，美国南北战争发生，美棉出口受到影响，“以致印、英两国无处购棉接济机厂，乃至中华贩运”。上海棉花价格因之上升。前后不过半月，从每担九两八钱涨至十二三两，更涨至十五到十八两，而原包净货竟涨至二十五六两。当时淞江、太仓所属“各县各乡大小花行来申抛盘货三四十万包，统计不下百万包”③。但等到 1865 年南北战争结束，棉花价格迅即下落到十三四两，华棉出口宣告停滞④。不但如此，洋布价高货少的情况也因南北战争的结束而改变。“南北言和后，洋布售价奇贱，且每况愈下”。在这种情况下，“植棉华农，既保守成性，各帮棉业公所又继续居奇，致土布成本，依然高昂，洋布销路，遂占优势”⑤。

三

外国资本主义凭借不平等条约，凭借工业革命完成后所取得的生产技术上的优势，以洋布洋纱百货等工业品的倾销来换取苏州地区丝茶棉等农产品的大量出口。尽管这种经济交往是以平和的贸易方式进行的，却可能比坚船利炮更具威力。因为正是这种经济的方式而不是军事的方式，造成了该地区在封建末世的“奇变”，对该地区的自然经济产生了深刻的破坏分解作用，从根本上动摇了封建社会的基础。

在这方面，亚洲另一大国印度的历史命运颇堪注目。摧毁印度农业和手工

---

① 姚贤镐编：《中国近代对外贸易史资料》，中华书局，1962 年，第 1034 页。

② 姚贤镐编：《中国近代对外贸易史资料》，中华书局，1962 年，第 1034 页。

③ 徐润：《徐愚斋自叙年谱》，香山徐氏，1927 年，第 11～12 页。

④ 姚贤镐编：《中国近代对外贸易史资料》，中华书局，1962 年，第 1242 页。

⑤ 姚贤镐编：《中国近代对外贸易史资料》，中华书局，1962 年，第 1035 页。

业相结合的自然经济，推动印度近代社会巨大变动的，主要不是英国军事力量的粗暴干涉，而恰恰是英国先进的科学技术和掠夺性的经济贸易。尽管英国人为谋取自己的利益而完成这一破坏性使命之时，愿望并非良善，方式也极愚钝。但是，关键的问题并不在此。“问题在于，如果亚洲的社会状况没有一个根本的革命，人类能不能完成自己的使命。如果不能，那么，英国不管是干出了多大的罪行，它在造成这个革命的时候毕竟是充当了历史的不自觉的工具。”① 因为英国在完成破坏性使命的同时，还在完成另一“建设性使命，即在亚洲为西方式的社会奠定物质基础”②。马克思在1853年作出上述论断时，正值中国国门被英国的炮舰叩开十三年，西方资产阶级立足上海向长江流域内地快速推进之时，也即本文论述范围——十九世纪下半期开始之际。所以，马克思所谓“亚洲的社会”无疑包含中国在内。对于东方“古老世界崩溃的情景”，马克思站在历史的高处，怀着乐观的人类正义和冷峻的审美风格加以谛审。因而，德国诗人歌德充满哲理的诗句被用来启示那些对之忧虑的人们：“既然痛苦是快乐的源泉，那又何必因痛苦而伤心？难道不是有无数的生灵，曾遭到帖木儿的蹂躏？”对待近代中国包括苏州地区一隅社会经济的变动，我们也应作如是观。

当然，对于十九世纪下半期外来经济力量对苏州地区农村自然经济的破坏分解作用，我们必须有一冷静的估价，不宜高估。这是因为自然经济对抗外来商品有其顽强性。正如马克思在1858年指出的，“在以小农经济和家庭手工业为核心的当前中国社会经济制度下，谈不上什么大宗进口货”③。外来商品要进一步深入苏州农村市场，要进一步分解该地区的自然经济，还须假以时日，还须增强冲击。

[附言：本文修改过程中日本岐阜药科大学铃木智夫教授曾惠赠有关资料，谨此致谢]

[原载《史林》1989年第4期]

① 中共中央马克思、恩格斯、列宁、斯大林著作编译局编：《马克思恩格斯选集》第2卷，人民出版社，1972年，第68页。

② 中共中央马克思、恩格斯、列宁、斯大林著作编译局编：《马克思恩格斯选集》第2卷，人民出版社，1972年，第70页。

③ 中共中央马克思、恩格斯、列宁、斯大林著作编译局编：《马克思恩格斯选集》第12卷，人民出版社，1956年，第605页。

“五四”精神：中国教育现代化的巨大动力

从20世纪开始的中国教育现代化的历程是以“五四”运动为一大台阶的。在“五四”之前，中国教育虽经十余年的改革而颇具成绩，但受旧传统的羁缚仍深。“五四”之后，中国教育历经数年的蜕变、转型，方才以一种更新的姿态和面貌出现在世人面前。“五四”新教育运动同“五四”新文化运动原本是一对同生共长的孪生姐妹，可是长期以来由于种种原因，新文化运动被人们确立了光彩耀人的历史地位，而新教育运动却为其光华所掩，遭到相当程度的轻忽误解，受到很不公平的评价。本文认为，以批判精神、民主精神和科学精神为主要标志的“五四”精神，既是新文化运动的精气所在、神韵所在，又是新教育运动的命脉所在、根本所在。“五四”精神是联结这一对同命伙伴的精神纽带。在这一纽带的作用下，它们在蹒跚迈向现代化的道路上相扶相持而又相益相彰。新文化运动推动并促进了新教育运动，而新教育运动则又反过来扩展并巩固了新文化运动的成果。本文旨在论述，“五四”精神铸就了“五四”新教育运动种种不可或缺的品性，掀起了一个颇具声势和气魄的教育改革高潮，从而极大地加快了中国教育现代化的步伐。以下试作分论。

分论之一：批判精神加速中国教育世界化

“五四”运功是一个理性的批判运动。它提倡科学的批判精神，大胆怀疑，大胆假设，重新估价，重新建树。由于文化和教育两者本身具有密不可分的客观并联关系，而“五四”新人物又大多为学界中人，因而意识形态和职业从属的双重关系，使得“五四”新人物在倡导新文化、批判旧文化的同时，并不曾对倡导新教育、批判旧教育稍予轻忽。对于旧教育的痛切感受和对新教育的热烈向往，使得他们的批判锋芒始终对准了传统教育。

民国成立以后，1912年9月至10月次第颁布的民国教育宗旨和各类学校的有关条令，以及随后颁布的《壬子癸丑学制》，对清末教育作了较多改革，是民国新人物草绘的一张建设现代化教育的蓝图。但是，好景不长，随着政治形势的逆转，这一蓝图很快就被束之高阁，并在1915年被袁世凯颁布的以"法孔孟"为核心的"七项教育宗旨"和若干加强学校封建色彩的教育法令所取代。于是，新旧两种势力的冲突在教育界激化起来。一边是封建教育重新盛行，中小学恢复读经，"天道"和孔子重被尊崇为制裁人心的权威。另一边则是"五四"新人物对封建复古教育逆流的批判，他们痛斥其为"萌芽专制"和"束制民彝"的"残骸枯骨"，从而喊出"打倒孔家店"的激烈口号。这方面的批判已为人们熟知，毋庸多述。

值得注意的是，"五四"新人物在批判具有久远传统的中国封建教育的同时，对于照搬照抄西方教育的弊病未曾姑息轻贷。他们非常菲薄那些在教育上"以仪型外国教育制度为能事"的所谓"新人物"。他们认为，中外国情不同，因而不能盲目搬用外国教育的做法。"中外情形有同者，有不同者。同者借镜，他山之石，固可攻玉。不同者而效焉，则适于外者未必适于中。试一观今日国中之教育，应有而无，应无而有者，在在皆是。此非仪型外国之过欤?"① 他们还从世界教育改革的发展趋势着眼，返照中国教育的禁滞落后。他们认为，经历了第一次世界大战之后，世界教育已从偏重国家主义转而奉行世界主义。因而战前流行西方的军国民教育、绅士教育、宗教教育和资本教育等共同犯有不合世界潮流的缺失，而今正在努力克服传统教育所造成的弊病。中国教育必须从中获取教训，并"积极借鉴各国教育界的改革，努力奋勉"②。

这些教育界新人物所极力反对"仪型"的外国教育，主要是指清末以来在中国影响颇深的德国—日本的教育模式。戊戌变法时期，康有为等人考虑的教育改革，就是以"远法德国，近采日本"为方针③。而在不久之后推出台来的《壬寅学制》（1902年）和《癸卯学制》（1903年），也显然循此方针。其中特别值得指出的是，著名德国教育家赫尔巴特（1776—1841）的教育思想也在此时经由日本传入中国。在课程设置、分科教学和教学方面都为中国教育界迎受，从而使中国教育走向现代化之始即打上了德、日教育的深刻印记。随后，1909年中学实行文实分科，1915年双轨制的预备学校和中学文实分科的再次兴

① 陶行知：《陶行知全集》第1卷，湖南教育出版社，1983年，第94页。
② 高平叔编：《蔡元培全集》第3卷，中华书局，1984年，第339页。
③ 汤志钧编：《康有为政论集·上》，中华书局，1981年，第306页。

起，纯然是对19世纪末德国以文实分科为标志的中等学校教育改革的一种回响。此外，清末民初在中国颇有影响的军国民教育运动和国民教育运动，也莫不咀嚼德、日教育的余英。

教育界新人物所以对“仪型”德、日教育加以反思，固然与照搬这一教育模式成效并不理想有关。不可讳言，它又同政治思想方面的民主观念的兴起有关。君宪制下厉行军国民教育的德国和日本，给世界带来的是第一次世界大战的巨灾，给中国带来的则是“二十一条”的奇辱。因而，当所谓“公理战胜强权”和“民治主义打败了军国主义”的第一次世界大战告终后，中国教育界新人物开始以民主主义的眼光重新审察世界教育。这样，与以赫尔巴特为代表的欧洲传统教育相对立的欧美教育革新运动很自然地落入他们的眼底。

欧美教育革新运动，在欧洲称为新教育运动，在美国则称为进步教育运动，它们相继并兴在19世纪末20世纪初。1889年，英国教育家赛西尔·雷迪率先在阿博茨霍尔姆创建一所乡村寄宿学校，标志着欧洲新教育运动的开始。接着，德国教育家赫尔曼·利茨和法国教育家德蒙·德穆林分别开办同类新学校。再接着，德国教育家凯兴斯泰纳倡导劳作教育理论，掀起了一个“劳作学校运动”，意大利教育家蒙台梭利倡导学前儿童教育法，设立“幼儿之家”。到20世纪初，英、德、法、意欧洲诸国的新教育运动已蒸蒸日上。美国的进步教育运动起步之始受惠于欧洲新教育运动。被称为“美国进步教育”之父的帕克是在考察欧洲教育革新情况后，才开始其著名的昆西学校实验的。紧接着，1896年杜威创办芝加哥实验学校，1907年约翰逊创立实验其有机教育理论的费尔霍普学校，沃特开始其以“葛雷计划”闻名的教育实验。这些教育实验很快风靡美国，与大洋彼岸的新教育运动互相呼应。双方的教育实验和理论探讨大约在1910年之后开始交流合作，并发展成为多种多样的形式，又具有共同基础的国际教育革新运动。在内容上，这一运动强调适应现代社会的需要，养成学生民主和合作观念，谋求个人的发展；在方法上，它力求使学生注重解决问题和获得实际经验；在组织上，它又提倡学生的自我管理和社区生活。总之，这一运动旗帜鲜明地向以赫尔巴特为代表的传统教育思想提出了挑战。

正是反对各自面对的传统教育的共同目标，也正是在培养个性自由发展的新人以适应变化了的社会的共同需要，“五四”新教育运动同欧美教育革新运动之间存在一种相同趋向，一种谐应因素。只要具备适宜的媒介，二者就可以融通衔接，一体谐振。于是，以杜威为代表的一批美国著名教育家适逢其会，充当了美国进步教育运动弘扬于中国的传法使者，也充当了“五四”新教育运动进入现代化的教育改革运功的接引使者。

大名鼎鼎的杜威博士不但是美国进步教育运动的先驱人物，还是这一运动的理论导师。在实用主义哲学思想的灌注下，他长期坚持把批判传统教育、教育调查、教育实验和理论研讨诸种任务一身担起，从而使得他后来执教的哥伦比亚大学师范学院成为进步教育运动的理论重镇。他提出"学校即社会"、"教育即生活"以及"在做事里求学问"、"儿童中心主义"等新观念新思路，向以书本、教师和课堂为中心的传统教育提出了有力的挑战。

虽然慧眼炯识的蔡元培早在1915年就已经看到欧美各国教育革新运动的兴起，使他把"实验教育学的建设"列为20世纪以来世界教育进步的两大"标识"之一①。但是，真正把世界教育革新的新潮输入中国，是在1917年之后。一批哥伦比亚大学毕业的杜威高足弟子如胡适、陶行知、蒋梦麟等相继返国宣扬乃师主张。1919年4月底，他们又把杜威请来中国讲学，在长达二年又二月之久的讲学期间，杜威除在北京高等师范和南京高等师范二校作系统的学术讲演，还到处巡回讲学，足迹遍及十四省市，大小讲演二百余场。在"五四"运动发生后的两年多非常时期中，中国文化教育界饱聆了杜威之教，深受杜威影响。胡适在《杜威先生与中国》这篇送行文字中，对此有一评价："我们可以说，自从中国与西洋文化接触以来，没有一个外国学者在中国思想界的影响有杜威先生这样大的。"又说："杜威先生最注重的是教育的革新，他在中国的讲演也要算教育的讲演为最多。"胡适之说并无夸张。此后，有关译介实用主义哲学和教育的书籍多至不可胜数，实用主义教育也一跃而为中国教育领域的显学。可以说，杜威此行实是中国教育汇入借鉴欧美教育革新运动之始。

1921年9月，杜威的同事、哥伦比亚大学师范学院教授孟禄接踵来华。这位国际著名的教育史专家对中国传统教育素持批评态度。在1905年出版的《教育史课本》第二章《东方教育、复古式教育：中国为典型》中，他就尖锐批评中国传统的儒家思想体系，"毫无感人的教训和毫无理想的气息"，使中国几千年的文化教育踏步不前，成为"复古式教育"的典型代表，使中华民族成为"一本书（儒家的四书五经）的民族"。这一站在西方民主立场的批评，同"五四"新文化运动和新教育运动的批判精神相应一致。因而他之来华进行教育调查和讲学，理所当然像杜威一样深受欢迎。

紧接着，美国俄亥俄州立大学推士教授和哥伦比亚大学师范学院麦柯尔教

① 高平叔编：《蔡元培全集》第2卷，中华书局，1984年，第405页。

授又在1922年下半年相继来华。他们来华的使命，前者是从事科学教育的调查，后者则是拟订一个科学的智力与教育测验计划。推士跑了很多地方很多学校，麦柯尔则与中国教育界新人物合作编成了一套供中小学应用的标准化教育测验，推动了中国教育测验运动的兴起。

接着，以创造“道尔顿制”而闻名于世的柏克赫斯特在1925年来华。所谓“道尔顿制”，是一种新的教学组织形式和方法，目的在于废除年级和庭级教学，是美国进步运动中的重大实验之一。再接着，以发明“设计教学法”而闻名于世的哥伦比亚大学师范学院教授克伯屈在1927年来华。所谓“设计教学法”，也是否定传统教育的一种重大实验。它主张以建立在学生兴趣和需要之上的“有目的的活动”作为教育过程的核心，并以此作为一切有效学习的依据。柏克赫斯特和克伯屈这两位教育学者亲自来华讲学，就进一步扩大了“道尔顿制”和“设计教学法”在中国的影响。

这样，以杜威、孟禄开其端，推士、麦柯尔为中坚，柏克赫斯特和克伯屈殿其后，美国哥伦比亚大学实用主义教育学派以坚强的阵容和崭新的理论，井然有秩地在20年代把美国进步教育运动的新风新潮成功地输送到了中国。

与此相应，中国新教育倡导者则极力主张走出国门，迈向世界。他们渴望了解世界教育的情况，同各国教育家交流知识，参与国际教育运动。陶行知在《对于参与国际教育运功的意见》一文中，强调积极主动参与国际教育运动，“有交换知识解决问题两种重要目的”，主张中国教育要作出“第一流的贡献”，要“彻底自明”并使“别人晓得自己”①。这种强烈的参与意识，正是欧美教育革新运动在中国唤起的一种信心。1923年曾获哥伦比亚大学师范学院师范科博士学位的中国代表郭秉文被选为世界教育联合会副会长，则刚好是中国新教育运动借助哥伦比亚大学实用主义教育学派而跻身国际教育运动的一种象征。

如果把眼光推扩一点，就不难发现，在中国教育走向世界一体化的同时，亚洲诸国和苏联也程度不等地受到美国进步教育运动的影响，而在其中推波助澜的还是杜威、孟禄、柏克赫斯特和克伯屈这一批哥伦比亚大学教育学派的风云人物。

如何看待这一欧美教育革新运动的东渐？过去，人们通常站在民族的或阶级的立场上，从狭小而孤立的文化教育观出发，难免对之投以怀疑或否定的眼

① 陶行知：《陶行知全集》第1卷，湖南教育出版社，1983年，第239～240页。

光。但如果逃出狭隘的民族文化圈，克服封闭的文化心态，站到历史的高处，从一体化立场对20世纪初的世界教育潮流作一纵观，那么，我们就不难发现，东西方社会的教育都面临着一个如何适应各自变化之中的社会的巨大课题。如果说，从十九世纪后期开始，欧美工业进程的相应加快，经济的迅速发展和新的社会需求，促使欧美教育革新运动率先兴起，向传统教育理论和方法提出挑战。那么，在工业化步伐和社会生活变革方面相对落后于西方的东方各国，都是在进入20世纪后，特别是在经过了第一次世界大战后，社会生活的节奏方才日渐加快的。众所周知，中、日、印这三个亚洲大国国情虽然各不相同，却都因第一次世界大战的特殊机缘，从而使各自的社会经济、民族民主运动和科学民主思想得到程度不同的发展。变革中的东方诸国迫切需要一种与之相适应的教育改革，而欧美教育革新运动适正值蓬蓬勃勃外铄向外扩展之时。于是两情相投，欧美教育革新运动叩关而入东方，而东方诸国的教育则顺理成章地接收教育革新精神。一发一受，各得其所，恰似历史老人精心安排的一种优化的双向选择。

如果再考虑到，人类进入20世纪后，科学技术的飞跃进步，造成了一个灵通的信息社会。人类在思想文化的交流传播方面，比19世纪不知快捷便利多少倍。随着人类文明的加速发展，不同国家和社会的人们正自觉或不自觉地进入一个世界一体化的历史阶段，彼此交流对话的可能性和必要性也变得越来越大。那么，以杜威为代表的实用主义教育学派的风动一世，使得自身内部蕴含变革因素的中国新教育运动乘此风潮，鼓荡激越，勃然沛然，终于风云际会，汇入世界教育革新的大潮之中，也就不是难以理解之事了。

对于以杜威为代表的欧美教育革新运动在中国的影响，50年代以来一直受到不公平的评价。在今天，历史终于为人们提供了一个相对优越并超越前人的观察省思的机会，使研究者得以淡化此前被过分加浓加强了的政治意识，从容地把长期包围它的厚重的政治外壳剥去，从而能从不同的视角对之详加审谛。本文认为，只有从它对传统教育的强烈批判精神的角度出发，也只有把它放在世界一体化的教育革新运动的大系统中观照，我们才能更确切地把握它那蕴含既深且广兼容国情与世情于一身的本来面目。

分论之二：民主精神推动中国教育平民化

民主精神的发扬是“五四”运动给中华民族带来的一大恩物。但是，由于中国封建专制政治传统的根深蒂固和“五四”以后中国历史的特殊发展使得现代民主政治的主要载体——知识分子在政治领域无能为力，因而政治民主化始终未能得到正常发育。相比之下，教育的民主化则因历史和现实的原因相对获得较大的回旋余地。孔子“有教无类”思想和编户齐民都能参加科举考试的悠久传统，使得封建的民本教育思想在新形势下未全部成为新教育的阻力。同时，知识分子在教育领域并不像在政治领域那样无甚地位，一筹莫展。因而，“五四”时期的教育民主化较之政治民主化的发育程度相对稍高。这种政治和教育的民主程度的非同步性，正是中国特殊国情所造成的。

人们熟知，北京大学成为新文化运动的发源地是同蔡元培以民主精神治校分不开的。蔡元培就任前的北京大学素以腐败著名。1917 年初蔡元培任校长后，致力于以民主精神从事教育改革。他倡导思想自由、学术自由，兼容并包，网罗众家，鼓励学生结社结会，自由参加政治活动，从而在不长的时间里成功地改造了北京大学。如果说，蔡元培创造了一个民主精神治校—教育改革运动—新文化新思想发皇的“北大模式”，为中国教育民主化树立了一个榜样，那么杜威来华讲学则从理论上详加阐发，迅速扩大了教育民主化的影响，杜威到华的第一场讲演就是大谈教育民主问题，“教育之精神何在？曰在民主，在共和”，“共和主义的教育，其宗旨在使人人有被教育之机会，其方法则在尊重个性”①。综观杜威在华讲演，凡讲题上冠有“民主”、“民本”、“民治”、“自治”等字样者，即有十余篇之多。可以认为，教育民主化问题是他此行宣讲的主要内容。他对中国教育现代化的影响，主要也就在推速了教育民主化的进程。

正是上述以蔡元培和杜威为代表的两股新潮里应外合、并力鼓荡，使发扬民主精神成为许多新教育倡导者的共识。在他们的宣传文字中，共和民主精神成为贯彻其中的一条主线。他们指出，所谓新教育，无非旨在使学生“懂得怎样才能做成一个共和的国民适合于现在世界”，也即是以适应建立共和民主国家的需要和养成为学生共和民主精神为主要目的。与此同时，“五四”学运学潮的兴起，又促使新教育倡导者特别注重学生的民主自治问题。他们认为，共同自治既应是民主国家的立国原则，也应是民主教育的办学方针。“学生自治如果办理不善，则凡共和国所发现的危险，都能在学校中发现出来”②。因此，他们又

---

① 《杜威博士来华讲演纪闻》，《教育潮》1919 年第 1 卷第 2 期。转引自《华东师范大学学报》（教育科学报）1985 年第 1 期，第 92 页。

② 陶行知：《陶行知全集》第 1 卷，湖南教育出版社，1983 年，第 137 页。

把训练学生民主精神列为教育者的根本任务之一。

蔡元培在自己民主治校的实践基础上，进一步提出，要奠立民主共和社会的基础，就必须保证教育的民主性和独立性，防止它受到外界恶浊的政治文化环境的污染。他认为，教育的目的在于使受教育者发展自己的能力和完善自己的人格。因此，"教育事业当完全交与教育家，保有独立的资格，毫不受各派政党或各派教会的影响"。为了把教育同政治分离开来，蔡元培提出一个实行超然的民主教育的办法：把全国分成若干大学区，每区设一中心大学，管理区内各级各类学校及所有教育事宜，政府当局不得干涉各大学区事务。在每一大学区内，由教授组成的教育委员会负责推举校长主持工作。教育总长由各大学校组织之高等教育会议承认，不受政党内阁频繁更迭的影响。同时，在学校不得设神学科，不许传教士传教，凡以传教为业者，不得参与教育事业①。蔡元培这篇著名的《教育独立议》在当时和后来都颇受非议。本文则认为，这一主张在当时历史条件下固然只能是一种空想，但也不必苛论深责。因为它毕竟反映了新教育倡导者们要求教育民主，要求按照自身所理解的教育规律办理教育事业的良好愿望，以及他们反对封建军阀政治和外来非正常的文化渗透的批判精神，不失为中国现代教育史上争取教育民主化的一种有益构想。

新教育倡导者有一基本观点，即认为中国教育不民主，集中反映在人民不能平等享有受教育权。根据 1922 年的统计数字，全国在校学生总数仅 540 万人，只占全国 4 亿总人口的 1.5%。因此，站在教育民主的立场，他们的目光很自然地落在那些未能享有受教育权的多数国民身上。他们认为，中国历来男女不平等、城乡不平等和贫富不平等，是教育不平等不普及的主要原因。为此，他们大力倡导女子教育，开展了颇有影响的工读运动和平民教育运动，从而为中国教育民主化的课题写下了新篇章。

第一，推进女子教育。

妇女的解放程度从来是衡量社会进步的重要指标，而妇女的受教育情况更是测量教育民主化的基本依据。长达两千年的封建教育完全无视女子接受教育的权利，中国教育现代化起步之始也没有考虑女子教育权问题。但随着"五四"民主潮流的高涨，妇女的自由解放问题逐渐成为社会热门话题。不少有识之士为女子争取教育权而大声疾呼，奋起行动。

新教育倡导者认为，推进女子教育的关键在于争取尚未得到社会承认允可

① 高平叔编：《蔡元培全集》第 4 卷，中华书局，1984 年，第 177～178 页。

的大学和中学男女同学的权利。1919 年 9 月，胡适写成《大学开女禁的问题》，主张大学招收女生，并提出开禁的三条办法。与之相应，陶行知于次年 4 月在南京高等师范学校校务会议上定下了“不论男女，均可录取”的方针。由北京大学和南京高师带头招收女生入学，一举冲破了把女子排除在普通大学校门之外的歧视性规定。紧接着，新教育倡导者又向限制男女同学的封建陋规发起冲击。经过他们努力，1922 年制定的《壬戌学制》实际取消了男女中学之间的差别。据统计，次年全国女中学生数为 3249 人，扣除其中女子中学的学生数，可以相信仍有相当数量为男女同学的中学所有。在今天看，这一数字是微不足道的。但只要想到湖南和山东等省直到 1925 年还实际禁止中学男女同学，那么，这一数字便可视为了不起的斗争成果。它表明，新教育倡导者终于初胜那些视男女同学为伤风败俗洪水猛兽的教育界和社会上的封建卫道士，结束了女子教育在学制上公开遭受歧视的不平等的历史，在教育民主化的道路上迈进了一大步。

第二，倡导工读运动。

中国以勤工与俭学相结合的工读运动始于旅法华工。1915 年 6 月蔡元培、李石曾等创立“勤工俭学会”，虽然参加者主要是“以工兼学”的旅法华工，但它却开创了半工半读的新教育制度。到 1918 年，随着大量青年学生留法，勤工俭学的学生无论在国内预习班，还是在留法期间，大都在工读之余参加社会政治活动，使教育改革运动同社会改造运动自然地结合了起来，其中一部分先进分子因此走上了革命道路。可以说，勤工俭学运动在现代教育史上留下的一份可贵的教育遗产，就是为中国民主革命准备了一批重要的领导骨干。

几乎与留法勤工俭学运动同时，国内另一批青年学生也积极研究和实践工读主义。1919 年 5 月，北京高等师范的部分学生组织成立“工学会”。该会以工学并立，以扫除“贵学贱工”谬见为宗旨，拟订了边工边学的计划，组织有关劳动，并出版刊物以倡导工读主义，引起了社会的瞩目。同年底，颇有影响的少年中国学会主要创始者王光祈在陈独秀、蔡元培和李大钊等人支持下，成立北京工读互助团。该团以“教育和职业的结合”为理想，以半工半读为途径。成立之后，一时名声大振，天津、上海等地都有同样组织发起，毛泽东也准备在长沙成立此类组织。

工读运动倡导者主张通过工读主义改良教育，再通过教育改造社会，因此，工读主义是他们进行社会改革和教育改革的共同方针，也是他们建立民主平等社会的理想信念。人们过去常常着重指出他们的思想深受无政府主义、空想社会主义和新村主义的影响。但本文认为，如从教育思想方面探究，则中国的工读运动同欧洲的劳作学校和美国的进步学校之间也存在着一定的渊源关系，其中杜威的职业教育思想影响尤为显然。杜威在1916年发表的名著《民本主义与教育》中，特别强调职业教育思想。他反对设置特别的学校来施行职业教育，主张采用“做中学”的方法使学校与社会生活加强联系。工读运动的基本思路和做法同杜威的职业教育思想之间确有不少相通之处。尽管这一运动历时不久，但作为贯彻民主精神的教育改革试验而言，却具有不可磨灭的历史地位，值得在现代教育民主化的篇章上以重笔书之。

第三，推广平民教育运动。

中国的平民教育在20世纪初就已兴起。当时一批热心的教会人士编写了一种由浅入深的课本，而一些知识界人士则推行简字运动，意在使多数平民易于掌握文字工具。但它们范围有限，影响不大。待到“五四”新人物把拥护德先生的口号贯彻落实到教育领域之时，平民教育方才蔚然成为运动。1915年，陈独秀在《今日之教育方针》中，就从“以人民为主义，以执政为公仆”的民主观点出发，呼吁以广大民众为施教对象，提出了教育的“唯民主义”。李大钊则要求贯彻教育的“庶民”方向，倡导“纯正的平民主义”①。杜威平民主义教育思想在华广泛传播后，1919年，北京大学平民教育讲演团活跃一时，而北京高等师范学校部分师生则很快组织了“平民教育社”。次年夏，陶行知又在南京组织学生推行平民识字活动。曾在法国办过华工平民教育的晏阳初也在此时归国，在长沙、烟台、嘉兴继续从事平民教育试验。在各地分散的基础上，1923年8月，新教育倡导者正式组织中华平民教育促进会总会。以此为标志，平民教育由局部试验转为全国运动。运动展开后，发展异常迅速，声势也颇浩大。南京、安庆、武汉、南昌、芜湖、徐州等地都有过赞助支持平民教育运动的群众游行，参加者少则数千，多则三万余人。四册一套的《平民千字课》在短期内发行量即达200余万份。

这一运动不但规模可观，而且有很多创新。运动倡导者创造了平民学校、平民读书处和平民问字处三种扫盲形式，还及时总结了不少经验，如争取社会各界广泛支持，即学即教的小先生制，读书要与饭碗（职业）发生关系，因陋就简就地办学等。运动倡导者由此把教育成功地送到家庭、商店、工场、寺庙、衙门、监狱、军营、乡村等人群集中之处。这些创新不但为日后的普及教育和

① 李大钊：《李大钊选集》，人民出版社，1959年，第427页。

扫盲工作提供了重要的参考借鉴，并且在世界扫盲史上也是值得一提的。

在过去，“五四”时期的教育民主化运动被加上了很多贬抑之词，其中尤以“改良主义”最为流行。有人把新教育倡导者鼓吹女子教育、工读主义和平民教育一并归于“教育救国论”这一带有贬义的思想范畴内，并断言在中国人民得政治解放以前，它们不但无济于广大民众解除痛苦，反而徒然为反动统治装潢门面云云。这显然是忽视并误解了教育在社会改造方面的渐进渐变作用，并且把它同革命的骤变骤进作用绝对对立起来。其实，改良同革命本是社会进化过程中相辅相成的两种基本形式。前者属常规形式，后者则属非常规形式。在人类社会漫长的进化过程中，改良是一种经常持久的历史推动力量，其作用不容低估。作为教育家，其职业特点即在于从事人的教育改造工作。因教育本身的特殊规律，即使是最革命的教育家，他在完成自己的职业使命时，也只能从事通常所称的“社会改良”，日积月累，循序渐进。当然，在一个社会需要暴力或迅疾的变革作为助产婆时，教育家固然不能代替革命家的果敢行动，但当一个社会变革的阵痛尚未迫临之时，革命家绝不能缺少教育家的启蒙准备。可以认为，所有进步的教育家同革命家在宏大的社会改造工程中原本就应是天然的同盟者。他们的共同敌人应是阻碍社会发展的种种有形无形的落后势力，他们的共同追求应是一个和谐的合理社会及这个社会的物质文明和精神文明的极大发展。“五四”新教育倡导者中的优秀代表人物，如蔡元培、陶行知、陈鹤琴、张伯苓等，所以在日后的爱国主义事业中汇融到最广大的人民群众的立场上，除了顺应时代潮流，发扬光大“五四”时期教育民主化的优良传统的主观努力，恐怕也同进步教育事业和革命事业天然同盟的客观“基因”不无关系。

分论之三：科学精神促进中国教育革新化

现代自然科学从其诞生之日起，就同民主革命的要求结合在一起。可以说，赛先生问世之后就义不容辞地充当了驱除封建意识形态的最佳魔法师。

“五四”新人物非常注意在教育领域迎入赛先生。陈独秀批评死气沉沉的旧学校，“所教的非是中国腐旧的经史文学，就是死读几本外国文和理科教科书，也是去近代西洋教育真相真精神尚远”。原因何在？就是旧教育徒有躯壳，缺少科学精神的灵魂，因而“教的人和受教的人，都不懂教育是什么”①。为此，新

① 陈独秀：《今日之教育方针》，《新青年》1917年第2卷第6期。

教育倡导者极力鼓吹发扬科学精神是办好新学校的关键。他们认为，无论是受教者还是施教者，都应把科学精神放在首位。"学生求学，第一步就要有科学精神。"① 施教者则应牢记"新教育"的"新"字须体现在"三新"精神，即克服"无所适从"学习外国经验的"自新"，"天大改造，天天进步"的"常新"，以及"内外一致，不偏不倚"的"全新"，也就是贯彻科学精神，"用新的学理，新的方法，来改造学生的经验"②。

新教育倡导者因此极力揭露并力求矫治旧教育缺乏科学精神的弊病。

他们认为，缺乏实证性的科学研究是中国旧教育的重大弊病之一。

他们指出，教育科学是实证的科学。在那些教育发达的先进国家里，办教育须具专门学问，非专门人才必不能办。而在中国，那些旧人物却把办教育视为简单易行之事，似乎人人可以办学，个个可当教育专家或教育行政负责人。在此等人物手下，教育不知办成何物。为此，新教育倡导者力求输入"科学的方法"和"科学的工具"，以救治旧教育缺乏科学实证的缺陷。

所谓"科学的方法"，其实就是杜威的实用主义研究方法。1923 年，陶行知在《教育与科学方法》一文中，对此曾作过权威性的解释。他把研究教育的科学方法分成五个步骤：第一步"要觉得有困难"，第二步"要晓得困难的所在，就是要找出困难之点来"，第三步"想出种种方法来解决"，第四步"有了这些法子然后再去选择"，第五步"必须实验一番"。这五步方法论同胡适在《实验主义》一文中的说法（暗示、问题、假设、推理、试验）基本一致，都是转述杜威在《我们怎样思维》(1910 年）一书第六章所提出的"实验—探索"的五步方法论。新教育倡导者真切地认为，办教育只要学习并实践这一科学方法，就必能迅速改变中国教育的面貌。"每人都存用科学方法去办教育的决心，每人都去研究或解决一个小的问题，我敢说不出三十年，中国教育准有好的成效。"③

所谓"科学的工具"，主要是指教育统计和教育测验。他们认为，科学的教育统计是制订教育方针、政策，规划教育发展的依据。可是政府当局却对此十分忽视，从 1907 年开始的正规教育统计时作时辍，到 1917 年后完全停止。新教育倡导者却通过中华教育改进社这一民间教育团体出而承担此项工作。他们从 1922 年 5 月开始，到次年 4 月结束，向全国各省和各高等学校分发调查表

① 陶行知：《陶行知全集》第 1 卷，湖南教育出版社，1983 年，第 570 页。
② 陶行知：《陶行知全集》第 1 卷，湖南出版社，1983 年，第 122～123 页。
③ 陶行知：《陶行知全集》第 1 卷，湖南教育出版社，1983 年，第 296 页。

格，根据反馈回来的信息，在《中国之教育统计》的总题下，制成 56 种表格。其统计范围之广，表格制作之精，都是前所未有的。这一极为重要的教育统计，无疑是新教育倡导者在“五四”时期的一大劳绩。所以当时教育界有识者如杨贤江就曾给予高度评价：“这种调查是教育用科学研究的初步，最足以供给实际教育的参考，所以认为是我国教育实际改进的先声。”① 就教育测验而言，中华教育改进社积极推行教育测验运动。到 1923 年 8 月，经一批中外教育专家合作，成功地编制出版了 40 余种供中小学教育评估使用的测验法，其中包括“理解测验”、“智力测验”、“自我理解测验”、“非语言智力测验”以及语文、数学、史地、绘画等各科测验。此项工作的主持者认为，这一大批统一标准的测验法推出，目的就在于为教育界提供一种“了解教育之真相”和指导教育改进的工具，克服主观浮泛缺乏科学依据的教育视导。它们可以像显微镜、听诊器一样，以客观的科学的标准评估教育上的得失。“一省可用以观察县教育状况，校长可用以观察教师效率，教师可用以考察学生成绩”。这些测验法难免机械繁琐，不尽适用，但对于素来缺乏现代化教育测量标准的中国来说，陶行知所谓“实开教育上之新纪元”一语实非过誉之词②。

他们还认为，缺乏坚实的科学知识教育，是中国旧教育的重大弊病。

坚实的科学知识教育是现代教育的基本标志。新教育倡导者历来重视这方面的宣传和实践。早在 1915 年 10 月，胡适、任鸿隽等留美学生即在美国发起成立“科学社”，并出版月刊《科学》。1918 年该社迁回国内，蔡元培出任董事长并为之征募基金。随着“五四”新文化运动的深入展开，该社影响逐渐扩大，在各地设有分社或支会，社员多为科学界和教育界人士。该社活动在社会上对普及科学知识、发展科学教育和推动科学发展起了很大作用。但是，新教育倡导者认为，学校教育中科学知识教育仍是最薄弱之处，亟待加强。他们主张把这项工作列为中国教育的基本政策。为此，对于改善学校科学教育的实验设备、师资力量和教学方法诸问题，他们一再提出呼吁。蔡元培 1920 年—1921 年游历欧美考察教育时，即以考察科学教育采集实验设备和敦请著名科学家如居里夫人、爱因斯坦等来华讲学为主要任务。返国后参加中华教育改进社第一次年会，他的提案内容之一就是加强科学教育和研究实验③。如果说，蔡元培的眼光主

① 贤江：《学校调查问题》，《教育杂志》1922 年第 14 卷第 6 期，第 2 页。
② 陶行知：《陶行知全集》第 1 卷，湖南教育出版社，1983 年，第 382 页。
③ 高平叔编：《蔡元培全集》第 4 卷，中华书局，1984 年，第 219～221 页。

要集注于高等学校，那么，陶行知等人便更多地注意中小学。孟禄在考察中国教育后，对于中国教育改革特别强调的意见之一即是中学课程应格外重视科学教育。中国新教育倡导者敬谨受教，"我们的教育害病最厉害的是中学，中学中尤以科学教育为最不良，所以中学教育造成的人才，都不能控制环境，号召环境，管理环境"①。作为对症治疗，科学社和中华教育改进社等教育团体努力以提高中小学科学教育的师资力量为己任，创造了科学教员暑期研究会和暑期学校等进修形式。

在揭露旧教育缺乏科学精神的同时，新教育倡导者从教育科学化的立场出发，孜孜致力于教育改革，从而在学制、教育行政、课程设置、教材编写乃至教学方法等方面都取得了重大进展，加快了中国教育现代化的步伐。由于这方面的情况已有一定研究成果，此处不再赘论。

近年来，有一种批评意见，认为"五四"时期实用主义的思维方式具有很大局限。那种证伪式的情绪型的否定，同西方建立在形而上理性精神的历史发展基础上的科学相比，在认识上是朦胧和模糊的，带有本体论意义上的不足。本文认为，科学精神的淡薄，确实常常会使现代化的进程偏向于情绪型，而偏离于理智型。在中华民族现代历史发展过程中，我们不难在有关重要历史阶段和重要领域发现这种令人扼腕再三的教训。但相对幸运的是，"五四"新教育运动却因较多的科学实证态度而减少了许多挫跌。新教育倡导者中很多人受过正规的科学实证方法训练，因而他们能比较理性地省察传统教育和欧美教育，比较注意防止机械照搬全盘西化的旧病，比较有意追求自身的创造。恐怕也正因为此，在中国教育走向现代化的道路上，"筚路蓝缕，以启山林"的纪念碑式的人物和团体要数"五四"时期最为集中。著名教育家如蔡元培、黄炎培、陶行知、胡适、张伯苓、陈鹤琴、晏阳初等，以及以他们为主干的著名教育团体，如全国教育联合会（1915 年）、中华职业教育社（1917 年）、新教育共进社（1919 年）、实际教育社（1921 年）、中华教育改进社（1922 年）、中华平民教育促进会（1923 年）等，都涌现在"五四"时期。在"五四"科学精神的烛照下，他们所从事的教育理论创造丰富了中国教育理论的宝库，他们所从事的教育改革实践，呈现出前所未有的广度和深度。

永恒的教育事业自有永恒的魅力，无尽的教育改革自有无尽的困阻。永恒

① 陶行知：《陶行知全集》第 1 卷，湖南教育出版社，1983 年，第 250～251 页。

无尽的魅力和困阻吸引古今中外教育界无数有识之士立意应变，立志创新，坚韧执着，薪传不替。中国新教育倡导者发扬“五四”的批判精神、民主精神和科学精神，促进了中国教育的世界化、民主化和科学化，造成了中国教育在现代的一次颇有高度的腾飞。“五四”新教育运动顺应国情，顺应世情，惠及后来，成绩卓著，使它在永恒无尽的人类教育事业的长河中也无愧为最精彩的片段之一。

而今，面临世界教育新发展的严重挑战，面临中国教育改革的种种困扰，借鉴“五四”新教育运动，以我们这个时代的批判精神、民主精神和科学精神从事教育改革，克服困扰，走出低谷，应该是所有教育界人士和全体具有良知良能的公民及其公仆责无旁贷的共同责任。

[原载《华中师范大学学报》1989年第4期]

同光之际中外经济联系的加强与苏城社会经济生活的变动

文题听谓“同光之际”，实指1864年（同治三年）到1894年（光绪二十年）的30年，也即太平天国战后清军收复苏州之后，到《马关条约》签订苏州正式开埠之前。作者试图通过中外经济联系在这一特定时期开始得到明显加强的特定视角，探求苏城经济生活和社会风习心态的某些变化，意在说明外来经济力量的介入充当了历史的不自觉的工具，使苏州这样一个典型的封建商业城市开始偏离传统的轨道，为进入近代社会作了必要的历史准备。

一

同光时期苏城中外经济联系的加强主要表现在两方面：一是西洋百货的大量进口；二是丝织品的出口增加。

在太平天国战前，外国商人就对苏州特别注目。除了这一地区盛产他们急需的丝、茶、棉之外，还因为“富足而奢华”的苏州居民“喜欢而且大量消费西洋货物”，足以保证上海“成为一个贸易额相当大，并且对于商人具有重要意义的港口”①。在太平天国战后，苏州进口的洋货在品种及数量方面都有了显著的增加。除了来自上海的船只运来各色各样的洋货，以销售洋货为主的粤商也源源而至，“咸同而后，海运益利捷，吾乡人比至，日益伙”②。到80年代末，

① 姚贤镐编：《中国近代对外贸易史资料1840—1895》，中华书局，1962年，第559页。

② 江苏省博物馆编：《江苏省明清以来碑刻资料选集》，第206号碑文，生活·读书·新知三联书店，1959年，第345页。

洋货在苏城业已琳琅满目到处皆是了。有一名外国人在游历苏州后致《字林西报》的信函中对此作了翔实的报道："这里现在有好几家只做洋布生意的批发商店，并有许多头等百货商店——大小约有35家或40家。……这里有一二家大的外国药房，还有几家小药房。"① 写信人历数了陈列在百货店里名目众多的洋货：玻璃、煤油、洋铁、钢、无烟煤、毛织品、洋缎、毛巾、面粉、肥皂、火柴、钟表、蜡烛、洋娃娃、瓷器、玩具乃至缝纫机等。它表明，外商在扩大洋货销售时充分利用了苏城固有的商品流通渠道，使得洋货不仅充斥苏城，而且辗转批发深入广大的苏州地区。它又表明，当此之时苏城居民已与洋货结成不解之缘，举凡衣、食、住、用各类洋货正在排闼而入苏州人的家庭。

在此时期，苏城丝织品的出口呈现非常活跃的情况。由于农村蚕桑事业的恢复，苏城丝织业在战后不久就重现活力。1878年和1879年，苏州为织绸缎而用去的生丝每年总数为264957斤，加工生丝的染坊达三四百家②。据海关调查资料，1878年苏州有织机1816台，年产绸缎65376匹，另有京帮素缎织机270台，年产素缎12960匹；1879年织机增至2127台，年产绸缎76572匹，京帮素缎织机216台，年产素缎10368匹③。这一发展与全国丝织品出口量值在此时期的激增平行不悖。进入80和90年代后，纱缎外销进一步发展。不少资本雄厚的纱缎庄在上海设立分庄分店，专营批发给洋行的业务。当时出口纱缎有销至南洋的，也有"销路远至俄国、高丽、缅甸、印度等处"④。

二

上述进出口贸易对于同光时期苏城工商业的影响无疑是十分深刻的，它造成了苏城经济生活的若干变动。

---

① 姚贤镐编：《中国近代对外贸易史资料1840—1895》，中华书局，1962年，第1325～1326页。

② 彭泽益：《中国近代手工业史资料1840—1949》第2卷，中华书局，1962年，第68页。

③ *The Maritime Customs, Special Series: Silk*, 1917, p.13.

④ 宁鸣：《江苏丝织业近况》，《工商半月刊》1935年第7卷第12期，第48页。

第一，它推动了苏城工商各业公所和会馆的重建活动，促进了战后商业秩序的恢复。

有关战后30年间苏州恢复和兴建的工商各业行会公所的总数，彭泽益统计为34个，作者进一步查证，目前已知数为49个①。而在重建过程中，那些与外贸有直接或间接关系的行业表现相当活跃。首先，经营洋货的公所以十分引人注意的方式扩展本公所的势力。苏城洋布业在战前设有存正公所，在战后随着洋货业的兴旺，1867年存正公所以“存款协贴，合而一之”，归并到咏勤公所内②。1857年成立的绒领公所自始便兼营洋货，战后因绒领滞销洋货畅销，该公所最终也归并到经销洋货的唯勤公所内③。其次，那些与丝和丝织品有关的行业兴复较快。刺绣业锦文公所和吴兴帮绉商的湖绉公所（即吴兴会馆）在1867年重建，杭线业杭线公所和丝经业丝经公所在1870年重建，纱缎业账房云锦公所和京帮经业公所分别在1874年和1879年建成。相比之下，在总体上它们的重建速度要高于其余工商行业。再次，洋布在苏州的畅销促使洋布加工整染业应运而生。当时把那些进口的斜纹市称为“咈布”，在苏的浙江绍兴人纷纷开设咈布染坊，到1870年终于建立了咈布染坊业的浙绍公所。又次，茶叶和茶叶辅助业的发展。60年代后，中俄贸易根据《天津条约》规定，可从海陆两路并进。由于俄人嗜好花茶，苏州花茶畅销东北各地，转输俄国。因而苏城茶庄林立，虎丘一带遍植茉莉等花树。目前所知各行帮在苏建立的茶业公所就有5个（茶商、茶叶、秀兰、浙岩、浙台），虽然不能确知它们成立的具体时间，但专供窨茶用花的花户在1893年重修花商公所，当可推知90年代前苏城茶叶贸易兴旺情况。

与公所的重建活动同时并进的是会馆的重建。目前所知各行帮在战后自建或仕商合建的会馆为8所。它们是宣州会馆、安徽会馆、吴兴会馆、湖南会馆、元宁会馆、两广会馆、湖北会馆和武安会馆。这一数字几占目前所知的苏城会

① 彭泽益：《十九世纪后期中国城市手工业工商行会的重建和作用》，《历史研究》1965年第1期；唐文权：《苏州工商各业公所的兴废》，《历史研究》1986年第3期。

② 江苏省博物馆编：《江苏省明清以来碑刻资料选集》，第102号碑文，生活·读书·新知三联书店，1959年，第163页。

③ 江苏省博物馆编：《江苏省明清以来碑刻资料选集》，第103号碑文，生活·读书·新知三联书店，1959年，第166页。

馆总数53所的七分之一强①。

苏城公所会馆的重建活动，通过整顿因战乱而废弛了的行规，缓和了同行间的激烈竞争；通过与当局重新确定承值范围，减少了吏胥差役乘卷档沦失之机而肆行的勒索敲诈。同时，又因为像洋货业唯勤公所和纱缎业账房云锦公所等实力较强的行业，在重建活动中通过认捐包缴的方式帮助当局代收本业的匣金捐税，保证了统治当局税收的稳定。这样，在战后情况相当复杂的苏城社会经济生活中，重建活动使工商业者成为稳定社会经济秩序的可靠因素。但从另一方面来看，由于不少行业通过进出口贸易与外来资本主义的联系日渐加强，又促使包括生产方式、分配方式和公所骨干成分在内的传统经济结构发生一定的变化，它必将为日后更大的变化准备条件。

第二，它活跃了战后苏城的经济生活，刺激了有关行业的发展。

有关苏城经济生活因对外贸易而活跃的情况，也许可以从桥梁修复和码头紧张两个特定的侧面窥其一斑。苏州地区河道纵横，著名的京杭大运河绕城而过。在20世纪初沪宁铁路通车以前，发达的水运是内外贸易的主要通道。因而在战后迅速修复苏城周围遭到严重破坏的桥梁，便成为保证苏城经济尽快恢复的要事。著名的枫桥为苏州向西通往无锡、常州、镇江等地必经的要道，往来商旅众多，1867年因"官绅士民协力相助"而修复②。苏城娄门外各桥为东至太仓、上海的娄江上的"要津"，"陆行之舆徒，舟行之牵挽，骈肩接踵，往来于各桥者，无闲昏旦"，与自身利害关系尤密的苏城洋货业咏勤公所众商，1872年在当局支持下次第修复5座已毁之桥，8座损坏之桥③。胥门外万年桥为苏城出西门的必经要道，河道宽阔，水势湍急，也于1872年由私人出资修复④。积极修复桥

① 苏州会馆总数，《江苏省明清以来碑刻资料选集》"调查简目"统计为40所。吕作奕《明清时代的会馆并非工商业行会》一文增加6所：东官、翼城、兴安、宛陵、江鲁、湖北。作者又据《吴县志》查出4所：全秦、浙江、震泽、广东，别据苏州档案馆档案发现2所：枣商、覃怀。又据《苏州清代商人建会馆公所资料摘记》（见苏州工商联编：《苏州工商经济史料》第1辑，近年出版，未详具体时间）补充1所：人参会馆。以上总计为53所。

② 苏州历史博物馆：《明清苏州工商业碑刻集》，第213号碑文，江苏人民出版社，1981年，第313页。

③ 江苏省博物馆编：《江苏省明清以来碑刻资料选集》，第214号碑文，生活·读书·新知三联书店，1959年，第361页。

④ 江苏省博物馆编：《江苏省明清以来碑刻资料选集》，第223号碑文，生活·读书·新知三联书店，1959年，第381页。

梁，既表明了苏城绅商为恢复本地经济所作的主观努力，也反映了内外贸易发展的客观情势。

阊门至胥门几公里长的绕城运河，是苏城的黄金河面。东往上海西至镇江的船只大多停泊在此，因而这一带码头林立，樯桅如织。繁忙的商业运输必然大大增强对码头泊位和商货揽载的迫切需要，战后苏州就因此不断发生争夺泊位和揽载滋扰等纠纷讼诉。同光之际勒石立示目前有案可查的讼案有10件，其中为客船强占泊位者6起（徐家汇码头、怡善堂码头、公和烟帮码头、汝文彬管业码头、香山航业码头），为地匪滋扰或侵占码头者3起（安徽码头2起、太子码头1起），为争夺揽载者1起（万年桥码头）①。可见当时来苏客船极多，它们在泊船密集的河面上无处停靠，因而屡生纠纷。这就从又一侧面反映了同光时期苏城与外地（国内外）经济交往的发达。

在中外经济联系加强过程中，某些手工业相应得到发展的几种情况颇堪注意。一种是通过进入国际市场而打开内销局面。久负盛名的苏绣战后一度曾因产品不合时尚，国内市场渐为异军突起的湘绣所夺，因而渐形零落。但随着一批突出的苏绣人才涌现，他们锐意革新技艺，发展了精湛的欣赏性画绣，80年代后在万国博览会等国际赛会中屡获盛誉，从而打开了新局面。另一种是仿造洋货获得成功，苏州的能工巧匠自明清之际即以仿造西洋钟表而著名。同光时期在同西洋钟表的竞争中，以姚义源和协成为代表的钟表作坊制成精美绝伦的“插屏钟”，成为达官豪绅厅堂上的时髦摆设，一时畅销国内，甚至深入宫廷。再一种是进口原料加工出口。古雅有致琢磨工细的苏州玉器素受国内外市场欢迎。从同光时期开始，该业部分作坊专赖缅甸玉料制作玉器，“其翠玉料之来源，由缅甸而运粤，又由粤而苏”②，制成后的产品主要就经由上海这一世界玉器产销中心而销售出去。

第三，它逐渐改变了苏城的工商业结构和商市布局。

在经济活动中，那种具体的商店或手工作坊不断波动或产生扩大或关闭缩小的微涨落是每时每刻都在进行的。但是，当这种随机的不确定性的微涨落在中外经济联系加强的历史新条件下，累积为一些行业或衰微没落或突兀而起的

① 见《江苏省明清以来碑刻资料选集》，第157、158、160、165及“未收碑刻简目”第94号碑文，第244～252页；《明清苏州工商业碑刻集》，第33、216、217、219号碑文，第43、315～419页。

② 《玉业商人杨吟梅呈苏州总商会》1919年3月2日，苏州档案馆藏。

巨涨大落时，它们就足以打破原有的动态平衡，使传统的工商业结构产生变动。这种通过涨落的有序，在混沌错杂中的有序，正是同光时期苏城工商业结构在中外经济联系加强中的自组过程。

在对外经济联系加强的过程中，苏城若干实力雄厚的工商业都逐渐产生某种变动。丝织业发展情况正如前述，此不赘陈。素以雄富夸耀苏城的绸缎业，在洋货冲击下也不得不让出若干地盘，对之表示容让。在著名老字号同仁和绸缎局（其店主尤先甲后任首届苏州商会总理）的柜台上，开始兼营洋百货。此事非常具有象征意义，它表明洋货在实力雄厚的传统商号中也取得了特殊地位。不过，更值得注意的还在钱庄业。由于中外经济联系的加强，钱庄便刚好成为外商和外国银行联系华商的信用工具。钱庄的庄票在外贸中为中外商人搭桥。为此，钱庄又获得外国银行的拆票，得以扩大信用，增加放款和扩大业务。钱庄这一业务新范围的扩大在苏州商界的影响很大，它直接加强了苏州金融界同外国资本的联系。苏州钱庄以程氏家族集团为代表的安徽帮和以严氏及叶氏家族集团为代表的苏州洞庭东山帮，在同光时期发展很快，它们同外国银行和洋行的关系十分密切，通过它们的中介，苏州的工商业与外国资本发生了间接的关系。

在对外经济联系加强的过程中，苏城若干传统行业受到很大的冲击。洋布的倾销无疑使经营土布及与之相关的整染行业受到的影响不浅。涌入的洋布越多，夺去各该行业的生计也就越多。以踹布业为例，在乾隆、雍正时，苏城有踹匠两万人之多。可是到了同光时期，“自洋布充斥，苏布一业凋零，踹布坊因之不振”①。失业的踹匠便不得不另觅生路。可见外国资本主义在刺激苏城有关工商业发展涨潮的同时，对某些传统行业的解体落潮作用也是至为明显的。这样，苏城不少手工业者就像他们留在农村的天然兄弟一样，同样身不由己地沉浮在国际商品市场的汪洋大海之中。外国资本主义对中国工商业的剥削和压迫，最终总是层层转嫁到压在社会最底层的劳动者身上。劳动者生活的不稳定和贫困化，无疑又成为社会不安定因素，助长了城市生活的变动。

同光之际苏城商市布局也有所变动。国内战争时，阊胥繁华之区破坏严重，从枫桥到上津桥接渡僧桥，可怜一炬，皆成焦土。战后虽有恢复，但毕竟不能回复原状。更主要的是，不少头脑灵捷的商人在战后不再株守苏城，而开始将自己的经营阵地转移到更有发展前途的上海去了。据有人忆称，上海当时的大

① 曹允源等：《吴县志》第52卷上，台湾成文出版社，1970年，第5页。

商业如珠宝业、绸缎业、药材业、参茸业、典当业以及钱庄、金铺“都是苏州人来创始”，甚至“因为苏商的发展，妓馆也借说书为名，号称书寓，而成为苏帮了”①。苏商向沪的移动，无疑会相应减弱苏州商市。不少商货不再以苏州阊胥为集散地，例如枣子原以胥门外枣市街为集散中心，药材原以阊门外朱家庄为集散中心，在战后集散中心移至上海，各该业顿趋冷落。与阊胥商市渐呈滞顿的情况相应，随着城东纱缎业的发达，从皮市街、临顿路一带供应机工生产或生活所需的商店渐兴。加以临顿路一带集中了很多豪绅地主，他们的购买力也吸引不少商店向之靠拢。这样，一面是阊胥商市的收缩促使一部分商人向城内推移，一面是城东区的购买力吸引，于是在城中部分以观前街为中心的一个新商业区逐渐形成。苏城商市由外向内缓慢收缩的趋势，恰与上海在此期间由内向外的拓展形成鲜明的对照。苏城由商货吞吐量很大的准沿海口岸，逐渐退为近乎准内地口岸的事实，反映了同光时期中外经济联系新情势下苏城社会生活变动的又一个侧面。

三

在历史的大转折关头，总有价值观念的更新相伴随。同光之际苏州社会风习、思想观念受到中外经济交往的影响是相当明显的。

这种价值观念变化的重要标志之一，便是重商观念的增强。

传统的儒家观念贵义贱利、重本轻末，商人在封建社会中的地位一直是被压抑的。但是，明清时期随着商品经济的发展，商人的社会地位日渐上升。可观的商业利润把一部分原来醉心仕途的官僚士绅吸引到商场中来。到了同光时期，这种趋势有所加快。这是因为太平天国革命被缙绅士夫们视为“亘古未有之奇变”，促使他们改变了传统的价值观念。在昔认为不怕火烧水潦盗抢贼偷稳如磐石的田产，却原来在大难临头时是一大片无法挪动分毫的蠢然土物。因而，他们中有一部分人“视田业为畏途”②。同时，在战后中外经济联系大为加强的大气候中，商品消费和交换的迅速恢复和发展，则会产生一种诱惑力量。这样，一部分缙绅士大夫将手中积累的货币财富从经营土地转而投资工商业也就成为

① 包天笑：《钏影楼回忆录》，香港大华出版社，1971年，第367页。

② 刘坤一：《查实江苏各属荒熟田地报部折》，《刘坤一遗集·奏疏》卷16，中华书局，1959年，第20页。

十分自然之事。只需翻检一下同光时期的苏城缙绅录，人们就不难找到一批家世显赫的商人。潘祖谦以优贡生出身而具“三品衔分省补用道”职衔，其父（潘世恩）兄（潘祖荫）分任道光及光绪初军机大臣，以如此高门显第仍孳孳求利于酱业和典业。以举人出身曾任甘肃武威知县的彭福孙，为苏城著名巨室葑门彭氏家族成员，分别以进士和举人出身的吴本齐、吴本善弟兄是显宦吴大澂之子，也都相率在此或稍后时期程度不等地介入了工商实业活动。至于那些声望还要低一点的缙绅们加入经商队伍，其人数就更多了。虽然这些人物所业大都比较“高档”，身价也非一般商人可比，但他们终究由绅界进入商界，带着几分官气与书卷气，同满身市侩俗气的一般商人厮混在一起了。这批亦绅亦商的新人物无疑为苏城工商结构注入了新成分，在各行业中取得领导地位。

如果说，一部分缙绅不再囿于本阶级的成见投身商界，那么，素封之家出身者在中外经济联系加强过程中所迈开的新步就更大胆更坚决。他们或者直接与外商打交道，或者致力创办近代实业，表现了经营活动中的新动向。那些与外商有经营联系的商人中有的担任了买办之职。上述洞庭东山帮钱庄商人在上海外国银行中担任买办者很多。那些经营洋百货者也乐为买办。“苏人有奚姓者，贫人也。有德商喜其朴诚，与立约为针贩”。此人成为推销洋针的买办后，“未及五年，积资六七十万”①。至于那些更具近代意识且有能力者，他们的目光更超越同侪而放在新的经营事业上。如1888年商人伦国材要求在苏州境内航行轮船，经营近代航运业②。此事虽未获准，但谢家福却在创办电报事业上取得了成功。他在80年代初佐助盛宣怀参与上海电报总局和苏州电报分局的筹办工作，1892年返苏自费创办苏州电报传习所，三年间为国内电报界培养了数百名报务人才。

当然，对于这种新趋向的估价不宜太高。苏州毕竟是一个传统观念相当强固的地方。只有惊心动魄的巨大历史事变才能促使人们痛定思痛，重新评估传统的价值观念。而这一事变终究在1894年来临了。“中华上国”竟惨败在“蕞尔岛国”之手，这会使最缺乏历史感的人激起反思反省。从此后，明治维新终臻国富民强成为苏城有识之士时加对照的镜鉴，青旸地新辟的日本租界成为苏城忧国之士难以忘怀的薪胆，早期改良派大声疾呼的商战口号成为苏城有志之士积极践行的目标。巨大的参照物一旦确立，自我的良好感一旦失落，价值观

① 陈炽：《续富国策》卷3，慎记书庄，1897年，第32页。

② 《申报》光绪十五年（1889年）八月十七日。

念更新的速度便会大大加快。那种羞羞答答耻言求利的封建价值观就会理直气壮地被急功好利的价值观逐渐取代。正是有鉴于此，本文将下限定格在1894年。

这种价值观念变化的重要标志之二，便是奢华风习的扩张。

苏州作为著名的商业都会，追逐奢华的风尚素来突出。富室朱门侈靡宕佚，上行下效，编户齐民也深染此风。商业社会的长期影响，使得苏州人特别追求外表的虚华和新异，以致有"苏空头"之讥。这种情况到同光时期演变更烈。日后调查该时期时俗者对此不胜感慨系之："万方一概，相习成风，纵生长富贵之家，恐亦不能持久，而况闾阎之居乎！"①

慨叹者只管慨叹，恐怕他们并不理解奢华者乐为奢华的社会环境及其心态。

应该指出，大量洋货在同光时期涌入苏城无疑为这种奢华的风习起了推波助澜的作用。如本文开头所述，洋商们把"富足而奢华"的苏州居民视为各种洋货的大好消费对象，事实证明他们的估断是正确的。舶来的新奇商货在这里受到热烈的欢迎。那些制作相宜方便日用的普通物品固然受到了一般消费者的欢迎，即使如钟表等价格昂贵的奢华物品，也因喜新炫奇夸富争胜的需要而受到高消费者的青睐。

同时还需指出，那些富室朱门在战后返回苏城，重建家园的物质需要和劫后余生要求补偿离乱之苦的心理愿望，也会扩大并强化他们及时行乐的欲求。更何况很多人在上海当寓公时又拓开了不少眼界。因此，战后苏城首批兴复的公所尤多与声色征逐奢靡有关的行业。评弹（光裕公所）、京剧（梨园京剧公所）、皮货（裘业公所）、掌礼（礼茶公所）等行业率先兴复固然说明问题，而同时兴复的另一些公所所拥有的业户数字，也许更能说明问题。并峙的木业大兴公所和巽正公所各有业户51和40家；银楼首饰业安怀公所有业户119家；家具业置器公所有业户154家……难怪战后出任苏抚的丁日昌要猛烈抨击苏城"风俗之淫靡"，而兢兢以"正人心维风俗"作为自己治苏的任务了。

消费者是市场经济活动的中心。同光时期的苏城得天独厚地聚集了一支追逐奢侈生活的高消费大军。这是一般城市所不具备的。

首先，有一批数量可观的绅宦人家密集苏城。苏州在有清一代科举中的高比例居全国之首。且不说"大魁天下"的状元以苏州为冠，单以次一等的科举而言，有清一代长洲、元和、吴县三县共出进士626人，举人1138人，贡生

---

① 曹允源等：《吴县志》第52卷上，台湾成文出版社，1970年，第5页。

906 人。如把中试者的时间限制在道光二十年（1840 年）到光绪九年（1883 年），也就是在同光之际基本在世的那批人，其数字仍很可观：进士 67 人，举人 248 人，贡生 98 人①。一城之中熙熙四百余家，如果再加上致仕之后流寓在苏的达官显宦，这个数字还要扩大。这些人家互相攀连，姻娅满城，单是平时婚丧庆吊恐怕就足以给市场带来不少活力了。

其次，在苏城设有众多的官署衙门。苏州作为江南的政治、经济、文化中心，清政府在此设置的大小官署数以十计。一抚二司和一府三县之外，尚有粮储道、总捕同知厅、太湖同知厅、织造府以及抚标守备署、城守参将署等。清军攻占苏城后，李鸿章等又先后设置善后局、医药局、牙厘局、厘捐局、官书局、火药局、军装局、宝苏局、督销局、洋务局等新衙门。上述众多的僚属家眷固然为奢侈品的消费提供了可观的主顾，而各衙门存放在钱典业中的官款公帑又无疑为工商各业平添了一注巨额的流动资金。

再次，在苏城还聚集了一大批各色捐纳人员。清政府为了增加财源，在战后扩大捐纳之途，同光之际每年分发各省报捐人员常达数千。而富庶的江苏最便于捐纳人员在任内搜刮，以加倍偿还捐纳之资，所以江苏的实缺尤为捐纳人员所觊觎。据同治末年苏抚称，到苏谋职的捐纳人员"道府以至未入流"者，不下二千余人，内州、县一班即多至六七百人，"壅滞情形为各省所未有"②。这数以千计挟资谋官的捐纳人员，出于夤缘攀附的需要，必须飞洒金钱。因而，歌场酒楼，征逐挥霍，馈赠交结，暮夜苞苴，不消说，他们的种种活动又加浓了苏城的奢靡风习。

从经济学的基本原理来看，生产、分配、交换、消费诸要素是社会生产过程中必不可少的环节。生产与消费相互依存。生产创造出消费的材料，没有生产就没有消费的对象。但同时，没有消费也就没有生产，因为消费媒介着生产，替产品创造了主体，产品是在消费中才得到自身的最后完成。因而，苏城高消费大军的集结，大大提高了城市的消费水平，而消费水平的提高又刺激了高消费大军享受欲的进一步膨胀。在这种相承相应的循环之中，产生了正负两种结果。其正面结果是，高消费刺激了商品生产和交换范围的扩大，加强了中外经济的联系，推动了苏城商品经济的加速发展，也加快了社会风尚和城市风貌的

① 统计数字据曹允源等：《吴县志》第 13 卷，选举表 5；第 15 卷，选举表 7；第 17 卷，选举表 9。

② 《暂停分发折》，张树声：《张靖达公奏议》第 1 卷，1899 年刻本。

改观，为苏州向近代意义的商业城市过渡准备了若干必要条件。其负面结果是，高消费大军浪费了过多的资金。消费资料大致可分为生存资料、享受资料和发展资料三个层次。苏城购买力总数是一常数，生存资料的消费所耗相对固定，享受资料所耗过量就必然影响发展再生产消费资料的需要。苏城大量资金流失于享受资料，对于日后的经济发展不能不产生消极影响。

以上内容分别从作为市场经济活动的主客体，即经营者和消费者这对应的两方面，探讨了同光时期苏城价值观念的变动。需要强调一下的是，在这种变动中，中外经济交往的投射作用是一种客观存在。从经营者来看，少数商人对于近代实业的向往，反映了近代经营意识的萌生，多数居民对于机制洋货的欢迎，反映了近代消费意识的确立。它们无疑标示着苏城居民正在走向近代的趋向。

任何一种社会结构都不能永远保持稳定，在历史的转折关头尤其如此。希腊古哲说得好：人们永远不能第二次涉足于同一条河流。中国的哲学家有此同感：灯熄而燃，非前灯也；云霓而雨，非前雨也。所以，尽管同光时期重建的苏州城市经济在表面上继续维持着封建经济的旧传统和旧风貌，但是，时代毕竟推移前进了。随着中外经济联系在这一阶段的不断加强，苏州居民赖以托命的社会经济基础以及他们持以估衡事物的价值观念正在悄悄变动之中。这种变动当然进行缓慢而又微弱，要见其究竟，还须足够的时间。但是，只要想到在漫长的封建时代，无论政治变动有多大，这种社会经济基础以及人们的价值观念却变动不大；只要想到两次鸦片战争和太平天国革命的巨大冲击，也只是起了严重震撼的作用，那么，人们有理由相信，经济基础的破坏还是要凭借经济的力量，意识形态的变更也离不开经济杠杆的作用。在特定历史条件下，外来经济力量是可以充当催产婆这一角色的。

[原载华中师范大学出版社 1990 年版《对外经济关系与中国近代化》]

人口忧思百年录

（一）

马尔萨斯（1766—1834）在18世纪末发表的《人口论》中，揭示了人口增长和生活资料增长之间存在不协调的情况，并提出了减少人口使其与生活资料相适应的种种办法。这就是问世之后褒贬不一、聚讼纷纭的“马尔萨斯人口论”。

事实上，出生在他前后的几位中国思想家，根据中国国情，也分别提出了类似的观点。

清代思想家洪亮吉（1746—1809）继承并发展了明末徐光启关于人口在20至30年中可增加一倍，而耕地和粮食等的增长却没有那样快的观点。这一观点，较之马尔萨斯提出的生活资料按等差数列增长而人口按等比数列增长的著名论断，还要早5年。洪亮吉认为人口增长过快会造成物价上涨、人民贫困失业、社会动乱不安和人口质量下降等严重后果。而减轻人口压力的办法则有二：一曰“天地调剂法”，即因水旱灾害和疾疫流行来减少人口；二曰“君相调剂法”，即因发展生产、移民开荒、减轻赋税、抑制兼并和反对奢靡等来增加生活资料。上述办法，既有部分内容与马尔萨斯所见略同，而注重人道关心民胞之意淳淳于言表，又非马尔萨斯所能及。

随后，继承并发展洪氏人口思想的是汪士铎（1814—1899）。汪氏在19世纪20年代所写的《乙丙日记》中，留有较多有关人口问题的论述，是近代中国人口思想史上一部极为重要的著作。在人口增长与生活资料增长的关系问题上，在人口增长过快的严重后果问题上，该书一秉洪氏所言。而在控制人口问题上，该书又多有发展。汪氏主张大量减少人口，“使减其民十之七八”，其办法则有：采用严刑峻法，“大量消灭有害现行社会秩序者；加重多子女的赋税，一对夫妇只准生两男一女，有超生者则倍其赋”；主张推广溺女婴溺劣婴，因“女多，故生人多”，而眉目不清秀体形不端庄的劣婴则有害于人口素质；提倡独身主义，严格限制婚配，主张广设童贞女院、清节堂，奖励出家为僧尼，严控鳏夫、寡妇再婚，推行晚婚，主张女子 25 岁而嫁，男子 30 岁而娶，以降低人口出生率；主张采用药品避孕，“广施不生育之方药”以及各种断胎冷药。

汪士铎相当完整的人口思想理论，以及他那苛近严酷的控制人口增长的主张，与马尔萨斯有更多接近之处，多有偏颇，使他足以被称为“中国的马尔萨斯”。

(二)

进入 20 世纪后，在控制人口问题上具有独特见解的是一代奇才梁启超(1873—1929)。

他发表于 1902 年的《禁早婚议》，突破了戊戌思想界较为空泛的“强种”宣传，反对早婚，力主提高人口质量。可视为本世纪开幕第一篇优秀的人口问题专论。文章认为，人口质量的高低与人们婚姻的迟早有着密切联系。“凡愈野蛮之人，其婚姻愈早，愈文明之人，其婚姻愈迟”。文章力陈早婚之害有五：

一曰有害于养生。少年男女，身心皆未成熟，自制能力差，感情容易冲动。早婚之后往往溺一时肉欲之乐，而给身体健康造成很大危害。故早婚犹如一柄“自杀之利刃”，戕害人生，“一人如是，则为废国”。

二曰有害于传种。稚弱的父母难以诞育宁馨佳儿，“凡各国中人民之废者、疾者、夭者、弱者、钝者、犯罪者，大率早婚之父母所产子女居大多数”。如不变更早婚陋习，必将出现“子弱于父”和“孙又弱于子”的逐代退化状况，祸种亡国之害，莫此为大。

三曰有害于养蒙。早婚者通常缺乏教养子女的能力。他们无论在学识上阅历上，都不足为后辈之模范。而幼儿时期父母的启蒙教养，对于子女今后的成长关系极大。所以，为提高国民素质，就必须严禁早婚，“不禁早婚，则国民教育将无所施也”。

四曰有害于修学。人生最佳的修学年龄，在一二十岁时，早婚则将浪费人生的黄金时代，“投诸春花秋月，缠绵歌泣”，消磨“风云进取之气”，徒然造成在德智体诸方面都劣于他人的严重后果。

五曰有害于国计。早婚者通常未具治生能力，其本身方仰食于父母，不但无力养妻，还会增添许多孩子，从而加重社会负担，平添许多不能为社会创造财富的非生产者，给国计民生带来不利。

梁氏所言，多为发前人所未发的创见，已经很具有现代意识。他所阐述的基本精神，即在今天的晚婚宣传中，也并未过时，尚有可资采取之处。

（三）

因主张严控人口而被扣上“新马尔萨斯人口论”帽子者，人们通常唯马（寅初）首是瞻。其实，在此之前，与马寅初先后毕业于美国哥伦比亚大学的著名教育家陶行知，早在30年代便因倡导人口统制论，而有幸先行戴上这项由荆棘编成的冠冕了。

1931年春，他写了一篇题为《中华民族之出路与中国教育之出路》的长篇论文，旗帜鲜明地把“少生小孩子”和“教人少生小孩子”，分别为中华民族和中国教育的三大出路之首。

文章尖锐揭露多生之害，批评中国农民同时崇拜送子观音和土地菩萨的传统观念。他们一方面希望多生儿子；一方面又要保存固有的土地不被分散。结果却因子女越多，土地越加分散，他们的命运不能不受制于其子女和土地的数目。在人口重负下，加上各种灾害，土豪劣绅、帝国主义和资本主义的压迫，中国农村的沉沦崩溃便如江河日下，格外进行得快。

文章根据中国总耕地、总人口以及由人均耕地数所规定的生活状况，依次为中国教育划分五个台阶：

一、创造线，二、教育线（普及初等教育），三、缺衣线，四、缺食线，五、大乱线。文章认为，国人唯有厉行少生主义，才能从当前的大乱线退回到教育线和创造线，求得中国教育和中华民族的复兴。

文章鼓吹中国“人口总退却”，为达此目标，他为教育制定了七项任务：一、大声疾呼唤起全民族，发一人口总退却之紧急命令，教男子满25、女子满20岁始结婚，结婚后服务5年，可生第一子，俟第一子入小学，可生第二子。以二子为限。子为男子女子之通称。一胎生二子或三子者，以一胎为是。

二、中央研究院在开创时期之内第一重要工作是，设避妊研究所，要发明一个铜子的避妊法，使全民族都能够得上实行。

三、避妊之普遍的宣传，应成为民众教育最大之职责。医院及注册的医生，对于国民避妊之询问，应免费指导。

四、宣传结婚前配偶之科学的选择，以为改良人种之准备。

五、女子常以多生为苦，必赞成这种合理之主张，那最大之阻碍，便是男子之性欲。故一方面由教育劝导，一方面用法律限制。生孩多于二人，宜处男子以危害民国之罪。

六、宣传科学上男女有同等之遗传力，故有女即有后。

七、大声疾呼，唤起全民族组织一永久人口升降委员会，随时调查耕种土地面积之消长、生产技术之进退、生活程度之高下、容纳人口出路之多少，以改定人口升降之比例，公布全国，共同遵守。

视野开阔的陶行知还认为，控制人口不只是中国的当务之急，也是世界各国共同面临的紧急问题。他强烈呼吁当时还未走出世界经济危机的国际社会，对经济失控和人口失控并加深刻检讨，努力纠正物品和小孩的无政府过剩生产，使物品和小孩的增长共同归纳在一个“和谐的系统”之中，由此建立一个平等互助的世界。他把经济和人口的失控列为导致战争的两大祸源，是非常有见地的。既然解决经济和人口失控依然是当今世界各国政治家和社会活动家梦魂萦迴百计探求讫无最佳方案的课题，并且在今后漫长世代中人类仍将继续寻找反复论辩，那么，陶行知在30年代即把教育、人口、经济等问题同人类的命运联系在一起，无疑表现了一位关心国家和人类命运的大教育家的忧患深思，反映了他和国情与世情于一体的圆融开广。

（四）

以上几位思想家的人口理论，构成了中国近现代有关控制人口的一条基本链节。

洪、汪之俦，当属封建营垒中人，梁启超则为冲击这一旧垒的新兴阶级的思想代表，而30年代初的陶行知已开始迎受与梁氏所属阶级相对立更先进的思想理论了。尽管他们阶级不同、地位不同、经历不同、学养不同，却又殊途同归，共同致力于呼号国人严控人口，不消说，他们的理论并非完美无缺，科学与非科学并存，合理与非合理合体。但他们继承和发扬中国知识分子“先天下之忧而忧”的优良传统，本着对国家和民族高度负责的精神，以清醒的目光洞及当前察及未来，为子孙后代祛灾祷福，实为功德无量之举。

在近现代中国历史行进过程中他们的呼号实在太微弱了。在救亡御侮和阶级斗争两大主题之下，各种主义、各种口号、各种运动、各种事变，纷沓汹涌而来，震耳如雷。夺权、固位、革故、鼎新、安内、攘外、整军、经武、临民、治吏、征赋、救灾……它们无一不是军国大事，无一不待紧急优先处理。与之相较，百姓万民的男婚女嫁和添丁进口，在经天纬地的衮衮诸公眼中，那真是微不足道的民间芥末之事。他们或无意为之，或无暇为之，或罔屑为之。如此日积月累，司其“大”而不司其“小”，顾其“首”而不顾其“尾”，百年因循，蓦然回首，终于发现“小”事不小，竟然“尾”大不掉。

在近现代中国历史行进过程中，他们的呼号与当政者所思格格不入。且不说他们的意见与主张“广土众民”的君相相悖，就与辛亥以后革命领袖的权威言论也大相径庭。孙中山在中国历史上的奇功伟勋已有定论，但在人口问题上，他是坚决反对减少人口的。在逝世前所作的《三民主义·民族主义》这一重要论著中，他强调列强所以一时未能吞并中国，就在于他们人口较少，中国为避免亡国灭种，就必须增加人口与之抗衡。这一观点，在某种程度上，与毛泽东“人多好办事”、“人多热情高”的思想路线是一致的。他们共同把国力国势的强弱同人口的多寡等比起来了。

往车虽折，而来轸方遒。当世人忧念前程之时，重聆上述诸多被长期掩盖了的有关控制人口的智者的呼声，对我们每一个人来说，无异于一颗酸涩却又利津的刺莓吧?

[原载《炎黄春秋》1991 年第 3 期]

度尽劫波兄弟在
——黄兴与章太炎

黄兴和章太炎是辛亥时期的革命双柱，一为卓越的革命实行家，一为杰出的革命宣传家。他们轰轰烈烈的武功文业，成为彪炳史册的重要章节。而他们相交离合的复杂背景，又成为史家注目的争议要题。在作者看来，他们以共同的革命理想而相聚相合，复以不同的策略方针、处事原则和个人性格而相违相睽，最终又以求得共识而和好如初。彼此交情的起伏轨迹，整个镶嵌在辛亥革命前后十余年的历史背景中，蒙上了一层浓重的政治悲剧色彩。古语所谓“兄弟阋墙，共御其侮”，最能说明他们的关系发展，而“度尽劫波，兄弟情深”，又最能说明他们的关系归宿。

（一）

从年龄上说，1869 年出生的章太炎年长黄兴 5 岁，足以为兄。从传统文化的修养和涉足政事的经历上说，则早于师事著名学者俞樾并对维新运动作出积极反响的章太炎，也较黄兴先着一鞭，足为先进。当黄海海战的硝烟散去不久，黄兴尚在家乡的书院攻读应考时，章太炎已是颇有著述、称誉杭州诂经精舍的高材捷足，并加入强学会和参与《时务报》工作，成为变法救亡运动中崭露头角的年轻志士。

不过，湘越之间这两股伏流很快因汇入汹涌奔突的时代大潮而会合交流，泯去了起始时期相互的一点位差。

1898 年春，章太炎应湖广总督张之洞之邀，前往武昌帮办《正学报》。但他很快就在思想学术和政治问题上同张之洞及其亲信梁鼎芬发生激烈冲突，在鄂不过月余，便匆匆离去。黄兴即在是年从家乡选调到设在武昌并由梁鼎芬担任院长的两湖书院。作为一名普通学生，他未必详知章与张、梁大起冲突之事。

但作为梁的“得意门生”，他也许略晓梁对章的深恶态度。我们目前尚不知道黄兴在1898年对时局的见解，只知道入学年余之后，即1899年，他因西洋革命史和卢梭《民约论》等西方新学的影响，曾引发排满革命思想。他若知章被逐之故，那么，他必对被乃师诋为“心术不正，时有欺君犯上之辞”的章太炎心向往之，引为同志。

1902年，黄、章曾有一次面交的机会。这年6月，黄兴被选派官费赴日，进入设在东京牛込区的宏文学院师范科学习。章太炎则因“言论恣肆”被当局追捕，于同年2月底东渡，至7月离去，其间主要留居东京牛込区中国留学生公寓。双方不但在时间和地点上有相见的可能，而且在人事机缘上也有一定的中介条件。曾经与闻自立军起事之谋的黄兴，与唐才常、秦力山等结有深谊。唐牺牲，他为之痛悼；秦等事败出亡，他为之秘密饯行，并力劝他们放弃保皇的幻想。1900年所作《咏鹰》诗有云，“可怜此豪杰，岂肯困樊笼。一去渡沧海，高扬摩碧穹。”研究者常视为与秦等赠别相勉之作。章太炎也曾与闻自立军之事，但他不满唐等既排满、复勤王的矛盾态度，因有著名的割辫与绝之举。东渡后，他与放弃保皇立场的秦等人一见如故，结为同志。一面因秦之介，得与孙中山订交，相与讨论革命后的建都问题和土地问题；一面又因孙中山之助，得与秦等一批湘籍学生，于1902年4月26日共同发起“支那亡国二百四十二年纪念会”。尽管目前尚无材料表明黄、章是否因秦之介绍而握手于东京，但至少可断定他们在精神上是更加接近了。

1903年春，拒俄运动展开，黄兴出任军国民教育会运动员，回国策动革命。6月初归抵上海，从而目睹了随即发生的以章太炎为主角的《苏报》案。《苏报》自5月底章士钊出任主笔后，力行改革，鼓吹革命。从6月9日开始，《苏报》陆续刊载评介邹容《革命军》和章太炎《驳康有为论革命书》的文章和广告，复又发表《驳康有为论革命书》的主要部分。当局对此极为恐慌，密令查拿。6月30日，章太炎被捕，次日邹容自动投案，7月6日报社被封，从而引发了一场震动海内外的清末最大文字狱。案发前不久，因同乡同学之谊，黄兴与章士钊颇有来往，询有关报事甚详。报社被封后，彼此又“计划如何筹款”，先赴泰兴访龙砚仙，后至南京访江督魏光焘之子魏肇文。“旋折回沪，部署略定，乃同返长沙”①。龙氏为倾向革命之湘中巨族，访龙固为返湘后活动张本；魏光焘为

① 章士钊：《与黄克强相交始末》，《湖南文史资料选辑》（修订合编本）第1集，湖南人民出版社，1982年，第61页。

负责查处《苏报》案之大吏，访其新由日本归国之子，是否与救援章、邹有关？惜无信证，立此存照，姑待他日。随黄同归长沙者，章士钊外，还有张继。这样，爱国学社期间义结兄弟的四人，大章与邹在狱，小章与张赴湘。而随后，在狱者策动成立光复会，赴湘者秘密创建华兴会。彼此分头并进，共倡革命。这件事很具象征意义，表明了湖湘和吴越伏流的突起，也展示了黄、章二人的新起点。

此后，尽管革命工作繁重，黄兴未尝忘怀在狱者。1905 年 4 月，邹容死于狱中，沪上传闻为清吏毒毙。消息传到东京，引起留学生公愤。黄兴被公推主持调查事宜，旋派张继返沪调查。舆论压力终于迫使当局改善章太炎在狱待遇，章氏后来深感，“余之生，威之死为之也”①。其实，还可以补充说：章之生，黄等奔走活动为之也。

等到《苏报》案三年狱满，章太炎 1906 年 7 月东渡日本之时，革命形势也有了很大发展，进入而立之年的黄兴也在革命斗争中迅速成熟，作为一名职业革命家，他以自身的卓越才能和优秀品格被推为同盟会的第二把手，从而组成孙、黄领导轴心。而随后挟其《苏报》案盛名来此的章太炎，又理所当然地成为同盟会中仅次于孙、黄的第三号人物。原华兴会中黄兴的主要助手宋教仁，则以其干练精明、足智多谋而位列第四。从此，同盟会最高领导层的这一基本格局，就成为直接或间接影响中国革命和中国政局以及黄、章关系的一项重要因素。

章太炎此次到日本，如果说，孙中山以组织隆重的欢迎大会，宋教仁以殷殷造访促膝问学表示热烈欢迎，那么，9 月刚从南洋归来的黄兴，便特意组织了一次盛大的《民报》创刊周年庆祝大会。对于接手《民报》主编工作不久的章太炎来说，黄兴所为也许更切实际，恐怕与此有关。章主持《民报》十分尊重黄的意见。1907 年初，《新民丛报》招架不住《民报》的凌厉攻势，梁启超挽请黄兴的同乡友人、原华兴会成员徐佛苏出面调停，章、宋原欲同意所请，最终未接受。其中原因，据宋称，是孙中山“不以为然”，据章称，则是“克强不许”②。

---

① 章太炎：《狱中与威丹唱和诗》，《章太炎政论选集·上》，中华书局，1977 年，(威丹，邹容之字)，第 255 页。

② 分见陈旭麓主编：《宋教仁集·下册》，中华书局，1981 年，第 707 页；章太炎：《太炎先生自定年谱》1907 年条，见《章氏丛书》附录下，浙江图书馆校刊本，1919 年，第 11 页。

1906年秋冬之间，为适应革命发展的需要，孙、黄、章等共同制订同盟会《革命方略》。《革命方略》包括《军政府宣言》、《军政府与各处国民军之关系》等11个文件。这些政策性文件旨在防止各地政令不一、各自为政的现象，以备各地党人武装起义时使用。可以说，《革命方略》的制订是辛亥革命史上的一件大事，也是孙、黄、章共负领导之责的一重纪念。

一般可以这样认为，人们常常称述的同盟会上层领导成员间的矛盾纠葛，在1907年和1908年间，呈时张时弛、若隐若现状态，并没有激化。应该指出，在种种复杂的人事关系中，黄和章的忍让克制、相与调和起了一定的缓解作用。1907年2月，在著名的孙、黄关于国旗图式的争论中，章作为调停人与焉有力。据当事人回忆，这一争论“后经章太炎、刘揆一设法调解，暂搁其议”①。同年发生的孙、章为《民报》经费而生的冲突，乃经黄之调处劝解，方平息此次“倒孙风潮”。孙、黄全力从事南部起义未易为功，又引起宋教仁对此策略的强烈不满。1908年中，黄败归东京，宋不愿往见，并有“不杀孙、黄，大事不可就”之传言，使素来亲厚的黄、宋关系变得十分紧张。当此之时，章一面批评专注南方军事之不妥，一面又努力调解黄、宋关系，劝黄“谗间之言，何所不至，遁初诚狂，嫉君则未也”②，从而促使双方复交共事。

在接踵而来的《民报》封禁事件中，黄、章的团结斗争为彼此兄弟情谊添上了新的纪录。1908年10月10日，《民报》第24期刚刚出版，时值清政府派唐绍仪为中美联盟专使，道经日本，《民报》为文抨击，唐氏使驻日清使与日政府交涉，要求封禁《民报》。日政府惧中美联盟不利于己，乃允许所请，借口《民报》文字有激扬暗杀、破坏治安之嫌，即行封禁，以见好于清政府。于是就发生了黄、章、宋等共御其侮、反对封禁的斗争。

章作为该刊的发行人兼编辑人，断然退回由日本内务大臣和警察总监签发的封禁令，以示强烈抗议。接着，他又以“中国革命党”名义发表《报告〈民报〉二十四号停止情形》，并以英文单行本投寄各方，吁请世界人士予以同情支持。为了逼走章太炎以扫除封禁障碍，日本先以纵火报社相胁，继以资助章氏旅航印度相诱，复又通过玄洋社、黑龙会成员对黄、宋施压，试图使他们相信，

① 冯自由：《革命逸史》初集，中华书局，1981年，第18页。

② 章太炎：《太炎先生自定年谱》1908年条，见《章氏丛书》附录下，浙江图书馆校刊本，1919年，第13页。

章氏所为业已“失去日本朝野之同情”，还是“以劝章离开日本为得策”①。面对重重压力，尽管章与黄、宋在斗争策略和方法上不尽一致，前者较为激烈，后者较为稳重。但彼此在坚持斗争拒不屈服这一点上仍心心相通。12 月 12 日，东京地方裁判所判决《民报》禁止发行，对章氏处以罚款。次日，黄、章、宋等在黄兴住所举行了 3 个小时的会议，专就是否提出上诉和是否通过妥协退让谋求获准复刊问题加以讨论。与会者有鉴于日美协约已经成立，日本政府支持清政府的政策已经确定，“提出上诉，亦将无胜诉希望”。即使获准复刊，“只要刊载内容受到限制，便不可能公开宣传其主义与方针”②，也无实际意义。统一认识后，他们决定放弃上诉，另行设法在革命的舆论阵地上坚持斗争。

可以说，在 1909 年前，黄、章关系向前发展，处在推诚合作阶段。他们间良好的公私情谊，使得同盟会内虽有人事矛盾，却无太大内耗内损，革命力量基本上是健康发展的。而黄兴屡仆屡起发动起义，更与章太炎《民报》鼓吹宣传互相应和，一武一文，相得益彰。他们无愧为同盟会内的双璧，共同为推进革命事业作出了巨大贡献。

（二）

从 1909 年开始，黄、章关系转入不谐，相互指责攻击，矛盾公开暴露。这种情况一直继续到 1913 年初，成为辛亥革命历史上异常引人注目的事件，也给革命事业带来严重影响。读史者每阅至此，无不扼腕兴叹；治史者每论及此，无不俯首深思。

如同所有称得上历史事件的人事纠纷一样，黄、章交恶，有其形成发展过程，也有其是非曲直。

刘师培的挑拨离间，曾一度使黄对章产生怀疑。1907 年冬，章为从两江总督端方处谋取巨款，同刘师培、何震夫妇多次函商对策。刘、何时已秘密投靠端方，企图以端方出资助章赴印学佛为饵，诱使章氏脱离革命。此计未能得逞。为了离间黄、章关系，败坏章之名誉，他们又于 1908 年冬将章氏寄给他们的 6

① 日本外务省档案《〈民报〉关系杂纂》，乙秘第 1343 号《清国革命党员及其他人之谈话》。

② 日本外务省档案《〈民报〉关系杂纂》，乙秘第 1529 号《革命党主要人物之言论动态》。

封信印成照片寄给黄兴，并在附信中极力歪曲事实真相，诬称章早已“无心于革命”，说向端方谋款全系章氏主动，而自己则一直加以反对，设法从中破坏，方使此事未成。这一挑拨曾使黄兴信疑化半。他在同盟会总部召集秘密会议，专门对此进行讨论。结论是章之所以如此，固因其一时糊涂，“心神狂乱，宗旨不定，稍涅即淄”。为慎重起见，又同时议决保护性对策两项，一则刘之来信和照片，当“讳莫如深，不予公布”；二则以后同盟会凡有秘密事情，不再与章商量①。

章太炎背此“黑锅”整整半年之久，直到1909年夏刘、何叛徒面目暴露方才初步消释。但一波才伏，一波又起。接踵而来的“伪《民报》事件”，顿成黄、章交恶的起因。

《民报》被封以后，章曾多方设法以求复刊，但无论是迁往美国或其他地方继续出版，都必须筹集一笔相当可观的经费。他曾寄望于孙中山，但孙当时既无丰厚充足的财力，也无急切相助的心思。客观上，有限的经费主要被孙用作军费，用在安置云南河口之役后辗转遣送到南洋数百名起义军身上。主观上，孙的注意力确实不在东京本部，而拟在南洋另辟新基。所以他一再出面为新加坡倡办的《中兴日报》筹集资股，而对《民报》则甚为淡漠，确似有以前者取代后者的意向。于是，章又转而寄望于当时正在南洋活动的陶成章，希望他直接从南洋筹款成功，以助《民报》复刊。但陶在南洋奔走经年，所得无多。为此陶归咎于孙中山不予积极支持，反而“暗中设法播弄”。不久，又有传言入耳，说孙曾指称陶为“保皇党及侦探”②。积怒所致，陶等便利用同盟会章程有关总理四年改选一次的规定，在1909年8月四年到期之际，以川、广、湘、鄂、江、浙、闽七省同志的名义，提出一份《宣布孙文南洋一部之罪状致同盟总会书》，要求免去孙之总理职务并开除出会。陶在8月从南洋赶到东京，将此书交给黄兴。黄一面拒绝散发这些材料，极力解释种种误会；一面又与谭人凤、刘揆一联名致函李燮和等辩明真相，以促南洋诸人之反省。

几乎与陶回到东京的同时，汪精卫也跟踪赶来。据陶所称，汪之来此，“一为辩护中山，二则因南洋反对日多，欲再来东京窃此总会及《民报》之名，以

---

① 意公：《与章炳麟书》，《中兴报》1909年12月12日转载。

② 湖南省社会科学院编注：《陶成章信札》（修订书），岳麓书社，1986年，第2、13页。

牢笼南洋"①，在秘密筹备《民报》复刊过程中，汪故意排章于外，自行编辑出版了《民报》第25号，这就进一步激化了原有的矛盾。怒不可遏的章太炎撰写了《伪〈民报〉检举状》，印成传单广泛散发。在传单中，章借用陶等攻孙材料，称续刊《民报》为"假托恢复之名，阴行欺诈之实"。于是所谓"伪《民报》事件"腾于众口，成为孙、黄与章、陶关系急剧恶化的标志。

事态发展至此，争执双方看法不一。陶事后认为，在此过程中，为人"欺妄"的汪负有不可推卸之责，黄为其巧言所惑。汪"以术饵克强，遂不由公议，从以《民报》授之，以精卫为编辑人，由秀光社秘密出版，托名巴黎发行。东京同人概未与闻，为易本羲兄所知，告之章太炎先生，太炎大怒，于是有传单之发"②。黄、汪则认为，该负责任的是陶，章为其"谗言所中"，故有印发传单鲁莽之举③。

在冲突过程之始，黄兴曾做过不少调停工作。当这种努力失败之后，孙、黄决定反击，而黄兴则又充当了反击工作的组织发动者。他向孙中山保证，"至东京事，陶等虽悍，弟当以身力拒之，毋以为忧"④。为此，他作了多方部署。

首先，他以"中国同盟会庶务"的名义，发布《致美洲各埠中文日报同志书》，说明章等发往美洲、南洋各地之材料，决不代表同盟会总部之意，强调"近日奸细充斥，极力欲摇撼本党，造谣离间之事陆续不绝，同人可置之不理"，颇有影射暗示章等为"清政府侦探奸细"之意⑤。"太炎传单出后，克强屡使人恐吓之，谓有人欲杀足下，以破坏团体之故也。"同时，他又"函责太炎以晚节不终"，把当初刘师培寄给自己的照片，即章氏的6封信，交给《日华新报》发表。章不服，反唇相讥，"端方请其入幕，并派湖北人吴坤往天津谒端方，意欲何为?"章并作"辩书一纸，将以付印"⑥。

黄兴"以身力拒"，从而群起相随。在孙、黄掌握的报刊上掀起一阵攻章浪

---

① 湖南省社会科学院编注：《陶成章信札》（修订书），岳麓书社，1986年，第9页。

② 湖南省社会科学院编注：《陶成章信札》（修订书），岳麓书社，1986年，第29页。

③ 《启事》，《民报》第26号，1910年2月。

④ 湖南省社会科学院编：《黄兴集》，中华书局，1981年，第10页。

⑤ 湖南省社会科学院编：《黄兴集》，中华书局，1981年，第11页。

⑥ 湖南省社会科学院编注：《陶成章信札》（修订书），岳麓书社，1986年，第29～30页。

潮。“满洲鹰犬”、“出卖革命”、“中国革命党之罪人”和“《民报》之罪人”等帽子，一一落在章氏头上，章氏昔日革命经历及其主办《民报》之功，在只图一时之快的反击中被全盘否定了。

平实而论，尽管在攻讦中双方都使用了极为尖锐的刺目伤心之语，但作为两造之一的黄兴还是表现了一定的理智和大度，对章太炎仍有所护惜顾全，这在他当时写给孙中山的有关信中可以看出。他对章、陶有所区别，认为此次风波所起，陶为主动，章为附从，章为对陶“表同情者”，发布《伪〈民报〉检举状》也是陶之“运动”所致，故而虽然章名高于陶，信中仍多称“陶章”或“陶等”云云。据此，他向孙建议对章态度可以有所宽容，“不必与之计较，将来只在《民报》上登一彼为神经病之人，疯人呓语，自可不信”①。

然而，同盟会在组织上还是无可挽回地出现了分裂现象。1910 年 2 月光复会正式宣告重立，章、陶分任正副会长，孙中山因此次冲突引发对党务的深刻不满，而有改名另作之意。1910 年 2 月下旬在旧金山，他将新立的同盟分会改称“中华革命党”，将原同盟会誓词也改为“废灭鞑虏清朝，创立中华民国，实行民生主义”，加盟者署称“中华革命党党员”。孙置同盟会“党务于不议不论”的消极冷淡态度，又引起宋教仁、谭人凤等的“大不慊”，于是遂有组织中部同盟会之议。当年 9 月，谭以此议专赴香港征求黄兴意见，“及晤时，克强无别意见，惟谓须有款项方可”②。用章的话来说，这一情况表明了党内关系“东京与南洋声闻转疏”，也表明了“孙、黄异议”③。

但组织上的分立毕竟不等于政治上的分道，只要分立的几个组织在坚持革命的大目标上仍然一致，大敌当前，重任在肩，便有冷静下来消释意气的可能。当此之际，如若有人出而调处串连，仍不难重新组成政治上的合力。黄兴凭其在党内的地位声望，与党内各派的较好关系，孙信任他，宋、谭等尊重他，章、陶等仍对他抱有相当好感，实为当时最合宜的调停人。而他又适时地通过筹划广州起义这一大事，与光复会共事合作，赢得对方心服。李燮和“欣然从之”，原光复会员赵声（伯先）作为黄兴主要助手领导此役。陶成章则不但对此颇为

---

① 湖南省社会科学院编：《黄兴集》，中华书局，1981 年，第 10 页。

② 谭人凤：《石叟牌词》，甘肃人民出版社，1983 年，第 81 页。

③ 章太炎：《太炎先生自定年谱》1910 年条，见《章氏丛书》附录下，浙江图书馆校刊，1919 年，第 13 页。

乐观，“数言克强得伯先，事或可就”①，而且专程返沪，谋在江、浙发动起义以为响应。在合作过程中，陶终于向本派成员表示，“孙文以后不必攻击”，“即意见不同，宗旨不合者，辩正可也，不辩正亦可也”，“即个人私德有缺陷者，亦不可多加攻击”②。可以说，通过广州起义的准备工作，黄兴成功地初步弥缝了党内的分立。

（三）

武昌首义为黄、章重归于好提供了一个绝好的机会，可惜彼此政见不一，格格不能相合，再度在扑朔迷离的历史转折关头失之交臂。

纵观武昌首义到民国成立的两个多月中，黄、章政见每每凿枘，大略言之，分歧有四。

分歧之一，革命党应否消亡。

在汉阳保卫战艰苦进行之时，黄兴戎马倥偬，还念念不忘发展革命党势力。为此，他特向刚刚回国的章太炎“以扩大同盟会远询”。章却认为，只有广泛团结革命军旗下的各派力量，才能发展革命事业，有利于组织一个统一的联合政府。而“扩大同盟会”将欲“以一党组织政府”的做法，不利于团结各派力量。因此，他“以‘革命军起，革命党消’告之，克强未纳”③。同年12月2日，章又致电在汉口新当选为各省代表会议临时议长的谭人凤：“革命军起，革命党消，天下为公，乃克有济。今读来电，以革命党人召集革命党人，是欲以一党组织政府。若守此见，人心解体矣。诸君能战则战，不能战，弗以党见破坏大局。”④ 章太炎不懂得，在当时革命与反革命力量相峙不下的形势下，没有一个强有力的革命党作为中坚和核心，就不可能真正实现各派力量的联合和团结。“革命军起，革命党消”的口号反倒在革命队伍内部增加了思想混乱，难怪孙中

---

① 章太炎：《太炎先生自定年谱》1910年条，见《章氏丛书》附录下，浙江图书馆校刊，1919年，第14页。

② 湖南省社会科学院编注：《陶成章信札》（修订书），岳麓书社，1986年，第55页。

③ 《民国光复》，汤志钧编：《章太炎政论选集·下》，中华书局，1977年，第843页。

④ 《神州日报》1911年12月4日。或天津《大公报》1911年12月12日，转引自朱维铮等编：《章太炎选集》，上海人民出版社，1981年，第519页。

山一踏进国门，首加痛驳的便是这一口号："此不特不明乎利害之势，于本会所持之主义而亦瞢之，是儒生阘茸之言，无一粲之值。"①

分歧之二，军事上是否援鄂。

11月27日，汉阳失守，黄兴乘轮离鄂。12月1日，黄兴在上海与章太炎、陈其美、程德全等讨论当前军事行动的部署问题时发生争议，焦点则在是否援鄂问题上。黄兴主张进取南京，以为北伐根据，对援鄂态度比较消极。章太炎则主张尽快攻占南京，援助武昌。据章记述，在会上彼此的争论如下："余言江宁即下，当为援鄂计。克强称武昌绝地，赴援无益，不如北伐便。余言天时向寒，南军无裘褐，且兵寡，不能与北军相当，终当援鄂以固根本。闻汉阳破时，炮弹及武昌督府，然石屏等以独力支柱，军心不携，焉有委弃理。克强不可。"② 黄兴不欲援鄂，当与有见于武昌的军事形势和那里内部复杂的派系关系有关，是亲历者的直觉直感。章太炎力主援鄂，主要是考虑到轻易放弃武昌将会造成严重的政治影响，是旁观者的利害分析。但双方在北伐问题上并未分歧。章太炎认为攻占南京后，"进师北伐"与"派兵援鄂"同为必需③。因此，12月1日，他又公开发表宣言，要求各地革命军"急于秣马厉兵，刻朝北伐"④。

分歧之三，临时政府设置地点问题。

有关这一直接关系到各派政治力量切身利害的重要问题，从一开始就有武昌和上海两种对立意见，为此出现了各省都督府代表分赴上述两地的特殊情况。章太炎是力主武昌的。12月1日，他发表宣言，"上海政府之说一成，则援鄂之心自懈。武昌不守，江左其能安乎！"⑤ 次日，南京光复的消息传来，章应邀与黄、宋、陈其美、程德全、汤寿潜等共商临时政府地点，发生争论，"迄无成议"。黄力主设于南京。而章则坚持"以武昌为都城，以金陵为陪都"，其理由仍如前述，"若曲循金陵之议，援鄂之心必懈，冒昧之策必生（谓大举北伐），其祸将不可解也"。他希望自己的主张得到与会者的支持，但宋"斟酌其间，不

---

① 孙中山：《中国同盟会意见书》1911年12月30日，中国社会科学院近代史研究所中华民国史研究室等编：《孙中山全集》第1卷，中华书局，1981年，第578页。

② 章太炎：《太炎先生自定年谱》1911年条，见《章氏丛刊》附录下，浙江图书馆校刊本，1919年，第16页。

③ 《时报》1911年12月12日。

④ 汤志钧编：《章太炎政论选集·下》，中华书局，1977年，第528页。

⑤ 汤志钧编：《章太炎政论选集·下》，中华书局，1977年，第528页。

能谈论”，程、汤虽有主鄂之意，却又“唫口结舌，不敢坚持”①。为此，他十分恼火。主武昌的意见既得不到大家支持，复因武昌军事形势十分严峻的现实状况，定都南京的意见最后占上风。

分歧之四，临时政府的首脑人选问题。

在南京光复前，章认为临时政府的首脑只当称元帅，不应称大总统，因正式大总统必待革命成功后方可选出。环视国内，品藻时贤，他主张由黎元洪和黄兴分任正副元帅，再由他们“委任内阁总理，总理组织内阁各部”。在他心目中，宋教仁是理想的总理人选，而汤寿潜、蔡元培、张謇、伍廷芳等可分掌邮传、教育、财政、外交诸部②。南京光复后，12 月 4 日，苏、浙、沪三都督邀集各省留沪代表召开紧急会议，商讨大元帅人选。据章称，会上“克强欲自为大元帅，代表多屈从之”，自己则坚持旧议，期期以为不可。“余言克强功虽高，已受黎督委任为汉阳总司令，不得以部将先主帅；且前已推武昌为中央，焉得背之?”③ 但他的意见未被采纳，经力争，黎方被推为副元帅。议罢，又有人继起反对黄兴，扬言将“举兵攻兴”。黄又让大元帅于程德全，而并无实力的程则更不敢受。在此过程中，各方反应纷扰。黎于 12 月 7 日通电反对黄兴为大元帅，聚集汉口的代表也在同日议决，上海代表所定元帅与副元帅无效。12 月 17 日，汉口代表东返，在南京复议此事时，“主黄者犹未屈”，引起浙军不满，武力终于左右选票，终推黎为大元帅，黄为副元帅，而以武昌形势紧迫，由黄在宁组织内阁。不久，随着孙中山回国，公议孙、黎分任正副总统，方才结束了这一场争执。

应该指出，这一阶段双方尽管政见不一，但在私交方面则较前有所修复。豁达大度的黄兴十分注意在细节上与章处好关系。在南京光复后给前敌指挥三个联名贺电，都由章领衔，黄则居后，这恐怕不是偶然的。而黄兴在黄花岗之役舍生忘死的英勇事迹和临危受命指挥汉阳保卫战，无疑也给素重革命道德的

---

① 章太炎：《致赵凤昌书》1911 年 12 月 3 日，转引自汤志钧编：《章太炎年谱长编（1868—1918）》，中华书局，1979 年，第 365～366 页。

② 汤志钧编：《章太炎政论选集・下》，中华书局，1977 年，第 527～529 页。

③ 《太炎先生自定年谱》1911 年条。按：据各家记载，推举黄兴为大元帅，主要是陈其美等人的意见，黄兴则力表反对。陈其美的理由是：“大元帅责任重大，关系全国，方今北虏未灭，军事旁午，非有卧薪尝胆之坚忍力者，不足以肩此重任，故其以为舍克强先生无当此者。”（《辛亥革命在上海史料选辑》，上海人民出版社，1966 年，第 937 页）章太炎说“黄兴欲自为大元帅”，不确。——编者。

章太炎以良好的印象，有助于改变此前的恶感。正因为此，他在归国之后希望早早与黄兴会晤的心情很迫切。11月底，他在南京尧化门前线视察军情的归途中，得到黄兴从鄂东下江途经镇江的消息，就有意在镇江“留待之，舟过，遣同志往候”①。在他公开发表的函电中，称孙中山为“孙君”，黄兴则被称为“黄公”，一字之差，清楚表明他对孙、黄的不同评价。故而在临时政府首脑人选上，他也取黎、黄而舍孙，委婉地说孙“长于议论，此盖元老之才，不应屈之以任职事”②。证以胡汉民回忆当无误：“章尝倡言，若举总统，以功则黄兴，以才则宋教仁，以德则汪精卫。”③ 在章氏心目中，黄兴毕竟是同盟会内首屈一指的领袖人物。

(四)

但是，南京临时政府成立后，风云变幻的政局顿使双方政见分歧加深加剧。在一系列重大问题上，他们的意见对峙不下，成为民初政治生活中屡屡引人注目的焦点。

对峙之一，关于改历问题。

1911年12月25日孙中山返国抵沪后，经同盟会最高干部会议议定组织临时政府方案，黄、宋等遂于27日赴宁落实，向各省代表会议提议三事：一、改用阳历；二、改为中华民国纪元；三、政府组织取总统制。经讨论，一、二项并为一案，全体通过。12月31日，黄分电上海于右任和陈其美，通知改用阳历及明日为中华民国正月一日，要他们公布于众④，改正朔，除旧布新，在历法上予全体国民以耳目一新之感，这本是新政权建立必行之事。对此，精治史学的章太炎知之甚明。他也认为阳历使用方便，“便于从事”。但他仍批评黄等改历为“不合法制”。他认为“政改人民所用之旧惯，非民选议员，不得有决议之权”。同时，有其议而不颁历书，民间也“断难遵行”⑤。过了几天，他又再次

---

① 章太炎：《太炎先生自定年谱》1911年条，见《章氏丛书》附录下，浙江图书馆校刊本，1919年，第16页。

② 汤志钧编：《章太炎政论选集·下》，中华书局，1977年，第527页。

③ 胡汉民：《胡汉民自传》，中国社会科学院近代史资料编辑组编：《近代史资料》，1981年第2期，第54页。

④ 湖南省社会科学院编：《黄兴集》，中华书局，1981年，第98页。

⑤ 章太炎：《宣言十一》，《大共和日报》1912年1月8日。

对这种“一议改历，未尝问民俗循行便安与否”的做法提出批评①。

对峙之二，关于总统制问题。

在筹建临时政府过程中，同盟会领导层对于政权组织形式问题曾发生过争论。众所周知，孙主张实行总统制，宋主张责任内阁制。黄在南京各省代表讨论这两种意见时，坚决支持前者，“经黄兴剀切说明提案理由后，多数赞成总统制”②。章太炎的意见与黄不同，介于孙、宋之间而又倾向于宋，他公开表示，“君主世及之制既亡，大总统遂为相争之的，不速限制，又与专制不殊。唯有取法人，使首辅秉权，而大总统处于空虚不用之地”。也就是说，他主张实行责任内阁制，而不取总统制，“然今日人情偏党，省界亦深，政党未成，一人秉钧，其乡人又连茹而至，草创之初，诚无善术矣”。也就是说，照搬法国之制也不行。总之，“法、美两制，皆不适于中区”③。中国若“横取他国已行之法，强制此土”，便有“朝夕崩离”之患，唯有“因地制宜，不尚虚美”，方能建立适合国情的政权组织形式。当临时政府最终取总统制后，章太炎牢骚颇盛。作一《时评》，文仅30余字，心声悉在。“临时政府成立以来，宪法未定。内阁既不设总理，总统府秘书长，乃真宰相矣。”④ 对于黄兴之权特重，“虽无内阁之名，实各部之领袖也”⑤，他更为不满。当传闻黄力主总统制有自谋总理之意时，他终于忍耐不住专函责孙，以至孙中山力为辩解：“以先生之明，犹谓克欲谋总理，冤汪［枉］如此，谁与为辩……其厌事如此，焉有为总理之心事，更安有求总理而变乱大计，强无为有，如来书所云者。”⑥

对峙之三，关于抵押汉冶萍问题。

临时政府成立后，府库空虚，财政竭蹶，而支付军饷和整军北伐又需款项。

---

① 章太炎：《先综核后统一论》，1912年1月11日，汤志钧编：《章太炎政论选集·下》，中华书局，1977年，第550页。

② 李翊民等编：《居觉生先生全集·下册》，编者印行台北，1954年，第530页。

③ 《与张謇论证书一》，汤志钧编：《章太炎政论选集·下》，中华书局，1977年，第540页。

④ 汤志钧编：《章太炎政论选集·下》，中华书局，1977年，第548页。

⑤ 胡汉民：《胡汉民自传》，中国社会科学院近代史资料编辑组编：《近代史资料》，1981年第2期，第57页。

⑥ 中国社会科学院近代史研究所中华民国史研究室等编：《孙中山全集》第2卷，中华书局，1982年，第121页。

黄身为陆军总长兼参谋总长，为此忧虑万分，罗掘俱穷。日本垄断财团乘机以借款为饵，通过当时逃亡日本的汉冶萍公司总经理盛宣怀转达黄兴，以中日“合办”该公司为条件，借款给临时政府。在孙、黄同意下，很快签订草约。草约规定汉冶萍归中日合办，集股3千万元，中日各半，由公司转借500万元给临时政府。消息传出，举国哗然，各方反对甚烈。章氏为得讯较早者，2月上旬他即致书孙中山，表示坚决反对。孙复函备述苦衷，为筹军饷，不能“坐视克兄之困”，而有此“急不择荫”之举①。章复申理力劝，在各方舆论影响下，孙、黄意识到把借款与“合办”连在一起互为条件之不妥，也看到了事态发展的严重性，2月18月咨文参议院，毅然废除草约。这一事件处理比较得当，双方也都较满意。孙致函章，对其督责表示感谢：“公情私谊，两深感荷，盖不止监督而维护之也。”② 章则对取消“合办”之举，“甚佩卓见”③。所以，后来《太炎先生自定年谱》追忆此事，口气也是平实称允的，“余遂上书请速废约……往复数四，卒得请而废约”④。

对峙之四，关于建都地点问题。

孙中山2月13日向临时参议院推荐袁世凯以自代的辞职咨文中，所附三条件之首项即是“临时政府地点设于南京，为争省代表所议定，不能更改”。章却于同时发表《致南京参议会论建都书》，力陈建都北京为是，而设南京则有“五害”。由于章氏论析并非无稽之谈，具有相当说服力，参议员当时多受其影响，遂使次日表决建都地点时，28票中主北京者达20票。孙、黄得讯异常震怒。孙以咨文交令复议，黄尤怒不可遏，态度强硬。在孙、黄干预下，2月15日，参议会复议，终以19票对8之多数，决定仍建都南京。章十分不满这一“翻案”，致电参议会，要求坚持原议，不使“立法为行政所侵，不能保其独立”的“恶例”因此而开⑤。但孙、黄此番似不想与章正面发生争议。所以孙委婉劝章：

① 中国社会科学院近代史研究所中华民国史研究室等编：《孙中山全集》第2卷，中华书局，1982年，第86页。

② 中国社会科学院近代史研究所中华民国史研究室等编：《孙中山全集》第2卷，中华书局，1982年，第120页。

③ 章太炎：《致孙中山电》，《民立报》1912年3月7日。

④ 章太炎：《太炎先生自定年谱》1912年条，见《章氏丛书》附录下，浙江图书馆校刊本，1919年，第18页。

⑤ 《公电》，《民立报》1912年2月12日。

"主南主北，各有理由，公等所持大都系永久之说，此自可俟将来国民会议之。"① 黄则选择主北说却又以自己很有交情的苏州都督庄蕴宽和李书城为驳难对象，采用了指庄驳章的迂回战术，然而章太炎却并不领情，他硬是以论敌身份披挂上阵，指名道姓要与黄兴论战，2 月 24 日，黄兴《为主张建都南京驳庄蕴宽等电》刚刚发表于《民立报》，他随即发布《驳黄兴主张南都电》，洋洋洒洒指陈黄电中"不合者有三"，"应驳者有六"，所谓驳庄理由"无一可以成立"②。

对峙之五，关于国民捐问题。

袁世凯继任临时大总统后，即大借外债。黄兴则在南京临时政府撤销后担任留守，办理政府机关结束事宜和接收管理驻宁军队。由于经费支绌而又各方牵掣，陷入困境。4 月 29 日，他致电袁世凯，条陈劝募国民捐及组织国民银行，用以抵拒借用外债。对此，手腕圆滑的袁很快复示：南方富庶可以倡办，北方贫瘠不能不借外债，即请黄筹办国民捐以供留守府所辖军队粮饷。章此时已寄望于袁，所以，对袁之借用外债则力为辩护，而对黄之国民捐则力为反对。6 月 5 日，他发表《论国民捐之弊》，称"国民捐不期于勒迫，而勒迫必自之生"，桀黠者以此为"勒捐"地步，将使"舁卒得以骚扰，巨猾遂其诈欺，财入私囊，无益国家经费"。形成鲜明对照的是对袁大借款曲为之说，"夫借债之弊，不过使外人稽核借款内之用途，犹未至于监督全国之财政。岁终收入，尚可抵偿，稽核立去，其弊固未甚也。勒捐之弊，乃使税无可收"③。

在以上对峙中，章氏所言所行常为论者所非，或贬之为右倾妥协，或讥之为政治倒退。其实，章氏意见未可全非，其中不乏合理因素。他从自身政治和文化修养出发对国情的特殊理解，他之尊重立法的独立性和严肃性，强调民主的程序性和现实的可行性，都不是可以简单地一概而论并一斥了之的。正因为在他的意见中，真理与谬误并存，公心与私见兼有，并非无理取闹，才在当时赢得一定的舆论同情，使得对峙的双方也不能不慎重待之。

还须指出，以上对峙都发生在民初光复会与同盟会的严重"轧轹"背景之下。1912 年 1 月 14 日，陶成章在上海被陈其美派人（有说是蒋介石）刺死。在

① 中国社会科学院近代史研究所中华民国史研究室等编：《孙中山全集》第 2 卷，中华书局，1982 年，第 121 页。

② 汤志钧编：《章太炎政论选集·下》，中华书局，1977 年，第 569 页。

③ 汤志钧编：《章太炎政论选集·下》，中华书局，1977 年，第 603～604 页。

广东，则同时发生陈炯明枪杀光复会领袖的事件。为此曾激起章太炎的严重抗议，致书孙中山要求制止并彻查此类事件。时人论陶之死，认为对章和光复会都是一大打击。“炳麟失其谋主，燮和无与提挈，光复会于是无能为役矣。”①从政治力量的变化来说，这一观察无疑是准确的。本文认为，还应充分估计这一事件对章太炎政治心理失衡所造成的影响。可以说，痛失“谋主”的忿懑不平之心，一旦发为政见，其表异于孙、黄，几乎完全是必然的。

从总体上看，这一回的黄、章交讧，在气度上，章颇逊于黄。章之攻黄，可谓不遗余力。随着他与袁关系的密切，从1912年6月开始，与黄的关系也越发转坏。南京留守府撤销后，黄兴解职退居上海，并有东渡日本的打算。章知此意后，竟致书于袁，说黄“欲乘桴东游”，系“外有国交，内招日本留学诸生，为其羽翮”，此行得果，则“人望渐归，势能复振”。为此，他建议袁一面礼遇前清“南方大吏”，一面大力“抚慰”留日学生，“不可留以资敌”②。这封信显然已站在袁的一方，而以“敌”视黄等人了。当年9月，黄兴与陈其美应袁之邀进京。17日，共和党设宴欢迎，邀章作陪。章却公开发麦《却与黄陈同宴书》，表示割席断交之意，从而为民初以来的彼此关系作一小结。这封信有灌夫骂座之姿态，少“费厄泼赖”之精坤，除痛骂黄兴“招募无赖，逼处金陵，兵无伍两，供饷巨亿，身虽辞职，而江南脂膏，自此垂尽”，还用上了“匪”、“民贼”、“捕逃跳梁”等不堪入耳之词③。也许这些毒言正是章氏对自己所身受的口诛笔伐的一种回敬。因为我们不能忘记如下事实：当时同盟会系统的报刊加诸章氏的恶语，如“丧心病狂，为人不齿”、“狗彘不食”，“蟊贼”、“败类”，以及旧事重提称其投靠端方做奸细等，足与他加于黄兴者铢两悉称。

对比之下，黄之待章，显见留有余情。检阅该时期他的文字材料，我们未曾发现攻击之词。倒是陶成章被刺后，在致陈其美电中，他除痛悼陶氏并要求缉凶严究外，更明确命陈“设法保护章太炎君为幸”④。尽管章太炎并不领情，

① 钱基博：《辛亥江南光复实录》，中国史学会主编：《中国近代史资料丛刊·辛亥革命·七》，上海人民出版社，1957年，第60页。

② 《上大总统书》1912年6月，汤志钧编：《章太炎政论选集·下》，中华书局，1977年，第612～613页。

③ 汤志钧编：《章太炎政论选集·下》，中华书局，1977年，第622～623页。

④ 湖南省社会科学院编：《黄兴集》，中华书局，1981年，第103页。

仍然怒气冲天，把黄、陈等视为朋奸，“见斯电，知二竖之朋比为奸，已发上冲冠矣”①，但黄兴护持之意始终不变。当章与孙、黄政见分歧越来越明显时，同盟会内有人“以其所反对者，乃国利民福也”，“欲暗杀”，又是黄兴出面“抑止之”，并通过章氏得意门生黄季刚把这一信息转告。尽管章太炎仍不领情，借公开复书黄季刚，继续攻击黄兴此举为“恫疑虚愒”②，但黄兴对章依然不变其宽厚之心，雅渊之意。

黄兴为何此番对章如此容让？

1912 年 5 月，黄兴慨叹太平天国领导集团内讧的那次谈话，充满忧患焦虑之情，似可用来解释他对章（也包括在此前后对孙中山等人）一再容让的原因：“……看到太平天国自金田起义之后，起初他们的弟兄颇知共济，故能席卷湖广，开基金陵。不幸得很，后来因为他们弟兄有了私心，互争权势，自相残杀，以致功败垂成，我读史至此，不觉气愤腾胸，为之顿足三叹。……我取名轸字，就是前车既覆，来轸方辙的意思。也就是我们革命党弟兄，不要再蹈太平天国兄弟覆辙的革命要件。”③ 在这里，相距半个多世纪的两次性质不同的革命运动，由“席卷湖广”而“开基金陵”的胜利途径同，革命势力受强大的“北廷的严重威胁同，革命队伍内部意见纷纭互相摩擦同。前车覆，后车诫。在虎踞龙盘的石头城内会不会重演一场“互争权势，自相残杀”的历史悲剧，它不能不激起黄兴的瞿然惊觉和深刻忧虑。努力克服业已显露的内部轧轹，包括同章太炎的争歧，务使“来轸方辙”，径赴民主共和的理想之域，也就不能不成为黄兴全心全力所注之事。

同年 9 月 17 日，黄兴在上述那次共和党欢迎宴会上的讲话，充满“费厄泼赖”精神，又似可用来解释他对章一再退让的近因。“彼此均以国家为前提，尚有何事不可商榷。盖讨论政见与党派毫无关系，即同党人亦往往有因政见之不同而生差异者。且党员政见不贵苟同。政治本无绝对之美观，政见即有商量之余地，如贵党以为是，敝党以为非者，一经平心讨论，贵党所主张果属可行，

---

① 汤志钧编：《章太炎政论选集·下》，中华书局，1977 年，第 623 页。

② 《与黄季刚书》1912 年 4 月 14 日，汤志钧编：《章太炎政论选集·下》，中华书局，1977 年，第 596 页。

③ 《与李贻燕等的谈话》1912 年 5 月，湖南省社会科学院编：《黄兴集》，中华书局，1981 年，第 211～212 页。

则敝党必牺牲党见而赞同之。……盖彼此均以国家为前提，只求真理，固无丝毫成见于其间也。”① 在这里，相信政见不同为正常之事，相信只要彼此都可以国事为重，将来必有商榷求同，消除成见，“携手同行，共谋福利”之一日。这一番恳挚的活，宛如专对拒绝赴宴的章太炎而说，它足使我们遥想起千载以前蔺相如不愿与廉颇发生冲突决裂时所说的那段感人肺腑之言。只不过20世纪新演的“将相和”一剧，“将”、“相”的角色身份恰好作了对调，而彼此由分道扬镳转为“携手同行”，尚有待经历一场严酷事变的考验。

（五）

从1913年初开始，黄、章关系渐趋和谐。袁世凯政治面目的日益暴露，使章太炎由寄望变为失望，对孙、黄则渐由表异转为表同。显然，章太炎政治觉悟的提高，为黄、章关系的修复提供了基本的必要条件。

口无遮拦的章太炎曾对袁世凯政府在内政和外交上的种种设施提出过批评。1912年12月，他又发起了一个“根本改革团”，主张继续推进“政治革命”。虽然所谓“根本改革”不外为请袁淘汰阁员、任用良吏，但它毕竟表明章、袁之间在政治上已生歧异。于是，既示羁縻，复求耳根清净，袁在年底为章安上一个有名无实的“东三省筹边使”的虚衔，“投畀有北”去了。章一度欲在东北有所作为，施展平生抱负，却处处受到掣肘，“奉职亦不获称，困辱随之”②。在困辱之中，对当时黎、黄抵拒袁军的追念之情油然而生。1913年2月所作《熊成基哀辞》认为，光复会骨干熊成基若非遇害过早，则武昌首义后必将“率义夫以奖大顺，虽与黎、黄二公鼎足而三可也”③。不过半年，黄兴在他笔下又从“匪”，戏剧性地直接升格为“公”。这就预示黄、章关系很快就会出现新的转机。

当年3月20日，宋教仁在上海车站被刺。宋为黄、章共信互爱之人，他之突遭大故，顿时成为黄、章迅速弥合嫌隙的一大动因。与黄兴在沪为揭露宋案

① 湖南省社会科学院编：《黄兴集》，中华书局，1981年，第211～212页。

② 《东三省政要序》，章炳麟：《章太炎全集·四》，上海人民出版社，1985年，第206页。

③ 汤志钧编：《章太炎政论选集·下》，中华书局，1977年，第632页。

真相而奔走努力相呼应，远在东北的章太炎则对袁政府表示极大怀疑："宋案恐有指使，法吏鞫囚，必不能水落石出。"① 随着宋案真相大白于天下，章太炎终于从对袁的幻想中幡然觉醒，开始认识革命党人重新联合的必要。为此，他呼吁"取各党中革命人才纠合为一"，而各党联合尤以己所涉足的共和党和国民党的联合为最要。因为前者"中坚尚是革命健儿"，后者"亦尚有真革命党"，两党"他日首魁相处，能复旧交，则或容和合耳"②。

这一政治转向，当然受到孙、黄欢迎。当他 4 月 7 日借故离开长春任所到达上海后，国民党总部在欢迎通告中，把"革命先觉，民国伟人"的桂冠重新送回给他③。在 4 月 23 日的欢迎会上，陈其美致词又称他"学问道德皆高尚纯洁，四万万人仰为泰山北斗"。他则在即席答词中，以负疚的心情比较南北政治问题，表示"若坐视腐败专制之病常存留中央，则民国共和终成梦想。故今日吾革党对于建设民国一问题，当仍以猛进的手段，循文明的步调，急求破坏专制恶根，拼命力争共和二字，此后方有建设可言"④。口称"吾革党"，宣言专治"存留中央"之"腐败专制之病"，章太炎的政治态度是比较明朗的了。

这一政治转向，自然又受到袁世凯的密切注意。5 月 25 日，袁发布命令，授章以"勋二位"，以图笼络。5 月底，章经武汉回京受勋。在总统府，他曾以黄兴的政治动向为契机，与袁相辩。据载，袁问黄兴近况："克强意如何？"章答："遯初之死，忧惧者不止克强一人。"袁曰："报纸传克强欲举兵，称为遯初复仇，何诬谬如是？"章立即回击："南方报纸亦传公将称帝。道听途说，南北一也。"袁即辩解，说自己不敢实行帝制。章则以亦诚亦讽的口吻直言相告，当头棒喝其称帝迷梦。这一席放言无忌之谈，直说得袁世凯无可再言，"默然，两目视余面，色悻悻。时辰钟过三分，乃曰：明日来受勋耳"⑤。在京期间，他还在接见各报记者时，极力为孙、黄作辩，以正视听，并委婉表明自己与孙、黄对国事的看法渐趋一致。所有这些，当然更使袁世凯恼恨不已。

---

① 《长春筹边使对于宋案之公言二》，《民立报》1913 年 3 月 26 日。

② 《致伯中书一》1912 年 4 月 9 日，汤志钧编：《章太炎政论选集·下》，中华书局，1977 年，第 644～645 页。

③ 《欢迎章太炎先生》，《民立报》1912 年 4 月 23 日。

④ 《国民党欢迎会记》，《民立报》1913 年 4 月 26 日。

⑤ 《太炎先生自定年谱》1913 年条，见《章氏丛书》附录下，浙江图书馆校刊本，1919 年，第 22～23 页。

章太炎这次进京，只住了一星期就又南返上海。6月8日在国民党上海交通部举行的欢迎茶会上，他检讨一年多来的政治："所最堪叹息者：一、民党当日不应退步，遗留腐败官僚之根株；二、民党不应互相猜忌，争先利用不良政府，使彼得乘机利用政党，此民党失败之总因。今日追悔，亦属无益。就民党这一方面说，唯有化除意见，联合各省起义同志为一气，合力监督政府，终有改良政府一日。"① 与此同时，他在写给友人的信中也说，袁"于革命党人无不忮忌，非迁就即能幸免也。……黄克强近在穷蹙，兄所以愿与往还，亦寓扶持之意"②。正是基于这样的政治分析，章太炎决定了自己今后的出处。如果说，6月15日章太炎与汤国梨举行婚礼，孙、黄等盛服往贺，标志彼此感情重趋融洽，交好如初。那么，6月18日章致电袁世凯请辞筹边使之职，电文所谓"生死之分，一听尊裁"，可视为义无反顾地与袁决绝的宣言书。

在解决"宋案"的基本途径上，众所周知，孙中山要求起兵讨袁，主"武力解决"，黄兴有鉴于军事实力不足，要求凭借法律揭露并孤立袁世凯，主"法律解决"。章太炎则主"政治解决"，即要求利用正式大总统选举的机会，联合各派反袁力量，揭露其罪恶以造成其政治上的劣势，被迫退出总统竞选。大略言之，黄、章意见相对接近，因而在实际行动上也多有一致相商之处。其主要表现则为，他们共同寻觅实力人物作为反袁的要着。环顾国中，章独留情于黎元洪，希望他能应时奋起，"厉兵北向。请诛罪人，以为南方指导"，然后求得"政治解决"③。5月武昌之行，章之本意即在劝黎反袁。在这里，他不期而遇奉黄兴之命前来策动黎反袁的岑春煊和章士钊。虽然怯懦的黎害怕机事不密反累自身，很快把这几位说客礼送出境了④。但黄兴仍对素有足智多谋之称的岑春煊的活动能力深信不疑。讨袁军兴，他即率众共举岑为"中华民国讨袁军大元帅"。岑曾计划联合清室复辟势力共同讨袁，一旦成功则举清宗室成员为总统，以防止袁之旧部为变。此计为章所知后，力驳其非。据载，岑因而取消了这一颇有复辟嫌疑的计划，改为"教克强奉程（德全）都督为主，勿令走。有亟，

---

① 《国民党交通部茶话会纪事》，《民立报》1913年6月11日。

② 《致伯中书二》1913年6月13日，汤志钧编：《章太炎政论选集·下》，中华书局，1977年，第652页。

③ 《致黎元洪电》1913年7月16日，汤志钧编：《章太炎政论选集·下》，中华书局，1977年，第664页。

④ 章士钊：《与黄克强相交始末》，《湖南文史资料选辑》（修订合编本）第1集，湖南人民出版社，1982年，第68页。

则已来助之。克强乃行。”章纠岑之失，避免了一起可能发生的复辟势力介入反袁斗争的事件，从而间接促成了黄兴在南京起兵讨袁。7 月 12 日，章士钊偕张继携黄兴嘱拟之讨袁檄文前来征求意见，章太炎阅后即表赞同，“此何必工，如亲所属草可也”①。这就是三天后以黄兴名义发布而传遍海内外的《讨袁通电》。

然而，革命党人势单力薄，讨袁之役转瞬失败。孙、黄相继出亡，章则从自身的特殊考虑，仍如10年前《苏报》案发时那样，不愿暂避凶焰，毅然冒险入京，于是很快被袁氏囚禁。在囚禁中，他愤慨既极，唯吟诗作文自遣。1913年中秋之夜，他坐视明月，忧从中来，写成《八月十五夜咏怀》中云“丈夫贵久要，焉念睚眦仇？知旧半凋落，忍此同倾輈”②。如果说，此处还未点明“久要”和“知旧”为谁，那么，稍后所作《长歌》便把憎爱之情表达得淋漓尽致了。“麒麟不可羁，解豸不可縻。沐猴而冠带，鸡犬升天啼。黄公秉赤刀，终疗猛虎饥。……武昌一男子，老化为人妻，万物相回薄，安可以理稽。”③ 在这里，“麒麟”为自喻，“黄公”指黄兴，“沐猴而冠”直斥刚刚登上正式大总统宝座的袁世凯，而“武昌男子”则喻竟尔雌伏媚袁的副总统黎元洪。往事不堪回首，现状何忍入目？人事变化，世局迁移，造化真似在导演一场难以理解的政治活剧。

之后，在经历了绝食自尽和大闹总统府、大诟袁之包藏祸心等著名抗议活动后，章太炎终于再度转入深思，对民初以来革命党人的成败利钝一一检讨。虽然黄兴身在异域，与章太炎的处境、心情和出发点不一，因而彼此所论不尽相同。但在痛惜党人内部争讧而为袁所乘这一点上却是一致不二的。黄兴沉痛之言：“南北统一以后，政柄已集于一隅。吾党遵守宪政常规，诚有所抨弹牵掣。时则国人初习共和，吾党叫嚣凌厉之气，亦诚不免。国中贤达，每来诮让之声，兴等自维前失，敢不引罪？”④ 所谓“每来诮让之声”的“国中贤达”，章太炎的身影当隐然在内。所谓“吾党叫嚣凌厉之气，亦诚不免”，又恰如章所批评的，党人“得志之顷，造次忘其前事，向之自相匡督，与夫感慨自裁之节，

---

① 章太炎：《太炎先生自定年谱》1913 年条，见《章氏丛书》附录下，浙江图书馆校刊本，1919 年，第 24 页。

② 章炳麟：《章太炎全集·四》，上海人民出版社，1985 年，第 246 页。

③ 章炳麟：《章太炎全集·四》，上海人民出版社，1985 年，第 248 页。

④ 《与陈炯明等联名通电》1915 年 2 月 25 日，湖南省社会科学院编：《黄兴集》，中华书局，1981 年，第 397 页。

皆忽略以为游尘，直道殣视之矣……”如此行事，势必“侮唇齿之援，弃同德之好，远忧勤之人，而任姓扰之士也”①，其结果，则不待筮卜。

民初的政界如乱流急滩，各种政治派别不断分化组合，倏起忽灭。涉足其间者几乎无人能在乱流中顺利横渡。乱流之中，拥有实力的袁、孙、黎实为三股主流。他们之间的消长兴衰，不但直接决定了政局的变化，也密切影响到黄、章交谊。黄、章在其间艰苦跋涉浮沉不定，而今托命异域，或被囚幽室，恰如被困于乱礁之上。面对滔滔浊流，彼此相与“自维前失”，这就预示黄、章交谊终将谱写新篇。

（六）

1916年6月6日袁世凯暴亡，使得这两名逋逃客与被囚者很快重聚。章太炎于6月16日获得自由后，7月1日到上海，迅即与7月8日返国抵沪的黄兴相见。彼此执手相握，恍若隔世。在互叙别情之际，章太炎发现对方健康状况堪虞。“闻其声嘶楚，语顿挫，不能为长言。问曰：‘何惫至是?’克强以数患呕血告。”在殷殷款问相慰之后，他又十分小心地探问起孙、黄关系和黄兴对国事的看法。“余问往候孙公否。克强曰：‘往则遭其詈耳’。”“言及国事，嗟叹而已，终不言方略也”②。虽然他们此番未曾讨论今后的革命方略，但以下材料表明，在有关社会和政治问题上，他们的见解却十分接近。

7月13日，黄兴设宴欢送驻沪国会议员北上复会，孙、章等应邀作陪。黄在会上发表演讲，称此次反袁斗争乃新势力与旧势力之争，官僚派与民党之争，正义派与非正义派之争。斗争并未因袁死而结束，因此，“凡属正义派之人，宜结合为一，进而推之于前，以为国内势力之中坚”。演讲特别对过去官僚派动辄加革命派以“捣乱”之名加以驳斥。他理直气壮地告诫那些北上的国会议员，应该继承过去“争民权，抗暴力”的“捣乱”传统，“求国会之能尽其职任，不患其为正当之捣乱，而患其与暴力政府之捣乱噤若寒蝉耳”③。章太炎在即席发

① 《小过》，章炳麟：《章太炎全集·三》，上海人民出版社，1984年，第619页。

② 章太炎：《太炎先生自定年谱》1916年条，见《章氏丛书》附录下，浙江图书馆校刊本，1919年，第27、29页。

③ 湖南省社会科学院编：《黄兴集》，中华书局，1981年，第448页。

言中指出，“凡在民党，官僚必以暴徒相视”。“所谓暴徒者，乃严毅刚明之代名也。尝观水流迅急，则有瀑流、瀑布诸名，而一切尘垢秽污，不容停滞……是故欲见清明气象，非暴徒不为功。……壬癸之败，患在暴未充分，而岂以暴为患哉！今者帝制余孽，犹未剿除，墨吏贪人，布满朝列，非震以雷霆霹雳之威，仕途何自而廓清，政治何由而循轨，而欲厉行此事，必不能避暴徒之名。”① 章太炎这篇赢得听众掌声不绝的“暴徒颂”，固可与10年前《苏报》案出狱后他在东京留学生欢迎会上的“神经病颂”遥相呼应，更重要的是，他同黄兴在“暴乱”和“暴徒”问题上的桴鼓相应之词，再次表明他们在涉及政治革命的一个基本问题上的看法接近一致。

7月15日，广东驻沪国会议员举行茶话会，黄、章均应邀出席。在即席发言中，他们又在有关文化教育问题上发表了十分相近的意见。黄兴本其一贯主张，强调普及教育，“中国之所以穷，穷在贫富不均耳。欲均贫富，当令全国人民无一不有谋生之智能。欲全国之人民有谋生之智能，非普及教育不可”②。章则尽力发挥其文化立国论，“国家之所以能成立于世界，不仅武力，有立国之元气也。元气维何？曰文化”③，他们一唱一和，共同把文化教育视为利国福民的根本，表明他们在一个十分重要的治国方针上的共识。黄兴随后在谈及个人今后出处时，提出兴办教育和实业是他两大目标。而章氏最终以发扬中华文化为晚年之志，又表明他们都有志于力行。只是天不假年，黄兴未及施展抱负。

8月13日，孙、黄、章等共同发起举行追悼“两次革命”以来死难烈士大会。孙因病未到，由黄兴主持，章则代表一群发起人，以“某等”的名义撰写了《告癸丑以来死义诸君文》。文中沉重自责与袁妥协的那段历史，“自南京政府解散，提挈版籍，而致诸大酋，终有癸丑之变。祸患绵亘，首尾四岁……某等亦有罪焉。”文中又以铲除袁氏余孽不使死难者有所遗恨为己责，“监前事之败，而知后来之覆，某等无所逃其责”④。这篇祭文，复可视为章与孙、黄重归于好的一个信征。

可惜这一回“携手同行”为时太短。章太炎8月底有事南行，随又出游南洋群岛，待他12月上中旬归来之时，黄兴已病逝月余。弥留之际，黄兴把中国

① 《章太炎之暴徒解》，《中华新报》1916年7月14日。

② 湖南省社会科学院编：《黄兴集》，中华书局，1981年，第450页。

③ 《尚贤堂茶话会诸名流之演说》，《时报》1916年7月18日。

④ 章炳麟：《章太炎全集·四》，上海人民出版社，1985年，第492页。

人身后最重之事，即为己撰传郑重相托，“临终时属余为之”。我们虽然无法了解章太炎知此遗嘱是何心情，但却清楚知道他不负所托，撰成《勋一位前陆军部总长黄君墓志铭》，详述死友一生主要事状，在文末之铭中，他忧愤忧虑，痛悼痛惜：“……国难未艾，神奸猸狂。无功中圮，何天之盲？中兴虢虢，宠赂犹章。瓶怒喷血，瘼此献萌。死为鬼雄，以承炎黄。”① 12 月 20 日，他复作《黄克强遣奠词》，同孙中山等联名致祭。而他所作挽联，“无公则无民国，有史必有斯人”，更以其对逝者一生事功的炯识卓见，传诵一时，并成为后人评黄常常称引之词。

殁者长已矣，存者常相忆。在章氏此后的文字生涯中，黄兴的名字和有关事功经常出现在笔端。其中最重要者，当推 10 年后所作《民国五豪赞》。黄兴被列为“民国五豪”之一，“善化温温”是开篇之赞。在章氏眼中，“温温”无疑是黄兴伟人品格中最为闪光的东西。温温者，柔和、宽厚、良善也。《诗·小雅》有“温温其恭”之句。此赞与墓志铭中章氏用自己独具的古奥高雅的文字所描述和评论的黄兴形象相一致：“君性刚果，而对人媞顺如女子。始以布衣搏合伦党，任天下重，光复之业，自君始力行，用兵不尚诡道，常挺身独进，为士卒先，故能因败为胜，克龛大敌。”② 黄兴的功业与品格，在这里被合乎逻辑地整合在一起了。

对于黄兴在立身处世和待人接物方面这一优长之处，又独章太炎深有所感，章士钊作为黄、章共同的至交好友，在晚年也曾以充满人生阅历的慧眼观照及此。应该说，黄兴与章太炎的交谊，历经变化，终得保全，传为佳话，除了政治目标趋同等方面的原因，黄兴的“盛德大量”始终是有效度越劫波的津梁和舟楫。

[原载《近代史研究》1991 年第 5 期]

① 章炳麟：《章太炎全集·四》，上海人民出版社，1985 年，第 497 页。

② 章炳麟：《章太炎全集·四》，上海人民出版社，1985 年，第 496 页。

梁启超在戊戌壬寅期间的西学宣传

梁启超是近代中国以宣传西方思想和文化而享有盛誉者。他的启蒙宣传曾经发生过那么巨大的影响，以至每当人们涉足于近代西方思想文化在中国传播的历程时，总随处会遇到他的遗踪。可以说，近代中国思想和文化史上一个划时代的新阶段的形成，是同他的努力分不开的。因此，本文以梁启超戊戌壬寅(1898—1902) 期间的西学宣传为研究对象，探求其西学宣传的历史和逻辑的发展规律，评述它们的内容特色，考察它们在新旧世纪交替之际中国政治中心轴线的上下左右发生位移的基本情况。

一

1898年9月，戊戌政变发生，梁启超东走日本，通过日文书刊，见未所见。他曾以兴奋的笔触介绍自己迎受新理新说时的强烈感受，“既旅日本数月，肄日本之文，读日本之书，畴昔所未见之籍，纷触于目，畴昔所未穷之理，腾跃于脑。如幽室见日，枯腹得酒，沾沾自喜”①。在另一处又说，“自居东以来，广搜日本书而读之，若行山阴道上，应接不暇，脑质为之改易，思想言论，与前者若出两人”②。

梁氏东渡之初接触了何许新书新理？这一问题颇难全面查考。据他当时所作《东籍月旦》来看，则他十分关注而予以月旦之评的主要还是伦理学和历史学方面的书籍。该文所列二十种伦理学书目中有《康德伦理学》、《杜威伦理学

① 梁启超：《论学日本文之益》，《饮冰室合集·文集之四》，中华书局，1989年，第80页。

② 梁启超：《夏威夷游记》，《饮冰室合集·专集之二十二》，中华书局，1989年，第186页。

纲要》、《泡尔森伦理学》、《斯（宾塞）氏伦理学》、《阿里士多德伦理学》、《倍因氏伦理学》等。在所列五十种历史学书目中，西洋史有美国棣亚二十七册的巨著《近世泰西通鉴》、法国基梭十六册的《欧罗巴文明史》、法国米夭黎的《欧洲新政史》，以及英国马恳西的《十九世纪史》（该书曾被广学会译为《泰西新史揽要》而在中国风行一时）等，而东洋史和日本史则有儿岛献吉郎的《东洋史纲》、市村瓒次郎的《东洋史要》、有贺长雄的《帝国史略》、那珂通世的《支那通史》、田口卯吉的《支那开化小史》、《日本开化小史》等。在这七十种书目中，一般说来，日本人所作大抵内容较浅、卷帙较少，其中被冠以“中等教科书”、“讲义”、“纲要”的即不在少数。以伦理学和西洋史著述为例，西方学者十九种书目有书八十册，而日本学者三十种书目仅有书四十三册。日文著述既未能摆脱对西方学理的裨贩，那么，在转由日文而得的梁启超那里，这种裨贩性也就难以避免。这几乎是受胎之初就注定了的命运。

梁氏东渡前后迎受西学有两方面的明显变化。

第一，西学的接触面有所开阔。东渡前，由于他不通外文，“未克读西籍，事事仰给于舌人”①，接触西学不能不受到很大的局限。在他1890年投入康门之始，只是浅涉了一些自然科学和史学的译著。1892年，他奉师命为“新学知道之助”而作的《读书分月课程》，也只是推荐了七种西学译著（《瀛寰志略》、《万国史记》、《格致须知》、《列国岁计政要》、《西国近事汇编》、《谈天》、《地学浅识》）。这一张内容驳杂，包括古史近事、财政经济、天文地质的书单，可以认为是他万木草堂时期心目中最精粹的西学入门必读书了。甲午之后，搜罗西书做成的《西学书目表》，是他在危亡的局势下向中国人民所介绍的西书目录。可是他当时所能找到的也还只是江南制造局、京师同文馆等处所提供的那个低矮狭小的唯一窗口。尽管努力踮起脚尖，他的视野仍无法突破除教会传道之书外仅有的三百多种“西学”、“西政”和“杂类”之书的局限，他并不比窗前的同伴高明多少。1897年所辑录的《西政丛书》又表明出于维新变法的需要，他对西政之书尤表关注。这部三十二册的丛书虽然内含历史、政治、军制战略、国际公法、农业、工业、财政经济、文化教育八大类，但具体书目不少还是《公法总论》、《富国养民策》、《自强军洋操课程》之类洋务期间“富国强兵”的旧文章，他的能见度仍极有限。显而易见，东渡后阅读日文书籍的能力的获得，

① 梁启超：《论君政民政相嬗之理》，《饮冰室合集·文集之二》，中华书局，1989年，第10页。

这一块不小的垫脚石顿使他升高许多。他兴奋地宣称："新习得一外国语言文字，如新寻得一殖民地。"① 从此，他借助日本人明治以来辛苦经营三十多年方才辟就的一个窗口来观察外部世界。在他面前呈现的一个有关西方政治、历史、伦理等学理的新天地，自非先前所见可以比拟。

第二，比附穿凿的情况有所改变。东渡前梁氏对西学的穿凿附会有两种情况。一是以西方的自然科学附会自己的政论。如他在湖南时务学堂任教时，侈谈"热力"，将物理学上的概念硬拉到变法维新的政治宣传上去。这就是当时章太炎所讥诮的"好援"算术物理之类"术语以附政论"的"科举新样"②。二是引中国古代政事以证西方的政治制度。如他作《古议院考》，力证近代西方的议院中国古已有之。这就是后来鲁迅所批评的"譬如衰败人家的子弟，看见别家兴旺，多说大话，摆出大家架子"③。尽管该文发表后受到严复的尖锐批评，梁氏本人也承认此文"讹谬"，"实吾国虚憍之积习"使然④。不过，积习要改也难。第二年，他又认为《管子・轻重篇》和《史记・货殖列传》中反映出来的中国古代经济思想与近代西方资产阶级的"富国学""有若合符"了⑤。他宣称：西方种种新学如理财之术、富国之策、公法之学、兵学之原、议院之制等，凡此"西人今日所讲求之而未得者，而吾圣人于数千年前发之"，并且"博深切明"有过之而无不及⑥。这种情况反映了梁氏热烈向往西学而又对之不甚了然的窘困。用他事后的检讨来说，则是自己"这班人中国学问是有底子的，外国文却一字不懂，他们不能告诉人，外国学问是什么，应该怎样学法"⑦。说不清西学是什么和应该怎样学，便只能借自身底子厚实的中学来帮衬，于是难免穿

---

① 梁启超：《东籍月旦》，《饮冰室合集・文集之四》，中华书局，1989年，第82页。

② 章太炎：《太炎先生自定年谱》1906年条，见《章氏丛书》附录下，浙江图书馆校刊本，1919年，第11页。

③ 鲁迅：《鲁迅全集》第2卷，人民文学出版社，1973年，第32页。

④ 梁启超：《与严幼陵先生书》，《饮冰室合集・文集之一》，中华书局，1989年，第108页。

⑤ 梁启超：《史记货殖列传今义》，《饮冰室合集・文集之二》，中华书局，1989年，第36页。

⑥ 梁启超：《西学书目表后序》，《饮冰室合集・文集之一》，中华书局，1989年，第128页。

⑦ 梁启超：《五十年中华进化概论》，《饮冰室合集・文集之三十九》，中华书局，1989年，第44页。

凿附会之病。东渡后这种弊端渐减，正是他西学知之渐多的反映。

在西方新理洗沐下，他自称“脑质为之改易”。逐篇阅读他在《清议报》上发表的文字，我们发现情况确乎如此。

开头几期，他的文章切合“哀时客”的笔名，对刚刚夭亡的变法运动不胜痛惜。文章题目如《续变法通议》、《论变法必自平满汉之界始》、《论皇上舍位忘身而变法》、《尊皇论》等，也充满浓郁的维新改良气味。他的主调仍高唱改良而反对革命，“革命者最险之着，而亦最下之策”①。“今日倡民政于中国，徒取乱耳”，“今日议保全中国，唯有一策，曰尊皇而已”②。所以他对瑞士资产阶级政治学家伯伦知理鼓吹国权至上的《国家论》十分赞赏，从1899年4月开始长篇连载在《清议报》上。

可是到1899年8月，以《清议报》“饮冰室自由书”专栏的开辟和“饮冰子”、“饮冰室主人”的新笔名的采用为标志，他的思想言论为之一变，出现一个飞跃。

他介绍室名的意趣道：“庄生曰：我朝受命而夕饮冰，我其内热欤？以名吾室。”据前人疏注，所以“内热”，由于“怖惧忧愁，内心熏灼”。梁氏取名“饮冰”，显系表露自己忧国之情难以自抑。至于题名“自由书”，则是追慕西方前贤，努力以此自勉。西儒约翰·弥勒曰：“人群之进化，莫要于思想自由、言论自由、出版自由。三大自由，皆备于我焉，以名吾书。”③

他以确定无疑的口气宣称，“欧洲近世医国之国手不下数十家。吾视其方最适于今日之中国者，其唯卢梭先生之《民约论》乎?”卢梭之方施于欧而欧效，施于日而日效，为此，他亦歌亦舞，亦咏亦叹，迫切祈求此说东来，浇灌中华大地独立自主文明之花，膜拜之情溢乎笔端：“大旗觥觥，大鼓鼕鼕，大潮汹汹，大风蓬蓬，卷土挟浪，飞沙走石，杂以闪电，趋以万马，尚其来东。呜呼，《民约论》兮，尚其来东。”④

他鼓吹中国人民应该奋起争自由、争自存。西方启蒙思想家说，侵人自由与放弃自由同为天下第一大罪恶。他却进而引申道，两者相较，则放弃自由之

① 《论变法必自平满汉界论》，《清议报》第1册，1898年12月23日。

② 《尊皇论》，《清议报》第9册，1899年3月22日。

③ 《饮冰室自由书·叙言》，《清议报》第25册，1899年8月26日。

④ 《饮冰室自由书·破坏主义》，《清议报》第30册，1899年10月15日。

罪犹大于侵人自由之罪，堪称天下第一大罪恶。因为天下如无放弃自由之人，则天下何来侵人自由之人①？在另一处，他又声言高唱自由是针对封建专制统治所造成的奴隶性而言的，目的在于“使人自知其本性，而不受钳制于他人”。“言自由者无他，不过使之得全其为人之资格而已。质而论之，即不受三纲之压制而已，不受古人之束缚而已。”②

他憧憬于建立一个“富强”、“独立”、“自由”、“进步”的中华新国。《少年中国说》以为，“欧洲列邦在今日为壮年国，而我中国在今日为少年国”。对这个理想中的少年中国，他极表爱恋思慕之忱，诗情洋溢地把它称为初升的红日，奔泻的江河，腾于渊的潜龙，啸于谷的乳虎，试翼的鹰隼，初胎的奇花，发硎的干将。

同上述对西方新理新国的向往形成鲜明对照的是，他对中国的封建统治表示强烈憎恨。他指出，中国民权之难兴是因为历代民贼“愚民之术巧于欧人”，因而民权被夺而人民尚“不自知”③。他以为破旧臻新是近代各国社会进步的共同规律，“譬之筑室于瓦砾之地，将欲命匠，必先荷锸；譬之进药于痞痯之夭，将欲施补，必先重泻。非经大刀阔斧，则输、倕无所效其能；非经大黄芒硝，则参、苓适足速其死。历观各国之兴，未有不先以破坏时代者。此一定之阶级，无可逃避者也”④。这段痛快淋漓的文字与《清议报》开头数期的文章似出二人之手。显见是广泛阅读近代西方各国兴起的历史促使他得出这一结论。而猛药重泻然后参苓施补的话头，又很容易使人想到，日后章太炎《驳康有为论革命书》中“革命非天雄、大黄之猛剂，而实补泻兼备之良药”的名言，就像是由此引发出来的。

上述《饮冰室自由书》诸文表明，东居一年，梁氏思想有了长足的进步。“读书尚友既一载，耳目神气颇发皇”⑤。正因为梁启超步入自己新的思想行程，所以在新世纪伊始，他在《少年中国说》中郑重宣告更换笔名：“自今以往，弃哀时客之名，更自名曰少年中国之少年。”

① 《饮冰室自由书·放弃自由之罪》，《清议报》第30册，1899年10月15日。

② 《致康有为信》1900年4月29日，转引自孟祥才：《梁启超传》，北京出版社，1980年，第91页。

③ 《论中国与欧洲国体异同》，《清议报》第26册，1899年9月5日。

④ 《饮冰室自由书·破坏主义》，《清议报》第30册，1899年10月15日。

⑤ 梁启超：《二十世纪太平洋歌》，《饮冰室合集·文集之四十五（下）》，中华书局，1989年，第17页。

二

梁启超在西学宣传方面的进步在当时的思想界具有重要意义。戊戌政变后，新学备受摧残，“朝野上下，咸仰承风旨，于西政西学不敢有一字之涉及”①。国内仿效《时务报》鼓吹新学的十余家新报，“如西山残阳，倏忽匿影，西风吹叶，余片无存”。1899年到1900年在上海出版的《亚东时报》、《五洲时事报》、《中外大事报》等“颇阐新理”，却“不为学界所欢迎，旋兴旋废”②。孙中山则因忙于革命的实际组织活动，尚未建立起有力的理论宣传阵地。1899年兴中会派陈少白在香港出版《中国日报》，“因操笔政者自短于欧美新思想，颇不为学者所重视”③。因此，《清议报》作为当时资产阶级最有影响的喉舌，在舆论阵地上大力鼓吹民权，宣传西方新理，称得上是海内魁首，独一无二。

然而，这一阶段的西学宣传毕竟是低层次的。它的长处是以情动人，它的短处则是并没有传播更多的西方知识，缺乏足够的理论色彩。他只是充满激情地大声呼号：中国那套旧东西要不得了，必须赶紧效法西方的新东西。但究竟怎么个破旧立新，这个“新”具体又怎样，他都说不上来。比如说，是取法英德的君宪制，还是仿效美法的共和制，是采用温和的方式，还是运用激烈的手段，他都未能具体回答。

思想理论上的混沌朦胧，造成了他在孙中山和康有为之间依违不定的动摇状态。

一方面，他受到孙中山革命思想的强烈吸引。他对孙中山“异常倾倒，大有相见恨晚之慨”④。“与孙（中山）君游数月，乃大为所动，几尽弃所学，由是高谈破坏”⑤。因此，当时与之颇有交往的章太炎发现，东渡半年来梁氏大宜刮目相看，“斯人今日之深沉，迴异前日矣”⑥。康门弟子对此则是惊惶不安，

---

① 《论中国必革政始能维新》，《东方杂志》1904年1月第1期。

② 《清议报一百册祝辞并报馆之责任及本馆之经历》，《清议报》第100册，1901年12月21日。

③ 冯自由：《革命逸史》初集，中华书局，1981年，第11页。

④ 冯自由：《革命逸史》第2集，中华书局，1981年，第28页。

⑤ 辨奸：《斥新民丛报之谬妄》，《民报》1906年6月第5号，第74页。

⑥ 章太炎：《致汪康年书》，转引自汤志钧编：《章太炎年谱长编（1868—1918）》，中华书局，1979年，第83页。

他们写信向康有为报警：梁启超“渐入‘行者’圈套，非速设法解救不可”①。

另一方面，他又受到康有为的严重钳制。康有为坚决不准门下越改良之雷池，《清议报》创刊之初，凡属“革命”、“民权”、“自由”、“独立”之类激烈词语，他都禁止刊载。谭嗣同《仁学》和翻译小说《佳人奇遇记》都曾受到他的严重干涉。前者因有激烈反满和批判君权的文字，致两次被抽，后者因有“支那革命志士谋颠覆满清”的描写，被“严令删改”。“饮冰室自由书”专栏因有“自由”二字，他也大为反对。

师命与西理孰违，旧侣共新交谁舍？“说项依刘我大难”（柳亚子诗）。调和双方，则力所不能；听任争歧，则后果不堪。难以适从的矛盾思想使他十分苦闷。他认为，中国虽大，但同时并生的英雄豪杰不过数十百人，其余四万万人都随之而奔趋转移，这些英杰如能团结一致，则“莫之与敌”，何患大事不成？可为憾恨者，凡具英杰资格之人，各有其特质、专长和独立自由不肯依傍门户的气概，结果常常造成“两虎相斗”的局面。“吾每一念及此，未尝不呕血拊心而长欷也”。显然，此处所忧正是孙、康各树一帜，互不相让的现状。

似乎是为了向孙、康双方表白，他曾借题发挥，为“善变之豪杰”意大利的加富尔和日本的吉田松荫写过一篇辩文，文章结尾不无所指地宣称：“大丈夫行事磊磊落落，行吾心之所志，必求至而已焉。若夫其方法随时与境而变，又随吾脑识之发达而变，百变不离其宗，斯变而非变矣。”那么，他百变而不离的宗旨是什么呢？回答是：救国而已②。

长期以来，有一种流行的观点，以为1900年自立军起事前梁氏与孙中山的交往纯然是一种政治欺骗。其主要依据则是梁氏致孙、康的若干信件。本文对此持有异议，以为西学宣传上的热烈而又朦胧的状态，在孙、康之间依违不定的倾向，使他十分容易被人误解。何况在致孙、康的信中难免有夸大失真之处，对孙的甘言固然夸大了亲善合作关系，致康的信中则又吹胀了反孙的一面。须知即使是不准备供日后发表的私信也未必都是率直无遗的真话。深明世故、洞

① 梁启超：《饮冰室自由书·豪杰之公脑》，《清议报》第32册，1899年12月13日。

② 梁启超：《饮冰室自由书·善变之豪杰》，《清议报》第30册，1899年10月15日。

烛物情的鲁迅曾说过，写信固然比较随便，比起峨冠博带的时候较近于真实，但还“不能十分当真”，因为有些作者是十分“用心机”的①。所以，倒是当年的革命派很宽厚地体谅了梁氏夹在孙、康之间的苦衷。曾多次代表孙中山与梁氏商谈过合作的陈少白事后有一结论性的看法：“实在说来，梁启超个人对于革命向来甚少反对，而不少赞成，看他的文字，这层意思，时时会流露出来。”他对梁氏自称“所宗”在于“救国”之说表示同意，并指出其所以不能“简捷直白地说出来”，“不是一时糊涂，就是他的气魄薄弱所致”②。这一观感触及当年梁氏的思想矛盾。

丰富异常的人类思想发展史不断启示我们，新旧思想的交替往往有一个过渡时期。这个时期常常是新旧混杂，同异交叉，壁垒未严，混沌莫辨。就梁启超而言，他此时固然处于趋新的过程中，孙中山又何尝不如此？众所周知，1900年上半年他同李鸿章的幕僚刘学询谈判，试探过双方“合作”使华南脱离清廷而“独立”的可能性。这正好表明，即使是伟大的先行者孙中山当时也还在探索前行，在他提出鲜明的资产阶级民主革命纲领之前，改良主义思想对他并不是毫无影响的。

梁氏这一回随着西学宣传的思想涨潮，从1899年秋到1900年春只保持了半年，很快又回转到保守的立场上。这表明：西方新理新说给予他的刺激和推动虽然颇为不小，却还不足以使他在思想政治上脱胎而为新人。传统的惰性力量是那样强大，即使他身处康系的最外层轨道上，也未能摆脱羁绊而进入孙系。

三

在近代思想界，梁启超素以勤于撰述著称。可是我们发现，自从1900年8月自立军起事失败，整整一年光景，他很少发表文章。前八个月，《清议报》上只见他一些诗作，政论文章一概不见；后四个月，才有几篇政论发表。这固与他游处澳、檀等地有关，但对勇于发表政见的梁氏来说，确是一种反常，一个低潮。直到1901年秋后，以《清议报》上发表一组介绍西学的文章为契机，继

---

① 鲁迅：《鲁迅全集》第6卷，人民文学出版社，1973年，第409页。

② 陈少白：《兴中会革命史要》，中国史学会主编：《中国近代史资料丛刊·辛亥革命·一》，上海人民出版社，1957年，第64页。

而在第二年初创办《新民丛报》，从此发扬蹈厉，一发而不可收，进入了西学宣传的新层次，亦即人们所称的梁启超执舆论界牛耳的黄金时代。

在这里要讨论的是：造成这一低潮向高潮过渡的原因何在？

第一，时事政治的刺激

梁氏默尔的一年，神州大地上却是一幕幕活剧接连不断。自立军起事的悲惨失败，义和团运动的风起云涌，八国联军的野蛮入侵，《辛丑条约》的辱国丧权……这一件件、一桩桩，使清政府顽固而又无能的面目彻底暴露，而列强如何处置中国，是"瓜分"还是"保全"，更把所有关心国家命运者的心紧紧揪住了。可以说，梁氏的一度沉默少语是当时急起骤落而又尚不分明的时局使然的。正因如此，他的几篇政论文章也蒙上了沉闷的时事气息。《积弱溯源论》中关于中国积弱"近因"的分析，表明他对政治空前"腐败秽丑"、不足以"清议"相谏的那拉氏统治集团更增愤慨，而有关指责义和团群众为"拳匪"、"愚昧"的文字，又间接反映了他对开启民智的重视。《过渡时代论》则表明他对中国处于争存争亡过渡时期的关注。《灭国新法论》的发表说明他对帝国主义列强采取"保全主义"，假手清政府灭中国于无形的深忧。正是有鉴于温和的"清议"无补于国事，他才在新情况下逐渐酿成了一个新制度、新政府、新国家必赖新民的著名的"新民说"。后来，他回顾这一段思想变迁之迹时说："当时承团匪之后，政府创痍既复，故态复萌，耳目所接，皆增愤慨，故报中论调，日趋激烈。壬寅秋间，同时复办一新小说报，专欲鼓吹革命，鄙人感情之昂，以彼时为最矣。"①

第二，政治地位下降的压力

康有为在自立军起事中拥资自肥，贻误事机，因之失信于国人，隐于印度大吉岭闭门著书。梁启超的政治信用也大为所累。自立军重要人物秦力山、陈犹龙、朱菱溪等于事败后亡命东京，"群向梁启超算账"，梁无辞以对，"不胜其扰，竟移寓横滨避之"②。秦等复著文痛詈康、梁与《水浒》中不齿于人的白衣

① 梁启超：《鄙人对于言论界之过去及将来》，《饮冰室合集·文集之二十九》，中华书局，1989 年，第 3 页。

② 冯自由：《革命逸史》初集，中华书局，1981 年，第 131 页。

秀士王伦无异，“假仁假义，口是心非”，实为“相倾相轧无能无为之辈”①。即使是忠诚的信徒也渐生怀疑动摇，南北美洲保皇会的一些成员写信给康有为要求以革命取代保皇。令人烦恼的党势竭蹶，使《清议报》不得不发表自安自慰的文章，借以抚循徒众。

与之相反，孙中山的威望渐高。秦力山等人的皈从，开始了孙中山与留学界的联系。虽然到1902年在日本的中国留学生还不多，但这些人中蕴藏的政治能量却不小。他们的向背，对孙、康两派来说都是至关重要的。对身边所发生的政治影响的消长变化情况，梁启超当然感受深切。他怎么办？“彼固知事无可为，而专以昌明文化自任”②。章太炎确实眼力不凡，一语道破了梁氏从沉默到“昌明文化”是新形势下一种必要的调整。

第三，思想界新潮的推动

十九世纪末二十世纪初的那几年中，中国知识界与西学的亲疏冷热是随着时势的变化而变化的。水寒水暖鱼自知。1902年梁启超写道：“丁戊之间，举国慕西学若羶，己庚之间，举国避西学若厉，今则又为羶矣。”③ 正是在时事政治的刺激下，中国先进的知识分子再次转向西学探求救国的真理。

作为滥觞，1900年下半年留日学生先后创办了《译书汇编》和《开智录》。前者致力于译介西方的政法名著，卢梭的《民约论》、孟德斯鸠的《万法精理》、约翰·穆勒的《自由原论》、斯宾塞的《代议政体》都陆续在刊物上出现了。后者则“文字浅显，立论新奇”，“专发挥自由平等真理”，以开民智④。次年五月，由秦力山担任主编的颇具革命色彩的《国民报》创刊。该刊虽只出了四期，当年八月即告停刊，它却不但译载了杰斐逊等起草的《美国独立檄文》和威曼的《革命新论》等专著，而且发表了不少批判封建专制，宣传天赋人权、革命排满的文章，俨然以唤起国民之精神作为己任，持论多与《清议报》相角。年

---

① 《中国灭亡论》，《国民报》1901年第2～4期，引自张枬、王忍之主编：《辛亥革命前十年间时论选集·第一卷》上册，生活·读书·新知三联书店，1960年，第84、85页。

② 章太炎：《致吴君遂书五》，转引自汤志钧编：《章太炎年谱长编（1868—1918)》，中华书局，1979年，第131页。

③ 《新民说·论自由》，《新民丛报》第709号，1902年5～6月。

④ 冯自由：《革命逸史》初集，中华书局，1981年，第95页。

轻的留学生们突破了单从日文转译的局限，直接从他种外文译介西方政法之类原作，他们的眼界就不在梁启超之下了。原先恭谨的受教者现在大踏步追上来，大有当仁不让之势。梁启超不得不承认，《译书汇编》“能输入文明思想，为吾国放一大光明，良可珍诵”，而《国民报》、《开智录》“亦铮铮者也”①。

落后是要挨批评的。如果把《国民报》上几篇主要文章与同时《清议报》上发表的梁文相比，那么，早先以宣传西方新理新说独擅其威的梁启超所面临的挑战就不能不说是严重的了。试看以下论题：

对中国积弱原因的看法。梁启超《积弱溯源论》认为“政府与人民各皆有罪”，而人民“爱国之心薄弱实为积弱之最大根源”。《国民报》发表《二十世纪之中国》则认为，中国积弱“远因”为千年来民贼压抑民权，“近因”为接触西学的中国人不倡民权。

对光绪的看法。梁氏在同文中称之为“爱民之君”，鼓吹对其输以忠悃。《国民报》则发表《正仇满论》直斥其妄，“梁子迫于忠爱之念，不及择音，而忘理势之所趋，其说之偏宕也，亦甚矣”。

对政体的看法。梁氏《立宪法议》认为，在君主专制、君主立宪和民主立宪三种政体中，君主立宪为“最良”，最适合中国之“风俗”和“时势”。《正仇满论》复斥其误，“梁子所悲痛者，革命耳；所悲痛于革命，而思以建立宪法易之者，为其圣明之主耳！”

对改革政治的方式的看法。梁氏《过渡时代论》认为，中国究竟采用法、美式的激烈破坏，还是英、德式的和平改良，尚难确定。《二十世纪之中国》则断言中国人民当“于二十世纪而鼓吹法人十九世纪之所为”。

正是上述三方面内外夹攻的形势，推动梁启超继续前进，结束了为时一年的徘徊容与。

四

1901年9、10月间，梁氏思想转变的苗头开始出现，在《清议报》最后几期中，人们看到他悄悄放下君主立宪的旗号，而试图举起民权的大旗。他祈望“今日有名之维新党”振作精神，继续奋斗，为中国未来的拿破仑式的英雄作

① 《清议报一百册祝辞并报馆之责任及本馆之经历》，《清议报》1901年12月21日第100册。

“前驱先导”①。他还欢呼：“自由民政者，世界上最神圣荣贵之政体也。”②

随着1902年2月《新民丛报》的正式创刊，煌煌大文《新民说》的开始连载，“新民子”、“中国之新民”新笔名的启用，梁启超再度以新的姿态出现在思想政治舞台上。

于是，在读过两期《新民丛报》并与之接触后，前不久还对他尖锐批评的章太炎不胜惊异地发现，梁启超今非昔比，面目顿改，不再是半年前那个思想陈腐、昧于事理的“梁子”了，“任公宗旨较前大异，学识日进，头头是道”③。情况就是如此，随着《新民丛报》的次第刊行，范围广泛、色彩各异的西方新理新说被他席卷囊括而来，三年前东渡之初他接触西学时那种“如行山阴道上，应接不暇”的感受，从今开始要正式回赐给自己的读者了。

有人曾对1902年的《新民丛报》西学宣传作过一个统计：该报该年一共刊登了80幅卷首插图，其中属于介绍西方国家景物和人物的占75幅；该报该年刊行24号，每号首篇和第二篇文章内容属于介绍西方思想文化的，占23号；该报该年发表各种文章、资料340多个篇目，其中评价西方资产阶级意识形态方面的文字，计180多个篇目，而其中属于社会科学方面的又占60%～70%④。

在这阶段，梁启超确实把西学当作填充剂，填塞到政治、思想、经济、道德诸框架中去。但真正决定其思想特色，使之具有积极而丰富内容的，还是法国资产阶级革命思潮。这一思潮对他的影响，远不只是思想资料问题，而是具有新鲜而又紧迫的现实意义。因此，我们看到，就在“新民”的主题下，他着意做了有关倡导培养民权、民智、民力、民德的四篇大文章。

(一) 倡民权

西方各派政治学说被他放在民权的天平上逐一衡量，重新估价。

首先被他取来比较优劣的是霍布斯、斯宾诺莎和卢梭，这三位十七到十八

---

① 梁启超：《饮冰室自由书·十九世纪之欧洲与二十世纪之中国》，《清议报》1901年10月3日第93册。

② 《尧舜为中国中央军权滥觞考》，《清议报》1901年12月21日第100册。

③ 《与吴君遂等书四》，转引自汤志钧编：《章太炎年谱长编（1868—1918）》，中华书局，1979年，第130页。

④ 丁守各主编：《辛亥革命时期期刊介绍》第一集，人民出版社，1982年，第146～147页。

世纪著名的思想家在国家起源问题上，共同采取了所谓“自然状态说”。他们认为，人类最初是生活在没有政治统治的各自孤立的状态中，后来为了保护自己私利的需要而以某种“契约”的方式建立了国家。不过，在采用何种形式的国家政权问题上，彼此的观点又很不一致。霍布斯认为，人们既把自己的权利交付给了“元首”，便永远不能废除“元首”，另订新约。斯宾诺莎则认为，“天赋人权”的核心是保存自身之权，因而最理想的政体不是君权至上而是民主政体。至于卢梭就更进一步要求建立比较彻底的资产阶级民主共和国。

作为姐妹篇依次发表在《清议报》第九十六到一百册上关于他们三人的学案，梁氏站在民权的立场上，对之褒贬扬抑的态度异常鲜明。《霍布斯学案》指出，该氏“主张君主专制政体”是“献媚一人”，“实可谓一言之失，千古遗恨”。他直斥该氏的君权至上论是“民贼之僻论”，“是恐虎之不噬人而傅之翼”。《斯宾诺莎学案》则以赞赏的口气述及斯氏的基本观点，君主政体是“平和之大蠹”，“政体之最良者，唯有民主政治”。《卢梭学案》对卢梭的颂扬就更热烈了。该氏充满民主思想的法律论，他赞道，“此论可谓一针见血，简而严、精而透”，“卓越千古”。该氏“联邦民主之制”的政体论，他又誉为“可以震古烁今，而永为后世万国法”，“精义入神，盛水不漏。今虽未有行之者，然将来必遍于大地，无可疑也”。

接着，他又站在民权的立场上对以批判封建主义、提出三权分立而负盛名的十八世纪法国思想家孟德斯鸠加以评定。《法理学大家孟德斯鸠之学说》肯定孟德斯鸠是近代历史上“首屈一指”的人物，“造时势之英雄”。对其揭露专制政体“专尚武力以慑其民”“禁绝一切新奇议论”，称为“深切著明”。

对于民权的强烈向往，甚至使他认为孟德斯鸠和卢梭的学说尚有不足之处。就在上述介绍这两位大哲的文章中，他批评孟德斯鸠对民主政治之精义，“尚有见之未莹者”。反映在法治问题上，则“每以法律与自由并为一谈”，对法治的真精神“尚一间未达”，可谓“千虑之一失”；反映在政体问题上，则以英国的君主立宪政体“最适于用”，“堪为各国模范”，因而梁启超说他“心醉英国太甚”，而其致误之由则固“不知平等之义”。他又批评卢梭以国家喻人体是《民约论》的“瑕疵”。如果国家为全体，而人民为肢节脏腑，则人民的地位显然沦为“国家之附庸”。有自由权的只是国家，民权被抹杀，这就与“人人自由，人人平等”的《民约论》宗旨相背。

对民权的强烈向往，使他深信谋求西方那样的民权是争取国权平等的前提，

“欲使吾国之国权与他国之国权平等，必先使吾国中人人固有之权皆平等，必使吾国民在我国所享之权利与他国民在彼国所享之权利相平等”①。他甚至情不自禁亲自动手翻译起《民约论》，留下了四十六页残存译稿②。

（二）导民智

“誓起民权移旧俗，更研哲理牖新知。”《自励》诗中这一联常为人引用。确实，探研哲理以启迪民智是梁启超当时全力以赴的又一工作。《新民丛报》一问世，他就大力标榜学术之势力可以“左右世界”，热情颂扬发明或宣传新理新说的人物，他认为，前者具有开创之功，造就了“今日光明灿烂如荼如锦之世界”。后者具有输送、移植之功，“以造福于其同胞”③。文章要求中国的知识分子既不能为前者，亦必为后者。这正是梁夫子的自许之词，嗣后，他在《新民丛报》努力从事的便是这输送、移植工作。

首先，被他输移给中国人民的是近代西方两种最基本的方法论。他把“近世文明初祖”、“为数百年来学术界开一新国土者”这样的桂冠奉献给强调经验的培根和强调理性的笛卡儿。对于前者，梁氏在介绍其学说大略后评论道：“自此说出，一洗从前空想臆度之旧习，而格致实学，乃以骤兴。”牛顿和瓦特的成就“皆由用培根之法静观深思”而得。对于后者，梁氏则认为他的怀疑论具有维护思想自由、克服奴性的巨大作用。“笛卡儿兴，始一洗奴性，而使人内返本性，复其固有之自由。笛氏之功，不在禹下。”④ 培根认为经验的归纳法是唯一适用的方法，笛卡儿则认为理性的演绎法是唯一适用的方法。尽管他们的认识方法不一，梁启超却站在破除迷信、解放思想的角度，从他们的差异中窥出“破学界之奴性”才是他们共同一致之处。

第二，社会达尔文主义被他当作观察和解释世界的基本出发点向中国人民推荐。他认为社会历史是不能违反这条铁则的。《天演论初祖达尔文之学说及其传略》强调“所谓‘天然淘汰，优胜劣败’之理，实普行于一切邦国、种族、宗教、学术、人事之中，无大无小，而一皆为此天演大例之所范围”。所以，尽

① 《新民说·论权利思想》，《新民丛报》1902 年 4 月 22 日第 6 号。

② 这些残稿见《残稿存目》，《饮冰室合集·专集后附录》，中华书局，1989 年。

③ 《论学术之势力左右世界》，《新民丛报》1902 年 2 月 28 日第 1 号。

④ 《近世文明初祖二大家之学说》，《新民丛报》1902 年 2 月 28 日第 1 号。

管他对帝国主义借此自文，以侵略扩张为“文明之常规”，以弱肉强食为“天经地义之公德”，深恶而痛绝之，斥为“恶风”“无惭德”①。但他还是认定中国要自强，就须在世界民族之林中效法这种竞争精神最强的盎格鲁撒克逊民族。他反复致意，竞争是文明之母，“竞争一日停，则文明之进步立止”②。

第三，西方近代史学观也在此时被他以显著的地位接引过来。他以异常鲜明的态度倡导西方近代史学、批判封建史学，以至被人誉为近代中国资产阶级史学理论的丰碑。他极力强调甚至夸大史学的政治作用，称之为“最博大而最切要”的学问，是“国民之明镜”、“爱国心之源泉”，民族主义发达的欧洲列国之日进文明，“史学之功居其半”。因此，是他第一个在中国发出惊人之语：必须以西方新史学为榜样，对中国旧史学来一个革命，“史界革命不起，则吾国遂不可救，悠悠万事，唯此为大”③。他还指出，封建史家津津乐道的“正统”，其实只是“君统”，只是鼓吹“奴隶根性”而已④，而封建史家景仰不已的“春秋书法”，也只是“奖励一姓之家奴走狗”、“为霸者效死力”，根本不能“有益于群治”⑤。

第四，西方社会学中地理学派大为他赞赏，该派学说认为土壤、气候、高山、平原、江河、海洋等不同的地理环境对各民族的社会发展具有决定意义。梁氏对之深信不疑，所以在《新民丛报》创刊号上就大谈地理环境的重要。“英儒洛克曰：地理与历史之关系。一如肉体之与精神，有健全之肉体，然后活泼之精神生焉。有适宜之地理，然后文明之历史出焉。⑥”他十分喜欢借助这种舶来的新观点解释面临的种种社会政治问题。《亚洲地理大势论》解释欧洲列强向外扩张的主要原因是“土壤有限，人满为忧”。《欧洲地理大势论》则具体分析了法、意等拉丁民族国家和英、德等条顿民族国家以及以俄国为代表的斯拉夫民族国家，由于分处欧洲南部、中部和东北部，不同的地理环境造成了彼此间人情、风俗、宗教、政治诸方面的明显差异。《中国地理大势论》又着重论析中国南北方地理环境的差别造成了政治、文学、风俗、兵事诸方面的差异。

---

① 《论民族竞争之大势》，《新民丛报》1902年2月22日第2号。
② 《新民说·论国家思想》，《新民丛报》1902年3月24日第4号。
③ 《新史学》，《新民丛报》1902年2月28日第1号。
④ 《论正统》，《新民丛报》1902年7月5日第11号。
⑤ 《论书法》，《新民丛报》1902年9月16日第16号。
⑥ 《地理与文明之关系》，《新民丛报》1902年2月28日第1号。

（三）培民力

他看到，在帝国主义商品和资本汹汹输入的“横风怒潮”下，中国的经济形势每况愈下，他在一篇参考了美日学者论著撰成的文章中，把垄断资本的出现称为“世界前途之恐怖时代”，把帝国主义的“工商政略”称为“灭国新法”。为此，在《论民族竞争之大势》中，他向中国人民大声疾呼：“今日之竞争，不在腕力而在脑力，不在沙场而在市场。”如果懵然于此，不在经济界与之奋竞奋争，则中华大地“必全为欧美资本家之领域”，中国人民必沦为垄断资本之奴隶，“充某制造厂之工匠，某洋行之肩挑，某铁路公司之驿卒，某矿务公司之矿丁，某轮船公司之水手……”

为了发展中国的经济实力，他把“生计学理之发明”视为“最要之一端”。参照严复译出不久的亚当·斯密的《原富》和英、意、日有关学者的论著而补缀撮录写成的《生计学学说沿革小史》，是中国人写的第一部经济学说史的著作。

这篇文章站在民族主义的立场，对十八世纪英国资产阶级古典政治经济学的杰出代表亚当·斯密的学说予以舍从弃取。亚当·斯密鼓吹自由贸易，反对保护关税。梁氏在戊戌时期曾积极追随过他，《中国工艺商业考提要》和《史记货殖列传今义》中都留有若干痕迹，可是现在他却认为必须审时衡势，深知其意，不可贸然学步了。中国力量单薄的民族工商业面临外货外资的严重威胁，所以，不是亚当·斯密的经济自由主义，而是十七世纪法国哥巴和英国克伦威尔的保护关税政策（梁氏在文中误写为“重商主义”，这是他把“保护关税政策”与“重商主义”的概念混淆了），才是中国当前“救时的不二法门”。“斯密之言，治当时欧洲之良药，而非治今日中国之良药也。治今日之中国，舍前此所谓哥巴政略、克伦威尔政略者，其道无由。”为此，他强烈要求政府当局采取切实措施，“扶掖提携”本国工商业，迅即颁定“保护本国工商业之权利”的“商法”和与之“相辅”的有关“各种法律”。

亚当·斯密曾坚决谴责封建统治者及其随从的寄生性，把君主、官吏、军人、神甫、仆役等都归入不创造物质财富的“分利者”之列。梁氏则仿照斯密的标准具体分析中国国民，结论是四万万人中，“分利者”竟占一半。他以为，国家之兴衰“一视其总资本总劳力之有所复无所复”，中国社会生产力如此低下，则国力之弱，理固宜然。为此，《新民说》特辟专节《论生利分利》“阐明学理，广劝一国人，使皆耻为分利者”，而乐为创造物质财富的“生利者”也就毫不奇怪了。当然，要求那些剥削者自食其力，这同要求腐败的清政府保护本国资本主义工商业一样，纯属天真的幻想。但他力求增强国力，仍不失为一种良好的愿望。

特别值得一提的是，他对中国的人口质量问题十分关心，突破了戊戌时期较为空泛的“强种”宣传。1902年底发表的《禁早婚议》或许可以视为本世纪来第一篇专门提倡晚婚、控制人口的时论文章了。文章历数早婚对国计民生之害，提出“中国民力所以独弱于世界”，早婚是原因之一。而同时，在另一篇文章中，出于民族主义立场，他对“耸动全欧之耳目，而政治家之思想，几为之一变”的马尔萨斯人口论的基本观点则又持鲜明的否定态度，认为其人口按几何级数增加、生活资料按算术级数增加的观点“实属杜撰”，而以战争、瘟疫、饥荒、赤贫等消灭人口过剩的办法“亦不可行”①。

(四) 养民德

他鼓吹中国来一个以“利群”和“公德”为核心的“道德革命”。为此，他宣布自《新民说》第五节《论公德》以下逐节发挥此意。他自称所倡“新道德”由“斟酌古今中外”而得，逐节检索，我们发现其中确实输入了很多西方资产阶级的伦理道德观念。

《新民说·论国家思想》批评儒学造成中国人国家思想的薄弱，输入资产阶级的国家观，尽力说明“言忠国则其义完，言忠君则其义偏”。

《新民说·论进取冒险》批评中国封建保守思想，把西方那些富于进取冒险精神的“神圣大哲”哥伦布、麦哲伦、彼得大帝、拿破仑、玛志尼等统统请来当作中国人民学习的楷模。

《新民说·论权利思想》根据卢梭《民约论》，把国民权利思想的养成视为民德培养的重要内容。“为政治家者，以勿摧压权利思想为第一义；为教育家者，以养成权利思想为第一义；为一私人者，无论士焉农焉工焉商焉男焉女焉，各以自坚持权利思想为第一义。”

《新民说·论自由》指出，十八、十九世纪欧美诸国民所争者不出政治、宗教、民族、生计四方面的自由，“不自由，毋宁死”的战斗口号是他们立国的“本原”。中国人民应当努力效法他们，争团体之自由，争个人之自由。

《新民说·论自治》认为英国民族是世界上最富于自治力的民族，中华民族

① 《论民族竞争之大势》，《新民丛报》1902年2月22日—4月8日第2～5号。

应以之为榜样。文章还认为，个人的自治是群治的基础，“完全高尚之自由国、平等国、独立国、自主国”就在此基础上建立。

凡此种种，我们不难窥见梁启超的那番苦心：力图将欧美资产阶级上升时期所具备的那些优良素质接种在“中国之新民”即中国资产阶级的身上。

五

康德哲学曾被马克思说成是“法国革命的德国理论”①。上述裨贩了大量法国资产阶级革命思想的梁氏西学宣传似也可作如是观。它是法国革命的时代要求在落后的中国环境中的反应，是中国知识分子向往变革却又缺乏力量与勇气的表现。因此，高亢激昂的法国革命的战斗口号，到他那里，就变成了高唱自由、低吟平等的温和平实的政治讲义。卢梭打倒暴君建立代表人民意志的共和政府的主张，变成了以“新民”求“新政府”、“新国家”的“新民之道”。

然而，即令如此，这一宣传还是在前阶段基础上有了可喜的发展和提高。它的长处是注意以理服人，传播了较多的西方知识，带有一定的理论色彩。它提出了经由“新民之道”来实现美、法的共和制，基本上回答了前阶段未能解决的两个问题。它之出现在20世纪初的中国，犹如启明长庚一般指示着行将破晓的思想界的必然行程，产生了不容忽视的影响。

在近代中国资产阶级的思想祭坛上，不断有人从西方窃得火种前来致献。这些接引使者所用的方法不尽相同。要是说，在他那一代，康有为小心地把火种引燃在古朴的今文经学三统三世的烛台上，严复用典雅的桐城文笔蘸汲来了焰赫一世的《天演论》，章太炎以高古的魏晋文章捆缚装载来了驳杂的新理新说。那么，梁启超在这时便凭借自己饱含感情的笔触，密切联系比照现状，把西学煽扬得光焰万丈。

有人曾认为，当时梁氏文字“大部得力”于日人德富苏峰，尤其是“饮冰室自由书”诸文的“辞旨”、“笔法”，往往“取材”、“仿效”该氏所作②。梁氏文字受赐于日本进步思想界，这固毋庸讳言。但是实在说来，形式半文不白，内容中西夹杂，因而被艳称为“新民体”的梁氏文字本身，就是思想过渡时期

---

① 中共中央马克思、恩格斯、列宁、斯大林著作编译局译：《马克思恩格斯全集》第1卷，人民出版社，1956年，第100页。

② 冯自由：《革命逸史》第4集，中华书局，1981年，第252～253页。

西学影响下所特有的产物，不得专归于谁某。在令人目眩神迷的西学面前，昔日的旧学根底，起承转合的讲求，词章训诂的推敲，微言大义的钩索，竟似百川汇海，纷纷注入，了无痕迹。经过“饮冰室”中一番淘漉，西方的新理新说重新从“中国之新民”的笔端汩汩流出的时候，仿佛就被魔化似的。你看他，气度不凡，目送手挥，西典排比入文，诠解时有新意，歌呼叫咷，恣肆汪洋。于是，纵笔所至，涩滞变为畅达，艰深化为浅显，理念融为感情，玄虚铸为实在。这样，将他鼓吹“新小说”时所说的“熏”、“浸”、“刺”、“提”四大作用拿来形容他自己的文字宣传便十分贴合。这样，无论是对那些因废科举失却帖括的依傍而又思邀新的晋身之阶的旧士子，还是对那些受过若干维新思想洗礼的新人物，他都为之展现了一个具有很大吸引力的知识绿洲。

这几乎是必然的：当知识界渴求一位发踪指示、引导他们走出茫茫大漠的导师时，梁氏新内容新形式的文字适时地出现在人们的面前。饥者易为食，渴者易为饮。思想界青黄不接的过渡时代，使梁氏居然能凭借在日后看来是如此浅不足道的西学ABC，俨然担当起先知摩西的角色。于是，二十世纪初的中国思想界随从着梁启超从改良主义向民主主义迈步，尽管他本人马上就失足不前，半途而废。

随手打开1903年拒俄运动和《苏报》案前涌现出来的一批进步文章，则梁氏的思想烙印几乎触目皆是。似乎可以说，拒俄运动和《苏报》案前的思想舆论界是一人主唱，重重伴奏。梁启超通过自己这一段时间的辛勤劳作，开风气之先，提供了前人所没有提供过的新东西，为行将到来的革命派规模更大的民主共和宣传作了前驱。

同时及稍后的优秀青年如吴樾、吴玉章、柳亚子、鲁迅、郭沫若，及至毛泽东，他们受梁氏福祉的材料，人们称引已多，本文不拟赘述①。这里只想补引二则不常为人引用的材料，以见梁氏广泛社会影响之一斑。

材料之一：一名十三岁的女孩子在接受了梁氏宣传的国家思想后，竟也批评“知有朝廷而不知有国家”，“以为国家者，皆君主之产业”的陈腐观念，而鼓吹“国家者，实吾民之公共产业”，“一国之民，当有国家思想，当尽国民之责任”的国民公德来②。另一名十四岁的女孩子则几乎用雷同的标题和文字复

① 参吴樾：《暗杀时代自序》；吴玉章：《辛亥革命》；柳亚子：《五十七年》；郭沫若：《少年时代》；周启明：《鲁迅的青年时代》；斯诺：《西行漫记》。

② 彭维点：《论朝廷与国家之异》，《女子世界》1904年2月16日第2期。

述梁氏所宣传的卢梭的自由观，人之自由所以为他人所侵，常因人之放弃自由而召之。因此，侵人自由与放弃自由，“两罪相较，当以放弃自由为首，而侵人自由乃其次也”①。

材料之二：尽管邹容自称“中国少年之少年”，以示有别于自名为“少年中国之少年”的梁启超。但他却逃不过梁氏的思想洗礼，若干梁文甚至就被他直接引用。如《中国积弱溯源论》中关于揭露奴性的200多字，《历史与人种之关系》中关于自结其家族、乡族、部族和国族的60多字，就被他原封不动地分别移入《革命军》第四、五章中。当然，《革命军》更多地引用了上述《国民报》中诸如《说国民》、《亡国篇》中的有关文字。这正好说明，1903年后资产阶级民主革命思想的兴起是1901—1902年间思想界进步的继续。

对自身而言，梁氏这一阶段的西学宣传使他在孙、康之间又处于一种微妙的地位。

下面一段“正告”当代“贤智者”的文字是饶有意味的，显见是梁氏徬徨其间，有感而发。因而，它既像是对康有为劝谏，又似对孙中山进言：“夫宗旨苟不同，则昌言以攻之可也；地位苟不同，则分功以赴之可也。乃若宗旨同、地位同，则戮力同心，以共大业，善莫大焉。夫所谓戮力同心者，非必强甲之事业，而使合于乙也。同归而殊途，一致而百虑，目的既共指于一处，其成也，则后此终必有握手一堂之日。即不然，或甲败而乙成，或乙败而甲成，而吾之所志固已达矣。事苟有济，成之何必在我？仁人君子之用心，不当如是耶？”②

在这种思想背景下，我们发现，他在孙、康之间的地位与前度不一样。前度他处于迎受他们影响的依违被动位置，此番则极力保持相对独立性。一方面，他对孙中山不再像前阶段那样讨论“合作”，而是有意处在对等的地位相与颉颃。这可以章太炎当时的观感作为佐证。章氏断言，孙、梁并为国家前途所系的关键人物，“吾不敢谓支那大计在孙、梁二人掌中，而一线生计，唯此二子可望”。在考察了双方的宗旨后，他又断言，彼此并无根本分歧，只因意气用事，所以未重开合作之议。“今者，任公、中山意气尚不能平，盖所争不在宗旨而在权利也。任公曩日本以□□（革命）为志，中陷□□（保皇），近则本旨复

---

① 彭维点：《论侵人自由与放弃自由之罪》，《女子世界》1904年2月16日第2期。

② 《新民说·论合群》，《新民丛报》1902年9月16日第16号。

露……中山欲以革命之名招之，必不可致，此其所以相攻，击如仇雠也。然二子意气尚算和平。”① 所以，梁氏自称1902年春夏间兴中会在香港所办《中国日报》“每一日照例必有相攻之文一篇”，“相唾骂相攻讦者亦云至矣”，而自己则处于“异己之党派”地位，丝毫不予“置辩”②。所以，当章太炎出于“调和”双方的好意，拟于该年四月在东京举行“支那亡国二百四十二年纪念会”时，邀同原先激烈反梁的秦力山等同时征求孙、梁为该会“赞成人”。而梁始则“复书愿署名为赞成人”，后又收回成言，“另函要求勿将其名公布”③。此类反应，恐正是出于对孙中山既不敌对也不附从的考虑。

另一方面，他与康有为的关系又随着这阶段的思想进步而渐见疏远。1901年底发表的《南海康先生传》对乃师颇有微词，“其举动或失于急激，其方略或不适于用，常有不能为讳者”④。而康有为则对乃徒的激进态度十分不满，“自汝言革命后，人心大变大散，几不可合”⑤。“《新民报》原甚好，但不必言革耳。”⑥ 1902年春康有为那篇著名的保皇宣言《答南北美洲诸华商论中国只可行立宪不可行革命书》撰成后，以作者之地位，以内容之紧要，以师生关系之非比寻常，梁启超却似漠然无视，一番删截后以《南海先生辨革命书》为题，让它屈居于该年9月出版的第十六号《新民丛报》“名家谈丛”栏中。这不能不说是一种轻忽怠慢。所有这些，无不直接或间接地反映了师弟间思想政治上的不谐。

思想新潮浩浩荡荡，梁启超趋新去了，康门其余高足也不能不受到它的沾染浸润。用梁启超的话来说，则是“同门之人，皆趋于此”。昔日以梁氏亲孙向乃师报警的徐勤而今再报告些什么呢？对比读来是颇有讽刺意味的：“今日各埠之稍聪明者，无一人不言革命，即现在同门同志，同办事之人，亦无一人不如

---

① 章太炎：《致吴君遂书五》，转引自汤志钧编：《章太炎年谱长编（1868—1918）》，中华书局，1979年，第131页。

② 《答和事人》，《新民丛报》1903年12月2日第42～43号。

③ 冯自由：《中华民国开国前革命史》上卷，中国文化服务社，1946年，第105页。

④ 《南海康先生传》，《清议报》1901年12月21日第100册。

⑤ 丁文江、赵丰田：《梁启超年谱长编》，上海人民出版社，1983年，第300页。

⑥ 上海市文物保管委员会：《康有为与保皇会》，上海人民出版社，1982年，第157页。

是，即使强制之，而心亦终不以为然也。……盖民智渐开，止之无可止。”①

康、梁间这种貌合神离的尴尬情况，革命派并非毫无所觉。他们察知，当梁氏“宣传势力乃轶出其师康有为之上”时，他颇有自树自立“使人祧康宗梁之意”②。即在日后与之论战斥为“文妖”之时，他们也没有抹杀他这阶段的进步：“虽然不敢说排满，但法国、美国革命的事情，他也时时提倡。”③

与之相对，康派人物对梁氏凭借西学宣传雄踞言坛、卓然自立却是忧喜交加。用黄遵宪的话来说则是，《清议报》远胜《时务报》，而《新民丛报》又胜《清议报》百倍，其文“惊心动魄，一字千金”。因此，他们一则以为“德”，一则以为“憾”。所德者，宣传效果如此显著，举国唯其马首是瞻，唯其牙慧是拾，大为本派增光。所憾者，越出本派常轨的激烈言论向智识未开的人民鼓吹，就像向幼童“授以利刃”，后果颇难逆料。在充满矛盾心理的黄遵宪看来，作为舆论界重镇的梁启超具有“举足左右，便分轻重”的重要地位，仿佛他置身孙、康之间，确确实实有左袒则左胜，右倾则右重的魔力④。

六

不少学者常以梁启超 1903 年历时 10 个月的游美之行作为他思想急转的标志。

本文以为粗略言之自无不可，但如严格而言，则 1902 年秋后梁氏思想就开始发生转折。这可从他在《新民丛报》连续发表的四篇“敬告”中寻出蜕变的迹象。如果说，9 月 2 日发表的《敬告留学生诸君》还只是要求留日学生中的“激烈派”（革命派）和“温和派”（改良派），彼此调和妥协，那么，时隔一月发表的《敬告我同业诸君》就公开收回前不久所鼓吹的民权和革命的主张，诡称这是故意采用“越级骇人”的宣传方法：“欲导民以变法也，则不可不骇之以民权，欲导民以民权，则不可不骇之以革命……大抵所骇者过两级，然后所习

---

① 徐勤：《徐勤致康有为书》，上海市文物保管委员会：《康有为与保皇会》，上海人民出版社，1982 年，第 200 页。

② 胡汉民：《胡汉民自传》，中国社会科学院近代史资料编辑组编：《近代史资料》1981 年第 2 期，第 11 页。

③ 楚元王：《天讨·谕立宪党》，《民报第 8～13 号合订本（附天讨专号）》，北京科学院出版社，1957 年，第 117 页。

④ 黄遵宪：《水苍雁红馆主人来简》，《新民丛报》1903 年 1 月 13 号第 24 号。

者乃适得其宜。”如果说，10月16日发表的《敬告当道者》还是陪着笑脸纳忠言于当局，千万顺应时势实行真改革，勿以伪改革激怒国人，授革命派以可乘之机；那么，1903年元旦所作的《敬告我国民》则是板起面孔教训中国人民，“勿徒艳羡民权”、“勿徒怨政府、詈政府”，不要再“鼓吹破坏”、“赞成破坏”，进而攻击革命派的“腐败”和“脆弱”，较政府当局有过之而无不及。梁氏这一思想转折，还可从该年12月康有为充满喜悦的复信中看出来。“十月居箱根来书收，知汝痛自克责，悔过至诚，此事关中国之大局，深为喜幸。”① 师弟之间，融融泄泄，重归于好。就这样，进入1902年秋冬之后的梁启超又折入他西学宣传的新层次。从此，他不再握管大书民权、自由，殷殷向国人鼓吹热风，他继续宣传西学，但吐出的却是一团团温度越来越低的冷风。

这股冷风的中心就是《清议报》初期颇加青睐而后又被搁置的资产阶级国权论。

所谓资产阶级国权论，即是资产阶级的国家至上主义。梁氏认为国权论取代民权论是当今世界政治潮流的必然趋势，“昔谓国家恃人民而存立，宁牺牲凡百之利益以为人民者，今则谓人民恃国家而存在，宁牺牲凡百之利益以为国家矣”②。所以，他对瑞士政治学家伯伦知理的“国家有机体论”和波伦哈克的“国家平衡正义论”大加推赏，称之为“创见”和“笃论”。《政治学大家伯伦知理之学说》声称，卢梭的民权论当被伯伦知理的国权论取代。“二者孰切真理？曰卢氏之言，药也；伯氏之言，粟也。”“卢氏之说，其有功于天下者固多，其误天下者抑亦不少。”中国当前“最缺点”而“最急需”者，为“有机之统一与有力之秩序，而自由平等直其次耳”。

于是，我们看到，随着国权主义所及，西学宣传的各个领域渐次呈现出与前大不相同的面貌。

第一，民主共和的宣传渐被君主立宪所取代

1902年11月发表的《亚里士多德之政治学说》在比较各种政体的利弊得失后，断然宣称：英国式的君民共主的君主立宪政体是“过渡时代最妙之法门”，“今后数百年间，保持治安；增进公益，道未有善于是者”。在同时发表的政治

---

① 丁文江、赵丰田：《梁启超年谱长编》，上海人民出版社，1983年，第299页。

② 《饮冰室自由书·干涉与放任》，《新民丛报》1902年10月2日第17号。

小说《新中国未来记》中，他又借小说中人物之口宣传民主共和之必不可行和君主立宪的优越性，认为在中国民智未开、民力未充的情况下，唯有“大行干涉政策”，采用君主立宪方可有济。这篇小说以主革命论者为假想论敌，分别以“政治上生计上历史上最新最确之学理”，着意安排双方往复辩驳至四十四个回合，文长一万六千余言，就像是日后与《民报》大辩论的预演。

对民主共和的否定和对君主立宪的向往还清楚地反映在此时所写的有关历史人物传记中。《罗兰夫人传》借法国大革命中罗兰夫人之死的严峻史实，用来对清政府和革命派左右开弓。他开导前者：再不能偷安苟且，不事改革。他教训后者：革命残酷，狂澜易起而难挽。而与之相对，《新英国巨人克伦威尔传》对于缔造英国立宪政治的元勋克伦威尔，则以“吾拜之吾五体投地拜之”的空前热忱表达自己的景仰之情。

他还直接引用国权论者批评民主共和政体诸弊的材料。波伦哈克《国家论》强调君主政治，抨击共和政体，认为共和必导致民主专制，民主专制必产生革命相循的恶果。该书著于1896年，1903年早稻田大学出版日译本，当年10月，梁氏迅即在《政治学大家伯伦知理之学说》中大段摘引。他自称民主共和的理想从此被波氏之论轰毁，“一旦尽失其所据，皇皇然不知何途之从”，于是他涕泪滂沱，宣布与共和“长别”。

总之，前时否定孟德斯鸠醉心英国的君主立宪政体，现在则来了个否定之否定。他力图对封建专制政体和君主政体加以区分，并对后者理想化。看来，马克思批评孟德斯鸠错误观点的话同样适用于梁：“他竭力在君主政体、专制制度和暴政三者之间找区别，力图逃出困境；但是这一切都是同一概念的不同说法，它们至多只能指出在同一原则下习惯上有所不同罢了。”①

第二，西方新理的介绍浸润国权主义的内容

在征引取材十二种西方和日本学者著译后写成的介绍英国功利学派代表人物边沁学说的文章中，对边沁那句使近百年来西方“一切学理”“无不生一大变革”的名言“最大多数之最大幸福”，他不像先前那样无条件地皈信了。《乐利主义泰斗边沁之学说》认为，边沁“以快乐为无上之目的”的伦理学，常会引起“公益”与“私益”的“冲突”，因而“不可以为道德之标准”。边沁把专制

① 中共中央马克思、恩格斯、列宁、斯大林著作编译局译：《马克思恩格斯全集》第1卷，人民出版社，1956年，第411页。

君主和立宪君主都视为人民之敌的政法论，该文更是大不以为然，责此论“太酷”，因为在他看来，君主立宪的英国毕竟是“政体最美之国”。

与此相对，社会达尔文主义者颉德倡导“牺牲个人以利社会”和“牺牲现在以利将来”，因为该论切符国权论的基本宗旨，所以梁氏大加推奖。他专撰《进化论革命者颉德之学说》一文，赞誉颉德为进化论的“革命者”和“传钵巨子”，以之衡量诸家，则早先膜拜的卢梭、亚当·斯密、约翰·穆勒、斯宾塞诸大哲无不踬伏其下。因为他们的共同缺憾是重视“个人”或“现在”，不及颉德那样注目于“社会”和“将来”。

在介绍康德的哲学思想时，他又把康德的“良心说”和国家论的“主权说”牵扯在一起。《近世第一大哲康德之学说》认为“康氏良心说，与国家论者之主权说绝相类”。为什么呢？因为它们都是绝对的、无上的、命令的。“服从主权，则个人对于国家之责任所以出也。服从良心，则躯壳之我对于真我之责任。”

第三，原先倡导的道德观念有所补充修正

1902 年 10 月，他开始对此前《新民说》中有关公德的崇论宏议自表怀疑。在《宗教家与哲学家之长短得失》一文中，他指出，那些“新学之士”读种种西书，“公德”未有“表见”，而“私德”早已“蔑弃”。“读边沁功利之书，他无所思，而唯自知乐其乐；受斯密《原富》之篇，不以之增公益，而以之殖私财；观达尔文物竞之论，不以之结团体，而以之生内争；耳洛克、康德意欲自由之论，则相率逾闲荡检，而曰我天赋本权；睹加富尔、俾斯麦外交应敌之策，则相竞于机械诡诈，而曰我办事手段。”待到 1903 年 10 月游美归来，他更自我否决早先鼓吹的“道德革命”，称之为“理想之言”，“决非今日可以见诸实际者”。他公开宣称对以公德铸成新民感到“绝望”。于是他返身求助于“私德”，在《新民说·论私德》这篇从 1903 年 10 月始刊到 1904 年 2 月刊毕的长文中，他断言，“欲铸国民，必先培养个人之私德为第一义”，“公德者，私德之推也”。

这样，国权主义和中国传统的道德规范便同时楔入。

在先，他是国民“权利思想”和“独立”“自由”的热烈鼓吹者，现在，他却以“义务”“服从”为中心的国权主义道德规范来取代了。他声称由于“欲逃应尽之义务以求自逸”的“恶因”，方造出了中国人民无权利思想的“恶果”。所以，欲享权利，必先克尽义务①。他检讨昔日鼓吹“独立”“自由”，“不免有

① 《新民说·议义务思想》，《新民丛报》1903 年 2 月 26 日第 26 号。

矫枉过正之言”，纠偏的办法是倡导“服从”。他把国权论称扬之至的服从“公理”、“公定的法律”和“多数的议决”，称为国民“必不可缺”的“最良之根性”①。

在先，他是封建伦理道德的批判者，现在，他却认为“吾祖宗遗传固有之旧道德”是救助民德的法宝了。这旧道德的具体内容，既含上述《新民说·论私德》中宣扬的“忠”、“爱”、“正本”、“慎独”、“谨小”等传统的封建道德及其修持方法，也包括稍后作为精神食粮“馈”于学界的程朱陆王等人的理学教条。

第四，原先反对垄断资本的态度有所更改

他的挚友在论及他的思想变迁时，曾把他游美返日后注意财政经济作为一大关节。该文称他与“好言理财”的汤明水（觉顿）同居，“过从最密，以故思想亦趋于同一之途径”②。游美才归，《新民丛报》即以显著地位连载了一篇歌颂垄断组织的文章《二十世纪之巨灵托拉斯》。这就是梁氏远渡重洋给中国人民带回的一件重要礼物。该文站在国权主义立场上，一反前说，认为托拉斯是干涉主义时代的必然产物，顺乎“物竞天择自然之运”。所以，少数大资本家的垄断利益被说成是“生计界进化之正轨”、“国民社会之公益”，而亿万劳动者即使因此“不便不幸”，梁氏认为也“不过一时之现象”，应为“社会进步”而“忍其痛苦”，决不因自身之利而阻碍“全体”的“公益”。他还主张经济实力在二十世纪初稍有加强的中国资产阶级应该效法欧美，在丝、茶、皮货、瓷器等方面的生产和贸易领域建立托拉斯组织，一起与国际垄断资本竞争。他甚至乐观到以为必能使之“瞠然变色”。

在先，他十分忧惧于垄断资本之输入，亟呼国人力谋抵御，现在他却来了一百八十度的大转弯。1904 年发表的《外资输入问题》主张“大借一次外债，以充国有之资本，而经营各业”。他以“生计学学理及各国先例”为据，认为外资输入于中国利多弊少。“外资之来，非特投资者享其利也，而主国宜亦食其赐，此实不刊之公例也。故不审情实，而徒畏外资如虎，憎外资如蝎者，未可谓健全之理论也。”所以，尽管外资之来于中国颇有“可怖”之处，为“我国民前途最险恶之气运”，但出于发展生产力和壮大资产阶级的急迫需要，还以输入

① 梁启超：《服从释义》，《饮冰室丛著》第 1 种，商务印书馆，1916 年。
② 林志钧：《饮冰室合集序》，《饮冰室合集》，中华书局，1989 年，第 1 页。

为是。“欲为全国生产界骤添活力，间接以发起人民殖产思想，则其效亦孰有速于利用外资者耶?”

众里寻她千百度，天涯何处是芳踪？蓦然回首，梁启超终于发现那位能为中国诞育宁馨儿的“西方美人”不是别个，正是东渡之初曾经打过照面的资产阶级国权论。她现在浓妆艳抹伫立在眼前灯火阑珊处，脉脉含情等待着自己的亲迎。

那么，是什么原因导致梁氏西学宣传折入这一新的层次？人们常以梁氏“流质易变”的个人气质或严师之命作为解释。这固然是部分原因，但历史告诉我们，一位思想家的思想动机不是从琐碎的个人欲望中，而是从他们所处的历史潮流中得来的。循此原则探求，本文以为至少有四方面的情况对梁氏发生了较为明显的影响。

一、对学界风潮的恐惧。梁氏西学宣传本在学生知识分子中最受欢迎。可是现在他看到，就在自己竭力宣传民权和自由之后，莘莘学子被鼓动得热血沸腾不安心求学了。在留日学界事端不断：以 1902 年 4 月“支那亡国二百四十二年纪念会”为起端，接着是 7 至 8 月的成城入学事件，同年冬“以民族主义为宗旨，以破坏主义为目的”的青年会建立，1903 年正月初一东京留学生团拜会上面对清族亲贵和官吏的排满演说，2 月对大阪博览会侮辱中国人的抗争，3 月至 4 月弘文学院的退校事件和成城学校的罢课事件接连发生……与此同时，留学生各省同乡会及其所办杂志《游学译编》、《湖北学生界》、《直说》、《浙江潮》、《江苏》等次第问世，他们的言论日趋激烈，鼓动得留日学界的热度越来越高。与之相应，在国内文化发达的东南地区学潮频起。以 1901 年初夏杭州求是书院“罪辫文案”为起端，1902 年 4 月以民族主义、民主主义为宗旨的中国教育会在沪成立后退学风潮迭起。同年 11 月为上海南洋公学和浙江浔溪公学，次年 4 月为江宁江南陆师学堂和杭州浙江大学堂，5 月为上海广方言馆和杭州教会学校蕙兰书院……此伏彼起的学界风潮是新型知识阶层在政治上崛起的一种表现。学生们要求自由、平等，反对专制奴化，斗争的矛头指向封建顽固派和轻侮中国人民的日本人，带有民族主义和民主主义的政治色彩。对此，作为思想导师的梁氏深有体会。他曾把学生知识分子接受新思想而思想激进形象化地比作久处暗室之人，因开一窗隙窥见外界万象世界而思破壁突出。他特别注意到当时一千余名留日学生的巨大潜力，“拔十得五，则其力已足动全国之思想界而有余”①。

因此，他之改弦易辙，另唱他调，看来与“解铃还需系铃人”之考虑并非无关。

二、对共和民主的反感。游美期间，耳闻目睹美国的社会弊病实在令共和民主向往者气短。1903年发表的《新大陆游记》，对此颇有流露。对黑人的残酷私刑竟发展到聚众火刑，这就是《独立宣言》上大书“凡人类皆生而自由平等”的文明国所为。至于总统选举上的弊窦和党派斗争中的丑闻，“种种黑暗情状不可枚举”，更使他生厌。所以该文对英人占士布利斯所著《美国政治论》十分信服，以为该书批评美国共和政治之六大弊病“深中症结”“穷形穷相”，而“深叹共和政体实不如君主立宪者之流弊少而运用灵”。

三、对革新民德的失望。在《新中国未来记》中，他假托小说中人物之口痛责1899年到1902年间的“民间志士”：“满肚皮私欲充塞，变幻狡诈，轻佻浮躁，猜疑忌刻，散慢乱杂，软弱畏怯。他那心术行为，正是如同旧党一鼻孔出气，或者反比旧党还不如哩。”1903年6月致书友人又说：“弟近数月来，惩新党棼乱腐败之状，乃益不敢复倡革义矣。”② 在美所见，即使是受过欧风美雨栉沐的华侨，道德情况也未必佳。至于一般中国国民的道德通病如“爱国心薄弱”、“独立性柔脆”、“公共心缺乏”、“自治力欠阙”，则更被他看得难以救治。

四、对国家财政的忧虑。《辛丑条约》规定的沉重赔款把原本枯竭的清政府财政弄得更加狼狈。严重的财政危机像恶魔一样压在中国头上。清政府加紧对人民的榨取，中国的民族资本在辗转中艰苦维持。游美所见，则美以泱泱经济大国雄踞全球，不能不使他加深强国必先富国的感受。上文所述他之目光恰恰在此时转向财政经济问题，正是他忧国伤时的反映。从此，他不断提出有关改革中国财政的具体建言，力图为破敝不堪的中国财政补苴弥缝，以求抵挡帝国主义狂风暴雨的袭来。

上述原因，梁氏在日后回顾自己此阶段思想转折，“极端之破坏不敢主张”时，都曾提及：“其后见留学界及内地学校因革命思想传播之故，频闹风潮……雅不欲破坏之学说深入青年之脑中。又见乎无限制之自由平等说流弊无穷，惴惴然惧。又默察人民程度增进非易，恐秩序一破之后，青黄不接，暴民踵兴，

① 《敬告当道者》，《新民丛报》1902年10月16日第18号。

② 丁文江、赵丰田：《梁启超年谱长编》，上海人民出版社，1983年，第3289页。

虽提倡革命诸贤，亦苦于收拾。加以比年国家财政、国民生计艰窘，皆达极点，恐事机一发，为人劫持，或至亡国……”① 梁氏自述，基本可信。

上文曾经指出，梁氏以“新民”为主题的西学宣传颇似“法国革命的德国理论”。及至此时，则这种特征更趋明显。他对法国革命始则欢呼、终则反对的态度，恰似对一百多年前德国思想界的遥远的历史反响。了解这一段德国史的人们知道，当1789年法国大革命爆发时，进步思想界纷纷对之表示同情、支持和拥护。但当革命进一步深入，发展到雅各宾专政阶段时，他们便感到害怕，转而采取批评甚至反对的态度。他们反对搞法国式的政治革命，而主张搞德国式的政治革命，即在德国实行君主立宪。康德、黑格尔、谢林、费希特是这样，著名诗人席勒、歌德也不例外。似乎不妨这样认为，以孙中山为代表的中国资产阶级革命派不愧为法国十八世纪末叶的伟大活动家的同志，则梁启超实在称得上是这一时期德国资产阶级的思想家和宣传家的忠实继承者。

梁氏这一回的思想转折决定了他此后数年的思想行程。康有为深以他回皈师门为幸，革命派则对之严加批判，从而导致了1905年到1907年间他与革命派的一场大论战。在这场著名的论战中，以国权论为核心的西学理论就是他的主要依凭。梁氏和他的对手各自从西方学理搬取援兵大张己军，很容易使人想起《荷马史诗》中那些争斗的英雄纷纷从奥林匹斯山上请下神祇护佑的故事来。不过，对于本文来说，这已是题外的内容了。

综上所述，梁启超戊戌壬寅期间西学宣传的变迁，反映了近代中国一部分知识分子思想急剧发展的轨迹。他曾说自己的思想是“随学而进，因时而移”②。所以，变法维新的吟诵甫停，民主共和的言词又朗朗上口，不旋踵间，君宪国权的高调几欲震耳。在西方往往是二三代人的思想发展经历，在他身上不几年中一一亲历到了。无疑，他的西学宣传如同他整个思想政治活动一样，是19世纪末20世纪初中国资产阶级愿望和要求的一种理论表现。通过它，我们可以感受到20世纪初不断加快了的时代脉搏的跳动。

有人曾将梁氏思想特征归结为摇摆和善变，易于接受外来影响③。本文认为，这一思想特征和其他思想征象，如标新立异、牵强附会、调和折中、生吞

① 梁启超：《鄙人对于言论界之过去及将来》，《饮冰室合集·文集之二十九》，中华书局，1989年，第3页。

② 梁启超：《新中国未来记》，《饮冰室丛著》第13种，商务印书馆，1916年。

③ 李泽厚：《中国近代思想史论》，人民出版社，1979年，第288页注。

活剥等，都是政治上机会主义气味较浓和学术上实用主义色彩较强的梁氏思想的外在表现，是阶级的局限，更是时代的制约使然。幼弱的中国资产阶级还没有来得及在自身瘠薄的思想土壤上培育出丰硕的意识形态之果，只能借西方思想之树的移植和嫁接权代。在西方，资产阶级有一个较长的上升时期，随着生产关系的变革和阶级关系的调整，意识形态领域有一个较为充分的累积和发展过程。相对丰腴的历史环境保证了思想之树的较为繁盛。在中国，则不具备这样的历史环境。且不说东方固有思想文化的巨大惰性常常使逾淮后的橘变成枳，就以新种的繁殖往往需要几代连续交接而论，梁启超当时也缺乏这样从容裕如的条件，急于采摘只能收获半生不熟的青果。梁启超是一位时代感和历史感很强的人物。前者促使他对社会迅速作出反响，以至不断地以今日之我与昨日之我相战。后者又激起他对此时加以反思，对率尔应时之作时露不满。所以，他对自身西学宣传的种种弱点并不缺少自知之明。“吾数年来之思想，已不知变化流转几许次，每数月前之文，阅数月后读之，已自觉期期以为不可”，为此，他只求人们以“供一岁数月之遒铎”的报章时论来看待自己的那些文章①。在谈到“晚清西洋思想之运动”时，他又批评自己那一批宣传西学的“原动力及中坚”，“裨贩、破碎、笼统、肤浅、错误诸弊，皆不能免”②。

人们尽可以这样那样的理由对他毁誉纷纭，而他在中国近代历史上的地位还是不能低估。一种学说或宣传的价值，就在于它在多大程度上适应了社会发展的需要。在社会渴求启蒙和曙光的时候，梁启超以自己数度流转变迁的西学宣传提供了必要的声和光，部分地满足了它。中国历史上有两次大规模的外来思想文化的进入。第一次是印度佛学，第二次便是西学。外来思想文化在中国本土的被溶解、消化和吸收，需要时间，需要巨匠大师的辛勤劳作。印度佛学的汉化，经历了一个颇为曲折、为时不短的过程，直至隋唐才完成。我们今天看来，这一段历史是由若干作出杰出贡献的名僧作为链节一一贯穿起来的。后之视今亦犹今之视昔。当后人从更为广阔的历史发展角度来看西学输入中国的历史时，他们可能比我们更容易撇开梁氏凭恃西学与革命派论战这些具体的历史“细节”，而从大处着眼，把他放在链节的关键之处。在他的前后左右，便是孙中山、康有为、严复、章太炎等几个荣耀的名字。戊戌、辛亥和五四三时期

① 梁启超：《饮冰室合集原序》，《饮冰室合集》，中华书局，1989 年，第 1 页。

② 梁启超：《清代学术概论》，《饮冰室合集 · 专集之三十四》，中华书局，1989 年，第 72 页。

可以视为近代西方新思想新文化在中国逐步推进的三个高潮。而梁启超在戊戌壬寅期间思想文化战线上的功绩，则对第一个高潮作了很好的发挥，为第二、第三个高潮作了必要的铺垫，从而使得这前后相连的三十年波波相续，与当时的先进人物共同写成了中国近代思想文化史上最辉煌的一页。因此，人们感念延纳"德先生"和"赛先生"来华的五四新人物，也就没有理由不对先期迎娶"西方美人"东来的梁启超表示敬意。

[原载贵州人民出版社 1991 年版《辛亥风云与近代中国》]

辛亥革命前夕梁启超的西学宣传

梁启超作为近代中国宣传西学的主要代表人物，在戊戌、辛亥和五四这三大新思想新文化高潮中都有非常突出的表现。若就社会影响而言，则他在辛亥时期的西学宣传尤为重大。可惜由于种种原因，他在该时期的功绩并未受到应有的重视和允实的评价。本文认为，按实言之，他在该时期的西学宣传是跌宕起伏、脉络分明的，因而宜加具体分析。1902 年前后，为他执掌中国思想界牛耳的黄金时代。他广泛介绍西方新理、新说，成为 20 世纪初汲取西方新泉灌溉中国荒漠的思想土壤的前驱，那片洋溢着生意的绿洲，就惹人爱怜地呈现在他所开辟的《新民丛报》上。即使是政见不一者，对他筚路蓝缕之劳也无不怀有敬意。他那“输入文明第一祖”的地位是无可争辩的。但是，1905 年同盟会成立后，情况发生很大变化。一批聚集在《民报》周围的思想理论界新人，为了宣传革命主张，树立新思想新理论的权威，断然向他挑战。在论战过程中，双方各自挹取西方路数不一的政法和经济等学说，以为张大本军克敌制胜的利器，从而使有关西学得到一次较广泛的传播机会。尽管持续二年的论战以《新民丛报》的停刊而告终，但梁启超未因失败而放弃西学宣传。他顽强地返身再向西方求法。所以在辛亥革命前夕立宪运动成为国内政治舞台上有声有色的活剧时，他又登坛说法，殷殷度人，神采飞扬地进入西学宣传的又一新境。

本文就以 1908 年后梁氏的西学宣传为考察对象。

一

《新民丛报》收歇后，梁启超及时更换笔名，以“宪民”取代“新民”，然后以 1907 年 10 月和 1910 年 2 月先后在上海创办的《政论》和《国风报》作为喉舌，以宪政问题和财经问题作为主题，把读者从海外留学生扩展到以国内绅商和知识分子为主体。阵地一新，论题一新，对象一新，梁启超应机而化，表明他在思想政治阵地上还是有“根”的。他东山再起，左采右获，毫无倦怠之状。据作者统计，仅1909至1911年间，他公开发表有关宪政和财经问题的文字即有70余篇，不下50至60万字。这还不包括他此前秘密为清政府宪政编查馆及各署衙、各王公大臣充当枪手代筹代庖的20余万言“内参”性质的材料。他凭借从西方借来的五彩神毫，挥洒自如地写下了两大论题。

第一，宪政问题。

在清末宪政运动的宣传理论家中，梁启超算得上一位桀桀全才。在国家、国会、资政院、谘议局、内阁、政党诸方面，他都勤于探讨，写了不少传诵一时的宪政名文。这些文章联系国情，比照中西，对国民传播新知，对政府劝导督责，为宪政运动极尽推波助澜之能事，在中国近代宪政史上无疑据有重要地位。

国家。《宪政浅说》汲取西方通行的国家由领土、人民、权力三者构成的“国家三要素说”，批评“积土成国”、“积民成国”和“君国同体”等传统国家学说，还具体介绍了西方学者有关三种国体（君主国体、贵族国体、民主国体）和二种政体（专制政体、立宪政体）的区划。虽然梁氏只是裨贩了些洋教条，没有搞清国体和政体问题的实质，但这些浅近通俗的国家学说，毕竟对万世一系、君国同体的封建专制主义国家学说是一巨大冲击。

国会。文长十余万言、三易其稿始成的《中国国会制度私议》，“吸收”“各国国会共同之要素”，旨在“发挥”“我国国会应有之特色”。该文博考各国国会制度异同，然后揆诸中国国情，提出实际办法。如作者认为中国国会的左院不能像西方那样代表贵族和富族，但为了照顾皇族和亲贵的特殊利益，不妨设立皇族议员敕选议员和蒙藏议员等。该文不失为当时对国会问题进行系统研究和论述的一篇代表作。

资政院。清末资政院权代议院之职，在《资政院之天职》一文中，他颇以西方议院“参预立法”和“监督行政”视为其最大职能，而在当今中国，二者中又以后者为重。但清政府拟订的资政院章程却“与各国议院共通之原则太相刺谬”。他因此揭露这类谬误的产生原因，一在政府视资政院“无足轻重”，二在拟章程者并无真知，“徒取外国之法文，东涂西抹，苟塞篇幅”①。1901年底，资政院会期一结束，他立即发表评论，肯定其揭开“中国宪政史之第一叶”的

① 梁启超：《资政院章程质疑》，《饮冰室合集·文集之二十五（上）》，中华书局，1989年，第136页。

历史意义，又批评会议从议决内容到组织安排方面的种种缺点①。

谘议局。1908年7月清政府颁发的《各省谘议局章程》规定，诸议局有权议决本省行政兴革事件等，但又同时规定，议决事项须得本省督抚同意方能生效。梁启超坚决反对谘议局徒成拱手画诺为督抚伴食的政治摆设，因而以西方地方议会的职权范围为鉴，主张谘议局应具立法权和对地方行政的监督权，其议决应“广涉于政治问题”②。为此，清政府漠视谘议局的行为，如度支部奏定试办预算册式及例言中“绝无交谘议局议决之文”，各省预算册中别无专用的行省自治预算，都引起他的强烈抗议③。

内阁。这是君主立宪制的政权中枢，梁启超对之寄望尤厚。内阁尚在酝酿之中，他即作《责任内阁释义》，竭力鼓吹西方各国组阁共遵的两项基本原则(内阁必由各部行政长官组织之，内阁恒采会议制而以总理大臣为长，阁僚亦悉由其延揽汲引)，以之作为范本，进言当局采纳。他还不时根据西方的行政理论，为未来新内阁的内政外交筹箸：阁僚人选宜由政治家担任，而政治家当具“八德”方可称职④；整顿吏治尤以确立官规为本，所以他参照西方成法拟成官吏试验法，为当时扰扰未了的官制改革参考⑤；内阁政治必当废督抚而集权中央，其法则宜“预立改置省区之计划，而行之当以渐”，以免激而生变⑥；回顾20余年来中国外交失败史，他又力排时论盛倡之联美联德论，进言“名誉孤立”之外交政策，“保现势，而利用之以图整顿内治”⑦。

政党。为了实现立宪政治，他热切盼望代表本阶级的“堂堂正正”的政党

① 梁启超：《评资政院》，《饮冰室合集·文集之二十五（上）》，中华书局，1989年，第175页。

② 梁启超：《谘议局权限职务十论》，《饮冰室合集·文集之二十五（上）》，中华书局，1989年，第39页。

③ 梁启超：《续度支部奏定试办预算大概情形折及其册式书后》，《饮冰室合集·文集之二十五（上）》，中华书局，1989年，第72页。

④ 梁启超：《责任内阁与政治家》，《饮冰室合集·文集之二十三》，中华书局，1989年，第57～62页。

⑤ 梁启超：《官制与官规》，《饮冰室合集·文集之二十三》，中华书局，1989年，第63页。

⑥ 梁启超：《外官制私议》，《饮冰室合集·文集之二十三》，中华书局，1989年，第72页。

⑦ 梁启超：《中国外交政策私议》，《饮冰室合集·文集之二十三》，中华书局，1989年，第105页。

出现于国中，“揭健全之政纲以号召天下”，从而促成以政党政治取代专制政治，以政党内阁取代官僚内阁。他认定值得效法的样板则是英国①。然而，封建专制政府是绝不容梁启超们通过组织政党染指政权的。所以，此文写后不过二月有余，面对恶浊的政象，他又浩叹“中国政党难以发生”。凡西方建立政党弋取政权所必具的若干条件，中国都不具备，政党政治在中国实在遥遥无期②。

第二，财经问题。

财经危机和政治危机总像一对孪生的煞星那样分解不开。忧虑国事的中国知识界总也在注目政治问题的同时，把眼光放到财经问题上。梁启超就在倾心西学成为宪政权威的过程中，戴上了财经专家的冠冕。

梁启超是从当时经济的全球性，严峻的国际政治和经济环境来申述中国整顿财经的急迫性的。他以为整顿财经的首入之途在“普及财政常识”。因此，他发愿以“广被”斯学作为己任。为此目的，他曾用二年之力著成一部百余万言的《财政原论》。只是由于急剧发展的形势使他未暇对这部卷帙浩大的著作修改定稿。我们现今只能从当时单篇发表的论著中看到他围绕币制、公债和实业三大方面构成的财经改革思想。

币制方面。

在一篇文章中，梁启超曾把自己源于西方货币学的基本观点归纳为三要点：一、“货币最要之职务，在于为价格尺度”。一切物价都比于货币作为标准，货币本身当以法律规定其自身价格，方可为一切物价之尺度。二、“货币所以能有一定不变之价格者，以其名价与实价相应”。本位货币虽多铸不为病，补助货币切忌多造，否则必致币制贬值混乱。三、“国家之铸币也，万不能视之为筹款之具”。无论财政如何支绌，也只能从别处筹补，断不能求诸铸币局③。

以此为准，他对政府现行的币制政策发表了不少批评意见。他严厉批评现行币制错杂紊乱的状况，强调颁布币制的急迫性。一篇《币制条议》洋洋三纲十八目，反复致意即在此。1910年，清政府度支部厘定币制，他又批评其与币

---

① 梁启超：《读十月初三日上谕感言》，《饮冰室合集·文集之二十五（上）》，中华书局，1989年，第152页。

② 梁启超：《将来百论·中国政党之将来》，《饮冰室合集·文集之二十五（上）》，中华书局，1989年，第200页。

③ 梁启超：《各省滥铸铜元小史》，《饮冰室合集·文集之二十一》，中华书局，1989年，第14页。

制原则颇多牴牾。如“则例”第一条便有错误，但笼统言“大清国币单位定名曰圆”，而一圆本有之价格则未加规定。据各国币制通则，他认为此条应改为“大清国币以库平六钱四分八厘纯银为价格之单位，名之曰圆”①。

为纠正政府发行名价与实价不相应的货币，他又撰文介绍格雷欣“劣币驱逐良币定律”。他肯定这位16世纪英国学者所发明的“名价与实价不相应的货币同时流通，则实价高的良币必为实价低的劣币所取代”的原理，是“千古不磨之货币法则”。中国近代“圜法旋立旋破坏”，皆因对此定律“忽而不察”。今若建设完善巩固之币制，则务以“熟察”并“严防”该定律之发生作用为“第一义”②。

至于中国当采何种本位货币，他则赞同虚金本位制。该制为1904年应清政府之邀来华协助改革币制的美国货币专使精琪所提出。梁氏认为其基本精神颇与自己的货币观点相一致，所以在《币制条议》中对之颇加揄扬。

公债方面。

为了摆脱财政危机，清政府饥不择食，债台高筑。只要有钱可借，不论内债手段如何低劣，外债条件如何苛刻，无不优为之。因此，梁氏在公债问题上的言论始终与规箴和揭发相联系。

在内债方面，他揭露清政府“设为种种新式以自欺而欺人”。所谓昭信式之股票，则实为卖官；农工商部式之公债，则实为赌博；邮传部式之公债，则实假名赎路而资挪用；袁世凯式之公债，则实遗高利率负担于后而供眼前挥霍。真所谓“罔民之术”，“无所不用其极”。为了制止此类恶性借债，他取诸西方学理，指出发行国内公债必须具备两项条件，一为国家财政信用见孚于民，二为广开公债利用之途，二者缺一不可，以此警告政府，提醒国人③。

在外债方面，他继续发挥前阶段有条件地利用外资的基本观点，以法、意、俄、日等国利用得法而享其利和埃及、波斯、阿根廷等国利用不得法而蒙其害的实例，反复加以论证。他认为“借款论”和“拒款论”两种意见都失之偏颇，

---

① 梁启超：《读历制则例及度支部筹办诸折书后》，《饮冰室合集·文集之二十五（上）》，中华书局，1989年，第99页。

② 梁启超：《格里森货币原则说略》，《饮冰室合集·文集之二十一》，中华书局，1989年，第110页。

③ 梁启超：《公债政策之先决条件》，《饮冰室合集·文集之二十一》，中华书局，1989年，第41～44页。

“不衷于学理，而又乖于史实”。他考求各债务国以外债亡国之故有七，一一缕析，以此批判为清政府饮鸩止渴作伥的借款论。他又参照西方国家利用外资的成功经验，着重在整理财政金融和发展实业方面提出六项建议，主张借外资为国家谋利益，以此批评拒款论①。

应该说，梁氏此时对外债问题的认识是较前深化了。他既揭发了列强借债于我不怀好意，又明确肯定中国政治改革后仍须利用外资，准确地反映了中国资产阶级既不满于清政府之欺骗国人，又不安于清政府为外人所欺骗的特殊阶级利益。

实业方面。

在《新民丛报》时期与革命派辩论，梁启超就把振兴实业的希望寄托在中国的资本家特别是大资本家身上。而今他更坚持并进一步发展了这一观点：“今世界为资本竞争时代，国中有资力之人，国之宝也。”②“古代之英雄，多出于政治家与军人；今日之英雄，强半在实业界。”③

他坚持前此鼓吹托拉斯组织的意见，认为振兴实业的关键必先像西方国家那样成立和发展股份有限公司。因此，他的目光始终须臾不离中国大资本的升降荣枯。对 1904 年到 1908 五年间工、农、矿、交通、金融等业报部注册的 265 个实业公司的分布地区和资本额的逐年变化，他曾详细列表分析比较，断言“将来我国实业终能振兴与否，则将于此诸公司之有成效与否焉卜之”④。所以，1906 年到 1907 年全国新设公司数及其资本额激增，他喜形于色，而 1909 年其数锐减，他又蹙然为忧⑤。然则振兴实业的前提何在？如同回答发行公债和改革币制的前提一样，梁启超再次把答案填在“立宪政治”这一空卷上面。

当他为振兴实业寻求资本时，他又瞩目于西方财政学，百计营求开源节流

---

① 梁启超：《外债平议》，《饮冰室合集·文集之二十二》，中华书局，1989 年，第 74～79 页。

② 梁启超：《为国会期限问题敬告国人》，《饮冰室合集·文集之二十三》，中华书局，1989 年，第 23 页。

③ 梁启超：《敬告国人之谈实业者》，《饮冰室合集·文集之二十一》，中华书局，1989 年，第 119 页。

④ 梁启超：《中国最近五年间实业调查记》，《饮冰室丛著》第 10 种，商务印书馆，1916 年，第 35 页。

⑤ 梁启超：《宣统元年生计界》，《饮冰室丛著》第 10 种，商务印书馆，1916 年，第 77～78 页。

之术。为此，他建议征诸西方各国成例，编制财政预算。“裨贩各国学者之学说”，希望政府当局对糜滥的政费作“系统之整理”①。他又“参酌各国专卖法”，拟订了以政府专卖为根本点的改革盐法纲领，“欲以救国帑之穷而思有所增益”②。据他乐观的估计，实行此法，每年可得盐税7800万元，这对罗掘俱空的国家财政来说，实不为小补。

这阶段梁启超振兴实业思想与西方有关经济学说的渊源关系还是比较明显的。

亚当·斯密认为，要增加国民财富有两种办法：一是提高在业工人的劳动生产率，一是增加生产工人的人数。为达前者，就需要加强劳动分工，为达后者，就需要增加积累用以雇佣工人的资本。这就是其名著《国富论》一书的基本构架。梁氏附和这一看法，“一国生产力所以能增进者，一在其经营技术之精，一在其挹注资本之雄”。他接过亚当·斯密的第一个办法，引申发挥《国富论》所举制针业因使用机器大大提高劳动生产率的著名例子，表达了忧喜交加的复杂心情：喜则喜机器大生产将使“生事日以蕃阬”，有益社会甚多，忧则忧中国如再不及时发展机器大生产，则必将“为欧美工业革命之洪水所淹没”。他接过亚当·斯密的第二个办法，考察国内资本枯竭无力发展生产的危状，以沦为外国资本的奴隶的可悲情景来警告国人，“更历十数年，则我国境内之生计现象，必将分为两阶级，甲阶级则资本家，而其人则皆外国人也，乙阶级则劳动者，而其人则皆中国人也”③。

托马斯·孟认为对外贸易保持出超是保证国家增加财富的特殊手段。这位17世纪英国晚期重商主义的著名代表在其名著《英国得自对外贸易的财富》中论说的就是这一主题。梁启超对之也深信不疑，竭力鼓吹中国商品进入国际市场，“欲验国富之消长，则亦以货财之来往于国际间者，校其数量及种数而已”。对于中国这样的债务国来说，尤非如此不可，“苟非输出超过，则不足以维持于不匮”④。

① 梁启超：《节省政费问题》，《饮冰室合集·文集之二十二》，中华书局，1989年，第30～40页。

② 梁启超：《改盐法议》，《饮冰室合集·文集之二十三》，中华书局，1989年，第119页。

③ 梁启超：《论中国国民生计之危机》，《饮冰室合集·文集之二十一》，中华书局，1989年，第32页。

④ 梁启超：《论中国国民生计之危机》，《饮冰室合集·文集之二十一》，中华书局，1989年，第24页。

二

怎样评价梁氏这一阶段的西学宣传?

这里首先涉及一个对清末立宪派和立宪运动的评价问题。作者认同如下观点:立宪派和革命派的终极目标,都是要在中国以资本主义制度取代封建制度,建立资产阶级的政权,只是双方所采取的策略方针和预拟的未来政体形式有所不同。孙中山曾把腐朽的清政府统治比作摇摇欲坠的危房。似乎不妨这样认为:革命派是从外并力猛攻,要推倒重建,立宪派则在内鼓噪呐喊,要求补苴罅漏,改善现状。梁启超作为齐声呐喊的领头人和擘划开窗辟门的设计师,则又使他在清政府和革命派中处于一种特殊地位。

对立宪派而言,他的西学宣传犹如伴同逆流而上的航船的一支号子。

当立宪运动迅速发展之时,梁氏诸多西学宣传之文对于运动的推动促进作用异常明显。据当事人称,这些文章“言论精透,胜于《新民丛报》”,使梁氏声望复振,“各省优秀人士,群谋与先生订交论政,信仰倍增于平昔……在此庚戌辛亥年余之间,系先生与国内人士通函论政最多之时,亦即先生于戊戌变法后,最为欣慰之时”①。可以认为,上述梁氏西学宣传诸文,正是供国内方兴未艾的立宪运动作南针、作津梁的。无论后人从何价值取向来评论这场运动,都无法否认远在海外的梁启超的导引发明之功。他的呼号音色响亮明快,内容丰富而有鼓舞性,对于艰苦跋涉于崎岖的宪政路上的诸多政治“纤夫”来说,无疑具有激励心志齐一步伐之功用。

对清政府而言,他的西学宣传在不被见听之后,又转为批评伪立宪的理论武器。

清政府自1906年颁布“仿行立宪”,一晃二三年,空听楼梯响,不见人下来。立宪派一请再请,清政府却一拖再拖。于是梁启超焦躁愤怒起来,不断对这件难以织就的“皇帝的新衣”加以指责。1901年1月第一次国会请愿失败后,他斥清政府坚持不肯放弃的九年筹备案为“卤莽灭裂,不成片断”②。同年6月第二次国会请愿失败,他又发表《论政府阻挠国会之非》,根据宪政原理,缕析

① 丁文江、赵丰田:《梁启超年谱长编》,上海人民出版社,1983年,第518页。

② 梁启超:《国会期限问题》,《饮冰室合集·文集之二十五(上)》,中华书局,1989年,第76页。

清政府胪列之 80 余件筹备事宜，绝大多数均与立宪主题无关。及至次年 5 月"皇族内阁"登场，他终于忍不住愤然痛斥不堪承教的清政府"蠢如鹿豕，曾不解宪政之为何物"，新内阁"非驴非马"，失政之罪真是罄竹难书①。于是，他又迅即转变话题，改论"内阁果对于谁而负责任"。他运用"国家人格说君主机关说"（谓国家为一人格而君主为国家之机关）来批评失之偏倚者。所以，日本学者所主内阁对君主负责之论，被他讥为"陋儒""粪土之言"；中国凡摭此以"怂其簧鼓"者，则被斥为"小人儒"；欧美学者所主内阁对议会负责之论，也被他指为矫枉而过正，未得完整之法理。这表明，梁启超现时强调的国权至上，既是《新民丛报》时期鼓吹国权论的延续，又是与革命派论辩后的观点修正。在前时他是信奉波伦哈克"以君主为统治之主体，而国家为客体"的"国家客体说"，而不以"国家人格说"为然的。由此可见，现实政治生活中实实在在的阶级利益远胜于书本上的理论。当一种政治学理不适应自己的政治利益时，毅然修正乃至改弦更辙，是每一个有见识的宣传理论家必至之事。

对革命派而言，他对清政府的批判武器很自然地应和了他们的武器批判。

在论战失败后，他恰好得到了一个与革命派休战的良好机遇。1907 年后同盟会内部争歧出现，当年 6 月和 1909 年掀起的"倒孙风潮"，1910 年初光复会从同盟会中拨队分出，都使革命派营垒损耗不小。革命派内耗越大，则梁启超承受的压力就相对越轻，此其一。革命派在取得对梁理论批判的胜利后，迅将自己的工作重点转为对清政府的武器批判。仅 1907 年 5 月以后的一年中，革命派就在两广和云南边境连续发动了六次起义。批梁主力汪精卫、胡汉民、朱执信、廖仲恺等先后在此期间衔命赴南洋或归国从事武装起义的准备工作，此其二。主持《民报》笔政的章太炎属于对梁的温和派。他颇不以汪、胡等的激烈批判为然，以为"辞近诟谇"，主张"持论稍平"②。1907 年初梁氏再度求和时，他又倾向于"可以许其调和"③。所以，梁氏败退后，章氏及其追随者并未掩杀过去，穷追不舍，此其三。海外东线无战事，梁启超就得以安然撤下，另到国内开辟新战线。而这样做，恰恰又填补了革命派在此时期显形有所削弱的宣传

① 梁启超：《立宪国诏旨之各类及其在国法上之地位》，《饮冰室合集·文集之二十六》，中华书局，1989 年，第 60 页。

② 章太炎：《太炎先生自定年谱》1906 年条，见《章氏丛书》附录下，浙江图书馆校刊本，1919 年，第 11 页。

③ 陈旭麓主编：《宋教仁集·下册》，中华书局，1981 年，第 706 页。

工作。这是非常发人深思的：当革命派致力于武器的批判而相对放松了批判的武器时，梁启超却未因前此受挫而放弃在思想理论战线的劳作，居然在败绩之后取得了相当可观的成绩。在先被革命派撞折碰缺的理论武器，稍经修复砥磨，依然铮铮在手，从长远的历史角度来看，“万世一系”的封建专制统治的命脉，就是在此类批判的武器和武器的批判的持续交相作用下被斩断的。

如果我们把梁氏此时的西学宣传放在一个更开阔的坐标体系中考察，那么，不难发现，他时有改造制作，并不墨守某家成法。

梁氏最信服的是英国式的君主立宪。英国宪法规定，选举人当受财产限制。梁氏以为无论从政治上还是学理上说，这一规定都“无以自完”。“若以财产制限之故，而使大多数人不能感国家与己身之利害关系，则将流于少数政治，其反于立宪之本意甚明”。中国实行宪政，必不能将他国的缺点也照搬过来，方可免画虎不成反类犬之诮。又如，西方选举还常有教育程度及阶级制限，他则根据中国教育尚未普及等具体国情，主张豁除为宜。

然而，倘若就此以为梁氏民主思想大大超越其西方前辈，那又大谬不然了。就在同篇文章中，他一语道破了自己反对这类选举制限的原因所在：“国中一大部分人无选举权，则民智愈开，而不平之分子愈增，其结果必助长资本家与劳动者之轧轹，而国家将受其弊。”原来是西方各国阶级矛盾激化的教训，促使他对这张宪政蓝图提出修改。在他意中，实行一人一票选举仍有弊端，“少数之富者，或不免为多数之贫者所压”。于是，他从比利时借来复数投票制以救此弊。所谓复数投票制，即普通人民一人一票，唯法定某种之人则一人可投二票或三票。梁氏称此制在学理上“不失公平”，在政策上则“颇多善果”。所以中国应该仿行，给那些有“科第官职及学堂毕业文凭者”投二票之权，资产者则待税法整理后定其选举特权①。

总之，一方面向封建统治者争权，另一方面又害怕劳动阶级日后分权。于是，左右开弓，排闼直入以获取政权的自私而又急迫的愿望，被梁启超涂上了一层理论色彩后呈之于众。它明白无误地表明了梁氏西学宣传的阶级品位。

在理论上既如此，在政治行动上梁氏与其东西方前辈相比又如何呢？

人们知道，梁启超屡屡称道的以克伦威尔为代表的英国资产阶级，是经过两次激烈的国内战争，才把国王查理一世送上断头台，建立起资产阶级和新贵

---

① 梁启超：《中国国会制度私议》，《饮冰室合集·文集之二十四》，中华书局，1989年，第48～63页。

族联合统治的君主立宪政权的。被梁启超崇拜不衰的吉田松荫、西乡隆盛等日本倒幕派志士，同样是经过国内战争才得以推翻幕府统治，建立明治政府的。至于以米拉波和拉法叶特为代表的立宪派，他们在轰轰烈烈的法国大革命中的勇猛表现，他们在制宪会议中颁布的“人权宣言”，更是彪炳史册。尽管这些国家的立宪派都有其自身的弱点，但他们敢于无情打击封建顽固势力，横扫对抗改革的障碍，则为梁启超们所不及。

据梁氏营垒中人回忆，1910年冬第三次国会请愿被拒后，在京的部分请愿代表曾有密议，“公议秘谋革命”①，“将以各省独立要求宪政”②。这也许是他们当时所能表示的最激烈的态度了。严峻的历史不容许假设，但多情的读者却常常会对前史突发遐思逸想：如果革命派未先动手武昌，梁启超们真会率先举义，宣布独立？回答应该是否定的。他们虽对清政府的顽梗愤怒已极，但那还是“怒其不争”之怒；他们虽被压逼得厉害，但尚未到“逼上梁山”的地步；他们虽有相当的政治影响，但缺钱少枪，远未具备“替天行道”的力量。梁启超们实难充任中国的克伦威尔或吉田松荫。作者丝毫无意为梁启超在武昌起义前后常为人责难的政治表现辩饰，只是想指出，他之热衷于走紫禁城的内线，他之明里鼓吹“虚君共和”而暗里策划“和袁慰革逼满服汉”的八字方针，正是急于谋取政权而偏又缺乏政治实力的一种出于无可奈何的从权应变之术。

然而，政治行动中的侏儒行为，并不妨碍他在宣传舆论方面的重大影响。比较而言，梁氏此番西学宣传颇具特色。就其文字风格言之，如果说此前的宣传或以情见长，或以理著称，那么此番便可谓以务实擅胜。它既与壬寅（1902年）时期偏重于单纯西方学理的介绍不同，复与同《民报》激烈论争时有别。这是一种学理、时论和政纲三者兼有的作品。就其内容言之，则联系社会现实政治经济较前更为密切，在深度和广度方面都取得了较大的进展。不论人们对他喜欢或不喜欢，在辛亥革命前夕，他把西学宣传灌注到政治实践中去，从而以鲜明的应用性能达到了自身西学宣传的新高度，取得了自戊戌以来西学领域耕耘十年的又一重大收获，铸定了在中国社会大转折时期思想理论界的重要地位，却是明摆着的事实。他那强聒不舍的文字宣传，应和着本阶级不同政治代

---

① 徐佛苏：《梁任公先生逸事》，见丁文江、赵丰田编：《梁启超年谱长编》，上海人民出版社，1983年，第514页。

② 伍宪子：《中国民主宪政党党史》，香港世界日报出版社，1952年，第16页。

表殊途而同归、异声而同调的呼号鼓吹，使我们很自然地想起经典作家说过的那种情况来："站在这一方面或那一方面进行斗争，一些人用舌和笔，一些人用剑，一些人则两者兼用。"①

[原载《史学月刊》1991年第5期]

① 中共中央马克思、恩格斯、列宁、斯大林著作编译局译：《自然辩证法》，人民出版社，1971年，第8页。

关于孙中山新三民主义向传统政治文化归拢趋向的若干考查

孙中山在辛亥革命失败后，经历了种种事变，获得了丰富的经验教训。从旧三民主义向新三民主义的飞跃，是他晚年革命思想的伟大转变，也是他一生政治文化观念的光辉结晶。新三民主义有不少“新的历史特点”（毛泽东语），其中突出的一点即是向传统政治文化的归拢趋向。近年来学术界已有先行者在这方面进行了许多有益的研究，足启来者。本文拟在此基础上，继续探究，推迹前进。

在旧三民主义中，孙中山一直没有明确提倡反帝。现实斗争的形势以及需要，使他在辛亥前一直把宣传民族主义的重点集中在排满问题上。排满任务完成后，孙中山还一度收卷了民族主义的旗帜，如在中华革命党党章和宣言中就没有再提民族主义任务。但是，列强宰割中国的事实使他重新认识到，民族解放运动必须以反帝作为首要任务。列宁关于“民族自决”的思想，也鼓舞了他的反帝决心。他认为，虽然美国总统威尔逊和列宁“不约而同”提出“民族自决”，但前者所倡为“骗人”之谈，巴黎和会便是证明，“世界上的弱小民族不但不能自决，不但不能自由，并且以后所受的压迫比从前更要厉害”，唯有“列宁……提倡被压迫民族去自决，为世界上被压迫的人打不平”①。正是在这样的认识基础上，他重新举起民族主义纲领，明确提出反帝主张，并赋予它新的历史内容。

在新民族主义中，孙中山深刻揭露帝国主义列强对华侵略，列强“政治力”和“经济力”并用，使中国受到深重的奴役和压迫的罪行。他认为所谓中国是“半殖民地”的说法还是自安自慰不切实际之见，中国的实际遭遇比全殖民地还

① 孙中山：《孙中山选集》，人民出版社，1981年，第659～661页。

要悲惨，因而他提出了中国是“次殖民地”的著名论点。这个“次”字，是“更低一等”的意思。孙中山的激烈之词，表明了他对中国国际地位的基本看法。

为了使中国摆脱“次殖民地”的悲惨地位，孙中山主张向传统的思想文化吸取精神力量。“我们现在有这样大的民族，可惜失去了民族思想。因为失去了民族思想，所以外国的政治力和经济力才能打破我们。如果民族思想没有失去，外国的政治力和经济力一定打不破我们”①。他曾潜心研究过在思想文化方面用什么方法来恢复民族主义，结果他找到了两个基本办法。办法之一，即是“合各宗族之力来成一个国族以抵抗外国”。孙中山认为，外国以个人为单位，在个人的上一级便是国家，个人和国家之间没有一个很坚固很普遍的中间环节相维系，所以国民和国家的关系较松懈。中国则不然，宗族观念和家族观念很深，在个人和国家之间还介有家族和宗族这两级组织。据此，孙中山主张以改良了的家族和宗族为单位，作为联合国族之基，然后结成中华民国的国族团体，就可以“兴邦”，也可以“御外”。他认为日本从前因藩阀诸侯联络成大和民族，固结了国力，便是成功的先例，足资中国借鉴。办法之二，即是“把固有的旧道德先恢复起来”。孙中山在这时倡导道德救国论，强调“有了很好的道德，国家才能长治久安”。中国固有的旧道德如忠孝、仁爱、信义、和平和正心、诚意、修身、齐家等，被他称为“特别的好道德，便是我们民族的精神”②。因此，发扬光大并重新阐述作为民族文化最深层稳定部分的传统道德，被他当作保存民族精神、恢复民族独立地位的要件。比如他对“忠”的新阐述，即是移忠君为忠国、忠民；他对“修身”的新阐述，即是西方式的自重、自律与文明行为。

如果说上述主张还是对内的，那么孙中山对外则鲜明地树起了破世界主义和立大亚洲主义的旗帜。当时国际上曾流行一种世界主义，认为民族主义过于狭隘，不合世界新潮流。对这种貌似高明超越的理论，孙中山直斥其“似是而非”，旨在“煽惑人心”，敏锐地指出其漠视民族传统和民族文化，是帝国主义用来反对被压迫民族的思想武器，是“变相的帝国主义”或“变相的侵略主义”③。与此联系，孙中山积极倡导大亚洲主义，旨在团结亚洲被压迫国家“联

① 孙中山：《孙中山选集》，人民出版社，1981年，第653页。
② 孙中山：《孙中山选集》，人民出版社，1981年，第676页。
③ 孙中山：《孙中山选集》，人民出版社，1981年，第661页。

合起来去抵抗强暴的国家”。他认为，中国如果强盛起来，不但要恢复自身的民族地位，还要对世界负起一个大责任，就是对亚洲包括印度、越南、缅甸、阿富汗、伊朗等弱小民族的扶持，“联成一个大邦”，共同对抗帝国主义的侵略①。这一主张，无疑又是辛亥时期亚洲和亲会宗旨的再现。

旧民权主义以批判封建专制暴政和宣传西方资产阶级宪政为主要内容。在确立新民权主义的过程中，孙中山除进一步批判封建暴政外，对于此前崇信不已的自由、平等、博爱的口号和民有、民治、民享的观念，以及欧美的代议政治和共和制度，表示了程度不等的怀疑。从中可以发现孙中山产生了某种回归趋向，即极力主张从传统政治制度中寻找适合于建立新民权的东西。

对旧理论的修正更新，最先总是同对这种理论的不满相关联。孙中山首先对中国过去在民权问题上盲目西化的倾向提出了尖锐批评。在回顾并简要论析近代中国一部分人对待西方新事物从顽固守旧到盲目崇拜的大转变的心路历程后，他指出：“因为信仰外国，所以把中国的旧东西都不要，事事都是仿效外国；只要听到说外国有的东西，我们便要去学，便要去拿来实行。对于民权思想也有这种流弊。革命以后举国如狂，总是要拿外国人所讲的民权到中国来实行，至于民权究竟是什么东西，也不去根本研究。”② 他批评那些刻意仿效西方代议政体、联邦制度和自由平等的人，根本没有从中国的历史和现状出发，只是“人云亦云，习而不察”。他强调新民权主义必须克服这种缺陷。于是，孙中山在新民权主义中，融进了传统的成分。

在政体方案上，孙中山坚持五权分立比三权分立优越。虽然在同盟会成立之初即已初步提出五权分立的基本思想，但真正系统阐发这一思想却在他 1921 年所作《五权宪法》以及 1924 年所作《民权主义》等讲演中。孙中山认为五权分立的政体是自己独创的前所未有的政体，是实行民治的根本方法，足以补救三权分立的弊病。他以非常自豪的态度赞扬重视考试权和监察权是中国政治制度的优良传统。“这两个权是中国固有的东西。中国古时举行考试和监察的独立制度，也有很好的成绩。像满清的御史、唐朝的谏议大夫，都是很好的监察制度。……至于历代举行考试，拔取真才，更是中国几千年的特色。”③ 西方现在虽然也有与之相类似的制度，但还稍逊一筹。以监察权而论，“外国现在也有这

① 孙中山：《孙中山选集》，人民出版社，1981 年，第 747 页。
② 孙中山：《孙中山选集》，人民出版社，1981 年，第 760 页。
③ 孙中山：《孙中山选集》，人民出版社，1981 年，第 799 页。

种权，不过把它放在立法机关之中，不能够独立成一种治权”。以考试权而论，饮誉颇久的英国文官考试制度还是“从中国仿效过去的”，并且它只限于考试普通文官，“还没有达到中国考试权之独立的真精神”。孙中山在这种跨越历史阶段的横向比较之后，更进一步对中外封建专制政府的职能展开比较。他认为外国的封建专制集权于皇帝一人，中国则不然，不但监察权和考试权是独立的，就是司法、立法和行政三个权也是在皇帝掌握之下分立的，因而尽管这种封建的三权分立“有很大的流弊”，但它毕竟同外国的封建专制“大不相同”①。正是有鉴于此，孙中山极力对中外政体中的优良合理部分采用兼容并包态度，即在西方三权基础上，再增入中国传统的二权。他把这种做法称为“集合中外的精华，防止一切的流弊”，认为唯有如此才能中西交融，合成“完璧”，造成一个理想的“纯良政府”②。

孙中山在新民族主义和新民权主义的构思中，采用了不少传统的本土“软件”材料。他在新民生主义的构思中，则更多地采用发展工商业的西方“硬件”设计。如《实业计划》中六大铁路系统、三大海港等建设规划，恰好相映对照。它表明，孙中山在构思新三民主义纲领时，以国情和民情为基本出发点。他的主张当然不无隙瑕失当之处，但他努力对传统的思想文化和政体持审慎分析取舍的态度，摈弃简单化、绝对化和形式主义的方法，努力追寻既能适应国情民情，又能保证实现政治目标的新途径，这就使他比当时那些热衷全盘西化的多数资产阶级政治家冷静清醒。它又表明，孙中山在构思新三民主义纲领时，充满了一种深刻的民族主体意识和求实精神。凡为构筑新共和国理想方案所需者，则无论其为封建社会所形成的政治制度或思想文化，在所吸摄，决不因有“封建”、“倒退”之嫌而释手；若与此方案抵牾相触者，则无论其有世界主义、代议政体或自由平等之类动人口号，在所摈弃，决不因有“民族狭隘”之嫌而止步。它也表明，孙中山在构思新三民主义纲领时，充满了一种宏大的时代精神。世界民族解放运动在他眼前展现为浩浩荡荡的潮流，中国人民争取民族独立，人民主权和民生发展的斗争被视为世界大潮的一部分。“我们能够照自己的社会情形，迎合世界潮流做去，社会才可以改良，国家才可以进步。”③“迎合世界潮流气”，并坚信“顺之者昌，逆之者亡”的必然趋势，使得孙中山直至在临终

① 孙中山：《孙中山选集》，人民出版社，1981年，第799～800页。
② 孙中山：《孙中山选集》，人民出版社，1981年，第800页。
③ 孙中山：《孙中山选集》，人民出版社，1981年，第764页。

遗言中留下的仍是感人至深的执著的时代追求。

现实情境的推移促使智者哲人深省长思，这是思想理论之树常青的基本保证之一。那么，促使孙中山在构思新三民主义向传统的民族思想文化回归的主要现实情境是什么呢？

从国内来说，是对五四新文化运动的逆向反应。对于作为反帝爱国的五四政治运动，孙中山热情支持。但对于新文化运动的很多主张，孙中山则持保留或批评态度。他每每以识途老马的姿态，对“中国新学生”和“青年志士”谆谆告诫，希望他们不要盲从西方民主、自由和平等的说法。在《三民主义》长篇讲演中，他有很多意见都是针对五四新人物的某些主张有感而发的。五四新人物提倡个人本位主义代替家族本位主义，抨击传统的伦理道德。孙中山则认为个人本位主义是分散主义，不利于团结御侮，争取个人的小自由同争取民族和国家的大自由相比，应居次要地位。可见，孙中山试图对传统的民族文化心理结构进行创造性的转换。辛亥时期出现的国粹主义思潮是中国思想文化界对戊戌以后西化倾向的首次逆向反应。在这一回合的中西文化冲突中，孙中山没有卷入，但他的实际立场也并未站在国粹派一边。1923—1924 年间发生的“科学与玄学”的论战可视为对五四以来西化倾向的又一次逆向反应。孙中山虽然仍未直接介入，但他的思想倾向却是相当明显的，实际上同这场思想论战有着一定的横向联系。

从国际方面来说，是对西方文化批判思潮的顺向呼应。第一次世界大战的血火交汇和十月革命的胜利成功，加深了资本主义世界体系的危机。一部分资产阶级社会思想家对资本主义工业社会的前景十分悲观，出现了盛行一时的“世纪末病”。资产阶级引为自豪的“自由、平等、博爱”的理性原则和价值观念受到严重挑战，资产阶级那种充满信心的历史乐观主义开始消退，从托尔斯泰开始的“东方文化救世论”的思潮在欧战后逐渐扩大，开始从西徂东又从东播西，形成“国际循环”。这种国际文化批判思潮，痛恨资本主义制度的非人道，渴望人性的“复归”。综观孙中山晚年的回归倾向，同上述国际文化批判思潮存在一定的复合关系。他在新民族主义和新民权主义中对中国传统文化的高扬和对西方理性王国的怀疑，就是一种呼应。

既是逆向呼应，又是顺向呼应，孙中山如何把两者整合在一个统一的思想范畴内呢？在这里，我们发现孙中山晚年在文化心理结构上，不主冲突论，而主调适论。争取民族解放和坚定的爱国主义便是他据以调适中西古今思想文化的准绳。他深知民族文化思想的心理建设是实现自己理想的根本，所以列为

《建国方略》之首位的便是“行易知难”的“心理建设”。他深知建国所需的种种最佳方略和建国者所需的种种优良素质，单靠在“离异”中外求，或“回归”中内觅，都难臻圆满，所以，他倾向于二者的谐和协调。举凡历史文化遗产或最新文化思潮，地无论中外，质不分“软”“硬”，他都要拿到这根准绳下来测试衡量。合则用之，不合则弃之。正是这种实用理性的态度，最终在空间领域校定了他在国内外文化思潮中的特定位置，在时间领域排定了他在传统和当代的政治文化中的承继关系。

[原载《苏州大学学报》1992年第3期]

二十世纪初文化人类学东渐述论

在所谓的地理大发现后，西方传教士、商人和探险家大量收集不同民族的风俗、宗教、巫术和其他资料，为文化人类学的发展提供了丰富的信息，使之作为一门依据人类的生物特征和文化特征综合研究人的独立学科。在十八世纪和十九世纪初开始崛兴。经过近百年的经营发展，中经进化论的推动促进，该学科已很具规模。二十世纪初，当诸多西方新学联翩来华相继为中国先进知识界迎受时，该学科又因与进化论遗传学等关系特密而倍受青睐，成为西来显学之一。中国先进知识界积极译介引进该学科中有关人种学、比较人种学和人类社会学等分支学科的知识，联系国情，引申发挥，一时颇成风尚。

本文着重通过部分著名知识分子拜领该学的考察，抽绎整理有关实迹，从两方面论述该学如何融入当年方兴未艾的民族主义思潮。

一、追根溯源，自贵其种

人类起源于一祖还是多祖，曾是十九世纪后半叶人类学界争论的热点问题。达尔文为一祖论的代表，主张人类由猿进化而来，其始生之地则在非洲。德国人类学家福格特为多祖论的代表，认为高等猿类发展到最后有两种类型，东西两半球的人种分别起源于这两种猿类，故其肤体脑骨各不相同。这一争论很快吸引中国知识界的注意。有趣的是，他们虽然信奉达尔文的进化论，却并不赞同其一祖论。如严复持二祖论，在《天演论》“人群”按语中，他确信人类分别由亚洲和非洲的高等猿类进化而来。蒋智由附从严说，“据骨骼之异同，以考种类之异同者。固种类学上所认为必要之事也"①。章太炎则直称"人种一原之说，未可执泥"②。

对于多祖论的认同，使中国知识界很快与中国人种起源于亚洲大陆之说发生共鸣。东西方学者出于各自不同的目的和方法，在中国人种问题上有过种种考释，说法不一，有主张来自亚洲南方（海概尔），有主张来自亚洲北方（蒯督禄弗几），有主张来自亚洲东方（本监辅），有主张来自亚洲西方（拉库伯里、有贺长雄），有主张中国独自发生（特孟亚、爱米柯、部米默尔），也有主张来自印度（户水宽人、岱乌士）、埃及（托凯内）或美洲（赫胥黎）的③。在纷至沓来的诸种传说中，一批著名的中国知识分子在经历了一个由疑到信的发展过程后，基本倾向于亚西说。这里不妨借用陶成章所论："欧美人士，历史学家，宗教学家，人类学家，无一不以中国之祖先，由西亚迁入。斯言也，吾固未敢尽信，然以欧美人士之挥探踏赜索隐，考核精详，加以近世地质之发明，佐证具在，吾又不能不信。"④ 赞同西来说中，又可分为两派。

其一持帕米尔—昆仑山说，此派代表人物为梁启超、刘师培和《浙江潮》的一些作者。

西方有的人类学家认为帕米尔—昆仑山居全球高处，上古地球全面为海水包围，首现陆地者唯此，故此处为人类始祖发生之所。他们又据欧亚各地地下发掘，推断此处文明西则伴阿利安人种以入欧，东则随中国人种以入亚。据作者查考，此说最早经由日本学者有贺长雄《社会进化论》转输来华："汉土之社会，从昆仑移来之人民，与土著之诸族，争存立而相结合。"⑤ 译文刊载不久，梁启超即指称："黄帝起自昆仑之墟，即自帕米尔高原东行而入于中国，栖于黄

① 蒋智由：《中国人种考》第二章《人种之多源一源及其产地种类》，《新民丛报》1903年6月第35号。蒋氏该文洋洋十余万字，自《新民丛报》35号连载至60号（1905年1月）结束，后于1929年出单行本，由上海华通书局发行。

② 见《菌说》修改稿，《章太炎诗文选注·上》，上海人民出版社，1976年，第135页。

③ 蒋智由：《中国人种考》第六章《中国人种诸说》，《新民丛报》第42～57号（1903.12—1904.11）。

④ 陶成章：《中国民族权力消长史》（1904年），汤志钧编：《陶成章集》，中华书局，1986年，第231页。

⑤ 蒋智由：《中国人种之诸说》、《社会进化论》，译载于《清议报》第63、70册（1900.11—1901.2）。

河沿岸，次第著殖于四方。”①《浙江潮》一些作者赞附此说，“忆自我汉族，由帕米尔高原发生以来，过伊黎、越新疆，以至于黄河流域……而中国之文明生焉”②。“世界文明之源泉，滥觞于第一高原帕米尔，画而成二，分泻东西，其西向者，自巴比伦奔逐于犹太之野……其东下者，北下以溉我支那……”③ 上海《警钟日报》有文道：“吾汉族之初兴于帕米尔高原。西人称为巴克民族，巴克即中国所称之盘古。”④ 刘师培在《攘书·华夏篇》中称，“汉族初兴，奠基西土，而昆仑峨峨，实为巴科民族所发迹。”“巴科”即“盘古”之音转。《苗黎篇》又对此作解，“盖支那地势，东南片垠僻近海隅，洪荒之初地沦水国，唯昆仑峻岭，号为高原，为人类发生之所。故震旦众生，悉由西方迁入”⑤。帕米尔—昆仑山说盛行颇久，1914 年还有人重申此意，“世界人类，始于东半球，东半球人类，始于亚洲，亚洲人类，始于帕米尔高原”⑥。次年袁世凯政府制作国歌，歌词中仍取此说：“华胄从来昆仑巅”。

其二持巴比伦说，此派代表人物为蒋智由、陶成章、章太炎、黄节和宋教仁等。

法国学者拉库伯里始倡此说。他在巴比伦进行过考古发掘，又广泛收集过有关古物古籍，于 1894 年发表八百余言的《支那太古文明西元说》中，力主古巴比伦为世界文明发源地，中国人种和文明都由此传来。日本学者白河次郎和国府种德在其合著的《支那文明史》中大量引述此说，中国学者大多以惊奇的目光看待它，继又为其颇为广泛的文化比较所折服。“其说既崭新惊辟，而其证据则又凿凿可凭，若尽目为无稽之言，不得也。”⑦ 故而蒋智由《中国人种考》即大量引证拉库伯里所称引的证据，即古代中国与古巴比伦历史文化中之人，事以及语言文字之相通相同者。陶成章不但从“学术及技术”、“制度及信仰”、“文字及文学”诸方面摘出数十例证，加以比较，复“再收集本国古籍中足以为我国迁徙之实证者”，一一罗列，为洋洋万言之文，从而使巴比伦说成为他这部

① 梁启超：《中国史叙论·人种》，《清议报》第 91 册，1900. 1. 9。

② 公猛：《浙江文明之概观》，《浙江潮》1903 年第 1 期。

③ 无联：《十九世纪时欧西之泰东思想》，《浙江潮》1903 年第 9 期。

④ 《论中国对外思想之变迁》，《警钟日报》1904 年 6 月 20 日第 116 号。

⑤ 《攘书》，《刘申叔先生遗书》第 18 卷，宁武南氏校印 1936 年。

⑥ 《中国文化之发源地》，《东方杂志》1914 年第 10 卷第 12 号。

⑦ 陶成章：《中华民族权力消长史》（1904 年），汤志钧编：《陶成章集》，中华书局，1986 年，第 237 页。

来完稿的《中国民族权力消长史》的基本观点。几乎与蒋、陶撰文同时，章太炎在重订《訄书》过程中，也把拉库伯里之说引入新撰的《序种姓》，并以自身擅长的文字音韵之学加以补充证明。如果说国粹派巨子黄节是在《国粹学报》公开著文《黄史·种族书·种源》支持巴比伦说，那么忙于革命活动的宋教仁便只能私下在日记中表示，他赞同此说，却又嫌蒋之有关比附“犹无确切之解释”，“失之支蔓”①。

然而，近代科学研究成果否定了中国知识界恪信的多祖论，也推翻了西来说。近百年来一系列猿类化石和人类化石的发现，以及解剖学和生理学的进展，充分证明达尔文一祖论的正确。北京猿人、蓝田猿人和元谋猿人的相继发现，以确凿的证据表明，早在170万年到60万年以前，中华民族的先祖就在神州大地生息繁衍。而有关古人类化石和旧石器时代遗址的次第发现，更不断展示中华民族缔创维艰的业绩，有力地否定了中国人种和文明的西来说。

纵然如此，我们却不想从“纯学术”的立场对之批评。当年中国那些知识名流的失误，固然与主客观原因造成的学力不足有关。认真考察，强烈的民族自尊情绪投射出去的主观心态才是导致他们进入“误区”的主要原因。他们强调中国人种是人类发源的多祖之一，力申地利所宜皆能化物育人之理，他们乐意附从外来学说，把帕米尔—昆仑山或巴比伦称为人类及其文明的源头或摇篮，用意是相同的，即努力共证中国人种与西方人种同属于优等。人我相同，古今相通，坚决捍卫上古中华民族的光荣和尊严，是同自励自勉自爱自重激发民族主义密切相连的。“今大迁徙之说，不特祖先披蓁棘，沐风雨，战胜他族，奠定疆里之丰功伟绩，历历映影于子孙心目中，馨香顶礼而寝寐不忘者也，且种族观念油然而生。盖迁徙之说所以明祖也，明祖所以尊祖，尊祖则敬祖心生，敬祖心生则自爱心生，自爱心生则保守之性质日益固，而团结之力日益强。此近世民族主义、民族帝国主义所以弥沦滂渤而充塞于大地也。迁徙之说，顾不重乎战，顾不重乎哉!”②

强烈亢奋的民族情绪使他们取多祖论而不取一祖论，不由使人们想起同时代的类似舍取。严复取斯宾塞的“优胜劣汰，适者生存”的社会进化观，却不

① 宋教仁：《宋教仁日记》，陈旭麓主编：《宋教仁集·下册》，中华书局，1981年，第702页。

② 陶成章：《中华民族权力消长史》(1904年)，汤志钧编：《陶成章集》，中华书局，1986年，第238页。

同取其淘汰“劣弱”人种的“任天为治”观点：章太炎在解释物种进化变易原因时，取拉马克的“以思自造说”，却不取达尔文的“自然选择说”。举凡有利于民族自尊自振者，就相对容易成为他们理性抉择的对象。不过对多祖论的专意又似乎使他们不太介意于西方种族主义的披猖（当年欧洲一批偏激的种族主义者，一方面极力渲染“黄祸论”，喧嚣一时的“黄祸东来”恰与本文所述的“人种西来”对映对照，构成一种特殊的思想文化交流。另一方面，又以多祖论为依据，宣传人种优劣决定于不同的祖源，唯白色人种能进入“历史民族”行列，有色人种皆当排除在外)。更为重要的是，他们忽视了西来说有一极易为人所乘的要害。他们把黄帝、神农描写为移植西方文明于神州大地并战胜驱除“二苗九黎”等土著民族的英雄，类似哥伦布之殖民事功，“得此伟丽之大地，可大施其展拓之才，遂欲现一华胥（原注：华胥之国当是太古西亚之文明国）之国于东方，驾乎西方母国而上之”①。据此推理，既然文明的华夏先祖在古代取代苗族等土著民族为“天演”公理，那么在“文明”的西方殖民者纷纷东来之际，此说岂非有为其在华“展拓”提供口实之虞?

也许正是有鉴于此，一批知觉在先者相继放弃此说。1907 年章太炎宣称：“汉族自帕米尔高原来，特以冢书神话之微文展转考索比度而得之，而历史未尝有其明据。”② 随后又在《排满平议》和《论教育的根本要从自国自心发出来》诸文中重申此意。1914 年增删《訄书》为《检论》时，有关《序种姓》中述介西来说的二节文字全部删除。蒋智由则专作《中国民族西来辨》，逐一驳斥西来之说，并严肃地自我批评，此种“弃己以从”泯灭中国民族“根本所由来”的做法，“其为谬妄，岂有伦比”? 徒然暴露了倡导者“根质之轻浅，志义之薄弱”，其有害于民族自拯自存毋庸置疑。此类深刻的反省和严厉的自致，也反映在梁启超二十年代所作《太古及二代载记》诸文中。

二、考变察迁，自剖其种

与人种来源问题同样引起了中国先进知识界关注的，便是人种类别问题。

有证据表明，他们对于当年国际流行的人种分类情况比较熟悉。西方学者

---

① 蒋智由：《中国人种考》第二章《中国人种西来之说》，《新民丛报》1903 年 9 月第 37 号。

② 章太炎：《定复仇之是非》，《民报》1907 年 9 月第 16 号。

有根据各人种体质性状，如肤色、发色、眼色、发型、面部特征以及身材、头型等加以划分，也有根据语言种类划分的。对这些划分，中国学者并不陌生。如梁启超就曾历数西方人种划分派别繁多，有分为四种（康德）、五种（布曼伯）、六种（巴科安）、七种（韩特）、八种（亚加智），多者有达十一种、十五种、二十二种、六十种乃至六十三种（帕克），如按语言划分，则可多达一千至二千余人种。但他们通常接受德国人类学家布曼伯（今通译布卢门巴哈）按肤色和头型分为黄、白、棕、黑、红五种之说。同时，他们又喜欢根据地区或国别排定人种表，乐意接受黄、白人种为“历史人种”和余三种为“非历史人种”的说法①。现代科学根据生物学的体质特征，业已比较一致地倾向黑色、黄色、白色人种的划分，而不主张按文化现象如语言分类，因文化现象有其历史渊源，会随社会变化而变化。也不主张按肤色等分类，因肤色等虽有遗传基因在起作用，但主要还是适应环境而自然选择的结果。尽管如此，当年中国知识界混合交叉使用肤色和居住地区的分类方法，还是接受了当时他们所能接触到的文化人类学方面的最新知识。

他们确信世界人种的发展有其共同规律，即由家族这一细胞单位，经不断的天演竞争而形成。邹容有道：“夫人爱其种也，必其内有所结，而外有所排。故始焉自结其家族，以排他家族；继焉自结其乡族，以排他乡族；继焉自结其部族，以排他部族；终焉自结其国族，以排他国族。此世界人种之公理。抑亦人种产历史之一大原因也。”据作者考订，这一段见诸《革命军》的人种进化议论，基本由梁启超《新史学·历史与人种之关系》移植而来。它表明，自号“革命军中马前卒”的邹容，虽与“中国之新民”梁启超在政治取向上相异，却不妨碍他们在人种进化问题上达成共识。

也有证据表明，中国先进知识界对于当年国际流行的人种变迁之说比较熟悉。西方学者对原始人类的情况，曾从地质考古和生物学等方面进行过许多考察，提出了不少有价值的看法。中国学者怀着浓厚的兴趣审视并吸收这些成果。他们乐意借用西学批驳西教，以摒斥基督教在人类出世问题上的谬说：“近世人类学者以石层、槁骨推定生民之始，最近当距今二十万年，其远者距今五十万年，如《旧约》所述不逾万年，其义非是。”同时，他们又从生产、战争、气候、婚配、政教等自然和社会因素方面，致力于探讨漫长的上古时期人种的

① 梁启超：《新史学·历史与人种之关系》，《新民丛报》1902 年第 14 号。章太炎《序种姓》中，也提及帕克分为六十三种之说。

“杂淆”和“不均”。“古者民知渔猎，其次畜牧，逐水草而无封畛；重以部族战争，更相俘虏，羼处互效，各失其本。燥湿沧热之异而理色变，牡牝按构之异而颅骨变，社会阶级之异而风教变，号令契约之异而语言变。故今世种同者，古或异种；异者，古或同。”①

这种人种的混合，必然导致血缘氏族（即天然民族）向历史民族发展。在中国学者那里，这一点也是比较明确的。他们采用西方学者的“图腾说”来解释中国的血缘氏族问题。严复于1904年译出英人甄克思的《社会通诠》，书中详论人类社会发展经由图腾社会、宗法社会和军国社会三阶段，从此有关人类氏族图腾的知识广泛传播中国知识界。章太炎更引证美国社会学家吉丁斯《社会学原理》，称母系氏族社会中，“数姓集合，自本所出，率动植而为女神者，相与葆祠之，其名曰托德模”。“仍世而言，以语简弗能达章旨，忘其表象，鸟兽其祖，则自是举以为族名矣。”古代夷、狄、貉、蛮等族“拟人虫兽”为图腾崇拜使然，即在华夏民族诸部落也莫不如此。“契之子姓自玄鸟之名，禹之似姓自薏苡名……亦犹草昧之绪风也。”② 可以认为，文化人类学的引进给研究中国上古历史带来了一件锐利的新工具，凭借它，拨去了不少缥缈难测的神话传说的迷雾，开启了一代新史家从文化学，社会学切入古史研究的机缘。如章太炎的《官制索隐》和《诸子学略说》，梁启超的《论中国学术思想变迁之大势》，都是本世纪初此类研究的开山之作，弥足珍贵。

那么，中国的历史民族当从何时开始？首先对此作答者，为章太炎《序种姓》“自有书契，以《世本》、《尧典》为断，庶方驳姓，悉为一宗，所谓历史民族然矣”。《世本》为我国现存最早的谱系学著作，辑录了从黄帝到春秋间帝王、诸侯及卿大夫的谱系、谥号、姓氏、都邑、制作等内容，章氏以为是左丘明之学。《尧典》为《尚书》篇目。谓尧时舜执政，处理“四凶”（共工、驩兜、三苗及鲧），分别流放，变为后之北狄、南蛮、西戎和东夷。章氏以为四境少数民族就是他们的后裔，因而区别历史民族要以此二书所录为分期标准。

在考察梳理中古以后汉族与少数民族历史关系时，他们发现中国历史上至少有过两次较大的以改姓为标志的民族融合同化运动。晋衰后各族错乱相淆，北魏拓跋氏迁带北方少数民族以实河南，魏文帝复为之定姓，凡为复姓、三字姓或四字姓者，都改为合成一音的汉姓，如拓跋改姓为元。据称全部九十姓均

① 章太炎：《訄书·序种姓上》，古典文学出版社，1958年，第41页。

② 章太炎：《訄书·序种姓上》，古典文学出版社，1958年，第42页。

"削其侈辞，标识一字"，制成《河南官氏书》以为典常，从而通过变夷姓为汉姓的途径，造成了第一回种姓大混合。及至元末，风俗卑靡，中原士大大皆以夷姓为荣，而统治者复以赐姓之术维系人心，因有赐汉人以完颜等蒙古贵族之姓者，从而通过变汉姓为夷姓的途径，造成了第二回种姓大混合①。

为了剖清中国种姓发展演变的来龙去脉，他们不惮返身向冷僻的谱系学及姓氏学的古籍中寻求答案。这样，晋代贾弼《姓氏簿状》、北齐魏收《官氏志》，梁代王僧孺《百家谱》、唐代《元和姓纂》、宋代郑樵《通志·氏族略》和邓名世《古代姓氏书辩证》，以及清乾隆时官修《续通志·氏族略》等历代考究种姓之书，一一落在他们眼底。顾炎武发愤欲作《姓氏书》而未就，引起他们的诸多惋惜。踵继前哲，乐为"执鞭"，使一批有关种姓考察的论著出现在他们的笔下。继章太炎《序种姓》之后，陶成章《中国民族权力消长史》对古代帝姓世系的追溯，黄节《种族书》中的有关篇目，都是很有影响的作品。尤其值得指出的是刘师培的《攘书》，书中《溯姓篇》追溯中将诸著姓所由起，《渎姓篇》、《辨姓篇》辨订汉夷各姓，多有可观。

不过，考察归考察，剖析归剖析，有见识者并不拘泥于历史的旧账。对待已然的民族混合同化，他们倒是颇存宽容大度之心。持激烈态度者"欲举晋衰以来汉之种姓一切疏通分背之，使无干渎"，他们则以为这种偏激极端的要求并不现实，甚不可取。值得注意的是，挺身而出对之批评者，不是别人，正是素以"种族主义"闻名的章太炎。他认为，明太祖之前，夷汉即已婚姻相通近千年，按照人种婚配遗传递变规律，"婚至七世，故胡之血液，百二十八而遗一"。况自明太祖以来，又历五百年，夷汉混融实已无法区分。倘不承认既成实事。硬要从头划清种界，否定这种同化，就容易造成不必要的民族矛盾和纠纷，"界域泰严，则视听变易，而战斗之心生"②。众所周知，民族同化有强制同化和自然同化两种。前者遇常由统治民族或强大民族采取一系列强制措施，迫使被统治民族或弱小民族改变自己的民族特点；后者则是在长期密切的经济联系和文化交流过程中，发展比较落后的民族受周围比较先进的民族的影响，自然而然地改变自己的民族特点，在这里，章太炎正视夷汉长期交融的历史事实，反对那种追求纯种的不切实际的思想，已比较接近有关民族自然同化的主张了。

当然，在他们意中的民族自然同化是有一定前提的，那就是以汉族为主体

① 黄节：《黄史种族书》，《国粹学报》1905年第2期。

② 章太炎：《訄书·序种姓下》，古典文学出版社，1958年，第56页。

“并包兼容”，并以“归化”为形式的同化，而不是少数民族反客为主“乘时僭盗，比于归化”的同化。这样，他们就站到了一个似矛盾实又不难解释的文化立场上：在外反对欧洲种族中心主义，在内却又力主汉族中心主义。这一文化立场无疑与排满革命的政治需要紧密相连。在宣传排满革命正义性的诸多理由中，有一条强有力的理由便是：妄自尊大的满族统治者以优等种族自居，顽固维护其狭隘自私的种族界线，拒绝与先进文明的汉族同化，以其暴虐的压迫剥削扼杀了整个中华民族的生机。“满洲与新徙塞内诸蒙古，今在赤县，犹自为妃耦，不问名于华夏。其民康回虐饕，墨贼无艺，其未能攘斥之乎?”① 透过此处对种族不平等的强烈抗议，人们不难感受到东渐来华的文化人类学的若干影响，也不难理解西方有关种族观念给予排满革命思想的相应启发。

三、汰弱培优，自强其种

回顾既往，是为了正视现在，放眼将来，中国先进知识界对于中国人种发展的考察剖析，最终当然要归落到如何自强其种这一根本目标上去。

文化人类学认为，种族的发展变化永无终止。人群由于遗传基因和生活环境的不同，经过长期演化，形成不同的种族；由于迁移和混血，又产生了新的或与原始种不同的种族。根据进化论遗传和变异规律，中国先进知识界苦苦寻求提高中国人种质量的对应措施。统观当年有影响的宣传文字，大多落笔在汰劣和培优这两个题目之下。

在人种淘汰劣弱方面最早发表代表性意见的，首推严复。在《天演论》中，他荐介斯宾塞的“汰蕃说”，即主张人为地让劣弱不材者绝育，“去不材而育其材”。之后，他更进一步从有害人种改良的几大弊病方面发表意见。他批评近亲婚配，认为“男女同姓，其生不蕃”，又抨击当局满汉禁婚政策，指出狭隘的婚配范围必将造成满洲统治民族“血气心知大抵相若”的后果，还以为流行的早婚习俗有害后嗣，“东方婚嫁太早之俗，必不可以不更”②。

上述意见，在中国思想界得到一定程度的响应。康有为迳将“沙汰之法”作为改良人种的四点方案之一提出，主张对个别性情太恶、状貌太丑或有严重

① 章太炎：《訄书·序种姓下》，古典文学出版社，1958年，第57页。

② ［法］孟德斯鸠著，严复译：《孟德斯鸠法意》，商务印书馆，1981年，第213、389页。

疾病者，由医生服以断嗣之药以绝其种①。章太炎则倡“自然之淘汰”和“人为之淘汰”加以支持。他不但反对近亲婚配，主张劣弱之人断嗣，还借用西方遗传学说、细胞学说等支持这方面的论证。“核丝之远近，蕃萎系焉；遗传之优劣，蠢智系焉。”西方科学界于1888年发现并命名染色体，章太炎迅即把人种的兴衰系之于细胞核内作为主要遗传基础的染色丝。感应不可谓不快。他还谈及隐性遗传和显性遗传问题，借以倡导优质男女婚配，以培养壮健良美的后代。“革干之道，非直严父，亦赖母仪焉”， “废疾负伤，若夫妇同病，则必有遗传。”②

最堪注意的是，梁启超反对早婚的宏议。鼓吹培育一代“新民”是梁氏二十世纪初社会政治宣传的要题。在其发硎试墨为著名的《新民说》之前，先有《新民议》问世探路。而《禁早婚议》则作为“改良群俗”的要著列为《新民议》的开篇之作。受西方文化人类学和社会学的启示，文章把婚配问题视为考察一个民族文明和人种优劣程度的基本指标。文明程度相对较高的民族，其婚配相对为迟。同时，他又深信人类进化历史证明“劣者速熟，优者晚成，而优劣之数。常与婚媾之迟早成比例”。从以上两个特定的视角出发，他归纳出早婚有五大危害：一害于养生，二害于传种，三害于养蒙，四害于修学，五害于国计。“早婚自伐其身，祸延后嗣，累及家庭，递传递弱，灾及国家民族。”“家之子弟尪弱，则其家必落；一国之子弟尪弱，则其国必亡。”“一国将来之主人翁，而悉被戕于今日愦愦者之手，国其尚有豸乎？”③

在人种培优方面，中国学者大致从“通种”（即先天的改良）和“教化”（即后天的学习）两方面发表意见。

后天的教化，旨在提高人种素质。在这方面，章太炎的见识很有代表性。他认为，人的才性先天得之于父母，后天受之于教化，后天的教化是变异先天遗传的基本途径。“一人之行，固以习化，而千世之性，亦以习殊。……故学可以近变一人之行，而又可以远变千世之质。”④ 在另一处，一个贴切的比喻把这层意思再度表达：“性犹竹箭也，括而羽之，镞而弦之，则学也。不学，则遗传

① 康有为：《大同书》，北京古籍出版社，1956年，第116页。

② 章太炎：《訄书·族制》，古典文学出版社，1958年，第61页。

③ 梁启超：《新民议》，《饮冰室合集·文集之七》，中华书局，1989年，第111页。

④ 章太炎：《菌说》修改稿，汤志钧编：《章太炎政论选集·上》，中华书局，1977年，第138页。

虽美，能兰然成就乎?"① 至若后天教化的途径及要求，不同社会政治观念的人们又各有主张。在考察了家庭的起源和发展史并观察了当今中国和世界各国的家庭状况后，康有为主张彻底废除传统的以家庭为本位的教化方式，因为在这种环境里，"传种多恶而人性不能善"、"传种多弱而人种不健"，难以培育理想的人种。他设计了一个理想的教化方案，从胎教、育婴、幼学开始，"公养公教"，使每个成员接受高度的文化教育和专门的学科训练，从而培育大同世界的新人②。梁启超在《新民说》中设计了一个理想的"新民"形象，除在民权、民力、民智方面有所规范，更大力鼓吹以"利群"和"公德"为核心的民德。它立足于当前的"据乱"之世出发教化大众，以其现实主义有别于乃师的理想主义。革命派所熔铸的新人型范，又显然不同于康、梁师徒，不必赘述。异者虽异，但异中仍有相同：通过种种教化之法，祛除种性中的弊疾，改善国民素质，提高人种质量，培养富于朝气活力的民族精神。正是这一大同，才使他们一致无二地借石他山，把文化人类学等西方新学引为己用。

这里拟对"通种"说稍加笔墨。文化人类学认为迁移和混血是改变人种遗传的基本条件。中国知识界则以"迁地"和"通种"响应此说。作者目前查考所知，曾在 1889 年出使英、法、比、意的薛福成，对于殖民地土著与欧洲人种"婚姻数世，稍变其种类"的事实颇感兴趣，对于"神明之胄，最为贵种"的中国之民与"英隽迭兴""聪明秀拔"的欧洲之人尤为赞赏。也许是碍于朝廷体制(凡使臣日记见闻都须上呈御览)，薛福成在这部《四国日记》中不能明白提出黄、白"通种"意见。但这层一捅就破的意思很快就被在野的唐才常点穿了。在引用薛文后，他赞叹道："中国之能言种类者，其薛公乎!"他列举十大证据，说明黄、白人种通婚之利。归纳一个结论："能速通黄白之种，则黄人之强也可立待也。"③ 这一惊世骇俗的主张，连同其当时所撰《强种说》以及连载《湘学报》长达半年之久（1897 年 9 月—1898 年 2 月）的《各国种类考》，都是戊戌时期人种改良的先声。

进入二十世纪后，几乎同时对此作出支持性回应的却是在政治上已呈严重对立状态的章太炎和康有为。前者不无赞叹之词："言人种改良者，谓劣种婚优

① 章太炎：《訄书·族制》，古典文学出版社，1958 年，第 60 页。

② 康有为：《大同书》，北京古籍出版社，1956 年，第 109 页。

③ 唐才常：《通种说》，湖南省哲学社会科学研究所编：《唐才常集》，中华书局，1980 年，第 102 页。

种，其子得优劣之血液者各半”，如是又配优种，递至七世以后，则劣种之血液仅存一百二十八分之一，“几全为优种”①，可达到混血优化的目标。后者则在《大同书》中展开更具详的论述。学术界一般认为该书撰于1901—1902年避居印度时，修改定稿则较迟。康有为在书中为“去种界同人类”，设计过改良人种的四点方案，其第四点“沙汰之法”已见前述，余三者则与西方人类学者所言无不相合。一曰“迁地之法”。即将居住在赤道附近的有色人种，迁往温带或寒带地区，与黄、白人种杂居，改善气候条件和生活环境；二曰“杂婚之法”，即奖励不同肤色人种通婚，凡勇于通婚者，授予“改良人种”的仁人徽章；三曰“改良之法”，即提倡各种肤色人种熏香美食，逐渐改变人种形色。康有为确信，这一方案“行化千年”，便可使全球人种达到颜色、状貌、长短、灵明统统“同一”的“人种大同”佳境。当然，作为当代中国人，康有为对中国人种的前途必然倾注更多的关心，更对黄白通种的前途相当乐观：“于全世界中，银色人种横绝地球，而金色之人种尤居多数，是黄白二物据有全世界。白种之强固居优胜，而黄种之多而且智，只有合同而化，亦万无可灭之理。”他认为只要坚持迁地、杂婚等法，中国人种必臻优良。“采西法之良而养生者”，“加以二三代同种之传，稍移南人于北地，更易山人于江滨。不过百年，黄种之人，皆渐为白色，加以通种，自能合化，故不待大同之成。黄人已尽变为白人矣”②。

如同当年所有流行思想每多相反之论，通种说也相随激起反对意见。黄节专在《黄书·种族书》中辟“通种”一节以驳之：“国际交涉持通种之说，谓之和亲。其在泰西以同种故，有行之者。独不可以施之异种。”但是，批评归批评，人们仍然不能把它简单否定，称之为“匪夷所思”。作为一种特定的思想文化现象，通种说今后仍将引起研究者的注意。即以传布了不少通种观点的《大同书》而言，它借资文化人类学的研究成果，饱含对人类理想新种的追求之情，也充满对全世界被压迫民族同情之心，其中清晰折射了时代的思想政治风云，也明白映现了近代东西方文化交流的一大热点。纵然康有为及其政治思想至今仍毁誉纷纷，但从文化史的角度来说，《大同书》立足中国，放眼世界，不愧为一部学贯中西，规模宏远、气势绝伦的思想文化巨著。

自从十九世纪末严复译述《天演论》，在近代中西文化关系史上树立了一块巨大的界石，也为二十一世纪来临后的文化交流起了至关重要的导向作用。从

① 章太炎：《訄书·族制》，古典文学出版社，1958年，第60页。

② 康有为：《大同书》，北京古籍出版社，1956年，第116页。

此，以进化论为主流，以物竞天择、救亡图存为基调，诸多流行的西方新学相随拥卫而进，继迹而入。泛观二十世纪初中国各人文学科，莫不有相应的西方学科或流派与之交会衍化，激荡汇合，造成各该学科程度不等的文化交感，构成近代中西文化交流的辉煌阶段。在这辉煌当中，如上所述，文化人类学因其研究人类的生物特征和文化特征的特殊学科功能，而为中国知识界特别赏识，借以加工改制，用为求索中华民族过去、现在和将来命运的工具之学。由此而言，把文化人类学的东西视之为进化论传布的深化和扩大，视之为中国民族主义思潮的重要学理根据之一，当不为过甚之词。

［原载四川人民出版社 1993 年版《东西方文化交融的道路与选择》］

杨文会与清末佛教革新运动

世界宗教史反复表明，历史上的伟大转折点往往有宗教变迁相伴随。在辛亥革命准备时期动荡流转、交光驳杂的社会场景中，传统的佛教也在固有的轨道上发生震颤和位移。一批具有慧眼远识的佛教界人士奋起振衰祛弊，从而逐渐形成了一个革新佛教的运动。它与同时期政治、经济、文化、教育诸领域的变动，发生程度不等的碰撞交融，从而成为历史转折点上的一个耀眼之处，成为清末民初一股比较重要的社会思潮。

生于鸦片战争前三年，卒于武昌首义前二天的杨文会居士（1837—1911），则是这一运动最著名的代表人物。他首开风气，在 40 余年的从佛生涯中，解行并持，精进不殆，不懈谋求复兴佛学和革新佛教，深刻影响了一至两代的中国思想文化界。梁启超在《清代学术概论》中确认他“棲心内典，学问博而道行高。……故晚清所谓新学家者，殆无一不与佛学有关系。而凡有真信仰者，率皈依文会”。研究杨文会及其主倡的佛教革新运动，无疑是认识清末思想文化全貌不可或缺的部分，也是探讨中国的世界佛教史不可跳越的章节。

一

杨文会，号仁山，安徽石埭人。生于仕宦之家，其父杨朴庵与曾国藩为同年进士，彼此志行相得，湘军东下安徽与太平军作战时，曾国藩曾倚之办粮台。在战乱中，居士全家屡濒于危，转徙徽、赣、江、浙间达 10 年之久。事定后，其父去世，家道中落，从宦绅之门跌入家无担石之储的困境。1864 年，居士感染时疫，缠绵颇久。病愈后，展读案头诸书都不称意，唯有翻阅《大乘起信论》却不能释手，连续五遍，颇多领悟。继读《楞严经》、《法华经》、《华严经》和

《唯识论》等，对佛学逐渐产生浓厚兴趣。从此，“一心学佛，悉废弃向所为学”①。

按照宗教心理学的说法，在人类的正常心理结构中，普遍存在一种追求信仰的倾向。这种倾向平时一般处于人的潜意识中，而在社会环境作用下造成心理危机或心理失调时，它就会表现为表象意识。所以，每当社会动乱之际，通常有大批人信教的“宗教热”出现，而每当个人身心受到重大挫折之时，不少人也因此皈依宗教。因此，杨文会在国与家以及个人遭际巨变之后转向佛门，一心从中寻求一条达到个人心理平衡、自我抚慰的出路，是非常具有典型意义的，它深刻反映了清末佛教重兴的社会历史根源和心理根源。

在皈佛之后，杨文会虽常闭户诵经，却绝非一名知见闭塞哞唵修度的自了汉。他的生平经历使他较一般人的视野宽广，对世情有更广更深的了解。据《事略》称，他年轻时“好读奇书”，“不喜举子业”，而唐宋诗词、驰射击刺以及音韵历算、天文等经世致用之学，均为他所涉猎爱好。在十九世纪六十年代初兴起的洋务新政中，他那广泛的兴趣很容易转向极具吸引力和新鲜感的西方新学。而杨家与湘系、淮系的密切关系，又为他提供了涉足洋务新政和外交工作的机会。他先后被委董理金陵工程局、江宁筹防局和汉口监局工程，以谨慎、周密、干练著称，所以曾国藩、李鸿章等“咸以国士目之”，使他因缘时会，在后来，得以两度跟随出使英、法等国。1878 年 7 月，曾国藩之子曾纪泽奉派出使，杨文会以“亲信友朋素日深知底蕴”之故，被选为随员赴任②。1886 年春，淮系人物刘瑞芬奉使英、俄，杨氏再度以随员同行。刘氏后兼驻法、意、比国大使，直至 1889 年 2 月改任粤抚，杨氏方随同归国。

杨氏有幸成为中国较早的一批外交人员，前后在欧洲生活了六七年，得以就近观察那个新奇的外部世界。他两度至欧之时，正值英、法等国资本主义发展到极为兴盛时期。它们那蓬勃外铄的经济和军事力量，发达的文教事业和开

① 杨文会：《杨仁山居士事略》，《杨仁山居士遗著》第 1 册，金陵刻经处本，1919 年，第 2 页。

② 据曾纪泽《出使英法俄国日记》所载，在如对陛见时，慈禧训饬严选“随行员弁”，而曾氏奏对则称：“现在能通洋务而深可信任之人，未易找寻……只好择臣素识之读书人中，择其心上明白、遇事皆留心者用之。”别据日记表明，曾、杨一行于 1878 年 11 月 21 日在沪登轮启程，1879 年 1 月 2 日到达巴黎，随赴伦敦。杨氏分工“管支应”。1882 年 3 月底 4 月初杨氏携子先行回国。

明的政治制度，以及如群星闪烁的一批思想家（达尔文、赫胥黎、孟德斯鸠、卢梭、亚当·斯密、边沁、穆勒等），对于刚从闭塞的东方过来的好学深思者来说，无疑是一片神妙的绿洲。同时，作为与两任大使朝夕相处参与机谋的僚属，他有机会更多地了解中外大势，并广泛参观、考察西方各种文教设施和工商实业、科学技术、军械制造等领域①。外交工作的有利条件，使他对西方的了解就像当年的严复在英国留学一样，无疑处在同时代中国人的先进行列，称得上是一位洞明中外的人物。

对国情和世情的了解，使他认识到在激烈的国际竞争中，政治、军事、经济诸方面的竞争，归根到底是人才和知识的竞争，是国民素质的竞争。“斯世竞争，无非学问。欧洲各国政教工商，莫不有学。吾国仿效西法，不从切实处入手，乃徒袭其皮毛。方今上下相蒙，人各自私自利，欲兴国，其可得乎?”② 对佛教的皈信，又使他很自然地把提高国民素质的希望寄托于佛教。“地球各国，皆以宗教维持世道人心，使人人深信善恶果报，毫发不爽，则改恶迁善之心，自然从本性发现。人人感化，便成太平世矣。”而在各宗教中，“佛教所以胜于他教者，在倡明真性不灭”，导人“不造恶因，免受苦果，渐渐增进，以至成佛……此乃佛教济世之方，与世间法相辅而行，非虚无寂灭之谈也”③。“设有人焉，欲以宗教传于各国，当以何为先? 统地球大势论之，能通行而无悖者，莫如佛教。”④

由此可见，杨氏求助佛教以谋改善人心改良人性，并非一种维持封建意识形态的保守态度，而已具有一定的近代观念。在同光时期朝野人士有关“道”和“器”、“体”和“用”的争歧中，他的立足并不在守旧的那方。较之以议会制度为西方富强之本的早期改良思想，杨氏思想还相对显得深刻一点。严复后

① 杨氏经常随同出席重大外交场合，如莅法之初，即随曾纪泽赴爱丽舍宫接受法国总统接见，并一一拜会各内阁大臣。见《出使英法俄国日记》第161、163页。曾氏日记中有时几乎间日有与杨氏“一谈”或“久谈”的记载。

② 杨文会：《杨仁山居士事略》，《杨仁山居士遗著》第1册，金陵刻经处本，1919年，第4页。

③ 《南洋劝业会演说》，《等不等观杂录》第1卷，第2页，杨文会：《杨仁山居士遗著》第7册，金陵刻经处本，1919年。

④ 《支那佛教振兴策二》，《等不等观杂录》第1卷，第1页，杨文会：《杨仁山居士遗著》第7册，金陵刻经处本，1919年。

来在甲午战败之后倡导“鼓民力”、“开民智”、“新民德”三大著名号，其出发点仍在民智和民德的开新上。从着意于改造国民精神世界而言，杨和严这两位同沐欧洲新思想的思想家并无二致。

那么，又从何入手振兴佛教呢？佛教素以佛、法、僧为三宝。佛即释迦牟尼，也泛指一切佛；法即佛教教义和学说；僧即直接负有继承并宣扬佛法之责的僧众。在作为构成佛教整体的三大支柱中，杨文会紧紧扣住法宝和僧宝，作为振兴佛教的两大下手目标。

鉴于自身在学佛过程中，每每苦于搜觅佛经之不易，例如《嘉兴藏》当时已毁于兵火，《龙藏》也徒为大寺院藏经楼内的点缀品，普通人很难寓目，因此，他深感弘扬佛教教义和学说的关键和基础在于佛教经典的广泛流通。“末法世界全赖流通经典，普济众生。”① 同时，他又认为普遍提高僧众质量的根本在于发展教育，培养僧才，造就一代新人。其具体办法，“唯有开设释氏学堂，始有转机”②。

为了流通经典，他创办了金陵刻经处。1866 年，他在南京结识一批佛学同好，如邵阳魏刚己、阳湖赵惠甫、武进刘开生、湘乡曹镜初等，彼此经常讨论切磋佛学，共同发愿刻经弘法。杨文会亲拟章程，募款集资，开始了主持刻经处事务 40 余年的巨繁工作。在他的带动下，志同道合者此呼彼应，郑学川在扬州创立江北刻经处，曹镜初在长沙创立长沙刻经处，常州和江西等地也闻风踵起。这几处刻经处都以金陵刻经处马首是瞻，根据统一的刻经版式和校点体例，互相分工合作，在清末形成了一股引人注目的刻经热。

他全身心地投入刻经事业，捐出家宅作为存放经版及流通经典之所。他自称“苦心孤诣流通经典，为烦恼海中设一慈航，普度含灵”③ 应该说，他惨淡经营而又硕果累累。他曾发愿要校刻《大藏辑要》一部，为初学者选刻《大藏辑要》一部，并选编藏外重要遗著若干种。虽因经济原因，未能全部如愿，但就已刻印出版的《大藏辑要》即达 3320 卷，共 460 部。它们广泛包括各宗各派

① 杨文会：《杨仁山居士事略》，《杨仁山居士遗著》第 1 册，金陵刻经处本，1919 年，第 3 页。

② 《般若波罗密多会演说一》，《等不等观杂录》第 1 卷，第 2 页，杨文会：《杨仁山居士遗著》第 7 册，金陵刻经处本，1919 年。

③ 《与李质卿书》，《等不等观杂录》第 6 卷，第 2 页，杨文会：《杨仁山居士遗著》第 9 册，金陵刻经处本，1919 年。

的重要经论及注疏，历代古德重要著述及宋元以后的重要佚著，也都在刻印之列①。杨氏刻经选择校勘异常精审。版式上也由原先的梵夹本改为方册本，便利阅读。据统计，在他有生之年，共校刻经版4万多片，印刷流通经典著作100余万卷，印造佛像10余万张。佛经广泛流布，使往日求而难得之佛典变成得之不难。业林之中既有新本可诵，而对于一批处在新旧思想文化冲突交接点上而又好佛的知识者来说，新刻的佛经为他们提供了一份丰厚的精神食粮。有如下文将要论及的，全心全意从各自的解义出发，宣扬种种涵容佛理在内的新思想新学说。就此而言，刻经事业对佛教的振兴和思想文化的激荡作用决不能小视。

值得一提的是，杨文会还把刻经事业发展成为国际性的学术友好往来。1879年他在伦敦与日本佛学家南条文雄博士订交。南条返国后为他在日本、朝鲜等访得中国久佚的重要典籍两三百种。而当日本藏经书院编汇《续藏经》时，他也积极为之在中土广事搜罗，先后供应典籍也达数百种之多。彼此互助互惠，成为近代中日佛教文化交流史上的一段佳话。

为了培育僧才，他大力倡导佛教教育。1895年，他在上海与锡兰佛教学者达磨波罗相晤，得知对方有意创立大菩提会以兴复印度佛教，引起同识共鸣。由此因缘，“居士于是提倡僧学，手订课程，著《初学课本》，俾便诵读，一以振兴佛学，一以西行传教，庶末世佛法有普及之一日”②。

所谓“手订课程”，指的便是杨氏所撰《释氏学堂内班课程刍议》。刍议主张“由各省择名胜大刹，开设释氏学堂，经费由庵观寺院田产提充，教习公同选举”。其课程则酌定为初等、中等和高等三级，“仿照小学、中学、大学之例，能令天下僧尼，人人讲求如来教法”。初等者，先令其学习文理，然后教以浅近佛典，约需三年，学成者准其受沙弥戒；中等者，学习稍深经论，三年学成准其受比丘戒，给牒；高等者，应学深奥佛典及教律禅净专门之学，三年后能通大意讲解如流者，准其受菩萨戒，换牒。刍议强调，唯有受过这种严格宗教教

① 据统计，它们是：华严32部，净土57部，般若23部，涅槃13部，密教56部，方等66部，法相25部，法华16部，小乘经16部，大乘律15部，小乘律7部，大乘论23部，小乘论4部，西土撰集16部，禅宗30部，台宗14部，传记11部，纂集9部，宏护13部，旁通10部，导俗4部。

② 杨文会：《杨仁山居士事略》，《杨仁山居士遗著》第1册，金陵刻经处本，1919年。

育的僧人，“方能作方丈，开堂说法，升座讲经，全登坛传戒，始得称为大和尚”①。

所谓编定课本，指的是杨氏亲撰《佛教初学课本》。课本采用“三字经”形式，简要介绍佛教基本教义与教史。虽然以“三字经”形式传播佛学并非倡自杨氏，如明末有吹万老人之作，同时稍前有印光法师之作，但他仍有着意更新改进，明显胜于前作，“事略而法备，言简而义周”②。他还专门为课本作注，用浅近的语言诠释有关内容，帮助初学者入门，使该书成为一部出色的佛教普及读物。

需要指出，杨氏倡导佛教教育并没有局限于单纯的宗教内容。对时代风云的真切感受，使他十分重视当时逐渐流行的“新学”。因而，在他计划中的教育内容，既包括出世的佛教教义，也安排入世的新学课程。“为今之计，莫若请政务处立一新章，分教内教外二班。外班以普通学生为主，兼读佛书半时，讲论教义半时，如西人堂内兼习耶稣教之例。内班以学佛为本，兼习普通学，如印度古时学五明之例。如是，则佛教渐兴，新学日盛，世出世法，相辅而行。”③

尽管杨氏为创立佛教学校做了很多准备，却一直法缘未全，好事多磨。直到1907年秋，他才在金陵刻经处设立“祇洹精舍”，招收僧俗学生20余人。有关课程设置，基本按他原定方案。在佛学课程外，普通课程有本国文理、史地、算法、梵文、英文、日文等。有关培养目标，他悬格甚高，以振兴中印两国佛教的弘法使者相望。“冀学者兼通中西文，以为将来驰往天竺振兴佛教之用。”④为此，他不但自任《大乘起信论》讲授，还聘请一批著名佛学家担任讲席，如谛闲法师主讲台宗教观，李晓暾教国文，苏曼殊教英文和梵文。日后在佛教革新运动中有杰出建树的太虚法师便在此时入学。可惜经费短缺，祇洹精舍办了两年就无法维持了。1910年，他又发起组织佛学研究会，继续弘法育才。他自

① 《释氏学堂内班课程刍议》，《等不等观杂录》第1卷，第2页，杨文会：《杨仁山居士遗著》第7册，金陵刻经处本，1919年。

② 杨文会：《佛教初等课本自序》，《杨仁山居士遗著》第4册，金陵刻经处本，1919年。

③ 《支那佛教振兴策一》，《等不等观杂录》第1卷，第1～2页，杨文会：《杨仁山居士遗著》第7册，金陵刻经处本，1919年。

④ 杨文会：《杨仁山居士事略》，《杨仁山居士遗著》第1册，金陵刻经处本，1919年，第6页。

任会长，负责主讲，每周讲经一次，四方来学者甚多。近代著名居士欧阳渐即在此时归侍门下。

在《佛教初学课本》中，他告诫学人道："学佛者，首在信。信而解，解而行。由解行，至于证。"可以说，刻经弘法和设学育才，正是他自身由信解进入行持的主要表现，也是他对复兴佛学振兴佛教的重大贡献。随后太虚倡导"佛教复兴运动"，创建武昌佛学院（1922 年），奔走国内外宣讲佛学；欧阳渐受嘱在他身后主持金陵刻经处，后又倡办支那内学院（1922 年），培养了一批卓异的佛学人才（如汤用彤、吕澂、熊十力、刘定权、王恩洋、黄忏华等）。他们分别作为杨氏在僧俗两界的法嗣代表，活跃在二十世纪前半叶的佛教界，使得杨氏首倡的佛教革新运动从清末一直延续到民国时期，在整整半个多世纪中成为中国佛教发展运动的一条主脉。

二

如果说，杨文会在刻经和办学方面的突出贡献，足以奠定他在清末佛教革新运动中的领袖地位，那么，他在佛教的学理学说方面自成一家的重要建树，更足以保证他成为运动无可置疑的导师。

总而观之，杨文会在阐发佛理佛学方面主要有三大基本特色，以下试分述之。

特色之一，表现为对佛教内部各派学说的摄融性。

他认为，中国佛教各宗各派长期分歧，到近代已是"门户之见，牢不可破"。这对于振兴佛教是一大障碍。革新佛教就必须在教理上有所抉择，以便把长期分歧不一的各宗各派学说融会调和贯通一致。清代佛教宗派，继承明代遗绪，仍以禅宗为最盛，净土次之，天台、华严、律宗、法相等又次之。在深入研究仔细衡量之后，他断定自宋明以来长期流行的禅宗教理并不可取。该宗强调见性成佛和顿悟成佛，虽具简易明快特点，因常获得学佛者的信从，杨氏自称在学佛之初"亦复如是"。但是，随着他"用心既久，阅历较深，始知旧日之非，翻然改悔"①。从而批评"禅宗一派，空腹高心，西来大意，几成画饼"②。

---

① 《代陈栖莲答黄掇焦书一》，《等不等观杂录》第 6 卷，第 2 页，杨文会：《杨仁山居士遗著》第 9 册，金陵刻经处本，1919 年。

② 《与日本南条文雄书二十二》，《等不等观杂录》第 8 卷，第 3 页，杨文会：《杨仁山居士遗著》第 10 册，金陵刻经处本，1919 年。

他甚至认为禅宗长期流行是中国佛教衰落的主要原因之一。因而当有人称“佛教之衰，实由禅宗”时，他以“支那固然”大表赞同①。对于在隋唐以来极有影响且远播日本的天台宗，他也未持赞可态度。尽管该宗讲求定慧双修和诸法实相，具有究心名相、圆融三谛等特点，该宗著名法师幻人（1828—1910）与他通信论学，累数万言，但他还是认为该宗有所缺陷，不足以当调摄各宗各派学说之任。“台教一派，尚能讲经，唯泥于名相，亦非古法。”② 法海浩渺，在经历一番探航之后，他终于认定华严宗和净土最具兼容并蓄融贯调摄之功效。

他有一学佛由净土而华严，而宗法马鸣、龙树的思想发展自述：“鄙人初学佛法，私淑莲池、憨山，推而上之，宗贤首、清凉，再溯其源，则宗马鸣、龙树。”③ 莲池袾宏（1535—1615）和憨山德清（1546—1623）都是明代归心净土的高僧。贤首法藏（643—712）和清凉澄观（738—839）则是唐代华严宗的创始人和中兴者，分别被尊为该宗的三祖和四祖。马鸣（一二世纪）和龙树（约三世纪）都是古印度大乘佛教著名论师。对上述大师的宗仰顶礼，使他在教理上推尊华严学说，在修持上笃行净土法门。用他自己的话来说，便是“教宗贤首，行在弥陀”。

对华严的倾心，使他特别注重该宗尤其是贤首著述的刊行。在唐武宗毁佛之后，贤首著述大量散失，仅余藏内10余卷。但经过杨氏一再搜求于日本和朝鲜，使所谓“贤首十疏”十得五六。他手辑《贤首法集》一百数十卷和《华严著述辑要》，为研究华严教理提供了系统资料。

他自身对于华严教理深造有得，颇多发挥。华严学说以融合宇宙间一切万物的差别境界，宣扬普遍和谐性为特征。他对此十分赞赏，并以之观照各宗学说。他曾称《华严经》为“经中之王”，特作《十宗略说》发挥贤首“五教十宗”的判教说法④，认定以《华严经》为归旨的“圆教”和“圆明具德宗”为

① 《与夏穗卿曾佑书》，《等不等观杂录》第6卷，第2～3页，杨文会：《杨仁山居士遗著》第9册，金陵刻经处本，1919年。

② 《与日本南条文雄书二十二》，《等不等观杂录》第8卷，第3页，杨文会：《杨仁山居士遗著》第10册，金陵刻经处本，1919年。

③ 《与某君书》，《等不等观杂录》第6卷，第1页，杨文会：《杨仁山居士遗著》第9册，金陵刻经处本，1919年。

④ “五教”指：小乘教、大乘始教、大乘终教、顿教和圆教。“十宗”义：我法俱有宗、法有我无宗、法无去来宗、现通假实宗、俗妄真实宗、诸法单名宗、一切皆空宗、真德不空宗、相想俱绝宗、贺明具德宗。

佛教中最完满的教宗。对于假托马鸣所作的《大宗地玄文本论》，他也推崇不已，认为此论所建立的金刚五位判教，“为佛法之总纲，摄尽一切破障法门，该括一切称性法门，纤毫无遗。若明此义，则谈宗谈教，说空说有，皆不相妨。何有分河饮水，互相是非之弊哉”①。他在阐发华严教理方面的特色，使得《事略》特为强调：他“于其他经说，与夫儒家道家言，悉以华严真俗圆融、理事无碍、事事无碍之旨通之”，也使得近代佛教史研究者称道他为“晚近中兴华严宗之人，殆无愧也”②。

对净土的归心，也使他在刻经时未曾轻忽了这方面的经论。他先后汇刻了《净土经论十四种》、《古逸净土十书》，并重刻魏源所辑《净土四经》等重要经论。

他归心净土法门主要出于两方面的考虑。一方面，因其为学佛之方便法门。该宗主旨以行者的念佛行业为内因，以弥陀的愿力为外缘，内外相应，往生极乐国土。“净土一门，不假勤修，不废俗谛，一念净信，顿超彼岸，可谓方便中之大方便，直接中之最直接者。”③ 不过，对于该宗以念佛作为实践修行的主要法门，他又有自己的看法。念佛法门原有三种，长期以来净土宗大师每以“观想念佛”等“钝根难入”，故偏重于“持名念佛”，主张日诵佛号 7～10 万声，便可得到佛的接引他力往生净土。对此，他表示异议，主张持名念佛与观想念佛二者兼修，也即认为除仰仗佛的接引他力，还须仗恃自力④。

他之归心净土法门，另一方面还因该宗具有很强的摄融功能。他认为，中国佛教十宗唯有净土宗“普摄群机”，其他九宗则“分摄群机”。所以，净土宗与九宗的关系为“九宗入一宗”，“一宗入九宗”，“随修何法，皆作净土资粮”⑤。净土

① 杨文会：《大宗地玄文本论略注》，《杨仁山居士遗著》第 2 册，金陵刻经处本，1919 年。金刚五位为：无超次第渐转位、无余究竟总持位、周遍圆满广大位、一切诸法俱非位、一切诸法俱是位。

② 蒋维乔：《中国佛教史》第 4 卷，上海书店，1989 年，第 44 页。

③ 杨文会：《三身义》，《等不等观杂录》第 1 卷，第 3 页，杨文余：《杨仁山居士遗著》第 7 册，金陵刻经处本，1919 年。

④ 杨文会：《观无量寿佛经略论》，《杨仁山居士遗著》第 5 册，金陵刻经处本，1919 年。三种念佛法门为：持名念佛，即口称佛名（如“南无阿弥陀佛”）念诵不已；观想念佛，即静坐入定，专心思念佛相及佛土；实相念佛，即观佛的法相非有非空中道实相之理。

⑤ 杨文会：《十宗略论》，《杨仁山居士遗著》第 4 册，金陵刻经处本，1919 年，第 1 页。

一门，括尽一切法门，一切法门，皆趋净土一门①。以一切佛法，入念佛一门，即《华严经》融摄无碍之旨也②。

在华严学说和净土法门的关系上，他又是如此调和的：华严宗的《大乘起信论》被他称为“入道之门”，而净土宗的三经一论（《无量寿经》、《十六观经》、《阿弥陀经》和《往生论》）则被称为学佛的“津梁”。学佛者只要精勤修习华严、净土二宗的“深妙经论”，便“能消去妄情，策励志气，勇锐直前”③，求得自他二力并生，“如车两轮，如鸟两翼”，保证顺利往生净土④。

特色之二，表现为对中国传统思想文化的批判性。

杨文会早年攻习儒学。后又博览群籍，“黄老庄列，靡不领会”，然后究心佛学。这一思想积淀的层次、程序和结构，必然深刻地影响他对佛学和传统思想文化的态度。因此，当他归宗佛学之后，返身观照往昔——亲历的有关传统思想文化，便常能别有会心，慧眼独见。在他的遗著中，有一组取名“发隐”的系列论著，先后作于19世纪90年代和20世纪初，以佛学为本，分别对孔、孟、老、庄、列诸家加以评骘，以与佛说的离合疏近程度，区别等差，诠解发挥。这一对传统思想文化系统评判工作，从出世的立场上反映了当时在佛理佛学方面的认识水平，也反映了破旧迎新的时代思想的一个侧面。

对于儒家，他特别推重孔子及《论语》。读《论语》，他感佩异常，乃至“合掌高声唱曰‘南无大空王如来’”。有人问何以如此敬礼，他回答说：佛与孔相与一致，“设有二致，则佛不得为三界尊，孔子不得为万世师”。《论语》中有孔子与子贡的一段对话，言及子贡闻一而知二，颜回则能闻一而知十。他即以华严之理为之“发隐”，指出颜回造诣独深“乃证华严法门”，与《华严经》中凡举一法，即具十门，重重无尽，名为“圆融法界”之义谛相印证。《论语》中有曾子临终要门弟子立身行事如临如履的一番著名告诫，他复以佛教戒律为之“发隐”，肯定曾子的“修己”功夫，为“菩萨现身人道，欲护持在家律仪”。

① 《与李澹缘书一》，《等不等观杂录》第6卷，第3页，杨文会：《杨仁山居士遗著》第9册，金陵刻经处本，1919年。

② 《与陈仲培书》，《等不等观杂录》第5卷，第5页，杨文会：《杨仁山居士遗著》第9册，金陵刻经处本，1919年。

③ 《学佛浅说》，《等不等观杂录》第1卷，第4页，杨文会：《杨仁山居士遗著》第7册，金陵刻经处本，1919年。

④ 《般若波罗密多会演说三》，《等不等观杂录》第1卷，第3页，杨文会：《杨仁山居士遗著》第7册，金陵刻经处本，1919年。

《论语》中有“克己复礼而归仁”之语，他又为之解曰：己即七识我执，礼即平等性智，仁即性净本觉。一切众生本自具仁，只因七识染污，造成我执，妄见种种障暗。因此，孔子所言正是一种破除我执，求取平等性智，而归于性净本觉的“修习之方”①。

《阴符经》世传黄帝所著，全书仅446字，古来解此经者，常以兵机或丹诀视之。经“悉心研究”后，他发现此经“无一语蹈袭佛经，而寻其意义，如出一辙”，“直与佛经相为表里”。该经全篇以“机”字为用，上篇曰心机，中篇曰盗机，下篇曰目机。他以佛法分别为之作解，指出心机属佛说之第八识即阿赖耶识，唯上等根器者方能见之，此机一转，立登圣位；盗机属第七识即末那识，内执见分为我，外执相分为我所，中等根器尚能见之，得此机者，趣大则入贤位，向下则取灭度；目机属前五识，即眼、耳、鼻、舌、身五识，下等根器者纵能悟入，也多在信位，尚有未入信位者②。

老子《道德经》五千言，历代以佛解之者不乏其人，如杨氏素来尊崇的憨山德清便曾以15年之力从事此事。杨氏则专以华严之义相释，因而新意迭出。该经首章有“道可道，非常道；名可名，非常名”之句，他即论证与华严事事无碍的本旨完全一致。经中有“谷神不死，是谓玄牝”之说，他复以华严所持如来藏缘起说为之作解，认为“此二句与释典佛说如来藏以谓何赖耶同意”。对“出生入死”章，他更以华严十世法门之说释之。经中所谓“生之徒十有三”，他释之为十世法门中的“三世未来”（未来过去、未来现在、未来未来）；“死之徒十有三”，他释之为十世法门中的“三世过去”（过去过去、过去现在、过去未来）；“人之生动之死地者亦十有三”，他释之为十世法门中的“三世现在”（现在过去、现在现在、现在未来）。以上九世，再加上摄归无念之念、不生不灭、元清净体之一念，则为十世。上述解释，他深欣为前人所未发，故特在卷序言中以“似觉出人意表”之语标出③。

《庄子》素有《南华经》之称。其《逍遥游》开篇“北冥有鱼，其名为鲲”

① 杨文会：《论语发隐》，《杨仁山居士遗著》第5册，金陵刻经处本，1919年。
② 杨文会：《阴符经发隐》，《杨仁山居士遗著》第6册，金陵刻经处本，1919年。
③ 杨文会：《道德经发隐》，《杨仁山居士遗著》第6册，金陵刻经处本，1919年。

那节文字，两千年来疏释者不知几何。杨氏则以“十大”（具大因、证大果、居大处、翔大路、御大风、享大年、游大道、忘大我、泯大功、隐大名）概释之，并以佛说为之诠解，他自信这一解释“为南华别开生面，阐逍遥游之奥旨”。《人间世》中有孔子为颜回解释“心斋”的一段语：“若一志，无听之以耳而听之于心，无听之以心而听之以气。耳止于听，“心止于符。气也者，虚而待物者也。唯道集虚。虚者，心斋也。”① 他认为，孔子所说“耳止于听”是“先破浮尘根”；“心止于符”是“次破分别识”；“气也者，虚而待物者也”，是“后显遍界不藏之闻性”。故颜回未闻此训时，犹“忘执为我”，既闻此训，方明白“本来无我”“自性真空”之意。《大宗师》中有女偊与南伯子葵论道的文字，他复以佛教修持过程为之作解。他把女偊所说的“依教进修”的七层意思，按佛教的说法分为渐、顿二阶：前三层为“渐修渐证”过程，后四层则为“一时顿证”过程。接着他又把女偊“自叙闻道”的经历，按佛说解之为由“闻慧”、“思慧”、“修慧”和“证道”组成的“九转功成”的修持过程②。

《列子》一书，在唐代被尊为《冲虚经》，与《道德经》、《南华经》并重。杨氏深感此经“妙义显发”，“实与佛经相表里”。该经《黄帝》篇中有“商丘开信伪章”，杨氏认为其中“彼我皆诚”一语，“能作念佛往生之实证”。他一本自他二力并重往生净土之意为之作解：“弥陀大愿，接引众生，是彼诚；众生念佛，求生净土，是我诚。彼我皆诚，安有不生净土者乎?”《仲尼篇》中有“西方圣人章”，他认为孔子极口所赞的“西方圣人”，即“指释迦牟尼而言”。《力命篇》有“力不胜命章”，他复以佛家因果之说解之：力为现世所用之才智，命为过去所作之业因。“业因为种，存于八识田中，强弱不齐，生熟不等，先后发现，即为果报”。列子作此，即为诠释果报之义，“劝人安命”③。

---

① 这一段话，今人陈鼓应《庄子今注今译》将它译为：“你心志专一，不用耳去听而用心去体会；不用心去体会而用气去感应。耳的作用止于聆听外物，心的作用止于感应现象。气乃是空明而能容纳外物的。只要你到达空明的心境，道理自然与你相合。‘虚’（空明的心境），就是‘心斋’。”见陈鼓应：《庄子今注今译》，中华书局，1983 年，第 121 页。

② 杨文会：《南华经发隐》，《杨仁山居士遗著》第 6 册，金陵刻经处本，1919 年。

③ 杨文会：《部虚经发隐》，《杨仁山居士遗著》第 6 册，金陵刻经处本，1919 年。

特色之三，表现为援用西方新学诠释或衬托佛说。

较长时期身处欧洲，以及对西方近代自然科学和人文科学的较多了解①，无疑使杨文会的知识结构明显优胜于当时一般的佛学家。故而在诠释佛经过程中，常常带来一股新风。

佛经有“风金相摩，故有火光，为变化性”之说，他为之作解，便用上了有关电学和极光、地裂、火山等地学知识“此相摩而生之电气，遍于寰宇，激则现出火光。近北极处，有时见半圆光彩，照耀空中，名北方晓，最为奇观。变化性者，以电气最能变化物质故也。此非上蒸之火，盖上蒸之火在地内，有时地裂而出，则为火山，声震天地，烬灰漫空而下，热汁奋迅而流，埋没城市，毙人无算。古时发现者，火焰至今不息，近时又有几处发现矣。”

佛经有“三千大千世界无量无数”之说，他便用近代天文学知识为之作解。“近时天文家所测者，可以比量而知，其说以日为宗，有多数行星，绕日而转，地球其一也。自体无光，仗日光以为明照。即以此绕日之多数地球，作为一小千世界。空中之恒星，与日相同，每一恒星，有多数地球绕之，即是中千世界。推而至于大千世界，莫不皆然。凡地上之人目所能见者，通为娑婆大千世界，西人谓之一星林。用最大天文镜窥之，空中有无数星林，即是无数大千世界。又有镜中但见白迹，不能察知星点者，西人谓之星气。更有极大天文镜所不能见者，尤不可思议。经中所谓十方微尘数大千世界，可于凡夫眼中略见端倪矣。”

关于地球形状，他肯定近代科学所证与佛说相一致。“今时环游地球之人，向东而去，则从西归；向西而去，则从东归。是地形果为圆球矣，始知罗汉天眼，早已见之。”②

《列子·汤问》篇载有两小儿相辩事。一儿以日初出时大如车盖，及日中则如盘盂，因远者小而近者大，故断定日始出时去人近而日中时去人远。一儿以日初出时凉爽，及日中则如探汤，因近者热而远者凉，故断定日始出时去人远而日中时去人近。对此千百年来引人兴味的慧辩，他除以佛说“皆是六识妄缘”，与佛典中“二僧论风幡”之动静“相似”，以破其迷误，复以西方自然科

① 1897年5月，杨氏与谭嗣同等还倡设金陵测量会，筹划购置仪器，学习西方科技。

② 杨文会：《佛教初学课本注》，《杨仁山居士遗著》第4册，金陵刻经处本，1919年。

学知识相助诠解。他指出，“依天文格致家之理，亦甚易解。地球为圆体，半径一万二千里。日初时远半径，日中时近半径。晨光横射而来，故凉，午景直射而下，故热。又依视学，凡见远物，平视大于仰视。如将纸鸢之钱撒尽，执于远处，则见其大，放至空中，则见其小。此实证也。日初出时，蒙气厚，故显大，日渐高，蒙气渐薄，故显小”。总之，依据西方有关天文、物理、光学等知识，两儿所持各有其理。虽然他认为这些西学均为“俗谛”，“无关大道”，但仍能有助于“破两儿之愚迷”，以显佛说之“真谛”①。

对于西方人文科学，他便与以上引用西方自然科学诠释印证佛学的做法不同。他每每站在佛家的立场上对之加以批评。“近时讲求心理学者，每以佛法与哲学的立场相提并论”，对此他断然予以否定。他认为哲学与佛法根本不可同日而语。前者是“世俗知见”，后者却是引导世人破妄显真的出世妙道。深奥的佛学“三身四智，五眼六通，非哲学家所能企及也”，“西洋哲学家数千年来精思妙想，不能入其堂奥。盖因所用之思想，是生灭妄心，与不生不灭常住真心，全不相应”②。

对于西方宗教史学者以印度婆罗门教为佛教本源的说法，他坚决表示不能接受，认为这是西方学者“但求形迹”不作深究所致，是一种“不明”学理的武断结论。在他看来，婆罗门教虽较佛教发展为早，但它以“大梵天为主”，“皆从人道而修天道，不出六凡之表”，因而教理每多不圆满之处，致使教中如马鸣、龙树等有识者转而皈依后起的佛教。“佛教兴，而婆罗门之明哲者，多从佛教。利根上智，现证阿罗汉果，即出六凡而为四圣之初门，可见佛教非出于婆罗门也。”③

人们熟知，依靠传译和讲习为媒介的中国佛教学说来源极为混杂，大小乘不同派别的佛教理论常有互相分歧冲突或前后牴牾之处。为了自圆其说，乃有判教。所谓判教，即各宗派为调和佛教内部的不同说法，树立本派的正统和权威，对佛所说各类经典加以判别或判定，用以确立本宗为佛的最完满说教。因

① 杨文会：《阴符经发隐》，《杨仁山居士遗著》第6册，金陵刻经处本，1919年。

② 杨文会：《佛法大旨》，《等不等观杂录》第1卷，第3页，杨文会：《杨仁山居士遗著》第7册，金陵刻经处本，1919年。

③ 杨文会：《与夏穗卿曾佑书》，《等不等观杂录》第6卷，第4～5页，杨文会：《杨仁山居士遗著》第9册，金陵刻经处本，1919年。

此，判教者自身所理解的本宗理论体系及固有的思想文化结构，显然在这一特殊的思想文化价值判定过程中占有至关重要的地位。反观杨氏，在佛教内部，他极度推崇华严净土学说，并以之融摄其他各宗各派的学说，清晰地表明了一种全摄并收、圆融无碍的宗风。在佛教外部，他以佛理佛说为本，观照评定中国传统思想文化和西方新学，分别采取或可或否或取或予的态度，基本同中国近代社会思潮的趋新方向相一致。可以认为，杨氏在上述教理阐发方面，承袭了前人的思想文化遗产，又得力于时代风会因缘所至。它大大丰富了近代中国佛学研究的内容，同时又必将为下文将要述及的佛学复兴和佛教革新的新局面奠定基础。

三

清末佛学流行及其成为思想界一大“伏流”的原因，梁启超在《清代学术概论》中作过扼要论述。其中除杨文会刻经为佛学研究提供方便之外，他还指出如下几点：一、今文学家的提倡，素为今文学家推奖的龚自珍、魏源都皈信佛教，“故今文学家多兼治佛学”，开学佛风气之先。二、由西洋哲学的输入，而对佛学“引起连带的兴趣”。三、社会屡经丧乱，厌世思想极易流行，“稍有根器者，则必遁逃而入于佛”。以上诸端，梁氏从学术发展趋势和社会心理变迁入手剖析，固然在理，因此，我们既可把它们释为清末佛学流行的原因，也可视为佛教振兴的背景。

不过，本文认为，只要把眼光推广开来，那就不难发现梁氏所言犹未尽意。清末佛学流行佛教振兴，还别有原因或背景在。

就国际环境而言，它是对欧美佛学流行和日本佛教振兴的一种积极回应。

虽然欧洲人对佛教的了解可以上溯到公元前希腊亚历山大大帝侵入印度河流域时期，而17、18世纪欧洲一些著名哲学家如斯宾诺莎、康德等人也都论及佛教。但是，真正比较系统地开展佛学研究，则在18世纪末英法等国向亚洲进行殖民扩张之后。为了殖民统治的需要，英法等国当局鼓励对东方宗教特别是佛教进行研究。欧洲佛学研究的推进正是当时东方学发展的重要标志。

在英国，1788年成立的皇家亚洲学会以研究印度巴利文和梵文为主要目标。接着，传教士克拉夫和斯宾塞先后发表《巴利语文法和语言》(1824年)和《东方僧门》(1850年)，后者还从僧伽罗文译出了《现代佛教手册》(1853年)。

1833年英国驻尼泊尔公使霍格森在驻地收集到大量梵文贝叶经佛教文献，

分赠伦敦大学和牛津大学。1881 年，英国佛学家李斯·达维斯夫妇建立了巴利圣典协会，把浩瀚的巴利语三藏和注疏用罗马字刊出，并将其中一部分译成英文。这些资料和著作的登载，引起了西方学者对佛教的兴趣，从而为欧洲小乘佛学研究打开了大门。

在法国，东方学家鲍诺夫与人合著《巴利语论集》(1826 年)，把梵文《妙法莲华经》等译成法文，并据霍格森的文献资料整理出版了《印度佛教史导论》(1845 年)。他还在巴黎倡立法亚协会。他的门下马克斯·缪勒受英国皇家学会委托，编译出版了有 49 册的《东方圣书》，内含不少佛教大、小乘经典。与此同时，列维长期研究汉藏和梵文佛典，校勘《中边论颂》，法译《大乘庄严经论》。列维的弟子普桑更把龙树的《中论颂》、世亲的《俱舍论》和玄奘的《成唯识论》都译为法文。列维等人的活动为欧洲大乘佛学的研究奠定了基础。

在德国，最初弘扬佛法的是奥登堡 (1854—1920)。他所著《佛陀生涯·教义·教团》一书曾被译为 14 种文字，风行于世。与他同时代的威柏、纽曼、盖格、格拉泽纳普、瓦勒泽尔等，或以研究巴利文经典见长，或以研究梵文经典闻名，其中有些人还兼通汉文、藏文等。在奥登堡和纽曼等合作下，规模颇巨的巴利文《阿含经》全部译成德文。19 世纪德国的佛学研究以翻译和校勘巴利文佛典、阐述小乘佛教教义著称于世。

在西欧和日本的影响下，美国的佛学研究进步很快。1893 年在芝加哥举行世界宗教会议后，哈佛大学首先发起《东方丛书》的编译工作。华俞译出了几部佛经，巴庇特译注了《法句经》，卡洛斯写作了《佛陀的教说》，华特发表了《禅道》。特别是日本佛学家铃木大拙在会后留美弘法 14 年 (1893—1907)，完成了《大乘起信论》的英译，出版了《大乘佛教概论》。他有关禅宗的一系列传译、讲演和著作更在美国引起不小的影响①。

如果说，在 19 世纪的欧美是佛学研究促进了佛教传播，那么，在同时代的日本则是佛教复兴推动了佛学研究。

众所周知，明治维新之后，世俗政权重归天皇，宣扬君权神授的神道教遂为官方所推重。1868 年当局希图禁绝佛教，独尊神道教为日本国教。不久又勒令将佛像和佛家法物移出神社，将神、佛两教截然分离。为此各地曾发生烧毁佛像、经卷、法具和废止寺院的事件。当此所谓“废佛毁释”运动发生之际，

---

① 以上材料参见黄心川：《欧美的佛教与佛学研究》，《世界宗教资料》1987 年第 2 期。

基督教在日本发展也异常迅猛，各地遍设的教会学校吸引了大批向往西学的青年。一斥一吸，顿使日本佛教面临困境。

为奋起护教护法，日本各宗各派人士经过反省反思，遂纷纷致力于创设佛教学校，以期培育僧才，抵拒来自内外的压力。这类佛教学校初创时属专门学校性质，以后渐升格为大学，亦称宗门大学。从19世纪70年代末到80年代，次第创立的著名宗门大学有：龙谷大学（1879年）、种智院大学（1881年）、大谷大学（1882年）、驹泽大学（1882年）、东洋大学（1887年）、高野山大学（1886年）等。与此同时，日本佛教界又积极派遣优秀人才赴欧学习。南条文雄和笠原研寿1876年首赴英国师事牛津大学米勒教授，80和90年代继踵前往欧洲留学的还有井上哲次郎、松本文三郎和高楠顺次郎等后来蜚声一时的学者。他们同19世纪末20世纪初日本佛学界涌现的一批中坚人物，如村上专精（1851—1929）、井上圆了（1858—1919）、织田得能（1860—1911）、铃木大拙（1870—1966）、木村泰贤（1881—1930）、宇井伯寿（1882—1953）、羽溪了谛（1883—?）等人，齐心合力，或绛帐授徒撰写论著，或编印佛刊纂辑续藏，共同把日本的佛学研究搧扬得光焰四射，辉煌一时，造成了日本佛教的一派兴旺气象。

必须指出，对于发生在欧美和日本的佛学研究及佛教振兴情况，杨文会因为亲践欧土和订交南条，所以知之颇详，容易发生感应。故而当南条在19世纪80年代初将《明藏目录》(通称《南条目录》译成英文出版后，他会欣喜于中土佛学之西渐，把南条称为可与当初从印度来华传法的摩腾、竺法兰“并称”的传法先驱①。也可以说，1894年杨文会同英国著名传教士李提摩太合作，将《大乘起信论》译为英文，正是他积极参与国际交流的具体行动。虽因李提摩太穿凿私见，使译文有欠忠实，致令杨氏颇感不安，故在其后另有西人邀译《楞严经》时，他不得不认真考虑而予以拒绝。但在近代西方佛学研究趋向于小乘佛教的情况下，《大乘起信论》的译出无疑是佛学西渐过程中的一大贡献。所以在他去世不几天就有人评论道：“比年欧美佛学倔（崛）兴，讨论之丛刊，时流中土，虽其间尚多小乘家言，然假以因缘时会，不难一变而为大乘。溯厥原始，居士固与有劳也。”②

---

① 《与日本南条文雄书六》，《等不等观杂录》第7卷，第2页，杨文会：《杨仁山居士遗著》第10册，金陵刻经处本，1919年。

② 《杨仁山神栖净土》，《民立报》1911年10月11日。

不难理解，日本大力推行僧教育培养人才足令杨文会歆羡不已。所以，当他发意倡导佛教学堂时，效法日本的成功经验便是必至之事。他曾致书南条，要求对方代为搜求日本“佛教各宗大小学校种种章程”，“以备参考”①。可以认为，如同中国在本世纪初兴起的普通教育改革深受日本影响一样，以杨文会为代表的中国僧教育的兴起，也深受日本影响。近代中国佛教教育的革新无愧为佛教国际交流过程中的一枚善果。

对国际上出现的佛教热的了解，使杨文会曾乐观地预言：只要高明特达之士致力于佛教振兴工作，必能收功见效，使佛教成为“全球第一宗教”②。他的追随者也大多能以全球性的眼光看待佛教的现状和发展前途。如谭嗣同就对欧美日本的佛教振兴心向往之，在《上欧阳中鹄书》和《仁学》中一再津津乐道：英人韦廉臣《古教汇参》中如何赞叹佛为真圣人，美人阿尔格特如何创学会于印度，不数年而欧美各国设立分会达 40 余处，法之信佛者又如何预言他日地球上佛教将取代耶教，日本明治维新“唯佛教隐为助力”③。无独有偶，康有为、梁启超和章太炎等人，也都有感于佛教在国际上流行的态势，乐观地预言将来佛教必定遍行全球取代耶教。

就国内环境而言，清末佛学流行和佛教振兴又是有关政治、经济、文化种种业缘的和合反激使然。

太平天国运动曾给佛教以沉重打击。洪秀全反对孔孟，也反对神佛，儒家经籍固在焚删之列，而毁寺烧佛也在必行之中。以苏州府所辖吴县、长洲和元和三县为例，战前共有佛寺 400 余所，战后仅存 100 余所，被毁 3/4④。在太平天国势力或战乱所及的十余省中，寺庙被毁和僧人流离的情况都是普遍存在的。

源源而来的西方传教士也给佛教以严峻挑战。第二次鸦片战争后，于 1858 年和 1860 年签订的《中法条约》规定传教士可以入内地自由传教并建造教堂，为传教运动的空前大发展提供了合法前提。数千名传教士深入中国城乡，数千座教堂、学校和慈善机构星罗棋布于各地，不但使统治当局深感不安，更使佛

---

① 《与日本南条文雄书二十七》，《等不等观杂录》第 8 卷，第 2 页，杨文会：《杨仁山居士遗著》第 10 册，金陵刻经处本，1919 年。

② 《支那佛教振兴策二》，《等不等观杂录》第 1 卷，第 2 页，杨文会：《杨仁山居士遗著》第 7 册，金陵刻经处本，1919 年。

③ 蔡尚思、方行编：《谭嗣同全集》，中华书局，1981 年，第 52 页。

④ 作者据《民国吴县志》（江苏古籍出版社，1991 年）卷 36～38 统计。战后苏州经济渐次恢复，修复寺庙 60 余处，但仍未能复旧观。

教感受到一种强大的异端力量。僧众知识程度普遍低下①，固然难以同具有相当知识能力的西方传教士相抗，而专以接受檀越布施维持自身的佛教，面对广行“布施”的基督教，其窘迫之情又何以堪之？

虽然传统的民族观念和牢固的文化习俗仍能保证佛教在上述冲击下退处固守地位，但是，当日本净土真宗的传教士一来中国时，同文同种同教的宣传很快又在那道民族宗教心理防线上撕开了一个缺口。从 19 世纪 70 年代开始，日本净土真宗中强大有力的东本愿寺派和西本愿寺派在上海、苏州、杭州和南京等地先后设寺兴学。进入 20 世纪初，一批自称“开教使者”的日僧更极力扩大在华传教范围。他们的布教足迹除江浙闽粤外，还进入鄂豫和直隶、东北等地。相当一部分日僧一如其西方同行一样，广开教堂，滥收教徒，干预中国内政，致使日本宗教局长斯波也不得不下谕“严饬”，谕文承认日僧在华每“干预地方之诉讼事务，致生种种纷议，且惹起无谓之交涉，此实逸于宗教家职分之外”②。对此，中国地方大吏和许多爱国忧教的僧人当然更易产生一种深刻的危机感。他们担心如任日本佛教在华传播，“将来必有中佛教，有日佛教，如天主、耶稣之分两派，两派相争相轧，乐祸好事之徒再构煽其间，祸且无及”③。

不过，最大的危机还是来自佛教内部。虽然清初开国诸帝出自多种原因都对佛教颇加保护扶植，但政治力量仍无法挽回佛教自明代以来日趋衰落的大势。在学理方面，除禅宗和净土宗略有成绩，其余各宗都呈疲颓之状。在僧众质量方面，窳滥退堕的情况也十分突出。乾隆年间正式废除度牒制度后，僧尼数量大增（据有人统计，到清末已达 80 余万），而质量则更加下降。翻检清末有关文献资料，常可见及许多佛寺戒律废弛，僧尼秽行的记载。随着近代通讯和报纸等大众传播媒介的流行，此类丑闻常常不胫而走，腾布国内，严重影响佛门形象。至于另一种名利之心炽热的“出家魔子”，一不通宗，二不通教，三无学问，却妄充得道，欺世惑众，也大有损圣教光辉。所以，精心虔修的佛子为之

① 多数丛林寺院的僧徒都没有受过正式教育，连一般书信都不会写。如东南名刹镇江金山寺内有僧众三四百人，据“新僧派”首领仁山断言，能写 300 字以上通达书信者则无多。

② 《各国教务汇志》，《东方杂志》1906 年第三卷第七期。

③ 《署两江总督周因日僧传教复外务部函》，载《外交报》1904 年第 119 期，引自《东方杂志》1905 年第二卷第十期。

深叹，“佛法至今，衰残实甚。茫茫众生，如盲无导”①。杨文会感慨尤多，“近世以来，僧徒安于固陋，不学无术，为佛法入支那后第一隳坏之时”②。“近时宗门学者，目不识丁，辄自比于六祖。于经律论毫无所知，居然作方丈开期传戒。与之谈论，庸俗不堪。”③ 此等僧人有名无实，谤负佛祖，误尽众生，真是狮子身上的蛆虫。

以上诸端，都是反激清末佛学流行和佛教振兴的原因或背景。然而，使清末佛教受到冲击更深远剧烈，并因此成为反激佛教革新的一大动力，还应首推所谓废寺兴学风潮。

有关寺院财产情况，中国历来缺乏具体统计。但长期累积的结果，清末各地占有成千上万亩土地的寺院并不少见。有见于庙产之丰和兴学之难，1898 年张之洞在其《劝学篇·设学》中，提出了改寺院为校舍和取寺财为学费的主张：“大率每一县之寺观，取十之七以改学堂，留十之三以处僧道。其改为学堂之田产，学堂用七，僧道仍食其三。”同年维新变法期间，康有为复上《请饬各省书院淫祠为学堂折》，奉旨批准。变法失败后，新政措施几乎全被取消。但进入 20 世纪初，在清政府推行“废科举，兴学堂”的新政过程中，地方官绅旧事重提。作者目前所见最早发意推行改寺为学的是江苏。1902 年秋，兴化县令禀请将该县庙产“酌提三成作学校之用”，得江督“大加奖许”，该县遂“提出一万亩充公”，继而泰兴、盐城两县也有此类举动④。

应该指出，在国穷民困无力负担浩大的教育经费之时，酌调部分寺产兴办地方教育，只要措置得宜，固不失为一利国福民的权宜之计。此举与佛家普济众生的本旨相应，也理宜得到佛教界有识之士的支持同情。无奈难逃天下公理：一个业已彻底腐朽了的政权之下，即有善政也通常会在施行过程中变质走样，成为贪官劣绅借端扰民之具。因此，一时之间，各地普遍出现驱僧、毁像、占庙、提产诸种恶相，搞得佛界人心惶惶，全国骚然。尽管清政府对此也有禁饬，如 1905 年 4 月 12 日明谕保护，“凡有大小寺院，及一切僧众产业，一律由官保

① 印光：《与泰顺林枝芬居士书二》，《增广印光法师文钞》第 1 卷，大中书局印刷所，1928 年。

② 《般若波罗密多会演说一》，《等不等观杂录》第 1 卷，第 2 页，杨文会：《杨仁山居士遗著》第 7 册，金陵刻经处本，1919 年。

③ 《释氏学堂内班课程刍议》，《等不等观杂录》第 1 卷，第 2 页，杨文会：《杨仁山居士遗著》第 7 册，金陵刻经处本，1919 年。

④ 《兴学有款》，《大公报》1902 年 9 月 10 日。

护……不得勒捐庙产，以端政体”①。但在律法废弛中央威令难行的局面下，薄薄一纸官书又怎能抵挡厚利的诱惑？所以官样文书归官样文书，阳谋阴夺照常不误。接着在筹备立宪自治过程中，各地再度出现占夺寺产风潮。地方官绅或向寺庙提款勒索以为自治经费，或以各种名义指拨寺庙以为办事机构所在。佛教界痛心疾首者甚至认为，占寺夺产之祸，不但为基督教等外来威胁所无法比拟，往昔所谓“三武一宗”（北魏太武帝、北周武帝、唐武宗和后周世宗）毁佛之灾也莫此为甚。

面对官绅占夺寺产，佛教界全力以谋抵御。强硬不屈者奋起抗争，奔走当道乃至上控京朝。情急而又猾黠者援请日僧来寺保护，如浙江普陀山等36寺联合邀请日僧伊藤贤道以传教为名出面护持②，开封僧界有在庙门榜书“大日本国”字样，也有求取日本当道之信为护符者③。温和自重者则极力主张僧界自办教育，即以其人之道还杜觊觎者之口。对于最高当局来说，强硬抗争直揭政治不纲，徒增难堪；情急请援平添外交纠纷，徒乱人意；唯有自办教育，最为相宜得体。因而在谕禁官绅勒索寺产和援请日僧为护的同时，很快支持佛教界自办教育的做法。1905年来自北京的消息说，“僧人觉先曾游日本，遍览彼国佛教徒所设各种学校。回华后因至京师，具禀学务处，请设中国佛教学务公所，并集款开办学校及工艺院等事”。对此，学务处深表赞可，称该僧所请为“知本之论”，“殊堪嘉许”④。在当局的鼓励下，各地次第成立佛教公所，旋又遵饬改称僧教育会。僧教育会每会设会长二人，僧绅各一。一般有条件者均能注意到把兴办僧学堂和扶助俗学堂的工作同时肩起，从而把兴佛法与兴世法二者统一在兴学问题上。

怎样估量这一僧徒办学之举呢？应该承认，不少僧徒是见及僧界兴学与救国护教之间的密切关系的。他们身在佛门，心萦家国，他们的目光已从青灯之下的黄卷兼及动荡不安的神州大地。如在宁波积极致力于僧民教育的高僧寄禅敬安，1906年在欢迎前来天童山采集植物标本的宁波师范生时，疾呼要“富国强兵，兴利除弊”，“热心教育，共矢忠诚”⑤。在此对教育救国的认识，显然同

① （清）朱寿朋编：《光绪朝东华录》第5册，中华书局，1958年，第5321页。
② 《各省教务汇志》，《东方杂志》1905年第2卷第7期。
③ 《和尚有了洋护法》，《天铎报》1911年7月19日。
④ 《各省教务汇志》，《东方杂志》1905年第2卷第7期。
⑤ 梅季点辑：《八指头陀诗文集》，岳麓书社，1984年，第489页。

这位诗僧“我虽早学佛未忘世”，“国仇未报老僧羞”等充满爱国情热的胸怀相一致的。广州六榕寺僧钱禅等捐洋近2万元，资助选派学生出国学习军事，禀文内有“早在世外之身，常怀处堂之忧。欲求护法，端仗国威”等句①。在这里，慷慨助款的动机更清晰地表明与忧国忧教相联系。

佛教界善知识者积极兴学，是谋求应变自保的自救行动。它遥应了10年前杨文会鼓吹僧教育的主张，也是对清末教育改革诸新政的一种顺向呼应。杨文会在《支那佛教振兴策一》中所言，可说是道出了革新者的共同心声：“我国佛教衰坏久矣，若不及时整顿，不但贻笑邻邦，亦恐为本国权势所夺，将历代尊崇之教，一旦举而废之，岂不令度世一脉，后人无从沾益乎?”对“贻笑邻邦”和“为本国权势所夺”的深刻忧虑，以及强调“及时整顿”的必要性，刚好反映了中国佛教革新运动在国际国内双重推力下艰难起步的实际情况。

必须指出，在兴办僧教育过程中，顽固保守者曾坚决与改革僧教育者为敌。矛盾激化之时，在慈悲为本的佛门之内也会酿发杀机。杭州白衣寺住持松风因开办僧学堂，“为顽学辈深嫉”，1908年遭哑羊僧谋害而惨死。在中国佛教史上，以身殉教者难以胜数，但为振兴僧学而死，松风却确实无愧为近代佛教革新的烈士。所以著名诗僧敬安为诗痛悼：“可怜流血开风气，师是僧中第一人。”②

众所周知，封建宗教制度曾深刻影响中国佛教的传承制度。仿照世俗宗法继承关系，中国佛教建立了一套特有的法嗣制度和寺院财产继承法规。各宗派的师徒关系，俨如父子，代代相传，形成世袭的传法系统。同时，一个寺院既是一个传教据点，又是一个接受各界施舍捐赠、经管土地、商业等的经济单位。所以，佛教法嗣制度和寺院财产继承法规，其实是封建宗法制度庞大系统的特殊组成部分。故而各地废寺兴学风潮，无论参与者主观动机如何，在客观上却是对寺院财产继承法规的沉重打击。而因缘相生的僧教育兴起，则在推进近代僧学进步的同时，有利于突破世袭的法嗣制度。它们都与辛亥革命准备时期挣脱封建宗法制度束缚的时代大运会相应不悖。

这是必然的：近代中国社会经济生活和政治生活的加速流转变迁，使得反映它们种种实相虚相的文化思想和宗教哲学等意识形态也相应偕变。清末佛教在受到内外多种力量强烈冲撞下被推入近代社会的门槛，这是佛教传华近两千

---

① 《署两广总督岑奏寺僧报效田产充作游学经费请赐给匾额片》，《东方杂志》1904年第1卷第4期。

② 梅季点辑：《八指头陀诗文集》，岳麓书社，1984年，第370页。

年来从未有过的“变局”。它深刻表明，清末佛教革新运动与中国及欧美日本诸国社会制度的变动和统治力量的兴替，存在着一定的联系。它们或直接或间接，交相影现，隐映互彰，有如佛经所喻“因陀罗网”，交络涉入，重重无尽。观照杨文会及其所倡佛教革新事业，正宜置于这个特定的历史大背景大网络中。

四

杨文会在佛理佛学方面的研求和发明，对于清末乃至民初的佛学复兴和佛教革新的影响极为深远。

第一，他推进了各宗各派佛理佛学在近代的发展。

在他之前，清代佛教虽然表面上仍是各宗并传，但也仅是不绝如缕。从杨氏开始重新宏布佛理佛学，缁素两界均有响应，就此开一新局。

以佛教各派“共宗”姿态活动的净土而言，清初以来虽也不乏以净土名家者，但比较重要的还只是初中叶的省庵、梦东二僧和周梦颜、彭绍升二居士。自杨文会大倡净土并汇刻该宗重要经论后，古昆、省元和印光三法师相继而起，专力提倡净土，使该宗声势大振。尤其是印光（1860—1941），皈依弟子几遍海内，《印光法师文钞》发明净土义谛，自民初刊印后，风行全国，修净业者无不奉为准则。

华严宗在清初曾一度隐有中兴之望，有续法和通理诸僧著名于时，但不久复衰。自杨氏大力倡导并刻印此宗重要佚经后，踵继而起者颇有人在。居士中以承教门下的谭嗣同和章太炎最为有名。谭“治佛教之唯识宗、华严宗，用以为思想之基础”①，章主张“改良”佛教，华严无尽缘起之说即是他当时哲学体系的基础，该宗“普度众生，头目脑髓，都可施舍于人”的教理复被他视为“在道德上最为有益”②。僧界中以月霞法师（1858—1917）最有影响。他对华严诸祖如杜顺之法界观和贤首、澄观的疏钞，均极有契悟。他到处讲经说法，足迹遍至日本、暹罗、缅甸、锡兰、印度，晚年在杭州海潮寺创办华严大学，三年后复移常熟兴福寺续办，对于光大该宗贡献颇大。

法相唯识宗自唐武宗毁佛后，重要经论在中土散失，故宋明以来该宗即缺

① 梁启超：《清代学术概论》，《饮冰室合集·专集之三十四》，中华书局，1989年，第67页。

② 章太炎：《演说录》，《民报》1906年7月第6号，第7页。

乏传人，既有宣扬宗义也难免讹舛。自杨氏重刊从日本取回的该宗重要经论后，如窥基《成唯识论述记》、《成唯识论枢要》等，使中衰数百年之久的该宗得以复兴。该宗因逻辑严密，极富思辨哲学，故近代沙门中研究者较少，而一部分知名学者则纷纷走向该宗大门。如谭嗣同以华严和法相唯识为研佛主要内容，章太炎鼓吹以唯识为宗的新宗教。但杨氏门下最有成就者当推欧阳渐。他创办支那内学院主讲《唯识抉择谈》，开办研究部试学班及法相大学特科，大畅厥宗①。与之相应，北京有韩德清创三时学会，也以研讨该宗为己任，著有《唯识三十颂略解》、《十义量》等书行世，“南欧北韩”遂成为20世纪20年代以来居士佛学两大代表。

三论宗宏传中土最早，但该宗中衰情况与法相、唯识宗相似。武宗毁佛后，该宗嘉祥大师吉藏（549—623）为“三论”所作之疏久佚，宋明以来“三论”奥义几乎无人能晓。杨氏从日本取回三疏（《中观论疏》、《百论疏》、《十二门论疏》）后，该宗般若第一义空之旨，即诸法性空的中道实相论，才得以复明。在杨氏门下，黎端甫于此宗研究颇深，著《八不十门义释》。后复有蒋维乔著《三论宗之宇宙观》，研讨此宗教义。

密宗也因唐末经疏销毁，在中土渐至绝响。清末佛教界鉴于日本密教盛行，颇有重兴此宗愿望。杨氏首开风气，遣弟子桂伯华东渡留学，从云照、庆淳诸阿者黎游，专求此法。民国后沙门又有显荫、大勇、持松等，居士中有王弘愿、程宅安等相继前往，均得传法灌顶以归。归来设坛授徒，不乏从学者。密宗重兴，当记杨氏始基之功。

第二，他加深了近代佛学与传统文化的会通。

需要指出，杨文会会通佛儒老庄并非首倡。佛教自进入中国后，经与本土文化一段碰撞，彼此便逐渐调和沟通。为适应时世和自身发展的需要，他们或在阳憎阴取的状况下，或在佛儒道分工的名号下（以儒治国治世，以佛道治心治出世），互摄互融，不断衍化。如莲池袾宏和憨山德清便是其中健者。前者以为佛儒道三家“理无二致”，“想是同根生，血脉原无间”，后者则把孔子和老子都称为佛，并有以佛学释《大学》和《老子》之作。从近代中国佛学发展历史来说，上述杨氏以佛学为孔老庄列诸家阐微发隐工作，可称为一个重要的中介环节：它继承并发展了前人的会通工作，又为此后文化学术界新人准备了一方

① 吕澂：《亲教师欧阳先生事略》，见石峻等编：《中国佛教思想史资料选编》第4册，中华书局，1990年。

据以前进的基地。

于是，我们可以清楚地看到，杨氏佛儒相会的学理研讨，被他的响应者推衍发挥，别开生面。康有为把佛学、儒学和西学打成一片，构创其大同理想。他自称“合经子之奥言，探儒佛之微旨，参中西之新理，穷天地之牙赜变”，然后才手定大同之制①。在他意下，孔佛二教恰好阴阳互辅，“舍孔教无佛教”，“是二教者终始相乘，有无相生，东西上下，迭相为经也”②。梁启超一本乃师所言，力证华严之菩萨行与大同之义，相宗的唯识义与三世之说，彼此只是说法不一，而于实法则毫无二致。“大乘之法，悲智双修，与孔子必仁且智之义，如两爪之相印。”在这些维新志士的心目中，佛家之法同孔子“为大同小康之制，千条万绪，皆为世界也，为众生也”的本旨密合无间③，都是利国利民的无上大法。

但踵继杨氏以佛解孔老庄列诸家，从而在学理研讨方面有所深入者，还当首推章太炎。杨氏以佛学为诸家“发隐”，他则致力于以佛学诠释诸家，发为“微言”，探其奥言，辑集在民国初年所作的《菿汉微言》一书中。如《论语》“逝者如斯夫，不舍昼夜”一言，他用“阿赖耶识恒转如瀑流之说”为释；孔子“绝四”之说，他用佛家的“断惑”为解：“无意”即末那不见，“无必”即恒审思量不见，“无固”即法执、我执不见，“无我”即人我、法我不见。南梁经学家皇侃疏释《论语》“传之佛典”，说孔子“几与释迦同科”，他对之欣表同意，“其言信有美者”，断定孔佛相比，“孔子固应是地上菩萨”④。后来他更断言《论语》所阐“无我无知”、“克己复礼”诸义，“已正趣佛家大乘”⑤。对于老庄，他倾倒备至，曾全力以佛说为之印证。《庄子·大宗师》有“坐忘”之说，他以为与佛家遣除“我爱”、“我见”、“我痴”之意一致⑥。对《庄子·齐物

① 康有为：《康南海自编年谱》，中国史学会主编：《戊戌变法》第四册，上海人民出版社，1957年，第117页。

② 《性学篇》，见汤志钧编：《康有为政论集》，中华书局，1981年，第13页。

③ 梁启超：《谭嗣同传》，《饮冰室合集·专集之一》，中华书局，1989年，第110页。

④ 章太炎：《菿汉微言》，见《章氏丛书》，浙江图书馆校刊本，1919年，第34页。

⑤ 章太炎：《与孙思昉论学书》，《制言》1937年8月第46期，第1页。

⑥ 章太炎：《菿汉微言》，见《章氏丛书》，浙江图书馆校刊本，1919年，第32页。

论》，他更予以全新诠发。“《齐物》大旨，多契佛经。”① 为此，他“端居深观而释《齐物》，乃与《瑜伽》、《华严》相会”。他对这部1910年修治出版复于1912年修改重定的《齐物论释》自视甚高，“千载之秘，睹于一曙”②。

在此特别值得一提的是，章氏在《菿汉微言》中对杨氏“发隐”的评论。杨氏在《南华经发隐叙》中批评前代沙门将老庄列三子判为“通明禅”或“天乘止观”，是“局于一途”之见，“终不能尽三大士之蕴奥”。他认定“老庄列三子，皆从萨婆若海逆流而出，和光混俗，说五乘法，能令众生随根获益”。章氏认为，“杨氏此言，最为通达”。但是为什么三大士要“和光混俗，说五乘法”呢？他代为补充作解：因为“大士说法，唯在应机”，“持世善俗之谈”，适应“政俗风会迁变”。所以在他们那里，世间与出世间法相杂，“天人大小糅在一篇，固其所也”③。对于杨氏以“十大”释《逍遥游》他批评为不明庄子本旨。他认为庄子此文只在发明“至人无待”之意，其本旨则“纯是常、乐、我、净一语”。“杨氏不憭，猥以‘十大’缴绕，亦其蔽也。”④ 不过，最能表明章氏扬弃杨氏之说的，还在于彼此评论孟子和宋儒的分歧上。在《孟子发隐》中，杨氏批评孟子“说大人则藐之”的态度是为佛家不容的“轻慢心”的表现。章氏不以为然，反认为孟子轻藐那些“大人”，是一种高尚的风骨气概，为“高贤持世”、“扶偏救弊”之举，有利于攻治世间对权势的卑谄⑤。杨氏批评宋儒性理之学“将佛家实效，尽行抹杀……非赞佛也，实毁佛也”，因而死后必堕那落迦(地狱)⑥。章氏认为，“宋儒之见，谓其执著有边，不窥真谛”则可，但即使

① 章太炎：《菿汉微言》，见《章氏丛书》，浙江图书馆校刊本，1919年，第73页。

② 章太炎：《菿汉微言》，见《章氏丛书》，浙江图书馆校刊本，1919年，第26～27页。

③ 章太炎《齐物论释定本》，见《章氏丛书》，浙江图书馆校刊本，1919年，第3页。萨婆若：佛智名称之一，一般意译为“一切智”。五乘法：指人乘、无乘、声闻乘、菩萨乘、佛乘，即五种修行道路。

④ 章太炎：《菿汉微言》，见《章氏丛书》，浙江图书馆校刊本，1919年，第23～24页。

⑤ 章太炎：《菿汉微言》，见《章氏丛书》，浙江图书馆校刊本，1919年，第40页。

⑥ 章太炎：《菿汉微言》，见《章氏丛书》，浙江图书馆校刊本，1919年，第9～10页。

“谤佛”亦应宽待，如印度小乘诸师未尝不谤大乘，也未必死后即堕那落迦①。

在杨氏左右，那些活跃在戊戌和辛亥时期的思想文化界头面人物，纷纷效法杨氏对比观照佛孔老庄诸家，寻找它们之间的联系，发现它们的异同得失。但不论是应和，还是辩难，杨氏始终是他们的价值坐标，是他们的接引导师。可以说，正是杨氏及其左右这一批思想文化界的俊彦之士，加深加宽了近代佛学与传统文化的会通，为辛亥时期交迸异彩的思想文化领域增添了新意。

第三，他沟通了近代佛学与西学的联系。

杨文会以西学援助佛学的做法，在近代中国佛学界激起的回响迅速而又热烈。最先作出反应的是谭嗣同。1896 年秋，他在金陵刻经处奉杨氏为第二学佛导师后，所撰《仁学》开章第一篇就模仿并发挥杨氏所称，描绘了一个由无量数的星团、星林、星云、星气所组成的浩茫无涯的三千大千世界，把一个由佛学、儒学和西学拼构的哲学框架展现在读者面前。在他笔下，“以太”即西学谓之声光热电，即孔谓之“仁”、“元”，亦即佛谓之“性海”、“慈悲”。他热情洋溢地把佛学和西学的基本关系作了如下规定：“西学皆源于佛学，亦唯西学，而佛学可复明于世”。在他意中，佛学远胜于西学。从对象而言，自然科学研究的是有限的空间，而佛学以无限的大千世界和微尘世界为研究对象；从方法而言，自然科学有赖器械实验推理方能求得诸理，佛学则唯心唯识简洁明快；从内容而言，自然科学所发明的种种新事新理，大至宇宙小至菌尘，佛书均早已言之。

数年之后，梁启超复因严复所译《天演论》的启发，在《余之死生观》一文中，借助达尔文进化论来诠发佛家因果思想。《天演论》内《佛释》和《种业》两节颇以遗传学理（种性之说）与佛家因果轮回交相为释。梁氏则进而发挥道，进化论中有关行为习性的遗传之说与佛家因果业报理论“若合符契”。他指出佛书中早有行为习性遗传的说法：“佛说一切万象，悉皆无常，刹那生灭，去而不留。独于其中有一物焉，因果连续，一能生他，他复生一，前波后波，相续不断。”此物为何？他说即是性格，即是行为习性的遗传。直到辛亥革命前夕，他还以物质不灭与佛说互相“脗合”、“发明”，“近世科学日昌，而在在皆足以证佛说之不诬”②。

① 《评方植之向果微言》，《等不等观杂录》第 4 卷，第 2～3 页，杨文会：《杨仁山居士遗著》第 8 册，金陵刻经处本，1919 年。

② 梁启超：《国家运命论》，《饮冰室合集·文集之二十二》，中华书局，1989 年，第 97 页。

杨文会以佛学批评西方人文科学的做法，同样引来呼应。梁启超极称西方哲学在理论上远不及佛学精奥。古代希腊与近代欧洲哲学，其“论理之圆满，犹不及佛说十之一”。在他眼中，流行一时的斯宾塞哲学把事物分为“可知”与“不可知”二大部，而佛学则在不可知中，终必求其可知。所以斯宾塞哲学仅可称为“学界之过渡义”，佛学才是“学界之究竟义”①。倡导功利主义哲学的边沁，擅长计算道德伦理及相关善恶苦乐。但他“虽能知其术，而未能尽其用”，在“最精算学”的佛前，总不过是一名小巫而已②。即令是被誉为“近世第一大哲”的康德，虽然其“直搜讨诸智慧之本原，穷其性质及其作用”的批判哲学，“大近佛学”，足与佛家唯识之学“相印证”，但毕竟犹有未及，不能与精奥之佛学相提并论③。

较梁氏尤为深入地从佛理佛学上批评西方哲学的是章太炎。他在《无神论》和《建立宗教论》这两篇重要论著中，分别借助佛教的因明逻辑和唯识义谛，批评了费希特、孔德、叔本华等近代欧洲哲学家，也批评了基督教的神造万物论，斯宾诺沙的泛神论、哈特曼的神即精神论、康德的不可知论。在他眼中，这些西方哲学如用佛学相“格”，便能“霍然察其利病，识其流变”④，显示出它们浅薄粗疏的底板和有欠圆融自在的本色。

尽管如此，在辛亥革命准备时期，相当一部分西学却就是经由与佛学观照对比的特殊途径来到中国知识界面前的，这不能不说是近代中西文化交流的特点之一。而杨文会及其追随者融摄西学的做法，又为随后佛学与西学的进一步交会作了极其重要的启导。特别在20世纪20年代后，不少人从西方近代非理性主义哲学流派中，找到并吸取了很多与佛学相通的内容。他们常常运用西方哲学中本体论、认识论、人生论、宇宙论等来解释和区划佛学中的有关内容，还常常以感觉、知觉、现象、本质、意识、心理等名词来比附有关佛家名相。这样，新一代的佛学研究普遍带有近代哲学的气息，而在所谓“新儒家”一派

---

① 梁启超：《论佛教与群治之关系》，《饮冰室合集·文集之十》，中华书局，1989年，第46页。

② 梁启超：《乐利主义泰斗边沁之学说》，《饮冰室合集·文集之十三》，中华书局，1989年，第36页。

③ 梁启超：《近世第一大哲康德之学说》，《饮冰室合集·文集之十三》，中华书局，1989年，第51页。

④ 章太炎：《蓟汉微言》，见《章氏丛书》，浙江图书馆校刊本，1919年，第73页。

学者的哲学思想中，有时可见到佛学的成分。所以，任继愈先生把民国以后的佛教称为“欧亚现代思潮汇合时期的佛教”①，诚为确论。但如果追寻这一“汇合”之始初，那么，杨文会及其追随者便赫然在兹。

五

杨文会在行持实践方面所作的种种努力，对于清末民初佛教和社会改革的影响同样十分深远。

首先，杨文会倡导佛教入世救众以挽回国运的主张，激起一批崇信佛学的新学家们的同情共鸣。

这些新学家们在锐意从社会政治的改良或革命过程中，大胆地把经过改造制作或重新解释的佛家思想作为工具，服务于自己的社会改革事业。“以己意进退佛说”②，与其说是康有为的个人特色，倒毋宁视为这些新学家们的共同特征。因此，佛家思想或被他们说成为与西方“自由”、“平等”、“博爱”之说完全一致，或与民权论、国权论等相通。他们用充满时代精神的语言，较杨文会更大胆而直白地宣称：“佛教之信仰也，必以为教徒之智慧，必可与教主相平等”，“其立教之目的，则在使人人皆与佛平等而已”③；佛教以为“一切众生，皆转于物。若能转物，即同如来”，“能转物者，即是真自由”④；佛教“最恨君权”，“与恢复民权的话相合”⑤。同时，佛家思想又被说成是激励道德、开启民智的利器。佛家力破“我执”，有助于激励自我牺牲精神，发扬勇猛无畏气概。“善学佛者，未有不震动奋厉而雄强刚猛者也。”⑥ 对于克服根治中华国民道德的病疾，克服迷恋物欲的偏向，佛家思想都是一服很有效的清凉解毒散，是塑造一代具有崭新民德和民智的新人所不可少的添加剂。

---

① 任继愈主编：《中国佛教史》第一卷，中国社会科学出版社，1981年，第12页。

② 梁启超：《清代学术概论》，《饮冰室合集·文集之三十四》，中华书局，1989年，第13页。

③ 梁启超：《佛教与群治之关系》，《饮冰室合集·文集之十》，中华书局，1989年，第49页。

④ 严复：《群己权界论》译凡例，商务印书馆，1981年。

⑤ 章太炎：《演说录》，《民报》1906年7月第6号，第9页。

⑥ 蔡尚思、方行编：《谭嗣同全集》，中华书局，1981年，第321页。

这些新学家们热烈地贴近当代社会政治生活，大胆地使封建主义的佛教异化，转变为本阶级思想政治斗争的武器。无怪乎他们或以“应用佛学”相称，或以中国的宗教改革家马丁·路德自居。从一定意义上说，是杨文会和这些新学家们共同使中国佛教从“变局”进入“创局”，共同使中国佛学跨出传统的藩篱迈入近代的门槛的。

其次，杨文会倡导佛教入世救众以挽回国运的主张，还激起教内一部分关心世事的僧众的同情共鸣。

一部分觉悟在先的僧徒把佛教陵夷退堕归咎于世间政治的腐败，因而他们出家而不出世，勇敢投身革命活动，以济世救国自任。他们中最著名者，当推乌目山僧闻名于世的黄宗仰（1865—1921）。1903年春，山僧因“出资刊行”章太炎《驳康有为论革命书》和邹容《革命军》，从而引发了震动一时的“《苏报》案”。案发后亡命日本，他又积极为革命从事宣传和募款工作，成为与孙中山关系最深切的一位方外人士，直可视为一名披着袈裟的革命和尚。与山僧齐名的是苏曼殊。这位亦僧亦俗的曼殊上人正是在宣传革命和交结党人的过程中，才使自身传奇式的生平和诗画文三绝名满天下的。据有关史料称，辛亥时期还有一批与革命有深缘的僧人。杭州白云庵智亮、意周师徒对革命极表同情，遂使其庵成为浙江三大革命秘密机关之一，浙江同盟会和光复会多次在此密商大事①。亚髡法师“光宣之际，云游江浙诸地，鼓吹革新佛教，常以同盟会的宣传品，介绍僧众阅读。”华山法师和栖云法师也都正式参加同盟会，“经常以革命宣传品介绍给青年僧侣”②。

在辛亥时期，但凡留意世务的僧界人士，大都对于急速变动的社会生活作出积极反应。当拒借外款、商办铁路的自保路权运动如火如荼展开之时，还在方外的僧界也大有热心保路者。武昌有僧人晓岚遍发传单，邀请各丛林方丈执事集会商议，为川粤汉铁路“公同认股，以保利权”③。在辛亥革命前夕，江苏僧教育会松属事务所召开过一次会议，商讨了开办释氏医院的计划，有演说

① 张任天：《西湖白云庵与辛亥革命》，《浙江辛亥革命回忆录》，浙江人民出版社，1981年，第193页。

② 东初：《开国时期的佛教与教徒》，张曼涛：《民国佛教篇》，台湾大乘佛教文化出版社，1978年，第4～6页。

③ 《僧界之热心路事》，《天铎报》1910年4月18日。

“振兴实业，辅助社会”，有演说“提倡办佛学报，以期广传教旨”，也有演说僧界“宜结团体，谋兴公益”①。

潮流滚滚，应时而进，虽在方外，未能例外。所以，当各地高举义旗响应武昌首义之时，一批热血僧众闻风而起。他们组织僧军，应和学界、工界和女界等组织决死队、敢死队的义举，一起投入壮丽的光复之役。在浙江有铁岩法师，以拍卖庙产所得，组织了一支有500余人200余枪的僧军，誓师光复杭州。在上海有玉皇法师组织了一支700余人枪械齐全的僧军，归陈其美指挥，参加了光复上海宝山和南京之役。在长沙有僧人救护队，在西安也有僧众协同革命军参加光复之役②。还有一批僧人未能从戎，则出力帮助民军筹集饷款。如上海清凉寺住持清海（江苏僧教育会代表）召集各寺僧众设建水陆道场，以礼佛香火之资捐作军饷③。

杨文会生前对于缁素两界入世救众的革命者极表同情赞助。在他门下，孙毓筠和余同伯都是同盟会员，孙被捕后，家属即隐藏在金陵刻经处。杨氏不但礼聘苏曼殊任教祇洹精舍，当亚髡法师被当局追捕时，他也不畏风险将其隐藏在刻经处。因此，对于上述激进的僧众积极变革国运之举，他地下有知，也当欣慰不已。

第三，杨文会亲手编织的中外佛教联系的纽带，不断加宽加固，成为本世纪中外文化交流的一条重要渠道。

杨氏与南条文雄在长达30余年的交往中，结成亲密情谊。只要稍微浏览一下杨氏遗著中留下的致南条等日本友人的30余件信函，便可了然。南条等在梵文和英文翻译佛经方面热情帮助杨氏，并慨然接受中国幼童赴日本学习梵文的要求④。当日本藏经书院要求将杨氏佛学论著收入《续藏经》之时，杨氏以“均可听许，不论版税”慨然相许，并允为《续藏》撰序⑤。当锡兰僧人达摩波

---

① 《僧界开联合会》，《天铎报》1911年7月4日。

② 东初：《开国时期的佛教与教徒》，张曼涛：《民国佛教篇》，台湾大乘佛教文化出版社，1978年，第6～7页。

③ 《时报》1912年1月22日。

④ 《与日本南条文雄书四》，《等不等观杂录》第7卷，杨文会：《杨仁山居士遗著》第10册。杨氏原有遣三、四二子往学梵文的打算，因二子早逝，未能如愿。

⑤ 《与日本藏经书院书二》，《等不等观杂录》第8卷，第2页，杨文会：《杨仁山居士遗著》第10册，金陵刻经处本，1919年。

罗邀请东方僧人赴印度弘法时，他又力荐南条等日本高僧前往①。在他意中，中日佛教互相扶持护掖，是佛教振兴并普及全球的根本。为此，他曾多次向南条表示，拟赴日本求法，认为只要中日两国佛理一明，“导欧美而归诸净土，易于反掌耳”②。

所以，事势的发展十分自然。在他身后，中日佛教界的来往更加密切。一苇相渡，各宗各派的人员往来和学理交流都出现了一个新局面。双方重要论著的译介工作也以一种很高的热情持续进行。到20世纪20年代，以中日佛教界为主体的世界佛教联合会（1923年）和远东佛教大会（1925年），更是两国佛教界共同致力于国际宏教事业的标志。

在他身后，中国同欧美的佛教交往也有长足进步。随着敦煌、云冈、龙门、大足等地的藏经或石刻的次第发现，随着欧战之后社会动荡激起西方学者的忧患反思，都促使一部分欧美学者东来。如20世纪20年代初俄国学者钢和泰在北京大学教授梵文，并从事梵、汉、巴利、蒙、藏佛学研究，德国学者杜里舒在南京讲学，都是其中著名者。至于欧美僧尼来华求法受戒，也是不绝于途。而中国方面欧阳渐之唯识法相研究和熊十力《新唯识论》，都以其博学精思而蜚声海内外，20世纪20年代末太虚赴英、法、德、荷、比、美等国宣传佛学，并应法国佛学家建议，在巴黎筹组世界佛学苑，更为近代中国僧人赴欧美传播佛教之始。

杨文会遽归道山之后二天，武昌首义的枪声响了。很快，孙中山在上海吴淞踏上国门，由乌目山僧延至爱俪园下榻。随着南京临时政府成立，杨文会在世时未能见及的一个佛教革新运动新场面出现了。然而，只要稍加审视，人们就不难发现他的身影重重映现在这一新场景中。

民初全国统一的僧界组织之成立，可视为杨文会的一大遗业。

以刻经处欧阳渐、李政纲、桂伯华、黎端甫等为首的俗界弟子，在临时政府成立不久，就率先组织近代中国第一个全国性的佛教组织“中国佛教会”。他们拟订会章大纲，以“求世界永久和平及众生完全之幸福”为宗旨，并晋见孙中山，要求承认与支持。孙中山在接见后，迅令教育部批准该会立案③。该会

---

① 《与日本南条文雄书十三》，《等不等观杂录》第7卷，第1页，杨文会：《杨仁山居士遗著》第10册，金陵刻经处本，1919年。

② 《与日本南条文雄书二》，《等不等观杂录》第7卷，第11页，杨文会：《杨仁山居士遗著》第10册，金陵刻经处本，1919年。

③ 《令教育部准佛教会立案文》，中国社会科学院近代史研究所中华民国史研究室等编：《孙中山全集》第2卷，中华书局，1982年，第277页。

成立后，创办月刊，鼓吹改革佛教，批评佛门积弊。他们以激烈的口吻指摘出家僧尼无知短见，不能适应共和国的新生活，主张今后佛教徒要不分僧俗，能者为上。这一激进态度引起僧界不满，保守的诸山长老奋与辩论，从而在民初佛教界掀起了第一阵波澜。

接着，以祇洹精舍太虚、仁山等为首的僧界弟子，组织发起“中华佛教协进会”。他们很快设立筹备处，拟订会章宣言，并晋见孙中山，具呈临时政府立案获准。他们一方面与欧阳渐等展开论战，一面又在镇江金山寺召开成立大会，公布开展教理、教制和教产三大革命的主张。在同保守的僧众发生冲突斗殴的过程中，他们成功地树起了一面“新僧派”的大旗，从而在佛教界内掀起了一阵更大的波澜。

与之鼎峙，还有谢无量在扬州成立的“佛教大同会”。该会以折中并容为号召，在佛教界新旧两派斗争中保持超然中立的态度。章太炎、陈三立、狄葆贤等在上海组有佛学研究会，对“新僧派”持批评态度①。

共和初奠，法海生波。为了平息内争，苏南浙北诸山长老推举名满四海的诗僧敬安出山，号召各地僧教育会联合起来，筹组“中华佛教总会”。在有力人物劝说下，欧阳渐和谢无量各自解散组织，“新僧派”也暂被压服。1912 年 4 月，中华佛教总会在上海留云寺召开成立大会，全国各大丛林均有代表参加。总会乃依各省县原有僧教育会改组为分支部，共拥有省支部 20 余及县分支部 400 余，成为中国佛教史上首次出现的全国性的统一组织。

民初各地居士组织如萌芽之怒长，则可视为杨文会的又一遗业。

进入民国以后，同五光十色政党社团纷纷林立的情状相应一致，各地居士所立讲习之社和念诵之林不期而同时并兴，蓬蓬勃勃遍及黄河、长江、珠江三流域，成立民国佛教振兴的一大标志。各大城市中实力雄厚的居士组织，积极刊行杂志，出版书籍，搞得很有声色。著名者如狄葆贤、濮一乘等在上海继创设佛学流通处，1912 年 10 月又创办《佛学丛报》；丁福保历时 8 年（1912—1919）编成《佛学大辞典》，词条 3 万余，字数 3000 余万，可谓洋洋大观。丁氏同时编有《翻译名义集新编》和《一切经音义汇编》，与之相辅而行。这些铅印的工具书问世，在普及近代佛学知识方面作用很大。1918 年上海复有居士组织觉社（章太炎、王一亭等）创办《觉社丛书》，次年改名为《海潮音》月刊，

① 章等曾有“乞保护”金山寺函电，批评太虚等“不法恣肆”，见《民立报》1912 年 2 月 29 日“公电”。

成为历时30余年影响深广的大型佛刊。进入20世纪20年代后，南京支那内学院的《内学》和上海佛教净业社之《净业月刊》，也都是佼佼有名者。大量居士书刊的发行，使得教理交流增一大法门，使得佛教宏化添一大法力。

在刻经事业方面，民初各地居士也多有继承杨文会遗愿而努力者。最著者为北京刻经处和天津刻经处，所刊经典之版式装订，皆遵金陵刻经处原式。1913年，由黄宗仰、黎端甫主持，得罗迦陵居士之助，依日本弘教书院《缩刷大藏经》加以校印，由频伽精舍刊行的《频伽大藏经》出版。在此之后，商务印书馆影印日本之《续藏经》及《汉满蒙藏四体大藏全咒》。迨至1931年，更有名居士朱庆澜、叶恭绰等在上海集合团体影印《宋碛砂版大藏经》。

民初居士的活跃状况是前所未有的，难怪有人赞叹此时居士弘法大有“风发云涌”之概①。推原溯始，则此风云之起，还与杨文会辛勤作育以身作则有关。

不过，民初“新僧派”大倡佛教三大革命，则可视为杨文会的更大遗业。

1913年2月，太虚在敬安大师的追悼会上发表演说，进一步申述前已提出的佛教三大革命主张，号召重视人生和社会，以期复兴佛教。他力言，所谓教理革命，即革除充当帝王愚民工具的旧佛理，以大乘佛教自利利他的精神去改善国家社会，进德增善美化人生；所谓教制革命，即摆脱宗法社会的思想影响，反对子孙庙，主张改传承制为选贤制，建立合理的现代僧伽制度；所谓教产革命，即要求消灭教产私占私有现象，以教产兴办教育和慈善事业。三大革命以教理、制度和经济三者并重，清晰表露出受到孙中山民族、民权和民生思想的影响。因而，我们不妨把太虚的佛教革新主张视为辛亥时期三民主义思想在佛教界的积极回响。此后，太虚凭借自身深邃的佛理佛学和卓越的弘法能力，脱颖而出，逐渐成为佛界公认的新领袖。他高扬“人生佛教”的旗幡，确实握住了近代佛教革新的重要枢纽，成为杨文会佛教革新事业继续推进的基本标志。

通过上述考察，本文认为：处在迅速解体过程中的封建社会政治经济生活，以及波涌而入的外来政治和文化力量，在很大程度上规范了杨文会一生解行并持的从佛生涯，并决定了清末佛教革新运动的内容、形式、方向、轨道及其影响。杨文会及清末佛教革新运动的出现，深刻地表明，思想意识是一定社会的产物，社会有兴衰，相与伴随的有关宗教也必然有起落。黑格尔有一名言，“每

---

① 蒋维乔：《中国佛教史》第4卷，庄严印书馆，1976年，第12页。

个人都是他那个时代的产儿。哲学也是这样，它是被它把握在思想中的它的时代”①。就此而言，杨文会与清末佛教革新运动确确实实是那个时代的产儿，准确地反映了自身所赖以存在并孕育了伟大的辛亥革命的那个时代。

[编者附记] 唐文权先生此文写于1992年，当年秋天寄给本刊，因顾及篇幅，在编辑部压了一些时间，后与他联系，不意唐先生已成古人，实令人感到意外。兹特将全篇一字不易地刊出，以资追念。

[原载《中国文化》1995年第1期]

① [德] 黑格尔:《法哲学原理》，商务印书馆，1961年，第12页。

陶行知与江青

江青介入了批判

1951年在全国范围大张旗鼓开展的对电影《武训传》的批判，可称之为“开国第一文化冤案”。很少有人知道在评论武训和陶行知是是非非的公案背后，还包含着另一桩江青和陶行知恩恩怨怨的公案。

陶行知是《武训传》这部电影最直接有力的催生者。早在二十世纪二十年代，他就是武训艰苦办学精神的崇拜者和宣传者。他曾有一个通过文艺形式向社会广泛宣传武训精神的计划，其内容之一即是约请田汉和安娥夫妇分写有关武训的话剧和歌剧，请孙瑜负责武训的电影。1946年7月陶行知去世，为了实现他的遗愿，孙瑜根据当年陶行知所赠有关武训的材料，写成了电影文学剧本。

电影《武训传》于1950年底完成，在中南海试映时，一百多位中央委员观看了这部影片，许多中央委员都称赞拍得好。朱德热烈地握着孙瑜的手说：“这部影片很有教育意义。”1951年春节后在各大城市公开放映，《大众电影》特为其出了专辑，还把它列为观众喜爱的十大影片之一。

但很快从最高层中传出了不同意见，情况骤变。《文艺报》四卷一期以醒目的位置刊登了一组批判文章。5月10日出版的《文艺报》四卷二期则发表杨耳《试论陶行知先生表扬“武训精神”有无积极作用》，由此直接把这场批判挂到了陶行知身上。

江青这时在文化部文艺处挂名任职。批判运动开始后，她用李进之名，率领一支由《人民日报》和文化部组成的有十二名成员的“武训历史调查团”。直奔武训家乡山东堂邑进行调查。作为结果，写出了一篇长达数万字的《武训历史调查记》，从当年7月23日到28日，分六次在《人民日报》全文刊出，为批判运动添加了燃料。

江青的插手介入，与其二十世纪三十年代在上海的经历不无关系。

陶行知两伸援手

1933 年夏天，原名李云鹤的江青因同居者俞启威被捕，从北方初来上海。她以张淑贞之名被介绍到陶行知及其学生主办的晨更工学团。

从某种意义上说，江青是在晨更第一次领受革命集体生活教育的。晨更的十几名成员过着一种带有战时共产主义色彩的集体生活。他们为学龄儿童办学，为女工和农妇开办幼儿园。清晨和夜晚，又分别为上日班和夜班的工人办读书班。他们组织小先生送学上门，送学进村，为宣传抗日救国，组织歌咏队，排演小型活报剧、皮影戏、上海小调等。初到上海的江青很快融入到这个特殊的革命集体之中，她和王洞若负责为数十名小学生任教，并为店员班上课，富有才华的王洞若是江青在晨更最重要的异性伙伴。

平心而论，江青在晨更时期政治上颇有进步。1933 年夏，共青团上海沪西区委来晨更发展团员，建立支部。江青和王洞若不久都入了团。当年冬天，俞启威被释后来沪与江青重晤，临时在静安寺路找到一灶披间居住。俞要求重新入党，中共沪西区委为考验他，命他参加 1934 年“一·二八”两周年游行示威活动。在这次活动中一位名叫“王大个”的晨更同志被捕，他从狱中传出话来，说敌人业已注意到游行队伍中的江青，正欲搜捕。在风声日紧的情况下，江青随俞启威重返北京，结束了这半年多晨更工学团的生活。

待到江青第二次来到上海时，已是 1934 年夏天。

她同俞启威北返后，事情并不顺遂。俞的入党问题既未解决，经济来源也无保证。在无奈之中，江青再度单独来沪，继续寻求陶行知及其学生的帮助。但此番来沪情势已有所变化。因为“左”倾路线的影响，晨更的活动很不隐蔽，当局突击搜查并封闭了晨更，逮捕了陈企霞等五人。所以，江青此时再也不能重温晨更的旧梦了。

在百般困难中，陶行知又一次伸出援手。他把江青介绍到基督教女青年会办的小沙渡河女工学校担任高级班语文教员，帮她在上海找到了一个立身之处。不久，江青参加了“教联”。据称，江青当时表现不错，组织上准备解决其入党问题，并让她在“教联”沪西区委中担任一定的负责工作。就在此时出现了一个意外事件。1934 年 10 月江青突然被捕。据当事知情者忆称，江青时为帮助黄炎培先生所办的农学团组织演戏，在兆丰公园约一名叫阿东的同乡青年帮拉胡琴。阿东原在青岛负责地下党的电台，后调沪在团中央工作。他的身份已暴露，处在敌人跟踪追查之下，所以江青与他一分手即被逮捕。组织通过关系营救，江青被保释后继续得到陶门弟子的帮助。

一首诗伏下的怨恨

江青第三次来到上海已是1935年春天。

这一回来沪，江青主要同“剧联”打交道，据她后来得志时向美国女作家路易斯自述经历所说，是“剧联”写信要她来沪，点名要她主演《娜拉》，她一举成名。事实上江青（此时起用“蓝苹”的艺名）此番初演成功实在离不开许多朋友的帮助，她既得益于对苏联戏剧大师斯坦尼斯拉夫斯基表演艺术素有心得的章泯的执导，也受教于当时在影剧界颇有名望的赵丹和金山（他们分别出演剧中男主角郝尔曼和格洛克斯齐），更离不开章、赵的共同好友唐纳的关照。唐纳多才多艺，既当演员，又任报刊编辑。同这样一位“影报双栖”的明星人物发展关系，对江青来说，其价值不言而喻。在唐纳推助之下，江青出演《大雷雨》和《钦差大臣》的主角，在影片《狼山喋血记》中也担任角色。从此，“蓝苹”的剧照及大大小小的捧场文章频频出现报端刊尾，上海影剧界新添了一名二流明星。

1936年4月26日，赵丹、唐纳、顾而已这三位好友，特邀陶行知的好友大律师沈钧儒担任证婚人，在杭州六和塔下举行别开生面的集体婚礼。报端披露后，此事成为上海市民酒后饭余的一大话题。然而蜜月未满，江青和唐纳即发生婚变。江青借口返乡探母，迟迟不归上海。据陶门弟子中知情者的说法，是江青对唐纳颇有不满，认为唐纳有小市民习气，故而怀念旧情，又去寻找俞启威。

唐纳追到山东，从江青之姐处得知江青已到天津俞启威那里，愤恨失望至极，在给江青和郑君里留下遗书后，即在济南一家旅社服毒自尽。幸而被及时发现获救，而那封写于6月26日留给“阿苹”的哀艳凄绝的绝命书被好事者公之于世。不但上海大小各报刊载，连南京《中央日报》也以《轰动济南之唐自杀事件》加以披载，致使海内轰传。作为变情者一方的熟人和殉情者一方的朋友，陶行知自不能不对此表示关注。陶行知当即写了一首《送给唐纳先生》的诗，劝勉对方：

听说您寻死，/我为您担心！/您要知道：/蓝苹是蓝苹，/不是属于您。/您既陶醉在电影，/又如何把她占领？/为什么来到世界上？/也要问一个分明。/人生为一大事来，/爱情是否山绝顶？/如果您爱她，/她还爱您，/谁也高兴听喜讯。/如果您爱她，她不再爱您，/那是已经飞去的夜莺。

夜莺不比燕子，/她不会再找您的门庭。/如果拖泥带水，/不如死了您的心。/如果她不爱您，而您还爱她，/那么您得体贴她的心灵。/把一颗爱她的心，/移到她所爱的幸运。

现在的时代不同了！/我想说给您听，/为个人而活，/活得不高兴；/为个人而死，/死得不干净。/只有那民族解放的大革命，/才值得我们去拼命。/若是为意气拼命，/为名利拼命，/为恋爱拼命，/问我们究竟有几条命？

尽管诗中对变情者并无苛责之词，但将其比作另找“门庭”的夜莺，劝唐纳不必为之轻生，却绝对是冒犯蓝苹之词。

报复在身后

这首发表在邹韬奋刚刚创办（1936年6月7日）于香港的《生活日报》上的小诗，在当时并没有广泛流传，也不曾为江青所寓目。

1936年11月下旬发生的“七君子事件”，把陶行知及其学生与江青一起推到了抗议当局消极抗日的政治斗争前列。陶行知因为与沈钧儒、章乃器、邹韬奋联名发表《团结御侮的几个基本条件与最低要求》并担任救国会领袖，与沈等七人作为“同案犯”被当局通缉，并同被起诉。持续半年有余的全国抗议浪潮，终以当局公诉书的提出而达到高潮。在此过程中，上海影剧界的许多著名导演和演员，如应云卫、袁牧之、赵丹、郑君里、金山、王莹等均在具状要求入狱者之列，唐纳和江青也在报端公开亮出了同一立场。

“七七事变”之后，在王洞若的帮助下，江青经西安前往延安。待到陶行知再度与她相见，已是1946年春。作为“第一夫人”的江青，已非当年沪上“阿苹”。她趁国共和谈尚在进行，从延安到重庆比较方便，专程前去医治龋齿。到重庆后，她曾相约唐纳见面，但唐纳出于种种考虑有意回避了。陶行知则曾与她在山城相见。那是3月9日，陶行知和李公朴以创办不久的重庆社会大学正副校长名义举行校董和教授联席会议，并宴请两路远方来客：一为刚从狱中释放的叶挺和廖承志，一为刚从延安来渝的邓颖超、滕代远和江青等。据当事人忆称，江青是日因到医院治牙未曾到席。但江青后来专程到重庆管家巷二十八号陶行知住处相访，并邀请陶行知和王洞若随机同往延安。据此看来，在陶行知生前，江青对他尚无恶感。笔者推测，江青对陶行知反目怀恨是在其死后不久的1947年，而导火索则是读到《送给唐纳先生》一诗。

陶行知1946年7月去世后，他的朋友和学生为了纪念他，曾开展过一场颇有声势的悼念活动，汇编其诗作印成《行知诗歌集》，便是其中组成部分。这部诗集于1947年3月由大学出版公司印行问世，流传颇广。江青极有可能因读到这本诗集而怒不可遏。这首诗的流传使江青的旧事弄得尽人皆知，这是她绝对无法容忍的。

另一条消息也可能引起江青的极度不快。1946年12月9日在纽约举行的陶行知追悼会，曾引起海内外的注意，追悼会由杜威博士和冯玉祥将军担任名誉主席，美国诸著名人士分别讲演逝者一生事迹。讲演之后，由著名演员王莹和刘良模合唱陶氏生前喜爱的四首歌曲。这条消息先后刊载于当年12月30日的重庆《新华日报》和次年2月15日的延安《解放日报》，当入江青之目。王莹其人，与陶行知有安徽同乡之谊，却与江青有剧坛争角之仇。1936年夏衍发表《赛金花》剧本后，双方为争演此剧主角，形同水火。这一争角之败，曾被江青引为终生大辱之一，王莹也从此成为她切齿难忘的仇人。王莹如此颂陶，足使江青旧恨新仇齐涌心头。

[原载陕西师范大学出版社2004年版《记忆：往事未付红尘》]

开国第一文化冤案
——江青与陶行知及其弟子的恩恩怨怨

1951年全国范围大张旗鼓开展的对电影《武训传》的“讨论”，是新中国成立以后第一场思想文化领域的重大运动。这场运动以文教界为重点，波及各行各业，狠揭猛批，上纲上线，新中国成立之后历次思想政治运动之先河。而其声势之大，持续时间之长，既使在事过40年后的今天看来，也是够得上“等级”，有资格谥之为“开国第一文化冤案”的。

然而，对于当年运动的绝大多数经历者来说，无论是自觉或不自觉的，也不管是作为“动力”或“对象”的，他们在批判武训和当代新“武训”陶行知，以期努力肃清自身或他人头脑中的《武训传》流毒时，恐怕很少有人知道在评论武训和陶行知是是非非的公案之内，还包含着另一桩江青和陶行知恩恩怨怨的公案。

陶行知是《武训传》这部电影最直接有力的催生者。早在20年代，他就是武训艰苦办学精神的崇拜者和宣传者。抗战时期在经济条件极端恶劣的情况下，为了维持设在重庆的育才学校，他又倡导新武训精神，自励励人，以期战胜困难，坚持办学。他曾有一个通过文艺形式向社会广泛宣传武训精神的计划，其中内容之一即是约请田汉和安娥夫妇分写有关武训的话剧和歌剧，请孙瑜负责武训的电影。1946年7月，在反内战运动高潮期间，他因劳累过度突患脑溢血逝世，四海惊悼，成为国人共仰的民主先驱。为了实现他的遗愿，孙瑜根据当年陶行知所赠有关武训的材料，写成电影文学剧本，并为中国电影制片厂执导此片。1948年中影迁台湾，孙瑜于次年2月加入昆仑电影制片厂，并继续执导拍摄为昆仑厂买下的《武训传》。据此，陶行知实为《武训传》问世的原动力。

《武训传》于1950年底完成，初映即赢得了一片赞扬之声。在中南海试映时，一百多位中央委员观看了这部影片。映完后，许多中央委员都称赞影片拍得好。朱德热烈地握着孙瑜的手说：“这部影片很有教育意义。”1951年春节后在各大城市公开放映，京、津、沪等地报刊纷纷发表评论文章，对武训精神和《武训传》几乎作了一致肯定的评价。《大众电影》杂志特为组织专辑，并把它列为观众喜爱的十大影片之一。

但很快从最高层中传出了不同意见，顿使情况骤变。5天后出版的《文艺报》四卷一期以醒目的位置刊登了一组批判文章。5月10日出版的《文艺报》四卷二期则发表杨耳《试论陶行知先生表扬“武训精神”有无积极作用》，直接把这场批判挂连到陶行知身上。6天后，《人民日报》转载经过修改后的杨文，并将题目径用诘问句标示，显得更具战斗性：《陶行知先生表扬“武训精神”有积极作用吗?》。5月20日，《人民日报》第一版以显著地位发表了《应当重视电影〈武训传〉的讨论》的社论。社论严肃指出，《武训传》所提出的问题，“带有根本的性质”，它的出现，“特别是对于武训和电影《武训传》的歌颂竟至如此之多，说明了我国文化界的思想混乱达到了何等的程度”。社论还一一罗列了发表在京、津、沪等地十几家报刊上40余篇赞扬武训精神和《武训传》的文章，点名批评了1951年初出版的3本颂扬武训的新书。这一场“开国第一文化冤案”，在党的十一届三中全会后得到平反。胡乔木1985年在中国陶行知研究会成立大会上的讲话中指出这场被“过分夸大”至于“达到简直不能令人置信程度”的运动，不但是“非常片面”、“非常极端”和“非常粗暴”的，而且批判方法“甚至也不能说它是基本正确的”。

为这一批判运动推波助澜的江青，这时在文化部文艺处挂名任职。批判运动开始后，她终于走到前台，投入讨伐。她用李进之名，率领一支由《人民日报》和文化部组成的有12名成员的“武训历史调查团”，直奔武训家乡山东堂邑进行调查，作为结果，写出了一篇长达数万字的《武训历史调查记》，从当年7月23日到28日，分6次在《人民日报》全文刊出。文章之长，连载之久，在惜字如金的《人民日报》都是罕见的。由此，为正在轰轰烈烈推行的批判运动添加了不可多得的发旺的燃料。

在运动中，一批声名显赫的上层民主人士相继公开著文检讨方始过关。文艺界一大批知名演员和导演更是在劫难逃，尤以三十年代在上海时与江青有过恩怨关系的赵丹等人首当其冲。《人民日报》特为主演武训的赵丹发表专文：《赵丹与武训》，足见一斑。在教育界，运动的声势更是凌厉异常。文件三令五申，号召斗争，肃清流毒。在全国范围内组织教师暑期集中学习，开展人人过关的面上运动。教育部的机关刊物《人民教育》带头引路，在一年多时间里接连发表了十几篇批判陶行知及其学生的文章。

这样，在新中国成立不久的政治舞台上峥嵘初露小试锋芒的江青，便一石二鸟，分别在文艺界和教育界击中目标，踩着已死去的武训和陶行知，踩着在世的陶行知弟子及其“武训精神”的信从者，悄悄地以文化教育为阶梯，向权力中心爬去。

对于陶行知来说，批判《武训传》和武训精神使他的形象受到严重损伤。他的身后荣名从四海仰慕的辉煌顶峰被推落到少有人问津的晦暗幽谷。从此，陶行知成为一名“可议人物”，其人其事连同其教育思想，被一并划入禁区。虽有少数几位风骨铮铮的朋友冲破禁戒线，喊出了诸如“陶行知的教育遗产是新中国教育学的源泉之一”（陈友松）和“我们必须对陶行知先生给以重新评价”（邓初民）的呼声，但1957年“反右”之风一刮，又把陶行知卷到子虚乌有之乡。此后，除个别人笔下偶一涉及，在大多数中国人记忆中，大教育家陶行知这个曾经大红大紫的名字被逐渐淡忘了。直到1981年，以纪念陶行知诞生90周年为契机，人们才开始重新评价陶行知及其教育思想，并重新审察当年批判《武训传》一事。这样，人们在欣喜地拂去当年泼在陶行知身上的污垢，重新摩挲这颗尘封一世（30年）依然光彩照人的陶行知教育思想的明珠时，理当对那场使陶行知及其学生含诟蒙辱的文化罪案加以冷静的反省。于是，我们发现江青的插手介入，与其20世纪30年代以来同陶行知及其学生的恩恩怨不无关系。

三十年代援助江青之恩

陶行知及其学生与江青初识于1933年。

这一年夏天，原名李云鹤的江青因同居者俞启威被捕，从北方初来上海。她以张淑贞之名被介绍到陶行知及其学生主办的晨更工学团。

以创办晓庄学校而风动海内外的陶行知，因为不满南京政府所为，支持进步青年学生，其学校于1930年春被封、身遭通缉。在经历了流亡生活和“九·一八”抗日救亡运动洗礼之后，思想更趋进步。1932年秋，他为了探索中国教育革命的新路。提出了“工以养生，学以明生，团以保生”的工学团主张，倡导将工场、学校和社会打成一片，以求中华民族的新生。他先在宝山县和上海市之间的孟家木桥创办了山海工学团。当年冬天，又派晓庄学生徐明清和王洞若在上海北新泾镇陈更村创办了晨更工学团。陶行知放手将晨更交给中共党员徐明清负责，使晨更成为中共在上海的一个地下工作据点，在“文总”领导下的“教联”、“左联”、“剧联”和“社联”等组织均积极在此开展活动。正是在上述特定背景下，江青因“剧联”的关系被介绍到晨更，受到陶行知及其学生的庇护。

从某种意义上说，江青是在晨更第一次领受革命集体生活的教育的。在晨更，十几名成员过着一种带有战时共产主义色彩的集体生活。他们继承和发扬了陶行知在晓庄倡导的有关做法。他们为学龄儿童办学，为女工和农妇开办幼儿园。清晨和夜晚，又分别为上日、夜班的工人办读书班。他们组织小先生送学上门，送学进村，为宣传抗日救国，组织歌咏队，排演小型活报剧、皮影戏、上海小调等，日常生活安排也很有规律。早起有晨会，上午分头工作，下午在自置的菜田里劳动，晚上轮流进行内容丰富的集体学习活动，其中有学习马列理论著作的读书班、时事讨论会、文学讨论会、外语学习班，等等。他们做饭烧菜轮流值班，吃的是大锅饭，黄豆芽、南瓜汤是家常菜肴。除了一日三餐，没有1分工资，生活相当清苦，但大家工作情绪十分高昂。初到上海的江青很快融入到这个特殊的革命集体之中。对外，她和王洞若负责为数十名小学生任教，并为店员班上课。对内，她教大家唱歌和学习国语注音符号，与田原共同负责主持时事讨论会。她还同吴甫生一起跟随田原学习日文，据当事人回忆，她为此还专门添置了一部商务印书馆出版的日语词典。

不难理解，在这样的集体生活环境中，初到上海尚无很多社会联系的江青，必然会与陶行知及其学生建立颇为密切的关系。据知情者回忆，江青曾有好几次通过陶行知设在市内的“中国普及教育助成会”负责人曹建培找陶行知谈事。特别要指出的是，江青同徐明清和王洞若的关系非同一般。徐是这个小集体的负责人，也是江青在此最重要的同性伙伴。她是浙江临海人，大革命失败后无处容身，慕陶行知开明办学，投考晓庄。1928年她在校先任共青团书记，1930年初继任党支部工作。晓庄被封后，她辗转来沪，奉陶行知之命负责晨更，继续坚持地下工作。王洞若是江苏镇江人，在晓庄时受国家主义派的思想影响。但学校被封和同学死难擦亮了他的眼睛，促使他在政治上逐渐转向。同时，他在个人婚姻生活上的苦闷也因个性活跃的江青到来而有所舒解。江青到晨更后，他们同教小学，接触较多。王洞若的才华无疑有助于加深彼此的交情。他实在是江青在晨更最重要的异性伙伴。在陶门弟子中，有关此时的王洞若是江青的追求者一事并非秘密。

平实而论，江青在晨更时期政治上颇有进步。1933年夏，共青团上海沪西区委来晨更发展团员，建立支部。江青和王洞若不久都入了团。当年冬天，俞启威被释后来沪与江青重晤，临时在静安寺路找到一灶披间住居。俞要求重新入党，中共沪西区委为考验他，命他参加1934年“一·二八”两周年游行示威活动。在这次活动中一位名叫“王大个”的晨更同志被捕，他从狱中传出话来，说敌人业已注意到游行队伍中的江青，正欲搜捕。在风声日紧的情况下，江青随俞启威重返北京，结束了这半年多展更工学团生活。

待到江青第二次来到上海时，已是1934年夏天。

她同俞启威北返后，事情并不顺遂。俞的入党问题既未解决，经济来源也无保证。在无奈之中，江青再度单独来沪，继续寻求陶行知及其学生的帮助。

但此番来沪情势已有所变化。因为“左”倾路线的影响，晨更的活动很不隐蔽，引起当局严重注意。徐明清多次受到当局查询，无法容身晨更，经陶行知介绍，转往上海基督教女青年会从事女工教育工作。不久，当局突击搜查并封闭了晨更，逮捕陈企霞等5人。所以，江青此时来沪再也不能重温晨更的旧梦了。

在百般困难中，陶行知又一次伸出援手。把江青介绍到基督教女青年会所办的小沙渡河女工学校担任高级班语文教员，帮她在上海找到了一个立身之处。不久，又因为徐明清和王洞若的关系，江青参加了“教联”。当时在“教联”沪西区委中，党团负责人为孙达生，徐负责组织，王负责宣传。据称，江青当时表现不错，组织上准备解决其入党问题，并让她在“教联”沪西区委中担任一定负责工作。

就在此时，出现了一个意外事件。1934年10月，江青突然被捕，身陷囹圄。有关此事的起因，据当事知情者忆称，江青时为帮助黄炎培先生所办的农学团组织演戏，在兆丰公园约一名叫阿东的同乡青年帮拉胡琴。阿东原在青岛负责地下党的电台，后调沪在团中央工作。他的身份已暴露，处在敌人跟踪追查之下，所以江青与他一分手即被逮捕。江青被捕后，孙达生等曾通过关系到狱中查找。个把月后由女青年会出面保释江青出狱。可惜我们现在无从得知在探监和保释过程中，陶行知究竟起了多少作用。不过，有一点却是可以肯定的，即江青保释后继续得到陶门弟子的帮助。

三十年代开罪江青之怨

江青第3次来到上海已是1935年春天。

这一回来沪后，江青主要同“剧联”打交道。据江青后来得志时向美国女作家路易斯自述经历时所说，是“剧联”写信要她来沪，点名要她主演《娜拉》的。但有的人瞧不起她，她发愤钻研剧本，深入角色，终于一举成名。这位飘飘然的“红都女皇”在自夸自赞之时，有意略去了许多基本事实。江青（此时起用“蓝苹”的艺名）此番初演成功实在离不开许多朋友的帮助。她既得益于对苏联戏剧大师斯坦尼斯拉夫斯基表演艺术素有心得的章泯的执导，也受教于当时在影剧界颇有名望的赵丹和金山（他们分别出演剧中男主角郝尔曼和柯洛克斯齐），更离不开章、赵的共同好友唐纳的关照。唐纳是一位与“剧联”关系甚密的进步文艺工作者。过去，他在一些文章中被描绘成纨绔公子，恐怕主要是受累于和江青的那一段罗曼史。唐纳多才多艺，既当演员，又任报刊编辑。在银幕上，他以英俊潇洒的小生现身，拿起笔头又能写出一手漂亮的文章，在影剧评论方面某种程度上起着舆论导向的作用。同这样一位“影报双栖”的明星人物发展关系，对江青来说，其价值不言而喻。所以，尽管影剧界中追求她的颇有人在，她却唯独留意于唐纳。唐纳铸丘比特挽弓，立中芳心，马上同居。随后，在唐纳推助之下，江青相继出演《大雷雨》和《钦差大臣》的主角，在影片《狼山喋血记》中也担任角色。从此，“蓝苹”的剧照及大大小小的捧场文章频频出现报端刊尾，上海影剧界新添了一名二流明星。

灯火辉煌欢腾活泼的影剧生活，显然有别于昔日默默无闻清苦冷寂的教育事业。风度翩翩气概不凡的艺术家，更不同于手执教鞭粉灰沾身的教书匠，生活环境和工作性质的变化，使江青与“教联”的联系渐少，也与陶行知及其学生的来往渐疏。

1936年春夏之际，江青和唐纳戏剧性的婚变事件一度成为上海滩上的热门话题，由此引发陶行知的感慨劝导，从而开罪江青，成为一个不可解开的冤结。

1936年4月26日，赵丹、唐纳、顾而已这三位好友，特邀陶行知的好友大律师沈钧儒担任证婚人，在杭州六和塔举行别开生面的集体婚礼，报端披露后，顿成上海市民酒后饭余谈论的一大艳事。然而蜜月未满，江青和唐纳即发生婚变。江青借口返乡探母，迟迟不归上海。据陶门弟子中知情者的说法，是江青对唐纳颇有不满，认为唐纳有小市民之习气，故而怀念旧情，又去寻找俞启威。而据江青自述当初与唐纳虽行婚礼而未立婚书的“理由”，也似可以印证这一说法。在1937年5月31日出版的《联华画报》第九卷第四期中，江青以《一封公开信》为题，解释这一“留有余地”的做法：“在举行仪式的时候，三对当中我们没有婚书，因为我们明白如果一旦不相爱了，婚书是没有用的。我和他都没有把这种形式放在心里。”当不耐相思之苦的唐纳追到山东，从江青之姐处得到江青已到天津俞启威那里，愤恨失望至极，在给江青和郑君里留下遗书后，即在济南一家旅社服毒自尽。幸而及时发现获救，而那封写于 6 月 26 日留给“阿苹”的哀艳凄绝的绝命书被好事者公之于世，不但上海大小各报刊载，连南京《中央日报》也以《轰动济南之唐纳自杀事件》加以披载，致使海内轰传，脍炙人口。作为变情者一方的熟人和殉情者一方的朋友，陶行知自不能不对此表示关注。当陶行知从报上得知唐纳自杀未遂的消息后，出于对年轻朋友的关心，写了一首《送给唐纳先生》的诗，劝勉对方：

听说您寻死，
我为您担心！
您要知道：
蓝苹是蓝苹，
不是属于您。
您既陶醉在电影，
又如何把她占领？
为什么来到世界上？
也要问一个分明。
人生为一大事来，
爱情是否山绝顶？
如果您爱她，她还爱您，
谁也高兴听喜讯。
如果您爱她，她不再爱您；
那是已经飞去的夜莺。
夜莺不比燕子，
她不会再找您的门庭，
如果拖泥带水，
不如死了您的心。
如果她不爱您，而您还爱她，
那么您得体贴她的心灵。
把一颗爱她的心，
移到她所爱的幸运。
现在的时代不同了！
我想说给您听，

为个人而活，
活得不高兴；
为个人而死，
死得不干净。
只有那民族解放的大革命，
才值得我们去拼命。
若是为意气拼命，
为名利拼命，
为恋爱拼命，
问我们究有几条命？

尽管诗中对变情者并无苛责之词，但将其比作另找“门庭”的夜莺，劝唐纳不必为之轻生，却绝对是冒犯蓝苹之词。

于是，这首小诗便成为睚眦必报的江青必欲报复消恨的事由。

江青得知怨端前后

然而，这首发表在邹韬奋刚刚创办（1936 年 6 月 7 日）于香港《生活日报》上的小诗，在当时并没有广泛流传，也不曾为江青所寓目。虽然在 7 月 10 日陶行知离港前夕，《送给唐纳先生》一诗连同另外 20 余首同期所作诗篇，已汇编成《行知诗歌集》，由生活书店在当年 11 月出版。但是，剧烈动荡的时局几乎把人们的呼吸目光全部吸引到救亡大业上去了，这一小小的诗集在当时并未引起较大的反响。

因此，在江青不知陶行知“诋毁”自身的情况下，她与陶行知及其学生继续保持比较良好的关系。

1936 年 11 月下旬发生的“七君子事件”，把陶行知及其学生与江青一起推到了抗议当局消极抗日的政治斗争前列。陶行知因为与沈钧儒、章乃器、邹韬奋联名发表《团结御侮的几个基本条件与最低要求》并担任救国会领袖，与沈等 7 人作为“同案犯”被当局通缉，并同被起诉。在持续半年有余的全国抗议浪潮中，终以当局公诉书的提出而达到高潮。1937 年 6 月下旬，宋庆龄、何香凝等具状江苏高等法院，要求与七君子同时收审。爱国无罪则与沈等同享自由，爱国有罪则与沈等同受处罚。宋等登高一呼，各界纷纷响应，顿时汇成一个爱国入狱运动。这种义无反顾、视狱如归的精神，确实表现了中华民族的伟大族格。在此过程中，上海影剧界中的许多著名导演和演员，如应云卫、袁牧之、赵丹、郑君里、金山、王莹等均在具状要求入狱者之列，唐纳和江青也在报端公开亮出同一立场，尽管他们此时已经分离，但无论就国家民族的公谊，还是与沈、陶等的私情，他们的声援都不失为一种见义勇为的豪举。这一行动，与陶门弟子在教育界的声援抗议活动，与陶行知在美国组织推动爱国华侨和美国上层知识界如杜威等的救援活动，完全桴鼓相应，一致敌忾。

“七七事变”之后，在王洞若的帮助下，江青和徐明清一起经西安前往延安。此后，她便以江青的名字行世，开始其生活中全新的一页，成为另一个更广阔的舞台的表演者。待到陶行知再度与她相见，已是1946年春。作为“第一夫人”的江青，已非当年沪上“阿苹”。她趁国共和谈尚在进行，从延安到重庆比较方便，专程前去医治龋齿病。到重庆后，她曾相约唐纳见面，但唐纳出于种种考虑有意回避了。陶行知则与她一度聚首在山城。3月9日，陶行知和李公朴以创办不久的重庆社会大学正副校长名义举行校董和教授联席会议，并宴请两路远方来客。一为刚从狱中释放的叶挺和廖承志，一为刚从延安来渝的邓颖超、滕代远和江青等。据当事人忆称，江青是日因到医院治牙未曾到席。但江青后来专程到重庆管家巷28号陶行知住处相访，并邀请陶行知和王洞若随机同往延安。据此看来，在陶行知生前，江青对他尚无恶感。笔者推测，江青对陶行知反目怀恨是在其死后不久的1947年，而导火线则是《送给唐纳先生》一诗的入目。

陶行知1946年7月猝然去世后，他的朋友和学生为了纪念他，曾开展过一场颇有声势颇具规模的悼念活动。汇编其诗作印成《行知诗歌集》，便是其中组成部分。这部诗集于1947年3月由大学出版公司印行问世，因陶氏新丧国人痛惜之故，诗集流传颇广，举凡与陶氏有交谊者莫不争相致之。江青极有可能是在这本诗集上得知陶氏把自己称为莺莺燕燕的雅喻，由此怒不可遏。

同时，另一条消息也可能引起江青的极度不快。1946年12月9日在纽约举行的陶行知追悼会曾引起海内外的注意，追悼会由杜威博士和冯玉祥将军担任名誉主席，美国诸著名人士分别讲演逝者一生事迹。讲演之后，由游美著名演员王莹和刘良模合唱陶氏喜爱的四首歌曲。这条消息先后刊载于当年12月30日的重庆的《新华日报》和次年2月15日的延安《解放日报》，当入江青之目。王莹其人，与陶行知有安徽同乡之谊，却与江青有剧坛争角之仇。1936年夏衍发表《赛金花》剧本后，双方为争演此剧主角，形同水火，一时曾成为上海影剧圈中一桩很有影响的事件。这一争角之败，曾被江青引为终生大辱之一，王莹也从此成为她切齿难忘的仇人。按照江青的人生原则，仇人的朋友也是自己的仇人。王莹如此颂陶，足使江青旧恨新仇齐涌心头。陶行知地下有知，恐怕也难以逆料。

人世间恩怨相报和爱恨相替，始终是实际生活和文艺创作中的一个永恒的主题。恩其所恩，怨其所怨，也始终是除超凡入圣者外的肉身凡胎无从超越的一方欲界。为了鉴衡有关恩怨所施是否得宜，人们又铸造了公德和私德这两重社会道德尺度。持此度量陶行知及其学生与江青之间的恩怨公案，人们不难判断其德与不德。

（作者附记：陶夫人吴树琴先生和陶门弟子徐明清、方明、吴莆生诸先生曾为本文提供情况，原陶行知研究会刘季平会长的夫人吴瀚先生热情鼓励，尤为感谢。）

[原载《炎黄春秋》1992年第4期]

附录：

芦花又纷飞
——祭唐文权教授

沈　潜

芦花飘絮，思绪纷飞。

与友人郊外散步，满眼又见田野河畔随风飘絮的芦花。这样的时节和场景，免不了会想起很多的人、很多的事，心头也因此浮现起无限的感念。

今天是原华中师范大学历史研究所唐文权教授逝世15周年的祭日。不敢更不愿相信，1993年的10月27日，一位辛勤耕耘于中国历史领域，著作丰硕，成就斐然的知名学者，一位知我、勉我、扶我、爱我的良师，年仅53岁就匆匆离世?!

众所周知，自20世纪80年代起，由著名历史学家章开沅先生开创引领的华中师范大学历史研究所，人才济济，群英荟萃，素为辛亥革命史研究的重镇和中心。缘自1986年秋历史所开办助教进修班，我们来自全国各地的29位学员汇聚武昌桂子山，主修中国近代史硕士研究生课程，开始了一年半难忘的游学生活。其间，有幸聆听了罗福惠、严昌洪、马敏、朱英、桑兵、赵军、范铁城、乐正、易升运等先生的多门课程；也有幸聆听了众多应邀而来的知名专家学者开设的专题讲座。

与文权先生的初识，是在1987年的早春。先生给我们讲授辛亥革命史研究的课程。印象中，先生每次上课，从来就只有几张卡片纸，但从介绍海内外有关课题的研究动态，到阐述自己的潜心所得，从学术团体结构到学术梯队建设，先生纵横贯穿，得心应手，或详或略、或轻或重的诠释与阐述，配以富有感染力的话语，深深吸引了我们。课堂上，先生溢于言外的那份对历史的理性批判精神，更为学员们所折服。

为了确保我们写出有质量的课程论文，先生建议分小组自由讨论，为此先生一次次来到我们校外的住处，轮流参与各组的讨论，然后就选题、纲目、思路和行文上提出意见，并在方法上加以启导。前后一个多星期的研讨方式，让我们这些涉足文史的初学者受益匪浅。当时，我以《清末社会思潮与早期南社的文化选择》为题，想在这一问题上下些功夫。先生看过我的提纲和初稿后，充分肯定了选题可贵的“联结点”，认为南社一直是学界研究相对薄弱的领域，选取这样一个具有文化容量的社团，结合中西交汇、新旧交替的时代背景，切入其丰富而矛盾的思想性格，由点及面，值得开掘；随后他就文章的框架和观点的提炼作了具体的指导，并建议我“适当删削引文”，紧扣主题展开，拙文定稿后，先生给了90分的最高分，还当堂表扬了一番。年底临别华师前夕，我与班长陈晓东一起去校东区的先生寓所辞行。先生以新著《章太炎思想研究》赠我，并在扉页上写下“艰难困苦，玉汝于成”之句，勉我克服困难，持之以恒。

自1988年起，我为求学中的困惑与纠结，与先生开始了经常的书信联系。每次请益求教，先生总是不遗在远，启人良知，开人爱心。先生勉我不必为相对闭塞的环境所囿所限，可以就近靠上海、苏州和南京，争取图书资料和师友帮助，“转益多师”中为自己织一个文化学术圈。

那些年，我每到一处，先生都极力为我荐介当地学界师友，不失时机地为我创造治学条件。

1990年初的寒假，知我前往上海徐家汇藏书楼查阅清末民初报刊资料，先生函介我就近上海社科院历史所，拜访史学家汤志钧先生、吴乾兑先生；暑假我报以去北京图书馆的计划，先生闻讯后赞赏不已，以为“沈潜专志于学，实为名实相副之言”。知我求师心切，信中附有致社科院近代史所杨天石、虞和平、侯宜杰等先生的推荐函。1988年3月我向先生汇报，尝试以“晚清江南市镇”为切入面，就南社（侧重于早期南社）做一些外围连动性思考，以扩大对南社这样一个诞生于江南人文背景丰沃土壤的文化团体进行多重角度的透视。先生认为以南社为主轴，拓展思考空间，视野会更加开阔、厚实。不久，先生告知应邀以“辛亥时期的政治文化”为课题，参加中国社科院政治学所规划的“中国政治文化：从传统到现代”的大项目；作为项目的序幕，初夏将在深圳蛇口召开“传统政治文化与中国政治发展”国际学术研讨会。先生来函说：“知你近几年正致力于与此方向相同、范围接近的南社研究，且重点先做若干外围连动性思考，因此想约你和我合作承担这一项目。今后成果是以论文还是书稿形式出现，可视该大课题的总体情况决定。”为了让我拜识师友，开阔视界，先生通过北京林英先生的帮助，为我争取了与会名额。会后，先生责成我就此课题多作准备，那段时间为框架、为章节、为具体问题的某一观点，师生俩频频探讨：我拟将辛亥时期政治文化的“前缘”（前奏）推至明代万历，先生以为未尝不可，并说武汉大学萧萐父先生对近代文化的启蒙问题即作此解；我以“多元的贫困”来界定辛亥时期的文化景观，先生认为此说若作“杂说丛生，兼容并包”，当无不可……先生要我多注意不久后为纪念“五四”必将出现的讨论热点，留意西方学者有关政治文化类型问题的不同说法，认为“不妨择善而吸收之，自成体统，以便控驭辛亥时期的政治文化更加得当、妥帖”。只是，后来初成10万余字的书稿因故而止。而后学如我，却自以为借此读了点书，悟了点理，奠了点底，写了些虽然从未发表却留存至今的篇章文字。

1989年初，先生告我年内有多处纪念“五四”学术会议的邀约，“如你在我身边，当可尽力荐引前去，而今种种不便，难遂此愿”。随函又将他年前赴粤参加戊戌变法会议的10篇论文一并寄我参阅。1990年3月先生来函：“明年为辛亥80周年之期，近闻除国际学术会外，尚有一青年讨论会。我意此会若行，你当努力争取与会。考虑文章，可从原拟写作之《辛亥时期的政治文化》一书中抽一章节。有此机会可以结交师友，幸勿错过。你因局处常熟，学界信息受到种种限制，少师友切磋之益，当尽力弥补之。”1991年，应清华大学思想文化研究所胡伟希先生的力邀，先生参与由冯契先生主编的“中国近代社会思潮研究丛书”之项目，承担“民族主义思潮”一书的撰写。其时先生正致力于近代佛学研究，自叹无“分身之术”，当年初夏来函征求我的意见，建议合作此书，希望我多做一点前期工作。不自量力的我接应下来，随之与先生商议框架，几易纲目后分工协作。无奈我尽管倾注了近一年的精力，可迟至第二年盛夏，先生所担章节业已完稿并转我备览，而我仅把开篇章节勉强草就，其余的三章愈感无从驾驭。加之当时家事纷扰、身心俱累之下，我与先生如实坦白了自己力不从心的处境。不想先生不仅没有怪罪我，反而安慰我先好好休养，注意调节。而他却不得不为此夜以继日地赶写，至岁末年初完稿。先生去世后不久，意外收到唐师母转来的520元稿酬，据告《觉醒与迷误》已由上海人民出版社出版，因我参撰了其中的部分章节，先生临终前特意吩咐的。念及于此，感甚愧甚，禁不住潸然泪下。转过来年的清明前夕，师母在我协助下为先生的坟头立了块墓碑，由我执意凑了两千元请友人勒石以铭，表达内心说不尽的愧疚之情。

那些年，先生对我发愿编纂的《宗仰上人集》尤多致意。

说起拙编《宗仰上人集》，最初创意就来自先生的启悟，更离不开先生的殷殷关切。先生认为：“辛亥革命活剧是由无数慷慨悲壮震撼心魂的动人情节结构而成的，是由无数忧国伤时怀抱激烈的志士仁人通力合演的。但当人们来追述它的时候，容量有限的现成史书却总只能载录历史舞台上主要角色的活动，次要角色的活动则略而不及或语焉不详。然而要求得对这场革命多面立体的深入了解，又非得在加深对前者研究的同时，加强对后者的探讨。”所以自 1985 年起，先生倡议编纂出版“辛亥人物文集丛书”，力图保存和流传他们那些可贵的但却容易被后人忽略甚至遗忘的言论和事迹。本着这一愿望，先生最先纂辑并推出了《雷铁厓集》。此后又和桑兵先生合力出版了《戴季陶集》。记得先生讲述有关近代佛学复兴时，提及弘一、曼殊和宗仰等清末高僧，认为他们亦僧亦俗、不僧不俗、半僧半俗的心路历程，足以为近代社会的过渡性特质提供典型的解读标本。其中，来自常熟的乌目山僧黄宗仰引起了我的浓厚兴趣。试想着能否就此写篇论文，结果发现资料散佚难觅，于是私心发愿能否将其散见于近代报刊上的诗文加以辑录汇集。课后我与先生交流意见，先生知我从常熟来，当即表示这是个极有意义但又需要花极大工夫的课题。因为在他的阅读范围内，有关黄宗仰的文章只有章开沅先生所著《跋乌目山僧癸卯诗三首》，其他几乎很少见到，相关原始资料颇散，需要查阅大量清末民初的报刊。过后，先生把自己从北京大学图书馆所藏《天铎报》、《民立报》等摘录的几处资料索引转给我，又把收有陈玉堂先生《辛亥革命时期部分人物别名录》一文的《辛亥革命史研究丛刊》（第五辑）留我参考，并告知民初《佛学丛报》上有不少宗仰诗文，建议我可以先从这里入手，认为“既有此志，当可徐徐图之”。此后，据以上海图书馆所编六大本《中国近代期刊篇目汇录》，我按“目”索骥，逐页梳理，很快查获了不少诗文线索，由此更坚定了我的信心。先生对此非常高兴，他说学问就是这样，只有在充分占有资料之上去伪存真，去粗取精，才能奠基起步。

武汉回来后的几年内，我几乎全身心地扑在收集黄宗仰诗文资料上。为此四处奔波，备尝苦辛。不过，每次稍有所获，也就不以为苦，反以为乐了。1990 年 2 月，知我暑期有赴京访书求学之计，先生函告：“《大风》、《商务》和《时报》上或有宗仰之文，而有关哈同、罗迦陵夫妇有关之史料方面，或亦会提到若干线索。《天铎》北京大学图书馆有，上海不知有否？如去京，则可去近代史所请虞和平同志介绍，查找该所资料。如需函介，我再修书一通。”

记得我在北京大学图书馆近代报刊阅览室查寻《天铎报》时，翻阅到一些醒目的夹页纸条，细看似曾相识的字体，认定是先生留下的手迹。我随手抽取了几张，事后寄先生。经先生确认，正是当年为方便查阅留下的小笺纸，先生以为我们前后相续，不期而遇，可谓“志同而缘合”。至 1991 年初具规模，我编就了一份诗文目录寄往武汉，并把盛成、郑逸梅、苏渊雷等文化耆宿所题墨迹及照片寄呈达览，先生阅后欣喜之至：“看到那些富有历史意义的老人的近影和手迹，心中蓦然兴感。三分之二以上世纪的风风雨雨，清晰地印在他们的姿容和书室的挂联陈设诸物之上。”此后先生为书稿的出版事宜，先后通过中华书局李侃先生、南京大学卞孝萱先生以及湖南出版社的友人推举，还联系了北京《法音》文库、南京栖霞寺等单位，甚至考虑向港台方面探询，设法种种，备极关切。先生表示，此书属赔累性质，又系资料，可能难度较大。若无坚强资金为盾，出版社敬谢不敏。假如实在有困难，由他争取列入“辛亥人物文集丛书”的出版计划。先生宽慰我：“这本书，你已花了很大力气，搞到这个地步实在不易，我一定力助其成。”殊不料先生溘然去世，面对手头积存的一大叠资料，我一度心灰意懒，也想就此罢了。但念及先生生前瞩望，心有不甘，于是冒昧地投书于章开沅先生，说明情况。不意接获章先生的热情来函，慈示尽快整理后寄往武汉。随后，仰仗章先生的鼎力相助，与华中师范大学出版社商议破例资助，并亲自帮我填写出版登记表；随后又仰承卞孝萱先生的慨然赐序、汤志钧先生的热诚鼓励；仰承历史所朱英先生、罗福惠先生、严昌洪先生，文献所李晓明先生等费心费力，至2000年正式付梓。我知道，这中间包含着学界前辈对逝者的深切怀念。

近五年的时间里，珍存我处的先生惠函达72通，平均每月一封来信。在我与学界多年的通信中，先生与我的书信联系最为频繁。为此，在1988年10月12日给先生的信中，我曾集句赋诗一首：“江上秋风雁几行，独凭山水思何长？千里相隔悬客梦，遥对云天叙衷肠。时常问得鸿雁来，谆谆教诲惜寸光。”先生每年假日买舟东下，几乎都要约我前往面晤，畅叙学界现状，纵论国事民情；为我筹划科研选题和计划安排，勉我自信自强，以为勤思善思，便能渐入佳境。

1988年初夏至初秋的三个月内，我集中精力读了梁启超《饮冰室文集》，与先生说起这位笔墨常带情感的近代启蒙思想家“流质易变”的心态，先生告知正在协助汤志钧先生校辑《梁启超全集》，认为梁氏的“多姿多彩”，正可看取为考察充满过渡时代特征的辛亥革命政治文化一个的重要视角，改日见面时可以就此交换心得。1992年我申报《宗仰上人集》编纂的课题被列为江苏省教育厅基金项目。那一次，先生显然为我坚毅中的收获而欣慰，寄来一封四页长信，来信以“功夫不负有心人”开头，随后既谈目次编辑体例，又谈联系出版意向，并督促我在此基础上着手撰写有关专题论文，鼓励我继续努力。但同时特别告诫我：“科研项目纳入资助之列，不失为茫茫学海中之一苇慈航，可省却不少麻烦，带来不少便利，但学术研究绝不能刻意追求功利。”1990年寒假我去苏州看望先生，先生谈到正招收研究生一事，感叹时下考生古文功底的欠缺。我说自己虽然也想通过考研多读几年书，可惜英语荒疏已久，难就此道。先生大不以为然地笑曰："学位与学养从来不是成正比的，名不符实者多矣。"转而又勉励我，重要的不是拿到了什么文凭，而在于是否真正私心向学。我打趣地笑答先生："您不也只有一张大专文凭么?！看来我是再也不想要什么学历了！"听我此番不合时宜的"另类"之言，先生颔首会心。

那些年，先生不仅关心着我的学业，还关心着我的生活。

初到武汉进修的我还是个 21 岁的小伙。结业回来后的书信往来或晤谈之间，先生不时关心着我的日常生活。知我惯常夜半读书，1988 年 4 月先生在来函中规勉："夜读固为学人难免之事，但还须节摄，经常熬至凌晨，恐非久计。有张有弛，较为得宜，此事请妥加注意。"也有几封来函特意提到我的个人问题，希望我不要因学业而偏至而耽误。1991 年夏日，知我找到了知勉有加的心上人，先生高兴地建议我借假日相聚时带她一同前往。知我 1992 年春结婚，先生随即以书赠勉志喜。此后每次来信，先生一直殷殷关心着我和妻两地奔波的生活现状。妻虽从未与先生谋面，与我一样心存感动。1993 年 5 月 30 日先生在来信中写道："近时你的情况如何？教学、研究、生活诸事是否顺遂？雪花工作忙吗？你们的小千金满月了吧。盼来信略告一二。"临近放假的 7 月 6 日，先生又来信，告知其暑中行程安排，要我能否就近常熟查阅几份稀有的地方报刊，并希望我到时能去苏州再叙。不料先生从此一病不起！

惊悉先生病重住院的消息后，我随即赶去苏州，又陪护了三天。那几天里，先生仍勉励我多读书、多保重。一字字，一句句，感人肺腑，催人泪下。怎能想象，病榻前的匆匆一别，师生从此痛成永诀?！

犹忆当年，来自先生对我们的关心，妻暗自准备着年底前为先生织件毛衣。得知先生患病后的半个月内，赶紧一针一线地昼夜编制，织就已大半，还剩一个袖管时，却惊闻先生已去。噩耗传来的当天，妻随我连夜奔赴苏州，又拉上了小妹一起通宵赶织。赶在第二天的遗体告别仪式上，这份迟到了的特殊礼物终于安置在先生灵柩前，冥冥中希望能伴先生一路御寒保暖……

此情此景，抱憾的眼泪却已夺眶而出。

先生，您知道吗？——感念您走得如此匆匆太匆匆，学生悲从中来，无以复加。我哭吾师哀吾师，更痛心自责无力步追吾师未竟的事业。因为您的离去，那一刻的怅然悲恸，那一阵的无所适从，于生命无常的哀叹中，学生一度萌发了从城市回乡村，从大学到中学的想法。曾经的那份悲和痛，一辈子都不会忘怀……

先生1940年出生于古城苏州。源于江南人杰地灵的潜移默化，地域环境的得天独厚，丰富、活跃了其长于思辨、激扬文才的心灵。1958年考入当时位于苏州盘门新桥巷的苏州师专文史科，1960年毕业后执教于苏州市一中。在随后的十年“文革”动荡岁月里，先生并没有迎风凑趣，而是非同寻常地沉寂苦读，偷偷研治中国近代史，于博观厚积中默默耕耘。改革开放后不久，接连发表了关于章太炎研究的一组论文：包括《戊戌变法时期的章太炎》（《中国哲学》1980年第8期）、《试论章太炎哲学思想的演变》(《哲学研究》1981年第2期)、《辛亥革命前章太炎的佛学思想》(《中国哲学》1982年10月第8辑）等力作，并应邀参加了1981年10月在武昌举办的纪念辛亥革命70周年国际学术讨论会，以开创性的见解引起学界瞩目。1983年春，先生为学术为事业，负笈远游，举家西迁。在武汉的10年间，先生真积力久，笔耕不辍，或独力撰写，或与人联袂，先后出版了《章太炎思想研究》(1986年)、《雷铁厓集》(1986年)、《戴季陶集（1909—1920)》(1990年)、《东方的觉醒：近代中印民族运动定位观照》(1991年)、《平凡的神圣：陶行知》(1992年)、《觉醒与迷误：中国近代民族主义思潮研究》(1993年）等专著，尚有散见于报刊的大量论文。从近代启蒙思潮到民族解放运动的探寻，从近代文化人心路历程的系列追踪和剖解，从倡议辛亥人物文集丛书的编纂整理，先生倾心倾力，探幽发微，堪称20世纪80—90年代崛起的史坛中坚之一。此间，先生积极协助卞先生将所藏清以后碑、传，编为《辛亥人物碑传集》、《民国人物碑传集》两书先后出版。一篇《同盟会倡始时期宋教仁心态研究》的论文（《近代史研究》1988年第4期），先生尝试运用心理史学方法研究近代人物，称得上是心态研究的力作。先生曾告诉过我，以个人之力撰写一部《中国近代佛学史》，一直是他的夙愿。由《中国文化》1995年第11期刊发三万多字的长篇论文《杨文会与清末佛教革新运动》，就是先生代表性的遗作。

久居荆楚，先生对生于斯长于斯的故乡苏州，总心系梦牵着一脉特殊的感情。先生每每感言：“江南风景，莺飞草长，远游之人，能无感情?”一份莼鲈之思，至亲之念常常抑不可止。为此，先生不论风雨寒暑，年年归乡。每回旅路折返，他为古城日新月异的变化而振奋，为家乡经济的腾飞而自豪。

先生英年早逝，魂归故土。15年悠悠岁月，15年哀思绵绵。15年来，先生的音容宛然在目，先生绵长的学问精神依旧滋润和激励着我。可以告慰先生的是，从当年的《宗仰上人集》到如今的《黄宗仰传论》，前后20年的光阴，学生始终默默坚守着，守望着自己的精神家园。在今天高校教育推行“导师制”管理模式，如何指导学生，如何引导他们做人做事做学问，先生当年的风范无不深深地启示着我、影响着我……

窗外秋雨正潇潇。学生谨以此文，祭奠先生在天之灵。

2008年10月27日—11月8日于清欢轩

唐文权先生著述目录

唐文权:《读章太炎〈訄书〉》,《思想战线》1975年第4期,第1页。

唐文权:《章太炎在〈民报〉时期的思想演变》,《华中师范学院学报(哲学社会科学版)》1979年第4期,第7页。

唐文权:《戊戌变法时期的章太炎》,载《中国哲学》1980年第3辑,第17页。

唐文权:《章太炎"七被追捕,三入牢狱"解》载《辛亥革命史丛刊》编辑组编《辛亥革命史丛刊》第2辑,中华书局,1980年,第25页。

唐文权:《陶成章略论》,《江汉论坛》1981年第2期,第30页。

唐文权:《试论章太炎哲学思想的演变》,《哲学研究》1981年第2期,第38页。

唐文权:《辛亥革命前章太炎的佛学思想》,见《纪念辛亥革命七十周年学术讨论会论文集(下)》,1981年10月;另见章念驰主编:《章太炎生平与学术》,生活·读书·新知三联书店,1988年,第46页。

唐文权:《章太炎与邹容——兼论二十世纪初的中国先进知识分子》,见江苏省历史学会编:《一次反封建的伟大实践　江苏省纪念辛亥革命七十周年学术论文选》,江苏人民出版社,1983年,第66页。

唐文权:《梁启超的佛学思想述评》,《华中师范学院学报(哲学社会科学版)》1983年第4期;另见《论戊戌维新运动及康有为、梁启超》,广东人民出版社,1985年,第92页。

唐文权、林植霖:《清末苏州商会与捐税抗争》,《近代史研究》1985年第3期,第106页。

吴楚:《反思的历史和对历史的反思》,《华中师范学院学报》1985年第5期(署名为吴楚,唐文权与罗福惠合写),第130页。

唐文权:《熊十力〈乾坤衍〉探微》,《江汉论坛》1985年第11期,第

139 页。

唐文权：《苏州工商各业公所的兴废》，《历史研究》1986 年第 3 期，第 146 页。

唐文权：《鹃因口瘁啼衔赤——〈雷铁厓集〉前言》，《华中师范大学学报(哲学社会科学版)》1986 年第 4 期，第 161 页。

唐文权、姚伟：《二十世纪初孟德斯鸠地理环境决定论东渐述论》，见钟敬文、何兹全主编：《东西方文化研究（创刊号)》，1986 年 10 月出版，第 169 页。

唐文权：《关于〈革命军〉的借资移植问题》，见《中国文化研究集刊》(第五辑)，复旦大学出版社，1987 年，第 208 页。

唐文权：《杨度与清末立宪运动散论》，《华中师范大学学报（哲学社会科学版)》1988 年第 3 期，第 221 页。

冯天渝、唐文权、罗福惠：《评〈剑桥中国晚清史〉的文化观》，《历史研究》1988 年第 1 期，第 227 页。

唐文权：《同盟会倡始时期宋教仁心态研究》，《近代史研究》1988 年第 4 期，第 236 页。

唐文权：《甘地两次不合作运动在当年中国的反响》，《南亚研究》1988 年第 4 期，第 252 页。

刘望龄、唐文权、罗福惠：《新视角下的得与失——评〈剑桥中国晚清史〉有关辛亥革命部分》，《历史研究》1989 年第 1 期，第 259 页。

唐文权：《近代中外经济联系加强对苏南农村的影响》，《史林》1989 年第 4 期，第 272 页。

唐文权：《“五四”精神：中国教育现代化的巨大动力》，《华中师范大学学报（哲学社会科学版)》1989 年第 4 期，第 278 页。

唐文权：《同光之际中外经济联系的加强与苏城社会经济生活的变动》，见章开沅、朱英主编：《对外经济关系与中国近代化》，华中师范大学出版社，1990 年，第 289 页。

唐文权：《人口忧思百年录》，《炎黄春秋》1991 年第 3 期，第 302 页。

唐文权：《度尽劫波兄弟在——黄兴与章太炎》，见萧致治主编：《领袖与群伦：黄兴与各方人物》，武汉大学出版社，1991 年；另见《近代史研究》1991 年第 5 期，第 303 页。

唐文权：《梁启超在戊戌壬寅期间的西学宣传》，见中南地区辛亥革命史研究会，武昌辛亥革命研究中心编：《辛亥风云与近代中国》，贵州人民出版社，

1991年，第333页。

唐文权：《梁启超在辛亥革命准备前期的西学宣传》，见胡伟希编：《辛亥革命与中国近代思想文化》，中国人民大学出版社，1991年，第371页。

唐文权：《辛亥革命前夕梁启超的西学宣传》，《史学月刊》1991年第5期，第395页。

唐文权：《关于孙中山新三民主义向传统政治文化归拢趋向的若干考查》，《苏州大学学报》1992年第3期，第402页。

唐文权：《二十世纪初文化人类学东渐述论》，见中国现代文化学会编：《东西方文化交融的道路与选择》，四川人民出版社，1993年，第406页。

唐文权：《杨文会与清末佛教革新运动》，《中国文化》1995年第1期，第424页。

唐文权：《陶行知与江青》，见章立凡主编：《记忆：往事未付红尘》，陕西师范大学出版社，2004年，第441页。

唐文权：《开国第一文化冤案——江青与陶行知及其弟子的恩恩怨怨》，《炎黄春秋》1992年第4期；见杜导正、廖盖隆主编：《历史谜案揭秘》，南海出版公司，1998年；另见桂国强主编：《20世纪中国纪实文学文库第四辑（1976—1999）：回眸与沉思·反思卷》，文汇出版社，1999年；又见《读书文摘》2003年第8期，第447页。